봄의 제전
Rites of spring

RITES OF SPRING
Copyright ⓒ 1989 by Modris Eksteins
All rights reserved.

Korean translation copyright ⓒ 2022 by Geulhangari Publishers
Korean translation rights arranged with Beverley Slopen Literary Agency
through EYA(Eric Yang Agency)

이 책의 한국어판 저작권은 EYA(Eric Yang Agency)를 통해 Beverley Slopen Literary
Agency와 독점계약한 (주)글항아리가 소유합니다. 저작권법에 의하여 한국 내에서 보호를
받는 저작물이므로 무단전재 및 복제를 금합니다.

세계대전과 현대의 탄생

봄의 Rites of spring 제전

모드리스 엑스타인스 지음
Modris Eksteins

최파일 옮김

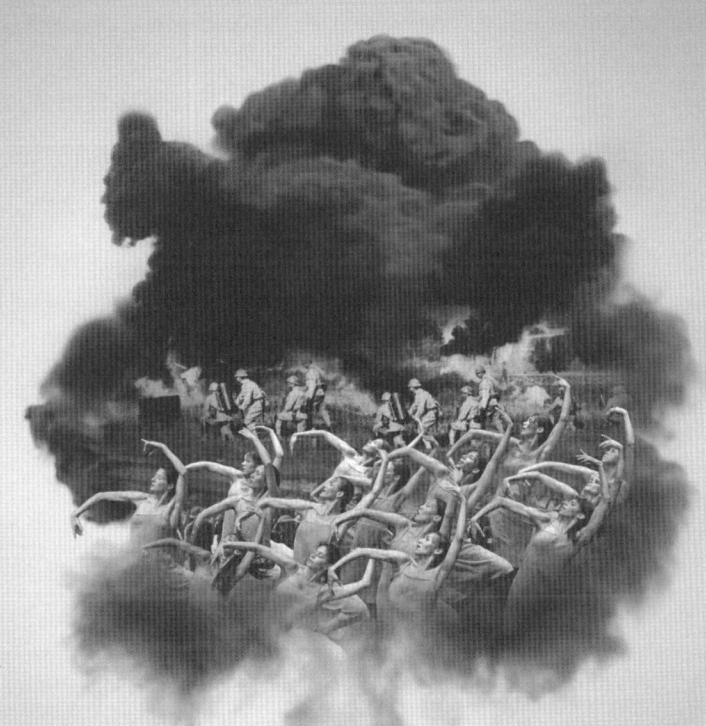

글항아리

일러두기
- 본문 하단 각주는 대부분 옮긴이가 단 것이다.

제인을 위하여

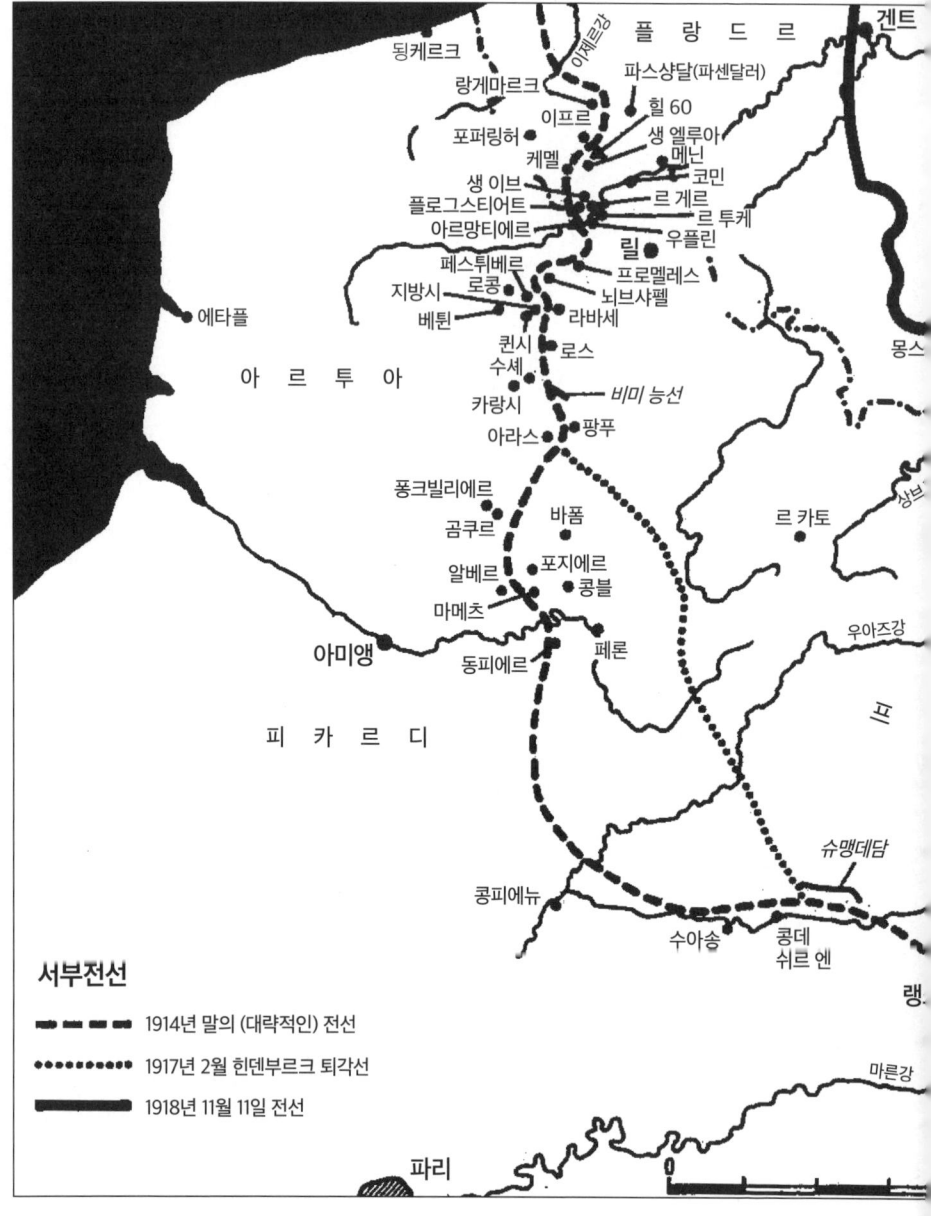

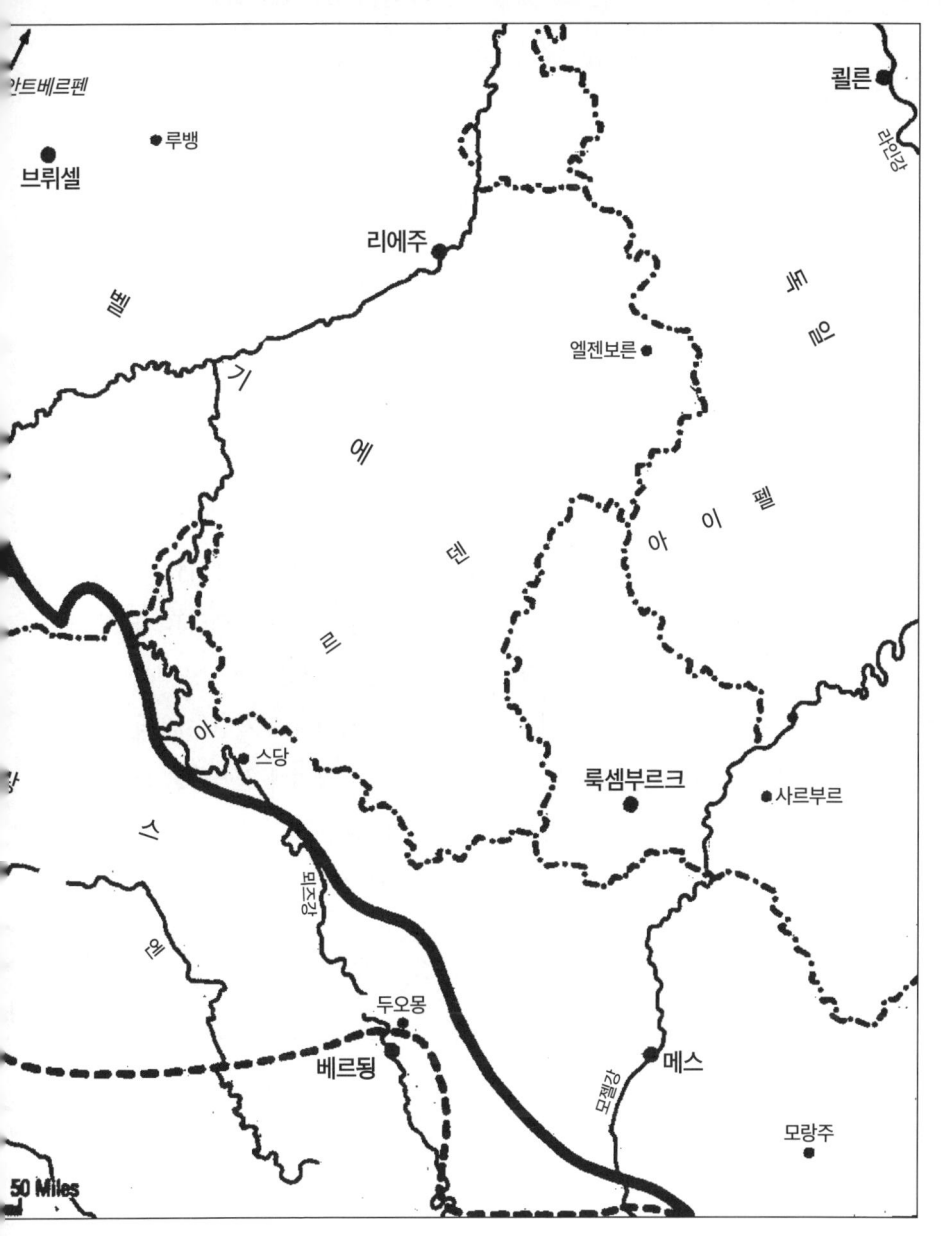

시작하며

메츠에서 3번 국도를 타고 베르됭 외곽으로 가다보면 굽이치는 언덕과 풀밭으로 이루어진 평온한 보주의 시골 풍광과 의장대처럼 한결같이 서 있는 견고한 떡갈나무의 풍경을 즐길 수 있다. 그러다 갑자기 베르됭시 바깥 몇 킬로미터 근방부터 암울한 광경과 맞닥뜨리게 된다. 주변 풍광 속의 오점이라고 할 수 있는 묘지다. 조각난 시체와 찌그러진 몸뚱어리, 번들거리는 뼈다귀가 높이 쌓여서 길에서도 훤히 보인다. 그러나 이곳은 십자가나 묘비, 조화弔花조차 없는 묘지다. 찾아오는 이도 거의 없다. 여행객들은 아마 묘지가 있다는 것도 눈치채지 못할 것이다. 그러나 그곳은 20세기와 우리의 문화적 상징에 대한 투느러신 기념비나. 또한 현대의 가지와 녹표늘에 대한 상징, 우리의 분투와 후회의 상징, 괴테의 주문呪文 '죽어서 존재하라stirb und werde*'의 현대적 해석이라고 할 만한 곳이기도 하다. 이곳은 바로 폐차장, 즉 자동차들의 무덤이다.

---

* 괴테의 시 「거룩한 갈망Selige Sehnsucht」의 5연 2행의 구절이다.

계속 차를 타고 베르됭으로 진입해 도시를 통과하며 소로小路를 따라 동북쪽으로 가면 더 큰 묘지가 나온다. 이 묘지에는 수천 개나 되는 십자가가 있다. 십자가의 대열이 대칭을 이루며 끝없이 늘어서 있다. 모두 똑같이 생긴 흰 십자가다. 그러나 오늘날 사람들은 이 묘지보다 자동차 묘지 쪽을 더 많이 지나간다. 이 공동묘지에 깃든, 개인적인 연결 고리가 사라진 참상보다는 오히려 찌그러진 차와 자신을 더 쉽게 동일시하게 되기 때문이다. 이곳은 제1차 세계대전 당시 베르됭 전투에서 스러진 병사들을 추모하는 공동묘지다.

이 책은 죽음과 파괴에 관한 책이자 묘지에 관한 담론이다. 동시에 '생성'에 대한 책이기도 하다. 이 책에서는 20세기 전반기 우리의 현대적 의식, 해방에 대한 우리의 강박감이 구체적으로 어떻게 출현했는지 다루고 있으며, 제2차 세계대전의 발발 이전에 제1차 세계대전을 불렀던 이름인 대전쟁the Great War이 그러한 의식의 발전에서 차지하는 의미를 탐구하고 있다. 그리고 적어도 표면상으로 이 폐차장은 그 모든 함축적 의미와 더불어 제1차 세계대전 전사자를 위한 공동묘지보다 현대인의 마음속에서 더 큰 중요성을 띠겠지만(프랑스의 평론가 롤랑 바르트가 "오늘날 자동차는 문화적으로 고딕 대성당에 맞먹는 것 같다"라고 썼듯이), 이 책에서는 두 묘지가 서로 관련이 있음을 보여주려 한다. 소위 '고속 질주하는' 삶과 더불어, 현대인이 속도와 새로움, 일시성, 내향성에 열중하는 동안 가치와 신념 체계 전체는 뒤로 밀려나야 했는데, 이러한 발전 속에서 봤을 때 앞으로 살펴볼 제1차 세계대전은 가장 중요한 위치를 차지하고 있다.

이 책의 제목은 모더니즘의 대표 주자인 어느 발레에서 따온 것으로, 책의 주요 주제인 '움직임movement'을 암시하기도 한다. 자유를 얻기 위해 분투하다가 궁극의 파괴력을 얻게 된, 원심적이고 역설적인 우리 세기 최고의 상징 가운데 하나는 바로 허무주의적 광란의 아이러니가 담긴 죽음의 춤이다. 전쟁 발발 1년 전인 1913년 5월 파리에서 초연된 「봄의 제전」은 반란의 에너지와 희생된 제물의 죽음을 통해 삶을 찬미한다는 내용으로, 삶을 추구하는 과정에서 수백만 명에 이르는 최상의 인류를 죽인 20세기의 문제적 작품이다. 스트라빈스키는 원래 자신의 작품에 '제물'이라는 제목을 붙이려 했다.

제1차 세계대전의 의의를 설명하기 위해서는 그 안에 얽힌 관심사와 감정들도 함께 다루어야 한다. 이 책은 문화사의 넓은 관점에서 그러한 관심사와 감정들에 접근한다. 이러한 역사적 분야는 음악과 발레, 여타 형식의 예술 그 이상을, 그뿐만 아니라 자동차와 묘지 그 이상도 다루어야 한다. 궁극적으로 명시적으로 표명되거나 암묵적으로 가정된 관례와 도덕, 관습과 가치까지 파헤쳐야 한다. 그 과정이 어려울지라도 문화사라면 적어도 한 시대의 정신을 포착하기 위한 시도는 해야 한다.

그 정신은 사회가 우선적인 중요성을 부여하는 것에서 찾을 수 있다. 발레와 영화, 문학, 자동차, 십자가는 이런 우선 사항에 대한 중요한 증거를 제공할 수 있지만, 그 증거는 이러한 상징들에 대한 사회적 반응에서 가장 풍부하게 발견될 것이다. 이 책에서 나중에 논의하겠지만, 모험담과 영웅담에는 그 이야기에 귀를 기울일 사람이 있어야 하듯, 현대사회에서 예술의 관객은 역사가에게 문학작품과 예술작품, 주인공들 그 자체보다 문화적 정체성을 보여주는 훨씬 더 중요한 증거의 원천이다. 그렇다면 현대 문화의 역사는 도전의 역사인 만큼 반응의 역사, 소설에 관한 이야기인 만큼 독자에 관한 이야기, 영화의 이야기인 만큼 관객의 이야기, 배우의 이야기인 만큼 관중의 이야기라고 할 수 있다.

이러한 논점이 현대 문화 연구에 적합하다면, 현대의 전쟁에 관한 연구에도 적절할 것이다. 대부분의 전쟁사는 전략과 무기, 조직, 장군과 탱크, 정치가라는 협소한 면에만 초점을 맞춰 기술되어왔다. 폭넓은 비교적 관점으로 전쟁과 문화 사이의 관계를 평가하려는 시도 속에서 일반 병사의 사기와 동기에 대해서는 상대적으로 거의 주의를 기울이지 않았다. 그러나 이 책이 담긴 이야기에서 이름 없는 병사는 맨 앞과 또 중심을 차지한다. 바로 그가 스트라빈스키의 제물이다.

모든 전쟁이 그랬듯, 1914년의 전쟁 역시 처음 발발했을 때만 해도 변화와 확립을 위한 기회로 여겨졌다. 1871년에 통일된 독일은 한 세대 만에 막강한 산업과 군사력을 보유한 강국이 됐고, 전쟁 직전에는 혁신과 쇄신의 으뜸가는 대변자였다. 그야말로 전 세계에서 독일은 넘치는 활력과 기술적 탁월성의 화신이었다. 독일에 있어 전쟁은 베프라이웅스크리크Befreiungskrieg, 즉 부르주아 양식과 편리함의 위선에서 벗어나는 '해방의 전쟁'이 될 것이었고, 영국은 독일이 반발하던 질서의 주요 대변자가 될 것이었다. 실제로 영국은 세기말 세계에서 주요 보수 열강이었다. 영국은 최초의 산업 국가이자 팍스 브리타니카Pax Britannica(영국에 의한 평화)의 주체, 의회와 법률에 바탕을 둔 진취적 사업과 진보적 윤리의 상징이었다. 영국인들은 자국의 패권적 지위는 물론 생활 방식도 독일이 대표하는 불안정성과 공격적 에너지에 의해 위협받는다고 느꼈다. 1914년 영국의 참전은 대륙에서의 세력 다툼을 진정한 문화 전쟁으로 탈바꿈시켰다.

국가 간 긴장이 심화되는 이 세기의 전환기 속 예술, 성도덕, 세대, 정치를 포함한 인간의 노력과 행위의 사실상 모든 분야에서 근본적인 갈등이 표면으로 부상하고 있었다. 우리 시대에 매우 중심적인 위치를 차지하게 된 모든 해방의 모티프는(여성 해방이든, 동성애자 해방이든, 프롤레타리아 해방이든 청년 해방이든, 욕망의 해방이든 민족 해방이든) 세기 전환기에 등장했다. 일반적으로 아방가르드라는 용어는 그저 작품에서 실험적 기법을 장려하고 기성 학계에 대한 반란을 촉구하는 예술가와 작가들에게 적용됐다. 또한 모더니즘이라는 개념은 해방의 추구와 반란 행위 뒤에 자리한 이 전위적이고 지적인 충동들을 포괄하기 위해 사용되었다. 이제까지 극소수의 비평가만이 정서와 시도라는 광범위한 물결을 포착하기 위해 아방가르드와 모더니즘이라는 개념을 반란의 문화적 행위자 및 사회적·정치적 행위자, 그리고 반란 행위 전반에까지 과감히 확장하려고 했다. 이 책도 그러한 개념의 확장을 시도한다. 문화는 사회 현상으로, 모더니즘은 우리 시대의 주요 충동으로 간주한다. 그리고 그러한 확장을 시도하는 과정에서 이 책은 독일이 우리 세기의 뛰어난 모더니즘 국가였다고 주장하고자 한다.

예술 분야의 아방가르드처럼 독일도 세기말에 혁신적인 열성에 사로잡혔고, 1914년에 이르러서는 그 자신과 국제사회를 향해 싸우는 정신이라는 관념을 대변하게 됐다. 1918년 군사적 패배라는 트라우마를 겪은 후, 독일의 급진주의는 잠잠해지기는커녕 오히려 두드러졌다. 1918년부터 1933년까지 바이마르 공화국 시기와 1933년부터 1945년까지 제3제국 시기는 한 과정에 자리한 단계들이었다. 우리에게 아방가르드는 긍정적 느낌을 주지만, 돌격대는 무서운 의미를 띤다. 이 책은 이 두 표현 사이에 단순한 군사적 어원을 넘어서는 친연성이 있을 수도 있다는 점을 제시하고자 한다. 예술에서 내적 지향, 원시주의, 추상, 신화 만들기는 정치에서의 그것들과 서로 연관된 징후일 수도 있다. 나치의 키치는 많은 모더니스트가 주창한 식자층의 종교로서의 예술과 혈연관계를 맺고 있을지도 모른다.

  우리 세기는 삶과 예술이 섞인 시대, 존재가 미학화되는 시대다. 이 책의 주제 가운데 하나인 역사는 예전 권위의 상당 부분을 허구에 내줬다. 그러나 포스트모더니즘의 우리 시대에서 하나의 타협이 가능하고 또 필요할 수도 있다. 이러한 타협을 추구하면서 우리의 역사 서술은 막과 장으로 이루어진 드라마의 형식으로, 그리고 막과 장, 드라마라는 단어의 그 온전하면서도 다양한 의미대로 진행된다. 처음에 사건들이 있었다. 나중에 가서야 결과가 나타났다.

차 례
Rites of spring

서부전선 _006
시작하며 _008

프롤로그 베네치아 _017

1막

제1장 파리 _027

비전 》 1913년 5월 29일 》 샹젤리제 극장 》 댜길레프와 발레뤼스 》 반란 》 대립과 해방 》 관객 》 성공으로서의 스캔들

제2장 베를린 _103

베르 사크룸 》 서곡 》 테크닉 》 수도 》 문화 》 문화와 반란 》 문화로서의 전쟁

제3장 플랑드르 벌판 _165

낯선 땅 한 귀퉁이 》 8월의 포성 》 땅 위의 평화 》 그 이유는 》 빅토리안 종합 》 차에 넣을 꿀이 아직 남아 있는가?

2막

제4장 전쟁의 제전 _235

배틀 발레 》 테마 》 가치 전환

제5장 광기 안의 이성 _287

그들은 이유를 따질 수 없었다 》 의무

제6장 성스러운 춤 _325

전쟁의 신 》 무리

제7장 내면으로의 여행 _351

예술로서의 전쟁 》 형식으로서의 예술 》 예술과 도덕률 》 아방가르드

3막

제8장 나이트 댄서 _405

새로운 그리스도 》 스타 》 우리 잊지 말자 》 순회와 상징 》 신세계와 구세계 》 연상들

제9장 기억 _461

전쟁 붐 》 죽음의 삶 》 명성 》 구름 곡예사

제10장 끝없는 봄 _501

독일이여, 깨어나라! 》 희생자 영웅 》 삶으로서의 예술 》 현실로서의 신화 》 끝없는 봄이다!

감사의 말 _552
주 _555
참고 자료 _585
찾아보기 _588

프롤로그
베네치아

나는 베네치아 한숨의 다리 위에 서 있었다.
양손에 궁전과 감옥을 쥔 채.
_바이런 경(1818)

베네치아. 도제Doge(총독)의 도시, 화려한 르네상스의 도시, 석호와 물에 비치는 이미지와 그림자의 도시인 베네치아는 상상의 도시다. 그곳은 헤아릴 수 있는 시간마저 초월한 영혼들의 도시다. 감각의 도시이면서 동시에 내면 성찰의 도시다.

거울과 신기루를 간직한 베네치아는 리하르트 바그너가 삶과 사랑, 죽음을 고통스럽게 찬미하는 오페라 「트리스탄과 이졸데」의 영감을 얻은 곳이다. 또한 1883년 2월 그가 사망한, 대운하가 내려다보이는 벤드라민 칼레르기 저택이 있는 장소다. 베네치아는 세르게이 파블로비치 댜길레프가 가장 좋아한 도시이기도 하다. 그는 1929년 8월 리도의 뱅 드 메르 그랜드 호텔에서 세상을 떠났다. 바그너는 자신의 그랜드 오페라에서 모든 예술을 하나로 합치려 했고, 댜길레프 역시 자신의 그랜드 발레에서 모든 예술을 하나로 합치려 했다. 한 명은 창조했고, 다른 한 명은 제작했다. 둘 다 그들 시대의 상징이었고, 베네치아에서 영감을 얻었다. 두 사람 다 죽기 위해 베네치아로 왔다.

댜길레프는 1872년 3월, 러시아 노브고로드 지방의 군대 막사에서 태어났다. 아버지는 제정 근위대의 장교로서, 헌신적이고 충성스러운 차르의 종복이었다. 댜길레프는 열여덟 살인 1890년에 사촌이자 연인인 드미트리 필로소포프와 함께 처음으로 베네치아를 찾았다. 1909년에 그는 젊은 폴란드 무용수 바슬라프 니진스키와 처음으로 함께한 멋진 파리 공연을 마친 후, 니진스키를 베네치아로 데리고 갔다. 당시 댜길레프는 37세였고, 니진스키는 21세였다. 발레단 단장 댜길레프와 그의 젊은 새 연인 바슬라프는 뱅 드 메르 호텔에 머물렀다. 바슬라프는 자주 수영하러 갔고 일광욕도 즐겼지만 댜길레프는 구경만 했다. 그는 공공장소에서는 절대로 수영을 하지 않았다.

그리고 2년 후인 1911년, 댜길레프보다 세 살 어린 토마스 만 역시 이 뱅 드 메르 호텔에 머물렀다. 그는 젊은 시절 자신의 예술적 감수성에 가장 큰 영향을 끼친 사람으로 바그너를 꼽았으며 1902년 켈트의 전설 속의 기사 트리스탄을 주제로 한 단편 소설을 쓴 인물로, 뱅 드 메르 호텔에 머무르고 얼마 후에 중편 소설 『베네치아에서의 죽음』을 완성했다. 소설의 주인공이자 뮌헨에서 온 유명한 소설가 구스타프 아센바흐 역시 사람들 앞에서 수영하지 않았고, "세상에서 가장 비현실적인 이 도시"[1]와 폴란드 소년 타지오를 사랑했다. 아센바흐는 해변에 앉아 완벽한 미의 상징인 이 폴란드 소년을 찬탄하며 바라보곤 했다. 그리고 찬탄이 정열로 바뀌는 동안 베네치아로 아시아의 콜레라가 침습한다.

댜길레프처럼 아셴바흐도 슐레지엔의 작은 지방 도시에서 태어났다. 댜길레프처럼 그도 공무원, 그러니까 사법부 고위 관리의 아들로 태어났고 그의 집안 역시 장교와 판사, 공무원이 넘쳐났다. 댜길레프처럼 아셴바흐도 리도에 있는 뱅 드 메르 그랜드 호텔에 묵었다.

긴 아침이면 그의 무거운 시선은 소년에게 무분별하게 머문 채 떠날 줄 몰랐다. 밤이 찾아오면 그는 부끄러움도 잊은 채 소년을 쫓아 무시무시한 죽음이 활보하는 도시의 좁은 골목을 헤맸는데, 그럴 때면 도덕법칙은 무너져 잔해만 남고 기괴하고 소름 끼치는 것만이 희망의 손길을 내미는 것 같았다.

타지오가 떠나는 날 아침, 아셴바흐는 그가 또 다른 외국인 소년인 건장한 야치우와 해변에서 싸우는 광경을 목격한다. 타지오는 금방 굴복했다. "그는 다른 소년을 떼어내기 위해 이따금 몸을 뒤척이다가 가만히 엎드려 있었고 이내 힘없이 꿈틀거리기 시작했다." 몇 분 뒤, 아셴바흐는 죽었다.

몇 분이 지난 뒤, 의자에 앉은 채 쓰러진 늙은 남자를 도우러 누군가가 황급히 달려왔다. 사람들은 남자를 그의 객실로 옮겼다. 그리고 해가 지기 전, 세상 사람들은 존경하는 작가의 충격적인 사망 소식을 들었다.

만의 소설을 잘 읽었던 댜길레프는 가까운 친구들에게 그 책을 선물로 줬다. 1924년 7월, 안톤 돌린은 생일 선물로 그 소설책을 받았다.

1929년 8월, 57세의 댜길레프는 그의 예술적 후원을 거쳐간 숱한 인물 가운데 최신 사례인 16세의 이고르 마르케비치와 함께 뮌헨에서 「트리스탄과 이졸데」 공연을 관람한 뒤 혼자 베네치아의 뱅 드 메르 호텔로 돌아왔다. 며칠 후, 근래에 댜길레프의 연인이었던 보리스 코츠노와 세르주 리파르가 그와 합류했다. 당뇨병을 앓던 댜길레프는 8월 19일에 사망했다. 코츠노, 리파르와 함께 미샤 세르트가 임종을 지켰다. 간호사가 사망 선고를 내리자, 끔찍한 비명을 지르며 코츠노가 리파르에게 와락 달려들었고 곧 서로 물고 뜯고 걷어차는 지독한 몸싸움이 벌어졌다. 미샤는 이 장면을 두고 "두 마리 미친개가 주인의 시신을 두고 싸우고 있었다"라고 언급했다.[2] 이틀 뒤, 댜길레프의 시신은 곤돌라에 실려 장지인 산미켈레섬에 묻혔다. 묘비에 새겨진 비문은 다음과 같다.

Venise, Inspiratrice Éternelle de nos Apaisements
(베네치아, 우리에게 약속된 끝없는 영감)
SERGE DE DIAGHILEV
1872-1929

세르게이 댜길레프와 토마스 만은 한 번도 만난 적이 없었던 것으로 보인다. 그러나 한 사람의 삶과 또 다른 사람이 자아낸 상상은 분명히 놀라울 정도로 겹친다. 이는 의식적으로 의도한 것도 아니고, 우리가 확실히 설명할 수도 없는 그런 우연의 일치다. 그러나 만약 우리가 단선적 인과관계라는 제한된 세계에서 한발 물러나 원인보다는 맥락과 합류의 측면에서 생각한다면, 베네치아와 바그너를 비롯한 여러 영향력이 20세기 미학적 세계의 두 거인이라고 할 수 있는 만과 댜길레프의 상상력에 작용했음을 부인할 수 없다. 다시 말해, 한 명은 특정한 소설을 창작하고, 또 다른 한 명은 실제로 그 소설 내용처럼 살아가도록 이끈 영향력이 존재했다는 소리다.

여기서 만의 소설이 댜길레프의 삶만큼 현실적인가 하는 물음이 나온다. 하인리히 만은 동생의 중편 소설에 대한 비평에서 『베네치아에서의 죽음』의 핵심 주제는 "어느 것이 먼저 오는가? 현실인가 시인가?"라고 봤다.[3] 1930년 그의 작품 『인생 스케치』에서 토마스 만은 『베네치아에서의 죽음』의 '내재적 상징성과 작품의 정직함'을 거론하며 '그저 현실에서 가져온' 이야기임을 강조했다. 그는 배경이나 캐릭터, 사건, 그 어느 것도 지어낸 것이 아니라고 주장했다. 나중에 타지오는 실제로 베네치아에서 휴가를 보내던 브와디스와프 모스라는 소년이었다는 것이 확인됐다. 또한 야치우는 야네크 푸다코프스키라는 소년이었다. 아셴바흐는 1911년에 죽은 구스타프 말러와 눈에 띄게 닮았다. 자전적 요소와 상상적 경험의 융합이 예술 전반에서 두드러지는 토마스 만은 자신의 중편 소설을 '결정체'라고 했다.[4]

그렇다면 어디서 허구가 끝나고 현실이 시작되는가? 어쩌면 그런 질문을 던지는 것 자체가 잘못된 안티테제의 상정일 수도 있다. 만에게 있어 외부세계는 오직 예술적 원천으로서만 관심 대상이었다. 삶은 예술에 부차적이었다. 그리고 댜길레프는 허구적 캐릭터의 삶, 데제생트 공작*이나 샤를뤼스 남작**으로 위장한 현대판 라스티냐크***

같은 삶을 살려 했다. 세기의 전환기에 테오도어 헤르츨은 "많은 사람이 믿는 것과 달리 꿈은 행위와 크게 다르지 않다. 인간의 모든 활동은 꿈에서 출발해 나중에 다시금 꿈이 된다"라고 썼다. 그리고 대략 비슷한 시기에 오스카 와일드는 그 주제에 대해 특유의 도발적인 견해를 드러냈다. "사람은 일종의 허구가 되는 삶을 살아야 한다. 사실이 되는 것은 실패하는 것이다."[5] 마르셀 뒤샹은 이와 반대되는 의도를 가졌음에도 불구하고 자신의 작품에 실재하는 물건들을 집어넣음으로써 예술과 삶 사이의 경계를 흐리게 했다. 만 레이는 자신의 사진에서 유럽인의 얼굴과 아프리카 가면을 병치시킴으로써 시간과 문화, 역사를 혼합했다. 트루먼 커포티와 노먼 메일러는 '논픽션 소설'을 썼고, 톰 울프는 그의 '신저널리즘'으로 어느 비평가가 '사실들의 우화'[6]라고 부른 것을 독자들에게 소개했다. 만약 우리 세기 미학에 단 하나의 중심적인 주제가 있다면 상상의 삶과 행위의 삶은 동일하다는 점이다.

  정말 그럴까? 그러한 융합은 20세기 예술가가 스스로를 정당화하는 가정에 불과한 것 아닐까? 셸리의 "시인은 세계의 공인되지 않은 입법자"라는 말의 현대판 표절이 아닐까? 어쩌면 그 주장 속에 약간의 진실이 있을지도 모른다. 18세기의 상당 부분과 19세기 전반에 걸쳐, 사고의 영역은 행위의 세계 및 사회적 현실과 더 뚜렷하게 구별됐다. 이 두 영역은 도덕관념, 사회적 도덕률에 의해 분리되어 있었다. 사

---

* 19세기 프랑스 소설가 조리스 카를 위스망스의 소설 『거꾸로』의 주인공.
** 프랑스 소설가 마르셀 프루스트의 『잃어버린 시간을 찾아서』에 나오는 등장인물.
*** 프랑스 소설가 발자크의 『고리오 영감』에 나오는 등장인물.

고는 기독교와 인본주의로부터 나온, 일련의 도덕 원리들로부터 생겨날 가능성이 컸다. 행위와 행동도 그러한 도덕 원리들에 따라 해석돼야 했다. 사고와 행동 간의 그 완충 장치인 긍정적 도덕률은 20세기에 해체됐고, 그 과정에서, 그리고 우리 시대의 거대한 낭만주의와 비합리주의 속에서 상상과 행위는 함께 움직였으며 심지어 하나로 융해됐다.

감각이 전부다. 유령은 실재가 됐고, 실재는 유령이 됐다. 실제로 존 러스킨은 베네치아를 '유령'이라고 묘사했다.

> 바다의 사주砂洲 위에 너무나 약하게—너무나 고요하게—아름다움을 제외한 모든 것을 잃어버린 채 서 있는 도시를, 석호의 신기루에 아른거리는 그 물그림자를 바라보고 있노라면 어느 쪽이 진짜 도시이고, 어느 쪽이 그림자인지 의심하는 것도 당연하리라.[7]

프리드리히 니체는 우리 모두가 베네치아인이 될 것이라고 예언했다. "수백 개의 고독이 베네치아시를 이룬다—그것이 바로 베네치아의 마법, 미래 인류의 상징이다."[8]

1986년, 베네치아가 무서운 속도로 바다에 잠겨가고 있을 때, 「미래주의와 미래주의자」라는 제목의 300만 달러짜리 사치스러운 전시회가 대운하의 그라시 궁전에서 열렸다.

1막

제 1 장

파리

나는 새로운 성찰을 통해, 사태는 예술가가 앞장서고 과학자가 그 뒤를 따르며 전진해야 한다는 것, 그리고 산업가는 이 두 집단 뒤에 와야 한다는 것을 깨달았다.
-앙리 드 생 시몽(1820)

나는 춤추는 여자들의 등과 같은 특정한 신체적 아름다움에 매우 민감하며 그들로부터 일종의 지상 낙원을 만들어낸다. 살아가기 위해서 나는 춤에 가까이 있어야 한다. 니체가 한 말 같은데 "만약 신이 춤을 춘다면 나는 신을 믿을 것이다".
-루이 페르디낭 셀린

누가 이 고약한 「봄의 제전」을 썼는가?
그가 이런 것을 쓸 권리가 어디 있는가?
딱한 우리 귀에 대고
그 우당탕, 쿵쾅쿵쾅 소음을 집어던질 권리가.
-『보스턴 헤럴드』 신문에 날아온 독자 투고(1924)

비전

이고르 스트라빈스키가 들고 있는 대본에는 다음과 같은 내용이 적혀 있다.

「봄의 제전」은 음악 무용 작품이다. 이는 이교도 러시아를 나타내며, 음악과 무용은 거대하게 밀려드는 봄의 창조력과 신비라는 한 가지 아이디어로 통합된다. 이 작품에는 플롯이 없다. (…)
1부: 대지의 입맞춤. 봄의 축제 (…) 피리꾼들은 피리를 불고 젊은이들은 앞날을 점친다. 노파가 입장한다. 노파는 자연의 신비와 미래를 예측하는 법을 안다. 얼굴에 색을 칠한 처녀들이 강에서 나와 한 줄로 입장한다. 그들은 봄의 춤을 춘다. 놀이가 시작된다. (…) 사람들은 두 편으로 나뉘어 서로 겨룬다. 늙은 현자들의 성스러운 행렬. 최연장자이자 가장 현명한 이가 봄의 놀이를 가로막아 중단시킨다. 사람들은 놀이를 멈추고 두려움에 떤다. (…) 늙은이들은 봄의 대지를 축복하고 (…) 사람들은 열정적으로 춤을 추며 대지를 신성하게 하여 대지와 하나가 된다.

2부: 크나큰 희생. 처녀들은 밤새도록 원을 그리며 걸으면서 신비한 놀이를 계속한다. 처녀 가운데 한 명이 한없이 빙글빙글 도는 춤에서 두 번 붙잡히면서, 운명에 의해 두 차례나 제물로 지목된다. 처녀들은 혼례의 춤을 추면서 선택받은 자에게 예를 표한다. 그들은 조상들을 불러내고 선택받은 자를 늙은 현자들 가운데 한 명에게 맡긴다. 그녀는 노인들이 있는 자리에서 거대한 성스러운 춤, 그 거대한 희생 제의에 자신을 바친다.[1]

1913년 5월 29일

1913년 5월 29일 밤, 샹젤리제 극장에서 열린 「봄의 제전」 초연을 묘사한 이들은 아주 많다. 가브리엘 아스트뤼크, 로몰라 니진스키, 이고르 스트라빈스키, 미샤 세르트, 마리 랑베르, 브로니슬라바 니진스카, 장 콕토, 칼 밴 벡턴, 발랑틴 그로스가 바로 그런 인물들이다. 그들의 이야기는 중요한 세부 사항들에서 상당한 차이가 있다. 그러나 초연이 엄청난 파문을 불러일으켰다는 사실에서만큼은 모두의 의견이 일치한다.

그날 저녁, 8시 45분 공연 시각에 맞춰 도착한 많은 관객은 대단히 우아했다. 모두가 흥분한 상태였다. 몇 주 동안이나 러시아 발레단이 새로운 파리 공연을 위해 준비한 예술적 여흥에 대해 소문이 파다했다. 사전 홍보는 파리 관객들이 '진짜 예술' '진정한 예술' 그리고 시공을 초월한 예술을 경험하게 될 것이라고 선전했다. 좌석 가격이 두 배로 뛰었다. 기대감이 충만했다. 니진스키가 안무를 맡고 춤을 춘 드뷔시의 「놀이」는 현대 의상(그 당시 운동복이라고 할 수 있는 옷)을 입고 공연된 최초의 발레인데, 초연 때부터 현대 예술에 동조적인 사람들조차 반응은 차가웠다. 사람들은 새로운 베스트리스[*]로 일컬어지는 니진스키한테서 뛰어난 기교를 기대했지만, 많은 이가 니진스키가 유치한 동작만 선보였다고 생각했다. 앙리 키타르는 『피가로』지에서 이 공연을 "억지로 꾸며낸 엉터리 시도"라고 평가하며 관객들은 그냥 음악만 들었으면 더 좋아했을 것이라고 썼다.[2] 그러나 이제 많은 사람은 「봄의 제전」이 「놀이」에 대한 실망을 보상해줄 것이라 생각했다. 또한 동양의 향락적인 주연(酒筵)과 이국적 풍물로 파리 상류사회와 예술가 및 지식인 집단을 매료시킨 '러시아 시즌' 때와 같은 선풍적인 충격과 황홀한 마법을 되살려주리라 기대했다.

이날 저녁 극장 앞에서는 파리 상류사회의 모습이 여실히 드러났다. 흑백 연미복과 플러시 천을 씌운 극장의 자주색 실내 장식을 배경으로, 티아라가 반짝거리고 실크가 하늘거렸다. 화려하게 차려입은 사회적 속물들뿐만 아니라 평상복을 입고 온 미학적 속물들도 있었다. 일부는 머리에 뱅도를 두르거나 부드러운 천 모자를 썼는데, 이는 상류계급의 딱딱한 토퍼나 중산모에 대비된 반항의 표시로 여겨졌다. 가브리엘 아스트뤼크는 그가 "부드러운 천 모자를 쓴 몇몇 급진적 스트라빈스키파"[3]라고 부른 이들을 포함해, 그날 러시아 발레단의 열

---

[*] 오귀스트 베스트리스August Vestris는 19세기 유명한 남자 발레 무용수다.

성 팬이 대략 50명 정도 있었다고 말했다. 장발과 턱수염, 콧수염을 기른 사람도 넘쳐났다. 모자를 썼든, 수염이 무성하든 간에 이날 초연 및 이와 유사한 문화 행사에 참석한 유미주의자 무리를 두고, 콕토는 "그들은 오로지 박스석의 사람들에 대한 경멸을 드러내기 위해 참신한 것에 무턱대고 박수갈채를 보냈다"고 말했다.[4] 한마디로, 썰렁한 반응에 대비한 박수 부대가 대기하고 있었다는 뜻이다.

그렇지만 1913년에 복장이 예술적 취향이나 여타 성향을 구분할 수 있는 확실한 수단은 아니었다. 예측 불가능성이야말로 가장 영리한 패션이었다. 「봄의 제전」의 후속 공연에서 거트루드 스타인은, "전통과 혁신 간의 이 오랜 반목에 대한 재판관"을 자처했던 시인 기욤 아폴리네르가 아래층 좌석에 앉아 있는 것을 보게 된다.

> 야회복을 갖춰 입은 그는 대단해 보이는 귀부인들의 손등에 열심히 입을 맞추고 있었다. 그는 자기 무리 가운데 처음으로 넓은 세상으로 나와 야회복을 입고 손등에 입을 맞춘 사람이었다. 우리는 그의 그런 모습을 보고 무척 즐거워하고 재미있어했다.[5]

달리 말해, 충격과 놀라움이야말로 궁극의 멋이었다.

복장과 상관없이 그날 저녁, 초연을 보러 온 관객들은 콕토의 말대로 "그들을 위해 쓰인 역할"을 연기했다. 그럼 그 역할이란 무엇인가? 물론 관객의 역할이란 아연실색하는 것이었지만 한편으로 아연실색게 하는 것이기도 했다. 「봄의 제전」을 둘러싼 대소동은 작품 자체에 대한 관객의 반응인 만큼, 그날 자리를 함께한 다른 관객에 대한 반응이기도 했다. 아마 무대 위의 무용수들은 때로 누가 공연자이고 누가 관객인지 헷갈렸을 것이다.

도입부 첫마디에 구슬픈 바순 선율이 들리자마자 먼저 휘파람 소리와 함께 관객의 항의가 시작됐다. 막이 오르고 무용수들이 무대에 등장해 펄쩍펄쩍 뛰어오르고 기존 관습에 반하여 발끝을 바깥쪽이 아닌 안쪽으로 한 채 걸어다니자 관객석에서 야유와 고성이 들려왔다. 『피가로』의 앙리 키타르는 드뷔시의 「놀이」를 가리키며 "이미 사람들을 한번 골탕 먹인 뒤에"라고 운을 뗀 후 "똑같은 농담을 그렇게 거친 방식으로 또 하는 것은 그리 품위 있는 취향이 아니다"라고 썼다.⁶ 가장 생동감 넘치고 가장 유려한 예술 형식인 발레를 그로테스크하게 희화화하는 것은 관객의 고상한 취향과 예술적 신조에 대한 모독이었다. 그것이 반대파들의 생각이었다. 그들은 불쾌했다. 그들은 야유를 보냈다. 박수는 야유에 대한 공연 옹호자들의 대응이었다. 그렇게 싸움이 시작됐다.

몇몇 사람은 서로 모욕적인 언사를 주고받았다. 주먹질도 오갔다. 나중에 명예를 회복하기 위해 결투하는 시늉이라도 하려고 명함도 오갔을지 모른다. 로몰라 니진스키의 멜로 드라마틱한 주장대로 이튿날 아침 정말로 결투가 치러졌는지, 사교계의 귀부인이 남자의 얼굴에 실제로 침을 뱉었는지, 혹은 콕토의 말대로 푸르탈레스 백작 부인이 머리에 쓴 보석관이 비뚤어진 채 부채를 흔들며 "내 육십 평생에 누군가 감히 나를 갖고 놀려 한 적은 이번이 처음이야"라고 외쳤는지, 이 모든 세부 사항은 소동의 의미 위에 떠 있는 거품에 불과하다. 흥분과 격노가 넘쳐났다. 분명 오케스트라의 연주 음악은 때때로 객석의 소음에 거의 잠기고 말았을 것이다.

그런데 정말로 소음에 완전히 잠겨버렸을까? 어떤 이들의 말에 의하면, 도입부 몇 마디 이후부터 오케스트라 연주자들과 지휘자인 피에르 몽퇴를 제외하고는 아무도, 심지어 무용수들조차 음악을 듣지 못했다고 한다. 처음에는 콕토, 나중에는 스트라빈스키가 무대 맨 끝에 놓인 의자 위에 서서 무용수들에게 숫자를 외치며 박자를 알려주는 니진스키의 모습을 묘사했다.[7] 그러나 니진스키가 리허설 동안에도 꾸준히 그렇게 한 이유는 안무가 어렵고, 그 발레 음악에 관습적인 리듬이 없어서 그런 것이지, 콕토나 스트라빈스키가 우리에게 그런 인상을 심어주려 한 것처럼 무대 위 무용수들이 오케스트라의 음악을 듣는 데 어떤 어려움이 있어서는 아니었다. 자기가 그린 발레뤼스의 스케치가 그날 저녁 극장 로비에 전시된 발랑틴 그로스는 우리에게 재미나지만 살짝 터무니없는 설명을 들려준다.

> 나는 무대 위뿐만 아니라 무대 뒤에서 벌어지는 쇼도 놓치지 않았다. 나는 중앙 박스석 사이에 서 있었는데 친구들과 함께 박수를 보내면서 혼란의 소용돌이 한가운데서도 아주 편안했다. 분명 저곳에서는 보이지 않는 안무가의 법칙을 묵묵히 따르며, 이 제대로 듣지 못하는 연주자들과 귀가 먹먹한 무용수들을 하나로 유지하기 위해서 틀림없이 어떤 어마어마한 투쟁이 벌어지고 있었으리라. 발레는 기가 막히게 아름다웠다.[8]

그녀가 여기서 그리는, 연주 소리가 들리지 않는 연주자들과 음악이 들리지 않는 무용수들의 모습 속에 추상적이고 우스꽝스러운 특징이 있지 않은가? 본인이 암시한 대로 음악은 들리지 않았고 또 무용수들이 어떤 박자에 맞춰서 춤을 추는지 몰랐는데도 발랑틴 그로스는 발레가 "기가 막히게 아름다웠다"고 하지 않는가? 과연 그녀는 눈앞에서 공연되는 작품을 통해 보고 들은 것에 반응했던 것일까, 아니면 재미난 이 사건 전체에 사후적으로 반응했던 것일까?

현대 극작가의 손길은 칼 밴 벡턴의 묘사에도 드러난다. 그는 『뉴욕타임스』의 음악 및 무용 비평가로, 이 분야 쪽에서는 미국 최초의 인물이라고 할 수 있었는데, 1913년에는 『뉴욕프레스』의 연극 비평가로 유럽에 가 있었다. 몇 달 전에 그는 메이블 도지가 뉴욕에서 유명한 살롱을 여는 것을 도왔다. 그는 「봄의 제전」 초연에 대해 "도입부 몇 마디 연주에 이어, 야유와 쉿쉿거리는 소리가 뒤따랐다"라고 썼다.

> 그다음 새된 외침이 터져나오자 이에 대한 응수로 박수갈채가 쏟아져 나왔다. 우리는 예술(일부는 그것이 예술이라고 생각했고 일부는 아니라고 생각했다)을 놓고 전쟁을 치르고 있었다. (…) 마흔 명 남짓한 항의자들이 극장 밖으로 쫓겨났지만 그래도 소란을 멈출 수는 없었다. 객석의 조명이 모조리 켜졌지만 소음은 계속됐고, 객석의 환한 조명에 비해 어두워진 무대 위에서 펼쳐지는 종교적 히스테리 한가운데서 마드무아젤 필츠(희생 제물로 선택된 처녀)가 마치 화가 난 남녀 군중의 혼란스러운 괴성을 반주 삼기라도 한 듯 이상한 춤을 춘 것이 기억난다.[9]

객석의 소음에 맞춰 춤을 추는 무용수의 이미지는 멋지고 강렬하다. 관객은 발레단만큼 이 유명한 공연의 일부였다. 그리고 쫓겨난 항의자들은 대체 어느 편이었을까? 마흔 명이라고? 분명히 그 정도 숫자라면 그들을 극장 밖으로 내보내기 위해 극장 안전 요원 전부가 동원돼야 했을 것이다. 하지만 심지어 극장 지배인인 가브리엘 아스트뤼크조차 그러한 조처를 할 극장 직원이 있었다거나 그런 대규모 관객 철수가 있었다고 언급하지 않는다. 게다가 브로니슬라바 니진스카는 밴 벡턴의 묘사와는 반대로 마리아 필츠의 '선택된 처녀의 춤'은 비교적 조용하게 지나갔다고 주장한다.[10]

초연이 열리는 밤의 소동에 대해 밴 벡턴이 또 다른 지면에 묘사한 내용을 보면, 세부 사항과 관련하여 그는 믿을 만한 정보원이 못 된다는 것을 알 수 있다. 그는 「봄의 제전」 첫 공연과 두 번째 공연을 모두 관람했고, 좋게 표현하자면 아마 그 두 차례 공연에서 일어난 사건을 헷갈려한 듯하다.

> 나는 박스석에 앉아 있었다. 세 숙녀분이 내 앞에 앉아 있었고 내 뒷좌석은 한 젊은이가 차지하고 있었다. 그는 발레가 공연되는 동안 무대를 더 똑똑히 보기 위해 자리에서 일어났다. 음악의 강한 힘 덕분에 그가 경험하는 강렬한 흥분이 어떤 것인지가 이내 밖으로 드러나, 그는 리듬감 있게 주먹으로 내 머리를 치기 시작했다. 내 감정도 아주 강렬하여 한동안 나 역시 타격을 느끼지 못했다. 그의 주먹질은 음악의 박자에 완벽하게 조화됐다. 잠시 후, 나는 내 머리에 떨어지는 타격을 느끼고 뒤를 돌아봤고 그는 진심으로 미안하다고 사과했다. 우리 둘 다 저도 모르게 공연에 완전히 빠져 있었던 것이다.[11]

이 설명을 보면 그의 귀에 틀림없이 음악이 들린 모양이다! 밴 벡턴은 자신의 묘사가 시끌벅적했던 첫날 밤 공연을 묘사한 것이라고 주장하고 싶겠지만, 우리는 이미 거트루드 스타인의 말을 통해 그녀가 밴 벡턴 앞에 앉아 있었던 '세 숙녀분' 가운데 한 명이고, 그녀는 월요일 밤에 있었던 두 번째 공연만 관람했다는 사실을 알고 있다. 그리고 그해 5월과 6월, 파리에서 네 차례나 열린「봄의 제전」공연을 전부 관람했던 발랑틴 그로스에 따르면 초연 날과 같은 밤의 전투는 되풀이되지 않았다. 다시 말해, "우리는 아무 소리도 들을 수 없었다. (…) 공연 내내 말 그대로 아무런 음악 소리도 들을 수 없었다"[12]라고 한 거트루드 스타인의 말 역시 딱히 다른 이야기보다 더 믿을 게 못 된다는 뜻이다. 말 그대로라고? 100개가 넘는 악기가 동원되어 이루어진 연주를 전혀 들을 수 없었다고? 거트루드 스타인은 앨리스 B. 토클러스*와 함께 집으로 돌아갔고 그 발레에 관해 아무런 글도 쓰지 않았지만, 그 대신 같은 박스석에 있던 낯선 사람인 칼 밴 벡턴에 영감을 받은 시 「한 사람The One」을 썼다. 어쩌면 그냥 그녀가 음악을 듣고 있지 않았을지도 모른다.

그럼 우리는 대체 누구의 말을 믿어야 할까? 가브리엘 아스트뤼크는 회상록에서 초연 날 밤 공연이 시작되고 얼마나 지나지 않아 자신이 박스석에서 일어나 "우선 들어보고 휘파람은 나중에 불어도 됩니다!Ecoutez d'abord! Vous sifflerez après!"라고 외쳤으며, 그 즉시 마치 넵튠의 삼지창에 반응하는 폭풍처럼 관객의 소란이 잦아들었다고 주

---

* 거트루드 스타인의 애인으로, 나중에 스타인은 토클러스를 대신해 『앨리스 B. 토클러스의 자서전』이라는 작품을 썼다.

장한다. 그러고 나서 "작품의 종결부는 확실히 조용한 분위기에서 들을 수 있었다"고 한다. 여러 회상록에서 명백히 상충하는 내용이 드러남에도 불구하고, 이 모순적 설명들은 1913년 5월 20일 초연 날 밤을 묘사하는 2차 저작물에서 무차별적으로 인용됐다.

그럼 그 당시 언론 보도는 어땠을까? 당시 신문 기사들도 공연에서 정확히 무슨 일이 일어났는지 파악하는 데 회상록보다 더 믿을 만한 것이 못 된다. 그 기사들은 엄밀한 의미에서 기자가 아니라 공연에 참석한 비평가들이 작성한 것이고, 따라서 관객들의 평을 가른 것과 유사한 선입견이 담긴 태도를 고스란히 드러낸다. 또한 비평가들의 전문 분야를 반영한 비평적 지적들은 니진스키의 안무보다는 스트라빈스키의 음악에 더 철저하게 적용됐는데, 이 점만 봐도 음악의 상당 부분이 실제로 제대로 들렸다는 것을 암시한다.

그렇다면 이 모든 혼란스러운 설명이 시사하는 바는 무엇일까? 소동은 작품 그 자체보다 관객 내 대립하는 분파들, 그리고 예술에 대한 그들의 선입관과 편견, 기대로 인해 야기됐음을 보여주는 증거임이 충분하지 않은가? 앞으로도 더 살펴보겠지만, 작품은 그런 긴장과 갈등을 이용하기는 했지만 이를 일으켰다고 할 수는 없다. 회상록 저자들의 묘사와 비평가들의 기록은 음악과 발레보다는 오히려 소동에, 예술보다는 사건에 파묻혀 있다. 목격자들 누구도 그날 공연의 나머지 프로그램이었던 「레 실피드Les Sylphide」 「장미의 환영Le Spectre de la Rose」 「이고르 공Prince Igor」에 대한 반응이 어땠는지 일언반구도 하지 않았다. 어떤 사람들은 거트루드 스타인처럼 이 20세기 초의 '해프닝'에 사후적으로나마 흠뻑 빠졌는지 분명히 그 자리에 있지도 않았으면서 마치 있었던 것처럼 넌지시 내비치기도 했다. 과연 그들을 비난할 수 있을까? 그날 밤의 관객이었다는 사실은 단순히 하나의 공연에 참석했다는 것만이 아니라 현대 예술의 탄생에 함께했다는 것에 의미가 있고, 그런 점에서 관객의 반응은 예술을 선보인 사람들의 의도만큼 그 예술의 의미에 중요했으며 지금도 중요하다. 예술은 합리성과 교훈, 도덕적 목적을 초월한다. 예술은 도발과 이벤트가 됐다.

따라서 장 콕토는 「봄의 제전」의 타악기 어법과 매우 잘 맞아떨어지는 스카타토 스타일의 산문으로 우리에게 초연 날 밤에 대한 지워지지 않을 이미지를 제공했지만, 자신이 '객관적' 진실보다 '주관적' 진실에, 실제로 일어난 일보다 자신이 느끼고 상상한 것에 더 관심이 있었음을 서슴없이 인정했다. 그는 「봄의 제전」 공연 뒤에 일어난 일에 대해, 자신이 새벽 2시에 스트라빈스키, 니진스키, 댜길레프와 함께 불로뉴 숲으로 차를 타고 나갔고, 댜길레프가 눈물을 줄줄 흘리며 푸슈킨을 암송하기 시작했다는 주장을 했다. 하지만 그의 회상은 스트라빈스키에 의해 부인됐으며, 그것은 연극과 시, 산문이 결합된 창작품이었다. 물론 다른 목격자들 대다수의 이야기 역시 다 이와 비슷하다.

발랑틴 그로스가 제시하는 이미지도 마찬가지로 문학적이다. 작곡가 모리스 들라주는 "분개하여 홍당무처럼 벌게졌고", 모리스 라벨은 "싸움닭처럼 살기등등"했으며, 시인 레옹 폴 파르그는 "야유를 보내는 박스석에 신랄한 발언을 쏟아내고" 있었다. 작곡가 플로랑 슈미트는 파리 제16구의 사교계 귀부인들을 보고 "창녀들", 오스트리아-헝

가리 제국의 대사를 보고 "노땅"이라 불렀다고 한다. 누군가는 생상스가 자리를 박차고 나갔다고 주장했지만 스트라빈스키는 그가 공연에 참석하지 않았다고 말했다. 이 모든 것은 문학의 산물, 혹은 과장된 자의식과 기억의 발효 작용을 거쳐 허구로 탈바꿈한 사실일 뿐이다.

그러나 유미주의자들이 '퐁피에르les pompiers', 즉 무교양 속물이라고 부른 진영은 어떨까? 그들의 증언은 더욱 제한적이다. 비평 대부분은 공연 거의 직후에 언론에 쏟아져 나왔지만, 그것 역시 전적으로 이벤트에, 예술 그 자체보다는 예술의 사회적 함의에 매몰돼 있었다.

어디서 허구가 끝나고 어디서 사실이 시작되는가? 시끄러웠던 그날 밤은 그 시대의 상징이자 20세기의 지표로서 마땅히 한자리를 차지하고 있다. 초현대적으로 건립된 최신식 파리 샹젤리제 극장이라는 배경부터, 이 소동극의 핵심 관계자들의 사상과 의도를 거쳐, 관객의 소란스러운 반응에 이르기까지 「봄의 제전」의 공연 첫날 밤은 '모더니즘', 다시 말해 무엇보다 센세이셔널한 이벤트의 문화로서 모더니즘의 발전에서 획기적인 이정표였다. 이벤트를 통해 예술과 삶에서 관건은 에너지가 되며, 그 둘은 하나로 융합된다. 우리는 이 문화에서 관객의 설성석인 중요성을 고려하면서 「봄의 제전」의 더 넓은 맥락을 들여다봐야 한다.

샹젤리제 극장

몽테뉴가는 파리 제8구의 샹젤리제 극장과 알마 광장 사이를 가로지른다. 이곳은 19세기 말 파리의 재개발 지역으로, 1914년 이전에도 이미 부르주아 상류층에게 인기가 많은 장소였다. 몽소 공원, 샤요, 뇌이유, 파시 같은 곳과 더불어 그 지역에도 상류층이 제법 살았다. 샹젤리제 극장은 가로수 그늘이 드리운 몽테뉴가 13번지에 있는데, 그곳에서 오늘날 세계적으로 위대한 예술가들이 공연을 선보인다.

샹젤리제 극장은 일부에서는 "현대 프랑스 건축의 아버지"[13]로 여기는 오귀스트 페레의 작품세계를 잘 예시하는 건물이다. 1911년부터 1913년 사이에 건축된 샹젤리제 극장은 강화 콘크리트로 지어진 건물의 첫 세대에 해당된다. 페레는 벽돌과 석재 대신, 강철과 콘크리트라는 새로운 건축 자재를 이용하는 데 관심이 많았던 한편, 그가 생각하는 새로운 정직성과 단순성의 양식을 작품에 집어넣고 투영하고자 했다. 그는 동시대 건축가인 토니 가르니에와 함께 당시 지배적이었던 육중한 옛 복합 양식이나 틀에 박힌 장식과 겉치레만 많은 아르누보 양식에 반발했다. 건축 소재의 사용에서 깨끗한 선과 새로운 개방성은 필수였다. 가르니에는 "잘못된 원칙에 바탕을 둔 모든 건축처럼 고대 건축도 오류다. 오직 진리만이 아름답다. 건축에서 진리는 이미 알려진 소재를 가지고 이미 알려진 필요를 만족시키기 위해 수행된 계산의 결과다"라고 썼다.[14]

그 과시적인 시대에 가르니에의 이런 신조는 특히 독일과 오스트리아의 도시계획가 및 건축가들의 유사한 견해들과 공명하는, 대담하고 공격적인 공식이었다. 아돌프 루스는 "장식은 범죄다"라고 주장했다. 1908년, 오전에는 페레의 사무실에서 일하고 오후에는 공부하던 젊은 동료 가운데는 스무 살의 스위스인 샤를 에두아르 잔느레가 있었다. 하루는 페레가 훗날 르 코르뷔지에라는 이름을 쓰게 될 그 젊은이에게 베르사유 궁전을 구경하러 간 적이 있느냐고 물었다. 그랬더니 젊은 직원한테서 "아니요, 거긴 절대 안 갈 겁니다"라는 대답이 돌아왔다. "아니 왜?" "베르사유 궁전과 고전주의 시대는 데카당스일 뿐이니까요!"[15]

1902년에서 1903년까지 페레는 프랭클린가 25번지에 8층짜리 아파트를 지었는데 여기에 사용된 자재와 공간 효과는 가히 혁명적이었다. 밖으로 튀어나온 내닫이창의 두 기둥은 지지대 없이 공중에 걸려 있는 것처럼 보였고, 사각 패턴의 유리와 콘크리트의 과감한 활용은 시선을 집중시켰다. 파사드에는 약간의 부조浮彫 장식이 있었지만, 아르누보 양식처럼 시선을 끌어당기지는 않았다. 전통적인 사고방식에 젖은 프랑스 국립 미술학교, 에콜 데 보자르의 졸업생들은 이 새로운 건축작품을 그 놀라운 단순성 측면에서 예술이라기보다는 공학의 문제로 간주했다. 샹젤리제 극장도 이와 유사한 평을 받았다.

그 시대의 고급 선숙불 대부분은 별다른 상상력이 가미되지 않고, 그저 17세기나 18세기 건축 양식의 단순 모방에 불과했다. 17세기와 18세기의 건축 양식 자체도 처음에 이탈리아에서 부활했다가 북쪽으로 진출한 고전 양식에 바탕을 뒀다. 1900년 파리가 자축하던 국제 박람회를 위해 건립됐고 몽테뉴가 바로 근처에 있는 그랑팔레와 프티팔레의 혼합주의 양식은 이 모방 경향의 좋은 예라고 할 수 있다. 그와 비교해 샹젤리제 극장은 썰렁해 보이기까지 했다. 건물의 윤곽선은 깨끗하고 심지어 차가웠다. 매끄러운 표면과 날카로운 모서리로 이루어진 철근콘크리트 건물은 힘의 기운이 물씬 풍겼다. 프로그램 게시판 공간은 파사드에 자리한 네모난 창문과 입구 그리고 건물 외관을 유일하게 장식하던, 앙투안 부르델의 오트 릴리프hauts-reliefs로 조각된 패널과 완벽한 기하학적 균형을 이루었다. 현관에 풍부하게 사용된 대리석은 차가운 절제의 인상을 심화시켰다.

설계자들은 이것은 개인의 변덕스러운 착상을 반영한 것이 아니라 사회적 필요를 고려한 건축물이며, 겉치레와 위선이 아니라 진정성과 정직성에 충실한 작품이라고 주장했다. 그러나 다른 공공건물, 특히 샹젤리제보다 고작 40년 더 먼저 지어진 파리 오페라 극장과 비교했을 때 드러나는 이 건축물의 전반적인 수수함은 많은 사람에게 충격과 저항감을 안겨줬다. 게다가 주± 객석은 자주색과 금색으로 화려하게 꾸며지고, 모리스 드니의 프레스코화로 장식됐음에도 깔끔한 공간이라는 느낌을 줬다. 후기 인상주의의 이론가 가운데 한 명인 드니는 예술이 미메시스mimesis, 즉 모방을 통한 현실의 해석으로부터 멀어져야 한다고 촉구했다. 그는 "우리는 모방의 셔터를 내려야 한다"고 말했다.[16]

많은 이가 새 극장을 외국 문화의 영향을 받은 산물이라며 쉽게 비난했다. 하기야 오귀스트 페레는 벨기에의 브뤼셀 인근 지역인 익셀에서 태어났는데, 거긴 석공이었던 그의 아버지가 1871년 파리코뮌 때 루브르에 발포한 죄로 사형 선고를 받고 도망친 곳이었다. 그러니 페레의 집안은 당연히 프랑스의 전통문화에 적대적일 수밖에 없었다.

극장의 초기 설계에 관여했던 플랑드르 건축가 앙리 반 더 벨더도 영국 미술과 공예운동에 열중한 초창기 개혁가로, 자신이 '자유 미학'이라고 지칭한 개념을 발전시키며 순수미술에서 응용미술로 전환한 사람이었다. 그의 후원자는 대부분 독일인이었고 그도 독일에서 미술을 가르쳤다. 이러한 외국과의 연관성 때문에 미술가 J. L. 포랭은 새 극장을 "몽테뉴가의 체펠린 비행선"이라고 조롱했다. 다작의 미술 비평가 에밀 바야르는 극장을 보고 마치 "추모 기념비"가 연상된다고 말했고, 건축가 알퐁스 고세 역시 독일의 영향을 받았다고 암시하며 다음과 같이 건물을 비웃었다.

> 낭랑한 가창과 최면적 음악에 무척 민감한 독일인이 이런 종류의 격리된 공간을 받아들인다는 것은 이해가 갈 수도 있다. 하지만 밝은 조명과 엘레강스의 열렬한 팬인 파리지앵들한테는 어림도 없다!

즉, 샹젤리제 극장을 파리지앵의 고상한 취향과 쾌활함, 교양에 대한 건축적 모독으로 간주한다는 뜻이었다.[17]

독일에 대한 언급은 민족주의가 기승을 부리는 시대에 단순히 적에 내한 증오의 관점에서 설명될 수 있는 것이 아니다. 실제로 독일은 도시 성장의 불가피성과 산업을 수용함으로써 새로운 건축 양식의 발전을 선도했다. 비록 여전히 광범위한 반발에 직면해 있었지만, 이미 독일에서는 새로운 건축 미학이 소수의 개인만 끌어안았던 아방가르드 스타일의 한계를 벗어난 상태였다. 1910년대 후반에 이르자, 선도적인 다수의 미술 학교와 아카데미는 뒤셀도르프의 페터 베렌스, 브레슬라우의 한스 펠치히, 바이마르의 앙리 반 더 벨더처럼 진보적 사고를 지향하는 사람들의 지도하에 있었다. 1907년에는 독일 베르크분트Werkbund가 설립돼 모든 산업 제품에 품질과 유용성, 아름다움을 공격적으로 추구하면서 강한 영향력을 행사하고 한 세대 학생 전체에 심대한 자극을 주었는데, 그러한 자극을 받은 수혜자 가운데에는 발터 그로피우스와 루트비히 미스 판 데어 로에를 빼놓을 수 없다. 같은 해인 1907년, 독일의 거대한 전자기기 제조업체 아에게AEG는 페터 베렌스를 건축 자문으로 임명했는데, 이는 당시의 새로운 예술 관념이 어디까지 널리 퍼져 있었는지를 보여주는 지표인 셈이었다. 오스트리아에서의 발전 양상도 비슷했다. 이쯤 되면 많은 프랑스인의 눈에 오귀스트 페레가 대놓고 독일인들을 위해 일하는 사람은 아니라 해도, 정신적으로나마 독일인에게 고용된 공작원처럼 비친 사정이 이해될 것이다.

1914년 이전의 프랑스인들과는 달리, 자신은 외국인을 좋아하는 사람이라고 공공연히 밝힌 파리의 공연 기획가 가브리엘 아스트뤼크에게도 페레에게 쏟아진 것과 유사한 비난이 제기됐다.[18] 감정 과잉에 시달리는 유형으로, 서커스에 한결같은 애정을 쏟은 아스트뤼크는 회상록에서 자신의 업적을 신나게 늘어놓다가 범죄자 네 명이 단두대에서 처형되는 광경을 구경한 일화 역시 신나게 늘어놓는 사람이었다. 에스파냐 세파르딤*의 후손이자 대大 랍비의 아들인 그는 이녹 음악출판사 사장의 딸과 결혼하고, 음악 애호가이자 문화 후원자인 이

---

* 이베리아반도에 거주하는 유대인.

사크 드 카몽도 백작과 터키 금융계를 주름잡은 카몽도 가문으로부터 재정적 지원을 얻어 1904년 4월에 공연 기획 회사인 소시에테 무지칼레를 설립했다.

아스트뤼크는 뛰어난 외국인 예술가들을 파리에 꾸준히 소개했다. 폴란드에서는 반다 란도브스카와 아르투르 루빈스타인을 데려왔고, 1905년에는 '이탈리아 시즌'을 기획하여 엔리코 카루소와 리나 카발리에리, 티타 루포를 데려왔다. 또한 1910년에는 뉴욕에서 아르투로 토스카니니와 함께 메트로폴리탄 오페라단 전원을 데리고 오기도 했다. 아스트뤼크는 미국 흑인들로 이루어진 순회공연 집단을 파리로 데려와 파리 시민들에게 흑인 영가靈歌와 케이크워크cakewalk*를 소개했다는 공로도 인정받는다.

이렇게 아스트뤼크는 세계적인 예술가들의 방문과 교류를 장려하는 저명한 "국제적인 예술 후원 위원회"의 토대를 놓았다. 이 위원회의 프랑스 부문은 활동적이고 미모가 뛰어난 그레퓔 백작 부인이 앞장섰는데, 마르셀 프루스트는 그녀를 게르망트 공작부인과 게르망트 공녀 캐릭터의 부분적 모델로 삼았고, 또 어떤 찬미자는 그녀를 베로네제와 티에폴로에게 영감을 줬을 만한 '여신'으로 여겼다.[19] 미국 쪽을 대표하는 사람들로는 윌리엄 K. 밴더빌트, 존 J. 애스터, 클래런스 매케이, 제임스 스틸먼, 피어폰트 모건이 있었다. 런던에서는 드 그레이 백작 부인이 포틀런드 공작부인과 러틀런드 공작부인, 국왕의 친구이자 금융가인 어니스트 카슬 경의 지원을 얻었다.

---

* 탱고와 유사한 사교춤의 하나.

아스트뤼크가 새 극장에 대한 계획을 세우기 시작한 것은 1906년으로, 그 아이디어가 실현되기까지 무려 7년이라는 세월 동안 끝없는 반대에 부딪혔다. 파리 오페라와 오페라 코미크는 새로운 극장의 출현 및 이들과의 경쟁을 두려워했는데, 아스트뤼크가 장려하는 스타 시스템이 관람 가격을 올리고 관객을 감소시킬 것이기 때문이었다. 게다가 공연작의 참신성을 강조하는 그의 경향 때문에 경박하고 일시적인 명성만 누리는 작품의 유행을 조장할 것 같았다. 파리시와 중앙 정부 관료들은 과연 이 극장의 건립이 현명한 일인지 건립 목적에 의문을 제기했다. 반反유대주의자들은 그를 기존 가치 체계를 갉아먹는 데만 관심 있고 돈만 밝히는 유대인이라고 비방했다. 아스트뤼크는 회상록에서 그 특유의 말투로 "'내 극장'의 건설을 둘러싼, 절망적이지만 기적과도 같은 진짜 이야기를 하려면 책 한 권은 필요할 것이다. 극장이 시멘트로 만들어졌으니 내가 극장을 짓는 데 들어간 돌 하나하나를 안다고 말할 수는 없지만 거기 들어간 철근 하나하나는 다 안다"라고 썼다.[20] 그러나 극장은 건립됐고 밴더빌트, 모건, 스틸먼, 로스차일드, 카슬을 포함한 내로라하는 인물들로부터 재정적 지원을, 뉴욕 오페라의 단장인 오토 H. 칸으로부터 정신적 및 재정적 후원을 받았다.

극장은 1913년 3월 30일에 문을 열었다. 파사드 위로 쏟아지는 조명은 건물의 단순한 순백색 외양을 강조하고, 부르델레의 프리즈 부조 장식 「아폴로와 뮤즈들」을 부각시켰다. 아스트뤼크는 개관 기념작인 베를리오즈의 「벤베누토 첼리니」와 베버의 「마탄의 사수」를 들으러 온 관객들이 극장에 도착하는 모습을 지켜봤다.

홀에 처음 들어선 사람들은 제대로 눈을 뜨지 못하는 것 같았다. 그러다가 차츰 주위를 둘러봤다. 어떤 이들은 흥분했고 어떤 이들은 키득거렸다. 대다수는 의견을 내기 전에 주변 사람들의 생각을 들으려고 기다렸다. "뮌헨"이나 "독일풍 신고전주의"라는 말들이 여기저기서 들려왔다.

자크 에밀 블랑슈도 "신지론자神智論者들의 신전"이니 "벨기에풍"이니 하는 평을 들었지만, 극장과 그날 공연 프로그램의 특정한 예술적 모티프들이 명백히 전통을 존중한다는 사실을 알아차릴 만큼 눈썰미가 있었다. 이 모든 기획이 현대적 자극과 전통적 자극을 종합하려는 상징적 시도였다.[21] 그러나 파리는 아직 그러한 '예술적 해결'에 준비가 돼 있지 않았다.

댜길레프와 발레뤼스

"첫째로, 저는 위대한 사기꾼입니다." 1895년에 세르게이 댜길레프가 계모에게 쓴 편지를 보면 그가 자신에 대한 평가를 아주 정확하고 유쾌하게 묘사하여 유명해진 대목이 나오는데, 거기서 댜길레프는 자신을 이렇게 표현한다.

비록 '활기찬con brio' 사기꾼이지만요. 둘째로, 저는 '홀리는 사람charmeur'입니다. 셋째로, 저한테는 적잖은 장난기가 있어요. 넷째로, 저는 이치에 맞는 생각은 많이 하지만 원칙은 별로 없는 사람입니다. 다섯

째로, 저한테 진정한 재능은 없는 것 같아요. 그렇지만 이제 막 저의 진정한 소명을 찾은 것 같습니다. 바로 마이케나스*가 되는 것이지요. 저는 필요조건을 모두 갖췄어요, 단 돈만 빼고요—mais ça viendra(하지만 그렇게 [마이케나스가] 될 거예요).²²

댜길레프의 성장 배경은 사실과 허구 모두에서 상충하는 것투성이었다. 그런 상반성 가운데 어쩌면 가장 심대한 것은 그의 출생이 어머니의 죽음을 불러왔다는 것이리라. 댜길레프와 똑같이 과장된 성격의 인물이며, 그의 절친한 친구가 된 미샤 세르트 역시 유사한 운명을 겪었다. 두 사람 다 평생토록 자신들의 존재를 두고 일종의 죄책감에 시달렸던 것으로 보인다. 댜길레프의 아버지는 지방 귀족이었지만, 귀족이란 신분에도 불구하고 사업에 열성적이었다. 그는 커다란 양조장을 여러 채 갖고 있었다. 또한 군인이었지만 음악에 진지하고 깊은 애정을 품고 있었다. 러시아적 맥락에서 보면 그의 아버지의 특징은 유별날 것도 없지만, 그의 아들은 갈수록 서구의 영향을 받으며 자기 과거와 성장 배경으로부터 모순점이라고 느낀 것들 속에서 어려움을 겪기 시작했다. 댜길레프는 나이가 들면서 점점 코즈모폴리턴적 태도를 유지하려고 했지만, 지방적인 뿌리까지 완전히 버리지는 못했다. 다시 말해, 그에게는 어린 시절 성장기의 경험과 성년 시절의 포부 사이에 긴장감이 항상 어려 있었다.

댜길레프는 변호사가 되려는 계획을 품고 상트페테르부르크에 있

---

* 옥타비아누스의 정치적 동지로, 호라티우스와 베르길리우스를 후원한 것으로 유명하다.

는 대학에서 공부를 시작했다. 그는 음악원에서 작곡을 공부하며 학업을 이어나갔다. 약간의 곡을 쓰기도 했고, 보리스 고두노프를 소재로 한 오페라의 한 장면을 작곡하기도 했다. 그는 멋지게 피아노를 칠 줄 알았고 좋은 바리톤 목소리를 갖고 있어서, 콘서트에서 「파르지팔」과 「로엔그린」에 나오는 아리아를 부른 적도 있다. 그러나 그는 변호사도, 작곡가도, 예술가도 되지 않았다. 로몰라 니진스키는 음악가들이 댜길레프를 두고 음악가가 아니라고 말했으며 화가들은 그가 딜레탕트에 불과하다고 했지만, 반대로 음악가들은 댜길레프의 화가적 능력에 대해, 화가들은 그의 음악가적 능력에 대해 후하게 평가했다고 이야기한다. 마치 디즈레일리를 두고 정치가들은 그가 훌륭한 작가였다고 평하고, 작가들은 그가 정계의 거인이었다고 인정하는 것과 같은 식으로 말이다. 그러나 댜길레프가 받은 법학 교육과 예술 분야에 대한 그의 관심은 매우 생산적인 방식으로 결합하게 된다.[23]

댜길레프는 집안 배경과 교육, 사회적 연줄 측면에서 보수적인 제정 러시아의 전통에 강하게 뿌리내린 인물이었다.(그에게는 1890년대 차르의 내무대신을 지냈고 그를 궁정 사교계에 소개한 삼촌이 있었다.) 그러나 그는 그러한 배경을 상쇄하는 여러 본능에도 분명하게 이끌리고 있었다. 어머니를 곡세 했다는 사실과 함께 모계사회에 대한 호감, 비교적 젊은 시절에 받아들여 드러내길 즐긴 듯한 동성애 성향, 전반적인 미적 감수성 등이 바로 그것이다. 특히 그의 미적 감수성이야말로 20대 시절, 새까만 머리에 회색 머리칼 한 가닥, 단정한 콧수염, 체인 달린 외알 안경을 써서 멋을 내는 것으로 이어졌다. 그는 자기 집안이 표트르 대제의 서출 혈통이라는 전설까지 조장했다. 여기에는 태연함과 불안감, 가식과 죄책감이 섞여 있다. 이를테면, 그는 한동안 러시아 왕립 극장 지배인의 자문으로 일하면서, 다방면에 걸친 자신의 여러 성향을 통합하려 애썼다. 그러나 댜길레프는 자신의 반체제 정서와 여타 엉뚱한 행동들을 자제할 마음이 없었고, 러시아의 기성 체제는 그런 그를 흡수할 만큼 유연하지 않았다. 그 때문에 당국은 그의 행동을 참을 수 없는 무례로 받아들였고, 그는 1901년에 해고당했다. 그는 당시 이미 다른 사업활동에 광범위하게 관여하고 있었기 때문에 어쩌면 해임은 불가피했을 수도 있다. 이제 그는 표트르 대제처럼 유럽을 향한 새로운 창문을 여는 일을 이야기하기 시작했다.

댜길레프는 1890년대 초 유럽 곳곳을 여행하고 1893년 스물한 살에 어머니의 유산을 물려받은 후, 처음에는 예술 기획가로서 소박한 규모로 활동을 시작했다. 초창기에 그는 상트페테르부르크에 영국과 독일의 수채화 전시회를, 다음에는 스칸디나비아 미술과 러시아 회화 전시회를 조직했는데 러시아 회화는 러시아 전역에 전시했다가 나중에 다른 유럽 지역으로도 가져갔다. 1898년에는 몇몇 친구와 함께 『미르 이스쿠스트바Mir iskusstva』(예술세계)라는 잡지를 창간했다. 잡지는 6년이라는 비교적 짧은 기간 명맥을 유지했고 4000부를 넘은 적이 없을 만큼 발행 부수도 적었다. 그러나 보수적 아카데미즘과 급진적인 사회 공리주의 양쪽을 공격하고, 인상주의부터 미래주의까지 서구 예술의 새로운 조류를 강력히 옹호하면서 러시아 예술계에 격렬한 논쟁을 촉발하는 성과를 냈다. 1899년 그는 상트페테르부르크에 프랑스 인상주의자와 다른 현대적 예술가들의 작품 전시회를 조직해 큰 관심을 불러일으켰다.

댜길레프의 국제적 명성은 그의 초창기를 특징짓는 또 하나의 모순과 함께 1905년에 퍼져나갔다. 1905년은 러시아에서 전쟁과 혁명이 일어난 해였다. 일본군이 차르의 군대와 함대를 유린했고, 상트페테르부르크에서 시위를 벌이던 노동자들이 '피의 일요일'에 코사크 기병들의 손에 학살당했으며, 농민들이 시골 영주의 저택을 불태우고 약탈했고, 훗날 트로츠키가 "볼셰비키 혁명을 위한 예행연습"이라고 칭했던 노동자 총파업 선언이 있었다. 바로 그 놀라운 해에 댄디이자 유미주의자인 댜길레프는 예카테리나 여제가 애인 포템킨을 위해 상트페테르부르크에 건립한 타브리다궁에서 화려한 러시아 역사 초상화전을 열었다. 전시품은 그가 러시아 각지에서 열심히 수집하고 유럽 다른 나라들에서 대여해 온 것들이었다. 차르로부터 후한 보조금을 받은 이 전시회는 2월에 개최됐는데 표트르 대제의 초상화 35점, 예카테리나 여제의 초상화 44점, 알렉산드르 1세의 초상화 32점을 포함해 약 4000점의 그림을 선보였다. 전시회가 끝나는 5월까지 약 4만 5000명의 관람객이 전시장을 찾았다.[24] 1929년 뉴욕 현대미술관의 개관 전시회가 온갖 홍보에도 불구하고 고작 5000명이 넘는 관람객을 끌었던 것에 비하면 대단한 인원수였다. 여태껏 러시아가 자국의 공식적 역사에 대해 그런 당당한 공개석 선언을 한 적은 없었다. 댜길레프는 훗날 '현대적 정신'을 훌륭하게 가꾸어나갈 실험주의자가 되지만, 그가 이렇게 러시아의 과거라는 토대로부터 경력을 본격적으로 쌓기 시작했다는 사실은 잊지 말아야 한다.

이듬해 그는 파리 프티팔레의 살롱 도톤에서 러시아 전시회를 조직했다. 전시 작품은 이콘화부터 18세기 초상화들을 거쳐, 미하일 브루벨, 발렌틴 세로프 알렉산드르 베누아, 레온 박스트, 므스티슬라프 도브진스키, 니콜라이 레리흐, 미하일 라료노프를 비롯한 '예술세계' 잡지 관계자들의 작품까지 포함하여 러시아 미술의 단면을 보여줬다. 전시회 후원 위원회에는 블라디미르 대공을 필두로 하여 그레퓔 백작 부인도 참여했는데, 댜길레프는 파리에서 가장 우아한 살롱을 가진 그녀를 만나 좋은 인상을 심어줬고 이듬해 자신이 기획한 러시아 음악 페스티벌을 위한 부인의 지원을 얻는 데 성공했다.

그 뒤로 그는 연이은 성공을 거두었다. 1907년, 5월 16일부터 30일까지 파리 오페라 극장에서는 다채로운 러시아 음악을 소개하는 다섯 차례의 콘서트가 열리고 림스키코르사코프, 라흐마니노프, 글라주노프 등이 자작곡을 지휘했다. 출연 가수 중에는 샬랴핀과 체르카스카야도 있었다. 샬랴핀의 우렁찬 드라마틱 베이스바리톤은 대단한 반향을 일으켰다. 이듬해인 1908년에는 림스키코르사코프가 편곡한 무소륵스키의 오페라 「보리스 고두노프」가 파리 무대에 올랐다. 1598년부터 1605년까지 통치한 차르와 차르를 참칭(僭稱)한 드미트리를 다룬 이 오페라는 상트페테르부르크에서 인기를 끌지 못했다. 궁정사회는 오페라 속 이야기에서 정통성과 정의, 권위에 의문을 제기하는 것에 매우 심기 불편해했기 때문이다. 그러나 파리의 관객들은 이 작품과 샬랴핀이 연기한 보리스를 마음에 들어했다. 미샤 세르트는 공연에 푹 빠져들었다. "나는 내 인생에 뭔가가 변했다는 것을 깨달을 만큼 감동해서 극장을 나섰다. 오페라의 음악이 한시도 내 곁을 떠나지 않았다."[25]

댜길레프가 가브리엘 아스트뤼크를 만난 것은 그레퓔 백작 부인을 통해서였다. 파리에 러시아 회화와 러시아 음악, 러시아 오페라를 소개했으니 이제 댜길레프는 훗날 그의 말대로 "오페라에서 발레까지는 고작 한 발짝 남은" 상태였다. 댜길레프의 관심이 발레로 이동한 이유는, 러시아 바깥으로 전혀 알려지지 않은 뛰어난 러시아 무용수들의 존재 때문이었다. 그러나 거기에는 그보다 더 중요한 이론적 측면이 있었다.

댜길레프는 궁극적 예술을 향한 바그너적인 시도에서 볼 때, 발레에는 다른 모든 예술 형식이 들어 있다고 주장했다. 바그너는 오페라를 연극보다 한층 더 높은 예술 형식이자, 음악과 언어가 종합된 그리스 연극에서 한 단계 더 진화한 형식으로 보았다. 그러나 댜길레프의 생각은 달랐다. 오페라에는 한자리에 가만히 있는 가수들 같은 시각적 장애 요인과 가사에 집중해야 하는 청각적 장벽이 있어서 예술의 필수 요소인 유동성을 방해한다고 주장했던 것이다. 댜길레프에게 커다란 영향력을 발휘한 알렉산드르 베누아는 다음과 같이 썼다. "나는 발레에서 시각적, 청각적 심상의 근본적 혼합을 지적하고 싶다. 바그너가 꿈꿨으며, 예술적 재능이 있는 모든 이가 꿈꾸는 총체 예술 Gesamtkustwerk의 이상은 발레에서 달성된다."[26]

1911년 6월, 댜실레프에 크게 심취해 있던 스트라빈스키는 작곡가 림스키코르사코프의 아들인 블라디미르 림스키코르사코프에게 새로운 진리를 들려준다.

나는 무엇보다 발레에 관심이 있고 발레와 사랑에 빠졌어. (…) 시스티나 대성당의 벽화를 바라보면서 그런 생각이 들었는데, 만약 미켈란젤로가 오늘날 살아 있다면 그의 천재성이 인정하고 알아볼 유일한 대상은 안무일 거네. (…) 미의 문제만을 그 주춧돌로 삼는 무대예술의 유일한 형식은 발레야.²⁷

'종합 예술 형식'이라는 성배聖杯와도 같은 총체 예술의 추구는 19세기 말에 매우 보편적인 현상이 되었다. 각종 예술 분야는 부분적으로 바그너의 막강한 영향력으로 인해 꾸준히 그 거리가 좁혀졌다. 나중에도 살펴보겠지만 여기서 예를 들자면, 드뷔시는 말라르메의 상징주의 시를 가져다가 회화 예술 속 인상주의 효과와 비슷한 톤 페인팅tone painting*의 기초로 활용했다.

댜길레프와 아스트뤼크가 의기투합한 결과, 1909년 5월 19일에 발레뤼스(왕립 발레 학교에서 교육받은 무용수 및 상트페테르부르크와 모스크바의 왕립 극장에서 임시로 데려온 무용수 55명으로 구성되었다)가 파리 샤틀레 극장의 무대에 올랐다. 「아르미드의 별장」, 오페라 「이고르 공」 가운데 폴로베츠인의 춤이 나오는 막幕, 그리고 「르 페스탱Le Festin」으로 이루어진 첫날 밤 공연은 발레 역사 속 명예의 전당 중 한 자리를 차지하게 됐다. 또한 1909년의 러시아 공연 전체는 큰 선풍을 불러일으켰다. 파리 발레는 19세기 말에 유럽 지역 대부분과 마찬가지로 그저 예쁘장한 것만 선보이는 수준으로 전락한 상태였다. 보기 좋고 잘 제어된 스텝과 매력적인 의상 등, 리처드 버클의 표현대로 "프랑스식 아양으로 꾸며진 자잘한 이탈리아식 기교"가 전부였다.²⁸ 무

---

* 표제 음악에서 이야기나 분위기를 음악으로 묘사하는 일.

대 장식은 예술이 아니라 장인들이 담당하는 공예에 불과했다. 그러나 러시아인들은 이 모든 것을 바꿔놓았다. 박스트와 베누아, 레리흐 같은 인물들이 밝고 도발적인 색채와 진짜 조지아 실크 같은 호화로운 장식으로 만들어낸 무대 세트는 경탄스러웠고, 이는 단순한 배경이 아니라 시각적인 장관을 연출하는 필수 요소였다. 포킨의 안무에서는 숨이 멎을 듯한 니진스키의 도약, 그리고 파블로바와 카르사비나의 우아함에서 느껴지는 새로운 에너지와 신체 능력이 요구됐다. 카르사비나의 자서전에는 니진스키와 관련된 일화가 나오는데, 이 일화는 니진스키의 민첩성만이 아니라 그의 사고에 대해서도 많은 것을 드러낸다.

> 누군가가 니진스키에게 점프하는 동안 공중에 떠 있기가 어렵지 않냐고 물었다. 처음에 그는 질문을 이해하지 못하다가 매우 친절하게 대답했다. "전혀, 전혀, 어렵지 않습니다. 그냥 위로 올라간 다음 거기서 잠시 멈추면 되죠."[29]

공연된 발레들은 대개 러시아적이거나 이국적인 동양풍 소재를 다루었다. 음악도 달랐다. 춤은 단순히 동작을 음악에 맞추려는 시도가 아니라 동작 속에서 음악을 표현하려는 것이었다.

그리하여 독일의 위협에 대응하여 파리와 상트페테르부르크 사이에 외교적 동맹이 체결되고 15년이 흐른 1909년, 파리는 마침내 러시아인들을 만나게 됐다. 프루스트는 다음과 같이 언급했다.

가장 저속한 비평가만이 그 유혹에 항의한 이 매력적인 침공은 모두가 알다시피 극심하기보다는 순수하게 미학적인, 하지만 어쩌면 드레퓌스 사건이 일으킨 것만큼이나 강렬한 호기심의 열병을 파리에 가져왔다.[30]

1910년, 러시아 발레단은 다시 파리로 왔고 그다음에는 베를린의 베스텐스 극장에서 공연했다. 1911년, 정규 발레단에서 무용수를 빌려오는 고질적인 문제에서 벗어나 얼마간의 독립을 이룰 목적으로 댜길레프는 자신의 발레단 '발레뤼스 드 댜길레프'를 창단했다. 그리고 이 발레단은 1911년부터 1913년까지 몬테 카를로, 로마, 베를린, 런던, 빈, 부다페스트 등 유럽 지역을 돌며 관객들의 열광적 찬사와 놀라움, 황홀경을 몰고 다녔다. 많은 젊은 유미주의자는 넘치는 환희를 기록으로 남겼다. 프루스트는 「세헤라자데」의 첫 공연에 대해 레날도 안에게 그렇게 아름다운 것은 본 적이 없다고 말했다.[31] 해럴드 액튼은 이 공연에 관해 이렇게 묘사했다.

> (…) 하렘에서 폭풍 전야의 무거운 고요: 장미와 호박琥珀으로 단장한 흑인들의 천둥과 번개. 난잡한 애무로 이루어진 격렬한 향연. 최후의 대혼란과 피투성이 보복. 귀를 찢는 바이올린 선율 속에서 길게 이어지는 마지막 죽음의 몸부림. 림스키코르사코프는 비극을 그려냈다. 박스트는 그 비극을 에메랄드 커튼과 은제 램프로 걸고 부하라에서 가져온 러그와 실크 쿠션으로 깔아 연출했다. 니진스키와 카르사비나는 그것을 살아 숨 쉬게 했다. 많은 젊은 예술가에게 「세헤라자데」는 낭만주의자들에게 있어 고딕 건축물, 라파엘 전파에게 있어 15세기 프레스코화에 버금가는

영감이었다.[32]

잘생기고 재능 있는 젊은 시인이자, 훗날 자기 세대의 정신적 혼란과 열망의 상징이 된 루퍼트 브룩은 1912년에 처음으로 러시아 발레단을 보고 다음과 같이 열광했다. "그들은 외려, 우리 문명을 구원할 수 있을 것이다. 발레 디자이너만 될 수 있다면 난 모든 걸 내놓겠다."[33]

1911년 런던에 처음으로 러시아 발레단이 소개됐다. 그해 6월 26일 댜길레프의 발레 단원들은 10만 송이 장미로 장식된 코번트 가든 무대에서 조지 5세 즉위를 축하하는 갈라 공연을 펼쳤다. 이 공연을 찾은 관객 중에는 각국 대사와 공사公使들, 아프리카 왕과 인도 족장들, 마하라자[인도 토후국 군주들]와 고관대작, 기타 영국 사교계 유명 인사까지 포함돼 있었다. 이를 두고 댜길레프는 "그리하여 하룻밤만에 러시아 발레단은 전 세계를 정복했다"고 촌평했다. 러시아 발레단의 성공에 매우 놀란 『일러스트레이티드 런던 뉴스』는 코번트 가든에도 상설 발레단이 있어야 한다고 주장했다. 『타임스』 역시 열성적인 반응을 보이며 무용 관련 기사를 정기적으로 싣기 시작했다. 7월 5일 자로 『펀치』에 실린 춤과 관련한 만화 세 편은 러시아 발레단이 몰고 온 충격이 얼마나 대단했는지를 보여주는 지표인 셈이었다. 나중에는 독일의 빌헬름 황제와 에스파냐의 알폰소 국왕까지 발레뤼스의 후원자가 됐다.

공연 시즌마다 댜길레프는 점점 대담해졌다. 에로티시즘은 갈수록 노골적으로 드러났다. 사실 에로티시즘은 1909년 첫 시즌 작품인

「클레오파트라」 공연에도 이미 존재했다. 사랑을 나누며 하룻밤을 보낸 후 새벽의 죽음을 기꺼이 감수하는 연인을 찾는 클레오파트라 여왕의 이야기를 담은 「클레오파트라」는 점점 빨라지는 템포 속에 에티오피아인들의 커다란 도약, 출렁이는 살크, 물결치는 실크와 황금, 광란의 주연 장면이 포함된 작품이었다. 그러나 공연을 거듭할수록 에로티시즘 표현은 더 대담해졌다. 그러한 경향으로 인해 일각에서는 공연에 대한 열광적 반응이 불편한 우려로 탈바꿈하게 되었다.

  1912년 공연 시즌의 일대 사건은 5월 29일 「목신의 오후」의 파리 초연이었다. 말라르메의 시에 영감을 받아 드뷔시가 작곡하고, 니진스키가 안무와 무용을 맡았으며, 무대 디자인과 의상은 박스트가 담당했다. 공연 내용은 로마 신화에서 뿔과 꼬리가 달린 신 파우누스가 젊은 나무의 요정과 사랑에 빠지는 이야기다. 몸에 착 달라붙는 의상이 음란하게 여겨지던 시절임에도 레오타드 의상을 입은 니진스키는 엉덩이를 흔들며 요정의 스카프 위로 뛰어내린 후, 몸을 떨며 오르가슴을 흉내냈고 그 연기에 관객들은 일제히 침을 꼴깍 삼켰다. 한마디로 이는 전통적 규범을 모조리 깨부수는 발레의 정점이었다. 공연은 고대의 얕은 돋을새김 장식bas-reliefs적인 이미지를 재현하려는 시도로 옆모습으로만 진행됐다. 걷고 달리는 동작은 거의 앞발의 뒤꿈치와 뒷발의 발가락이 항상 맞닿는 측면적 방식이었고, 양발 피벗pivot*과 팔과 머리의 위치 변화가 뒤따랐다. 『피가로』 편집장 가스통 칼메는 신문 무용란의 정기 기고인 로베르 브뤼셀의 리뷰를 싣는 것을 거

---

* 양발을 축으로 한 회전.

부하고, 대신 본인이 직접 1면 기사를 작성하여 「목신의 오후」를 다음과 같이 혹평했다. "(…) 아름다운 목가극도, 심오한 의미를 담은 작품도 아니다. 관객은 에로티시즘으로 가득한 추잡하고 짐승 같은 동작과 외설적이고 천박하기 그지없는 제스처로 이루어진 음탕한 파우누스를 보게 된다."[34]

칼메는 1912~1913년 공연 시즌에도 맹공을 이어갔다. 오귀스트 로댕이 니진스키를 옹호하고 나섰을 때, 칼메는 로댕을 공공 기금을 낭비하는 부도덕한 딜레탕트라고 질타했다. 1913년 11월 칼메는 그의 마지막 캠페인 활동을 시작하게 되는데, 이번에는 전 총리이자 새로운 두메르그 정부의 재무장관인 조제프 카이요를 겨냥한 공격이었다. 1914년 3월 16일, 장관의 부인 앙리에트 카이요가 택시를 잡아타고 드루오가의 『피가로』 사옥으로 가서 편집장을 만나기 위해 한 시간을 잠자코 기다렸다가, 그와 함께 개인 사무실로 들어가서 그에게 자동권총을 발사했다. 약 네 발에서 여섯 발을 맞은 칼메는 그날 저녁 사망했다.

다른 이들 역시 「목신의 오후」에 불편한 심기를 보이는 바람에 결국 이후 공연에서는 마지막 장면이 살짝 수정됐다. 그러나 유미주의자들은 '고상한 취향에 대한 위반'이라는 이 멋진 일에 잔뜩 흥분했다. 레온 박스트는 그 안무야말로 천재의 작품이라고 생각했고, 댜길레프는 처음에 니진스키의 예사롭지 않은 독자성獨自性 표명을 받아들이기 주저했지만 그 탁월함만큼은 인정했다. 심지어 화가이자 디자이너인 찰스 리케츠는 칼메의 피살을 축하하기까지 했다.[35] 재담가들은 물론 열심히 머리를 굴렸고, "나쁜 생각을 하는 파우누스는 부끄러운 줄 알라Faune y soit qui mal y pense*"와 같은 재치 있는 표현도 등장했다.

「목신의 오후」에서 보여준 니진스키의 의도적인 도발은 러시아인들의 안무와 음악 언어에서 점점 커지는 대담함을 보여주는 징후와도 같았다. 포킨은 멋진 스텝과 고도의 기교를 줄이고 음악의 해석을 강조함으로써 고전 발레의 관습으로부터 탈피를 유도했다. 그는 무의미한 힘의 과시를 경멸하며 다음과 같이 주장했다. "춤은 디베르티스망divertissement**이 될 필요가 없다. 춤은 단순한 체조로 전락해서는 안 된다. 그것은 사실, 유연한 용어가 돼야 한다. 춤은 표현해야 한다. (…) 발레의 주제가 속한 시대 전체를."36

니진스키는 그러한 반란에 새로운 차원을 더했고, 움직임과 이미지의 '유연성' 추구에 있어서 새로운 단계에 도달했다. 그는 「목신의 오후」와 「봄의 제전」만이 아니라 1913년 공연 시즌을 연 「놀이」의 안무도 맡았다. 이 작품은 고전적 발레 스텝과 '반反 고전적' 자세의 혼합체였다. 도입부에 니진스키는 다소 커다란 테니스공을 쫓아서 전통적인 그랑 주테*** 동작으로 무대로 등장했지만, 훗날 「봄의 제전」에서 지배적이게 될 특이한 자세, 이를테면 팔을 둥글게 하고 발은 안쪽으로 향하는 자세들 역시 선보였다. 관객은 무용에서 새로운 사실성이라고 하는 것에 별로 열광적이지 않았다. 관객은 대체 춤의 진

---

* '나쁜 생각을 하는 사람이 부끄러운 줄 알라Honi y soit qui mal y pense'라는 말을 변형한 것이다.
** 기분 전환, 여흥이란 뜻으로, 발레의 맥락에서는 줄거리 전개와 상관없이 주로 기교를 보여주는 데 초점을 둔 구경거리로서의 소품을 의미한다.
*** 발레의 높은 점프 동작 가운데 하나.

솔함은 어디 있느냐고 물었다. 니진스키의 마음속에 있을지는 몰라도 분명히 무대 위에는 없었다. 작품은 테니스 경기를 중심으로 돌아가게 돼 있었지만 안무는 어느 게임과도 닮은 구석이 없었다. 본인이 음악 개혁가였던 드뷔시조차 그 무모함에 깜짝 놀랐다. 그는 니진스키를 두고 이렇게 말했다.

> 비뚤어진 천재 (…) 젊은 야만인 (…) 이 친구는 발로 삼중 방향 전환을 하고 그 동작을 팔로 저지한 다음, 갑자기 반쯤 몸이 굳은 듯 삐딱하게 서서 음악이 그냥 흘러가버리도록 구경만 한다. 끔찍하다.[37]

「놀이」가 런던에 왔을 때 『펀치』는 공연에 실망한 관객과 니진스키 모두를 놀렸다.

> 니진스키여, 암탉보다도 미를 알아보지 못하는
> 인간들이 있으니, 너의 다른 모든 발레 역할에서
> 반회전을 신경 거슬려하지 않던 이들도
> 너의 '테니스'는 괘씸하게 여긴다네.[38]

댜길레프가 발레단을 위해 고른 음악도 갈수록 추상적으로 변했다. 그가 초창기에 사용한 러시아 작곡가들의 음악은 멜로디 라인이 대개 서구 청중의 귀에 익숙하지 않은 이국적 테마로 이루어져 있었지만 비교적 정통적인 형식을 갖춘 편이었다. 그러나 드뷔시의 인상주의적 작곡법은 새로운 화성 패턴과 특별한 멜로디보다는 음향 그 자체에 더 관심을 둔 실험적 방면으로 나아갔다. 드뷔시의 관심사는 당대 독일 악파의 웅장한 화성 패턴보다는 '미묘한 느낌'이나 '붙잡기 어려운 움직임'이었다. 스쳐 지나가는 감정, 순간적인 감각, 샴페인의 거품 같은 것들이야말로, 낭만주의 음악의 해체와 내면화된 표현주의 음악으로의 이행에서 중요한 단계를 특징짓는 인상주의 음악파의 속성이었다.

1910년대 말에 이르자 인상주의파에 힘입어 작곡 방식은 급격하게 변화했다. 모차르트부터 19세기 후반까지 음악은 비교적 커다란 구성 요소들, 즉 음계와 아르페지오*, 긴 카덴차**로 이루어져 있었다. 그러나 19세기 말, 이 단위들은 폐기되기 시작했다. 음악은 개별적 음이나 짧은 모티프***로 줄어들었다. 건축, 미술 및 공예 운동, 회화 분야에서처럼 음악에서도 기초 재료와 원색, 기본 소재에 새로운 방점이 찍혔다.

댜길레프와 그의 발레뤼스가 일으킨 스캔들은 우연이 아니었다. '이 콘 브리오con brio 사기꾼'은 도발의 지휘자였다. 1897년 그는 베누아에게 쓴 편지에서 "친구여, 성공, 오로지 성공만이 모두를 구하고 구원한다네. (…) 나는 다소 천박하고 건방진 구석이 있고, 사람들에게 꺼지라고 말하는 데 익숙하지"라고 말했다.[39] 그는 니체적 피조물이자 세상을 정복하러 나선 최고의 에고이스트였고, 주로 발레라는 매체를 통해 패션, 문학, 연극, 회화, 인테리어 디자인, 심지어 영화를

---

* 분산화음. 화성 구성음이 동시에 들리는 것이 아니라 차례로 들리는 것.
** 악곡이나 악장 종결부에 연주자의 기교를 과시할 수는 자유로운 무반주 독주부.
*** 테마를 구성하는 최소 단위 멜로디.

비롯한 당시 모든 예술 분야에 영향을 미치는 문화 제국의 전제 군주가 되는 데 성공했다. 자크 에밀 블랑슈는 그를 "에너지, 다른 관념들에 실체를 제공하는 의지의 교수敎授"라고 불렀다.⁴⁰ 베누아는 "댜길레프는 두체duce*가 되는 데 필요한 모든 것을 갖췄다"고 했다.⁴¹ 그의 공적 중요성은 창조적 인물이라기보다 매니저로서, 선전가로서, 두체로서의 성취에 있었다. 이론가로서는 다른 사람들의 아이디어를 강탈했다. 예술단 단장으로서는 나폴레옹식 강권으로 예술세계를 약탈했다고 할 수 있다. 그의 창조는 매니지먼트, 즉 구체적 형태의 실현에 있었고 이 역할에서 그는 뛰어난 예술적 콘도티에레condottiere**였다. 그렇기에 그는 20세기 미의식, 다시 말해 내용보다는 태도와 스타일을 우위에 두는 경향의 중심인물이었다. 그는 기교적 미학의 간판이 됐다. 사람들은 그에게 장문의 편지를 썼고 그는 전보로 답장을 보냈다.

그렇다고 댜길레프에게 예술에 대한 분명한 관점이 없었다는 뜻은 아니다. 그에게도 예술관이 있었지만 그의 접근법은 직관적이었지, 분석적이지 않았다. 많은 이가 댜길레프가 어떤 아이디어를 발견하면 그걸 검토하기도 전에 즉시 기획부터 하는 데 주목한다. 『예술세계』를 긴행하는 동안 댜길레프는 미학적 사고늘을 분명하게 공식화하고 이에 기초하여 결정을 내려야 했지만, 분명하고 일관된 예술철학을 종합하는 데는 끝내 성공하지 못했다. 그렇긴 해도, 혹은 그렇지만 그는 특정한 전제들 위에서 예술세계를 구축했다.

---

* 총통, 지도자란 뜻의 이탈리아어.
** 용병대장, 특히 르네상스기에 이탈리아에서 활약한 용병대장을 일컫는다.

그는 예술을 구원과 재생의 수단으로 인식했다. 여기서 구원은 도덕과 관습의 사회적 제약으로부터, 그리고 러시아를 포함한 서구 문명의 경쟁적이고 자기 부정적인 윤리에 지배되는 우선적 가치들로부터의 해방이었다. 재생은 지적 엘리트부터 첫걸음을 뗴었지만, 궁극적으로는 사회 전체에 의해 자연스러운 감정적 삶의 회복을 가져올 것이다. 이러한 관점에서 예술은 생명력이다. 또한 예술은 삶을 북돋우는 종교적 힘을 지니며, 개인을 통해 이루어지지만 결국에는 개인보다 더 크다. 그야말로 대리 종교다.

사회적 양심이 이러한 사고를 유발하지는 않았다. 니체처럼 댜길레프는 예술가의 자율성과 도덕은 상호 배타적이라고 믿었다. 그는 도덕, 그러니까 사회적으로 수용 가능한 행동에 집착하는 사람은 결코 자유로워질 수 없으며 지드, 리비에르, 프루스트처럼 그 역시 예술가는 비전의 자유를 얻기 위해 도덕은 고려하지 말아야 한다고 믿었다. 예술가는 도덕과 무관해야 한다. 흔히 아방가르드에서 하는 말처럼 도덕은 추醜의 발명품invention des laids, 즉 추의 복수였다. 미美를 향한 해방은 집단적 노력이 아니라 에고티즘을 통해서, 사회적 작업이 아니라 개인적 구원을 통해서 오는 것이다.

댜길레프는 역사와 서구 문명의 업적에 경의를 표하긴 했지만 자기 자신을 본질적인 선도자이자 해방자로 봤다. 활력, 자발성, 변화는 높이 추켜세웠다. 뭐든지 간에, 심지어 도덕적 무질서와 혼란도 어리석은 순응주의보다는 나았다. 오스카 와일드의 경구警句 "멍청함을 빼고는 죄악은 없다"라는 말은 댜길레프의 정서를 잘 드러냈다. 사회적, 도덕적 절대 명제들은 내팽개쳐졌고, 예술 또는 미의식은 우리를 자유로 이끌 수 있기에 최고로 중요한 쟁점이 됐다.

댜길레프는 훨씬 더 폭넓은 문화적·지적 경향, 합리주의에 대한 반란, 이에 상응하여 1890년대부터 힘을 얻어가던 삶과 경험을 긍정하는 추세의 일부일 뿐이었다. 물론 엄청나게 중요한 일부이긴 했지만 말이다. 기계론적 시스템에 대한 불신과 함께, 지난 한 세기에 걸쳐 있던 낭만주의적 반란은 빠르게 발전하는 뉴턴적 우주의 과학적 타파와 세기말에 시기적으로 겹쳤다. 합리적 인간은 플랑크, 아인슈타인, 프로이트의 발견들을 통해 자기 세계의 토대를 허물고 있었다. 과학은 철학과 예술의 주요 경향들을 확증해주는 것 같았다. 앙리 베르그송은 '객관적' 지식 개념을 거부하는 '창조적 진화' 사상, 그러니까 유일한 실제는 엘랑 비탈élan vital, 즉 생명력뿐이라는 사고를 발전시켰다. 그는 파리의 유행을 선도하는 집단에서 말 그대로 스타가 됐다. 그리고 이탈리아 미래주의자 움베르토 보초니는 기계와 변화에 대한 심취를 반영하여 다음과 같이 선언했다. "삶에 대한 우리의 현대적 인식에서 비운동적nonmoving 대상 같은 것은 없다." 댜길레프는 지속적인 변형 의지를 환영하고, 일시성의 아름다움을 칭송하는 이러한 발전상에 조응했다. 그는 기쁨에 들떠서 새 물결을 붙잡으며 "전신하지 않는 자는 후퇴한다Qui n'avance pas recule"라는 결론을 내렸다.

원인과 결과라는 합리주의적 관념들은 거부되고 직관적 움직임의 중요성이 강조되는 바로 이러한 맥락 속에서 충격과 도발은 예술의 주요 도구가 됐다. 댜길레프에게 예술은 현실을 가르쳐주거나 모방하는 것이 아니라, 그 무엇보다 진정한 경험을 불러일으키는 것이었다. 그는 충격 요소를 통해, 지드가 1914년에 발표한 소설 『교황청의 지하실』에서 주인공 라프카디오로부터 끌어내려 했던 것을 관객한테서 이뤄내고자 했다. 쓸모없는 행동 acte gratuit, 즉 동기나 목적, 의미로부터 자유로운 행위, 순수 행위, 시공의 제약을 벗어난 지고의 경험이 바로 그것이었다. 한번은 댜길레프가 콕토에게 "놀라게 해줘, 장! Étonne-moi, Jean!"이라고 외쳤는데, 콕토는 그 순간과 그 발언이야말로 인생을 바꿔놓는 경험이었다고 회고했다. 놀라움은 자유다. 댜길레프의 관점에서 관객은 예술적 경험에 공연자만큼 중요할 수 있다. 예술은 가르치지 않으리라, 가르치는 것은 관객을 종속시킬 것이기에. 예술은 흥분시키고 도발하고 영감을 고취하리라, 그것은 닫힌 경험을 열어젖힐 것이기에.

댜길레프는 예술이야말로 민속 전통에서 더 많은 내용을 끌어와야 하며, 오로지 그런 방식을 통해서만 대중문화와 고급 문화 사이에 다리를 놓을 수 있다는 신념에서 루소와 헤르더, 낭만주의자들의 발자취를 따랐다. 댜길레프와 그의 유파는 원시적이고 기계화의 영향을 받지 않은 러시아 농촌에서, 농민 의상의 색깔과 디자인, 수레와 썰매 위에 그려진 그림, 창과 문에 새겨진 조각, 소박한 농촌 문화의 신화와 우화에서 많은 영감을 받았다. 댜길레프에 따르면 서유럽에 대한 구원은 이 러시아적 영혼에서 나오는 것이었다. 댜길레프는 러시아에서 그의 첫 전시회가 열리기 전인 1906년 3월, "러시아는 역할을 시작할 뿐만 아니라 실제로, 또 가장 넓은 의미에서 임박한 우리 계몽운동의 주요 지도자가 될 것이다"라고 썼다.[42]

댜길레프는 자신의 지적 부채負債를 인정했다. 귀족적 전통에 뿌리

내린 보수적 러시아 문화, 그리고 E. T. A. 호프만, 니체, 바그너 등 독일적 요소를 강하게 띠면서 한 세기나 이어진 근대적 사고의 물결, 러시아와 독일, 동유럽에서 커져가는 독일인의 민족 문화에 대한 이해에 빚지고 있음을 인정했던 것이다. 그는 강한 역사의식을 느끼고 있었지만, 그의 눈길은 미래를 향해 고정되어 있었다. 그는 미래파의 선언과 활약상에 흥미를 느끼며 주시했고, 러시아 미래파 라료노프와 곤차로바의 미술에 특별한 애정을 보였다. 그는 일부 유미주의자와 달리 기술을 무시하지 않았고, 오히려 기계를 미래의 핵심 요소로 여겼다. 1912년 새해 첫날, 니진스키와 카르사비나는 파리 오페라 극장에서 프랑스 항공을 기념하는 갈라 공연 「장미의 환영」을 선보였다. 공연 기획가로서 댜길레프는 광고와 홍보라는 현대적 수법의 중요성을 예리하게 인식하고 있었기에, 성공을 위해서 과대포장이나 뻔뻔함, 모호한 태도를 구사하는 데 조금도 거리낌이 없었다.

그의 그랜드 발레의 목적은 종합을 이루어내는 것이었다. 다시 말해서 모든 예술, 역사의 유산과 미래의 비전, 오리엔탈리즘과 서구주의, 근대와 봉건, 귀족과 농민, 데카당스와 야만주의, 남성과 여성 등의 종합을 추구했다. 그는 이행의 시대라는 현대생활의 이중 이미지를 진체싱의 비전 속에서 하나로 녹여내길 원했다. 그러면서도 전체성보다는 비전, 그리고 끊임없이 지속하고 변화하는 전체성을 추구하는 과정 그 자체, 분투를 더 강조했다. 그는 파우스트적 기질대로 극복하고 통합시키려 했다. 그는 윤리가 요구하는 '둘 중 하나'라는 결정을 거부하고, 마치 돈 조반니처럼 모든 것을 갈망하는 미적 제국주의를 옹호했다. 여기에는 전체성을 향한 갈망이 있긴 했으나, 그것은 경험에 대한 강조 때문에 전체성보다는 갈망 그 자체를 더 찬미하는 갈망이었다.

반란

댜길레프의 발레 기획은 총체성과 해방의 기구器具를 추구했다. 그리고 이 추구가 의도적으로 건드린 가장 민감한 신경은 정치적, 경제적, 제국적 권력의 심장부이자 서유럽에서 기존 질서의 매우 중심적 상징이라고 할 수 있는 성도덕이었다. 다시 언급하지만, 댜길레프는 누적된 주요 전통의 계승자였을 뿐이다. 생시몽부터 포이어바흐를 거쳐 프로이트에 이르기까지 19세기의 많은 지식인에게 '소외', 즉 자아와 사회, 그리고 물질계로부터 소원해지는 진짜 원인은 성性이었다. 포이어바흐는 다음과 같이 썼다. "쾌락, 기쁨은 인간을 확장한다. 고난, 고통은 인간을 축소시키고 집중시킨다. 고통 속에서 인간은 세계의 실제를 부정한다."[43]

중간계급, 특히 빅토리아 시대의 중간계급은 쾌락을 주로 물리적이고 감각적 측면이 아닌, 정신적이고 도덕적인 측면으로 해석했다. 감각의 충족은 죄악으로 의심받았다. 도덕적 열정에 바탕을 둔 의지야말로 성공적인 인간 노력의 본질이었다. 그러나 순수한 열정은 그렇지 않았다. 성도덕 쟁점이 현대적 운동을 위해, 부르주아적 가치에 맞서는 반란의 매체가 돼야 한다는 사실은 불가피했다. 구스타프 클림트의 그림에서, 리하르트 슈트라우스의 초기 오페라에서, 프랑크 베데킨트의 연극에서, 베를렌과 차이콥스키, 와일드의 개인적 기행에서, 심지어 독일 청년운동의 이완된 도덕성에서, 에로티시즘의 모티프는 새로움과 변화의 추구를 지배했다. 미국의 맥스 이스트먼은 "욕정은 성스럽다!"[44]고 외치기도 했다.

성적 반란자, 특히 동성애자는 오스카 와일드가 기존 체제에 의해 수치스러운 취급을 받은 후부터 반란적 이미지의 중심이 됐다. 버지니아 울프는 온건한 반란자들로 이루어진 블룸즈버리 클럽을 두고 "버거bugger[*]라는 말은 우리 입에서 그리 멀지 않았다"[45]라고 말했다. 앙드레 지드는 오랜 내면적 갈등 끝에 공개적으로 le mensonge des moeurs, 즉 도덕적 거짓을 성토하면서 자신의 성적 취향을 인정했다. 그는 정열과 사랑이 상호 배타적이라고 결론 내렸다. 그리고 정열이 사랑보다 더 순수하다고 주장했다.[46]

댜길레프의 성적 취향은 잘 알려져 있었고, 그 역시 이를 감추려는 시도를 하지 않았다. 오히려 정반대였다. 스트라빈스키는 나중에 댜길레프의 측근들을 보고 "일종의 동성애자 스위스 근위대"라고 했다.[47] 그러니 당연하게도 성적 긴장감은 발레뤼스의 경험 전반에, 그리고 무용수와 매니저, 발레단 주위를 맴도는 추종자들, 관객 사이에 생배났다. 일부 작품의 테마는 노골적으로 에로틱했고, 「클레오파트라」와 「셰헤라자데」는 사도마조히즘적이기까지 했다. 두 작품에서 젊은 노예들은 성적 쾌락에 대한 대가로 목숨을 바치게 된다. 그러나 다른 작품들에서 성은 은폐돼 있었다. 「페트루슈카」에서 꼭두각시는

---

[*] '남색꾼'이란 뜻에서 확장된 비속어.

매정한 인형에 대한 사랑에 좌절하여 죽는다. 「놀이」의 초연 6년 뒤에 작성한 니진스키의 일기를 보면, 아마도 댜길레프가 그에게 종종 언급한 듯한데, 남자 한 명과 여자 두 명을 캐스팅한 「놀이」는 대대적인 손가락질을 받는 위험을 피하면서 두 남자를 상대로 사랑을 나누는 댜길레프의 성적 판타지를 무대에 올리는 길이었다고 한다.[48] 이 일기 내용이 니진스키가 점점 광기에 물들던 제1차 세계대전 말에 쓰인 터라 정신 이상에 빠진 그가 지어낸 말이든 아니든 간에 어쨌든 댜길레프의 평소 행동과 어긋나지 않는 것도 사실이었다.

댜길레프의 모든 발레작품에서 무대 색상과 대담한 의상, 춤의 일관된 에너지는 정열을 두드러지게 표현했다. 시인들은 안나 파블로바를 위한 송가를 썼다. 그들은 아름다운 카르사비나와 루빈스타인에게 찬사를 바쳤다. 그러나 콕토의 표현을 빌리자면, 유럽의 유미주의자들은 하나같이 니진스키의 "우아함과 야만성"[49]에 푹 빠진 듯했다. 그런 평가에 걸맞게 니진스키는 1911년 황태후가 보는 앞에서 타이즈 의상 위로 아무것도 입지 않은 채, 표트르 리벤의 표현대로 "음란한 둥근 부위를 고스란히 rotondité complètement impudiques"[50] 드러내며 「지젤」을 공연하고 나서는 모스크바 제국 극장에서 춤을 추는 것을 금지 당했다. 「장미의 정령」에서 선보인 놀라운 공중 부양부터, 큰 파문을 불러일으킨 「목신의 오후」의 마지막 장면과 「놀이」의 도발적 안무에 이르기까지, 니진스키는 뛰어난 신체 능력과 대담한 정신, 순수함과 무모함의 조합으로 한 세대 관객 전체의 상상력을 사로잡았다. 파리지앵들로부터 끌어낸 성적 전율은 "의회에서의 토론보다 더 많이 회자된 무용수 니진스키"라는 설명과 함께 『일뤼스트라시옹』

에 실린 전면 사진과 함께 대대적으로 기사화됐다.[51] 성적 묘사에 극도로 흥분한 미샤 세르트는 그를 두고 "천재 백치"라는 인상적인 표현을 하기도 했다. 언제나 대중의 찬사에 자극을 받는 댜길레프는 1909년 공연 시즌에서 큰 성공을 거둔 뒤에 니진스키를 애인으로 삼았다. 두 사람은 한동안 함께 살았는데, 1913년 갑작스레 결혼한 니진스키는 댜길레프가 왜 자신에게 화를 내는지 정말로 이해를 못 하는 듯했다. 1913년 12월에 그는 스트라빈스키에게 다음과 같이 편지를 썼다. "세르게이가 나와 더는 일하기 원치 않는다는 게 사실이라면 난 모든 걸 잃었어. 대체 무슨 일이 생긴 건지, 그가 왜 그러는지 도무지 이유를 짐작할 수 없어. 세르게이한테 뭐가 문제인지 물어보고 답장을 써줘."[52] 니진스키의 모험을 즐기는 예술적 상상력과 더불어, 이런 깜짝 놀랄 만한 순진무구함—지드가 도덕적 거짓이라고 부른, 몇 세기에 걸친 낡은 도덕적 인습에 구애받지 않는 성격임을 암시하는—은 프루스트와 콕토, 리튼 스트레이치를 최고조의 흥분 상태로 몰고 갔다. 니진스키야말로 바로 파우누스(목신), 즉 일시적으로 사회라는 덫에 걸린 야생동물이었다. 그들은 말했다. 도덕적 구속으로부터 자유롭고 열정과 본능에 빠진 이 믿을 수 없는 육체적 표본을 상상해보라……. 그러고는 모두 상상 속에서 황홀경에 빠졌다. 스트레이치는 "가장 큰 꽃이 담긴 꽃바구니"를 보낸 뒤 본인이 밝힌 대로 "니진스키를 꿈꾸며" 잠자러 갔다.[53]

기사도 시대 이래로, 그러나 특히 낭만주의 시대 이래로 여성—das ewig Weibliche(영원히 여성적인 것)—은 시적 영감의 원천이자, 예술에서는 숭배의 대상으로 표현됐다. 공연 예술에서 갈채와 꽃다발 세례를 받는 대상은 주로 디바, 프리마돈나, 발레리나였다. 그러나 이제는 우아함과 아름다움을 갖춘 남자가 각광을 받기 시작했다. 그야말로 혁명이었다. 어떤 이들에게는 말도 안 되는 일이었다. 발레뤼스 전반에 데카당스의 분위기가 감돌았다. 로베르 드 플레르와 가스통 드 카바이예의 연극 「성스러운 숲」에는 "우리는 매우 우아한 신사나리가 돼가고 있어. 아주 세련된 사람들, 아주 타락하고 아주 발레뤼스한 사람들을 알아가는 중이지"라고 말하는 캐릭터가 나온다.

정신과 육체를 동일한 리듬 안에서 결합하려는 시도인 춤이 현대적 운동의 중요한 매체가 된 것은 매우 자연스러운 일이었다. 이집트인과 그리스인들도 춤을 췄으나 기독교 문명에서는 춤을 위한 자리가 없었고, 르네상스와 종교개혁이 세속화를 동반한 이후에야 춤은 상상력의 한 표현으로서 다시 등장했다. 그러나 춤은 여전히 귀족적인 궁정 문화 혹은 이교적 행위와 결부되어 있었다. 프로테스탄트 윤리는 여전히 춤을 관능과 정열의 표현으로 보고 거부했다. 고전 무용은 프랑스와 이탈리아에서 등장했지만 뚜렷한 국가적 변주가 가미됐다. 이탈리아인들은 뛰어난 기교를, 프랑스인들은 낭만적 분위기의 조성을 강조했다. 그러나 이런 나라들에서도 19세기 말에 이르자 발레는 딱딱한 형식주의로 전락하여 개성적 표현을 위한 여지가 거의 없었다. 영국과 독일에서 춤은 자취를 감추다시피 했다.

춤의 부흥은 러시아로부터 일어났다. 외국에서 데려온 무용수와 안무가들이 소개한 '프랑스 양식'은 19세기를 거치면서 러시아의 낡은 귀족정과 궁정사회에서 점점 인기를 끌었다. 주요 극장은 상트페테르부르크의 마린스키 극장*이었다. 19세기 후반, 마르세유 출신인 마리우스 프티파와 스웨덴인 크리스티안 요한센은 상트페테르부르크에서 프랑스 양식과 이탈리아 양식, 우아함과 기교를 결합하려는 중요한 시도를 시작했다. 이는 새로운 흐름, 즉 훗날 '팔로 하는 춤dance of the arms'이라 불리게 되는 것을 강조하는 경향이었다. 그렇게 해서 러시아 발레 유파가 시작됐고 댜길레프는 바로 이러한 토대 위에서 예술세계를 구축했다. 그는 발레야말로 설득과 담화 대신, 동작과 움직임을 통해 정신적이고 육체적인 인간 개성의 총체와 비언어적, 비합리적 세계의 정수를 표현하는 우월한 예술 형식이라고 봤다. 한 비평가는 러시아 발레가 "풍성한 영화"라고 날카롭게 지적했다.[54]

  댜길레프가 춤에 공공연하게 에로틱한 분위기를 도입한 최초의 인물은 아니었다. 실제로 이사도라 덩컨의 춤과 그녀의 성공에는 성적 판타지가 적지 않게 작용했다. 이 샌프란시스코 출신의 미국인은 니체를 읽은 후 자신의 예술이야말로, 아폴론이 감정을 지적으로 분석하고 춤을 열정에서 양식으로 탈바꿈시켜 순수성과 생명력을 앗아가 버리기 전의 원초적인 디오니소스적 예술이라고 판단했다. 그녀는 자신의 춤이 자발성과 자연스러운 표현을 대변한다고, 즉흥적 형식을 포착한다고 주장했다. 그녀는 여러 제약으로부터 육체와 감정을 '자유롭게' 해방시키고, 그 둘을 '유기적으로' 결합하길 원했다. 그러나 그녀는 자기가 믿고 싶어 한 것만큼 혁신가는 아니었다. 전통을 탈피했다는 주장에도 불구하고 그녀의 춤은 낭만주의 이래로 발레를 지배해온 고전 그리스의 영향과 구불구불한 곡선적 움직임에서 벗어나지

---

* 소련 시절 키로프 발레단으로 알려진 발레단의 소속 극장이다.

못했다. 그러나 활력 넘치고 창의성이 풍부한 그녀의 개성 자체가 춤만큼이나 창조력을 발휘한 덕분에 그녀는 20세기 초 유럽 전역에서 큰 성공을 거뒀다. 심지어 독일에서는 "거룩한, 여신 같은 이사도라die heilige, göttliche Isadora"라는 전설까지 생겨났다.

『런던 타임스』의 표현대로 "무용에서의 진짜 혁명"을 가져온 사람은 니진스키였다.[55] 1828년 카를로 블라시스는『무용술The Code of Terpsichore』에서 "팔을 둥그렇게 만들어 팔꿈치 끝을 보이지 않게 해라"라고 썼고, 춤에서 곡선은 직선을 정복했다. 고전 발레에서는 항상 우아함과 매력이 캐릭터 및 해석보다 더 중요시됐다. 포킨은 해석 쪽으로 옮겨갔지만, 니진스키는 눈에 익숙한 즐거움인 '선의 아름다움'에 의도적으로 반발하며 극단적으로 표현성을 강조했다. 그는 안무에서 자신의 팔꿈치 끝이 보이는 정도가 아니라 눈길을 피할 수 없을 만큼 두드러지도록 특별히 신경을 썼다.

덩컨은 유리드믹스eurhythmics, 리듬에 관한 연구, '미적 체조'라는 관념을 대중화한 도구였다. 에밀 자크달크로즈는 유리드믹스 교육에 영향력 있는 학교를 처음에 제네바에, 나중에는 드레스덴 근처 헬레라우에 세웠는데, 1912년 댜길레프와 니진스키가「봄의 제전」안무에 도움을 얻기 위해 그곳을 방문하기도 했다. 이러한 발전상은 새로운 라이베스쿨투어Leibeskultur, 즉 '신체 문화'와 일치했다. 신체 문화는 독일과 러시아에서 가장 커다란 사회적 반향을 얻었지만, '근육적 기독교muscular Christianity*'나 보이스카우트 운동, 근대 올림픽의 탄

---

* 신앙과 함께 강건한 육체와 활달한 삶을 강조하는 기독교 운동으로, 19세기 영국에서 근대 스포츠의 발달에 이바지했다.

생, 그리고 특히 푸아레의 패션 혁명 같은 현상에서도 찾아볼 수 있었다. 푸아레의 패션은 여성들을 코르셋에서 해방시키고 그들에게 눈부시고 나른한 새로운 관능미를 부여했다. 이렇게 한 세기 만에 처음으로, 특히 파리에서 늘씬한 몸매가 유행하게 됐다. 진지한 분위기의 무용과 대중적인 춤 모두 이러한 전반적 경향에 중심인 듯했다. 1911년, 런던의 대형 뮤직홀은 모두 공연에 발레리나를 기용했고 이는 『펀치』에 풍성한 소재를 제공했다.

크레머토리엄 극장의 주된 구경거리는 대단히 암시적인 의미들로 충만한 춤을 추는 롤몹스 양이다. 그녀는 리벨라이Liebelei*라는 적절한 제목이 붙은 장기長技 공연에서 다양한 감정을 표현하기 위해 장딴지를 이용해 믿기 힘든 묘기를 선보이는데 때로는 알랑거리는 부드러움을, 때로는 불타는 정열을, 마지막에 가서는 경멸적인 거부를 선보인다. (…) 판데모니엄 극장에서 만날 수 있는 무슈 듀지초비치는 새로운 춤을 선보여 밤마다 홀을 가득 메운 관객을 단단히 사로잡는다. 관객의 눈길은 먼저 무릎뼈의 발작적 경련에 고정된다. 그다음 움직임은 점차 신체의 다른 부위로 퍼져가다가, 춤은 울대뼈와 아킬레스건의 일치된 움찔거림이라는 신기에 가까운 엄청난 묘기로 끝이 난다. 요전 날에는 엠피리언 극장의 새 사르데냐 무용수 시뇨라 릴리가 첫 무대에서 엄청난 반향을 불러왔다. 릴리 양은 그녀의 레퍼토리 가운데 주요 항목인 쇄골의 능수능란한 조종으로 놀라운 선풍을 불러일으켰다. 쇄골은 구부러진 물결 모양

---

* 독일어 노래 '로렐라이'와 유사한 발음이지만 '라이 빌라이lie belie'라고 영어식으로 읽으면 거짓말이 들통나다란 뜻인 말장난.

으로 움직이다 파르르 떨리는 절정에 이르러, 형언할 수 없는 공포로 관객을 식은땀에 젖게 한다. 그리고 춤에 귀 근육의 동작을 도입함으로써 미묘하지만 어마어마한 효과를 낼 수 있다는 사실을 영국 관객에게 보여주는 임무는 미국에서 명성을 안고 온 트룰리 올라이트 양의 몫이었다. 멋진 '왜그 타임Wag-time' 작품에서 그녀는 저 청각 기관을 거부할 수 없을 만큼 매력적으로 활용하며, 그 귀의 마지막 펄럭임은 어김없이 객석의 박수갈채를 이끌어낸다. 다만, '베네수엘라 비너스' 마드무아젤 키보뇨는 안타깝게도 리허설을 하다 가벼운 골절을 입은 탓에 이번 주에 캐피톨리엄 극장에서 유명한 척수 댄스를 공연할 수 없을 것임을 알려드린다.[56]

대중적인 춤도 급속하게 변하고 있었다. 보수적 사고방식의 기성 체제에는 애석한 일이지만, 터키 트로트와 탱고는 1912년과 1913년 유럽과 미국 전역에서 크게 유행했다. 성직자와 정치인, 행정가들은 공개적으로 전시하는 외설적 행위들을 지탄했다. 보스턴 댄스홀은 탱고를 금지했다. 어떤 스위스 호텔은 새로운 '아메리칸' 스텝을 금지했다. 한 프로이센 장교는 터키 트로트의 공중도덕적 적절성을 두고 다투다 장군에게 죽임을 당했다. 그리고 카이저kaise[빌헬름 2세]는 육군과 해군 장교들이 제복을 착용한 상태에서만큼은 새로운 춤을 추는 것을 금지하려 했다. 그러나 유행은 퍼져나갔고 장 리슈팽은 1913년 10월 프랑스 아카데미에 탱고에 관한 강연을 위촉받았다. 프랑스 예절 교본에서나 보던, 착실한 젊은이라면 결코 젊은 아가씨와 같은 소파에 앉아서는 안 된다는 1893년의 세계는 20년 후에는 매우 중세적으로 느껴지게 됐다.

대립과 해방

다길레프가 갈수록 대립과 센세이션에 열중했다면 그의 협력자들도 마찬가지였다. 지금 와서 보면 「봄의 제전」의 준비과정에는 마치 음모라도 꾸미는 분위기마저 감돈다. 1913년에 이르자 스트라빈스키는 우쭐한 자만심에 사로잡혀 있었고, 「봄의 제전」으로 음악계와 무용계를 발칵 뒤집어놓으려고 작심하고 있었다. 그는 1910년과 1911년에 「불새」와 「페트루슈카」의 갑작스러운 성공으로 큰 국제적 명성을 얻었다. 1912년 11월에는 「봄의 제전」의 피아노 악보가 완성됐고 1913년 3월에는 마침내 관현악 편곡도 완성됐다.

훗날 스트라빈스키는 "「봄의 제전」의 아이디어는 내가 아직 「불새」를 작곡하고 있을 때 떠올랐다"고 말했다. "나는 제물로 선택된 처녀가 쓰러져 죽을 때까지 춤추는 이교도 제사 의식의 한 장면을 떠올렸다." 또한 러시아에서 어떤 점을 가장 좋아하는지 질문을 받았을 때 스트라빈스키는 이렇게 대답했다. "한 시간 만에 찾아오는 듯하고, 온 땅이 갈라지는 듯한 폭발적인 러시아의 봄을 가장 좋아한다. 그것은 내 어린 시절 해마다 얻은 가장 멋진 경험이었다."[57] 그래서 「봄의 제전」의 테마도 탄생과 죽음, 에로스와 타나토스, 원시성과 폭력성, 문화적 맥락을 초월한 모든 존재의 근본적인 경험들이었다.

작품은 봄과 봄을 맞이하는 제의祭儀들, 그리고 생명 등 궁극적으로 테마의 긍정적 측면을 강조하지만, 스트라빈스키가 처음에 악보에 적었던 제목은 시사하는 바가 많고 전혀 긍정적이지 않았다. 원제목은 바로 '제물Victim'이었다. 그래서 리브레토libretto에서 마지막 장면은 선택된 처녀의 희생을 묘사한다. 작품은 삶 한가운데서의 죽음이라는 장면 묘사와 함께 끝난다. 이 발레에 대한 일반적인 해석은 죽음을 통한 삶에 대한 찬가이자, 처녀는 그 자신이 의미하는 다산성과 생명이라는 특징들을 기리기 위해 제의적 죽음에 선택됐다는 것이다. 그러나 결국 「봄의 제전」은 죽음, 재생과 연관된 폭력, 그리고 '제물'의 역할에 부여하는 중요성 때문에 비극으로 간주해야 할지도 모른다.

최종적으로 확정된 제목이 독창적인 것인지 차용한 것인지는 확실치 않다. 재생과 부활의 개념은 세기 전환기 때의 아방가르드 활동에서 많이 발견할 수 있다. 오스트리아 분리파* 잡지의 이름은 『베르 사크룸Ver Sacrum』, 즉 '성스러운 봄'이었다. 사춘기 청소년들의 성문제를 다룬 프랑크 베데킨트의 희곡 「프륄링스에어바헨Frühlingserwachen」도 그 의미는 '눈뜨는 봄'이었다. 1912년 3월 『피가로』에 발표된 프루스트의 작품의 발췌본 제목은 '봄의 문턱에서Au Seuil de printemps'였다.

스트라빈스키는 훗날 발레 무대 세트를 디자인하게 될 니콜라이 레리흐와 먼저 자신의 아이디어를 상의한 다음, 댜길레프에게 자신의 '원시적 발레'에 대한 생각을 제시했다. 댜길레프는 즉시 빠져들었다. 그 프로젝트에 관여하게 된 니진스키도 마찬가지였다. 그렇게 모두가 근본적 혁신을 가져올 작품의 잠재성에 매우 흥분하고 정신이 팔려서, 포킨은 이 음악의 안무가로서 너무 보수적이라고 판단할 정도였다. 그런데도 1912년 말, 포킨이 작품의 안무가가 되지 않을까 생각하

---

* 보수적이고 폐쇄적인 미술 아카데미에서 '분리'하여 독자적인 전시회를 조직하고 새로운 예술을 추구한 미술가 집단을 말한다. 클림트가 대표적이다.

던 스트라빈스키는 몬테카를로에서 어머니에게 다음과 같이 편지를 썼다.

댜길레프와 니진스키는 저의 새로운 작품 「봄의 제전」에 홀딱 빠져 있어요. 한 가지 불미스러운 점은 제가 보기에 재능이 소진된 예술가인 포킨이 안무를 해야 할 것만 같다는 거죠. 그는 자기 길을 너무 빨리 가버린 사람, 새 작품을 맡을 때마다 재능을 다 쏟아내는 사람입니다. 그의 업적의 정점은 「셰헤라자데」였고 그 뒤로 내리막길이 시작됐죠. (…) 새로운 형식이 창조돼야 하는데, 못되고 탐욕스럽지만 재능 있는 포킨은 새로운 형식은 꿈도 못 꿔요. 경력 초기에는 굉장히 진보적으로 보였지만 그의 작품을 알아갈수록 저는 본질적으로 그가 전혀 새롭지 않다는 것을 깨달았습니다.[58]

새로움이야말로 스트라빈스키에게 필수 불가결한 것이었다. 그는 나중에 베누아에게 "나는 사람들이 내게 원하는 것을 (…) 작곡할 수 없어. 그건 자기 복제가 될 거야"라고 불만을 토로했다. 이것이 바로 안무가로서 포킨의 잘못이자, 다른 작곡가들의 실수였다. 즉 "그게 바로 사람들이 자신들의 재능을 소진해버린 이유"[59]였다. 그래서 스트라빈스키는 청중에게 충격을 안기는 자신의 예술적 가치를 상실할 마음이 전혀 없었다.

포킨은 「목신의 오후」 안무를 니진스키한테 허락한 댜길레프에게 이미 화가 난 상태였고, 1912년 말이 되자 관계의 결렬은 더욱 확실해졌다. 니진스키가 「봄의 제전」의 안무를 맡기로 결정됐다. 이

제 그가 「목신의 오후」에서보다 관습과 더 과격하게 단절하리라는 것은 불 보듯 뻔했다. 그의 기질에는 묵시록적 기색마저 있었다. 이를테면, 1912년 12월에 니진스키는 후고 폰 호프만슈탈을 통해서 리하르트 슈트라우스에게 자신을 위해 "세상에서 가장 구속받지 않고, 가장 무도곡답지 않은 음악"을 써달라고 요청했다. 호프만슈탈은 슈트라우스에게 다음과 같은 편지를 썼다. "자네[의 음악]에 의해 관습의 모든 제약을 넘어서려는 것이야말로 바로 그가 갈망하는 바야. 결국 그는 진정한 천재이자 아직 아무도 가지 않은 길에서, 그러니까 자네가 「엘렉트라」에서 열어젖힌 것과 같은 바로 그런 영역에서 자신이 무엇을 할 수 있는지를 보여주고 싶어하는 거네."[60]

「봄의 제전」의 준비 작업은 발레뤼스가 1912~1913년 겨울 동안 베를린에서부터 부다페스트와 빈, 라이프치히와 드레스덴, 런던, 그리고 마지막으로 휴식과 리허설을 위해 몬테카를로에 이를 때까지 유럽을 순회하는 중에 진행됐다. 1913년 1월 25일, 니진스키는 스트라빈스키에게 이렇게 썼다.

> 이제 모든 것이 우리 둘이 원하는 대로 준비되면 「봄의 제전」이 어떤 모습일지 알겠어. 새롭고 아름답고 완전히 색다른 것—하지만 일반적인 관객에게는 머리를 한 대 맞은 것처럼 정신이 번쩍 들고, 감정을 자극하는 경험이 될 거야.[61]

리허설이 거듭되면서 니진스키는 무용수들과 마찰을 빚기 시작했는데, 무용수들은 그의 아이디어를 이해할 수 없었고 그의 스타일 속에는 확연한 아름다움이 부족하다고 생각했다. 템포를 둘러싸고 처음에 약간의 의견 차이가 있었지만 스트라빈스키는 니진스키의 성취에 감탄을 금치 못했다. 그는 초연 직후, "니진스키의 안무는 비교를 거부한다"고 단언했다.

극히 일부를 제외하고 모든 것이 내가 원하던 대로다. 그러나 우리는 관객이 우리 언어에 익숙해질 때까지 오랫동안 기다려야 한다. 우리가 이미 이룩한 것의 가치에 대해서 나는 조금도 의심하지 않으며, 이러한 확신으로부터 다음 작품에 대한 힘을 얻는다.[62]

초연을 맡게 된 지휘자 피에르 몽퇴는 자신이 지휘해야 했던 대부분의 전통적 음악을 '시시한 음악la sale musique'이라고 표현했으며, 그런 까닭에 스트라빈스키의 작품에 대해 무척 흥분했다. 3월 30일 작곡가에 보낸 편지에서 그는 이렇게 보고했다.

어제 마침내 세 작품(불새, 페트루슈카, 봄의 제전)을 모두 연습했습니다. 귀하께서 이 자리에 함께할 수 없다니, 무엇보다 「봄의 제전」의 폭발에 자리를 함께할 수 없다니 안타깝기 그지없군요.[63]

그렇게 댜길레프의 계획부터 스트라빈스키의 구상, 니진스키의 목표와 예측, 「봄의 제전」이 폭발적 경험이 되리라는 몽퇴의 예감까지 더해, 기대와 도발, 긴장의 분위기가 이 발레작품의 탄생을 에워쌌다. 모종의 스캔들이 의도되고 예견됐다는 것은 의심의 여지가 없다. 그해 말에 이르러 스트라빈스키는 상트페테르부르크에서 초연되는 아들의 최신작을 감상하러 가는 어머니에게 다음과 같은 편지를 썼다. "관객들이「봄의 제전」공연 중에 휘파람을 불더라도 걱정하지 마세요. 그게 자연스러운 반응입니다."[64] 이는 사후에 그가 얻은 인식이 아니라 음악 속에 의도된 것이었다.

어떤 사람들은 기본적으로 러시아 발레와 미학 전체가 비정치적이라고 주장해왔다. 그런 주장은 예술의 사회적 기원을 무시하고, 현대적 반란의 사회적 함의를 잘못 해석하는 것이다. 미학은 삶에 활기를 불어넣는 수단으로서, 정당과 의회 대신 예술에 의존한다는 점에서 반정치적이었다. 그러나 이러한 우선적 가치의 공식화 자체에서 보면 그것은 지극히 정치적인 방식으로 행동하고 있었다. 게다가 미학은 정치적 운동과 사건에 대해 침묵하거나 모호한 반응을 보였다. 반면에 진보적이고 심지어 혁명적 조류들에는 기본적 공감을 드러냈는데, 미학은 기존 사회적 규범과 가치에 대한 거부에 직접적으로 기초했기 때문이다. 1916년『뉴욕타임스』와의 인터뷰에서 댜길레프는 다음과 같이 주장했다.

러시아 예술이라는 대의를 위해 싸울 때 (…) 우리는 모두 혁명주의자였다. 그리고 (…) 우리가 색채나 음악이 아닌 다른 사안에서 혁명주의자가 되는 운명을 피한 것은 순전히 사소한 우연 때문이었다.[65]

1905년 러시아에서 일어난 소요騷擾들은『예술세계』동인들 사이에서 많은 지지의 표명을 이끌어냈다. 사태 초기, 댜길레프는 찬성부터 두려움까지 다양한 반응을 보였으나 그해 10월 러시아에 헌법을 약속하는 차르의 선언을 기뻐했다. 그 당시 그의 친척 아주머니는 이렇게 말했다. "우리는 모두 기뻐하고 있어. 심지어 어제는 샴페인까지 마셨지. 누가 선언문을 갖고 왔는지 짐작도 못 할걸? (…) 하고 많은 사람 중에서도 다름 아닌 세료자[꼬마 세르주, 즉 댜길레프]였지. 정말 대단했어." 댜길레프는 심지어 내무대신에게 미술부 창립을 제안하는 편지를 쓰기도 했다.66 한마디로, 예술과 해방은 나란히 나아가야 한다는 생각이었다.

그러나 이러한 자유를 향한 추구가 가진 사회적, 도덕적 함의는 무엇이었을까? 아방가르드 집단은 하층계급과 사회적 추방자들, 매춘부, 범죄자에 매혹되었지만, 그러한 관심은 보통 사회복지나 사회의 재편에 대한 실제적 관심에서 비롯됐다기보다는 그저 인간 개성에 대한 제약을 제거하려는 욕망에서 나왔다. 그러므로 하층민에 대한 관심은 실제적이라기보다 상징적이었다. 탐색은 '구속과 의무가 없는 도덕'을 위한 것이었다. "너 자신이 돼야 한다Du sollst werden, der du bist"라는 니체적 명령은 최고의 도덕법칙이었다. 콘스탄틴 소모프는 1905년 베누아에게 다음과 같이 편지를 썼다. "나는 혁명이 새로운 승리를 거둘 때마다 기뻐하고 있네. (…) 그것이 우리를 심연이 아니라 삶으로 이끌 것임을 알고 있으니까. 나는 우리의 과거가 정말 싫어. (…) 나는 개인주의자일세. 전 세계가 나를 중심으로 돌아가고 있고, 본질적으로 이러한 '나'의 경계 바깥으로 나가는 것은 내 알 바가 아니야."67

세기말에 새로 인기를 끈 막스 슈티르너의 『자아와 그 자신Das

Einzige und sein Eigentum』(1845)에서처럼 세계는 여기서 개인주의자의 순간으로 단축됐다. 슈티르너는 "나한테 나보다 더 높은 것은 없다"고 말했다. 무정부주의적이고 자유의지론적인 충동은 대단히 정치적이며, 현대적인 반란의 핵심이다.

D. H. 로런스는 매우 정치적이라고 할 만한 소설 『캥거루』를 전쟁 이후에야 쓰게 된다. 하지만 우리가 정치를 사회적 담론의 공식적 구조 이상으로 보고, 개인의 이해관계와 집단의 이해관계 사이의 모든 조정이라고 간주한다면, 그의 예술은 이미 정치적 함의를 띠고 있었다. 로런스가 전쟁이 일어나기 여러 해 전에 쓰고 1915년에 출간한 소설 『무지개』에는, 애너가 남편 앞에서 임신한 몸으로 발가벗고 춤추는 대목이 나온다. "그녀는 마치 알이 꽉 찬 곡식처럼 출렁거렸다. 어둑어둑한 오후에 창백한 모습으로 (…) 난로 불빛 앞에서 너울거리고 그의 비존재를 춤추며 (…) 그는 [의식 속에서] 지워진 채로 기다렸다."

그녀의 동작의 기이한 아름다움에도 불구하고, 그는 그녀가 왜 벌거벗은 채로 춤을 추는지 이해할 수 없었다. "뭐 하는 거야?" 그는 산통을 깨듯 말했다. "감기 걸리겠어."[68]

춤은 애너의 예술이었다. 그 대목에 뚜렷하게 영감을 준 것은 이사도라 덩컨의 예술이었다. 그것은 니진스키의 예술이었다. 그것은 어느 남편이나 연인, 어느 관객에게도 속하지 않고 그들에게 속했다. 행위로서의 예술은 남편과 연인, 관객을 지워버렸다. 예술은 자유였다.

그러나 자유는 관객과의 관계에서만 의미가 있었다. 애너의 춤은 그녀의 남편이 없었다면 아무런 의미도 띨 수 없었을 것이다. 그러나 역설적이게도 존재가 부인된 관객은 예술에 있어 중심이었다. '쓸모없는 행위acte gratuit'는 붙잡을 수 없는 환상이 됐고, 개인주의적 순간은 또한 지극히 사회적이고 따라서 정치적 순간이 됐다.

관객

베네치아를 제외하고 서구세계에서 은유적 의미로 가장 많이 덧칠된 도시는 파리다. 그곳은 젊음과 낭만의 도시이지만, 동시에 경험과 후회, 넘치는 활력과 아스라한 아쉬움, 대담한 생각과 빛바랜 꿈들, 당당한 스타일과 경망스러운 장난의 도시이기도 하다. 많은 이가 그 도시에서 이질성들의 조합과 비할 데 없는 완전성을 찾았고, 그곳에 대한 "이 지구상에서 인간이 도달할 수 있는 낙원에 가장 가까운 곳"[69]이라는 윌리엄 샤이러의 기억을 공유해왔다.

센강의 부둣가에 발을 디뎌본 적 없거나 앞으로도 디딜 일이 없을지라도 '파리에서의 그 여름'을 상상하거나 회고해보지 않은 이가 어디 있겠는가? 1940년 파리가 독일군의 수중에 떨어진 뒤 해럴드 로젠버그는 그곳을 "우리 시대의 성지. 유일한 성지"[70]라고 묘사했다. 그는 한 세기 선에 파리를 '새로운 예루살렘'이라고 부른 하인리히 하이네, 그리고 파리는 착한 미국인이 죽을 때 가는 곳이라고 생각한 토머스 애플턴의 말과 정서를 반영했다. 이러한 파리 찬가는, 파리가 상반된 도시 에너지들—그곳으로 몰려든 거대한 인간 군상, 그곳의 계급 간 갈등, 탐욕과 절망의 집합체—을 이럭저럭 활용하여, 그곳의 물리적 문제들에 대처하는 데 성공해왔고, 그럼으로써 우리의 가슴을 두근거리게 하는 풍요롭고 정신적인 효과를 발휘했음을 시사한다.
　실제로 19세기 중반부터 파리는 그러한 이미지를 부추기고자 여러 가지로 노력했다. 그것은 루이 나폴레옹이 임명한 센강 지구 지사 오스망 남작의 지도 아래 이루어진 광범위한 도시 정비 사업부터, 여러 차례 개최된 호화롭고 사치스러운 만국 박람회, 비올레르뒤크 같은 사람들의 건물 증축과 정비, 에펠탑과 사크레쾨르 대성당의 신축, 유럽 다른 지역에서는 살아남을 가능성이 별로 없었을 출판물과 오락을 허용한 비교적 느슨한 검열법, 그리고 압생트와 카페, 여자들로 이루어진 거리의 생활을 용인하는 유럽 그 어디에서도 찾을 수 없는 의도적으로 모호한 도덕률까지 다양했다.
　그러나 이러한 그림에는 19세기의 끝을 향해 가면서 점점 눈에 띄게 된 이면이 존재했다. 그 이면이란 파리의 수동적이고 무기력하고 미심쩍은 측면으로, 다시 말해 객체이자 희생자로서의 파리, 위기의 공간으로서의 파리, 위기의 문화 중심지로서의 파리, 압도적인 권태의 장소로서의 파리였다. 특히 마지막 항목을 두고, 이미 1885년에 바레스는 "극심한 무관심이 우리를 집어삼킨다"[71]고 말한 바 있다. 파리는 해럴드 로젠버그가 1940년에 쓴 글에서 예리하게 지적했듯 "오로지 그 적극적인 천재성 덕분이 아니라, 어쩌면 오히려 그 반대로 각국의 탐구자들이 자신을 소유하도록 허락한 그 수동성을 통해서" 문화적 상징이 됐다. 로젠버그의 선배인 올리버 웬델 홈스는 1886년에 파리가 "지루하고 따분하며 (…) 얼빠지고 무기력한"[72] 곳이라고 생각했다. 그로부터 약 75년이 지난 후, 한 웨이터는 잭 케루악에게 "파리는 썩어 있다Paris est pourri"[73]고 말했다.

정치적으로 파리는 1789년의 프랑스 대혁명 이후부터 1917년 모스크바에 의해 권좌에서 밀려날 때까지 한 세기 넘게 구세주적인 급진주의의 중심지였다. 그러나 상징은 현실보다 더 중요했다. 급진적 분파들이 자유롭게 사상을 설파할 수 있었던 진정한 정치적 관용의 시기는 그 세기 프랑스에서 극히 드물었고, 프랑스 대혁명의 자유, 평등, 우애라는 이상의 운명은 많은 비아냥거림과 경멸을 자아냈다. 「봄의 제전」초연 2주 전, 클레망소는 연설을 통해 프랑스의 [정치] 생활에서 "우리를 괴롭히는" 병폐, 다시 말해 만족스러운 정치적 시스템을 스스로 조직해내지 못하는 프랑스의 무능력을 두 차례나 언급했다.[74]

파리는 점차 발전해가면서 빛의 도시이기도 했지만, 도시생활의 어두운 폐해도 상징하게 됐다. 인구는 도시 중심지로 갈수록 집중되고 밀집됐다. 도시 중심부는 세계에서 가장 아름다웠지만 방리외banlieux, 즉 외곽지대는 세상에서 가장 추한 곳이라고 부를 만했다. 인구 과밀에 대처하고자 19세기 말에 조성된 오베르빌리에Aubervilliers, 레릴라Les Lilas, 이시레물리노Issy-les-Moulineaux는 칙칙한 도심 외곽 공업지구에 붙여진 서정적 지명이었다. 1850년에는 다섯 집 가운데 한 집에만 수도가 있을 정도로, 적절한 위생 시설이 없는 슬럼가가 만연했다. 파리는 서양에서 모두가 인정하는 떠돌이와 거지의 수도였다.

유럽의 주요 도시들 모두 19세기의 산업적 팽창과정에서 유사한 문제에 직면했지만, 파리에서만큼은 급진적 정치 행동의 본보기가 발자취를 남겼고, 사회적 긴장은 특히나 악랄한 형태로 두 차례 표면화됐다. 1848년 6월과 1871년 파리코뮌 시기에는 계급 적대가 폭발하여 도시를 크게 파괴했다. 자코뱅 세력의 공포정치 기간보다 더 많은 사람이 1871년 5월의 시가전이 벌어지는 일주일 사이에 죽임을 당했고, 도시는 파리코뮌 전후의 어느 전쟁에서보다 더 큰 피해를 입었다. 1850년대와 1860년대에 오스망 남작이 제안한 널찍한 대로들은 파리 특유의 도회적 우아함과 세련되고 상쾌한 분위기를 조성했다. 그러나 적어도 부분적으로 그곳은 바리케이드를 칠 수 있는 잠재적 가능성을 제한하고, 시위 진압 병사들이 병영에서 도심으로 신속히 접근할 수 있으며, 폭동 사태가 발생했을 때 위험 계급을 상대로 나란히 사격할 수 있는 공간을 마련해주고자 설계됐다고 회자됐다. 그렇게 정치적 긴장은 파리 생활의 불변상수였고, 과거와 미래 사이의 보편적인 줄다리기 싸움을 반영했다.

1880년대에는 말이 여전히 파리를 지배했다. 에투알과 샹젤리제는 마구간과 승마학교, 말 행상인의 집산지로 둘러싸여 있었다. 톱 해트 테두리에는 외알 안경을 달고 옷깃에는 카네이션을 꽂고서, 반짝반짝 빛나는 승마 부츠 차림의 우아한 신사는 쉴 새 없이 경마 클럽과 마술馬術 쇼에 관한 이야기를 했다. 마부들은 드푸티유 거리와 마르뵈프 거리의 카페에서 여유를 즐겼다. 곳곳에서 말똥 냄새가 진동했고, 보행자들은 길 한가운데서 걷는 것은 상상도 못 했다. 그러나 몇 년 사이, 자동차가 파리를 점령했다. 1896년, 위그 르 루라는 젊은 기자가 파리 경찰청장에게 거리에서 자신과 가족의 안전을 위협하는 자동차 운전자들에게 대처하기 위해 피스톨을 가지고 다니겠다고 경고했다. 그는 파리의 거리를 몹시 위험한 장소로 만드는 미친 자동차 운전자들한테 경찰이 아무런 조처를 취할 기미가 없다고 비난했다.[75] 1904년 가을, 처음 파리에 도착해 카페 드 라 페이에 가브리엘 아스트뤼크와 함께 앉았던 아르투르 루빈스타인은 70년 후에도 당시의 향수 냄새와 말 냄새를 기억했다.[76] 그는 회상록에서 미묘하게 표현해서 그렇지, 더 솔직했다면 고급 향수와 자동차 배기가스, 똥거름이 뒤범벅된 냄새를 떠올렸다고 했을 것이다. 그 뒤범벅된 냄새야말로 19세기 파리의 성장과 함께 등장한 매우 대조적인 풍경, 다시 말해 찬란하면서도 어두운 벨 에포크belle époque의 시대적 분위기 속에서 그 어느 때보다 두드러졌던 풍경을 좀더 분명하게 표현했을 것이다.

19세기가 끝나가면서 파리와 프랑스 전체는 갈수록 이러한 상호 모순에 빠져들었다. 1870~1871년 루이 나폴레옹이 이끄[77]는 제2제정은 프로이센에 충격적인 패배를 당하고 파리에서 처참한 내전이 벌어졌다. 유럽을 지배했던 프랑스의 영화榮華와 우위라는 전통적인 인상은 이제 패전과 내전의 쓰디쓴 기억으로 역풍을 맞았다. 주체하기 힘든 몰락의 분위기가 악성 종양을 찾아내려는 분쟁적 시도와 더불어 프랑스 제3공화정의 삶에 팽배했다. 사람들은 나라 안팎에서 적을 찾았다. 전쟁 공포가 잦았다. 공적 추문이 늘어나고 무정부주의자들의 폭탄 테러가 범람하는 듯 보였는데, 가장 대대적으로 보도됐으나 정작 인명 손실은 가장 적었던 것은 1893년 12월 9일 하원 폭탄 테러 사건이었다. 그리고 19세기 마지막 10년 동안 전국을 뒤흔든 드레퓌스 사건은 가장 큰 반향을 일으킨, 혼란과 쇠퇴의 상징 그 자체였다.

제국주의 시대에 프랑스는 식민지 쟁탈전에서 밀려났다. 대외무역은 감소했다. 1890년 이후, 세계 곳곳이 제2차 산업혁명으로 진입할 때 프랑스는 그 보조를 맞추지 못했고, 프랑스인들은 스스로에 대한 의심을 예증하기라도 하듯 국내보다 해외 투자에 더 열의를 보였다.

그리고 이웃 나라 중 특히 독일의 출생률이 급격히 증가하는 동안 프랑스의 출생률은 떨어졌다.

파리조차 1880년 이후로는 발전을 멈춘 듯했다. 도시 인구는 변두리 지역이 대도시권으로 편입됐기 때문에 증가했을 뿐이었다. 오스망 남작이 계획한 라스파유 대로가 1907년에 완공되기까지는 20년 이상이 걸렸고, 다름 아닌 그의 업적을 기려 이름 붙인 대로는 1920년대까지 50년간 미완성으로 남아 있었다. 그래서 언제나 무기력과 쇠퇴에 대한 의식이 떠나지 않은 채 화려한 영광의 유산과 대면해 있었다. 1886년 파리 주재 독일 대사는 이를 감지하고 있었다. 10월 뮌스터 백작은 베를린으로 다음과 같이 전보를 쳤다. "어느 날 성전聖戰이 일어났으면 하는 것은 모든 프랑스인의 공통된 바람이다. 그러나 그것의 신속한 실현에 대한 요구에는 절레절레 내젓는 고갯짓이 돌아온다."[77]

심지어 세계 문화의 결정자라는 역할, 그러니까 대다수 프랑스인은 국제적인 영구 유산이자 따라서 그들의 타고난 권리로 간주하는 그 역할에도 확신이 서지 않았다. 1910년대가 되자 파리는 자국 문화보다 외국 문화에 더 사로잡힌 것처럼 보였다. 예를 들어, 1911년 6월 레 부프 극장에서는 벨기에 시즌, 샤틀레 극장에서는 이탈리아 시즌, 광장 너머의 사라 베르나르 극장에서는 러시아 시즌, 보드비유 극장에서는 빈 시즌이 열렸다. 샤르팡티에, 포레, 라벨, 슈미, 드뷔시가 작곡한 주요 작품들이 1913년 봄과 여름에 초연됐지만, 근래의 여러 소동과 흥분은 외국 작곡가와 예술가들, 즉 슈트라우스, 무소륵스키, 쿠즈네초바, 샬랴핀, 발레뤼스가 일으킨 것처럼 보였다. 게다가 외국인들, 특히 러시아인들은 종종 거만하게 자신들의 우월성을 강조하면서 자기네가 궁극적 예술에 공헌했다고 자부하는 경향이 있었다. 1909년 러시아 시즌 뒤에 알렉산드르 베누아는 "우리는 파리 사람들에게 극장이란 자고로 어때야 하는지 (…) 보여줬다. 이번 여행은 역사적인 필연이다. 우리는 현 문명의 핵심 요소로, 우리가 없다면 현 문명은 부식될 것이다"라고 천명했다.[78]

외국의 혁신적 예술이 많은 이를 매혹시킨 것과 달리 야수파 같은 자국의 반항아들은 흔히 무정부와 해체의 앞잡이로 매도되기 십상이었다. 예를 들어, 넓은 독자층을 보유한 비평가 사뮈엘 로슈블라브는 당시 프랑스의 회화가 쿠르베 이후로 자제력을 잃어버리고, 논쟁적이고 정치적으로 변했으며 화려한 볼거리로 전락했다고 한탄했다. 그의 눈에 세기말은 '외국에서 수입된 공공연한 무정부 상태'와 동의어였다. 색채와 빛을 해체한 인상주의와 고정된 형체를 무너뜨린 입체파는 프랑스 양식이 아니라 '야만주의'에 가까운 그 무엇이었다. 그는 "유파는 이제 그만. 어설픈 재능만 있을 뿐. 집단은 이제 그만. 개인들만 있을 뿐"[79]이라고 한숨 지으며 말했다.

세기 전환기의 예술 실험 뒤에 자리한 중요한 충동이 해방의 추구, 미학적이고 도덕적 의미에서의 숭앙의 권위, 가부장제, 부르주아적 순응 등 한마디로 대체로 파리에 의해 지배돼온 유럽적 전통과의 단절이라면, 이 단절을 위한 심리적이고 정신적 추진력이 지리적, 사회적, 세대적, 성적 주변부로부터 나오는 것은 당연했다. 젊음과 관능, 동성애, 무의식, 원시성, 사회적으로 박탈된 자들에 대한 강조는, 대체로 파리가 아니라 전통적 헤게모니의 경계 지대에서 유래했다. 현대적 운동은 망명자들로 넘쳐났고, 유배 상태가 현대적 심리 상태의 중심 테마가 되었다. 아니면, 폴란드-이탈리아계 프랑스인 아폴리네르가 자기 추종자 집단의 노력을 "변경지대의 전투"라고 묘사한 것처럼, "변경지대의 전투"가 벌어지고 있었다고 말할 수도 있다. 열여덟 살의 젊은 극작가 앙리 드 몽테를랑의 1914년에 쓰인 첫 희곡 제목은 「추방L'Exil」이었다. 같은 해, 제임스 조이스는 희곡 「망명자들」의 초고를 완성했다. 파리는 혁명적 이상과의 신화적 연관 때문에 조이스를 비롯해 이러한 망명자들 다수의 피난처가 됐고, 나아가 현대적 반란의 주요 무대가 됐다. 콕토는 동시대의 위대한 '프랑스' 예술가를 꼽아달라는 질문을 받았을 때, 피카소, 스트라빈스키, 모딜리아니라고 답변했다.[80] 1913년에 이르자 파리는 자크 에밀 블랑슈가 그해 11월에 쓴 대로 유럽의 중앙역이 됐다.[81] 발전의 중심지이지만 그렇다고 혁신자는 아니란 소리다.

벨 에포크 시절 프랑스의 전반적인 정치 및 경제적 상황은 물론 연극성을 위한 배경을 제공했고, 문화적 주요 관심사는 정치적, 전략적 관심사와 연결돼 있었다. 양쪽 분야 모두 취약성이 지배적인 특징이었다. 1893년 프랑스와 러시아 간 조약이 체결되어, 오토 폰 비스마르크가 조장한 사반세기 동안의 외교적 고립이 종식되자 파리에서는 히스테리에 가까운 환희가 터져나왔다. 차르의 초상화가 그려진 성냥갑과 크론시타트 파이프 담배, 네바 지갑이 광풍을 일으켰다. 아이들 방에는 차르와 차리나의 초상화가 걸렸다. 톨스토이와 도스토옙스키의 작품은 애독서가 됐다.

러시아에 대한 관심에는 독일에 대한 강박관념이 추가돼야 한다.

1870~1871년 전쟁에서 패배하여 독일에 알자스-로렌 지방을 잃고, 베르사유 궁전 거울의 방에서 독일 제국이 선포되는 굴욕까지 겪은 뒤 프로이센-독일은 단순히 가증스러운 적을 넘어, 악의 화신이자 프랑스의 안티테제가 됐다. 프랑스의 목덜미를 누르는 비스마르크의 군홧발은 마리안(프랑스의 의인화)과 헤르만(독일의 의인화)의 관계에서 절대 떨어지지 않는 이미지가 됐다. 그러나 한편으로 프로이센-독일은 이 가학적인 메피스토펠레스 역할에서 마음을 온통 빼앗는 흥미, 다시 말해 처음에는 조심스럽지만 나중에는 더 노골적으로 표현된 흥미의 원천이 된 듯했다. 바그너에 대한 대접이 이를 잘 보여준다. 1880년대 중반 이전에는 이 독일 작곡가에 대한 어떤 호의도 은밀하게 표명돼야 했고, 그의 작품을 파리에서 연주하자는 제안은 공공연한 반대에 부딪혔다. 그러나 1890년대가 되자 바그너 열풍이 한창이었고, 바이로이트 순례는 유행이 됐다. 바그너는 말라르메와 프루스트, 드뷔시에게 분명하게 영향을 미쳤다. 1913년 바그너 탄생 100주년은 파리에서 「트리스탄과 이졸데」와 「니벨룽의 반지」 4부작 공연과 같은, 한 세대 전에는 생각도 할 수 없었을 화려한 행사와 함께 기념되었다.

1867년 텐은 "독일인들은 현대 정신의 창시자이자 어쩌면 그 주인이다"라고 주장했다. 그러한 생각이 당시 프랑스인들 사이에서는 딱히 호응을 얻지 못했지만, 세기말이 되자 독일은 프랑스의 의식 한가운데, 지식인과 정치계에, 기업과 산업계에, 그리고 군부에 위압적으로 자리 잡게 됐다. 그리고 1913년이 되면서 아무도 넘볼 수 없는 취향의 결정자라는 프랑스의 위상은 이제 지나간 이야기가 되고 말았다. 그해, 독일과 러시아가 나폴레옹의 첫 패배 100주년을 기릴 때 프랑스는 자국의 쇠락을 실감했다. 자크 에밀 블랑슈는 "파리는 불확실함이 지배한다"고 썼다.[82] 1913년 5월 29일, 샹젤리제 극장에서 기억에 남을 그 밤은 그러한 불확실함에 대한 생생한 표현을 제공했다.

성공으로서의 스캔들

그렇다면 대체 「봄의 제전」에서 무엇이 그토록 경악스럽고 도발적이며 충격적이었을까?

  작품의 테마에는 쉽게 집어낼 수 있는 도덕적 목적이 결여돼 있었다. 윤리 이전, 개인 이전의 원시적 인간이 자연 속에서 그려졌다. 재탄생, 삶과 죽음은 뚜렷한 윤리적 논평이나, 자크 리비에르의 전형적인 프랑스인다운 비유를 빌리자면, 도덕적 '양념' 없이 묘사됐다.[83] 근본적이고 잔혹하며 비극적인, 개인의 운명을 넘어서는 삶의 지속성에 대한 이러한 묘사 속에서는 아무런 감상도 드러나지 않았다. 거기에는 오직 에너지와 환희, 불가피한 숙명만이 있었다. 희생양은 애도되는 것이 아니라 영예롭게 기려졌다. 선택된 처녀는 아무런 이해나 해석의 기미조차 없이 반사적으로 희생 제의에 합류했다. 그녀는 자신을 초월하는 운명에 몸을 내맡겼다. 작품의 테마는 기본적인 동시에 잔혹했다. 작품에 희망이 존재한다면, 그건 도덕이 아닌 삶의 비옥함과 에너지에 있었다. 우아한 의상과 화려한 장신구로 치장한 관객에게 그러한 메시지는 거슬렸다.

음악도 똑같이 거슬렸다. 그것은 장식성, 도덕적 암시, 심지어 대부분의 연주 시간 동안 멜로디도 없었다. 러시아 민요 곡조에서 영감을 받은 짤막한 선율이 몇몇 드러나긴 했지만, 그것만 빼면 음악은 19세기 전통, 심지어 인상주의 음악과도 확연한 관련이 전혀 없었다. 마치 화성과 리듬 법칙을 위반하는 것처럼 들렸다. 비브라토가 없는 악기는 감상성의 흔적을 말끔히 지우려 의도적으로 선택된 것이었다. 새로운 음향은 목관과 현악의 극단적 음역의 사용으로 창조됐다. 120대의 악기가 동원되는 엄청난 규모의 오케스트라에는 가공할 만한 음향을 분출하는 타악기의 비중이 높았다. 그 폭력성과 불협화음, 귀에 거슬리는 음향을 통해 음악은 테마만큼이나 에너지 넘치고 원시적이었다. 드뷔시는 「봄의 제전」을 두고 "굉장하고 맹렬한 작품이다. 온갖 현대적 이기를 갖춘 원시 음악이라고도 할 수 있다"[84]라고 평가했다. 한 평론가는 "세련된 호텐토트 음악"이라고 했다. 또 다른 평론가는 "역사상 가장 불협화음적 작곡이다. 틀린 음에 대한 맹목적 숭배가 이렇게 열심히, 열성적으로, 맹렬하게 적용된 적은 없다"[85]고 주장했다.

작품의 테마가 문명이라는 개념 자체에 의문을 제기하고 음악이 그러한 문제의식을 상소했다면, 니진스키의 안무는 그 도발을 심화했다. 모든 기교가 제거됐다. 단 한 번의 주테jeté, 피루엣pirouette, 아라베스크도 없었다. 지난 몇 년 동안 숨이 턱 막히는 우아함과 민첩성으로 열광적 찬사를 받아온 사람은 아이러니하게도 안무에서 자신이 이룩한 성취의 흔적을 모조리 지워버린 듯했다. 동작은 두 발로 하는 육중한 도약, 그리고 사뿐사뿐하거나 쿵쿵거리는 걸음밖에 없었다. 니진스키의 모든 안무에서 그랬던 것처럼 여기에도 기본자세가 있었다. 이번에 니진스키는 극도로 과장되게 안쪽으로 향한 발, 구부린 무릎, 안쪽으로 구부린 팔, 몸은 앞을 본 상태로 옆으로 돌린 머리로 구성된 기본자세를 선보였다. 다시 말해, 많은 이에게 왜곡된 안짱다리 모양으로 비친 자세에 의해 발레의 고전적 자세가 전적으로 거부됐다. 니진스키는 고전 무용의 매끄러운 동작 흐름과 리듬으로부터 자신이 이탈했다는 것을 강조하고, 존재의 단절과 다듬어지지 않은 속성을 부각시키고자 자신의 동작을 '양식화된 자세'라고 불렀다. 무용수들은 더 이상 개인이 아니며 작품 구성의 일부였다. 대부분의 동작은 군무로 이루어졌다. 무용수들은 음악에서 따라갈 수 있는 멜로디가 없어 박자를 따라야 했는데, 마디마다 박자 표시가 달라서 그마저도 굉장히 어려웠다. 엎친 데 덮친 격으로 여러 무리로 나뉜 무용수들은 한 무대 위에서 무리별로 각자 다른 박자를 따라야 했다. 1912년 달크로즈의 유리드믹스 학교를 방문했을 때, 댜길레프와 니진스키는 헬레라우를 떠나 발레뤼스에 합류하도록 마리 랑베르를 설득했고, 발레단에 합류한 그녀는 니진스키를 도와 단원들에게 리듬을 가르쳤다. 초연 날 밤, 관객들만 니진스키의 작품이 이해하기 어렵다고 생각한 것은 아니었다. 발레단의 무용수들도 안무가 추하고 볼썽사납다고 생각한 것은 의심의 여지가 없었다.

 비평가들은 대체로 니진스키에게 혹평을 퍼부었다. 앙리 키타르는 니진스키를 정신병 일보 직전인 "욕구불만의 철부지"[86]라고 부르며 그의 안무에 대한 반대 운동을 계속했다. 루이 랄루아는 니진스키가 "아이디어는커녕 상식도 완전히 결여돼 있다"[87]며 폄훼했다.

레리흐의 세트는 이 작품에서 색다름을 내세우지 않은 유일한 요소였기 때문에 사실상 무시됐다. 그러나 이콘화를 연상시키는 빨강, 초록, 하양의 복합적 사용은 이국적인 인상과 러시아 민속의 영향을 조용하게 완성했다.

당대 비평가 가운데 가장 눈썰미가 예리한 자크 리비에르가 지적한 대로 비대칭성이야말로 「봄의 제전」의 본질이었다. 테마, 음악, 안무는 모두 모가 났고 삐걱거렸다. 그러나 역설적이게도 그 비대칭성은 양식화되고 고도로 제어되어 있었다. 발레에는 강력한 통일성이 존재했다. 작품에 숨어 있는 것은 도취적인 격동, 그리고 본능과 관능, 운명이 걸쭉하게 뒤섞인 혼합물이다. 리비에르의 표현대로 보자면, 이것은 "그 폭력성과 그 발작, 그 세포 분열과 함께 내부에서 바라본 봄이다. 우리는 현미경을 통해 드라마를 들여다보고 있는 듯하다".

이 발레작품은 현대적 반란의 여러 본질적 특징을 담고 있고, 또 예시한다. 물려받은 형식에 대한 노골적 적대, 원시주의와 문명 관념과 상충하는 모든 것에 대한 매혹, 합리주의에 반하는 생기론vitalism, 生氣論에 대한 강조, 불변하거나 고정적인 것이 아니라 지속적인 유동이자 일련의 관계로서의 존재에 대한 지각, 사회적 관습에 대한 반란을 동반하는 심리적 내면 관조 등이 바로 그것이다.

이러한 특징들이 단편적 관객층으로부터 열광적 찬사를 이끌어냈다면, 떠들썩한 반대의 목소리도 높았다. 반대하는 측은 예술이 유별난 성벽이나 신경증의 표현이 아니라 우아, 조화, 미의 비전이 돼야 한다고 주장했다. 그들은 예술이 사회 통념과 관습을 경멸하거나 거기에 무관심하기보다는 도덕적으로 고양시켜야 하며, 예술 후원자는 존중받아야지 의도적으로 모독당해서는 안 된다고 생각했다. 그들은 스트라빈스키의 시도를 소음으로, 니진스키의 시도를 꼴사나운 패러디로 간주했다. 결과적으로 반대파는 자기네가 당했다고 생각한 것과 똑같은 방식으로 반응했다. 모독에는 모독으로, 소음에는 소음으로, 비꼼에는 비꼼으로 반응한 셈이었다.

공연 후 며칠 사이, 언론의 반응은 몇몇을 제외하고 일간신문뿐 아니라 음악 저널에서도 압도적으로 부정적이었다. 모두가 봄의 학살Le Massacre du printemps이라며 작품을 놀려댔다. 스트라빈스키의 재능은 인정했지만 이번만큼은 그가 자신의 독창성으로 너무 멀리 나가버렸다는 것이 중론이었다. 혜안을 가진 어떤 이는 "작곡가는 우리가 1940년이 돼서야 받아들일 준비가 된 곡을 썼다"[88]고 논평했다. 니진스키의 재능 역시 모두가 인정했지만 그건 안무가가 아니라 무용수로서였다. 다들 그는 무용에만 전념해야 한다고 입을 모았다. 마리 랑베르는 그 역시 "자기 시대보다 50년이나 앞섰다"[89]고 말했다.

6월 2일, 『피가로』는 1면에 러시아 발레단에 대한 사설을 할애해야 한다고 봤다. 툭하면 전쟁이 나는 발칸에서 가장 근래에 벌어진 전쟁*을 종결하고자 5월 30일 발칸에서 평화협정이 체결됐지만, 알프레드 카퓌는 다음과 같은 글을 썼다.

> 그렇지만 여전히 합의돼야 할 국제적 쟁점이 여럿 남아 있다. 이 가운데 나는 파리와 러시아 무용수들과의 관계가 최상위 문제라는 점을 서슴지

---

* 제2차 발칸전쟁을 말한다.

않고 지적하겠다. 양자 간의 긴장 상태는 일촉즉발의 지점까지 이르렀다. 정부가 사안의 경중을 과소평가해서는 안 될 국경 분쟁이 일전에 이미 일어났다.

말하자면 "무용계의 아틸라Attila" 니진스키가 이끄는 러시아 야만인들은 정말이지 이번에 너무 나가버렸다. 그들은 야유를 받고서 깜짝 놀랐다.

그들은 자신들이 들러붙은 나라의 관습과 관행을 조금도 모르는 것 같고, 우리가 종종 엉뚱한 행동에 대해 아주 정력적인 조처를 한다는 사실을 모르는 모양이다.
그러나 어쩌면 러시아인들과 합의에 이를 수 있을 것으로도 보인다.
니진스키는 우리의 저능한 정신으로는 도저히 이해할 수 없는 미의 수준에 도달하고자 하는 발레작품을 더 이상 무대에 올리지 않기로, 또한 300살 먹은 '현대' 여성이나 젖을 빠는 아이들, 아니 아예 젖가슴을 더는 무대에서 연출하지 않기로 동의해야만 할 것이다. 이러한 양보의 대가로 우리는 그가 세계에서 가장 위대한 무용수이자 가장 잘생긴 남자라는 사실을 계속해서 기꺼이 확언하고 또 그에게 이를 보증할 것이다. 그러면 우리는 사이좋게 지낼 수 있을 것이다.

그리고 이 사설은 일단의 폴란드 배우들이 곧 파리에 도착한다는 사실을 알리며 끝난다. 그들은 자제심을 갖고 프랑스인들에게 진정한 예술은 오직 폴란드 예술이라고 말하지 않는 편이 좋을 것이다.

몰리에르의 흉상 앞에서 그들은 "여러분, 폴란드 만세!"라고 외치지 않는 게 좋으리라!

두말할 필요도 없이 알프레드 카퓌는 6월 초 어느 날 신문에 인쇄된 자신의 이 카바레 재치를 음미하며 틀림없이 흡족해했을 것이다.

1년 뒤 오스트리아 대공의 암살로 촉발된 '7월 위기' 와중에 모리스 뒤퐁이라는 사람이 『레뷰 블뤼』에 글을 기고했다. 그는 "건강한 인간은 호기심을 느끼지 않는다"라는 말로 그 시대의 호기심을 지탄하며, 호기심을 우수한 지적 행위의 표시가 아니라 우려스러운 병증으로 간주했다. 그는 특히 러시아 발레단이 불러일으킨 열광에서 안타까운 정신적 불안정의 징후를 봤다. 뒤퐁은 「봄의 제전」과 같은 작품의 본질적 성격은 니힐리즘이라고 매도했다. 그 작품은 강렬하나 넓이가 부족하고, 영혼을 고양시키는 대신 감각을 마비시킨다. 그것은 "니체가 꿈꾼 디오니소스적인 탐닉이고, 이는 죽음으로 내달리는 세계의 등불이 되고픈 그의 예언적 소망으로 불려 나왔다". 그러나 뒤퐁은 약간의 희망을 품을 근거가 있다고, 「봄의 제전」을 접한 프랑스인들이 떠들썩한 항의를 보였다는 것이야말로 프랑스인이 아직 이성을 잃지 않았다는 가장 극적인 증거라고 생각했다.[90]

자신의 글이 지면에 등장했을 무렵 뒤퐁은 가브리엘 아스트뤽가 파산했다는 사실을 알고 안도했으리라. 니진스키는 로몰라 드 풀츠키와 결혼했고 곧 댜길레프의 발레단에서 퇴출당했다. 한마디로 '모던 열풍'은 역풍에 맞닥뜨렸다. 그러나 뒤퐁은 과학자들이 세상의 종말 가능성에 관심을 쏟는다는 사실에도 주목했을지 모른다. 정기

간행물인 『르뷔 데 되 몽드』에서 샤를 노르드망은 이렇게 썼다.

개인뿐만 아니라 한 사회의 생애에서도 절망과 피로가 인간 위로 납덩이 같은 날개를 펼치는 도덕적 불안의 시기가 존재한다. 그러면 인간은 무無를 꿈꾸기 시작한다. 모든 것의 종말은 더 이상 '바람직하지 않은 것'이 아니며 종말의 전망은 사실 마음을 달래준다. 우주의 죽음에 대한 과학자들의 최근 논쟁은 이러한 암울의 시대를 반영하는 것인지도 모른다.[91]

제 2 장
베를린

방방곡곡의 시민들이 다들 춤꾼이 됐다네!
_알프레트 볼펜슈타인(1914)

창문이 쾅쾅거리고 유리가 와장창 깨지는 소리는 생생한 삶의 활력 넘치는 소리, 뭔가 새로 태어나는 것들의 울음소리다.
_엘리아스 카네티

자원병으로 이루어진 젊은 예비연대원들이 공격을 감행했던 이제르 운하에 이제는 우리의 베르 사크룸이 누워 있다. (…) 우리를 위한 그들의 희생은 독일 모두를 위한 성스러운 봄을 의미한다.
_프리드리히 마이네케(1914)

베르 사크룸

"독일이 러시아에 선전포고—오후에 수영." 이것이 카프카의 1914년 8월 2일 일기의 간결한 도입부였다.[1]

그해 여름날은 길고 햇빛이 찬란했다. 밤은 포근하고 달이 휘영청 밝았다. 그해 여름이 아름답고 잊을 수 없는 계절이었다는 것이야말로 1914년 그 여름의 전설의 일부이자, 그 전설의 가슴 저미며 신비로운 분위기의 일부다. 그러나 우리가 이 장을 날씨에 대한 언급으로 시작한 것은 태양과 온천, 레가타 보트 경주대회, 나른한 오후를 환기하기 위해서가 아니다. 물론 폭풍 전야의 그 여름에 대한 우리의 시적 느낌을 위해서 그런 이미지들이 중요하기는 하지만 말이다. 다만 그해 7, 8월의 화창한 날씨가 사람들을 집 밖으로 나가게 하여 자신의 감정과 편견들을 공개적인 장소에서, 도시와 소읍의 거리 및 광장에서 드러내게 했다는 그 이유 때문이다. 대중 정서의 대규모 표명은 그 여름 유럽의 명운을 결정짓는 데 결정적 역할을 했다.

만약 그해 여름이 그 전해나 이듬해 여름처럼 서늘하고 습했다면 행사장 분위기가 거리 연설에 보탬이 됐을까? 그리고 그런 집단 히스테리 현상이 일어났을까? 그랬다면 정치 지도자들은 그렇게 쉽게 선전포고를 할 태세를 보였을까? 베를린과 상트페테르부르크, 빈, 파리, 런던에서 호전적 애국주의로 물들어 광장으로 나온 군중이 7월 말과 8월 초에 유럽의 정치, 군사 지도자들을 대결 국면으로 몰아갔다는 증거가 있다. 그것은 분명히 독일에서는 사실이었다. 그리고 독일은 폭풍의 근원이었다.

황실 차원에서 보스니아와 헤르체고비나를 방문 중이던 오스트리아의 프란츠 페르디난트 대공이 6월 28일 사라예보에서 아내와 함께 암살당한 뒤, 오스트리아 정부가 세르비아에 비타협적 노선으로 맞서기로 한 것은 오로지 독일의 든든한 지원 때문이었다. 세르비아는 오스트리아 왕위 계승자 암살 음모를 실행한 테러리스트 집단을 물심양면으로 지원해왔다는 의심을 받았다. 베를린에서는 의사 결정의 중대 고비마다 대규모 시위가 벌어져 강경하고 양보 없는 태도로 위기 해소와 승리를 바라는 대중의 열망을 드러냈다. 7월 초에 이미 높아지던 열기는 그달 말이 되자 극에 달했다.

7월 25일 토요일 초저녁, 거리는 쏟아져 나온 시민들도 인산인해를 이루었다. 그들은 세르비아로서는 도저히 받아들이기 힘든 몇몇 요구 조건이 포함된 오스트리아의 가혹한 23개 조 최후통첩에 대한 세르비아 측 답변을 기다리고 있었다. 독일 재상 베트만 홀베크는 최후통첩에 대한 독일 국민의 반응에 영 확신이 서지 않았고 베를린 시민들이 부정적으로 반응할지도 모른다고 전전긍긍했기에, 카이저에게 연례 노르웨이 유람 여행에서 아직은 귀환하지 말라고 미리 언질을 줬다. 돈키호테 같은 구석이 있는 카이저 빌헬름은 "상황이 갈수록 어이없이 돌아가는군! 나의 신민들 앞에 모습을 드러내지 말라고 전보를 치다니!"라며 크게 기분이 상했지만, 한편으로는 불안하기도 했을 것이다.

그러나 베트만은 여론의 분위기를 완전히 잘못 짚었다. 『태글리헤 룬트샤우』의 숨 가쁜 기사를 통해 기자는 군중이 세르비아의 응답 소식이 실린 신문 배달 차에 몰려들어 신문을 펴들고 다들 정신없이 기사를 읽는 광경을 전한다. 갑자기 "Et jeht los!"라는 외마디 소리가 터져나온다. '결국 시작되는군!'이라는 베를린 말이다. 세르비아가 오스트리아의 최후통첩을 거부했다. "Et jeht los!"

그것이 지금 이 순간 모든 이의 입에 걸린 표현이다. 그것은 핵심을 곧장 전한다. 그리고 본인들도 무슨 일이 일어나는지 알아차리기 전에 갑자기 군중이 모여들었다. 다들 생면부지의 사람들이다. 그러나 모두가 단 한 가지 진실한 감정에 사로잡혔다. 전쟁, 전쟁, 그리고 모두가 함께라는 느낌. 그리고 그때 엄숙하고도 흥겨운 소리가 그 저녁을 맞았다. "Es braust ein Ruf wie Donnerhall(천둥 같은 함성)."[2]

저녁 8시 무렵 대규모 인파가 베를린의 웅장한 중앙대로인 운터 덴 린덴을 따라 황제가 있는 궁전인 슐로스로 향한다. 무기고에서는 Hoch Östereich(오스트리아 만세!)라는 함성이 터져나오고, 슐로스에서 군중은 "승리의 월계관 찬가Heil Dir im Siegerkranz"를 부르기 시작한다. 또 다른 수천 명의 군중은 몰트케슈트라세에 있는 오스트리아 대사관으로 가서 진을 치고 앉아 독일 행진가 중에 가장 인기 있는 "내게는 전우가 있다Ich hatte einen Kameraden"를 부른다. 오스트리아 대사 쇠제니 머리치가 마침내 발코니로 모습을 드러내 열광적인 환호를 받는다. 그가 물러간 뒤에도 군중의 노래와 함성이 그칠 줄 모르자 쇠제니 머리치는 다시 얼굴을 내밀고 이러한 연대감의 표현에 감사 인사를 할 필요성을 느낀다. 베를린의 자유주의 신문 『포시셰 차이퉁』의 기자는 "독일인과 오스트리아인, 학생과 군인, 상인과 노동자, 모두가 이 비장하고 진지한 순간에 하나라고 느낀다"고 언급한다.[3]

어둠이 내린 밤 11시경에 대규모 군중이 브란덴부르크 문에 모인 다음, 빌헬름슈트라세에 있는 외무성으로, 마침내는 육군성으로 이동한다. 다른 무리는 동물원, 쿠르퓌어슈텐담, 타우엔친슈트라세에 모인다. 슐로스 앞의 엄청난 인파와 제국 재상 관저 앞에 모인 또 다른 무리는 자정을 넘기고도 떠날 줄 모른다.

베트만의 비서인 쿠르트 리츨러는 일기에 베트만이 열광적인 대규모 군중이 모인 광경에 무척 감동을 받아 불길한 예감을 떨치고 심기가 눈에 띄게 좋아졌다고, 특히 유사한 대중 집회가 제국 전역에서 벌어지고 있다는 소식을 듣고서 기분이 밝아졌다고 적는다.[4] 실제로 토요일과 일요일에 눈살을 찌푸리게 하는 사태마저 발생해, 대중의 감정이 얼마나 극렬한지를 보여준다.

토요일 밤, 뮌헨의 카페 파리히에서 군중은 애국적 노래를 부르며 한껏 달아오른다. 자정이 지나 카페 주인은 악단 단장에게 이제 슬슬 마무리하라고 말하고, 새벽 1시 30분이 되자 마침내 연주를 그만하라고 전한다. 그러나 손님들은 아직도 성이 차지 않았고 주인이 가게 문을 닫으려 하자 일부 애국자가 의자와 테이블을 부수고 벽돌을 던져 유리창을 깨트리기 시작한다.

이튿날 오후, 뮌헨에서 한 세르비아인이 국제 정세에 관한 의견을 표명하자 그 주변으로 화가 난 대규모 군중이 우르르 몰려들어 린치를 가할 지경에 이르렀을 때 경찰이 도착한다. 세르비아인은 구조돼 인근의 식당 안으로 피신한다. 그러나 군중은 피를 부르짖으며 식당 안으로 쳐들어가려 한다. 경찰서장이 직접 이끄는 더 큰 경찰 병력이 투입돼야 했다. 세르비아인은 여러 시간 숨어 있다가 옆문으로 간신히 빠져나갈 수 있었다.

예나대학의 방문 학생이었던 19세의 찰스 솔리는 7월 26일 부모에게 이런 편지를 쓴다.

> 술 취한 페어빈둥겐Verbindungen〔동아리 학생들〕이 거리에서 "세르비아 놈들을 타도하자"라고 외치며 행진하고 있습니다. 심지어 이렇게 한적한 예나에서도 30분마다 새로 발행된 신문이 날아오고 그때마다 갈수록 유언비어가 난무해서 벌써 베오그라드에서 포성이 들려오는 기분이에요.[5]

같은 날인 26일, 베를린 대사관 소속 러시아 해군 무관은 수도의 주요 거리가 오스트리아에 대한 지지를 선언하는 시위자로 가득해서 30년 넘게 이곳에서 살아온 이들까지도 여태껏 이런 광경은 본 적이 없다고 말한다고 보고한다.[6]

7월 27일, 카이저가 포츠담에 도착한다. 그는 31일에 베를린의 궁전으로 이동할 예정이다.

러시아가 동원령을 내렸다는 소식이 베를린에 도달하기 하루 전인 다음 주 30일 목요일, 흥분한 군중이 다시금 등장하고 그들은 이후의 결정적인 이레 동안 독일 수도에서 거의 빠지지 않는 요소가 된다. 그 목요일에 그들은 빌헬름슈트라세의 외무성 앞, 운터 덴 린덴의 유명한 교차로이자 유명한 크란츨러 카페가 있는 크란츨러-에케, 그리고 운터 덴 린덴 끝자락에 있는 슐로스 앞으로 몰려든다. 31일 금요일 오후 1시에 카이저가 전쟁 위험 상태 임박drohende Kriegsgefahr을 선언한 때부터—이에 따라 국경 순찰대는 경계 상태에 들어가고 민간인의 우편, 전신, 철도 연락망 이용이 제한된다—거리로 쏟아져 나온 베를린 시민들은 이제 전쟁이 불가피하다고 확실히 인식하게 된다. 그날 오후는 어디에서나 애국심으로 가득한 외침을 들 수 있었다. 그 금요일 오후 3시에 한 프랑크푸르트 신문의 베를린 통신원은 "마침내 내려진 결정에 따라 곳곳에서 긴장은 환희로 바뀌었다"[7]고 전한다. 관계 당국은 크리크스게파어 선언은 결코 선전포고와 같지 않으며, 이는 오직 러시아의 동원령 철회 여부에 달려 있다고 힘줘 말했지만 독일 국민은 생각이 달랐고 위기의 결과를 기정사실로 간주한다. 주부들은 식료품점으로 달려가기 시작한다. 많은 상점 주인이 한몫 잡을 이 기회를 놓치지 않았다. 소금, 오트밀, 밀가루 가격이 모두 눈에 띄게 오른다. 베를린 중간 지대[주택 지구와 도심의 상업 지구가 만나는 곳]의 대형 백화점의 식료품 코너에서는 통조림 식품이 싹쓸이됐다. 오후 늦게 경찰의 지시에 따라 일부 대형 상점은 문을 닫는다.

그날 오후 최신 소식을 실은 신문 호외가 등장하자 운터 덴 린덴으로 인파가 몰려든다. 많은 이가 포츠담에서 카이저의 도착을 기다리기 위해 나온다. 오후 2시 45분, 황실 전용차가 등장한다. 차는 인파를 헤치고 궁전으로 가는 데 커다란 어려움을 겪는다. 귀가 먹먹해질 정도로 환호성이 끊이지 않는다. 카이저의 차 뒤로는 황태자 부부, 그리고 부부의 장남, 차남들이 탄 차가 뒤따른다. 그 뒤로는 아이텔 프리드리히, 아달베르트, 아우구스트 빌헬름, 오스카, 요아힘 왕자가 뒤따른다. 그다음 제국 고문관들의 리무진이 줄줄이 이어진다. 긴 차량 행렬은 처음부터 끝까지 환호와 애국적 노래로 반갑게 맞아진다. 제국 재상 베트만 홀베크와 육군참모총장 몰트케가 현안을 논의하기 위해 황제를 찾아와 잠시 머무른다. 두 사람의 궁전 출입은 요란하고 열광적인 환호를 동반한다. 왕가의 다른 일원들도 차례차례 궁전을 떠나고 그때마다 차량은 『베를리너 로칼 안차이거』의 추산 약 5만 명에 달하는 과열된 인파를 헤치고 나가야만 한다. 주요 의사 결정자들 모두가 베를린 대중의 열광적인 대규모 감정 분출과 직접 맞닥뜨려야만 한다. 그들 가운데 아무도 여태껏 그러한 인산인해를 본 적이 없다. 또 그들 가운데 아무도 대중의 분위기를 무시할 수 없다. 고위 인사들을 태운 차량을 제외한 일반 교통은 운터 덴 린덴이 아닌 다른 길로 우회하도록 조치가 취해졌다. 대학과 오페라 극장, 왕립도서관, 여러 정부 청사는 물론 많은 극장과 카페, 대사관들이 있는 베를린의 가장 화려한 거리는 장엄한 그리스 연극을 위한 무대가 됐다.

그날 밤늦게 수천 명의 군중이 빌헬름슈트라세의 재상 관저 앞에 여전히 자리를 지키고 있었고, 자정 직전에 재상을 연호하기 시작했다. 마침내 베트만이 모습을 드러내 간단한 즉석연설을 한다. 그는 비스마르크와 빌헬름 1세, 대★ 몰트케*를 환기하며 독일의 평화적 의향을 강조한다. 그러나 적이 독일에게 전쟁을 강요한다면 독일은 자신의 "생존"과 "명예"를 위해 최후까지 싸울 것이라며 다음과 같이 말한다. "이 엄중한 시국에, 저는 여러분께 프리드리히 카를 왕자가 브란덴부르크 시민들에게 외쳤던 말을 상기시키고자 합니다. 네 심장은 신 앞에서 고동치게 하고 네 주먹은 적에게 휘두르라!"⁸

이튿날인 8월 1일 토요일, 그보다 더 과열되고 열광적인 장면이 연출된다. 정상적으로는 사업체와 학교, 관공서가 정오까지 문을 여는 정례 휴무일임에도 상황은 전혀 정상적이지 않다. 이를테면 중앙 형사 재판소의 재판은 피고와 증인, 심지어 판사와 변호사까지도 나타나지 않아서 일정대로 진행될 수 없다. 궁전 앞에는 어디서든 10만에서 30만 명으로 추산되는 군중이 오래된 박물관과 대성당 계단부터, 루스트가르텐을 통과해 커다란 광장을 가로질러 슐로스의 테라스까지 인산인해를 이루고, 엘리자베트 연대 악단의 연주에 맞춰 우렁찬 노래를 부르고 있다. 연대는 인파에 밀려 오도 가도 못하고 있다. 원래는 왕궁 앞에서 근위대 교체 후, 광장을 가로질러 루스트가르텐으로 갈 예정이었다. 그러나 인파에 끼여서 한 발짝도 움직이지 못하고 있다. 그래서 이제는 열정적 노래를 이끌고 있다. 『프랑크푸르터 차이퉁』의 통신원이 오후 1시 55분에 다음과 같이 전보를 친다. "열광은 끝이 없었으며 피날레 삼아 군중이 한마음으로 '파리 입성을 축하

---

* 제1차 세계대전 당시 독일 육군참모총장 몰트케 장군의 삼촌으로 프로이센-프랑스 전쟁의 영웅이다.

하는 행진곡Pariser Einzugsmarsch'을 이끌어내자 흥분은 절정에 달했다."⁹

다시금 왕실 사람들이 이러한 열정적 축하 속에서 왕궁에 도착하고 재상 베트만과 육군참모총장 몰트케, 해군 대신 티르피츠도 속속 도착한다. 군중은 운명의 회담이 이루어지던 오후 내내 자리를 뜨지 않는다. 그들은 노래 부르고 잡담하고 환호성을 내지른다. 마침내 오후 5시에 카이저가 총동원령에 서명한다. 그리고 한 시간 뒤, 상트페테르부르크에서 독일 대사 푸르탈레스 백작은 러시아 외무대신 사조노프를 방문해 선전포고문을 건넨다. 지난 며칠 동안의 중대 결정은 모두 대중의 열광이라는 배경 속에서 이루어졌다. 어느 정치 지도자도 결정적 행동을 촉구하는 대중의 압력에 저항할 수 없었을 것이다.

저녁 6시 30분경, 한 외침이 공중에 울려 퍼진다. "우리는 카이저를 원한다!" 왕궁의 가운데 창문의 커튼이 걷히고 프렌치 도어가 열리자 황제와 황후가 우레와 같은 환영 인사 속에서 모습을 드러낸다. 빌헬름이 손을 젓는다. 노래와 환호성, 떠들썩한 소리가 서서히 잦아든다. 마침내 카이저가 입을 연다. 이제 독일인은 모두 하나다. 그는 왕궁 앞에 모인 군중에게 말한다. 모든 차이와 분열은 잊었다. 한 형제로서 그들은 대승리를 거두리라. 짧은 연설에 군중은 더 큰 환희와 더 많은 노래, "라인강의 보초병Die Wacht am Rhein"과 전통적인 프로테스탄트 군가 "주는 나의 요새이시니Ein' feste Burg ist unser Gott"로 화답한다.

그날 저녁, 베를린 전역에서 사람들의 행동은 마치 수천수만 명의 출연자가 첫날 밤 공연을 마친 뒤 성공을 자축하는 거대한 파티와 닮아 있었다. 베를린은 출연진을 위한 파티를 연 것이다. 술집과 맥줏집은 어디든 손님이 흘러넘친다. 요란한 애국적 노래들이 피아노, 트럼펫, 바이올린, 악단의 반주에 맞춰 끝없이 흘러나왔다. 새벽이 한참 지나서야 베를린 시민들은 술에 취해 인사불성이 되거나, 아니면 그저 심적으로 탈진 상태가 돼서 여전히 입이 귀밑에 걸린 채 포근한 침대 위로 털썩 쓰러진다.

베를린 광역권에서 약 2000건에 달하는 긴급 결혼식이 그날 토요일과 일요일 오전에 거행된다. 짜릿한 흥분의 분위기에 휩싸인 각양각색의 조직과 사회단체들은 너 나 할 것 없이 조국의 대의에 대한 충성을 공식 천명한다. 동성애자와 여성의 권리 신장을 위해 뛰는 활동가들 역시 민족의식을 고취하는 행사에 합류한다. 베를린의 독일계 유대인 협회는 8월 1일 토요일 성명을 발표한다. "독일 내 모든 유대인이 [국가에 대한] 의무가 요구하는 재산과 생명을 전부 바칠 각오가 돼 있다는 것은 자명하다." 성명서는 이것 말고도 무수한 열광적인 주장으로 넘쳐난다.[10]

일요일 아침 11시 30분, 모든 종파를 아우르는 야외 예배가 제국의사당 앞 비스마르크 기념비 옆에서 열린다. 수천 명이 비할 데 없는 상징성과 함의가 담긴 이 예배에 참석한다. 퓨질리어 근위대 악단이 연주를 하고 '정의로우신 우리 주 앞에 기도드리러 왔네Wir treten zum Beten vor Gott den Gerechten'라는 가사로 시작하는 프로테스탄트 찬송가 "저지대 지방 감사기도Niederländische Dankgebet"로 예배가 시작된다. 궁정 설교자이자 신학 박사인 되링이 예배를 집전하는데 그의 설교문은 "죽을 때까지 신실하라"라는 성경 구절에서 따온 것이다. 그는 말한다. 독일에 전쟁이 강요됐으나 "우리 독일인은 주님 말고는 이 세상 무엇도 두려워하지 않는다"라고. 그다음 예배에 참석한 모든 신도는 주기도문을 암송하고, 예배는 4세기 곡조에 맞춰 작곡된 가톨릭 찬송가 "성신의 이름을 찬양합니다Grosser Gott wir loben Dich"로 마무리된다. 프로테스탄트와 가톨릭은 독일에서 다시 하나가 된다. 지난 며칠 동안 세속적 군중도 종종 찬송가를 불렀다. 이제는 거꾸로, 종교 의식이 끝나자 세속적 노래들이 적절하게 뒤따른다. 교회와 국가 역시 하나가 됐다. 이런 종류의 상징성의 중요성을 잘 아는 카이저는 프리드리히 대왕을 비롯해 여러 프로이센 군주가 잠들어 있는 포츠담의 옛 수비대 교회에서 예배에 참석한다.

8월 초에 독일인들은 그들이 생각하는 과거와 미래의 진정한 종합, 순간 속에 체현된 영원성, 모든 내부적 분열—당 대 당, 계급 대 계급, 종파 대 종파, 교회와 국가 간의 갈등—의 해소에 흠뻑 빠져 있었다. 삶은 초월성을 획득했다. 그것은 미적으로 승화됐다. 삶은 물질적 관심과 온갖 평범한 일상이 정신적 생명력에 의해 극복되는 바그너적인 총체 예술이 됐다.

독일 어디서나, 프랑크푸르트 암 마인, 프랑크푸르트 안 데어 오더, 뮌헨, 브레슬라우, 카를스루에까지 광경은 비슷했다. 왕자들은 밀려드는 군중에 에워싸인다. 군대는 우상처럼 떠받들어진다. 교회는 신도들로 미어터진다. 심정으로만 본다면, 독일인들은 늦어도 금요일인 7월 31일에 이미 선전포고를 했다. 다른 데는 몰라도 분명히 러시아와 프랑스를 상대로 해서는 말이다. 국민 정서의 강도를 고려할 때 카이저가 그 시점에서 상황을 되돌린다는 것은 생각도 할 수 없다. 그가 그렇게 한다면 그런 결정적 순간에 배짱이 부족함을 만천하에 드러낸 일로 살아남을 수 없으리라. 그리고 다음 며칠 사이에 결정적 결의와 선전포고들이 잇따른다. 처음에는 러시아에 다음에는 프랑스에, 마지막으로 영국에 대한 선전포고가.

베를린에서 마지막 대규모 반전反戰 집회는 7월 28일 화요일에 열렸다. 사회민주당원들이 시내 전역에서 조직한 27군데 집회에는 많은 이가 참석했고, 여러 집회는 행진으로 절정에 이르렀다. 『베를리너 타게블라트』는 프리드리히스하인 양조장에 수천 명의 노동자가, 코펜슈트라세에는 2000명의 노동자가 모였다고 추산했다. 이 집회 후, 1만 명 정도 되는 두 집단은 함께 쾨니히 문으로 이동했다. 결국 50명의 경찰 병력이 행진을 막아섰고, 행진 앞줄에 선 사람들이 경찰을 밀어붙이자 공포탄이 발사됐다. 집회는 산발적 충돌과 경미한 부상자를 낳고 재빨리 해산됐다. 독일의 도시 32곳에서도 동일한 반전 집회가 열렸다. 이것들이 마지막 주요 반전 시위였다.

마침내 결정적인 주말—7월 마지막 날인 금요일, 8월 첫째 날과 둘째 날인 토요일과 일요일—이 되자, 차르의 군대 동원령과 그에 따라 고조되는 러시아의 위협, 재개된 민족주의 성향의 시위에 직면한 사민당원들은 민족주의 대의에 합류하기 시작했다. 일부 사회주의 지도자들도 감정의 광란에 사로잡혔다. 다른 이들은 국민 정서의 흐름을 거스를 수 없다고 느꼈다. 전당 대회를 위해 베를린에 소집된 다수의 사민당 좌파 대의원들은 여전히 전쟁에 단호히 반대하고 전쟁 공채에 반대표를 던지겠다고 마음먹은 채로 집을 떠났지만, 가는 길마다 대중이 전쟁을 지지하는 현장을 목도하고 마음을 바꿨다. 8월

3일, 제국의회에서 전쟁 공채에 대한 표결이 있기 하루 전날이 되자 사회민주당SPD 전당 대회는 압도적으로 전쟁 찬성으로 돌아섰다. 그날 월요일, 전쟁 전과 전쟁 동안 다시 당 좌파의 입장을 대변한 『브레머 뷔르거 차이퉁』은 '너의 끔찍한 의무를 수행하라!'라는 헤드라인을 대문짝만 하게 실었다.[11] 나중에 구스타프 노스케는 SPD 전당 대회가 전쟁 공채에 찬성하지 않았다면, 사회주의 의원들은 브란덴부르크 문 앞에서 짓밟혀 죽었을 것이라고 말했다. 한마디로 군주와 정부만 국민 감정의 분출에 영향을 받은 것이 아니라 사실상 모든 야당 세력도 시류에 휩쓸렸다.

며칠 뒤에 쿠르트 리츨러는 국민 감정의 효과에 대해 다음과 같이 곰곰이 따져봤다.

> 국민이 쏟아낸 전례 없는 광풍은 눈앞의 모든 의심과 미온적 태도, 염려를 싹 몰아냈다. (…) 국민은 회의적인 정치가들을 깜짝 놀라게 만들었다.[12]

군중은 사실 독일에서 정치적 주도권을 잡았다. 신중한 태도는 완전히 내던져졌다. 그 한순간이 결정적 고비가 됐다. 여러 시간과 여러 해, 사실 여러 세기가 순간들로 환원됐다. 역사는 삶이 됐다.

많은 사람이 8월 그날들의 분위기를 결코 잊을 수 없을 것이었다. 10년 후, 토마스 만은 그때를 여전히 시작되는 과정에 있던 많은 일의 기점으로 부르게 된다. 35년 후, 독일 역사학계의 원로 프리드리히 마이네케는 그해 8월의 분위기를 떠올리면서 전율을 경험하게 되며, 그날들 이후로 뒤따른 참사에도 불구하고 그 시절이 아마도 자신 인생에서 최고의 순간이었을 것이라고 고백했다.[13]

서곡

독일이 '뒤늦은 국가'라는 주장은 독일 역사 서술에서 상투적 표현이 되다시피 했다. 그 말대로 독일에서 근대성에 따라오는 경제적, 사회적 요소들—도시화, 산업화, 식민지, 정치적 통일—은 프랑스, 그리고 특히 영국과 비교하여 늦게 나타났다.

  1800년 프랑스와 영국이 적어도 한 세기 이상 중앙집권 국가였을 때, 독일 영토는 여전히 400개에 가까운 자치 제후국이 독일 민족의 신성로마제국이라는 역설적 이름으로 엮여 느슨한 연방체를 이룬 조각보와 같았다. 슈바벤 지방의 729제곱마일에 이르는 일부 지역에서만 해도 90개의 군소국을 발견할 수 있을 정도였다. 도시들은 파리나 런던과 비교가 되지 않았다. 1800년, 베를린은 인구가 대략 17만 명이었고 프로이센의 행정 중심지 이상은 아니었다. 영국의 직물업과 같이 상업적 연계를 발전시킬 만한 전국적으로 조직된 산업도 존재하지 않았고, 종교적 통일을 촉진할 국가적인 종교도 없었다. 많은 독일인에게 있어 독일 역사 최대의 업적은 종교개혁이었다. 독일어권 민족들을 통합하는 대신 분열시키기만 한 발전이 그렇게 간주됐다는 사실은 독일 정체성의 많은 것을 시사한다. 18세기 초, 한 신부新婦는 자기 약혼자에게 보내는 편지에서 "독일어로 편지를 쓰는 것만큼 천한 일도 없다"고 썼다. 50년 뒤에 프리드리히 대왕은 그 말에 전적으로 동의했다. 그는 『독일문학론De la littérature allemande』에서 독일어는 "반# 야만적"이고 "독일 땅에 있는 무수한 지방만큼 상이한 방언들로" 조각조각 나뉜다고 썼다. 그는 "각 지역 집단은 자기네가 쓰는 말이 최고라고 굳게 믿고 있다"고 경멸조로 덧붙인다.[14] 그로부터 한 세기 뒤인 1850년대, 공식 국가 구조로서 신성로마제국을 해체하고 사회적 유동성과 산업화를 촉진한 나폴레옹 개혁의 영향으로 독일 국가들 가운데 프로이센이 가장 강력하고 야심 찬 국가로서 분명하게 모습을 드러내고 있었다. 그러나 그 무렵에도 금융, 상업, 철도의 중심지로 성장하고 있던 베를린은 여전히 인구가 40만 명에 불과했다.

물론 독일은 북해와 서남쪽의 알프스산맥을 제외하면 자연적인 경계가 거의 없었다. 그 두 가지만 뺀다면, 거대한 중앙 유럽 평원이 독일의 지리적 자의식―4세기와 5세기에 동쪽에서부터 온 게르만 부족 자신들이 도래한 이래로 온갖 침략자와 약탈자, 그리고 민족의 이동을 위해 활짝 열린 대로라는 생각―을 지배해왔다. 영토적, 종족적, 종교적, 상업적으로 명확한 경계의 결여는 독일 역사의 특징이었고, 불안정성과 불신을 포함하여 지역주의, 배타주의, 지방주의의 전통이 그 역사적 유산이었다. 18세기 말, 실러와 괴테는 "독일이라고? 하지만 그게 어디 있단 말이지? 그런 나라를 어디서 찾을 수 있을까?"라고 한목소리로 외쳤다.[15] 라인란트 출신으로 오스트리아에 정착한 메테르니히는 빈 회의에서 '독일'과 '독일 민족'이라는 관념은 추상에 불과하다고 말했다.

1866~1871년 마침내 정치적 통일이 이루어졌을 때, 통일은 부분적으로는 사회적 변화의 부산물이었는데 그 변화의 가장 중대한 특징은 중간계급 일각에서 일어난 기업가 정신의 발달이었다. 그만큼 중요한 또 다른 변화는 프로이센 지도층이 유럽 국가 구조에서 권력 정치적 필수 요소들을 인식하고, 주도권을 잡아 정복과 중앙집권화 정책을 추구한 것이었다. 그리고 새로운 요소와 전통적 요소가 결합해 독일의 정치적 통일이라 할 만한 것을 주조해냈다.

그러나 표면적 통일에도 불구하고 독일에서 강한 지역주의 전통은 하룻밤 사이에 뿌리 뽑힐 수 없었다. 그리고 한편으로는 비스마르크와 호엔촐레른 왕가 아래에서, 다른 한편으로는 중간계급 엘리트 아래에서 등장한 독일 제국은 연방주의와 중앙주의, 민주주의와 전제정치, '민족적' 필요에 따라 감춰진 지방주의, 중간계급의 야망과 귀족적 자제가 기묘하게 뒤섞인 헌정적 혼합물이었다. 비록 정치적 단일성의 정신은 독일 국민 일부의 열망, 특히 중간층 일부에서의 열망이었지만, 지역적 충성심과 다양성에 대한 의식은 여전히 현실 속에 남아 있었다. 그리고 오래된 엘리트 계층은 그러한 다양성—그들의 특권 대부분은 사실 그런 다양성에 의존했다—을 인식하고, 이를 '관리하는' 데 상낭한 에너지를 쏟았기 때문에 여전히 많은 우위를 누릴 수 있었다.

오토 폰 비스마르크는 1860년대에 독일 통일을 주관했다. 1862년에 프로이센의 수상이 된 그는 덴마크, 오스트리아, 프랑스를 상대로 한 세 차례 전쟁에서 프로이센을 능수능란하게 이끌었고 결국 그가 주도한 전쟁은 1871년 통일 독일 국가의 탄생으로 절정에 달했다.

그는 새로운 독일 제국에서도 1890년에 압력을 받아 사임할 때까지 20년 가까이 재상으로 재직했다. 비스마르크의 보수적 이상들은 독일에 프로이센의 전통과 제도에 대한 이해를 바탕으로 통치되는 조화롭고 잘 통합된 사회 수립을 목표로 했으나, 지난 30년간 정치적 책략가로서의 그의 탁월한 능력은 정반대의 결과를 낳았다. 결국 그의 책략들은 그의 목표들보다 독일의 발전에 더 의미심장한 영향을 미쳤는지도 모른다.

희생양 정치, 즉 콕 집어낼 수 있는 적을 끊임없이 필요로 하는 경향—비스마르크는 1860년대에는 자유주의자들을, 1870년대에는 가톨릭교도를, 1880년대에는 사회주의자들을 만병의 근원으로 지목했다—과 성공적으로 먹혀든 "제국이 위험에 빠졌다"라는 타령으로, 그는 기존의 계급 갈등, 종교적 분열, 이데올로기적 차이를 키웠다. 단기적으로 비스마르크는 정치적 조종자로서 커다란 성공을 거뒀다. 그러나 장기적으로 보면, 자신의 이상을 실현하는 데 완전히 실패했다. 1890년, 새롭게 황제로 즉위한 빌헬름 2세가 그를 해임한 일은 이러한 실패를 가장 잘 대변하는 사건이었다. 독일 통일에 이바지하고 독일을 국제적 강대국으로 키운 '철혈재상' 비스마르크가 자국을 더 심한 분열에 빠트리고 약화시켰다는 사실은 역사상 가장 흥미진진한 아이러니 가운데 하나다. 독일은 비스마르크가 프로이센 수상이 됐을 때보다 그가 공직을 떠났을 때 여러 측면에서 더 분열돼 있었다.

그렇다면 그가 독일에 미친 영향은 역설적이었다. 그는 독일인들에게 민족적 일체성에 대한 열망, 통일과 위대함, 강력한 힘에 대한 환영을 심어줬지만, 이와 동시에 생활과 정치 분야에서 '분리 통치' 접근법으로 독일 내의 분열적이고 원심적인 경향을 이용함으로써 더욱 그러한 경향들을 조장했다. 유사성보다는 차이를 부각시킴으로써 일체성에 대한 추구는 더 시급해졌고, 현실을 감안할 때 더더욱 정신적 초월의 문제가 됐다. 객관적 정의定義가 부재한 상황에서 독일과 독일다움에 대한 관념은 상상과 신화, 내면 성찰의 문제, 한마디로 환상의 문제가 됐다.

물론 독일의 과거에는 외부세계, 감각의 인상들, 눈에 보이는 현실을 취해 그것들을 정신세계, 내적 삶, '진정한 자유'보다 부차적 중요성을 띠도록 위상을 한 단계 낮추는 잘 확립된 패턴이 있었다. 루터파 전통에서 종교는 신앙의 문제이지, 선행이나 교의의 문제가 아니었다. 독일의 고전 인문주의자들의 세계관에서 자유는 윤리적인 개념이지, 사회적 개념이 아니었다. 인네레 프라이하이트innere Freiheit, 즉 내면의 자유는 사회적 자유나 평등보다 훨씬 중요했다. 독일 관념론자에게 문화Kultur는 정신적 계발의 문제이지 외부적 형식이 아니었다. 따라서 독일다움이란 필연적으로 지리적, 심지어 인종적 설명이 아니라 정신적 연상의 문제였다. 비스마르크는 이러한 삶의 내면화, 이러한 신화를 만들어내는 특성을 약화시키는 대신 부각시켰다. 비스마르크는 독일을 '프로이센화'했지만, 한편으로 독일을 지리적 표현의 현실로부터 하나의 전설로 탈바꿈시켰다.

그러나 비스마르크의 정치적 위업—역사적으로 깊이 뿌리 내린 분열을 배경으로 국가 통합이라는 외양의 달성—은 오로지 그것이 19세기 후반 독일의 사회적, 경제적 발달과 일치했기 때문에 가능했을 것이다. 그러한 발달이 비스마르크의 전략을 위한 무대를 제공하고 전략의 효과를 강화했다. 그것은 압도적인 속도와 이에 상응하는 독일인의 방향 감각 상실로 특징지을 수 있다. 영국에서는 찰스 디킨스가 『황폐한 집』에서 자신이 살아가는 시대를 '움직이는 시대'라고 부를 수 있었고, 테니슨은 자신의 시대를 '끔찍한 이행의 순간'이라고 말할 수 있었다. 그러나 독일에서 사회, 경제 변화를 보여주는 각종 통계는 독일만큼 이동과 일시성의 인상을 환기할 수 있는 권리를 가진 나라가 없음을 가리킨다. 그리고 거기에 오래된 고정관념에 대한 공격과 새로운 신화의 성장 사이의 직접적 연관이 있는 것으로 보인다.

영국이 농촌농업사회에서 도시산업사회로 지구상에서 생활양식의 변화를 주도했다면, 독일은 다른 어떤 나라보다 '포스트 산업사회' 혹은 기술사회로의 변화를 선도했다. 물론 객관적인 의미에서 독일의 발명가, 기술자, 화학자, 물리학자, 도시 건축가 등은 다른 어느 나라의 동일 집단들보다 우리 현대 도시 풍경과 산업 경관을 결정하는 데 더 많은 역할을 했다. 그러나 다른 어느 '선진적인' 나라보다 급속하고 전면적인 환경 변화가 초래할 수 있는 심리적 방향 상실의 증거를 세계에 더 집중적으로 제시했다는 경험상의 측면에서도 독일은 기술사회로의 변화를 선도했다고 할 수 있다. 독일의 경험은 '현대 경험'의 심장부를 차지하고 있다. 독일인은 흔히 자신들을 헤르츠폴크 오이로파스Herzvolk Europas, 즉 유럽 심장부의 민족이라고 부른다. 독일인은 또한 현대적 의식과 감수성의 헤르츠폴크다.

철과 강철은 새로운 산업 시대의 건축 자재다. 1870년대 초반, 영국의 철 생산량은 여전히 독일보다 4배 더 많았다. 강철의 생산량은 독일보다 2배 많았다. 그러나 1914년에 이르자 독일의 강철 생산량은 영국, 프랑스, 러시아의 강철 생산량을 합친 것에 맞먹었다. 한 세기 동안 전 세계에 철과 강철의 주도적 수출국이었던 영국은 1910년이 되자 독일 루르 지방으로부터 강철을 수입하고 있었다.

에너지 사용은 산업 발달의 또 다른 지표다. 영국에서 석탄 소비량은 1861년과 1913년 사이에 2.5배 증가했다. 독일에서는 같은 기간에 13.5배가 증가하여 영국과 소비량이 거의 같아졌다. 그러나 20세기에 추가 성장의 토대가 된 것은 화학과 전기라는 새로운 산업 분야였는데, 이 분야에서 세기 전환기 독일의 급성장은 놀라운 수준이었으며 동시에 독일 경제의 어마어마한 잠재력을 시사했다.

1900년, 석유 정제과정과 비료, 폭발물, 직물, 염료 등의 제조과정에 이용되는 황산의 생산량은 여전히 영국이 독일의 2배였으나 13년 만에 비율은 거의 역전됐다. 1913년이 되자 독일은 황산을 170만 톤까지 생산했으나, 영국의 생산량은 110만 톤에 그쳤다. 1900년에 이르자 염료 분야에서는 바디셰 아닐린, 회흐스트, 아게파 같은 독일 회사가 세계 시장의 90퍼센트를 차지했다. 마찬가지로 전기 생산에서의 발전도 놀라운 수준이었다. 1913년이 되자 독일의 전기 생산액은 영국의 2배, 프랑스의 거의 10배에 달했다. 이 분야에서 독일의 수출은 세계 최대 규모로, 미국의 전기 수출량의 거의 3배에 달했다. 독일의 총 수출액은 1890년과 1913년 사이에 3배 이상 뛰었다.

한 세대가 조금 넘지만 장수한 사람의 일생에 조금 못 미치는 기간만에, 독일은 각 지역 사이에 제한된 경제적 연계만을 맺은 지리적 집합에서 벗어나 유럽에서 가장 가공할 군사 강국이자 막강한 산업 강국이 됐다.

이러한 성장을 달성하기 위해서는 인구 패턴과 사회적, 경제적 조직, 노동력에서 어마어마한 변화가 필요했다. 독일 인구는 1875년 4250만 명에서 1890년 4900만 명으로, 1913년 6500만 명으로 증가했다. 그와 비교해 1890년부터 1913년까지 영국의 인구는 3800만 명에서 4500만 명으로, 프랑스의 인구는 3700만 명에서 3900만 명으로 증가하는 데 그쳤다. 제1차 세계대전 직전에는 독일 인구가 프랑스 인구를 곧 2 대 1의 비율로 능가할 것이라는 전망이 나왔다. 1870년, 독일 인구는 3분의 2가 농촌 인구였다. 1914년에 이르자 그 비율은 역전돼서 독일 인구의 3분의 2가 도시에 거주했다. 1871년에 인구 10만 명이 넘는 도시는 고작 8곳에 불과했으나 1890년에는 26곳, 1913년에 이르러서는 48곳으로 불어났다. 그때가 되자 산업 노동자는 농촌 노동자보다 2배나 많았고, 인구의 3분의 1 이상이 산업 노동자와 그 가족들이었다. 산업의 집중은 독일의 또 다른 특징이었다. 1910년이 되자 모든 피고용인의 절반가량이 근로자가 50명 이상인 회사에서 근무했고, 평균적인 독일 회사의 총자본은 평균적인 영국 회사의 총자본의 3배에 달했다.

독일에서 급속한 도시화와 산업화는, 많은 노동자가 1세대 도시 거주자로서 시골에서 도시로의 이동에 동반하는 온갖 사회적·심리적 문제에 직면해야 했다는 뜻이다. 또한 산업과 인구의 집중은 관리자 계급, 서비스 직원, 도시 행정과 국가 행정 관료의 급성장도 야기했다. 게젤샤프트Gesellschaft가 게마인샤프트Gemeinschaft를, 즉 사회가 공동체 의식을 압도하고 속도와 크기가 생활의 지배적 사실관계가 돼 가면서, 일과 사회적 문제들, 야망과 일에 대한 즐거움은 개인과 그의 일신상의 척도를 넘어서는 추상적 개념, 그리고 경험과 지식보다는 이론과 직관의 문제가 됐다. 시골의 전前 산업적 사회에도 그 나름대로 사회 문제와 불의가 많았다. 그러나 산업화, 특히 독일이 겪은 급속한 산업화가 물질적 안녕으로 지울 수 없거나 바로잡을 수 없는 비인간화를 우려스러울 정도로 초래했다는 사실은 부정할 수 없다. 이른바 신新중간계급은 산업화 후기 국면의 갑작스럽고 직접적인 파생 집단으로서 어쩌면 노동계급보다 고립감을 느낄 위험성이 더 컸고, 따라서 자신들의 취약성을 더 깊이 의식했다. 산업과 상업의 집중은 이 사회 집단이 독일에서 특히 큰 비중을 차지하고 있다는 뜻이었다.

그런데도 독일 사회의 모든 부문은 그 시대의 충동과 원심적 경향에 붙잡혀 있었다. 따라서 아이러니하게도 인구와 산업, 국가 구조 같은 특정 층위에서는 공고화가 진행되면서도, 사회적·정치적, 그리고 어쩌면 가장 의미심장하게도 심리적 영역은 분열이 특징적이었다. 그 결과는 삶의 관리에 대한 열중, 그러니까 전문 기술이 목적을 위한 수단에 그치지 않고 추구해야 할 가치이자 미학적 목표가 될 정도까지 집착하는 것이었다.

테크닉

테크닉Technik, 즉 전문 기술에 대한 열광적 숭배, 과학주의와 효율성, 관리 운영에 대한 강조는 19세기 후반 독일에서 정점에 이르렀다. 이런 경향은 물질적 발전과 산업화 시대의 관심사로 강화되었지만, 견고하면서도 오래 지속된 문화적·정치적 전통에 그 토대를 두었다. 다시 말해, 허약함과 분산에 대한 의식 그리고 생존은 효율적인 인적 자원 및 천연자원의 관리에 달려 있다는 인식이었다.

신성로마제국이 거의 1000년 가까이 생존했다는 사실은 적어도 마지막 2세기 동안에는 뼈만 남은 존재에 불과하고, 볼테르의 유명한 표현을 빌리자면, 신성하지도 로마답지도 제국도 아닌 존재를 운영하며 조종해온 독일인의 능력에 대한 증거다. 그러나 프로이센의 역사는 효율적 관리의 가장 두드러진 실례를 제공한다.

17세기 대선제후大選帝侯 시대부터 반反마키아벨리주의자 가운데 가장 마키아벨리주의자라고 할 수 있는 프리드리히 2세—그는 『반마키아벨리론Anti-Machiavel』을 쓴 직후인 1740년에 오스트리아의 슐레지엔을 공격해 빼앗았다—의 치세와 위업, 그리고 나폴레옹 시대 대개혁 시기를 거쳐, 프로이센 하원 재정위원회에서 자유주의자들의 의회주의적 시도를 공박하고 '철과 피'의 정책을 촉구한 비스마르크의 1862년 연설에 이르기까지, 이 기계적으로 구성된 국가의 전全 역사는 관리를 강조하고 숭상했다. 훌륭하고 효율적인 행정은 생존과 지배의 열쇠였다. 프리드리히 2세는 1752년에 작성한 정치 유고 Testament politique에서 "잘 운영되는 정부는 철학 체계만큼 일관된 체계를 갖춰야 한다"고 선언했다.[16] 철학자 왕인 프리드리히에게 수단은 목적만큼 중대했다. 프로이센 관료제는 세계 전역에 효율성의 모범이 된다.

수단과 전문 기술에 대한 이 압도적 강조가 대체로 교육 분야에서 19세기 독일의 성취 기반이었다. 그리고 다시 교육은 천연자원의 단순한 가용성에 반하여, 1914년에 독일이 유럽에서 산업·국사 강대국으로 부상하는 데 가장 중요한 단일한 인적 요소였다. 나머지 유럽 지역에서는 아무리 잘해도 취학 연령 아동의 절반 이하만이 약간의 교육을 받고 있었기 때문에 1870년대가 되어서야 초등 의무교육이 도입되기 시작했다. 그러나 독일 일부 지역에서는 그러한 의무교육 법령의 역사가 16세기로까지 거슬러 올라가고, 나폴레옹 전쟁 시기에 스탈 부인이나 빅토르 쿠생 같은 프랑스 여행가들은 독일 국가들의 교육 범위와 우수성을 침이 마르도록 칭찬했다. 처음에는 나폴레옹에게 당한 패배가 독일 국가들의 교육 개혁과 제도 개선을 한층 촉진했다. 1860년대가 되자 프로이센에서 취학 연령 아동이 실제 학교에 다니는 비율은 100퍼센트에 가까웠으며, 작센에서는 실제로 100퍼센트가 넘었는데 6세 이하 14세 이상의 많은 외국인 학생과 아동이 그곳 학교에 다녔기 때문이다.[17] 흔히 언급되는 것처럼 19세기 교육에서 대혁명이 초등학교 수준에서 일어났다면, 독일은 세계에서 가장 선진적이고 혁명적인 나라였다고 할 수 있다. 르낭은 1870~1871년에 프랑스에 대한 프로이센의 승리는 프랑스 교사들에 대한 프로이센 교사들의 승리였다고 말했다.

중등 교육과 고등 교육에서의 성취도 그만큼 인상적이었다. 독일은 학생들을 이른 나이에 연구 분야로 돌리는 경향이 덜했다. 또 독일의 중등 교육은 다른 어느 지역보다 다각적이었다. 독일 대학들은 유럽에서 가장 개방적이고 '민주적'일 뿐 아니라 세계적으로 명성이 자자한 학문과 연구의 중심지였다. 1844년 헨리 핼럼은 "한 세기 전에는 옥스퍼드의 어느 교수도 독일어가 교양인의 필수 조건이라고 생각하지 않았을 것이다. 현재는 독일어를 모르고는 교양인이라 할 수 없다"[18]라고 말했다. 그리고 몇 년 후, 역사가 존 실리는 "양서良書는 독일어로 쓰인 책이다"[19]라고 언급한다. 통일 이전에도 독일 국가들은 교육 기관과 연구 센터를 설립하고 장려하는 데 적극적이었고, 통일 뒤에는 국가 개입이 가속화됐다. 게다가 전문 기술 교육과 직업 훈련의 경우, 대체로 민간 기업 몫으로 돌린 영국과 달리 민간 기업에만 맡겨두지 않고 국가가 지속적인 관심을 쏟았다.

1914년 이전의 19세기에 독일의 과학적, 기술적 성취는 보편적으로 인정되지만, 대규모 독일 과학자 집단의 활발한 활동과 성과에 대한 인식은 그보다는 덜한 것 같다. 아인슈타인, 플랑크, 뢴트겐 등등 국제적으로 저명한 독일 출신 과학자들은 탁월한 독일 과학자 집단이 배출한 가장 잘 알려진 사례에 불과했다. 전문 기술 교육과 연구에서 국가의 진흥책은 놀라운 성과를 낳았다. 본질상 센세이셔널리즘의 여지가 없고 그래서 어쩌면 더 주목할 만한 과학기술 발전 분야에서 한 가지 예를 꼽자면, 그건 바로 콜타르 산업이다. 이 분야에서 독일의 6대 회사는 1886년부터 1900년 사이에 948건의 특허를 출원했다. 영국의 6대 회사에서 특허 출원은 86건에 불과했다.[20]

전문 기술주의에 대한 추종과 그 현상에 내재된 중대한 특징들은 19세기 막판이 되자 독일 사회 대부분에서 반향을 낳았다. 거의 모든 방면에서 새로움과 불가피한 변화에 관한 관심은 명백했는데, 이는 과거에 변화를 못마땅해하고 회의적인 시선을 던지던 구지주 귀족계급 안에서도 마찬가지였다. 테오도어 폰타네는 1898년에 완성한 그의 마지막 소설 『슈테힐린』 속 프로이센 시골 목사의 입을 통해 이렇게 말한다.

새 시대가 밝아오고 있다. 더 좋고 더 행복한 시대일 것이다. 만약 더 행복한 시대가 아니라면 적어도 공기 중에 산소가 더 많은 시대, 사람이 숨을 더 잘 쉴 수 있는 시대이리라. 그리고 더 자유롭게 숨 쉴 수 있는 만큼 사람은 더 많이 산다.

대다수의 시골 지주들에게 이제 변화는 불가피한 것으로 여겨졌고, 지주계급의 경제적 생존을 복잡하고 어렵게 만든 1870년대 후반의 농업 불황 뒤에는 특히나 더 불가피해졌다. 관건은 변화가 통제를 벗어나지 않게 하는 것이었다. 어떻게든 변화를 제어해야 했다.

독일 보수주의는 비스마르크 시대에—비스마르크가 본보기를 보이면서—신념과 원칙에 대한 교조적인 집착으로부터 이해관계에 대한 전념으로 이동했다. 이 새로운 기회주의는 '호밀과 철'의 동맹 탄생이 어쩌면 가장 상징적으로 보여준다고 할 수 있는데, 대규모 농업과 중공업 간의 이 정략결혼으로 1879년 독일은 경제적 보호주의로 전환했다. 빌헬름 폰 카르도르프는 "시간이 흐르면 중요성을 잃어버리는 형식들을 위해 싸우는 것은 조금도 보수적이지 않다"[21]라고 주장했다.

그러나 20세기 초가 되자 나머지 독일 국민도 개혁주의 열풍에 사로잡혀 있었다. 이는 다른 무엇보다 압력단체와 민족주의 단체의 급증에서 뚜렷했는데, 이러한 단체 회원들은 현상 유지가 아니라 정치 과정 전반의 갱신에 관심이 있었다. 정당들 사이에서는 분명한 노선

변경이 눈에 띄었다. 사회민주당은 이전의 소극주의 노선을 거부하겠다는 분명한 의지를 보이면서 더 온건한 방향으로 이동했다. 좌파 자유주의자들은 그들대로 사회적·정치적 개혁 정당, 좌파와 우파, '민주주의와 군주정'을 회유할 정당이 되는 데 관심을 보였다. 그리고 마지막으로 가톨릭 중앙당 내 영향력 있는 분파도 사회주의에 대해 유화적 태도가 필요하며, 당의 강령에서도 개혁에 더 방점을 찍어야 한다는 사실을 감지했다. 한마디로 1914년 이전, 몇 년 사이에 느슨한 민주적 개혁 운동을 위한 기반이 마련됐다.

1912년 선거는 깜짝 놀랄 결과를 낳았다. 비스마르크가 때때로 '제국의 적'이자 반역자라고 부른 세 가지 정치 조류, 즉 자유주의자 좌파, 가톨릭, 사회주의자가 전체 투표수의 3분의 2를 획득한 것이다. 독일인 셋 중 한 명이 사회주의 후보에게 표를 던졌고, 사민당은 제국의회에서 가장 다수의 정치 집단이 됐다. 이로써 사민당은 세계에서 가장 큰 사회주의 조직이자 국제 사회주의 운동의 지도자로서 두드러진 위상을 재확인했다. 좌파 자유주의자 프리드리히 나우만은 비록 사회주의자들의 대규모 득표를 걱정한 듯했지만 선거가 끝난 뒤 이렇게 언급했다. "지난 며칠 사이에 어떤 새로운 것이 독일에서 시작됐다. 한 시대가 마감되고 있다. 새 시대가 밝았다."[22]

그렇다고 한다면, 1914년 이전 독일의 전반적인 충동은 매우 미래 지향적이었다. 불만이나 불안이 존재하는 곳에서 그것은 변화로 극복될 것이었다. 세기말에 독일 무대 전체는 플루흐트 나흐 포르네 Flucht nach vorne, 즉 눈앞을 향한 비상이었다.

수도

처음에 프로이센의 수도였다가 나중에 통일 독일의 수도가 된 도시를 방문한 사람들은 그곳의 새로움과 활력을 즉각 알아차릴 수 있었다. 베를린은 여러 측면에서 독일이 전체적으로 경험하는 각종 혁신을 대표했다. 유럽의 다른 수도와 비교해서 베를린은 신흥 도시였고, 19세기에 문어발처럼 확장되며 발전하는 모습은 구세계의 다른 수도보다 뉴욕이나 시카고와 더 닮아 보였다. 실제로 발터 라테나우는 베를린을 '슈프레강 강변의 시카고'라고 불렀다.

독일이라는 나라 위치도 그렇지만, 베를린 역시 유럽의 중앙에 자리한 까닭에 독일 동쪽 영토와 러시아, 폴란드 지역, 보헤미아로부터 단기 체류자들을, 그리고 프랑스와 심지어 영국으로부터 반대 방향으로 이동하는 정착민들을 끌어들여 그들에게 일시적 거처를 제공하는 이민자 센터였다. 이것은 대선제후 시대부터 줄곧 베를린의 운명이었고, 진짜 베를린 토박이—4대째, 3대째, 심지어 2대째 베를린 거주민—는 언제나 소수에 불과했다. 19세기 전반기 프로이센이 독일 연방에서 두각을 나타내고, 특히 베를린에 본부를 둔 촐페라인Zollverein, 즉 독일관세동맹이 1832년에 창설돼 규모와 활동이 확대돼가면서 도시는 꾸준히 성장했다. 1871년 통일 훨씬 전부터 베를린은 독일 국가들의 엄연한 금융 수도이자 상업 수도였지만, 이러한 역할에서 베를린은 독일 산업이나 심지어 프로이센 산업의 중추라기보다는 연락 센터이자 어음 교환소에 가까웠다. 독일의 산업은 루르 내륙 지방과 슐레지엔 그리고 작센 일부 지역에서 발달했다. 19세기 후반부에는 베를린에서도 중요 산업들, 그러니까 그 시기에 걸맞게 새로운 전기 산업과 화학 산업이 특히 발전했으나 베를린은 여전히 전문 기술주의와 관리 경영의 구현 및 상징이었다. 특히 독일 통일 이후 눈덩이처럼 불어난 행정 기능에 비례하여 도시의 규모도 크게 증대됐다. 1865년에 베를린 인구는 65만7000명이었다. 1910년이 되자 200만 명이 넘었고, 1920년 '베를린 광역권'으로 통합되는 주변 교외지구까지 포함한다면 베를린의 인구는 전쟁 직전에 이미 400만 명에 가까웠다. 새로운 인구의 절반가량은 동프로이센의 농업 지대에서 온 사람들로 추정된다.

신생 제국의 수도를 찾은 거의 모든 방문객은 이러한 상황에 걸맞게 도시를 물들인 새로움의 기운에 깊은 인상을 받았다. 스위스 작가 빅토르 티소는 1875년에 베를린을 보고 이렇게 언급했다.

하인리히 하이네는 파리가 이방인에게 제공하는 놀라움과 마법을 이야기한다. 베를린도 그러한 놀라움을 주기는 하지만 마법은 찾기 힘들다. 사람들은 신생 제국의 심장부, 지성의 도시가 드레스덴이나 프랑크푸르트, 슈투트가르트나 뮌헨보다 오히려 수도로서의 기운을 덜 풍기는 것을 보고 놀란다. 베를린이 방문객들에게 보여주는 것은 현대적이고 절대적으로 새롭다. 여기서 모든 것에는 모험의 흔적, 이런저런 잡동사니를 모아 탄생한 군주정의 흔적이 배어 있다. (…) 옛 독일다운 것이란 의미에서 베를린의 얼굴보다 가장 독일답지 않은 것도 없다. (…) 이 곧게 뻗은 길을 탐험하면서 열 시간 동안 사브르와 헬멧, 깃털밖에 구경하지 못하다 보면 지난 몇 년 사이 일어난 사건들이 부여한 명성에도 불구하고 어째

서 베를린이 빈이나 파리, 런던 같은 수도가 결코 될 수 없을 것인지 이해하게 된다.[23]

다음 몇십 년 사이에도 도시는 새로움의 기운, 다소 우아하지 못한 이 벼락부자 냄새를 떨쳐낼 수 없었다. 그 향기는 기술적 변화로 오히려 강화됐다. 자유주의 경제학자 모리츠 율리우스 본은 19세기 말 독일 수도에서 겪은 경험을 회상하면서 이렇게 적었다.

베를린에서 모든 것은 새롭고 극도로 청결했다. 거리와 건물은 널찍했지만 겉만 번드르르한 장식이 많았다. (…) 그곳은 하룻밤 사이 생겨나 자신의 힘을 느끼며 끊임없이 부를 과시하려는 미국 서부의 석유 도시와 다르지 않았다.[24]

베를린 시민들은 다른 독일 도시나 다른 유럽 수도의 원주민과 달리 도시성과 과학기술이라는 생각 자체에 매혹된 듯했고, 프리드리히 지부르크의 표현대로 심지어 "철도 교차점, 케이블, 강철, 트랙 (…) 시끄러운 고가 열차, 치솟는 타워"에서 낭만주의를 발전시켰다. 지구나 시억석 특색과 지역사회만의 분위기를 유지하려 애쓰는 파리 시민들과는 달리 베를린 시민들은 도시의 코즈모폴리터니즘과 새로움의 느낌을 즐기고 그걸 의식적으로 조장했다.[25] 바로 이런 에너지가 전쟁 전 말기에 드레스덴과 뮌헨 같은 독일의 다른 도시들과 심지어 빈에서까지 예술가 및 지식인들을 더 자유분방하고 패기만만한 베를린의 분위기로 끌어들이게 된다.

전쟁 전 시절에 베를린은 수도로서 파리나 런던 심지어 빈이 전국적으로 행사한 것과 같은 문화 권력 근처에도 가지 못했지만, 이러한 영향력의 부족이 도시가 새롭다는 자의식을 강화시켰다. 베를린은 역사적 자극이 아니라 의지와 상상으로 창조된 수도라는 것이다. 베를린은 순응과 전통에 대한 정신의 승리를 대변하는 것으로 비쳤다.

그렇게 베를린은 여러 측면에서 즉흥적으로 창조된 수도이자 메커니즘과 심지어 순간성의 상징이었고, 에너지와 역동성의 표현이며 그 눈을 미래로 향한 도시이기도 했다.

문화

세기 전환기가 되자 미래주의적 비전이 독일 사회 대부분을, 심지어는 베를린의 천박함을 비난하는 사람들마저 사로잡았다. 경제는 팽창주의적이었다. 인구는 엄청난 속도로 성장하고 있었다. 1860년대와 1870~1971년의 군사적 승리 이후로, 독일은 말할 것도 없고 유럽의 어느 나라도 독일이 유럽과 아마도 세계에서 가장 가공할 만한 지상 군사력을 대변한다는 사실을 의심하지 않았다. 1914년이 되자 독일 안팎에서는 군사적·경제적 측면에서 독일이 세계에서 가장 강력한 나라라는 데 다들 의견 일치를 보았다.

그러나 독일인이 자신들의 국제적 성공을 근면 성실, 우수한 교육 체계, 얼마간의 군사적·정치적 수완의 결과로 인정했을지는 몰라도, 대부분은 민족의 빛나는 성취에 대해 그러한 평범한 설명을 받아들이길 꺼렸다. 그들은 두 세계, 즉 물리적 세계와 정신적 세계 간의 융합을 꿈꿨다. 실제로 기술적 성취가 점차 커지면서 그러한 위업은 그만큼 우화적 이야기로 꾸며지기 쉬웠다. 필요는 발명의 어머니였을지 모르지만, 그렇다면 발명은 의도를 낳았다. 전문 기술적인 것은 정신적인 것이 됐다. 효율성은 수단이 아니라 목적이 됐다. 그리고 독일 자신은 광포한 '생명력'의 표현이 됐다. 그런 것이 독일관념론의 내용이었다.

따라서 사회적 개념으로서 교육은 빌둥Bildung, 즉 사회적 존재보다는 정신의 함양을 추구하는 자기 함양의 개념으로 대체됐다. 지리적 필요에 따른 군사적 능력은 마흐트Macht, 즉 양심이나 행동에 대한 제약을 넘어서는 존재의 순수성을 부여받은 강력한 힘으로 대체됐다. 그리고 공공복리의 도구로서 국가는 데어 슈타트der Staat, 즉 인민 복지의 이상화된 구현으로 대체됐다. 제2제국 시대의 독일인은 궁극적 실제는 정신적이며, 이념은 물질세계를 초월할 수 있을 뿐만 아니라 초월해야 한다는 관념론의 개념들에 특히 약했다.

19세기 말에 이르자 당연하게도 많은 독일인은 소위 적들에게 자신들한테서 극복하고자 하는 그런 특징들을 부여하게 됐다. 따라서 그들은 16세기 이래로 세계에 정치적·문화적 헤게모니를 점진적으로 확립한 영국-프랑스 문화야말로 합리주의, 경험주의, 효용 같은 외재성externality에 바탕을 둔다고 주장할 수 있었다. 그것은 형식의 세계, 즉 정신적 가치들이 결여된 세계였다. 또한 정직과 진정한 자유의 문화가 아니라 관습과 피상성皮相性, 위장의 문화였다. 자유주의와 평등 관념은 영국-프랑스 정신에서 위선적 슬로건인 투크 운트 트루크

Tug und Trug, 즉 거짓과 속임수에 불과했다. 그것들은 프랑스인의 훌륭한 취향과 영국인의 상업에 대한 심취에서 보다시피 형식의 독재를 위장했다. 그러한 맥락에서 진정한 자유는 불가능했다.

반대로 독일 문화는 '내면의 자유', 허울이 아닌 진짜와 진실, 외양에 반하여 본질, 규범보다는 총체성을 추구한다고 주장했다. 독일 문화는 '극복'의 문제, 파우스트의 가슴속에 자리 잡은 '두 영혼'을 화해시키는 문제였다. 19세기 후반, 문화에 대한 독일적 인식에서 리하르트 바그너의 공헌은 특히 중요했다. 그랜드 오페라에 대한 그의 비전은 모든 예술을 통합하는 것뿐만이 아니었다. 그의 게잠트쿤스트베르크Gesamstkunstwerk, 즉 그의 총체 예술작품을 문화의 궁극적 종합이자 표현의 수준, 다시 말해 예술과 역사 그리고 현재의 삶을 총체적인 드라마 속에 결합하는 수준으로까지, 그리고 상징과 신화가 존재의 정수가 되는 위치로까지 고양시키는 것도 겨냥했다. 정치마저 무대 안에 종속됐다. 독일적 의식에 끼친 바그너의 영향과 현대 미학의 출현에서의 그의 역할은 아무리 강조해도 지나치지 않는다. 바이로이트는 예술과 상상력에 의해 삶과 현실의 초월에 바쳐진 전당이자, 미학적 순간이 역사와 모든 의미와 미래의 모든 잠재성을 압축한 장소가 됐다. 독일 바깥의 많은 사람도 바그너적인 약속에 휩쓸렸다. 그런 이들 중에는 우선 댜길레프, 헤르츨, 쇼가 있었다. 아서 시먼즈는 제임스 조이스에게 "바그너를 연주할 때면 나는 다른 세계에 가 있는" 기분이라고 말했다.[26] 전쟁 발발 직전에 열린 1914년 베를린 페스티벌에서는 「파르지팔」이 5월 31일부터 6월 7일까지 왕립 오페라하우스에서 공연됐고, 그다음 6월 9일부터 13일까지 반지 시리즈

4부작 전체가 공연됐다.

　다른 더 '통속적인 이상주의자들'은 바그너와 유사한 삶의 미학화를 부르짖었다. 율리우스 랑벤은 엄청난 성공을 거둔 『교육가로서 렘브란트Rembrandt als Erzieher』를 통해, 독일인들에게 그가 물질적 추구에 대한 열중이라고 여기는 일에서 고개를 돌리고 예술가의 민족이 될 것을 촉구했다. 삶은 이상적으로 예술을 좇아야 한다. 삶은 비전이자 스펙터클, 파노라마 예술작품, 거대성에 대한 추구여야 하지, 행동 규범과 도덕에 연연하지 않아야 한다. 그것은 부르주아 자유주의의 빈곤이고 독일인도 지금 거기로 미끄러져가고 있다고 랑벤은 말했다.

　랑벤의 영향은 1899년에 출간돼 큰 인기를 얻은 『19세기의 토대Grundlagen des neunzehnten Jahrhunderts』의 저자, 휴스턴 스튜어트 체임벌린으로 강화됐다. 역사가들이 조금이라도 객관성을 가장하는 것을 "학문적 야만주의"라고 조롱한 체임벌린은 침울한 성격이긴 하나 대단히 재능 있는 사람이었다. 그는 비합리주의로 향하는 현대 오디세이에서의 흥미로운 방랑자이자, 규정된 세계관과 사회적 가치로 무장한 부르주아적 위신으로부터 나르시시즘과 전면적 환상으로 향하는 어떤 현서한 상상이었다. 체임벌린은 어머니를 일찍 여의고, 배를 타는 아버지에 의해 프랑스의 친척들과 잉글랜드의 학교에서 방치된 채 어린 시절을 보냈다. 신경쇠약에 시달리던 병약한 젊은이 체임벌린은 나라나 가족에 대한 유대감이 없고, 사회에 자리 잡지 못한 '주변적' 인물로 성장했다. 아버지는 그를 캐나다의 농장으로 보낼 심산이었지만, 체임벌린의 건강이 나빠서 그 계획은 없던 일이 되었다.

그는 베르사유와 제네바, 그리고 1883년에 투기를 했다가 큰돈을 잃은 파리를 거쳐서 독일로 흘러들어왔다. 그때 그는 이미 자신보다 열 살 연상인 여자를 첫 번째 아내로 맞이하고 바그너 숭배 열풍에도 휩쓸린 상태였다. 과학자로서 입증된 능력에도 불구하고 체임벌린은 처음에는 라이프치히, 그다음 빈, 마침내 총체 예술의 심장부인 바이로이트에서 바그너 신화세계Wagnerian mythos의 종복으로서 자신의 존재 이유를 찾아냈다. 그리고 결국 그 바이로이트에서 바그너의 딸을 두 번째 아내로 맞아들임으로써 공생관계를 완성했다. 예술적 여정과 함께 그는 외국인 혐오 성향이 강한 극렬 게르만 이데올로기의 옹호자가 됐는데, 이러한 태도는 카이저 빌헬름 2세와 1906년 이후로는 육군참모총장 헬무트 폰 몰트케로부터 공감을 얻었고, 체임벌린 말년에는 아돌프 히틀러와의 상호 간의 찬사로 이어진다.

체임벌린은 여러모로 아주 흥미로운 인물이다. 딱 잘라 멍청이로 치부할 수 없는, 똑똑하게 말 잘하는 인종주의자이자, 어마어마한 영향력을 행사한 선전가이며 홍보 전문가였다. 그러나 우리 관점에서 볼 때 특히 중요한 의미가 있는 것은 방종한 미학을 향한 그의 도피다. 1884년 스물아홉 살 때 재정적 재난에 부딪힌 그는 이렇게 썼다.

내가 모든 것을 견딜 수 있는 것은 바그너에 대한 열정 때문인 것 같다. 사무실의 문이 내 뒤로 닫히자마자 조바심 내봐야 소용없다는 것을 알기에 나는 훌륭한 저녁을 든 뒤 미래의 예술작품에 대해 생각하며 가로수 길을 거닐거나 바그너 애호가인 친구를 보러 가거나 아니면 나의 무수한 바그너 애호가 교신인 가운데 한 명에게 편지를 쓴다.[27]

그는 인간이 예술에 의해 구원받고 고귀해질 수 있으며, 특히 바그너의 예술은 인간의 감각적 본성과 도덕적 목표 사이에 다리를 놓을 수 있다고 믿게 됐다. 역사는 객관적 실제가 아니라 오로지 정신으로서만 존재했다. 역사의 진실은 비판적 방법이 아니라 오로지 직관에 의해서만 접근할 수 있다. 체임벌린은 요한 G. 드로이젠, 빌헬름 딜타이, 하인리히 리케르트, 빌헬름 빈델반트—역사적 사고에서 강조점을 대상에서 주체로, 즉 역사에서 역사가로 옮긴 이들—를 통속화했는지도 모르지만, 고도 산업화 시대에 인간사회 문제들에 대한 해답을 외부세계가 아니라 그 자신의 영혼에서 구한 더 넓은 문화적 조류의 일부이기도 했다. 그러한 조류와 부합하여 통신수단이 급속도로 발전하는 시대에, 외부세계에 대한 대중의 시각 역시 폭발적으로 쏟아져나온 이러한 자기중심벽적 해석에 점점 더 영향을 받았다. 체임벌린은 "데카르트는 이 세상의 모든 현명한 인간이 머리를 맞대도 '흰'색을 정의할 수 없다고 지적했지만, 흰색을 보기 위해서는 눈만 뜨면 되고 이는 '인종'의 경우도 마찬가지다"라고 썼다.[28]

체임벌린은 세기 전환기 이후 독일 지성계에서 득세하게 됐고, 바그너를 따라 삶을 아름다움에 대한 추구로 탈바꿈시킴으로써 삶을 정신화하고자 한 신비적 민족주의자 집단에 속했다. 랑벤, 그리고 예술을 권력으로서 바라본 시인 슈테판 게오르게와 마찬가지로 그는 삶을 예술작품으로 탈바꿈시키길 바랐는데 그런 맥락에서만 인간의 온전한 개성이 펼쳐질 것이기 때문이었다. 그리고 역사도 그 과정에서 전적으로 정신적 산물이 돼야 했다.

19세기 후반에 독일인들이 문화Kultur와 문명Zivilisation을 열성적으로 구분하기 시작한 것은, 외부세계 관찰에 대한 반응인 만큼 거울에 비친 자기 모습에 대한 반응이기도 했다. 쇼펜하우어부터 부르크하르트를 거쳐 니체에 이르기까지 더 통찰력 있는 비판자들이 자신들의 철학적·역사적 사색이 담긴 저서에서 지적한 대로, 거기에는 강한 그리고 어쩌면 압도적인 자기비판과 동경의 요소가 적잖이 담겨 있었다. 예를 들어, 니체는 힘과 전문 기술에 취해 있는 독일이 영국인을 둔감한 장사꾼으로, 프랑스인을 프랑스 어릿광대로 비난한다는 게 굉장히 아이러니하다고 느꼈다. 그는 프랑스에 대한 프로이센의 승리가 독일 가이스트Geist, 즉 독일 정신에 패배를 가져올 씨앗을 담고 있다고 생각했다. 가이스트는 저절로 모순이 되고 있었다.[29]

독일관념론에는 자기비판과 자기 혐오가 분명히 있었다. 하지만 그 시대의 본질적 역동성을 대표하고, 20세기 초 세계에서 변화와 운동의 전위에 있으며, 헤겔적 세계정신의 으뜸가는 대표자라는 형이상학적이거나 낭만적인 신념 아래에는, 여전히 뿌리 깊은 낙관주의가 깔려 있었다. 그런 시각은 비스마르크와 동시대 사람인 뤼베크의 에마누엘 가이벨에게 사후 명성을 안겨주게 된 다음의 엉터리 시의 한 줄속에 잘 포착돼 있다. 독일 영혼에 의해 세계는 온전해지리라Denn am deutschen Wesen soll die Welt genesen.

문화와 반란

1914년 이전 유럽 아방가르드의 자아상에 싸우는 정신이라는 생각이 중심적이라고 한다면, 한 국가로서 독일은 그러한 생각을 가장 잘 대변했다. 그리고 부상하는 현대 유미주의자들에게 19세기의 지배적인 규범으로 인식되는 것에 의문을 제기하는 일이 중심적이라고 한다면, 독일은 그러한 반란을 가장 잘 대변했다.

독일의 정치체제는 군주정과 민주주의, 그리고 중앙집권화와 연방주의를 종합하려는 시도였다. 독일의 대학들은 연구활동으로 명망이 자자했다. 독일에는 국제 노동운동 전체가 지도력을 기대하는 세계 최대의 사회주의 정당이 있었다. 독일의 청년운동, 여권운동, 심지어 동성애자 해방운동은 규모가 크고 활동적이었다. 이런 운동들은 레벤스레포름베궁Lebensreformbewegung(생활혁명운동)의 맥락에서 우후죽순처럼 번창했는데, 레벤스레포름베궁은 그 단어가 암시하는 대로 생활의 기본 습관만이 아니라 삶의 근본 가치들의 재설정을 겨냥했다. 1907년 인구조사에 따르면 독일 여성의 30.6퍼센트가 보수를 받는 일자리에 고용돼 있었다. 그 수치는 세계 어느 나라와도 비교가 되지 않았다.[30] 베를린, 뮌헨, 드레스덴은 활기찬 문화 중심지였다. 1897년, 피카소는 자신한테 만약 예술가가 되고 싶은 아들이 있다면 아들을 공부시키러 파리가 아니라 뮌헨으로 보내겠다고 말했다.[31] 로저 프라이는 1912년 자신이 기획한 제2회 후기 인상주의 전시회 도록 서문에서 후기 인상주의를 회화에서 실험 경향 전반과 동일시한 듯한데, "후기 인상주의 유파는 스위스와 오스트리아-헝가리, 그리고 그 어느 곳보다 독일에서 번창하고 있으며, 맹위를 떨치고 있다고까지 말해도 될 듯하다"[32]라고 썼다. 스트린드베리, 입센, 뭉크는 자국보다 독일에서 더 따뜻한 환영을 받았다. 장식미술과 건축에서 독일은 영국이나 프랑스보다 실험에 더 개방적이고, 산업을 수용하고, 산업에 바탕을 둔 미학을 추구할 자세가 돼 있었다. 예를 들어, 영국의 기성 문화계는 수정궁의 건축에 전적으로 비판적이었지만 1851년에 로타르 부허는 독일 대중의 상상력은 수정궁에 흠뻑 매료됐다고 보도했다. "수정궁을 구경한 사람들은 그 낭만적 아름다움에 깊은 인상을 받아서 외딴 독일 마을 시골집 벽에도 수정궁의 복제화가 걸려 있는 것을 볼 수 있다."[33]

우리는 앞서 파리의 비평가들이 샹젤리제 극장과 독일의 실험성 그리고 비역사성을 연관시키는 것을 봤다. 독일 건축가, 공예가, 작가들이 증진시킨 운동은 한 비평가의 판단에 따르면 "소수 개인의 몇몇 혁명적 발언이나 행위에 그치지 않고 사고와 건축에서 보편적인 양식을 낳을 만큼 강하다는 것이 입증됐다."[34] 현대 무용에서 이사도라 덩컨과 에밀 자크달크로즈가 자신들의 첫 학교를 세운 곳은 독일이었다. 서방에서 댜길레프의 순회공연은 자연히 파리로 이끌렸는데 그곳이 결국엔 그가 정복하고 싶었던 서구 문명의 심장부였기 때문이다. 하지만 독일에서 그의 공연 시즌은 파리와 똑같이 갈채를 받는 가운데 더 쉽게 수용됐다. 1912년 12월 12일, 베를린에서 「목신의 오후」 개막 공연 뒤에 그는 아스트뤼크에게 전보를 쳤다.

어제 새 왕립오페라극장에서 성공적인 개막 공연. 「목신」 앙코르 요청받음. 커튼콜 열 번. 항의는 없었음. 베를린 사람 전부가 보러 옴. 슈트라우스, 호프만슈탈, 라인하르트, 니키슈, 분리파 그룹 전부, 포르투갈 국왕, 대사와 궁정 인사들 참석. 니진스키에게 화환과 꽃다발 세례. 언론 반응

열광적. 『타게블라트』에 호프만슈탈의 장문 기고. 일요일에 황제, 황후, 왕자들도 발레를 보러 옴. 황제와 길게 담소. 황제 매우 기뻐하며 발레단에 감사 인사. 대성공.[35]

그렇다면 1914년 이전 독일의 본질적 기풍ethos은 새로운 형식, 법칙과 한정됨의 측면에서가 아니라 상징과 은유, 신화의 측면에서 구상된 형식에 관한 탐구를 의미했다. 에밀 놀데는 젊은 미술학도로서 1899~1900년 파리에 있었다. 그는 명화를 모사하려고 루브르 박물관에 가곤 했다. 하루는 티치아노의 「알퐁스 다발로의 알레고리」 모사화를 거의 완성했을 때, 처음 보는 사람이 그의 등 뒤에서 이렇게 말했다. "라틴 사람이 아니구먼. 당신이 그린 인물들에 드러나는 강렬한 성격을 보면 알 수 있지."[36] 놀데가 회상록에서 들려준 이 이야기가 진짜든 아니든 간에, 이 일화는 20세기 초에 독일인의 자아 인식을 잘 보여준다. 놀데는 독일인이 이웃 나라 사람들보다 훨씬 더 정신적이라고 생각했다. 화가 에른스트 루트비히 키르히너는 "독일인의 창조성은 라틴 사람의 창조성과 근본적으로 다르다"라고 썼다.

라틴 사람은 내상이 자연에 존재하는 대로 대상에서 자신의 형식을 가져온다. 독일인은 환상 속에서, 자신 특유의 내면적 비전으로부터 형식을 창조한다. 눈에 보이는 자연의 형식들은 그에게 상징으로서만 기능한다. (…) 그리고 그는 외양이 아니라 그 너머의 것으로부터 미를 추구한다.[37]

독일은 다른 어느 나라보다 더 광범위하게 민족적 아방가르드의 열망, 그러니까 영국-프랑스 영향의 '포위', 즉 팍스 브리타니카와 프랑스 문명에 의해 부과된 세계질서, 정치적으로는 '부르주아 자유주의'로 명문화된 질서를 깨트리고 나오려는 욕망을 대변했다.

대표적으로 랑벤과 체임벌린이 주장했듯, 독일 일각에서는 독일 문화가 피상성과 변덕, 단명短命으로부터 공격받고 있으며, 독일 문화를 견고히 다지기 위한 조치가 절실하다는 분위기가 있었다. 또한 모든 계급에 적지 않은 불안감이 존재하여 자연히 정부와 지도자들의 걱정은 이만저만이 아니었다. 하지만 강한 자신감과 낙관주의, 그리고 도이체 젠둥die deutsche Sendung, 즉 게르만족의 임무에 대한 믿음이라는 사명감이 여전히 존재했다. 개혁의 물결이 그 구체적인—그리고 어느 경우에는 받아들일 수 없는—부분들을 합친 것보다 더 크고 더 많은 의미가 담긴 것이라는 분위기, 그리고 개혁의 물결이 민족의 심장과 영혼을 이룬다는 분위기가 널리 퍼져 있었다. 시인 슈테판 게오르게의 신봉자인 프리드리히 군돌프와 프리드리히 볼터르스는 1912년에 호모에로티시즘에는 부도덕하거나 비정상적인 것이 전혀 없다고 주장하면서 그러한 생각을 표명했다. "오히려 우리는 이러한 관계[동성애 관계]에서 독일 문화 전반을 본질적으로 형성하는 어떤 것을 찾을 수 있다고 언제나 생각해왔다." 이것은 "영웅화된 사랑"에 헌신하는 문화에 대한 비전이었다.[38]

사실 독일에는 제1차 세계대전 직전, 유럽에서 가장 규모가 큰 동성애 해방운동이 존재했다. 아우구스트 베벨은 일찍이 1898년 제국의회 연설에서 그 주제를 다뤄야 할 필요성을 느꼈다. 카이저 측근들의 동성애는 언론인 막시밀리안 하르덴이 1906년에 폭로를 결심하기 전부터 이미 잘 알려져 있었다. 마그누스 히르슈펠트는 독일에서 민법 175조를 개정하기 위한 캠페인을 이끌었고, 1914년이 되자 그의 청원서에는 의사 3만 명, 대학교수 750명을 비롯해 수천 명의 서명이 들어 있었다. 1914년에 이르자 베를린에는 게이 바가 대략 40개 있었고, 경찰 추산에 따르면 1000~2000명 상당의 남자 매춘부가 있었다.[39]

이것이 독일인들이 집단적으로 동성애를 환영하거나 심지어 공적으로 용인할 자세가 되어 있었다는 의미는 아니지만—독일인들은 그럴 생각이 없었다—독일의 동성애 운동이 상대적으로 공개적이었다는 사실은 다른 곳에서는 찾아볼 수 없는 상당한 관용을 가리킨다. 게다가 많은 이가 지적해온 대로, 동성애와 동성애에 대한 용인은 사회 고정관념의 해체와 본능의 해방, '공적 인간'의 해체, 그리고 다름 아닌 현대 미학 전체에 있어 핵심이었다.

세기말 독일에서 성적 해방은 동성애자에 국한되지 않았다. 라이베스쿨투어Leibeskultur, 즉 몸 문화를 새롭게 강조하는 일반적인 경향이 존재했다. 사회적 금기와 제약에서 벗어난 인간의 몸을 새롭게 평가하고, 고르셋과 벨트, 브래지어에서 몸을 해방시키려는 움직임이 출현했다. 세기 전환기 이후에 꽃핀 청년운동은 '자연으로의 복귀'에 열광했고, 문란하다고는 할 수 없지만 확실히 더 자유로운 성에 환호했는데, 그러한 성적 자유는 억압과 위선에 사로잡혔다고 생각된 구세대에 대한 반항의 일부였다. 1890년대에 프라이쾨르퍼쿨투어Freikörperkultur, 즉 자유로운 몸 문화—누드에 대한 완곡어법—

는 자연식과 집에서 기른 채소, 자연 요법을 권장한 건강 운동의 일부가 되어 유행했다. 예술 분야에서 중간계급의 관습에 대한 반란은 훨씬 더 극적이었다. 반란자라는 이유로 매춘부를 찬양하는 프랑크 베데킨트의 연극「룰루」부터, 자신의 욕정을 채워주길 거부했기 때문에 세례 요한의 목을 벤 슈트라우스의 살로메를 거쳐, 억압돼 있지만 분명한 성적 저류가 흐르는 토마스 만의 초창기 단편소설에 이르기까지, 예술가들은 당대의 가치와 우선적 관심사들에 대한 환멸을 표현하기 위해, 더 나아가 억누를 수 없는 생명력 넘치는 에너지에 대한 믿음을 표현하기 위해 섹스를 이용했다.

문학과 예술에서 성적 테마는 폭력도 어느 정도 동반했는데, 폭력적 요소 역시 다른 어느 곳보다 독일에서 두드러지고 지속적이었다. 여기서 다시금 폭력에 대한 매혹은 삶, 창조 행위로서의 파괴, 삶의 일부로서의 질병에 관한 관심을 대표했다. 베데킨트의 연극에서 룰루는 살해된다. 슈트라우스의 오페라에서 살로메는 살해한다. 만의 소설에서 아센바흐는 병든 공기와 충족되지 못한 성적 욕망이 결합되어 죽는다. 초기 독일 표현주의에는 입체파나 미래파에서 발견되는 것보다 더 강렬한 폭력의 모티프가—테마와 형식, 색채에서—존재했다. 마리네티의 미래파 선언은 기념비와 박물관을 파괴하고 도서관을 불태울 것을 부르짖었으며, 윈덤 루이스는 자신의 의도를 포착하기 위해『폭파』라는 이름의 잡지를 창간했으나 이런 시도들에는 연극적 퍼포먼스와 심지어 익살이 지배적이었다. 독일 표현주의자 프란츠 마르크와 아우구스트 마케한테서 폭력은 표면적 징후보다는 더 깊은 정신적 흥분의 표현이었는데, 거의 어린 학생다운 순수함과 매력이라고 해도 좋을 그들의 표면상 태도만 봐서는 그런 낌새를 조금도 눈치챌 수 없었다. 마르크는 "우리의 생각과 이상은 헤어 셔츠[과거 종교적인 고행을 하던 사람들이 입던, 털이 섞인 거친 천으로 만든 셔츠]를 입어야 한다. 우리는 그것들에 역사가 아니라 메뚜기와 석청을 먹여야 한다. 우리 유럽의 나쁜 취향의 피로에서 벗어나고 싶다면 말이다"라고 썼다.[40]

원시주의에 대한 매혹, 아니 다른 의미에서는 독일 정신의 자연력과 접촉하려는 욕망은 독일 사회 여러 층위에 도달했는데 이는 특히 중간계급 안에서 두드러졌다. 형식과 허위에 불과한 도시 문명으로부터 탈출해 자연으로 돌아가고자 하는 충동에 힘입은 청년운동은 그러한 단체들로 넘쳐났다. 청년운동은 '체조의 아버지' 얀을 숭상했다. 얀은 나폴레옹에 맞선 해방 전쟁 시기에 독일 여러 나라에 체조협회를 설립했고, 젊은 시절 한동안 동굴에서 살기도 했으며, 나중에는 곰 가죽을 걸치고 베를린 거리를 활보하기도 했다. 독일인의 부족적 기원도 세기 전환기의 정치 담론과 일반 담론에서 지속적으로 환기됐다. 의화단운동을 진압하기 위해 파견된 군대를 상대로 한 악명 높은 연설에서 카이저는 훈족 정신으로 돌아갈 것을 촉구했다. 1914년 7월 8일, 자유주의 피파 논조의 베를린 주요 일간지 『베를리너 타게블라트』는 「그래서 우리는 헤르만 전투를 하러 떠났다So ziehen wir aus zur Hermannsschlacht」라는 제목의 카를 한스 스트로블의 소설을 연재하기 시작했다. 신문은 전쟁 발발 뒤 8월 넘어서까지 연재분을 계속 실었다. 소설 제목 속의 헤르만 전투는 서기 9년 케루스키 부족의 아르미니우스가 로마 장군 바루스가 이끄는 군단을 오늘날 하노버 북쪽 숲속에서 물리친 유명한 전투를 가리킨다. 오늘날까지 토이토부르크 숲에 서 있는 거대한 헤르만 기념비는 1875년에 완공됐다. 마르크와 마케 외에도 많은 예술가가 원시에 대한 깊은 사색에서 영감을 얻었다. 1914년 초 남태평양을 여행하는 동안 에밀 놀데는 이렇게 언급했다.

원시인은 자연 속에 살고 자연과 하나이며 전체의 일부다. 때때로 그들이 지상에 남은 유일한 진짜 인간이며 반면에 우리는 인위적이고 속임수로 가득한, 기형의 꼭두각시라는 생각이 든다.

그는 제국주의의 전 과정, 특히 영국식 제국주의를 유감스러워했다. 너무나 많은 정수가 파괴되고 오로지 허위로 대체됐다고 느꼈다.[41]

독일 안팎의 많은 사람이 독일 내 문화적 활력에 매혹됐지만 일부는 격분했다. 독일 중간층 사이에서 베데킨트의 희곡, 마르크와 마케의 미술 혹은 '몸 문화'와 도시 청년의 이상주의에 대한 보편적 이해는 별로 없었다. 노동계급이 부르주아 보헤미안들의 허세에 거의 공감하지 않은 것은 말할 것도 없었다. 그러나 흥미롭게도 이러한 실상 어느 것도 대부분의 독일인이 새로움, 재생, 변화의 관념과 자기 자신을 동일시했음을 부정하지는 않는 듯 보였다. 외국인 관찰자들도 유사한 반응을 보였다. 에스파냐 태생의 미국 철학자 조지 산타야나는 주로 독일을 생각하며 다음과 같이 썼다.

영국식 자유의 범위 너머의 파당과 민족들이 서로 대립하는 정신은 모성적이지도 형제애적이지도, 기독교적이지도 않다. 그들의 씩씩함과 도덕은 결코 꺾이지 않는 그들의 에고티즘에 있다. 그들이 원하는 자유는 절대적 자유, 아주 원시적인 욕망이다.[43]

산타야나는 독일의 '에고티즘', 그가 사적 미덕과 공적 순응주의에 대한 강조라고 본 것, 그에게는 독일의 사회적·도덕적 발전의 후진성을 가리키는 태도를 폄하했다. 그러나 비꼼과 유감에도 불구하고 그 역시 독일 문제의 핵심에 있는 활력을 감지했다. "독일의 도덕적 상상력은 (…) 지혜보다는 삶과 사랑에 빠져 있다."[43] 1914년 8월 초창기에 H. G. 웰스는 독일인을 특징짓는 "무시무시한 허영"을 이야기하게 된다.[44]

이고르 스트라빈스키는 더 호의적인 입장을 보였다. 1913년 2월에 이르러 그는 슈트라우스의 「엘렉트라」를 두 차례 감상하고 편지에 이렇게 썼다.

나는 완전히 무아지경에 빠졌어. 그 작품은 그의 최고작이야. 슈트라우스하테는 항상 통속성이 있냐고 떠들 테면 떠들어보라지—그런 말에 대해 나는 독일의 예술작품을 더 깊이 파헤쳐볼수록 독일의 예술작품 전부가 그것에 시달리고 있다고 답하겠어. (…) 슈트라우스의 「엘렉트라」는 대단한 물건이야![45]

"통속성"이라는 표현으로, 스트라빈스키는 아마도 작품의 "자연력과 같은" 측면과 그 작품이 불러일으킨 대중에 대한 도전을 의도했을 것이다. 게다가 많은 최신 독일 예술이 근본에 관심을 두고 있다면 그것은 독일 문화, 즉 창조자뿐만 아니라 소비자들도 전반적으로 실험과 새로움에 더 동조적이었다는 뜻이다. "자연력과 같다"는 것은 숨막히고 무기력하게 만드는 규범과 무의미한 관습, 가식에 반발하는 것이었다. 이 모든 것은 문화에 대한 독일식 해석의 핵심이었다. 독일인 개개인이 변화에 대한 자신의 태도가 언제나 명확하지는 않았다고 해도, 독일 문화는 변화를 극단적으로 조장했다.

국제관계와 외교 정책의 목표만큼 이에 대한 증거를 더 극적으로 제시하는 분야도 없었다. 20세기에 들어선 뒤, 독일은 다른 나라와 민족에 대한 공격적 태도로 일관하며 자국의 맹방이나 중립국, 적대 국가의 불안이나 소망, 이해관계를 거의 이해하지 못하는 모습을 보였다. 따라서 독일 해군 팽창의 야심에 대한 영국의 불안, 독일의 식민지 권리 주장에 대한 프랑스의 우려, 그리고 북해부터 아드리아해까지, 알자스부터 러시아 국경까지 뻗은 중유럽 관세 동맹 문제에서 독일의 요구에 대한 러시아의 경계심은 권력의 중심부에서든 일반 대중 사이에서든 독일에서 거의 공감을 얻지 못했다.

1896년에 독일 정부는 지금까지 유럽을 중심으로 돌아가는 외교 정책과 대조적으로 벨트폴리티크Weltpolitik, 즉 "세계정책"이라 불리게 되는 정책을 공개적으로 채택했다. 세계정책은 카이저 주변의 조언자로 이루어진 일개 파벌의 권모술수로 독일인들에게 강요된 외교 정책이 아니었다. 그것은 저명한 일단의 지식인과 대중 단체가 적극적으로 주창하고 고취하며 널리 퍼진 정서, 그러니까 독일은 팽창하지 않으면 몰락한다는 감정을 반영했다. 해군 건설 프로그램의 개시와 요란한 식민지 획득의 시도와 같이 시작된 이러한 정책 노선의 변화는 자연히 독일의 장기적 의도에 대한 주변의 관심을 집중시켰다. 그러나 독일 내부에서 이 같은 외국의 의문은 은근한 협박일 뿐이라고 해석됐다. 독일의 지정학적 위치와 독일이 국민국가로 통합된 것이 최근이라는 사실, 그리고 불안감과 자신만만함이 결합된 태도를 볼 때, 독일을 포위하고 분쇄하는 과정에서 새로움과 정신, 유인 동기와 모험을 말살하려는 음모가 저 음흉한 알비온 놈들, 즉 영국의 주도로 꾸며지고 있다고 독일인이 걱정하기 시작한 것도 그리 부자연스러운 일은 아니었다. 자유무역과 자유 시장 그리고 자유주의 윤리의 옹호자를 자처하는 영국의 태도는 세계적 층위에서 순전히 위선이라는 것이었다. 영국은 자신의 국제적 위상을 유지하기 위해 작정한 나라, 오만하게 제해권制海權을 장악하고, 다른 국가가 해군을 건설하여 제국주의 정책을 추구할 권리를 제멋대로 거부하는 나라였다. 법규범과 민주주의, 정의에 대한 영국의 공개적 천명은 영국의 외교 정책을 고려할 때 명백히 기만이었다. 국제적 맥락에서 독일인은 자기 나라를 흔히 세계 패권의 재정립에 새로운 정직성을 도입할 진보적이고 해방적인 힘으로 간주했다. 만내로 독일인의 시각에서 볼 때, 영국은 기를 쓰고 현상을 유지하려는 초보수 세력이었다.

1888년 스물아홉 살의 나이로 즉위한 카이저 빌헬름 2세는 이렇게 큰소리를 치며 급부상하는 독일을 적절히 대표하는 인물이었다. 발터 라테나우는 그를 두고 "어떤 상징적 인물이 한 시대를 그렇게 완벽하게 대변한 적도 없다"[46]라고 말하게 된다. 빌헬름은 그가 지배한 나라의 갈등과 모순을 구현하기만 한 게 아니었다. 그는 그러한 갈등을 환상 속에서 해소하고자 했다.

사실 그는 유약하고 여리며 과도하게 신경이 예민한 사람으로, 그의 가장 가까운 친구들은 동성애자였다. 그는 남자가 지배하는 전통적 가정생활의 제약과 날카롭게 선이 그어진 관계官界에서 찾을 수 없는 애정과 따뜻함에 이끌렸던 것이다. 그렇지만 그가 외부에 보여줘야 한다고 느낀 자신의 모습은 최고의 군사 지도자, 남자다움과 가부장적인 단호함, 그리고 엄격함의 본보기였다. 그러나 독일 정부와 행정을 전례 없이 중앙집권화하고 일곱 명의 자식을 봤지만 그는 군주로서, 아버지로서 자신의 역할에 도통 만족을 얻지 못했던 것 같다. 나약함과 권력 사이, 자신 안의 양분된 성격에 직면하여 그는 어느 쪽 극단도 받아들일 수 없기에, 집단으로서 독일 국민의 행동과 동일한 행동에 의존했다. 다시 말해, 끊임없이 연기를 했던 것이다. 버트런드 러셀은 카이저가 굉장히 배우 같다는 인상을 받았다.[47] 1890년 빌헬름의 비스마르크 해임을 두고, 베른하르트 폰 뷜로는 빌헬름 자신이 비스마르크의 역할을 하기를 원했다고 말했다.[48]

많은 이가 빌헬름의 연극적 성격, 거창한 의례를 좋아하는 성향, 환상에 둘러싸인 삶에 대해 언급해왔다. 그가 집중하는 시간은 극히 짧았다. 그래서 그의 앞에서 하는 요약 보고는 간결하면서도 극적이어야 했다. 가만있지 못하는 성정은 끊임없는 여행과 지속적인 자극을 요구했다. 그는 전통적인 여행가라기보다 현대적인 관광객이었다. 그의 가장 친한 친구인 필리프 오일렌부르크 공은 적당히 실력 있는 시인이자 음악가며 작곡가로, 자신을 주로 예술가로 여겼고 사회적 상황과 부모의 압력 때문에 공무원이라는 단조로운 삶을 강요받았다고 느꼈다. 빌헬름은 예술을 즐겼고 특히 화려한 스펙터클을 좋아했다. 그는 오페라와 극장에 열성적 흥미를 느꼈고, 전문적 식견으로 직업 예술가들을 번번이 놀라게 했다. 그의 취향이 대체로 관습적이었을지라도, 적어도 그는 이따금 예술에서의 실험에 관대했고 발레뤼스에 각별한 애정을 보였다.

무용에 대한 카이저와 프로이센 궁정의 관심은 다소 기묘하나, 흥미로운 사실을 드러내는 함의를 품고 있었다. 군사 내각의 수장 디트리히 휠젠-헤젤러 백작은 튀튀 복장을 하고, 카이저와 손님들 앞에서 뛰어난 피루엣과 아라베스크를 선보인 게 한두 번이 아니었던 모양이다. 그의 관객에 황후가 포함된 적은 없지만, 보통은 남녀 관객이 뒤섞여 있었다. 그런 공연 가운데 하나는 그의 마지막 공연이 되고 말았다. 1908년, 휠젠은 빌헬름의 또 다른 절친한 친구이자 외교 정책의 주요 조언자인 막스 에곤 퓌르스텐베르크 공의 집에서 춤을 추다가 심장마비로 갑자기 쓰러져 죽었다.[49] 그런 오락은 어쩌면 재미나고 유치한 장난 거리, 캠프파이어 촌극과 비슷한 것으로 쉽게 무시해 버릴 수도 있겠지만, 카이저의 성격과 그 국민의 문화적 역동성의 역설이란 측면에서 보면 질잔을 받은 휠젠의 공연은 적잖은 상징적 중요성을 띤다. 휠젠에 관한 일화에 담긴 성적 함의는 제쳐둔다 하더라도, 빌헬름은 공적 영역에서는 예술을 사회에서 이상을 함양하는 수단으로, 특히 하층계급을 교육하는 수단으로 간주했다. 그러나 사적인 삶과 개인적 감수성 측면에서는 예술을 생기론의 관점에서 봤다고 말할 수 있을 것이다.

그러나 빌헬름이 예술에만 흥미가 있었던 건 아니었다. 그는 새로운 과학기술에도 왕성한 호기심을 품었다. 1906년, 그는 연설에서 '자동차의 세기'의 도래를 알리며 새 시대는 '통신의 시대'라고 예리하게 예견했다.50 그는 자신과 자기 관심사 안에서 독일 영혼의 상像을 봤으며 그 속에서 목적과 수단, 예술과 과학기술은 하나였다. 미술평론가 마이어그레페는 카이저가 프리드리히 바르바로사 황제와 현대 미국인을 합쳐놓은 사람이라고 생각했는데, 이는 빌헬름에게 역사란 아무런 일관성도 없으며 과대한 자아를 위한 장난감에 불과하다는 것을 올바르게 암시하는 통찰이었다. 이에 빌헬름은 역사를 객관적 실제라기보다는 정신으로 파악하는 H. S. 체임벌린의 시각에 큰 흥미를 보였고, 그가 조부를 기리기 위해 베를린 중앙에 세운 카이저 빌헬름 추모 교회, 그리고 티어가르텐을 관통해 베슈텐트와 운터 덴 린덴을 연결하는 흉측한 지게스알레Siegesallee[개선대로]는 철저하게 신화적인 그의 역사 감각을 잘 보여줬다. 테오도어 폰타네는 마이어그레페와 유사한 반응을 보였다. "카이저의 모습에서 내가 가장 마음에 드는 점은 그가 옛것과 완전히 단절했다는 것이고, 마음에 들지 않는 점은 고대를 부활시키고자 하는 그의 이 모순된 욕망이다."51

종말론적 비전과 과거 회귀라는 테마가 중심 모티프인, 그 시대 예술에도 유사한 경향이 있었다. 원시와 초현대의 결합과 더불어 그에 뒤따르는 역사에 대한 부정否定 말이다. 비록 심오함은 부족했지만 카이저의 마음은 유사한 방향으로 작동했다. 현대 예술은 이벤트가 됐다. 카이저 역시 자신이 이벤트라도 되는 듯 행세하는 것을 좋아했다. 양면 전쟁two-front war을 위해 독일이 내놓은 유일한 군사전략인 슐리펜 작전은 독일식 사고에서 환상의 지배와 파우스트적 순간에 대한 집착이라는 또 다른 운명적 표현이었다. 이 작전은 벨기에를 관통한 신속한 공격과 프랑스 북부에서 급격한 좌향 선회로 파리를 함락한 뒤, 모든 자원을 러시아 방면으로 돌릴 수 있다고 내다봤다. 작전은 프랑스 북부에서 단 한 차례 중대 전투를 토대로 유럽에서의 전면적 승리를 약속했다. 그것은 원대한 계획, 다시 말해 제한된 전술적 모험을 총체적 비전으로 끌어올리는 바그너적인 시나리오였다. 그 전략은 자신을 은행장으로 여기는 도박가의 전략과도 같았다.

육군참모총장으로서 슐리펜의 후계자이자 그의 작전을 실행할 운명을 타고난 인물인 헬무트 폰 몰트케는 카이저와 유사한 분열적 성격을 드러냈다. 몰트케는 군사적 사안보다 예술에 더 큰 열정을 품고 있었다. 그는 그림을 그리고 첼로를 연주했다. 사적으로 그는 "나는 전적으로 예술 안에서 산다"[52]고 시인했다. 그는 마테를링크의 「펠레아스와 멜리장드」를 독일어로 번역하는 작업을 하고 있었고, 괴테의 『파우스트』를 언제나 지니고 다녔다고 전해진다.

문화로서의 전쟁

1914년 8월, 대부분의 독일인은 자신들이 개입하게 된 무력 충돌을 정신적 의미로 이해했다. 전쟁은 무엇보다 하나의 관념이지, 독일의 영토 확장을 노린 음모가 아니라는 것이다. 이 문제를 성찰한 이들에게 그런 확장은 필연적으로 승리의 소산, 전략적 필요성, 독일의 권리 주장의 부산물일 수밖에 없으나 영토는 전쟁이 추구하는 바가 아니었다. 9월이 될 때까지 정부와 군부는 구체적인 전쟁 목표도 없이 오로지 전략과 비전, 즉 물리적 의미가 아니라 존재론적 의미의 독일 팽창이라는 비전만 갖고 있었다.

이 전쟁이 독일을 에워싸는 적대 세력의 공격적 의도와 야심을 미리 꺾어놓는 '예방적 전쟁'이어야 한다는 생각은 티르피츠와 몰트케 같은 이들이 갖는 생각의 일부였다. 그러나 이러한 방어적 고려는 종종 논의되기는 했지만, 이제 세계적인 독일 권력의 시대가 왔다는 원대한 의식에 어김없이 묻혀버렸다. 실용적·이상주의적 두 가지 측면은 독일 전쟁 목표를 둘러싸고 논쟁해온 무수한 학자가 의미한 바와 같이 반드시 상호 배타적이진 않았다. 두 가지 모두 전쟁 전야에 독일적 성격의 본질적 요소였다.

크림전쟁과 남북전쟁, 보어전쟁을 통해 대규모 전화戰火는 길고, 오래 끄는 참혹한 싸움으로 이어지리라는 충분한 증거가 쌓였음에도 불구하고, 독일이든 다른 나라든 향후 일어날 충돌에 대해 신속한 해소가 아닌 다른 결과를 예견한 전략가나 전술가, 작전 입안자는 거의 없었다. 19세기를 거치면서 규모와 숫자, 대규모 현상으로서의 전쟁에 대한 군부의 증대되는 관심에도 불구하고, 어느 곳에서나 이동, 영웅주의, 재빠른 결정으로서의 전쟁이라는 전망이 대세였다. 철도는 병사들을 전선까지 신속하게 실어 나를 것이고, 기관총은 공격에 사용될 것이다. 또한 거대한 전함과 막강한 대포가 금방 적을 제압할 것이다. 그러나 비록 물질적 자원이 중요했지만 특히 독일에서 전쟁은 정신에 대한 궁극의 시험, 그래서 활력, 문화, 삶에 대한 시험으로 간주됐다. 1911년, 프리드리히 폰 베른하르디는 2년 사이 6쇄를 찍게 되는 저서에서 전쟁은 "생명을 불어넣는 원리"라고 썼다. 그것은 우등 문화의 표현이었다.[53] 베른하르디와 동시대의 어떤 사람은 전쟁이란 사실 "우리가 문화를 위해 지불해야 하는 대가"라고 썼다.[54] 다시 말해, 문화의 토대로 간주하든, 창조성과 정신의 더 높은 차원으로 가는 디딤돌로 간주하든 전쟁은 민족의 자존감과 이미지의 본질적인 부분이었다.

확고한 자유주의자이지만 과격한 민족주의자는 결코 아닌 테오도어 호이스의 표현대로, 전쟁이 발발했을 때 독일인들은 자기들의 "도덕적 우월성" "강한 정신력" "도덕적 정당성"을 확신했다.[55] 역시 자유주의 좌파인 콘라트 하우스만에게도 전쟁은 의지의 문제였다. "독일에는 단 하나의 의지, 자신을 주장하려는 의지만이 있다."[56] 물론 이 전쟁은 일종의 민족적 노력이 될 것인데, 그것은 오로지 모든 독일인에 의한 노력이 될 것이기 때문이다. 프리드리히 마이네케는 "우리한테는 비스마르크가 없기에 우리 한 명 한 명이 비스마르크와 같은 사람이 돼야 한다"고 선언했다.[57] 8월 4일, 제국의회에서 전쟁 공채에 관한 사민당의 선언에는 심지어 신화적 단어인 '문화Kultur'도 포함돼 있었다. 그것은 이전에는 사회주의자들이 계급 이익과 연결하던 단어였으나 이제는 독일인 서바나의 대의석 상징으로 채택됐다. 사회주의자들의 성명서는 독일인의 대의야말로 조국을 수호하는 문제, 위기의 순간에 러시아의 전제주의에 맞서 "우리 땅의 독립과 문화를 지키는" 문제라고 선언했다.[58] 사민당 언론은 문화를 수호하고 그리하여 "유럽을 해방시키는" 일을 이야기했다. 『쳄니츠 민중의 소리Chemnitzer

『Volksstimme』는 "따라서 우리는 이 순간 독일 문화와 독일의 자유가 잔혹하고 야만적인 적에 맞서 의미하는 모든 것을 수호하고 있다"고 썼다.[59]

제국의회에서 전쟁 공채 안건의 실제 표결에 대하여, 사회주의자 의원인 에두아르트 다비트는 일기에 "우리가 표결을 위해 자리에서 일어섰을 때, 다른 정당들과 정부, 방청인들이 보여준 믿기 어려울 만큼 엄청난 열의에 대한 기억은 결코 뇌리에서 지워지지 않을 것이다"라고 썼다. 그 뒤에 그는 딸아이와 함께 운터 덴 린덴으로 산책을 나갔다. 그날의 정신적 긴장이 엄청났기 때문에 그는 눈물이 나오려는 것을 애써 참아야 했다. "아이가 함께 있어서 다행이다. 그 애가 쓸데없는 질문을 그렇게 많이 던지지만 않았다면 좋으련만."[60] 아이의 단도직입적 질문들은 아무래도 그날의 사건들이 눈앞에 불러낸 환상들에 위협적이었던 모양이다.

뮌헨의 화가 루트비히 토마에게 전쟁은 비극이었지만 피할 수 없는 필연이기도 했다. 8월 1일, 그는 테게른 호수로 가려고 역으로 향하던 길에 사람들이 역 앞에서 동원 명령서를 읽는 모습을 봤다. 토마는 그때의 상황에 대한 자신의 반응을 "압박감이 사라졌다"라고 적었다.

> 불확실성도 사라졌다. (…) 그다음 나는 이 씩씩하고 성실한 사람들이 자신들의 피로 인류를 위해 일하고 가치를 창조할 권리를 사야겠구나 하는 느낌을 받았다. 그러자 평화를 깨트린 자들에 대한 격렬한 증오가 다른 모든 감정을 밀어냈다.

독일은 열심히 일했고 성공을 거뒀다. 한마디로 이 모든 것은 이웃 나라들의 시기와 질투라는 것이었다. 토마는 격분했다.[61] 유사한 정서가 독일 전역에서 표출됐다. 동성애 운동의 지도자로서, 관료적인 독일 기성 질서의 예찬자는 결코 아닌 마그누스 히르슈펠트에게 전쟁은 "정직과 진심"을 위한 것이자 영국과 프랑스의 "스모킹 재킷* 문화"에 반발하는 것이었다. 영국은 자유의 고향이고 독일은 압제와 억압의 땅이라는 주장에 대해 히르슈펠트는 지난 세기 영국은 자국의 위대한 시인과 작가들을 손가락질해왔다고 대꾸했다. 바이런은 영국에서 쫓겨났고 셸리는 자식들을 양육하는 것을 거부당했으며 오스카 와일드는 감옥에 보내졌다. 반면에 레싱과 괴테, 니체는 자국에서 굴욕 대신 찬사와 환영을 받았다.[62]

영국과 프랑스, 미국에서는 전쟁이 계속되면서, 천년왕국설과 같은 관념—"모든 전쟁을 끝내기 위한 전쟁"과 "민주주의를 위하여 세계를 안전하게 만들기 위한 전쟁"—이 부상했다고 한다면, 독일에서는 처음부터 종말론적인 분위기였다. 연합국들의 비전에는 로이드 조지의 "영웅들에 걸맞은 집homes fit for heros***"이라는 약속처럼 강한 사회적, 정치적 내용이 담겨 있었다. 그러나 독일인들에게 새로운 천년왕국은 무엇보다 정신적인 문제였다. 토마에게 희망은 "이 전쟁의 고농 뒤에 자유롭고 아름답고 행복한 독일이 있으리"라는 점이었다.

그렇다면 독일에 있어 전쟁은 하나의 정신적 필요eine innere Not-

---

* 과거에 남자들이 흡연할 때 입던 상의로, 흔히 벨벳이나 실크로 만든다. 여기서는 신사적인 여유로움과 안락함을 뜻한다.
** 전후 영국 공공주택 건설 정책의 슬로건이었다.

wendigkeit였다. 그것은 진정성, 진실, 자기실현의 추구 같은, 그러니까 아방가르드가 전쟁 전부터 공격해온 물질주의, 진부함, 위선, 압제에 맞서 환기해온 그런 가치들을 위한 전쟁이었다. 특히 후자는 영국과 결부되어 있었고, 8월 4일에 참전을 결정한 뒤 독일의 가장 증오하는 적이 된 나라는 당연하게도 영국이었다. '영국에 천벌이 내리길Gott strafe England'은 전쟁 전에는 온건했던 독일인들한테도 모토가 됐다.

많은 이에게 전쟁은 또한 천박성, 제약, 관습으로부터의 구원이었다. 예술가와 지식인들은 전쟁 열기에 가장 깊이 사로잡힌 사람들이었다. 교실과 강의실은 학생들이 문자 그대로 군대 깃발 아래로 달려가면서 텅 비었다. 8월 3일, 바이에른주 대학들의 총장과 학장은 학계의 젊은이들에게 호소문을 발표했다.

> 학생 여러분! 뮤즈는 말이 없습니다. 지금 걸린 문제는 우리에게 강요된 전투, 동쪽의 야만인들에게 위협받는 독일 문화와 서쪽의 적이 시기하는 독일의 가치를 위한 전투입니다. 따라서 튜턴족의 진노furor teutonicus가 다시금 불타오릅니다. 해방 전쟁의 열정이 불붙고 성전이 시작됩니다.[63]

킬대학에서는 총장이 학생들에게 호소하자, 남학생 대다수가 입대했다.

전쟁을 해방 그리고 자유와 결부시키는 현상, 베프라이웅스캄프Befreiungskampf나 프라이하이츠캄프Freiheitskampf 같은 표현[해방 전쟁, 자유 전쟁이란 뜻]이 널리 퍼져 있었다. 카를 추크마이어에게 전쟁은 "부르주아 편협성과 옹졸함으로부터의 해방"을 대변했다. 프란츠 샤우베커에게 그것은 '삶으로부터의 휴가'였다. 마그누스 히르슈펠트에게 군복과 계급장, 무기는 성적 자극제였다.[64] 『베를리너 로칼 안차이거』가 7월 31일 자 사설에서 독일 내 분위기는 안도의 분위기라고 말했을 때, 이 글은 아마도 일반적인 정서를 제대로 포착했을 것이다. 그러나 자유는 무엇보다 주관적인 것, 상상력의 해방이었다. 전후에 에밀 루트비히는 1914년의 전쟁 지도자로 간주한 이들에게 심각한 골칫거리가 됐는데, 그 역시 다른 모두와 마찬가지로 8월의 열기에 사로잡혀 있었다. 그는 나중에 애써 감추고 싶어하는 열광적인 어조로—1929년 책 『1914년 7월』에서 그는 대중을 가리켜 "기만당한 자들"이라 불렀고 "유럽 거리 위에서 드러난 집단적 순진무구함"에 대해 이야기했다—8월 5일 자 『베를리너 타게블라트』에 「도덕적 승리」라는 글을 다음과 같이 썼다. "비록 감히 상상할 수 없는 파국이 우리에게 닥친다 해도 금주의 도덕적 승리는 [우리 뇌리에서] 결코 지워질 수 없을 것이다."[65]

루트비히와 다른 많은 사람에게는 갑자기 천지가 개벽한 것 같았다. 에른스트 글레저는 나중에 소설 『1902년』에서 "전쟁은 세상을 아름답게 만들었다"라고 썼다. 바그너와 댜길레프, 다른 모더니스트들이 예술 형식 속에서 달성하고자 한 파우스트적 순간이 이제 사회 전체에 노닐했던 것이다. 글레저의 소설 속 등장인물은 "이 전쟁은 비할 데 없는 미학적 쾌락이다"라고 말하게 된다.[66] 글레저는 사후적으로 그런 관념을 만들어낸 것이 아니다. 전선에서 날아온 독일 병사들의 편지는 전쟁과 예술 간의 상관관계로 가득하다. 학생인 루돌프 피셔는 "전쟁이란 바로 시, 예술, 철학, 문화에 대한 것이다. 문화는 바로 전쟁의 문제다"라고 주장했다.⁶⁷ 프란츠 마르크는 몇 달간 전쟁을 경험한 후에도 여전히 전쟁을 정신의 문제로 봤다.

> 전쟁 뒤에도 군인으로 남아 있자. (…) 왜냐면 이것은 신문과 우리의 고귀하신 정치가들이 말하는 것과 달리 어떤 영원한 적에 맞서는 전쟁이나 한 인종이 다른 인종에 맞서는 전쟁이 아니기 때문이다. 이것은 일종의 유럽 내전, 유럽 정신 내부의 보이지 않는 적에 맞서는 전쟁이기 때문이다.⁶⁸

헤르만 헤세도 비슷한 연관을 이야기했다. 아이러니하게도 전쟁은 죽음이 아니라 삶의 문제였다. 그것은 생기와 에너지, 덕성을 확인하는 작업이었다. 전쟁은 예술의 문제였다. 그는 "나는 전쟁의 가치들을 대체로 꽤 높이 평가한다"고 한 친구에게 말했다.

> 따분한 자본주의적 평화에서 떨어져 나오는 것은 많은 독일인에게 좋았고, 내 생각에 진정한 예술가라면 죽음에 직면한 적이 있고 병영생활의 선선함과 직접성을 아는 사람들로 이루어진 국민에게서 더 큰 가치를 찾을 것 같다.⁶⁹

열일곱 살의 소년 오토 브라운은 연대에 합류하러 가면서 자신이 창조 행위로 간주한 것—"떠오르는 새 시대의 형태"—에 열성적으로 사로잡혀 있었고, "여전히 잠자는 신성神聖의 정신으로 이 새 시대의 창조에 이바지하는 데" 제 한몫을 할 수 있기를 기도했다.⁷⁰

1914년 7월과 8월 독일은 프륄링스파이어Frülingsfeier, 즉 자신의 봄의 제전을 공연했다.

제 3 장
플랑드르 벌판

그 광경은 아주 드라마틱했으며, 그런 광경은 전장에서 두번 다시 목격할 수 없을 것 같다.
_제2 이스트랭커셔 연대, B중대의 한 이등병이 1914년 말 집으로 보낸 편지에서

진보적 국가에서 변화는 지속적이다. 문제는 불가피한 변화에 저항해야 하는지가 아니다. 변화가 사람들의 풍속과 관습, 법과 전통을 존중하면서 이루어져야 하는지 아니면 추상적 원리와 자의적이고 개략적인 교의에 따라 이루어져야 하는지다.
_벤저민 디즈레일리

모든 놀이는 어떤 의미가 있다.
_J. 하위징하

낯선 땅 한 귀퉁이

1914년 12월 말, 데번 브로드클라이스트에 사는 패커 부인이 남편의 편지를 받았을 때 처음에는 편지에 적힌 내용이 영 믿기지 않았을 것이다. 부인은 남편이 전선 어딘가에서—군의 검열에 따라 편지에서 그런 자세한 사항을 밝히는 일은 금지돼 있었기 때문에 정확히 어디인지는 확실치 않았다—그가 국왕과 조국을 위해 용감히 싸우고 있다고 믿어 의심치 않았다. 그녀는 남편이 적어도 크리스마스만큼은 전선보다는 후방의 임시 숙소에서 보냈기를 바랐지만, 편지를 읽기 시작하자마자 자신의 소망이 이뤄지지 않았음을 깨달았다.

 남편은 정말로 크리스마스를 플랑드르 전선 이프르 남쪽 뷜베르험 근방에서—데번셔 연대, 제1대대, A중대 소속으로—보냈다. 그러나 그는 그날 대부분을 사선射線에서가 아니라 그 너머에서 보냈다. 얼마나 대단한 크리스마스였던지! 패커 상병은 독일군과 싸우는 대신, 같은 지구에 머물던 그의 연대와 여단, 사단의 동료들 그리고 플랑드르 영국군 전선의 무수한 병사와 더불어 두 참호선 사이의 무인지대no man's land*로 나가 적군과 어울렸다. 독일 병사들도 마찬가지로 다수가 모습을 드러냈다.

패커는 이 놀라운 날, 약간의 담배에 대한 보답으로 자신이 선물을 한 아름 받았다고 편지에 잔뜩 늘어놓았다. 초콜릿, 비스킷, 시가, 담배(궐련), 장갑 한 켤레, 회중시계와 시곗줄, 수염을 정리하는 빗까지! 이런 교환 비율에 어린아이라면 얼굴이 빨개졌겠지만, 패커는 준 것에 비해 받은 것이 너무 많다며 그의 많은 동포와 마찬가지로 그 경험에 아주 신이 났다. 그는 아내에게 절제된 화법으로 "그러니 당신도 이제 알겠지만 나는 멋진 크리스마스 선물을 받고 몇 시간 동안 아주 안전하게 돌아다닐 수 있었어"라고 적어 보냈다. 패커 부인은 이 편지를 받고 하도 놀라서 즉시 지역 신문사에 보냈고 편지는 엑서터 지역의 『웨스턴 타임스』 새해 첫날 지면에 실렸다.[1]

같은 날, 더 아래쪽 전선을 담당하던 제2 퀸즈 웨스트민스터 라이플 연대 소속 사병 G. A. 파머는 레스터에 있는 집으로 보내는 편지에 더 분명하고 열광적인 소감을 덧붙였다. "정말이지 지금까지 보낸 크리스마스 가운데 가장 멋진 크리스마스였어!" 그의 가족은 틀림없이 아연실색했을 것이다. 그래, 전쟁이 벌어지고 있긴 있었군! 그리고 파머의 이야기는 다음과 같이 계속됐다.

양측 병사들은 크리스마스의 진정한 의미를 되새기고, 한마음이 돼서

---

* 원래 뜻을 풀이하면 임자 없는 땅이라는 뜻으로, 제1차 세계대전 당시 교전 중인 양측 군대의 참호 사이에 형성된 아무도 들어갈 수 없는 위험지역이다.

싸움을 중단하고 인생을 다르게, 더 밝게 보기로 했습니다. 그래서 우리는 정겨운 잉글랜드의 우리 가족처럼 무척 평화로운 크리스마스를 보냈죠.[2]

파머보다 더 남쪽 전선에 자리한 제2 스코츠 근위대 소속 군인이자, 매우 문학적이고 상상력이 풍부한 에드워드 헐스는 그의 담당 지구에서 일어난 사건들이야말로 "정말로 놀랍기 그지없었으며, 만약 제가 그것을 영화 화면으로 봤다면 틀림없이 가짜라고 생각했을 겁니다!"[3]라고 할 정도였다. 헐스의 스코츠 근위대 맞은편에서 베스트팔렌 연대를 지휘하는 구스타프 리벤잠에게도 그날 받은 인상은 비슷했다. 제 눈으로 본 것을 믿지 않으려는 충동을 억누르면서, 그는 그날 일기에 "그전까지 일어난 모든 일을 생각할 때, 눈앞에 벌어지는 사건을 믿기 위해 몇 번이나 눈을 비벼야 했다"[4]라고 적었다. 매혹, 놀라움, 흥분의 표현이 그해 크리스마스의 화목한 광경에 대한 목격담에 거의 드러나 있다.

제16 예비보병연대의 요제프 벤츨은 "이 광경은 내 평생 절대 잊지 못할 것이다"라고 썼다.[5]

고든 하일랜드의 한 장교는 "우리 참호에 있던 많은 영국 군인에게 크리스마스는 그들 생애 가장 특별한 날로서 길이길이 기억될 것이다"라고 단언했다.[6]

런던 라이플 여단의 오스월드 틸리 이등병은 "그날은 내 인생까지는 아니라도 적어도 우리가 여기서 지낸 날들 가운데서는 가장 특별한 날이었다"라고 회상했다.[7]

포탄 구멍투성이인 무인지대, 그 이름 자체가 그러한 친목을 금지하는 것처럼 보였던 양측 참호를 분리하는 그 한 조각 땅에서, 알려진 대로라면 가증스러운 적군 사이에 전우애와 따뜻한 정이 오간 이야기인 1914년의 크리스마스 휴전은 제1차 세계대전 역사와 모든 전쟁의 역사에 있어 놀라운 한 장章이다. 병사들 간의 자발적인 휴전은 영국군-독일군 전선을 따라 가장 많이 일어났지만 프랑스 병사와 독일 병사, 러시아 병사와 독일 병사, 오스트리아 병사와 러시아 병사 사이에도 유사한 사례가 무수했다. 1914년 크리스마스 휴전은 서로 대치하던 군대가 품고 있던 사회적 가치와 그들이 중시한 가치에 대해 많은 것을 드러내며, 더 나아가 그들이 대변하던 국가의 사회적 가치와 우선 사항들에 대해서도 드러낸다. 그렇게 대규모의 친목활동이 이후 전쟁이 계속되는 동안 두번 다시 일어나지 않았다는 사실은, 더 나아가 구세계를 산산조각낸 것이 '8월의 포성'이 아니라 그 이후에 일어난 사건들이었음을 가리킨다. '에드워드 시대의 가든파티'는 지금까지 주장돼온 것과 달리 1914년 8월 4일에 갑자기 끝나지 않았다.[8] 제1 베드퍼드셔스 연대의 W. A. 퀸턴은 전쟁이 일어난 지 10년 뒤에 이렇게 쓰게 된다.

우리보다 나중에 군에 입대한 사람들은 우리가 그 사건(1914년 크리스마스 휴전)을 이야기하면 흔히 못 믿겠다는 반응을 보였는데 당연한 일이었다. 시간이 흐르면서 실제로 그때 그 자리에 있었던 우리조차 자잘한 사항들 하나하나가 뇌리에 또렷이 떠오른다는 사실을 제외하면 그런 일이 있었다는 것을 도저히 믿기 힘들었으니까.[9]

제20 경기병대의 R. G. 개러드는 양측 병사들 간의 그런 친목활동이 있었다는 사실을 고집스레 믿지 않은 사람들 가운데 한 명이었다. 그는 회상록에서 1914년 크리스마스에 무인지대로 나가서 적군과 어울렸다는 병사를 한 명도 못 만나봤다고 썼으며, 따라서 그의 결론은 크리스마스 휴전이야말로 1914년 8월 몽스에서 퇴각하던 영국군 앞에 나타났다는 천사들처럼 한마디로 신화라는 것이었다.[10]

크리스마스 휴전에 대한 개러드의 불신과 많은 이가 표한 놀라움은 물론 서로 관련이 있다. 많은 사람에게 휴전은 특히 그 규모적 측면에서 뜻밖의 일이었다. 뜻밖으로 여긴 이유는 전쟁에서 일시적 휴전은 보기 드문 일이어서가 아니라—오히려 반대였다. 그런 일은 일반적이었다—전쟁 첫 다섯 달 동안의 싸움이 너무도 격렬해서 너무 많은 사상자를 낳았기 때문이었다. 게다가 개전 초기부터 프로파간다 활동은 전쟁에서 중요한 역할을 했는데, 독일인을 연민이나 우정과 같은 정상적인 인간 감정을 느끼는 것이 불가능한, 선을 넘어버린 야만인으로 그리는 영국-프랑스의 선전은 전쟁 첫해 크리스마스가 다가올 무렵 이미 효과를 내고 있었다. 그리고 마지막으로 크리스마스 동안 공식적 휴전을 이끌어내려던 바티칸과 미국 상원 같은 여러 방면의 중재 시도는 교전국들에 의해 거부됐다. 그런 까닭에 참혹한 지난 5개월 동안 살아남은 군인들과 특히—이들이 다수였는데—최근에 전선에 배치된 군인 대부분은, 적군에 대해 특정한 관념들에 물들어서 이 전쟁은 전과 같은 전통적인 전쟁이 결코 아니며 세상은 실제로 전쟁으로 바뀌는 와중이라고 생각할 만한 이유가 충분했다. 그러나 크리스마스 휴전이 그 비공식적이고 즉흥적인 성격 속에 드러낸 것은 특정한 태도와 가치들이 매우 질긴 생명력을 지닌다는 사실이었다. 전쟁 초창기의 살육에도 불구하고, 그러한 가치들을 심대하게 변화시켰으며, 전쟁 전 독일 아방가르드와 적잖은 독일인을 사로잡은 나르시시즘과 판타지 풍조로의 쏠림 현상을 서구에 재촉하고 널리 퍼트린 것은, 그 이후의 전쟁 국면이었다.

8월의 포성

전쟁은 역사상 전례 없는 규모의 인간과 물자 이동으로 시작됐다. 8월 초, 유럽 곳곳에 대략 600만 명의 남자가 소집통지서를 받아 이동하기 시작했다. 독일인들은 서쪽에서 신속하고 강력한 일격을 목표로 8월 6일 전략에 급속히 시동을 걸었다. 라인강을 가로지르는 다리 위로 매일 550대의 열차가 지나갔다. 쾰른의 호엔촐레른 다리는 전쟁 초기 단계에 10분마다 열차가 한 대씩 지나갔다. 일주일이 채 못 돼 150만 명의 병사가 전방에 집결했다. 프랑스인들도 똑같이 열심이었다. 보름 만에 300만 명이 넘는 프랑스 군인이 7000대의 열차로 이동했다.

비실 리들 하트의 비유대로, 원래 구상된 슐리펜 작전은 회전문 같은 특징을 띠었다. 벨기에와 프랑스 북부를 관통하여 진군하는 독일군의 미는 힘이 한쪽에서 커지면, [독일] 남쪽에 대한 공격을 집중하던 프랑스군이 유인되어 회전문과 이에 따른 북부 공격에 추진력을 더할 것이었다. 그러나 몰트케에 의해 실행되면서 원래 작전은 수정됐다. 프랑스 북부에서 공세는 원래 의도했던 것만큼 강하지 않았다. 불안해진 몰트케는 프랑스군에 맞서 남쪽에서 먼저 그의 좌익을 강화하기로 했다. 그다음 벨기에 군대가 안트베르펜으로 퇴각할 때, 몰트케는 포위망 돌파를 방지하기 위해 공격 중인 우익에서 7개 사단을 떼어내 벨기에군에 맞서 배치했다. 그리고 8월 말, 그는 동프로이센으로 러시아군의 전진에 맞서고자 4개 사단을 파견함으로써 다시금 북부 공격을 약화시켰다. 북부 공격의 추진력을 약화시킨 데 더하여, 그는 남쪽에서 제6군을 지휘하던 바이에른의 루프레히트 왕세자에게 프랑스군을 공격할 것인지, 아니면 슐리펜 작전이 원래 의도한 대로 그들을 덫으로 유인할 것인지 재량 판단을 허용하기로 했다. 바이에른의 공헌도를 부각하고 싶은 욕망에 자극받은 루프레히트는 주도권을 잡고서 공격하기로 결심했고, 프랑스군은 비록 모랑주-사르부르 지역에서 반격당하고 있기도 했지만 루프레히트의 공세로 취약해진 전진 위치로 나가는 대신에 수비를 강화할 수밖에 없었다. 그렇게 독일의 지방 배타주의는 슐리펜 작전의 운명에 한몫했다. 다시금 독일의 현실―파편화와 지역 충성심―은 통합과 연대의 비전을 약화시키고 말았다.

벨기에를 관통하는 독일의 움직임은 예기치 못하게 현지의 저항으로 느려졌다. 그다음 클루크 장군 휘하의 우익이 몽스에서 영국군을 완파한 뒤에 처음 계획보다 일찍 방향을 꺾어서, 약화된 독일군의 전진은 마침내 9월 둘째 주에 마른강에서 멈춰 서게 됐다. 그다음 독일군은 엔강으로 퇴각하다가 연합군의 추격에 맞서 그곳에 참호를 파고 눌러앉기 시작했고, 그다음 양측 군대 모두 상대편에게 측면 포위당하는 사태를 피하기 위한 시도였던 북쪽으로의 기동機動—이른바 바다로의 경주—이 이어졌다. 10월 중순부터 11월 초를 거쳐 독일군은 8월에 군대로 몰려든 다수의 지원병을 이용해 이프르에서 연합군의 방어선을 돌파하려고 애썼지만, 연합군 전선은 막대한 인명 손실에도 불구하고 방어선을 유지했다. 일부 독일인은 '어린이 대학살*'로 부르게 될 제1차 이프르 전투 뒤에 기동전은 당분간 서부전선에서 끝나게 된다. 정규군은 궤멸하고 말았다. 탄약 비축량도 바닥났다. 전쟁은 '낙엽이 질 때쯤이면' 끝나리라고 예상됐기 때문이다. 공격 무기로 의도된 기관총은 최고의 방어 무기로서 치명적 가치를 입증했다. 게다가 무수한 마을과 농장, 울타리가 점점이 박혀 있는 벨기에와 프랑스 북부의 지세는 공격보다 방어에 유리했다. 영국해협부터 스위스 국경선까지 구불구불 이어진, 기괴한 참호 방어선이 출현했다. 그것은 예기치 못한 교착 상태에 대해 작전 참모들이 짜낼 수 있는 유일한 답변이었다.

마른강에서 독일군이 패배한 후, 팔켄하인이 몰트케의 자리를 물려받았고 10월과 11월 이프르에서의 실패로 인해 팔켄하인은 슐리펜 작전을 폐기하기로 했다. 그는 결정적 전선이 여전히 서부전선이라고 믿고 있었지만, 러시아의 위험을 시급히 처리해야 한다고 주장하는 '동부진신파'—힌덴부르크, 루덴도르프, 콘라트—의 압력에 굴복했다. 따라서 독일군의 공세는 동쪽 방면으로 이동했다. 그 사이 영국

---

* 헤롯 왕이 유대인 어린아이를 모조리 학살한 성경 일화에서 따온 것으로, 1차 이프르 전투에서 희생된 독일군 대다수가 그해 김나지움을 갓 졸업한 젊은 학생들이었음을 강조하는 표현이다.

과 프랑스의 군 지도부는 회심의 일격에 필요한 인력과 화력을 결집할 때까지 자신들도 당분간 현 위치를 고수해야만 한다는 현실을 내키지 않았지만 받아들였다.

독일군과 프랑스군의 사상자 수는 어마어마했다. 독일군은 전쟁 개시 5개월 사이에 100만 명을 잃었다. 프랑스는 8월의 '국경 전투Battle of Frontiers'에서 2주 만에 30만 명 이상을 잃었다. 어떤 연대들은 첫 달에 병력의 4분의 3을 잃었다. 12월 말이 되자 프랑스군의 총 병력 손실*은 독일군의 손실에 버금갔는데, 대략 30만 명이 죽고 60만 명이 부상하거나 실종됐다. 1914년 말이 되자, 사실상 모든 프랑스 가정과 독일 가정은 어떤 식으로든 가족 구성원을 잃는 아픔을 겪었다. 전쟁 초기 국면의 경악스러운 사상자 숫자로 인해, 그해 말이 되자 프랑스군과 독일군의 서부전선 대부분은 예비군에 의해 유지됐다.

몽스 전투와 르 카토 전투, 특히 그다음의 이프르 전투에서 영국 원정군British Expeditionary Force(BEF) 16만 명 대다수는 전멸했다. 이프르 전투에서만 병력 손실은 5만4105명에 달했다. 8월 초에 카이저가 영국 원정군을 두고 했다는 "그 시시할 정도로 작은 군대"라는 표현에 대한 응수로 영국 정규군이 자기들에게 붙인 별명인 '시시한 녀석들Old Contemptibles'은, 12월이 되자 향후의 자원병 군대를 위한 앙상한 뼈대만 남아 있었다. 사상자 규모의 일례로, 제11여단은 12월 20일이 됐을 때 기존 장교의 18퍼센트, 기존 병사의 28퍼센트만 남아 있었다. 그 여단 내 서머싯 경보병 부대는 장교 36명과 사병

---

* '잃었다'나 '손실'이라는 표현은 전사라고 적시하지 않는 한 전사, 부상, 실종, 포로 등 일체의 '전력 손실'을 의미한다.

1153명을 잃었고, 8월에 그렇게 기뻐하며 프랑스로 떠나는 배에 탔던 처음 부대원들 가운데 장교 4명과 사병 266명만 남아 있었다. 10월에 프랑스에 도착한 제7사단은 장교 400명, 사병 1만 2000명의 병력으로 이프르 전투를 시작했으나, 전투가 끝났을 때는 장교 44명과 사병 2336명만이 남아서 18일 사이에 9000명이 넘는 병력을 잃었다. "너희에게, 우리 힘없이 떨리는 손으로 횃불을 넘기니……"* 그해 말이 되자 영국 남성 100만 명이 군에 자원했고, 영국 정부는 이제 제국 전체를 통틀어서 약 200만 명의 군대를 거느리게 됐다. 12월이 되자 참호에 있는 영국군 병사 대다수는 자원병이었다.[11]

미래 전쟁의 승패는 한 차례의 대규모 전투에 달려 있을 것이라 믿었던 기존 군부에게 서부의 교착 상태는 받아들이기 힘들었다. 이전 세기는 엄청난 기술 변화와 이동의 시대였다. 전쟁은 그러한 이동성을 반영하리라고 여겨졌다. 헨리 윌슨 소장은 마른강 전투 후, 1914년 9월 13일 자 일기에 이렇게 기록했다. "베르텔로가 내게 우리가 독일로 언제 넘어갈 것인지 물어서 나는 우리가 무슨 심각한 잘못만 저지르지 않는다면 4주 이내로 엘젠보른에 가 있을 것이라고 대답했다. 그는 3주 이내일 것이라고 생각했다."[12] 영국 전쟁부 장관 키치너는 8월 5일 전시 내각 첫 만남에서 대규모 영국군의 창설을 요구할 만큼 혜안이 있었지만—그는 "우리는 수백만 명의 군대를 전장에 투입하고 여러 해 동안 유지하는 일에 대비해야 한다"고 말했다—그의 호

---

* 존 매크레이의 시 「플랑드르 벌판에서」의 3연 2행과 3행. "플랑드르 벌판에는 양귀비가 자란다/줄줄이 늘어선 십자가 사이로……"로 시작하는 이 시에 영감을 받아 오늘날 영연방 국가들에서 현충일에 가슴에 양귀비 조화를 다는 전통이 생겼다.

소는 내각과 참모부 사이에서 뚜렷한 반대와 심지어 냉소에까지 부딪혔다. 외무부 장관 에드워드 그레이 경은 "키치너가 예측한 전쟁 기간은 우리 대부분에게 도저히 못 믿을 정도는 아니라 해도 그럴듯하게 들리지 않았다."[13]라고 썼다. 새로운 군대의 창설은 승인됐지만, 사실 원래는 전쟁에서 이기는 것보다 평화 유지 임무를 하리라 기대됐다.

    1914년 11월과 12월, 그리고 1915년을 거치고 심지어 1916년이 돼서 솜 전투의 대참사를 겪을 때까지, 협상국 군대 안에서는 공세적 정신이 가장 중요하다고 보았다. 자신들의 생각에 반하는 여타 증거와 실패에도 불구하고, 단 한 차례의 결정적 돌파구, 한 차례의 결정적 공세가 제자리에 멈춘 전쟁 기계를 다시 움직이게 한다는 것이 지배적 견해였다. 그렇게만 되면 승리는 몇 주 안에 찾아올 것이라고 생각했다. 1914년 12월이 되자 영국군 참모부는 내키지 않았으나 결정적 공세를 이듬해 봄 새 병력이 도착할 때까지 기다려야 한다는 데 동의했는데, 그렇게 되기만 한다면 곧 기동전이 재개될 것이라 기대했다. 외국 침략자에게 영토의 상당 부분을 점령당한 프랑스군은 당연하게도 더 결연하게 그러한 신념을 고수했다. 그해 말, 프랑스군은 조금만 인내심을 가지면 연합군이 병력과 탄약, 말, 자금, 물자에서 점차 우세해지리라고 주장했다. 자원이 우세해지면 적절한 순간에 결정적 타격을 가할 것이었다. 1915년 1월 초, 장교들이 사병들에게 전달할 사항을 지시한 글의 요지는 다음과 같았다. "조프르 장군은 프랑스 병사의 생명을 아끼고자 아직 그들[적군]에게 최후의 일격을 가하지 않았다."[14] 프랑스 제4군을 지휘하는 장군은 휘하 지휘관들에게 포위당한 쪽은 프랑스군이 아니라 독일군이라는 것을 병사들에게 주지시키라고 주장했다.[15] 심지어 포탄과 탄약 부족 그리고 겨울이 다 가옴에 따라 끝없이 내리는 비로 전장이 지나가기 힘든 진흙탕으로 바뀌어버린 서부전선 참호전의 견디기 힘든 물리적 여건조차 기본적으로 공세에만 집착하는 이런 태도를 바꿀 수는 없었다. 한 달이나 두 달, 석 달 정도만 밖에서 버티면 될 것이다. 그것이 일반적인 예측이었다. "충분한 탄약을 공급받는 대로……"라며, 이 시점에서 영국군 제1군을 지휘하던 더글러스 헤이그는 1915년 1월 22일 『타임스』 군사 통신원에게 "우리는 여러 지점에서 독일군 전선을 걸어서 통과할 수 있을 것이다."[16]라고 말했다.

9월 초부터 드문드문 내리던 비는 12월이 되자 플랑드르와 아르투아, 피카르디 지방에서는 그칠 줄 몰랐다. 그해 12월에는 1876년 이래로 어느 해 동월보다 가장 많은 양인 150밀리미터 넘는 비가 내렸다. 8월의 아름답던 날들은 꿈속 이야기가 돼버렸다. 라이플의 총신은 진흙에 막혀 발사조차 되지 않았다. 12월 18~19일 영국군의 공격 후, 독일군은 부상 대부분이 총검에 의한 것이라고 보고했는데 적군의 라이플이 막혀서 말을 듣지 않았기 때문이다.[17] 강에는 홍수가 났다. 리Lys강 주변 지역에서는 수위가 지표면으로부터 30센티미터 넘게 상승했다. 솜강 지구에서의 상황도 유사했다. 참호 속에서 병사들은 무릎까지 차오른 진흙탕 속에 서 있었고, 때로는 가슴 높이까지 차올라 밧줄을 붙잡고 누군가가 끌어올려줘야 했다. 라 바세 근처 한 지구에서는 댐이 터져 대피호에 있던 병사들이 익사했다. 12월의 연대 전장 일지는 종종 인간 적에 맞선 전투보다는 자연의 위력에 맞선 전쟁에 더 많은 지면을 할애했다. "절망적인 진흙탕"과 "속수무책의 참호" 같은 전형적인 일기 도입부는 병사들이 맞닥뜨린 비참함과 문제의 규모를 짐작하게 할 뿐이다. 펌프, 호스, 삽, 곡괭이가 라이플이나 대포보다 무기로 더 중요해졌다. 12월 24일, 베튄 근처 한 지구에서 독일군이 반대편 영국군 참호로 호스를 돌렸다는 이야기가 퍼졌다. 그리고 며칠 뒤 영국군 7사단 지휘부는 코맹에서 수문을 닫았다는 독일군이 영국군 참호 쪽으로 봇물을 흘려보낼까봐 걱정했다.[18] 두 소문 다 비신사적인 형태의 전투 행위를 전제했는데, 그런 일은 독일군이 할 만한 짓이라는 것이 암묵적인 가정이었다.

많은 곳에서는 심지어 높은 흉벽으로도 충분하지 않아, 그냥 약간의 경계초소나 얼쩡거릴 정찰 병력만 놓아두고 부대원들을 마른 땅으로 철수시켜야만 했다. 연락과 횡적 이동은 불가능해졌다. 최전방 부대와의 교대는 어디서나 종종 8시간까지 걸렸는데, 정상적으로는 한 시간 정도면 마무리될 수 있는 일이었다. '잔가지 작업반'이 정찰대보다 더 큰 전략적 중요성을 띠었는데, 철망과 더불어 잔가지가 조금이라도 진흙탕에 덜 빠지도록 보호해줬기 때문이다.

12월과 1월 사상자들의 특징은 새로운 전쟁의 성격을 반영했다. 동상, 류머티즘, 참호족염塹壕足炎*이 실제 전투보다 더 높은 사상자 수치를 기록했다. 한 연대 일지에는 "대원들이 통째로 폐렴에 걸리지 않은 게 신기하다"라고 기록됐다.[19] 12월의 궂은 날씨가 피부와 뼛속에 스며들자 영국 제1군은 1월 둘째 주 사상자를 장교 70명, 기타 계급을 2886명으로 보고했다. 그 가운데 장교 45명과 기타 계급

---

* 전쟁 중, 참호에 있는 병사 발에 생기는 동창凍瘡 비슷한 증상이다.

2320명은 부상자가 아닌 환자로 등록돼 있었다. 그에 비해 장교 11명과 사병 144명만이 전사했고 장교 14명과 사병 401명은 부상자였다.[20] 한 군단장은 1월 초 상관에게 다음과 같이 냉정하게 보고했다. "지금으로서는 장기간의 궂은 날씨로부터 기인하는 상태가 현 상황의 지배적 요인입니다."[21] 크리스마스 일주일 전에 프랭크 이셔우드는 가족에게 안부 인사를 전했다. "모두 즐거운 크리스마스를 보내길. 내년도 이런 식이라면 난 또 다른 크리스마스는 사양하고 싶어."[22] 그는 이듬해 크리스마스를 맞지 못했다.

참호에서 사나흘을 보내면 탈진은 불가피한 결과였다. 퀸스 웨스트민스터 라이플 연대의 퍼시 존스는 제1 로열 퓨질리어 대대원들이 12월 23일 아침에 참호를 떠나는 모습을 지켜봤다.

> 그들은 너덜너덜 누더기 행색에, 행렬은 흐트러지고, 얼굴은 수척하고, 발은 아프고, 몸은 지쳐서 대체로 만신창이였다. 면도를 안 해 수염이 덥수룩한 더러운 얼굴에, 가능한 온갖 모자류를 착용한 병사들은 영국군의 정예 연대라기보다는 무수한 선사시대 야만인같이 보였다.[23]

자연의 위력은 이편저편을 가리지 않았다. 독일군, 프랑스군, 영국군 모두 고생했고 어느 편도 이런 곤경 앞에 좋은 답은 없었다. 그러나 다들 적군이 전쟁의 이 예기치 못한 측면에 어떻게 대처하고 있는지 굉장한 호기심을 보였다. 독일 병사들은 그해 말 영국군 전선 여러 지역에 배급된 염소 가죽이나 양가죽 재킷, 그리고 자신들에게 지급된 낮은 고무 부츠와는 대조적으로 영국군이 신은 끈 달린 높은 부츠가 특히 부러웠던 모양이다. 재킷은 독일 병사들이 무인지대에서 교전 시 열심히 구하는 전리품이 됐다. 한 독일 연대 역사서에는 12월 18일 영국군이 뇌브샤펠 부근을 공격한 후 연대원들이 전리품을 찾으며, 특히 양가죽 재킷에 주의를 기울여 영국군 시신을 털었다는 사실을 인정했다.[24]

전투에 참여했다는 것을 보여주기 위해 집에 보낼 노획물과 기념품을 찾아 약탈하는 일은 특히 이 전쟁 초기 국면에 흔했다. 모두가 그 관행에 푹 빠져 있었다. 구스타프 리벤잠은 "영국군 전사자한테서 우리는 시계, 금, 독일 병사의 철십자 훈장을 찾아냈다"며 비난했다.[25] 독일군이 영국군의 끈 달린 부츠를 부러워했다면, 영국군은 일부 독일군이 진흙과 물에 대처하기 위해 신은 고무 부츠에 관심이 많았다. 군복, 코트, 부츠 등 상대편의 장비가 더 우수하다고 여기는 태도는 자연스러웠는데, 습기와 추위를 막아주는 데 전적으로 무능한 자기 것보다 더 나쁠 수는 없을 것 같다는 생각 때문이었다. 이것은 12월과 1월에 아군 군복으로 위장한 적군의 행태를 경고한, 여러 건의 보고를 설명해줄 수 있을 것이다. 1월 중순 영국군 제6사단 일지의 도입부에는 "제17여단 좌측 구역 포격 관측 장교가 적군이 병사들에게 킬트를 입힌다고 보고한다"라고 적혀 있다.[26]

그러나 그러한 여건에서는 성공적인 공세가 불가능하다는 여러 증거에도 불구하고, 따뜻하고 습기 없는 본부에서 편안하게 자리 잡은 사령관들은 다가올 결정적 전투를 위해 공세적 정신을 유지하고 공격 본능을 가다듬을 필요성을 끊임없이 강조했다. 저격과 야간 기습은 지속해서 진행돼야 한다. 대호, 즉 (적의 참호에 접근하기 위해 파는 깊고 좁은) 터널은 조금이라도 앞으로 나가야 한다. 기운찬 공격이 거듭 시도돼야 한다. 당장은 실질적 성과가 나오지 않는다 하더라도—이유는 그랬다—그런 활동들이 사기에 미치는 효과가 중요하다는 것이었다.

날씨는 자연히 병사들의 기강을 걱정하게 했지만, 영국 제2군단 군단장은 12월 4일 명령서를 통해 전방에서 나타나는 '너도 살고 나도 살자 인생관'을 언급하면서 그런 태도는 즉시 근절돼야 한다고 주장했다.[27] 그의 언급은 연합군 병사와 적군 병사들 사이의 친근한 교류를 가리키는 광범위한 증거로부터 나왔다. 비슷한 일이 11월과 12월을 거치는 가운데 증가하면서 '고위 장교'들 사이에서 우려를 불러일으켰다. 상부의 허락 없이 적과 어울리는 일은 말할 것도 없고, 사적으로 적을 아는 것 자체가 반역 행위였다. 상부의 불호령이 떨어질까 걱정하여 그런 사건들은 공식 전쟁 일지에서 거의 보고되지 않았지만, 그래도 그런 언급이 1914년 말로 가면서 점차 늘어났다는 사실은 보고되지 않은 사례가 훨씬 많았음을 암시한다. 하루 중 특정 시간대, 특히 식사 시간 동안 서로 총을 쏘지 않는 관행은 얼마간 서로를 대면해왔던 부대 단위들 사이에서 흔해졌다. 교대 시간 동안의 저격과 정찰 중의 행동 방식에 대한 비공식적 협정도 존재했다. 찰스 솔리는 몇 날 뒤, 그러한 상호 이해에 관해 편지에서 자세히 설명했다. "[적군과] 전혀 '어울리지' 않았지만 우리는 70야드 거리 맞은편에 있는 동료 보슈Bosch*들에게 간섭하기를 자제했습니다. 그들이 우리한테 친절하게 대하는 한 말이지요." 그는 참호를 개축하고 병사들의 편지를 검열하는 일로 이루어진 주간 활동의 단조로움을 다음과 같이 이야기했다.

야간에는 적군의 철조망 둘레를 정찰함으로써 약간의 짜릿함을 맛볼 수 있습니다. 우리의 주된 적은 가시와 모기입니다. 모든 정찰대—영국군과 독일군 모두—는 죽음과 영광이란 원칙을 무척 싫어해요. 그래서 서로 마주치게 되면 (…) 양측이 나는 레위인, 너는 착한 사마리아인인 척하며[서로 소 닭 보듯 한다는 뜻]—아무 말도 하지 않고 지나칩니다. 한쪽이 다른 쪽에게 수류탄을 던지는 것은 상시 수백 야드 거리 내에 있으면서, 한쪽에 불편을 초래하는 행위는 결국 자신에게 불편을 초래하는 우회적 길임을 깨달은 양측 전투원들 간의 관계를 지배하는 불문율에 대한 쓸데없는 위반이지요.[28]

서로 마주 보는 참호 속에 있는 병사들은 종종 말소리가 들리는 범위 안에 있었고, 간단한 오락에 대한 시도처럼 서로 농담 몇 마디를 주고받는 것은 자연스러워졌다. 제6 고든 하일랜드의 프랭크 더바인 이병은 12월 21일 집에 보낸 편지에서, 어느 날 아침 자신이 고향에 대한 사랑이 주제인 감상적인 스코틀랜드 노래 「오브올디에어츠O' a' the airts」를 부르자, 건너편에서 한 독일군이 「티퍼러리Tipperary」**로 화답했다는 이야기를 썼다.

---

* 원래 독일인을 경멸조로 부르는 프랑스어 표현이 영어에 정착한 경우다. '제리'와 더불어 제1차 세계대전 당시 영국군 사이에서 독일군을 지칭하는 표현으로 널리 사용됐다.
** 제1차 세계대전 때 특히 인기를 끈 아일랜드 민요.

그들은 아침마다 우리에게 저녁 먹으러 건너오라고 소리쳤다. 하루는 작은 칠판을 들어올렸는데 칠판에는 큰 글자로 '너희 언제 집에 돌아갈래? 우리 평화롭게 지내자'라고 적혀 있었다. 그들은 건너편 우리에게 평화롭게 지내길 원한다고 소리쳤다.[29]

바이에른 제16 예비보병연대는 12월 18일 이프르 근방에서, 더 남쪽에서는 격렬한 전투가 진행되던 중, 독일 서남부 산악지대 알고이 출신 한 병사가 참호 흉벽 위로 올라가 토미 앳킨스*를 위해 멋진 요들을 불렀다고 보고했다.[30] 비참한 상황 속에서도 유머 감각이 번득였다. 12월 10일 오전 9시경, 제2 에식스 부대원들과 대치하던 작센 부대원들은 건너편에 대고 자기네는 이 상황에 신물이 났으며 반기를 게양했다고 외쳤다. 에식스 부대원들은 럼과 진을 대접하겠다고 대꾸했다. 작센 부대원들은 자신들은 참호에서 샴페인만 마신다는 대꾸로 사양했다![31]

제2 에식스 부대 옆 랭커셔 퓨질리어 부대원들은 상대편과 거래를 했다. 그들은 통조림 소고기와 철모 배지를 교환하기로 했다. 사단 일지에는 "흥정은 잘 마무리됐다"고 기록됐다. "누가 먼저 참호에서 나와 자기 몫을 챙겨갈 것인지를 둘러싸고 약간의 이견이 있었던 것을 제외하고는."[32] 물론 상호 이해가 발전하기까지는 시간이 걸렸고, 양해 사항이 다음에 교대하는 부대에 의해 언제나 인정되거나 지켜진 것은 아니었다. 그래서 제2 에식스 부대원들은 작센 부대원들과 잘

---

* 우리의 홍길동처럼 평범한 영국군 병사를 가리키는 이름이다.

지냈지만, 작센 부대와 교대한 프로이센 부대원들은 "말을 걸어도 대답하지 않는 퉁명스러운 녀석들"이라고 묘사됐다.[33]

한마디로, 상호 이해와 사적인 합의라는 얼마간의 호감이 크리스마스 몇 주 전부터 대치 중인 참호 사이에 생겨났다. 그것이 크리스마스 휴전의 토대를 이루게 되었다. 영국군 지휘부가 교착 상태에 빠진 이 전쟁이 병사들의 기강에 미칠 영향에 대해 걱정한 유일한 사람들은 아니었다. 적과의 '친목'을 금지하는 영국군의 명령이 나오기 일주일 전, 팔켄하인 장군은 휘하 장교들에게 유사한 경고문을 내렸다. 친목 행위 사례들은 "상관들이 철저하게 조사해야 하며 매우 강력하게 막아야 한다"[34]고 말이다. 그러나 늘어가는 실제 사례의 숫자는 상부의 경고가 별 효과를 보지 못했음을 가리킨다.

날씨와 참호 상태는 대치 중인 양측 병사들 사이에 우호적 감정을 부추겼지만 장교와 병사들, 특히 후방의 지휘관과 전방의 병사들 간의 악화된 관계도 이런 크리스마스 사건들을 낳는 데 일조했다. 참모부의 성과 없고 무의미해 보이는 전술은 서부전선에서 적잖은 불만을 낳았다. 예를 들어, '공세 정신'에 대한 강조와 보조를 맞추고 독일군이 동부 전선으로 병력을 이전시킨다면 서부전선에서 위치가 심각하게 약화될 것임을 가르쳐주고자, 영국군은 12월 18일 영국군 담당 전선 절반 남쪽 지구를 따라 대규모 공격을 감행했다. 인도 군단이 공격의 주요 기구였으나 영국군 전선의 대략 3분의 2도 지원 임무에 관여했다. 전투는 북쪽의 르 투케부터 남쪽의 지방시까지의 범위로 12월 22일까지 이어졌고, 전략은 둘째 치더라도 영국군의 사기 측면에서 보면 공격 계획 전체가 참사라고 할 수밖에 없었다.

18일 저녁, 제7사단은 뇌브샤펠과 프로멜 근방 맞은편의 베스트팔렌 연대와 작센 연대를 공격했으나 장교 37명과 사병 784명을 잃는 참혹한 전과만 낳았다. 제2 로열 워릭셔 연대만 해도 지휘관인 연대장을 포함해 320명의 병력을 잃었다. 한 소대에서는 소대원 57명 가운데 일병 한 명과 다른 세 명만 전장에서 몸 성히 빠져나왔다. 적군 참호 23미터를 장악했지만 전진 위치를 사수할 수 없었던 제2 스코츠 근위대는 이튿날 아침 어쩔 수 없이 퇴각해야만 했고, 교전 중에 장교 6명과 병사 188명을 잃었다. 공격에 참여한 장교들 가운데 딱 한 명만 사지가 멀쩡했다.

전선 전체에 걸쳐서 결과는 비슷했다. 어떤 승리든 결과는 오래가지 못했다. 독일군도 같은 운명을 겪었다. 그들은 12월 20일 지방시에서 반격했고 약간 전진했으나, 이틀 뒤에 영국군이 다시 반격하면서 밀려드는 독일군을 몰아냈다. 그 결과 닷새간의 혹독한 전투 뒤, 크리스마스이브에 양측의 위치는 전투가 시작되기 전 18일의 위치와 사실상 똑같았다. 연합군의 '공세 정신'을 보여주는 그러한 태도는 실제로 독일군에게 적잖은 인상을 심어줬고, 독일군은 서부전선의 배치 병력을 원하는 만큼 줄일 수 없었지만, 끔찍하고 헛된 살육은 영국군 병사들 사이에서 좌절감을 불러일으켰다.

19일, 제1 라이플 여단과 제1 서머싯 경보병대는 르 게르와 생 이브 사이의 지역을 벌건 대낮에 공격했다. 영국군이 넘어갈 수 있도록 일제 엄호 포격으로 적진의 가시철조망을 파괴하기로 돼 있었다. 그러나 부분적으로 잘리지 않은 철조망에 대비해 병사들은 각자 철조망 위에 덮어씌울 짚 매트를 지고 갔다.[35] 공격이 시작되자 독일군은 눈앞의 기괴한 광경에 깜짝 놀랐을 것이다. 전혀 놀라울 일도 아니지만 포격은 임무에 완전히 실패했고, 27킬로그램이 넘어가는 평소 장비에 매트리스까지 짊어진 영국군 병사들은 대부분 적진의 참호는 고사하고 110미터 떨어진 적진의 철조망까지도 도달하지 못했다. 터무니없는 대학살이 벌어졌다. 공격을 지휘한 장교 가운데 서튼이라는 한 대령은 나중에 공격 시도는 "대실패였다"라고 보고했다. 후방의 여단장은 전투가 주요 목표—독일군이 동부 전선으로 병력을 이전시키는 것을 저지—를 달성했다고 생각했지만, 서튼은 보고서에서 깊은 슬픔과 분노를 감추지 못했다.

> 대대의 관점에서 볼 때 전투의 유일한 효과는 정서적 측면에 있었다. 첫째, 전혀 흐트러지지 않은 채 전선을 유지하고 방비를 잘 갖춘 적에 맞서 조금도 주저하지 않고 전진한 공격 중대원들의 용감한 행동에 느끼는 긍지. 둘째, 사랑하는 전우를 너무도 많이 잃은 데 대한 비통함. 그들은 없어서는 안 될 소중한 동료들이다.[36]

적군과의 친목을 다졌던 경우처럼 공식 전장 일지는 반감의 증거를 기록하기를 꺼리기 때문에 일지에 등장하는 실례들은 빙산의 일각에 불과하다고 해석해도 무방할 것이다. 제15여단(제5사단)의 12월 23일 일지의 까칠한 다음의 도입부는 마음속 더 깊이 깔린 정서를 암시한다. "사단장으로부터 공세를 취하고 조금씩 밀어붙이라는 명령 내려옴—그러나 어디로 또는 어떻게 해야 할지 도통 모르겠음."[37]

프랑스군-독일군 전선을 따라서도 유사한 공격들이 있었는데, 주로 샹파뉴 지방의 프랑스군에 의한 공격으로 역시 높은 사상자 숫자와 이렇다 할 성공의 부재로 실망감만 증대시켰다. 하급 장교와 사병들이 고위 지도부를 향해 적대감을 드러내는 발언은 크리스마스 날 무인지대에서 오간 전우애의 한복판에서 흔히 들려오게 됐다. 프랑스군이 입수한 12월 27일 한 독일 병사의 편지는 광범위한 친목활동뿐만 아니라 며칠 전 독일 군인들이 목격한 사건도 들려줬는데, 장교가 죽음만이 용기에 대한 보답일 가망 없는 상황에서도 절대 항복하려 하지 않자 프랑스 병사들이 자신들의 장교를 총으로 쐈다는 것이었다. 그들은 장교를 사살한 다음 항복했다.[38]

독일 병사들도 불만을 토로하기는 마찬가지였다. 젊은 알베르트 좀머는 일기에 '멍청이' 중대장이 맞은편 참호에 어느 부대가 있는지 알아오도록 크리스마스이브에 부대원들에게 정찰을 나가게 시켰다고 적었다. 사격이 있었고 이것이 적군의 포격을 유발해 그날 저녁의 평화를 깨트렸다. 좀머는 부하들이 죽음과 직면하는 사이 지휘관은 참호에 남아 술을 마시며 크리스마스를 기념했다고 신랄하게 덧붙였다.[39]

그러나 날씨, 참호 안의 물리적 여건, 전쟁 수행 방식에 대한 실망이 전방前方 병사들의 마음을 짓누르긴 했어도, 이것만으로 1914년 그리스마스와 그즈음에 일어난 일을 설명하기는 충분하지 않았다. 병사들의 사기를 꺾는 데 동일하게 작용한 요인들은 종종 더 처참한 차원으로 나타나기도 했지만, 유사한 규모의 친목 행위는 결코 재발하지 않았다. 1914년 12월, 최전방 병사들의 감수성과 동기에는 전쟁이 계속되면서 사라지는 뭔가가, 즉 전쟁이 진행되면서 급격하게 바뀔

사회적 가치와 심리적 태도가 자리하고 있었다.

땅 위의 평화

크리스마스이브에 기온이 갑자기 뚝 떨어졌다. 침수된 참호는 얼어붙었다. 대신에 진흙탕 문제를 덜 수 있었고, 그 사실 자체는 병사들의 기운을 돋우었다. 독일인들에게 크리스마스이브는 크리스마스 시즌 가운데서도 가장 명절 분위기가 나는 날로, 독일 전선 대부분 구역에 어둠이 내리자 전통적인 작은 크리스마스트리인 탄넨바움Tannenbaum이 참호 안으로 트리를 가져오는 것을 금지한 공식 명령을 위반하며 등장했다. 장식 효과를 내기 위해 많은 트리에 진짜 촛불이나 즉석에서 만든 촛불이 달려 있었다.

보고서에 따르면 프랑스군—그들에게 크리스마스트리는 처음 보는 다소 신기한 것이었다—과 영국군은 처음에 건너편 참호를 따라 보이는 이상한 조명 효과에 어리둥절했고, 일종의 술책이라 생각해 여러 지점에서는 발포까지 했다. 퍼시 존스는 "뭔가 심상치 않은 일이 벌어진 것은 처음에 우리가 적진에서 커다란 불빛 세 개를 알아차렸을 때였다. 이곳에서는 성냥을 켜는 게 일반적으로 미친 짓이다"라고 말했다. 그다음 불빛이 적의 참호 위에 나타났다. "우리는 적들이 큰 공격을 준비 중이라고 생각했고 그래서 라이플과 탄약에 기름칠을 하고 신속한 교전 준비 태세를 갖추기 시작했다." 그다음 독일군 병사의 목소리가 들려왔다. "쏘지 마!" "이것은 물론 전혀 해로울 게 없었지만" 존스는 말을 이었다. "우리는 독일군의 기만 행위 이야기를 너무 많이 들어서 날카로운 경계 태세를 계속 유지했다."[40]

모든 참모부는 크리스마스와 새해 첫날 기습 공격에 대비하라는 명령을 하달했다. 독일 측 논리는 프랑스인과 영국인은 영혼이 없고 너무 물질주의적이라 크리스마스를 본래 의미대로 제대로 기리지 못한다는 것이었다. 프랑스인은 독일인을 이교도로 여겼다. 영국인은 독일인을 야만인이라 생각했다. 그러니 크리스마스에 그들로부터 정상적인 기독교도다운 행동을 기대할 수 없을 터였다. 그렇게 발포는 독일군의 트리를 여기저기서 한동안 사라지게 했지만, 사격이 잦아드는 대로 트리는 거의 어김없이 다시 모습을 드러냈다. 크리스마스 기운은 억누를 수 없었다.

트리가 등장한 뒤 노랫소리가 들리기 시작했는데 때로는 요란했지만 그보다는 흔히 조용하고 감상적인 분위기의 노래였다. 대부분 노래를 먼저 시작한 쪽은 독일군이었는데, 노랫가락이 얼어붙은 황량한 무인지대 너머로 울려 퍼지기 시작하자 반대편 참호에 나타난 효과는 마법과도 같았다. 많은 곳에서 「고요한 밤 거룩한 밤」이나 「보라, 내내 피는 장미 한 송이를」을 조용히 합창으로 불렀다. 프랑스군과 마주 보는 참호 한 곳에서는 「고요한 밤 거룩한 밤」을 연주하는 쓸쓸힌 하모니가 소리가 들려오기 시작했고, 완전한 적막 속에서 귓가를 맴도는 부드러운 그 소리에 프랑스 병사들은 넋을 잃었다. 다른 곳에서는 추위에도 불구하고 한 독일 병사가 헨델의 「라르고」를 바이올린으로 연주했다.[41] 아르곤의 제130 뷔르템베르크 연대는 최전방을 찾아온 콘서트 가수 키르히호프의 대접을 받았다. 반대편의 프랑스 병사들은 이 공연에 흠뻑 빠져서 참호 흉벽 위로 올라갈 정도였다. 그들은 키르히호프가 그들에게 앙코르 공연을 해줄 때까지 몇 번이고 박수를 보냈다.[42]

프랑스 제269보병연대의 에밀 마르셀 데코베르는 카랑시 근처 전선에서 프랑스 병사들이 적군과 함께 독일 캐럴을 함께 부른 이야기를 고향의 부모님에게 보내는 편지에 썼다.[43] 제1서머싯 경보병 부대 반대편에 있던 독일군은 연대 악단을 데려와 독일 국가와 영국 국가를 연주하게 했고, 연주를 마친 뒤에 커다란 만세 삼창과 함께 「즐거운 나의 집」을 부르기 시작했다. 영국군 병사들은 그런 범세계적이고 예의 바른 곡목 선택에 크게 감동했다.[44]

그해 크리스마스이브에는 전선을 따라 거의 모든 곳에서 사격이 점차 중지됐다. 병사들은 일어나 참호 흉벽에 앉아 건너편의 '적군'을 향해 크게 인사말을 던졌다. 대화가 시작됐다. 퀸스 웨스트민스터 라이플 연대 건너편의 한 작센 연대원은 영국군에게 와인 한 병을 갖고 건너와보라고 소리쳤다. 한 사병은 잉글랜드의 고향 집으로 보내는 편지에 다음과 같이 썼다. "우리 동료 가운데 한 명이 도전을 받아들여서 답례로 커다란 케이크를 받아왔습니다. 그게 계기가 돼 모든 게 시작됐지요……."[45]

많은 장교가 부하들에게 나가서 적군을 만나는 것을 허락하거나 심지어 부추겼는데 여기에는 전술적 속셈이 깔려 있었다. 이를테면 그들은 자신들과 대치하는 부대가 어느 부대인지 알아내고 적진의 설비에 대해 잘 알게 되리라고 기대했다. 그러나 이러한 실용적 고려는 보통은 친목활동에서 부차적이었다. 대부분의 만남은 자발적이고 즉흥적인 동기에서 이루어져서 딱히 허락을 받지 않았고 군사적 목적도 없었다. 그냥 크리스마스 정신이 전장을 지배한 것이었다.

이튿날 새벽이 되자 땅은 단단히 얼어붙었다. 일부 지역에서는 새로 내린 눈이 살짝 쌓여 있었다. 플랑드르에서 갑작스러운 한파는 짙은 안개를 동반했는데 안개는 강한 햇살 아래에서만 서서히 걷히기 시작했다. 앞선 달의 몬순 기상 상태와 비교하여 그날은 화창하기 그지없었다. "아름다운 마법의 서리"라는 표현은 구스타프 리벤잠의 크리스마스 날 일기의 도입부였다. 그 뒤 전투 대기 상태가 끝난 직후, 전날 밤의 단발적인 친목 행위는 여러 지구에서 대대적인 전우애로 꽃피었다.

병사들은 무인지대로 들어가거나 일부는 심지어 상대방의 참호까지 가서 크리스마스를 함께 축하했다. 어떤 이들은 조심스러워했다. 어떤 이들은 더 개방적으로 행동하기도 했다. 그들은 떠들고 노래 부르고 이야기와 선물을 주고받았다. 오후가 가까워질수록 상호 간의 신뢰는 커졌다. 전사자 매장 작업에 관한 이야기가 오갔다. 제6 고든 하일랜드 연대와 베스트팔렌 부대 제15보병연대는 전사자를 위한 감동적인 의식에 합석했다. 스코틀랜드인, 잉글랜드인, 작센인, 베스트팔렌인이 집단 합장묘지 양편에 늘어서자 애버딘 서부연합 자유교회의 목사이자 제6 고든 하일랜드 연대의 군목軍牧인 J. 에슬먼트 애덤스 목사가 영어로 「시편」 제23편을 낭송했다. 그다음 신학대 학생이 그것을 독일어로 낭송했다. "Der Herr ist mein hirt: mir wird nichts mangeln. Er weidet mich auf einer grünen Aue: und führt mich zum frischen Wasser……(여호와는 나의 목자시니 내게 부족함이 없으리로다. 그가 나를 푸른 풀밭에 누이시고 쉴 만한 물가로 인도하시는 도다…….)"

그리고 영어와 독일어로 한 문장씩 번갈아가며 다음과 같이 주기도문이 낭송됐다. "하늘에 계신 우리 아버지……."[46]

많은 곳에서 노래와 찬송가를 통해 함께 여흥을 즐기는 것이 일반적이었다. 제1 레스터 연대의 부지휘관 A. H. 뷰캐넌 던롭은 에든버러 근처 머슬버러에 있는 로레토 학교 교사였다. 크리스마스 직전에 그는 학기 말 학교 콘서트 프로그램을 받았다. 그는 동료 레스터 부대원들에게 공연 연습을 시켰고, 그들은 크리스마스 당일에 무인지대로 나가서 독일군을 위해 학교 콘서트 프로그램의 일부를 공연했다. 독일군은 몇몇 찬송가로 화답했다.[47] 다른 곳에서 병사들의 행동은 더 가벼운 분위기였다. 제6사단 제3 라이플 여단 앞에서 한 독일 병사는 저글링 솜씨로 관중으로부터 큰 감탄을 자아냈다.

정오경에 크리스마스 식사가 배급됐고, 적과 어울리던 병사들은 식사를 위해 각자 참호로 돌아갔다. 식사가 끝나자마자 무인지대에서의 유쾌한 친목활동이 재개됐다. 적군 가운데 전쟁 전 영국에서 일한 적이 있는 이발사가 있음을 알게 된 제6 고든 하일랜드 부대원 몇몇은 그에게 무인지대 한가운데에 즉석 이발소를 차려 면도와 이발을 해달라고 청했다. 독일 병사는 그 제안을 받아들였다!

몇 마디 인사말이 오간 뒤, 여기저기서 물물교환이 벌어졌다. 수백 대의 열차 차량에 실려온, 가족과 친구들이 보낸 크리스마스 소포 외에도 영국군은 메리 공주가 보낸 금박 크리스마스 선물 상자를 하나씩 받았는데, 그 상자 안에는 흡연자를 위한 파이프와 담배 열 개비,

담뱃잎 약간, 비흡연자를 위한 초콜릿이 담겨 있었다. 따라서 영국군 병사들은 모두 교환할 물품들이 있었다. 독일군과 프랑스군도 비슷한 처지였다. 데어 아센하우어 소령은 부대원들이 집에서 보낸 선물이 너무 많아서 어찌해야 할지 몰랐다고 적었다. 퍼시 존스도 24일에 집으로 쓴 편지에서 어느 쪽이든 관계없이 모든 병사의 심정을 다음과 같이 대변했다. "엄청나게 많은 크리스마스 소포를 받았지만, 난 잘 지내고 있어." 남아도는 선물은 분명히 새롭고 색다른 것을 찾는 물물교환을 자극했다.

독일군은 영국군의 통조림 소고기를 특히 좋아했던 것 같은데, 독일 고기보다 지방이 적어서였다. 그들은 영국군의 잼도 좋아했다. 제10 여단 일지에는 독일군이 "소고기 통조림 하나를 두고 싸울 지경이었다"라는 보고가 적혀 있었다.[48] 새뮤얼 저드는 영국군이 가진 소고기가 뭐가 그리 좋은지 독일군을 이해할 수 없었기에 독일군이 식량 배급을 충분히 받지 못하는 모양이라고 결론 내렸다—"그들은 소고기와 잼을 달라고 또 나타났다!"[49] 노스 스태퍼드셔 부대원들과 맞서던 독일군은 시가와 소고기를 교환하고 싶어했다. 그러나 캐머러니언 부대원들은 이 이상한 시장에서 본인들이 생각하기에는 최상의 거래를 했다. 소고기 통조림 몇 개를 맥주 두 통과 교환한 것이다![50]

병사들은 온갖 기념품을 열심히 구하고 또 받았다. 가장 소소한 교환 품목은 서명signature이었다. 제2 시포스 연대의 콜린 먼로 이병은 에어에 사는 아내에게 독일군 병사 여섯 명의 서명이 적힌 엽서를 보냈다. 신문과 잡지는 쉽게 구할 수 있는 또 다른 품목이었다. 제2 랭커셔 퓨질리어의 한 장교는 『펀치』를 독일 시가 몇 개와 교환했다. 그는 이 일을 집에 보낸 편지에 언급했고, 그의 가족은 신문에 실리도록 그 편지를 재빨리 『데일리 텔레그래프』에 보냈다. 그러자 『펀치』의 오언 시먼은 자신의 출판물이 독일 시가와 교환돼 격이 떨어지고 있다는 풍자시를 썼다. 다양한 형태의 담배는 표준 교환 품목이었다. 이 전쟁에서는 사실상 모두가 담배를 피웠던 것 같다. 그러나 의미 있는 기념품을 열심히 구하는 일은 자칫 우려스러운 지경에 이를 수도 있었다. 한 보고에 따르면, 제4 사단의 전선에서는 라이플까지 교환됐다![51]

정말로 축구 시합이 치러졌을까? 영국군과 독일군이 축구 시합을 했다는 풍문은 무성했지만 그런 일이 있었다는 확실한 증거는 없다. 그러나 만연한 소문은 최전방 병사들의 기분과 소망에 대해 많은 것을 알려준다. 시합의 가능성은 특히 영국군의 상상력을 자극했던 것 같다. 집에 보낸 편지에는 전선 어디선가 벌어진 시합에 대한 언급이 무수히 등장했다. 작센 병사들이 등장하는 3 대 2 경기 결과의 이야기에는 적잖은 일관성이 있기에, 실제로 소고기 통조림이나 그와 유사한 것을 걸고 원시적인 경기가 벌어졌을지도 모른다. 그러나 제대로 된 공과 온전히 접촉했을 가능성은 희박할 터였다. 왜냐하면 포탄 구멍이 숭숭 뚫린 무인지대의 지형 때문에라도 그런 일은 불가능했을 테니 말이다.

그러나 평화와 호의가 크리스마스 날 전선 전역을 지배하지는 않았음을 주지해야 한다. 생 엘루아 인근 영국군 전선 최북단, 제3 사단이 맡던 지역에서는 온종일 저격이 이어졌다. 제3 워스터 부대원들은 그 지역에서 적군 저격병을 아침에 네 명, 저녁에 두 명 "잡았다"고 자랑했다.[52] 남쪽, 라 퀸크 루 근방 제2사단 전선에서는 독일군이 24일 아침 공격을 감행했다. 여기서 제2 근위보병연대는 최전방 참호를 잃고 57명의 사상자가 발생했다. 크리스마스 날에도 병사들의 분위기는 침통했고 새로운 참호선을 마련해야 했다. 이들 지구에서 크리스마스는 비교적 조용하게 지나갔다.

우호적인 교류 대부분은 벨기에와 프랑스 북부의 영국군-독일군 전선에서 이루어졌는데 4분의 3에 달하는 병사들이 어느 정도 교류에 참여했다. 다른 곳에서도 공공연하지는 않다 해도 조용한 친목이 일반적이었다. 그해 크리스마스에는 교전과 심지어 저격 행위마저 드물었다. 솜강 근방에서 프랑스군과 대치하는 한 독일 연대의 일지에는 "전선 전체에 걸쳐 이례적인 잠잠함에 불안할 지경이다"라고 기록돼 있었다.[53]

독일군과 영국군이 공식 전문에서 친목활동 사례를 자세히 거론하길 꺼린 것에 비해, 프랑스군 장교들에게 그 주제는 완전히 금기였다. 그러나 영국군-독일군 전선에서만큼 광범위하지는 않고 신뢰가 덜했음에도, 독일 군사 기록, 개인들의 편지와 일기 등 무수한 곳에서 프랑스군과 독일군 간 친목 행위가 광범위하게 있었다는 증거들이 나타난다. 심지어 프랑스군의 공식 전장 일지에도 증거들이 힌트 도믹 등상한다. 예를 들어, 퐁크빌리에르 근방 전선의 제111 여단과 콩데 쉬르 엔 근방 제69 사단, 아르투아의 제139 여단, 솜강 유역의 제56 여단의 일지가 그렇다. 제56 여단의 25일 자 일지 도입부는 사무적이다.

온종일 이상 무. 지구 전체에 매우 즉흥적인 휴전이 성립됐으며 특히 지구 양단 곳곳에서는 프랑스 병사와 독일 병사들이 참호에서 나와 신문과 초콜릿을 교환함.[54]

이름이나 부대명은 전혀 언급되지 않는다. 그러나 바이에른 제12, 15, 20연대의 기록은 적어도 프랑스군 12개 연대—제20, 22, 30, 32, 43, 53, 99, 132, 137, 142, 172연대—가 솜강 유역 동피에르 근방에서 공공연한 친목 행위에 관여했음을 가리킨다. 다시 말해 독일군의 기록을 통해 보면, 적군과의 어울림과 관련하여 프랑스 측이 크리스마스 휴전의 규모가 어느 정도였는지 거의 시사하지 않음을 알 수 있다.

휴전은 여러 곳에서 새해 첫날까지 이어졌다. 어떤 경우에는 1월 들어서까지, 심지어 1월 둘째 주까지도 이어졌다. 그리고 저격이나 포격처럼 전쟁 상태와 비슷한 상황이 다시 등장한 뒤에도, 남은 1월은 놀랍도록 잠잠하게 지나갔다. 제1 라이플 여단의 일지에는 1915년 1월 마지막 날에 "이달은 매우 조용한 달이었다. 적군이 우리를 도통 괴롭히려 하지 않아 대량의 작업을 해치워야 했다"[55]라고 기록되어 있었다.

그 이유는

사기도 전혀 영향을 미치지 않은 것은 아니지만, 그것이 친목 행위를 일으킨 결정적 동기는 아니었던 것 같다. 전쟁에 질렸다고 적군에게 말을 건 병사들은 보통 일종의 인사말의 형태, 즉 "안녕Hello!"에 대한 대안으로 그렇게 말했는데, 이런 상황에서 "안녕!"은 어쩐지 적절한 인사말처럼 들리지 않았을 것이다. '형편없는 노릇이지, 안 그래?'가 그러한 말머리의 요지였다. 몇 시간 전에는 죽이려 애쓰던 상대방에게 달리 무슨 말을 건넬 수 있겠는가? 적한테 총을 쏜 것을 두고 미안하다고 할 수는 없다. 그것은 어처구니없게 들렸을 것이다. 전쟁이 끝났으면 좋겠다고 말하는 것은 그러한 미안함의 감정을 허용할 수 있는 범위 내에서 최대한 표현하는 방식이었다.

본국의 언론들은 적군과의 대화 내용 일부를 조금이라도 입수하면 적군의 이른바 전쟁 염증에 대해 알리며 호들갑을 떨었지만, 전선의 병사들은 그러한 진술을 편지와 연대 일지에 기록했을지라도 실제로 거기에 큰 의미를 부여하지 않았다. 전쟁 염증의 증거를 주목하는 것은 다시금, 즉흥적 휴전에 참여하여 생긴 죄책감을 감추는 하나의 방식이었다. 이 사건으로 적군에 대해 불가결한 정보를 발견했다는 것이다. 적은 전쟁에 질렸고 그의 사기는 무너지고 있다!

그러나 이 단계에서는 전쟁 목적 자체에는 아무도 이의를 제기하지 않았던 것 같다. 사기 문제는 전쟁의 명시적 목적보다는 전쟁 수행 방식에서 너 많이 야기됐다. 특히 전선 어디든 외국 땅에 진을 치고 있는 독일군은 자신들의 승리를 여전히 자신했다. 일부는 파리가 코앞에 있다고 믿었다. 일부는 동료들이 이미 런던이나 모스크바 외곽에 있다는 이야기를 들었다고 말했다. 승리가 눈앞에 있는 듯했다. 스코츠 근위대 소속 로더 대위의 일기는 전형적이다.

전쟁에 대한 그들의 일반적 견해는 다음과 같다. 프랑스는 다 죽어가고 있으며 곧 백기를 들 것이다. 러시아는 폴란드에서 대패를 당했고 곧 기꺼이 강화講和하게 될 것이다. 영국만 아직 처리가 안 된 문제인데, 프랑스와 러시아가 눈앞에서 사라지면 영국 혼자 독일을 감당하기에 독일은 너무 강력할 것이다. 그들은 전쟁이 1월 말이면 끝나리라 예상한다. 이것은 독일 병사들 사이에 어떤 거짓말이 유포되고 있는지를 보여주며, 또 영국과 독일 사이에 존재하는 증오를 보여준다.[56]

나중에 한 논평가가 표현했듯이 "전쟁 염증에 관한 몇몇 사례는 많은 이의 자신감만 더 강하게 부각시킬 뿐이었다".[57] 독일군에게 사실이었던 것은 프랑스와 영국군에게 더 조용하고, 덜 노골적인 방식으로 사실이었다—우리는 승리할 것이다On les aura!

이 시점에서 병사들은 아직 전쟁의 목적에 진지하게 의문을 제기하지 않았던 것 같고, 그들 대부분에게 가족과 친구, 고국과의 유대감은 굉장히 강렬했다. 이제 다수의 예비군이 전선에 있다는 사실, 그들 가운데 많은 이가 아내와 자식이 있는 30대, 심지어 40대였다는 사실은 친목활동을 야기한 주요 요인이다. 고향 집에서 보내는 크리스마스에 대한 마음은 한마디로 도저히 걷잡을 수 없었으니, 병사들 대부분은 적어도 하루쯤 평화와 우의를 누리고 싶은 심정이었다. 그 증거로, 전선의 병사들 가운데 비교적 어린 병사들이 전체적으로 더 공격적이고, 친근한 태도가 덜했다는 점을 들 수 있다. 그러나 이 증거는 또한 영국군이 가장 적극적인 친목 행위자들이었다는 사실도 암시했다. 여기에는 설명이 필요하다.

플랑드르와 프랑스 북부의 끔찍한 복무 환경은 토미 앳킨스가 며칠은 비교적 평화롭게 보내자는 생각을 거부감 없이 받아들이는 데 분명히 중요한 역할을 했다. 게다가 독일군이 제기한 군사적 위협은 영국의 다른 우방들보다 영국군에게 직접적인 영향이 덜했고―결국 전쟁은 벨기에와 프랑스 땅에서 벌어지고 있지 않은가?―따라서 다시금 토미는 잠시 한숨을 돌리기가 더 쉬웠다. 그리고 어쩌면 영국군의 크리스마스 친목활동 참여에 대한 가장 중요한 이유는 영국의 전쟁 목적에 대한 긍정적 의식 때문이었는지도 모른다.

영국인들에게 이것은 구체적으로 독일에 대해 해군이나 식민지, 심지어 경제적 우위를 부정하기 위한 전쟁이 아니었다. 물론 그 분야에 있어 독일의 야심은 명백히 심각한 걱정거리였다. 그렇다고 어느 한 강대국이 지나친 힘을 얻는 것을 허용치 않음으로써 단순히 대륙에서 세력균형을 유지하기 위해 벌인 전쟁도 아니었다. 물론 그것 역시 영국의 장기적인 이해관계 가운데 하나이기는 했다. 그러나 영국인에게 이것은 훨씬 더 넓은 목표를 띤 전쟁이었다. 이것은 영국의 질서 체제, 다시 말해 독일과 독일의 내향적 문화가 대변하는 모든 것에 의해 공격받는 듯 보이는 국가 체제와 국제 체제를 보존하기 위한 전쟁이었다. 20세기가 시작될 무렵, 독일은 영국인의 눈에 유동적 변화와 무책임싱의 화신으로서 프랑스를 대체했다. 반면 영국은 정반대, 즉 안정성과 책임성을 대표했다. 독일은 세계에서 영국의 군사적, 경제적 지위만이 아니라 팍스 브리타니카의 도덕 기반 전체를 위협했다. 영국의 주장에 따르면 팍스 브리타니카는 세계에 한 세기에 걸친 평화를, 로마 제국 7현제 시대 이래로 유럽이 누린 적 없던 전쟁 없는 시기를 가져다줬다.

더 넓은 세계, 제국에서든 아니면 본국에서든 영국 국민 사이에서 국가적 사명은 주로 시민적 덕성을 확대하는 것, 즉 외국인과 교육받지 못한 영국인에게 문명화된 사회 규칙, '정정당당하게 게임을 하는' 규칙을 가르치는 것이었다. 키플링의 표현을 빌리면 영국의 사명은 "뒤떨어진 종족들"에게 "법"을 소개하는 것이었다. 그렇다면 문명과 법은 사실상 동의어였다. 문명은 시대와 역사, 전례에 의해 만들어진 규칙에 따라 게임을 할 때만 가능하며 그 규칙들이 모여 법을 이룬다. 문명은 정서보다는 객관적 가치나 외부적 형식, 정서보다는 행위의 문제, 변덕보다는 의무의 문제였다. J. S. 밀은 「문명」이라는 에세이에서 "문명화된 존재만이 결합할 수 있다"고 썼다.

> 모든 결합은 타협이다. 그것은 공동의 목표를 위해 개인 의지 일부를 희생하는 것이다. 미개인은 어떤 목적에서든 자신의 개별적 의지의 충족을 희생하는 것을 참지 못한다.[58]

루이 나폴레옹, 메테르니히, 루이 필리프, 마르크스 등에게 망명지를 제공한 것처럼, 런던과 영국은 19세기 내내 사회적·정치적 관용을 자랑하면서 온건함과 합리적 개혁, 이성적 자제의 윤리를 옹호하는 도시이자 나라로 자리 잡았다. 법과 의회제도는 그러한 윤리와 그러한 행동의 사회적 인정이었다.

독일이 세기말 세계의 주요 활동가이자 따라서 현대적 나라라고 한다면, 영국은 주요 보수 강대국이었다. 독일의 파괴적인 에너지는 영국이 이룩한 것의 본질, 즉 세계에 법과 질서라는 수단의 확립을 위협했다. 영국이 전반적으로 현대적 문화 현상에 비교적 관심이 없었다는 사실은 그리 많은 증거를 요구하지 않는다. 인간 본성이 "1910년 12월이나 그 무렵에" 변했다는 훗날 버지니아 울프의 주장이나, 1910년부터 1914년까지의 시기가 "새로운 세계가 열리는 것처럼" 보였다는 포드 매덕스 포드의 인상에도 불구하고, 1914년의 영국은 전체적으로 봐서 혁신적인 예술적 시도에 여전히 완전히 회의적이었다. 포드는 "어느 종류든 간에 예술의 전적인 부재"가 영국인의 "국민적 성격"인 것 같다고 투덜거렸다.[59] 영국 음악계와 연극계는 유럽의 발전상에 거의 호응하지 못하는 듯했다. 회화와 문학만이 그나마 더 나을 뿐이었다. 1904년에 내셔널 갤러리는 드가의 기증을 거절했다. 1911년, 월터 시커트는 "이곳에서 회화는 30세 이하의 한 줌의 헌신적 열성파에 의해서 희미하게 깜빡거리는 작은 불꽃으로만 살아있을 뿐이다"라고 썼다.

국민적 취향은 이 열성파를 해체시키거나 아니면 대세에 순응하게 한다. 자신의 예술을 사랑하는 젊은 영국인 화가는 커다란 압력을 이기지 못하고, 결국 수요가 많은 이발소 그림을 내놓게 된다.[60]

예술에 대한 새로운 충동은 프랑스보다 훨씬 더 현저하게 외국으로부터 수입되는 것 같았다. 러스킨이 "공중의 얼굴에 물감 통을 내던졌다"라고 비방했던 휘슬러는 중요한 미국의 화풍을 도입했다. 휘슬러에 이어 20세기 초, 에즈라 파운드와 T. S. 엘리엇, 제이컵 엡스타

인이 그 뒤를 이었다.⁶¹

　독일인이 전쟁을 정신적 갈등으로 이해했다면, 영국인은 전쟁을 전쟁 전 아방가르드가 그토록 통렬하게 공격한 사회적 가치와 이상— 정의, 존엄성, 예의범절, 절제의 관념 그리고 법에 대한 존중으로 다스려지는 '진보'의 관념—을 보존하기 위한 투쟁으로 봤다. 빅토리아 시대 사람들과 심지어 다수의 에드워드 시대 사람들에게 도덕은 객관적인 문제였다. 액턴 경은 1895년 케임브리지 취임 강연에서 "의견들은 바뀌고 관습은 변하며, 신조도 부침을 겪지만, 도덕법칙은 영구한 명판에 새겨져 있다"⁶²고 말했다. 도덕의 뿌리는 다양한 방식으로 추적될 수 있겠지만, 인간은 주로 교육을 통해서 옳고 그름을 점점 더 구별하게 된다는 생각은 명백했다. 자유는 방임이 아니다. 그것은 사회적 지식과 규율의 산물이다. 자유는 힘든 일이다. 자유는 자기가 하고 싶은 대로 할 수 있는 권리가 아니다. 자유는 해야만 하는 대로 할 기회다. 윤리학은 형이상학보다 더 중요하다. J. S. 밀은 "따라서 확고한 미덕을 갖춘 인간만이 완전히 자유롭다고 진실로 말할 수 있다"⁶³고 말한다. 영국식 자유는 권리가 아니라 의무의 교의였다.

　독일인에게 전쟁에 대한 설명의 초점은 내면으로, 그리고 미래를 향해 맞춰져 있었다. 토마스 만은 전쟁을 부패하는 현실에서의 해방으로 봤다. 옛 세계를 두고 그는 이렇게 물었다. "정신의 해충이 그 안에 구더기처럼 들끓고 있지 않았던가? 그것은 부글부글 끓으며 썩어가는 문명의 냄새를 풍기지 않았던가?" 만에게 이 전쟁과 그의 예술은 동의어였다. 둘 다 정신적 자유를 위한 투쟁을 이루었다.⁶⁴ 반대로 영국인은 사회적이고 역사적인 부분에 초점을 맞추었다.

지금까지의 모습 그대로의 네가 돼라.
네 아버지가 얻은 아들 같은 그런 아들을 얻어라.
그러면 신께서 여왕을 구하시리니.⁶⁵

영국인에게 전쟁은 실질적인 필요성의 문제로, "평상시와 다를 바 없이 행동하라business as usual"라는 슬로건에서 잘 포착되는 정서였다. 1914년 10월, 한 병사는 부모에게 보낸 편지에서 다음과 같이 이야기했다.

> 우리는 이제 막 시작된 투쟁에 발을 들여놓은 것 같아요. 그리고 우리는 매 순간 우리 뒤에 놓인 오랜 세기의 전통을 지키는 일이 커다란 특권이라는 것을 되새겨야 합니다. 그것은 웅대한 기회이고 그 기회를 놓치지 않는 데 조금도 노력을 아끼지 말아야 합니다. 왜냐면 우리가 실패한다면 앞으로 살아가는 동안 해마다 뼈아프게 우리 자신을 저주할 테고 우리 후손들도 우리의 기억을 경멸할 테니까요.⁶⁶

독일인에게 이것은 세계를 변화시키기 위한 전쟁이었다. 반면, 영국인에게 이것은 세계를 보존하기 위한 전쟁이었다. 독일인은 비전에 의해, 영국인은 물려받은 유산에 의해 추동되었다.

보통의 영국인 병사에게 전쟁이 누구 책임인지는 의문의 여지가 없었다. 제1 한츠 연대의 패턴든 일병은 8월 23일 프랑스에 상륙하여 사흘 뒤 전투에 투입됐고, 그다음 끝없는 행군으로 9월 초가 되자 발은 붓고 물집투성이가 돼 아예 걷는 게 아니라 비척거리는 상태가 되고 말았다. 피곤과 갈증, 배고픔으로 무감각해지고, 그동안 목격한 참상에 정신이 멍해져서 상관들을 철저히 냉소하게 된 그는 9월 5일 일기장을 꺼내 이렇게 휘갈겼다.

그들은 우리의 행군이 전략적인 것이라고 말했지만 다 거짓말이다. 이것은 완전한 후퇴일 뿐이며 우리는 철저하게 압도당해서 패배할까봐 보름 동안 도망만 쳐야 했다. 지금 우리가 공격당한다면…… 몇 야드도 달아나지 못할 테고 그 결과는 피비린내 나는 도살일 것이다.[67]

그러나 피로와 암울한 기분에도 불구하고, 목적의식은 흔들리지 않았다. 마른강 전투 동안 패턴든은 짬을 내 몇 자 적었다.

아, 이 전쟁은 끔찍하다. 전쟁 상황에 직접 처하기 전까지는 아무도 전쟁이 어떤 것인지 상상할 수 없다. 살아 있는 모든 것은 전쟁으로 고통받는다. (…) 카이저는 영원히 저주받고, 어쩌면 다시는 편히 잠들 수 없겠지. 그 미치광이 악마는 죽은 뒤에도 평화를 찾을 수 없을 거다. (…) 우리는 그를 끝장내야 한다. 안 그러면 우리가 결코 안전하지 못할 거다.

독일은 패배당해야 한다. 그렇지 않다면 문명이 위험에 처하리라. 바로 이 목적의식은 다음 몇 달간의 고난에도 영향을 받지 않았고, 12월이 끝나갈 때도 시각은 변함이 없었다.
그렇다면 크리스마스 무렵에 수많은 영국인을 밖으로 이끌어내어, 독일인과 악수하고 함께 웃고, 숨은 이야기와 기념품을 교환하도록 한 그것은 대체 무엇일까? 그건 그들이 지키기 위해 싸우던 그 동일한 가치 체계였을 가능성이 크다. 일부 병사는 친목을 예로부터 내려오는 예의범절의 전통으로 여겼다. 종교상 축일에 사람들은 적에게 인사를 건네고 경의를 표했다. 19세기 초 반도전쟁 당시, 프랑스군과 영국군은 어느 크리스마스 때 아주 친해져서 참모 장교들은 모닥불에 둘러앉아 배급식량을 나누고 카드놀이를 하던 다수의 양군 병사들을 맞닥뜨린 적이 있었다. 프랑스군은 영국군을 '우리 친구인 적nos amis les ennemis'이라고 부르게 됐던 모양이다. 이 예의범절과 정직성의 관념, 정정당당하게 게임을 한다는 관념—축일 가운데에서도 가장 성스러운 축일에 적을 평화롭게 놔둔다는 관념—은 영국식 '페어 플레이' 정신의 핵심이었다. 상대는 적이라기보다 그저 상대편이었다. 그들의 노력에 담긴 함의만이 가증스러울 뿐이었다.

물론 규칙에 대한 예외들—아주 두드러진 예외 사례들—이 실제로 있었다. 전선 일부 지구에서 영국군은 앞서 본 대로 크리스마스 날에 실제로 공격을 개시했다. 게다가 해군성은 쿡스하펜에 있는 체펠린 비행선 격납고를 폭격하기 위해 크리스마스 날 아침에 수상비행기를 출격시켰다. 짙은 안개로 완전히 실패한 습격 작전이었지만 말이다. 그러나 전반적으로 그날은 자제와 휴식, 조용한 성찰로 이루어졌다.

영국의 사회 담론에서 스포츠 관련 이미지는 종종 언급돼왔다. 빅토리아 시대에 영국인은 게임에 사로잡혀 있었고 스포츠 윤리를 사회적 교류 전반에 대한 지침으로 탈바꿈시켰다. 게임이 최초로 교육 프로그램의 필수과정이 된 럭비의 교장 토머스 아널드의 비전에서,

스포츠는 젊은이들에게 그리스인의 신체와 기독교 기사의 영혼을 심어줄 것이었다. 게임 컬트(숭배 현상)는 퍼블릭스쿨[중세 라틴 문법학교를 기원으로 하는 영국의 사립 중등학교]에서 대학과 그다음 사회까지 더 멀리 퍼져나갔다. 19세기 후반기에 축구, 럭비, 크리켓은 영국인에게 단순한 여가활동이 아니라 열정의 대상이 됐다. 탄광의 광부들, 공장 노동자, 노동계급 일반은 특히 축구에 매료됐는데, 축구에서는 발로 찰 공만 있으면 됐기 때문이다. 중간계급과 상류층은 크리켓을 특히 애호하게 됐는데, 크리켓은 그 목가적 분위기를 통해 즐거운 잉글랜드Merrie England의 많은 신화를 근대 산업사회의 풍경과 제국에 끼워넣는 데 가장 적절한 도구였음이 드러났다. 그러나 축구와 크리켓 둘 다 사회 전반에 큰 호소력을 발휘했다. 1864년, 클러랜든 위원회는 다음과 같이 주장했다.

> 크리켓과 축구 경기장은 (…) 단순한 놀이의 장소가 아니다. 운동장은 가장 소중한 사회적 특성과 남자다운 덕성을 함양하는 데 도움이 되며, 교실과 기숙사처럼 퍼블릭스쿨 시스템에서 뚜렷하고 중요한 자리를 차지한다.[68]

1870년대와 1880년대에 학교들은 코치로 직업 운동선수를 고용하기 시작했다. 말버러에서 크리켓은 고전 수업에 버금갈 만큼 교사와 학생들의 관심을 받았다. 래들리에서 운동장은 예배당만큼 많은 헌신의 대상이었다. 로레토의 교장 H. H. 아먼드는 1893년에 축구는 "거의 좋은 효과만 가져올 것"이고, "저 기사도와 정정당당함의 정신,

좋은 성품을 교육할 것이다"[69]라고 주장했다.

그렇다면 스포츠는 도덕적이고 신체적인 목적 둘 다에 도움이 될 터이다. 스포츠는 자립정신과 단체정신을 함양하고, 개인을 육성하며 다시 그를 집단에 통합시킬 것이다. 1888년, 크리켓 작가 찰스 박스는 "체육주의는 [우리] 헌정 체제의 중요한 지주다. 니힐리즘이나 공산주의, 국가의 무질서를 가리키는 다른 어떤 '주의'에도 공감하지 않는다"[70]라고 성찰했다. 반면에 스포츠는 기백, 투지, 공공 정신을 계발했다. 스포츠는 1899년 잉글랜드 축구 결승전 이튿날 월요일 아침 기사에서 표현한 대로 "삶의 전장에서" 커다란 가치가 있었다.[71]

19세기 말이 되자 스포츠 컬트는 사회 각지로 퍼져나갔다. 저녁에 산업 도시를 걷다보면 들려오는 대화마다 "축구에 대한 평가나 예측"이 끼어 있는 듯했다. 에드워드 7세 치세에 이르면 약 10만 명의 관중이 크리스털 팰리스 경기장에서 축구 경기 결승전을 관전했다. 스포츠를 향한 관심은 심지어 정치에 대한 관심마저 압도했다. G. K. 체스터턴은 1904년에 크리켓 선수 C. B. 프라이가 "체임벌린 씨보다 우리를 더 잘 대표한다"고 비꼬았다. 전쟁 전 『펀치』의 한 만평은 한 노동자가 자신의 지역구 의원을 가리키며 "우리 같은 사람들이 저 사람에게 연간 400파운드를 지불해야 해. 그 돈으로 일급 하프백 두 명을 얻을 수 있다고 생각하면 화가 난단 말이야"[72]라고 말하는 노동자를 묘사했다.

빅토리아 후기와 에드워드 시대에 아마도 가장 유명한 시는 1898년에 쓰인 헨리 뉴볼트 경의 「비타이 람파다 Vitaï Lampada*」일 것이다.

오늘 밤 학교 안마당에는 숨죽인 고요가 찾아온다—
열 명이 모이고, 이겨야 할 경기—
울퉁불퉁한 잔디밭과 눈부신 불빛,
한 시간 경기와 마지막 선수의 등장.
리본(우승팀이나 우수 선수에게 주는 증표) 달린 코트를 위한 것도
한 시즌의 명성이라는 이기적 바람을 위한 것도 아니다.
그러나 주장의 손이 그의 어깨를 친다—
"끝까지! 열심히! 게임을 해라!"

다음 연은 스포츠 정신을 이튼의 운동장과 더불어 제국의 전초기지로 가져간다.

사막의 모래는 붉게 적셔지고—
무너진 방진이 만신창이가 된 병사들의 피로 물들었다
개틀링 기관총은 막히고 대령은 죽었으며
흙먼지와 연기가 연대의 눈앞을 가린다.
죽음의 강이 강둑을 넘실거리는데
잉글랜드는 멀리 있고 명예란 한갓 이름일 뿐
그러나 병사들을 독려하는 학생의 목소리
"끝까지! 열심히! 게임을 해라!"

----

* 루크레티우스의 시구에서 따온 '생명의 햇불'이란 뜻의 라틴어다.

"게임을 해라!" 그것이 바로 인생이다. 인간적 품위, 불굴의 정신, 배짱, 문명, 기독교, 상업, 그 모든 것이 하나에 담겨 있다. 바로 게임에!

답답한 남아프리카 전쟁과 당시 세실 로즈 같은 친구들의 죽음으로 낙심한 키플링은 통렬한 쓰라림을 맛보며 1902년에 180도 태도 전향을 보여준 시 「섬사람들」에서 울분을 터트렸을 때, 영국인에게 느끼는 경멸감을 나타내는 데 스포츠의 이미지보다 더 적절한 이미지를 찾지 못했다.

> 플란넬 셔츠를 입은 위켓의 바보들이나 골대의 진흙투성이 멍청이들에 만족해하는 너희…….

1914년 7월 말, 헨리 제임스는 "어떤 끔찍하고 잔인한 정의"가 영국인에게 "현실화된 어리석음과 천박성"의 세월에 대가를 치르게 할지도 모른다고 걱정하며 다음과 같이 키플링의 시행을 상기했다.

> 만약 아주 안 좋은 일이 실제로 이 나라에 일어난다면 거기에 대응할 만한 프랑스적 지성 같은 것은 없다—플란넬 셔츠를 입은 위켓의 바보와 진흙투성이 멍청이 부류가 우리가 선호하는 지성을 그렇게나 많이 대변하는 상황에서는 말이다.[73]

영국의 다른 많은 사람이 키플링과 제임스가 표현한 냉소주의를 공유하지 않았다 해도, 영국적 특성의 정수를 포착하기 위해 사용된 은유는 그렇지 않았다. 유미주의자 중의 유미주의자라고 할 수 있는 루퍼트 브룩도 전쟁이 터졌을 때 영국의 대응에 환호하면서 스포츠 이미지에 의존했다. 젊은 병사들을 "깨끗한 물속으로 뛰어드는 수영선수들"[74]에 비유하면서 말이다.

이런 분위기에서 영국은 전쟁에 뛰어들었고, 한동안 이런 차원에서 전쟁을 이어갔다. 그리고 바로 이런 정신에서 영국군 대다수는 크리스마스 휴전에 참여했다. 전쟁은 게임, 물론 비장하고 심각하기는 하지만 그래도 여전히 게임—루퍼트 브룩과 그렇게 많은 이가 집에 보낸 편지에서 계속 말한 대로 "모두 아주 재미있는" 게임이었다.[75]

제6 고든 하일랜드 전선에서 크리스마스에 일어난 일을 알린 한 편지는 어떻게 토끼 한 마리가 갑자기 눈앞에 나타났는지를 이렇게 설명했다.

> 갑자기 독일군이 자기 참호에서 모두 종종거리며 뛰쳐나왔고, 영국군도 자기 참호에서 뛰쳐나오자 기적 같은 일이 벌어졌다. 마치 축구 경기 같았다. 토끼는 축구공이고 잿빛 군복을 입은 독일군이 한 편, 킬트를 입은 '족Jocks*'들이 다른 한 편이었다. 승리는 토끼라는 상賞을 붙잡은 독일군에게 돌아갔다. 그러나 토끼 한 마리 이상의 수확이 있었다. 갑작스러운 우정이 맺어지고, 신의 휴전이 이루어졌으며, 그날 남은 시간 동안 우리 구역을 따라 단 한 발의 총알도 발사되지 않았기 때문이다.[76]

여기서 스포츠 정신은 휴전을 가져온 것으로 치하받았으며, 물론

---

* 스코틀랜드인을 이르는 다른 표현이다.

이 글에는 만약 모든 사람이 정정당당하게 게임을 하고자 한다면 전쟁은 없을 것이라는 뜻이 숨어 있다. 영국에서 얼마간 지낸 적이 있는 독일인들—그 숫자는 놀라운 정도로 많았다—일부는 분명히 영국식 열정을 얻었다. 퀸스 웨스트민스터 라이플 부대의 하인스 일병은 한 독일인이 다음과 같이 그에게 영어로 더듬더듬 말한 일을 전했다. "안녕하시오, 선생! 난 혼자, 알렉산더 로드에 산 적이 있습니다. 내일 울리치 아스널이 토트넘과 맞붙는 것을 보고 싶군요."77

엄청난 성공을 거둔 소설 『보트 위의 세 남자』의 작가 제롬 K. 제롬은 스포츠 정신이 문명의 본질이라는 노선을 따라, 전쟁을 "모든 게임 가운데 가장 멋진 게임"으로 취급하길 촉구했다.

자, 신사 여러분, 씁쓸한 뒷맛을 최대한 남기지 않게 전쟁으로 명예로운 시합을 합시다. 만약 우리가 전쟁으로 멋진 시합을 할 수 없다 하더라도, 그래도 끝까지 시합을 했기 때문에 오히려 차라리 더 잘됐다 생각하게 합시다. 그로부터 우리는 모두 더 깨끗한 마음을 안고, 더 분명하게 보는 눈을 얻고, 고난을 통해 서로에게 더 친절한 가슴을 안고 돌아오게 될 것입니다. 자, 여러분, 여러분은 신이 여러분을 불러 육지를 통해 독일 문화를 전파하라고 명하셨다고 믿습니다. 당신들은 당신들의 신념을 위해 ~~죽을 사오가 됐시요.~~ 그리고 우리도 영국이라고 부르는 것에 대해 신께서 어떤 쓰임을 예비하셨다 믿습니다. 그러니 그것을 놓고 우리 한번 싸워보지요. 다른 길은 없는 것 같군요. 당신은 성 미카엘, 우리는 성 조지 [게오르기우스]를 위해서. 그리고 신께서 우리 둘 다와 함께하시길.

그러나 이 투쟁에서 우리 공통의 인간성을 상실하지는 맙시다. 그것은 최악의 패배, 진짜로 문제가 되는 유일한 패배이자 정말로 영원히 지속하는 패배일 것입니다.

우리, 전쟁을 게임이라고 부릅시다. 결국 그게 아니면 무엇이겠습니까?[78]

제롬이 암시하듯이 게임에 임하는 정신이야말로 중요했다. 이기고 지는 것은 부차적이다. 만약 그 정신이 옳다면, 게임은 참가자 모두에게 승리일 것이다. 바로 이런 뜻에서 한 영국 포병대원은 집으로 보낸 편지에 그가 "최고의 광경"이었다고 부른 것을 묘사했다. 그는 독일 타우베 정찰기 한 대가 영국군과 프랑스군의 비행기 열여섯 대에 쫓기는 광경을 목격했다. 그 영국군 포병대원에게 가장 신나는 부분은 그 독일 비행기가 결국 추격을 따돌렸다는 점이다! "그래서 우리는 그에게 환호성을 보냈습니다. 그에게 무척 불리한 상황이었으니까요. 그는 틀림없이 정말 대단한 놈일 거예요." 이 편지는 1월 초에 에든버러 『스코츠맨』에 기사로 실렸다.

전쟁이 장기화되면서 그러한 정서는 점차 희미해졌다. 그런 정서가 이따금 드러났다 하더라도 그런 내용의 편지는 확실히 신문에 이제 실리지 않게 됐다. 나중에 장교들이 공격 시 부하들의 용기를 독려하고자 무인지대로 축구공을 몰고 나간 일화가 있기는 하지만—가장 유명한 사례는 1916년 솜에서의 W. P. 네빌 대위다—이는 단발적인 사례일 뿐이다. 1916년 7월 1일 킥오프 이후, 몇 분 만에 전사한 네빌은 그의 동료 가운데 한 명에게 "대대 안의 광대"로 기억됐다.[79] 솜 공세 첫날 아무런 성과도 없었던 포지에르 공격에서 어깨 부상만 입고 살아남은 롤런드 D. 마운트포트는 그날의 일을 어머니에게 들려주면서 다음과 같이 덧붙이는 것을 잊지 않았다. "우리는 축구공을 몰고 가지도, '제군들, 베를린으로 가는 길은 이쪽'이라는 말이나 '뉴스 오브 더 월드'에서 들먹인 구호 따위는 말하지도 않았습니다."⁸⁰ 전쟁이 계속되면서 비록 스포츠 용어는 아닐지라도 그토록 깊이 박혀 있던 스포츠 정신은 사그라들었지만, 1914년 크리스마스에 그 정신은 여전히 강하게 남아 있었다.

스포츠 컬트 현상은 물론 극단으로 치달을 수 있었고, 그럴 때는 역효과를 낳기도 했다. 마그데부르크에서 전쟁포로인 영국군 장교 다섯 명이 크리스마스 직후에 8일간의 구금을 선고받았는데, 흑빵 덩어리로 축구를 했다는 이유에서였다. 언론을 통해 그 일화를 전해 들은 영국인들에게 그 병사들의 행동은 토미 앳킨스의 꺾이지 않는 기백을 상징하는 것처럼 느껴졌다. 독일인에게 그러한 별난 행동은 오만불손함의 극치였고, 다름 아닌 병사들이 그런 행위를 한다는 것은 어린 학생들의 빵 던지기나 그와 유사한 장난보다 더욱 부끄러운 일이었다.⁸¹

구스타프 리벤잠도 스포츠 물신숭배는 영국군의 평판에 나쁘게 작용한다고 생각했다. 12월 26일에 그는 일기에 이렇게 썼다.

> 영국군은 축구가 너무 하고 싶었는데 제53연대가 휴전에 응해줘서 무척 고마웠다고 말했다고 한다. 사태가 완전히 터무니없이 돌아가고 있다. 이런 상황은 끝나야만 한다. 나는 오늘 밤까지 휴전을 끝내기로 제55연대와 미리 말해뒀다.

독일인뿐만 아니라 프랑스인도 영국인의 태도를 비웃었다. 영국인은 무슨 일이든 진지하게 받아들이지를 않는다는 것이었다. 루이 메레는 "그들은 전쟁을 스포츠로 간주한다. 그들은 너무 침착하고, [전쟁은] 털끝만큼도 신경 안 쓴다는 태도를 보인다"[82]며 불평했다. 전쟁이 끝난 뒤에도 프랑스인들은 영국인의 스포츠 정신을 떠올리며 분개하고, 일종의 영국식 에고이즘 l'égoïsme anglais[83]의 일환이라고 부르게 된다.

자연스럽게 스포츠 단체들은 신병 모집에서 중요해졌다. 1914년 말이 되자 50만 명의 지원자가 그러한 단체를 통해 군대에 자원했다.[84] 심지어 '질긴 놈들 Die Hards'이라는 애칭으로 통하고, 공식적으로 미들섹스 연대 제17 대대로 알려진 축구 선수 대대까지 수립됐다. 유명 축구 선수들은 영국 젊은이들에게 본보기가 되었다. 제17 미들섹스 연대의 역사는 이 전쟁에서 영국 스포츠 정신의 운명을 들여다보는 기회를 제공한다. 원래 이 대대는 영국에 머물러 전국을 돌아다니며 시범 경기를 치르고 하프타임 때 관중의 애국심에 호소함으로써 자원자들을 불러 모았으나, 1915년 11월에 다른 연대 팀들과 축구 시합을 하도록 프랑스로 파견됐다. 전쟁성은 서부전선에서 병사들의 사기를 독려해야 한다고 판단했다. 축구 선수 대대는 프랑스에서 약간의 전투 훈련을 받았지만, 처음에는 대부분 시간을 축구 시합에 할애했다. 그러나 1916년 6월, 전력 충원의 필요성 때문에, 하지만 모범을 보인다는 의미에서 부대는 마침내 비미 능선에서의 교전에 투입됐다. 그곳과 나중에 솜 전투 때 보몽아멜에서 엄청난 사상자가 발생했고, 이 두 차례 전투로 대대는 전멸됐다. 1916년 12월, 사단 간 컵 대회Divisional Football Cup 결승전에서 보통 상대 팀을 더블 스코어로 완파하던 제17 미들섹스 연대는 제34 여단 팀을 2 대 1로 간신히 이겼는데, 전쟁이 재능 있는 축구 선수들에게 얼마나 피해를 끼쳤는지를 이 경기 결과로 얼마간 가늠할 수 있을 것이다. 1918년 2월에 대대는 마침내 해체됐다. 이전 시기에는 상시 200명 이상의 축구 선수가 대대에 소속돼 있었다. 그러다 이제는 약 30명만이 남아 있었다.[85]

전쟁 전에 대체로 강한 반독일 성향을 보이던 언론을 통해 독일인에 대한 편견을 습득한 많은 영국 병사는 서로 스포츠 정신을 따르자는 제롬 K. 제롬의 호소를 전혀 소용없는 짓으로 간주했을 것이다. 무신경하고 딱딱하고 거친 군인들로 그려진 독일인은 게임을 할 줄 모른다는 것이었다. 독일인도 축구가 영국인에게 한 일을 독일인한테는 의무적 군 복무가 해냈음을 결국 인정했다고, 1914년 이전 한 셰필드 신문은 주장했다.[86] 두 민족에게 각각의 활동은 '민족의 도장道場'이었다.

그러한 세계관에서 볼 때, 영국군은 우월감과 도덕적 목적의식이 뒤섞인 채 적과의 친목활동에 접근했다. 독일인에게 예의범절이 뭔지를, 신뢰란 어떤 것인지를 제대로 가르쳐주겠다는 소리였다. 독일군과 최초의 실제 대면은 다양한 반응을 낳았지만, 그 가운데에서도 놀라움을 표하는 반응이 많았다. 에드워드 헐스 같은 사람은 계속해서 독일인을 다소 무시하는 태도를 유지했다. 다른 이들에게 적의 본모습은 신나는 깨달음이었다. 런던 라이플 부대의 W. R. M. 퍼시는 열광적 반응을 자제할 수 없었다. 그는 적에 대해 "그들은 모든 것에서 정말 훌륭했다. 참 괜찮은 녀석들이다. 나는 이제 독일인에 대해 아주 다른 견해를 품게 됐다"⁸⁷라고 썼다. 작센 병사들과의 접촉에 대해 퍼시 존스는 다음과 같은 감상을 적었다.

나는 여러 명의 적군과 이야기를 하고 서로 악수했다. 그들은 매우 튼튼해 보였고 군복과 군화를 잘 갖춰서 차림새가 말쑥했지만, 무척 어려 보이기도 했다. 굉장히 쾌활하고 친근해 보였으며 우리를 성대하게 환영했다. 대다수는 매우 좋은 출신인 것 같았고, 우리가 얻은 서명으로 보건대, 라이프치히 학생들인 듯했다. (…) 전체적으로 우리는 적과 매우 즐거운 하루를 보냈고 악수하며 서로 행운을 빌어주면서 헤어졌다. 그들은 몇 번이고 만약 우리가 하늘에 대고 총을 쏘면 자신들도 그렇게 하겠다고 우리에게 다짐했지만 이제 우리는 우플랭에서 프로이센 부대와 대치하고 있기에 그들의 약속을 시험해볼 기회가 없었다.⁸⁸

제1 서머싯 경보병대의 돌링 이병은 자신의 경험을 통해 "그들은 때때로 묘사되는 것처럼 모두 그렇게 속이 시커먼 사람들은 아니다"라고 결론 내렸다. 집에 보낸 편지에서 돌링은 "명예로운"과 "신사다운" 같은 표현을 거듭 사용했다.⁸⁹ 스코츠 근위대의 로더 대위는 이 친목활동에서 문명화 사명이 진전을 보였다는 인상을 받았다. 그는 대대 일지에 "양측 모두 정정당당하게 처신했다. 이 연대[리벤잠의 제15연대를 가리킨다]는 어쨌거나 영국인의 말은 믿어도 된다는 사실을 배운 것 같다"⁹⁰라고 썼다. 퀸스 웨스트민스터 라이플 연대의 하인스 일병도 유사한 반응을 보였다. 그는 "적군과 좋은 관계를 더 이어갈 수도 있었을 텐데"⁹¹라며 크리스마스 이튿날 교대를 하게 돼 매우 애석해했다. 이러한 언급과 친목활동에 관여한 프랑스 병사들 사이에서 있었을 유사한 정서에 비춰볼 때, 1915년에 발행된 프랑스 프로파간다 교본의 논평은 특별한 아이러니를 띤다. 후방의 민간인들을 대상으로 기획된 이 교본은 참호전의 위험성을 축소하고 그곳의 안락함과 오락거리를 거론하며, 이런 맥락에서 푸알루poilu[평범한 프랑스 보병 군인]들은 전선에서 무척 즐거운 시간을 보냈기에 1914년 크리스마스 후에 휴가 가기를 꺼렸다고 언급한다.[92]

영국군의 문명화 사명은 분명히 좌절에 부딪힐 때도 있었는데, 주로 프로이센 부대들과 연관된 경우가 그랬다. 작센 부대들은 프로이센 부대들이 마음 놓고 있던 적에게 발포함으로써 여러 곳에서 휴전을 깨트렸다고 그들에게 책임을 돌렸다. 퀸스 웨스트민스터 라이플 연대와 대치하고 있던 작센 부대원들은, 라이플 연대 일지의 보고서의 표현대로 프로이센 부대원들은 같은 상황에서 "정정당당하게 처신하지" 않을 것이기에 그들을 신뢰하지 않는다고 언급했다. 노스 스태퍼드셔와 적대하던 작센 부대원들은 오른쪽 참호의 프로이센 부대원들이 "고약한 녀석들"이라고 경고했다. 크리스마스 이튿날, 작센 장교들 가운데 한 명은 노스 스태퍼드셔의 장교에게 예를 표하며 영국군 병사들에게 정오 이후 머리를 낮출 것을 다음과 같이 정중하게 요청했다. "우리는 작센이고 너희는 앵글로색슨이다.* 우리에게 신사의 약속은 너희와 똑같다."[93] 적어도 일부 독일인은 정정당당하게 게임을 하는 법을 안다는 증거가 여기 있었다.

---

* 앵글로색슨족은 중세 초기에 작센 지방을 비롯하여 독일 동북부 지역에서 영국으로 건너간 게르만족의 일파로, '색슨'은 '작센'의 영어식 이름이다.

그러나 다른 이들은 그렇지 않았고, 그들에게는 마치 어린 학생처럼 규칙을 가르쳐야만 했다. 1914년 마지막 날, 『데일리 메일』은 서로 45미터밖에 떨어지지 않은 지점에서 대치하던 영국군과 독일군 사이에 벌어진 눈싸움 이야기가 담긴 놀라운 편지를 실었다. 건장한 독일 병사 한 명이 라이플 한쪽 끝에 깃발을 맨 다음, 참호 위로 들어올려 흔듦으로써 시선을 집중시킨 뒤 우렁찬 목소리로 "너희도 우리만큼 전쟁이 지긋지긋하지 않아?"라고 외쳐서 눈싸움이 시작됐다고 한다. "이 수작은 가벼운 농담 따먹기로 이어졌고"『데일리 메일』에 실린 편지의 설명은 다음처럼 이어진다. "서로에게 담배와 초콜릿 내던지기, 그리고 마침내는 눈싸움으로 비화됐다." 그러나 양측의 관계는 한 독일 병사가 "돌을 넣어 뭉친 눈덩이로 한 토미의 눈을 맞히면서 (…) 다소 불편해졌다". 물론 이 남학생들 장난 같은 분위기에 걸맞게 울먹거리는 항의와 불만이 뒤따랐고 마침내 눈덩이의 장본인이 사과함으로써 "상황은 다시금 좋게 회복됐다".[94]

빅토리안 종합

여기서 시사하는 바는 빅토리아와 에드워드 시대에 공통된 어떤 정신적 프레임이 있었다는 점이다. 물론 두 시대 모두 확실성의 시대는 아니었고 더욱이 후자는 전자보다 더 불확실한 시대였지만, 두 시대 모두 확실성을 추구하고 있었다. 우리가 그 시대에 활발했던 움직임과 도덕에 대한 문제 제기에 관심을 집중한다 하더라도—그리고 최근에 특히 에드워드 시대에 대한 우리의 시각은 이러한 이행의 느낌에 지배돼 왔다—고정된 기준들에 대한 갈망, 즉 경험은 질서에 종속돼야 한다는 믿음, 빅토리아와 에드워드 두 시대를 잇는 믿음을 놓쳐서는 안 된다. 누구도 따라갈 수 없을 빅토리아 시대 인물인 새뮤얼 스마일스는 그러한 열망을 다음과 같이 간결하게 정리했다. "모든 것을 위한 자리, 그리고 모든 것은 각자 제자리에." 이것은 20세기 직후 영국에서 그 어느 때보다 간절했던 열망이다. 도덕적 강직함과 성공을 위한 스마일스의 지침서 『자조론Self-Help』은 1859년에 출간돼 1900년까지 25만 부 넘게 팔려나갔다.

  이런 정신적 프레임은 당연히 사회적, 윤리적 가치들의 조합인 사회 규범과 엮여 있었다. 이 규범이 만고불변의 규칙은 아니었다. 그리고 그것을 "부르주아적"이나 "빅토리아적" 혹은 "에드워드적"이라고 묘사하는 것은 현실을 왜곡하는 표어로 환원하는 일이다. 그러나 계급이나 지위를 불문하고 대다수 시민을 어떤 식으로든 관여시키는 한 시대에 지배적인 사회적 규범이나 도덕률의 존재를 부정하는 것, 개인의 경험이 좋고 나쁨, 옳고 그름의 범주와 우선적 가치들로 구획되는 현상을 부정하는 일 역시 현실 왜곡이다. 사회 규범은 그 구성요소들이 지속적인 운동 상태에 있으며, 서로 간의 관계가 시시각각 변하는 원자와 같지만, 여러 두드러진 예외와 변칙 사례에도 불구하고 분명히 존재했다. 실제로 예외와 변칙 사례들은 대중에게 올바른 처신에 대한 필요성을 더 의식하게 함으로써 규범의 힘을 강화했다.[95]

  로마 정복이나 헤이스팅스 전장으로까지 거슬러가지 않더라도, 영국이 섬나라라는 현실, 특히 17세기와 18세기에 이루어진 정치 권위의 점진적 중앙집권화, 바다와 항행 가능한 여러 강으로 이루어진 교통망에 의한 그럭저럭 훌륭한 통신 수단의 이용 가능성, 정치적·경제적·문화적 권위의 중심지로서 런던의 중요성, 이 모든 것이 일종의 민족적 정체성 출현을 촉진했다. 철도와 전신, 기선의 도래와 함께 통신 체계가 향상되면서, 그리고 도시화가 진행되면서 그런 정체성은 더 폭넓은 인구에게로 퍼져나갔다. 그러나 공통으로 수용된 가치들에 바탕을 둔 사회질서라는 비전 발전에서 가장 중요한 영향력은, 특히 19세기 초 대부흥 운동의 기운에서 등장한 프로테스탄티즘과 성서 읽기 활동의 성장일 것이다. 19세기 말이 되자 사회질서의 공유된 비전은 널리 자리 잡게 됐다.

이 비전과 거기에 따르는 가치들은 사회 제국주의에 따라 부과되기보다는 종교적 환경으로부터 성장했고, 그것만으로 충분하지 않은 곳에서는 개선된 경제적·사회적 조건들로부터 성장했다. 빅토리아 시대 말기에 이르자 영국 인구 대다수가 단순히 먹고살기 위해 애쓰는 단계에서 벗어났다는 것은 일반적으로 인정되는 사실이다. 대부분의 경우, 소소할지언정 얼마간의 안락한 생활이 가능해졌다. 빵 대신 고기의 소비, 감자만이 아니라 우유와 달걀의 소비도 증가하고 있었다. 20세기에 들어서기 직전에 실질임금의 꾸준한 상승과 가족 규모의 축소, 알코올 소비량의 급감 현상이 있었고 사회복지 제도가 도입되기 시작했다. 클리프턴 칼리지의 윌슨 부주교는 1893년 성 아그네스 노동자 클럽을 상대로 한 연설에서 이렇게 말했다.

이 시대 영국인의 역사를 쓰는 미래 역사가는 이 시대를 떠올릴 때, 이 시대의 입법은 말할 것도 없고 상업적, 과학적 진보보다는 오히려 훌륭한 사회운동들을 더 많이 생각할 것입니다. 그러한 운동 속에서 무수한 주체가 계급 간의 감정의 일치를 이끌어내기 위해서, 또 이전 세대들은 용인했던 열악한 생활 조건들을 타파하기 위해서 노력해왔습니다.⁹⁶

샐퍼드에서의 노동계급의 삶을 되돌아보는 회상록에서 로버트 로버츠가 주장했듯, 주로 중간계급과 연결된 가치들이 제1차 세계대전 직전이 되자 하층계급까지 침투했다. 로버츠의 말에 의하면, 하층계급의 소망은 사람들의 눈에 "점잖고 번듯한 사람"으로 비치는 것이었다.⁹⁷ 사회적 위신이란 어쩌면 이 시기 영국의 도덕적, 사회적 기후의 핵심 특징이리라. 그가 착실한 사람인지가 사회적 위신의 준거로서 재산이나 권력보다 더 중요했다. 신중함, 진지함, 도덕적 열정은 사회적 위신의 필수적인 표지標識였고, 존 웨슬리, 제러미 벤담, J. S. 밀의 복음주의와 공리주의의 훈계에 따라 의무는 쾌락의 범주 안에, 미덕은 행복의 범주 안에 포함되게 됐다.

물론 여성 참정권 운동, 노동쟁의, 입법과정에서 귀족 개입에 대한 반대, 아일랜드의 미래를 둘러싼 우려로 불붙은 에드워드 시대의 위기의식은 분명히 존재했다. 이러한 문제 각각을 둘러싼 혼란 속에서 많은 사람은 빔規빔에 대한 노선을 목격했다. 1914년 여름 영국에서의 전쟁 언급은 아일랜드의 소요騷擾 사태 가능성에 대한 언급으로 여겨졌지, 대륙에 대한 영국의 개입을 의미하는 것이 아니었다. 빅토리아 후기와 에드워드 시대의 글에서 쇠퇴의 느낌은 문학적 상상력에 깊이 스며들어 있었다. 작가로서 자신의 가능성을 타진해보던 젊은이 J. B. 프리스틀리는 이유도 모른 채 "오늘 밤 세계가 죽어가는 것 같다"[98]며 재앙과 파멸에 대한 시를 썼다. 게다가 오브리 비어즐리와 오스카 와일드 유파에 의해 야기된 자극은 물론이거니와, G. B. 쇼와 H. G. 웰스 같은 작가들에 의해 영국에는 상당한 지적 흥분이 일었다. 그러나 파멸에 대한 불길한 예감과 얼마간의 예술적·지적 활기에도 불구하고, 순응과 현실 안주, 심지어 우쭐한 자부심은 독일이나 이탈리아, 오스트리아-헝가리, 러시아는 말할 것도 없고 프랑스보다 영국에서 더 확고하게 자리 잡고 있었다. 체면, 가족, 사회 및 정치 질서, 종교라는 쟁점에 대한 가치와 판단에서 에드워드인들은 빅토리아인의 연장이었다. 에드워드 시대에 변화의 위협이 더 컸고 도전받는다는 느낌이 더 강했다는 것, 그것이 차이였다.

새로운 세기가 시작된 뒤에 그 변화의 위협은 주로 독일과 동일시됐다. 독일은 새로운 것, 다른 것, 위험스러운 것을 상징했다. 이런 역할에서 독일은 프랑스를 대체했다. 1910년대 출판계와 연극계에서 큰 성공을 거둔 독일인을 중심으로 한 다수의 침공 이야기—가이 듀 모리에 소령의 희곡 「영국인의 집」이 대표적이다—는 이러한 변화에 대한 두려움과 이 변화를 독일과 동일시했다는 증거다.

1913년, 『뉴스테이츠먼』에 소개된 우화는 특급열차에 탄 한 승객의 이야기를 들려준다. 열차가 교외의 어느 역에서 예기치 않게 멈추자 승객은 열차에서 내리기로 한다. 차장은 이미 역사의 플랫폼에 서 있는 승객에게 "여기서 내리시면 안 됩니다"라고 말한다. "하지만 전 이미 내렸는데요"라는 답변이 돌아오자 차장은 "이 기차는 여기서 멈추지 않습니다"라고 고집을 피운다. 그러나 그 승객은 "하지만 이 기차는 어쨌든 여기 멈췄어요"[99]라고 대꾸한다. 비평가이자 시인인 제럴드 굴드는 도덕과 관련하여 예술가의 특권적 위치에 대한 자신의 논점을 설명하기 위해 이 이야기를 끌어왔지만, 이야기에서 이 반란자의 동료 승객들은 그의 진취적 행위를 따르는 것은 고사하고 그 행위를 이해하는 데도 실패했다는 중요한 논점도 뽑아낼 수 있을 것 같다. 이 우화에 대한 이런 해석은 영국 국민에게도 확실히 적용된다.

차에 넣을 꿀이 아직 남아 있는가?

1914년 7월 말, 유럽 위기의 고조에 놀란 루퍼트 브룩은 친구인 에드워드 마시에게 편지를 썼다. "그리고 나는 영국이 올바르게 행동하기를 간절히 바랍니다." 그렇지만 '올바르게 행동한다'는 게 무슨 뜻일까? 며칠 뒤 또 다른 편지에서 브룩은 시골 소풍을 묘사하면서, 이 질문에 대한 자신의 답변을 개략적으로 암시했다.

> 전 워릭셔 사람이죠. 제게 다트무어나 스노든, 템스강이나 레이크 디스트릭트에 대한 이야기는 꺼내지 마세요. 전 잉글랜드의 정수를 알아요. 제가 아는 잉글랜드는 산울타리 냄새가 나는, 따사롭고 풍요롭고 잔물결 치는 공기를 갖고 있지요. 새싹이 난 들판이 작은 언덕을 뒤덮고 있고, 모든 길은 즐겁게 구불구불 흘러가요. 집과 시골 풍경에는 보기 드문 순박한 기운이 묻어나지요. 소박하고, 유별날 것 없고, 하지만 손에 잡히지 않는, 상큼하고 푸른 풀밭이 덮여 있는 명랑하게 다정한 (…) 미국의 다

른 주들은 캘리포니아를 두고 이렇게 이야기합니다. "향기 없는 꽃, 지저귀지 않는 새, 명예가 없는 남자, 정조가 없는 여자."—그리고 이 네 가지 경구 가운데 적어도 세 가지에 관해서 저는 그것들이 사실임을 아주 잘 알고 있지요. 하지만 워릭셔는 그것과 정확히 반대입니다. 여기 꽃들은 천상의 향기가 나고, 우리 고장의 종달새만 한 종달새는 세상 어디에도 없고, 우리 고장의 나이팅게일만 한 새 또한 어디에도 없습니다. 남자들은 언제나 자신이 빚진 것에 더 많이 얹어서 돌려주고 여자들은 아주 훌륭하고 뛰어난 미덕을 갖추고 있는데, 뭐랄까, 그 미덕은 결코 단순히 시련의 부재에 의한 것이 아니에요. 워릭셔에는 1년 내내 나비가 날아다니고 밤마다 보름달이 뜬답니다. (…) 셰익스피어와 저는 워릭셔 촌놈들이에요. 얼마나 대단한 고장입니까?[100]

그는 자신의 감상성을 의식해서 "다 쓸데없는 소리"라고 덧붙이지만, 아마도 그의 가장 유명한 시행에 압축된 핵심 구성 요소를 제시할 때—그의

……낯선 땅 어느 한 귀퉁이가
영원히 잉글랜드가 됐다고

라는 언급—그것은 분명히 쓸데없는 소리가 아니었다. 이 잉글랜드는 명예와 미덕, 의무의 잉글랜드이며, 그 속에서 귀족적이고 중간계급적인 세계관은 합쳐지고, 제국과 스포츠, 정직과 사회적 안정은 모두 나눌 수 없는 전체의 일부였다. 이것은 독일의 모험

이 혁명적 위협, 다시 말해 안정, 번영, 통합된 완결성에 대한 위협이 되는 사회였다. 그것은 하디의 소설 속 웨식스 풍경에 대한, A. E. 하우스먼의 상상 속 슈롭셔 젊은이에 대한, 케네스 그레이엄의 『버드나무에 부는 바람』 속 고대 문명의 잔해 위에 자신의 집을 지은 배저 씨에 대한 위협이었다.

(…) 오! 여전히
교회 시계는 3시 10분 전에 멈춰 있는가?
그리고 차에 넣을 꿀이 아직 남아 있는가?

「그랜체스터 옛 목사관The Old Vicarage, Granchester」의 저 시행은 아이러니하게도 루퍼트 브룩이 1912년 5월에 베를린의 카페에서 쓴 것이다. 그는 1915년 성 조지의 축일, 셰익스피어와 워즈워스가 죽은 그날에 갈리폴리 전역戰役 도중 죽게 된다.
처음부터 영국에게 이 전쟁은 발칸에서든, 벨기에에서든 영토와는 아무런 상관이 없었다. 프랑스 침공은 벨기에 침공보다 영국인에게 더 심각한 전략적 위협이었지만, 공식적으로는 '불쌍한 작은 벨기에'를 두고 영국 정부는 선전포고를 하고 국민 정서를 동원했다. 처음부터 이것은 영국인에게 가치와 문명, 스포츠맨 정신, 그리고 특히 미래가 과거와 맺는 관계에 대한 전쟁이었다. 로이드 조지가 1914년 9월 19일 퀸스홀 연설에서 표현한 대로,

대대로 우리는 아늑한 골짜기 안에서 살아왔습니다. 우리는 너무 안락하

고 너무 너그러웠고 (…) 운명의 여신의 준엄한 손길은 우리에게 채찍질하여, 한 국민에게 소중하고 유구한 것들—우리가 잊고 있던 명예, 의무, 애국심의 위대한 봉우리들을, 그리고 하얀 눈으로 뒤덮인 채 눈부시게 빛나며 마치 마디진 손가락처럼 천상을 가리키는 희생이라는 위대한 정상을 볼 수 있는 위치로 우리를 끌어올렸습니다.[101]

일부 국민, 특히 젊은이들은 전쟁을 반가운 모험으로 여겼고, 그들이 전쟁을 지지한 이유 역시 독일인들의 이유와 그리 다르지 않았다. 전쟁은 미래로, 진보로, 혁명으로, 변화로 가는 통로였다. 천년 왕국의 분위기가 영국에도 마찬가지로 존재했다. 이러한 요소는 루퍼트 브룩, 허버트 리드, 찰스 솔리와 여타 젊은 유미주의자들에서 찾아볼 수 있다. 그러나 대다수의 영국인에게 이것은 보존하고 회복시키기 위한 전쟁이었다.

바로 그러한 것들이 영국군의 크리스마스 휴전의 배경이었다. 실용적 관점에서 볼 때 경기장이 다시금 경기하기 좋은 상태가 될 때까지 전쟁을 연기해야 할 타당한 이유가 있었지만, 그보다 더 중요한 점은 더 넓은 맥락의 이상—영국 신사는 자신의 패기를 보여줘야 한다—이야말로 영국군을 참호의 흉벽을 넘어 무인지대로 나아가게 했다는 것이었다.

그렇다면 왜 독일군도 그렇게 많은 수가 휴전에 합류했을까? 독일군의 휴전 참여에서 우선 주목해야 할 것은 프로이센 부대가 아닌 부대, 특히 작센과 바이에른 부대들에서 호응이 높았다는 점이다. 우리는 이미 이들과 프로이센 병사들 사이에 긴장이 존재했다는 것을 살펴본 바 있다. 바이에른과 작센 병사들은 강력한 지역 정체성을 지닌 지방에서 왔고, 그들은 영국군의 경우와 마찬가지로, 그러나 많은 프로이센 병사의 경우와는 달리, 역사가 미래에 대한 비전에 종속되지 않았다. 프로이센 연대들도 친목 행위에 합류하기는 했지만, 비非프로이센 부대원들만큼 그렇게 광범위하거나 열성적으로 참가하지는 않았던 것 같다. 현대성에 대한 독일의 추구는 프로이센이 주도했다. 1914년 크리스마스 휴전은 반대로 역사와 전통을 기리는 축제였다.

모든 교전국의 후방에서 친목활동에 대한 뉴스는 엇갈린 감정들과 함께 받아들여졌다. 영국인은 크리스마스 휴전에 가장 개방적인 태도를 보였다. 영국 언론은 그 사건을 다룬 편지들을 신문 지상에 자유롭게 실었다. 『데일리 메일』은 심지어 1915년 1월 5일에 프랑스 병사와 독일 병사가 한 우물에서 물을 길은 뒤 각자 자기 참호로 돌아가는 사진을 싣기까지 했다. 지면 최상단의 표제는 '비공식적 휴전 독점 사진'이었다. 일부 편집자는 참호생활을 묘사한 편지에 고료를 지급해서, 얼마간 실상을 과장하고 심지어 몇몇 경우에는 사건을 완전히 지어내는 데 일조하기까지 했다. 신문들은 휴전의 의미에 대해 자체의 의견을 덧붙였고, 영국의 성직자들은 설교단에서 휴전의 함의를 논의했다. 그러나 사회 대부분의 분야에서 이끌어낸 결론은 유감스럽지만 선생이 계속돼야 한다는 것이었다. 독일의 도전에 맞서야 한다. 전쟁은 영토 문제가 아니라 가치를 둘러싼 것이다. 한마디로 독일의 이기주의에 굴복해서는 안 된다는 뜻이었다.

이와 대조적으로 프랑스인들은 친목활동에 대한 언급을 모두 틀어막았다. 언론에는 그 사건들 이야기를 지면에 싣는 것, 심지어 외국 보도를 인용해 싣는 것도 허락되지 않았다. 대신 크리스마스 동안 프랑스 언론에는 전에 보지 못한 엄격한 논조가 등장했다. 아카데미 프랑세즈의 모리스 도네가 『피가로』에 기고한 크리스마스에 대한 글은 1914년 마지막 날 제1면에 실렸는데, 글의 제목은 '성스러운 증오 La Sainte Haine'였다. 그 전날에 실린 다른 글은 "독일인은 입을 열거나 펜을 들 때마다 거짓말을 한다"는 말로 포문을 열었다. 프랑스 후방사회가 전쟁의 실상들과 얼마나 동떨어져가고 있었는지는 몇 달 뒤에 출간된 『참호생활』이라는 소책자에서 짐작할 수 있다. 참호에서의 삶을 묘사한 책자는 전선에서 독일군과 영국군 간의 관계에 대한 일화를 담고 있다. 책의 주장에 따르면, 영국군은 밤에 참호에서 다 같이 노래 부르기를 좋아했다. 독일군은 이 오락에 넋을 잃고 '정말 멋지다!Wnuderbahr schön!'라고 외치곤 했다.

> 그다음 이 돼지 같은 놈들은 자기네도 노래가 부르고 싶었다. 하지만 그들의 노랫소리를 맞이하는 소리라니! 개 짖는 소리, 고양이 소리, 호랑이 소리 (…) 그리고 독일군의 노랫소리는 "입 닥쳐!"라는 우렁찬 고함에 잠겨버린다.

모욕에 화가 치민 독일군이 총을 쏘기 시작한다. 그러자 영국군은 허리가 아플 때까지 박장대소했다. 『참호생활』은 바로 저런 식으로 전선에서 병사들이 크리스마스 밤을 보냈다고—그것도 아주 즐겁게!—주장했다.[102] 이런 유형의 소설을 지어내고, 이와 동시에 독일인은 하나같이 거짓말쟁이라고 주장한 것 모두 동일한 정신 상태에서 이루어졌다.

 독일 당국은 국내 언론이 휴전에 대해 보도하는 것을 며칠간은 허용했다. 사회주의 기관지 『전진』은 그 소재에 흥미를 느껴 그에 대한 정보 대부분을 실었다. 자유주의 논조의 베를린 언론들도 짤막한 기사를 실었다. 그러나 갑자기 군 당국은 그 주제에 대한 더 이상의 언급을 모두 금지했다.

 그와 같은 사건이 재발한다면 강력한 처분이 뒤따를 것이라는 엄중한 명령이 전군에 하달됐다. 그리고 각 군대의 사령부가 한동안 관련자 이름과 입수 가능한 정보를 조사하며 그 문제를 계속 들쑤시자, 병사들은 실제로 적과의 접촉을 경계하게 됐다. 그런데도 적과의 친목활동은 1915년 내내 드문드문 일어났다. 그리고 그해 11월과 12월에도 비공식적인 휴전이 있었다. 그러나 크리스마스의 적극적인 친목활동은 극소수의 경우에 제한됐는데, 가장 크게 알려진 사례는 다시금 스코츠 근위대였다. 그때가 되자 분위기는 바뀌고 있었다. 영국 주재 미국 대사 월터 H. 페이지는 공문에 "얼마나 많은 크리스마스를 보내게 될지 아무도 내다보지 못한다"[103]고 적었다.

 1916년에 친목활동 사례는 몇몇에 그쳤고, 1917년과 1918년에 프랑스 군대 내 반란 사태가 일어나 "우리는 독일군과 강화하고 영국군을 공격해야 한다"와 같은 발언들이 들려왔을 때도,[104] 서부전선에서 친목활동은 무시해도 될 수준이었다. 전쟁의 성격이 변해감에 따라 적은 갈수록 추상적 관념이 됐다. 신사 역시 추상적 관념이 됐다. 그리고 영웅은 이름을 상실하여 이름도 얼굴도 없는, 무명의 병사가 됐다.

제6 체셔 연대의 연대사는 이런 짤막한 문장을 담고 있다. "1918년 9월 2일, 로콩 방면으로부터 공격하는 과정에서 1914년 우리가 크리스마스를 보냈던 참호들을 재탈환했다."[105] 아마도 저자는 이 사실을 나중에야 발견했을 것이다. 1918년 연대에 속해 있던 사람들 가운데 1914년 크리스마스 때 그곳 참호에 머물렀던 사람이 있었을지, 아니 그보다 4년이 지난 뒤 그곳을 알아본 사람이 있었을지 의심스럽다. 그 사이에 세상은 크게 변해버렸다.

2막

제 4 장
전쟁의 제전

오, 붉은 열매가 달린 산사나무 대신
봄은 무엇을 가져올 것인가?
―리하르트 데멜, "전방 병사", 1914년 크리스마스

(…) 그러나 또 많은 사람은 여전히 서서
등성이 너머 적막한 하늘을 바라봤다.
자신들의 발길이 세상 끝에 다다랐음을 알고서.
―윌프리드 오언, "춘계 대공세"

과학적이고 화학적인 '입체파' 전쟁 동안 공습으로 소름 끼치는 밤이면 나는 종종 '제전Sacre'을 생각했다······.
―자크 에밀 블랑슈

배틀 발레

일제 포격에 귀가 먹먹하다. 바람 한 점 없는 잠잠한 날에는 쿵쿵거리는 포성이 런던과 파리에서도 희미하게 들린다. 때로 포격은 며칠씩 이어진다. 1916년 6월, 솜에서 포격은 이레 밤낮으로 계속된다. 야포, 중구경포, 중곡사포. 영국군의 380밀리미터 구경 대포는 635킬로그램의 포탄을 발사할 수 있다. 구경이 430밀리미터인 독일군의 '빅 베르타Big Bertha'는 1톤이 넘는 물체를 날려 보낼 수 있다. 1916년, 베르됭에서 독일군은 그런 20톤짜리 괴물을 여러 대 가져온다. 빅 베르타 하나는 트랙터 아홉 대가 동원돼 이동 배치된다. 포탄을 포신에 투입하려면 크레인이 필요하다. 이 포탄의 충격은 건물 여러 채를 싹 쓸어버린다. 반경 3.2킬로미터 이내의 창문은 산산조각이 난다. 1914년 8월에 이 거대한 전쟁 기계들은 난공불락이라는 리에주의 요새를 박살 냈다. 이 크루프사社의 포들이 마지막 목표물을 향하여 포탄을 "느릿느릿 날려 보내자" 요새 안의 벨기에 병사들은 정신이 나가고 말았다.

집중 공격을 위해서는 보통 포격 지점 9미터마다 야포 한 대, 18미터마다 중포 한 대가 설치된다. 거대한 포탄은 터지면서 그 난폭한 힘으로 나무와 바위, 흙, 몸뚱이, 각종 파편을 공중으로 수십 미터나 날렸다가 내동댕이치며 대지를 유린한다. 수영장만 한 구덩이들이 남는다. 소강상태가 찾아오고 다시 비가 내리면 병사들은 이런 푹 꺼진 커다란 구덩이 안에 몸을 담그기도 한다. 일제 포격 대부분을 차지하는 소형 포탄과 중형 포탄은 충격 효과가 그보다 덜하다. 그러나 병사들에게는 그것들도 흔적도 없는 소멸을 의미할 수 있다. 제2 로열 웰시 퓨질리어 연대의 군의관은 이렇게 썼다. "신호수가 밖으로 막 발을 내딛는 순간 포탄 하나가 그를 정통으로 맞히며 터졌고, 근처 어디에서도 그의 흔적은 조금도 찾을 수 없었다." 이 군의관은 또 다른 포화의 이미지를 이렇게 묘사했다.

150야드 전방에서 두 사람이 솟구치는 흙덩이에 둘러싸인 채 갑자기 공중으로 수직으로 ―아마 15피트쯤 될까?― 붕 떴다. 그들은 마치 곡예사처럼 우아하고 편안한 자세로 떠올랐다 떨어졌다. 라이플 하나가 천천히 돌면서 그들보다 더 위로 높이 솟아올랐다가 여전히 뱅글뱅글 돌면서 떨어졌다.[1]

공격받는 쪽 병사들은 참호 앞쪽 측면에 파낸 '펑크 홀funk hole'이나 종종 4.5~6미터 지하에 너비는 다섯 걸음, 깊이는 1.8미터 정도로 파낸 대피호dugout 안에 웅크리고 있다. 더 무거운 포탄들은 참호만 파괴하는 것이 아니다. 그것들은 나무 지지대, 골함석, 대피호의 철망을 무너트릴 수도 있고, 최소한 위쪽의 흙을 갈아엎어 입구를 막아버릴 수도 있다. 아세틸렌 등불과 촛불이 깜빡인다. 더 커다란 충격은 등과 촛불을 모두 꺼버린다. 잠시간의 공격 중단? 과연? 그래, 마침내 한숨 돌릴 수 있다. 그러나 그러면 전방 대호에서 살아남은 보초병이 낮게 "가스다!"라고 외치는 소리가 들린다. 다들 앞다투어 방독면을 찾아 허둥지둥 얼굴에 뒤집어쓰느라 한바탕 난리가 난다. 그리고 가스가 서서히 어둠과 연기와 섞이기 시작하면서 시련은 점점 심해진다. 약간의 낮은 숨소리와 헐떡임, 기침, 눈물의 흔적만 제외하면 마침내 모든 것이 고요해진다.

이 순환이 다시 시작될까? 공격이 진행되는 중인가? 보초병들은 살아 있나? 잠망경은 잘 운용되고 있나? 공격이 다가오면 '흉벽으로의 경주'가 시작될 테고, 대피호의 계단이 여전히 멀쩡하다면 계단을 오른다. 참호가 여전히 그대로 있다면 그 안으로 들어가 총검을 장착하고, 기관총을 배치하고, 수류탄을 챙긴다. 그러고도 만약 시간이 있다면, 박격포와 화염 방사기, 그 외 이 '혈거인穴居人'[2] 전쟁을 위한 잡다한 무기들을 작동시킨다. 적군이 도착하기 전에 반드시 흉벽에 도달해야 한다!

무인지대 반대편에서도 사람들이 기다리고 있다. 공격용 사다리 주변에 모인 얼굴들은 사색을 띤 채 해쓱하다. 몇 분 전에 배급돼 한 모금씩 목구멍으로 넘긴 해군 럼이나 슈납스 혹은 피나르 같은 술은 감각을 무디게 할 순 있지만 피를 거꾸로 흐르게 하지는 못한다. 장비를 점검한다. 각자 곡괭이와 삽, 모래주머니, 베리 신호탄, 철사 등

27킬로그램이 넘어가는 짐을 짊어진다. 개인 장비 외에 물병, 배급식량, 방독면, 구급붕대, 양철로 된 도시락통, 탄약, 어떤 병사들은 수류탄과 박격포탄도 챙긴다. 에든버러 출신 성가대 지휘자 피터 맥그리거는 "짐을 등에 지고 다니는 것은 보통 일이 아니다"라고 썼다.³ 장교들은 좀더 가볍게 이동하는데 영국군 장교들은 난리 통에는 목소리가 들리지 않기에 목소리 대신 병사들을 지휘할 때 쓰는 짧은 지팡이, 그리고 라이플 대신 피스톨만 들고 나머지 거추장스러운 장비는 거의 챙기지 않았다. 이 시점에서 대화는 거의 의미가 없다. 몇몇 병사는 불안한 듯 수군거린다. 어떤 이들은 마지막으로 서로에게 행운을 빈다. 어떤 이들은 기도문을 속삭인다. 이제 소대장들은 손목시계의 시곗바늘을 서로 일치시킨다.

공격 개시 시각. 호루라기 소리가 들리고 장교가 모자를 들어 공중에 흔든다. 병사들이 사다리를 기어오른다. 짐 때문에, 두려움에서, 아니면 본능으로 인해 많은 이의 움직임이 어색하다. 흉벽 너머로 돌격! 물리적으로 완전히 벌거벗고 있다는 느낌이 가장 처음 든다. 몸은 이제 노출되어 긴장한 채 자신한테 닥칠 직접적인 폭력을 예상하며 기다리고 있다. 비록 아군의 '잠행 탄막潛行彈幕'—1917년이 되자 관행이 됐다—을 바짝 뒤따라 적의 참호로 향할 수 있다고 하더라도 노출의 첫 순간은 그를 완전히 무방비 상태로 만든다. 한 생존자는 "바로 그 순간, 참호 바깥으로 걸어나가 살아남은 사람은 남은 일평생 동안 그러한 클라이맥스를 두번 다시 만날 수 없다"고 기록했다.⁴

그다음 전진이 시작된다. 무거운 군장 때문에, 지형 때문에, 또 공격 전술 때문에 비틀거리면서 병사들은 천천히 앞으로 나간다. 독일군과 프랑스군은 더 혁신적이어서 종종 무리를 지어 서둘러 돌진한다. 영국군은 더 체계적이다. 2~3미터 간격으로 선 병사들이 소대별로 나란히 전진하면, 제2의 물결이 20미터쯤 뒤에서 따라온다. 배낭의 무게와 적에게 노출된 목표물을 축소하기 위한 본능적인 노력으로 고개를 수그린 채.

포탄 구덩이로 벌집이 된 무인지대는 질서정연한 배치를 금방 해체해버린다. 병사들은 미끄러지고 쓰러진다. 대열은 엉망진창이 된다. 어떤 이들은 일어나 다시 걷기 시작하지만, 어떤 이들은 일어날 수 없다. 1917년 파스샹달의 진창 속에서 일부 병사는 비와 흙, 끈적끈적한 부패물로 가득 찬 거대한 하수구 같은 포탄 구덩이 안에서 익사했다. 어떤 이들은 이제 총소리를 듣기 시작한다. 어떤 이들은 악취, 일제 포격이 갈아엎어 지표로 노출된 시체에서 풍겨나오는 참기 힘든 냄새를 인식한다. 어떤 이들은 총에 맞는다. 흉벽을 향한 경주는 끝장났다. 전장은 이제 기관총 사격으로 뒤덮이고 박격포의 화염으로 둘러싸이며 라이플 총알로 싹 정리됐다.

더 많은 병사가 쓰러진다. 일부는 비명을 지른다. 일부는 말이 없다. 부상자는 처음에 거의 아픔을 느끼지 못한다. 장교들은 대열을 하나로 유지하려 애쓴다. 그러나 무인지대의 림보limbo에 갇힌 이 "두 세계 사이의 떠돌이들"에게는 장교들의 그런 독려가 별로 필요하지 않다. 이런 상황에서 고립은 오히려 두려움을 낳기 때문이다. 무리로 있을 때만 어떤 심리적 안정을 느낄 수 있다. 실제로 공격자들은 상호보호를 위해 뭉치는 경향이 있다.

포격이 약속대로 철조망을 잘라냈을까? 포격이 어느 정도라도 일관되게 유효타를 날린 적은 거의 없다. 숨이 찬 채 탈진하기 직전의 병사들은 철조망 사이에 구멍이 생겼는지 열심히 찾는다. 강한 실망감이 밀려든다. 군데군데 구멍이 났다 해도 구멍 수가 너무 적다. 적의 사격이 잦아들었다. 몇 안 되는 병사들만이 철조망에 도달한다. 그들은 수류탄을 던진다. 라이플을 발사한다. 몇몇은 힘겹게 적진의 참호까지 도달하지만, 총검 백병전은 흔치 않다. 이때쯤이면 공격을 이끌던 장교 대다수는 총에 맞은 상태다. 연락이 두절되고 만다. 2차 공격의 물결도 1차 공격의 물결과 마찬가지 운명을 겪는다. 그러면 3차 공격의 물결은 공격이 실패했다고 결론 내린다. 또 다른 호루라기가 이번에는 힘없이 떨리는 소리로 퇴각을 알린다. 생존자들은 비틀비틀 돌아온다. 어떤 이들은 고개를 옆으로 떨군 채 정신이 나간 모습이다. 부상자들이 기어온다. 일부는 포탄 구덩이 안에 무리 지어 있다. 적의 대포가 포문을 열면서 후퇴하는 물결에 엄청난 피해를 초래하지만 적어도 이번에는 적군의 반격이 없다. 겨우 살아남은 공격 부대원들이 귀환한다.

무인지대의 부상자들은 어두워질 때까지 방치된다. 밤이 찾아오면 구조 시도가 이루어질 것이다. 그들은 극심해지는 고통의 신음을 억누르려 한다. 신음은 총알 세례를 불러온다. 그리고 마침내 고통으로 가득 찬 고요가 전장에 찾아든다.

테마

 탄약과 적절히 훈련받은 병력의 부족에도 불구하고 결정타의 환상은 1915년 내내 전략적 사고를 지배했고, 이는 특히 영국군과 프랑스군에서 심했다. 아르투아, 피카르디, 샹파뉴에서 영국군과 프랑스군의 공격, 플랑드르에서 독일군의 공격, 심지어 다르다넬스해협에서 오스만튀르크를 상대로 한 돌파구라는 영국의 전망, 이 모든 것이 '틈새'라는 꿈에 기반을 뒀다. 마치 모세의 신앙 앞에서 홍해가 갈라지듯 적의 전선의 갑작스러운 파열과 이후 승리를 향한 돌격이라는 꿈을 꿨던 것이다.

 제2차 이프르 전투와 갈리폴리, 뇌브샤펠, 페스튀베르, 아라스, 로스 전투에서 최악의 실패로 인해 연합군은 그러한 접근법을 재고할 수밖에 없었지만, 그때도 능동적 사고라기보다는 적군의 전술에 대한 반작용적 사고가 군사 작전 설계자들의 시각을 점진적으로 바꾸었다. 이전 전쟁에서는 결코 볼 수 없던 엄청난 강도와 화력을 동원한 독일군의 1916년 베르됭 공격이 군사 지도자들의 태도를 확실하게 변화시켰다. 1916년은 양쪽 진영이 새로운 전쟁, 즉 의도적인 소모전의 출현을 목격하고 이를 수용한 해였다. 수백만 명의 병사를 모조리 빨아들이는 소모전은 커다란 장애물 하나만 넘어서면 신속한 승리가 눈앞에 있다는 구실이 아니라, 끊임없는 압박으로 적을 꾸준히 약화시킬 때만 이 전쟁에서 승리할 수 있다는 결정이 내려졌기 때문에 등장했다. 어디서나 산업이 전시 동원되고 노동력이 재조직됐으며 식량 배급제가 시행되거나 계획되고 과세가 재조정됐다. 한마디로 전쟁은 모든 것을 집어삼키는 사업이 됐다. 그것은 '총체'가 됐다. 찰스 솔리는 소모전을 "마비된 전략이 마지막으로 의지하는 수단"이라고 정의했다.[5]

독일군의 공격력을 베르됭에 집중시키겠다는 팔켄하인의 결정 뒤에는 여러 동기와 고려가 있었다. 이 전쟁에서 결정적 전투는 서쪽에서 벌어질 것이라고 믿었다는 점에서 그는 언제나 '서부전선파'였다. 그는 1915년에 러시아를 패배시키고자 동부전선에 더 큰 노력을 쏟기로 동의했지만, 그해 12월이 되자 기대와는 반대로 러시아가 그렇게 빨리 무너지지 않을 것이라 결론 내렸다. 반대로 붕괴 직전이었던 프랑스는 서부전선의 나머지 지역과 관련하여 프랑스군의 전진 위치를 구성하던 베르됭 주변의 돌출부를 최후의 필사적 공세 감행의 지점으로 이용할지도 몰랐다. 그러한 위험은 사전에 방지할 필요가 있었다. 게다가 독일군의 강력한 공세는 프랑스군을 완전히 지치게 만들어, 영국군은 어쩔 수 없이 북쪽에서 반격에 나서야만 할 것이다. 그러면 영국군은 엄청난 병력 손실을 감수할 수밖에 없을 것이며, 이로써 영국군도 전력 고갈 상태로까지 내몰릴 것이다.

베르됭에서 팔켄하인 장군은 대략 13킬로미터 길이의 전선을 공격하기 위해 병력과 더불어 각종 대포 1220문을 긁어모았다. 그는 독일 군대가 2명의 병사를 잃을 때마다 프랑스군은 5명을 잃을 것이라 추산했다. 그것이 바로 소모전의 본질이었다. 그러나 프랑스군은 용케도 공격 개시 시점의 일제 집중 포격과 최초의 수차례 공격에서 살아남았고, 그다음 전투는 끔찍한 상호 응징으로 귀결됐다. 11월이 되자 프랑스군은 이 돌출부 지역에서 50만 명의 병력을 잃었다. 심하게 압박을 받던 프랑스군은 영국군에게 공백을 메워달라고 요청할 수밖에 없었다. 영국군의 대응은 1916년 7월 솜에서 대공세를 감행하는 것이었고, 그 공세로 공격 개시 첫날 병력 손실은 6만 명, 11월까지 추가로 50만 명이 발생했다. 연합군의 이러한 병력 손실에도 불구하고, 팔켄하인의 계산은 실패로 돌아갔다. 베르됭과 솜 두 전투에서 독일군은 80만 명의 병력을 잃었는데, 프랑스군과 영국군의 수치보다 살짝 적을 뿐이었다.

이프르와 플랑드르 지방 주변의 돌출부 지역은 1916년 동안 지속적으로 포격당했고, 그다음 1917년에 제3차 이프르 전투라고도 하는 파스샹달 전투에서 다시금 집요한 땅따먹기 싸움이 벌어졌으니, 베르됭, 솜에 이프르까지 합쳐서 공포의 삼위일체라고 할 수 있을 것이다. 팔켄하인 장군은 이것을 슈텔룽스크리크Stellungskrieg, 즉 진지전陣地戰이라고 불렀다. 그는 "진지전의 첫째 원칙은 땅을 한 치도 내주지 않는 것이 돼야 한다. 만약 한 치라도 내주면 즉시 반격해서, 심지어 최후의 한 사람까지 동원해서라도 되찾아야 한다"[6]고 썼다. 양측은 모두 동일한 원칙을 채택했다. 이반 골은 다음과 같이 평가했다. "전 연대가 허허벌판 10야드를 차지하기 위해 영원을 날려버렸다."[7] 에른스트 윙거에게 솜 이후 전쟁과 삶 전반은 양상이 바뀌었다.

여기서 기사도는 영구히 자취를 감췄다. 고결하고 개인적인 모든 감정처럼 그것은 전투의 새로운 템포와 기계의 새로운 규칙에 자리를 내줘야만 했다. 여기서 새로운 유럽은 최초로 전투에서 모습을 드러냈다.[8]

2년에 걸쳐 서부전선의 교전국들은 전투에서 상대방을 열심히 두들겨댔다. 물론 '전투'라는 그 오래된 단어가 수백만 명의 목숨을 희생시켰지만, 전선에서 어느 쪽 방향으로든 기껏해야 1.5킬로미터 정도나 이동하는 이 새로운 전쟁에 어울리는 표현이라면 말이다. 서부에서의 전쟁을 네 시기로 나눌 때—전쟁 개시 초기 기동전들, 1915년의 고착화, 1916~1917년의 소모전, 재개된 기동전에 의한 1918년의 대단원—특히 1916~1917년의 상황은 가장 길고, 일관된 시기를 이룬다.

베르됭과 솜, 이프르 전투는 대전쟁의 논리와 의미, 본질을 구현한다. 프랑스 보병 셋 중 둘은 1916년 베르됭의 좁은 길목을 통과했다. 영국군 대부분은 솜이나 이프르 전투, 혹은 양쪽 다에서 싸운 적이 있었다. 그리고 대부분의 독일 부대는 한 번쯤은 플랑드르나 베르됭에 배치된 적이 있었다. 베르됭과 솜, 이프르는 또한 제1차 세계대전의 결정적 전장을 구성했다. 그리고 우리가 제1차 세계대전에 대해 품는 전형적인 이미지—병사들의 귀를 먹먹하게 만들고 기진맥진하게 만드는 집중 포격, 길게 한 줄로 늘어선 병사들이 진흙과 구덩이로 뒤덮인 달 표면 같은 지형을 마치 슬로모션처럼 가로질러 가다가 잘리지 않은 철조망, 기관총 세례, 수류탄과 맞닥뜨리는 모습—는 전쟁 첫해나 마지막 해가 아니라 바로 이 전투들에서 온 것이다.

제1차 세계대전의 중반부는 전쟁에 대한 전통적 관념들을 거꾸로 뒤집어놓았다. 방어는 공격으로, 다시 말해 앞서 조프르가 그 함의를 의식하지 못한 채 "승리하는 저항"이라고 부른 과정으로 탈바꿈했다.[9] 과학기술과 전략 간의 간극은, 공격하는 쪽은 숫자와 상관없이, 또 사전 집중 포격이 병사들의 신경에 어떤 효과를 끼치든 간에 방어하는 쪽보다 훨씬 더 취약하다는 것을 의미했다. 리에주, 베르됭, 솜, 파스샹달에서 중포中砲의 극적인 효과에도 불구하고, 적의 전선을 파괴할 만큼 충분한 화력이 집중됐던 적은 거의 없다. 그 결과, 방어하는 쪽은 거의 언제나 흉벽으로의 경주에서 승리했다.[10] 공격하는 쪽이 방어하는 쪽보다 패배의 위험에 더 크게 직면했다는 뜻이다. 1914년과 1915년의 공세는 교전국의 모든 군대를 초토화시켰고, 1915년 말이 되자 교착 상태가 완성됐다. 1916년 독일군과 프랑스군이 베르됭에서 서로를 두들기는 동안, 공격을 감행한 영국군은 솜에서 패했다. 1917년, 프랑스는 슈맹데담에서 패하여 군대 내 반란이 일어날 지경이었다. 영국군은 파스샹달에서 패했다. 1918년, 독일군은 전선을 돌파하려는 최후의 필사적 공격을 시도하다 스스로 무너지고 말았다. 그 공격의 여파로 바닥난 전투력은 최후의 퇴각으로 이어졌다.

공격을 감행하다 무인지대에서 무더기로 희생자가 된 병사들 — 1914년 크리스마스에 참호선을 사이에 두고 명랑한 파티를 벌이던 모습과 극적으로 대비되는 광경 — 은 전쟁의 최대 이미지가 됐다. 공격하는 병사들은 보통 엄폐물을 찾지 않은 채 천천히 앞으로 나갔고, 커다란 낫의 기계적 효율성으로 풀잎이 베여나가듯 한꺼번에 살육당했다. "우리는 그들이 걸어오는 것을 보고 깜짝 놀랐다"며 솜 전투에서 영국군의 공격을 경험한 독일군의 한 기관총 사수는 다음과 같이 썼다.

장교들이 앞장섰다. 나는 그들 가운데 한 명이 지팡이를 들고 침착하게 걸어오는 것을 봤다. 발포를 시작했을 때 우리는 그냥 계속 장전만 하면 됐다. 그들은 수백 명씩 우수수 쓰러졌다. 우리는 조준할 필요도 없이 그냥 그쪽에 대고 쏘기만 하면 됐다.[11]

한 프랑스 병사는 아군의 기관총 사수들이 만들어낸 효과를 더 짤막하게 묘사했다. "독일군은 종이로 만든 병정들처럼 쓰러졌다."[12] 허버트 리드는 독일군이 사격장의 목표물처럼 쓰러지는 모습을 목격한 것을 회상했다.[13] 여기서 영웅은 제물이 되고, 제물은 영웅이 됐다. 공격자는 한 세계, 그러니까 이 전쟁에 의해 소멸한 19세기 세계의 표상이 됐다.

공격자가 최후의 몸부림을 치는 세계의 표상이었다면 끈질기고 겁에 질린 방어자든, 굴하지 않는 자신만만한 격퇴자든 방어자는 밝아오는 세계의 상징이 됐다. 대규모 총공격은 원칙이라기보다는 예외였기에 참호생활 대부분은 방어의 형태, 즉 '존재'를 보호하고 기껏해야 원시적인 수준에 불과한 생활 환경에서 살아남기 위한 고달프며 끊임없는 투쟁의 형태를 띠었다. '푸알루poilu'나 '프론트슈바인Frontschwein' 같은, 지저분하고 진흙이 엉겨 붙은 수염이 덥수룩한 프랑스 병사와 독일 병사를 가리키는 '털투성이'나 '전방 돼지'라는 표현은, 1916년이 되자 자국에서 삭각 일종의 애칭이 됐다. 만약 화려하고 영웅적인 전투의 시대인 이전 시기 같았으면 모욕을 주는 호칭이었을 것이다. 이런 생존 상황에서 오감에 대한 맹렬한 공격은 절대적이었다. 한 프랑스 병사는 "우리를 쥐고 흔드는 주인은 우리의 일상적 비참함"이라고 썼다.[14]

프랑스군 병사이자 시인인 기욤 아폴리네르가 1917년에 스트라빈스키와 사티, 피카소, 콕토가 협력한 댜길레프의 공연작 「파라드Parade」 프로그램 노트를 통해 초현실주의란 용어를 발명해내기도 전에, 이미 서부전선의 풍경 전체는 초현실적으로 변했다. 주요 전투 지대에서 병사들은 폐허의 파노라마에 직면했다. 나무는 까맣게 타버린 그루터기만 남았다. 까맣게 탄 그루터기는 손상된 나무처럼 보이도록 해서, 관측소로 사용할 수 있게 다시금 그 위에 나무가 세워졌다. 진흙은 곳곳에 있었다. "일몰과 일출은 거의 신에 대한 모독이었다"라며, 이프르 돌출부 지역에서 복무하다 부상병으로 제대한 후 전쟁 화가로 다시 플랑드르로 돌아온 폴 내시는 다음과 같이 썼다.

> 멍들고 부어오른 구름에서 내리는 검은 비만이 (…) 그런 대지의 분위기에 어울린다. 비가 세차게 내리면서 악취가 나는 진흙은 더 사악하게 누런빛을 띠고 포탄 구덩이에는 녹백색 물이 차오르며 도로와 길은 수 인치 두께의 질척질척한 진창으로 뒤덮인다. 죽어가는 검은 나무에서는 물기가 뚝뚝 스며나오고 포탄은 쉴 새 없이 날아온다. (…) 그것들은 이 땅이라는 무덤 안으로 처박힌다. (…) 신도 희망도 없는 형용할 수 없는 곳이다.[15]

프랑스군 비행기 조종사는 비가 내린 뒤 베르됭 풍경을 내려다보다가 "거대 괴물 같은 두꺼비의 축축한 피부"를 연상했다.[16] 표현력이 가장 떨어지는 평범한 전방 병사도 베르됭이나 솜, 이프르를 경험했다면, 그 일기에서 이 전쟁의 물리적 참상에 대해 적어도 얼마간의 느낌을 전달해줄 수 있다.

참호 순환 근무는 보통 3, 4일 밤낮을 전방 참호에서, 그다음 동일한 기간을 지원 참호에서 보내는 것으로 이루어져 있고 그 뒤 병사들은 유사한 기간을 후방의 대기 병력 상태로 지냈다. 대기 병력 상태일 때만, 허버트 리드의 표현대로 "문명인답게 지내는 것, 즉 씻고 옷을 갈아입고 편지를 쓰는 것"이 가능했다.[17] 그렇지 않을 때, 모든 병사는 야만인이었다. 1917년 반란 이전, 프랑스군 수뇌부는 휴가와 휴식 기간을 조직적으로 제대로 관리하지 못했다. 참호 순환 근무는 한 달 넘게 이어지기도 했고 때로 두 달이 넘어가기도 했다.

흙먼지와 오물은 물론 참호 안에서 병사들의 충실한 동반자였다. 사방을 뒤덮은 흙먼지가 암담할 정도로 심하면, 병사들은 가끔 한겨울에도 추위를 무릅쓰고 포탄 구덩이 안의 찬물에 뛰어들어 몸을 씻곤 했다. 구덩이는 지속적인 비로 항상 물이 가득했다. "끔찍할 만큼 너무 짐승 같은 삶이라 (…) 돼지도 이보단 나을 거다!"가 루이 메레의 평가였다.[18] 병사들은 이프르의 진흙탕이 최악인지 아니면 솜의 진흙탕이 최악인지를 두고 논쟁했다. 1917년 이프르를 두고 한 영국군은 이렇게 썼다.

그것은 진생이 아니었다. 기관총과 포격만 없었다면 오히려 진흙탕 놀이에 가까웠을 것이다. 사람들은 어디서나 푹푹 빠지는 발을 끌고 다녔다. 끈적끈적한 진흙은 각반을 붙잡고 끌어당기며, 제대로 고정돼 있지 않다면 부츠와 양말, 다리까지 뽑아버렸을 것이다.[19]

침수된 참호를 인수하던 한 프랑스 병사는 "유보트U-boat가 우리한테 어뢰 공격을 안 하면 참 다행일 거다"라며 이죽거렸다.[20]

"플랑드르의 이런 날씨는 세상 어디에도 없다"며 J. W. 하비는 편지에 다음과 같이 썼다.

> 이 끝없는 비, 비, 비에 대한 나의 투덜거림이 검열 내용으로 삭제되지 않았으면 좋겠어. 내 생각엔 계속되는 포격에도 부분적으로 책임이 있는 것 같아. 하지만 이런 날씨와 비교해서 앞으로는 소문난 우리 영국 날씨를 훨씬 더 관대한 마음으로 대할 수 있을 것 같군.[21]

그러한 비교가 나올 수밖에 없었다. 피터 맥그리거는 1916년 6월에 정말로 순진무구하게 "나는 언제나 프랑스가 햇빛의 나라라고 생각했다. 하지만 여태 춥고 비가 잦았다"고 이야기했다. 나흘 뒤 아내 젠에게 보낸 편지에는 "망할 수도꼭지라도 튼 것처럼 비가 내려"[22]라고 적었다. 에드워드 토머스는 심지어 그 주제에 관한 시 「비」도 썼다. "비, 오밤중의 비, 오직 요란한 비." 비는 모든 사랑과 모든 의미를 녹아내리게 했다.

> (…) 죽음에 대한 사랑만 빼고,
> 폭풍우는 말하네, 만약 사랑이 완벽을 향한 것이고
> 실망시킬 수 없는 것이라면.[23]

비에 흠뻑 젖어 얼어 죽을 것 같은 에른스트 윙거는 "어떤 포격도 추위와 궂은 날씨만큼 인간의 저항력을 철저하게 무너트릴 수는 없다"고 생각했다.[24] 아무리 모직 양말, 속옷, 조끼 등 옷을 껴입어도, 심지어 신문지까지 넣어 신체 각 부위를 감싸도 소용없었다. 겨울밤은 한없이 긴 것 같았고, 동틀 녘이 하루 중 가장 추운 순간이었다. 1915년 초에 한 프랑스 병사는 "우리는 죽음을 생각하지 않는다. 하지만 추위, 이 끔찍한 추위는 참을 수 없다. 지금 이 순간 내 혈관 속 피는 얼음 조각으로 가득 차 있는 것 같다. 차라리 적군이 공격해오면 좋겠다. 그럼 조금이나마 몸이 데워질 테니까"[25]라고 썼다. 이듬해 겨울인 11월, 아르투아에서는 커피와 심지어 와인까지 얼었다. 마르크 보아송은 편지에 "북극곰을 위한 날씨"라고 적었다. "물을 마시기 전에 먼저 얼음 조각을 걷어내야 해. 고기는 꽁꽁 얼고 딱딱하고 으깬 감자는 얼음으로 딱 굳은 데다 심지어 수류탄도 안쪽에서 얼어서 서로 뭉쳐 있어"[26]라고 적었다. 1916~1917년의 겨울 혹한에는 뜨거운 차도 몇 분 만에 얼고 빵과 통조림 소고기, 소시지는 얼음덩어리로 둔갑해버렸다. 윌프리드 오언은 「노출Exposure」이란 시에서 오그라든 손과 주름진 이마, 그리고 얼음 같은 눈동자의 이미지를 환기시켰다.[27]

그러한 환경에서 음식을 즐기기란 불가능했고, 전투가 주는 긴장감은 입맛을 더 잃게 했다. 불규칙적인 식사 시간, 보급선의 불안정성, 채소의 부족, 계속 똑같은 고기 식단 등 이 모든 것이 먹는 즐거움이 생길 가능성을 깡그리 제거했다. 시그프리드 서순은 1916년 봄 본국에 휴가를 갔다가 솜으로 귀대할 때 부대원들과 같이 먹기 위해 훈제 연어를 가져왔지만, 캔터베리 애비뉴로 알려진 연락 참호를 철벅철벅 걸어가면서 "훈제 연어는 그렇게 심한 포화를 견디고 있는 사람들에게 그리 큰 위안이 되지 못한다"고 생각했다.[28]

반면 날씨는 병사들의 기분에 큰 영향을 주었다. 갑자기 구름이 걷히고 해가 비치기만 해도 사기가 올라갔다. 1916년 3월 베르됭 전투 와중에 샤를 델베르는 "환상적인 날씨"에 기뻐서 어쩔 줄 몰랐다. "이런 생활에도 나름의 매력이 있다. 마치 야영을 나온 것 같다. 올망졸망하고 화사한 구름이 푸른 하늘을 스쳐간다."[29] 그러나 그런 날씨는 전쟁에서 극히 드물었고, 그러한 서정적인 감정 분출은 샤를 델베르의 일기에서 아주 예외적인 경우였다.

참호는 해충과 유해동물로 들끓었다. 파리, 진드기, 서캐, 벼룩, 모기, 딱정벌레도 성가셨지만 이와 쥐가 특히나 골칫거리였다. 이는 옷의 솔기에 알을 깠고, 무시무시한 속도로 수를 불렸다. 푸알루는 이의 번식력이 아주 뛰어나서 아침에 태어난 놈이 저녁이면 할머니가 된다고 말했다. 이와의 전쟁은 이길 수 없는 것이었다. 병사들은 엄지손톱으로 눌러 죽이고, 촛불로 태워 죽이고, 집에서 보내온 가루와 포마드로 쫓아내는 등 갖은 애를 썼지만 소용없었다. 한 토미는 "이를 없애는 유일한 길은 그 녀석들한테 럼 단지를 몇 통 끼얹는 거다"라며 이죽거렸다.[30] 이 중에서도 가장 큰 놈들한테는 카이저, 크론핀츠, 힌덴부르크 같은 이름을 붙였다. 야전 세탁 서비스와 뜨끈한 목욕만이 효과를 발휘했지만 그 효과도 오래가지는 못했다. 로제르 캄파나는 이 해충들이 "콩고나 폴리네시아의 흡혈박쥐보다" 더 지독하다는 것을 발견했고, 그러면서 "만약 까치 씨Mr. magpie가 그 녀석들을 알 기회가 있었다면 모든 프랑스인의 표본으로 거론했을 것이다"라고 말했다. 캄파나의 유일한 위안은 독일군 참호의 이가 더 크다는 소문뿐이었다![31]

참호에서는 고양이만 한 쥐도 보고됐지만 그것들은 후방의 병영에서 훨씬 더 많은 수로 발견됐다. 쥐들은 병사들이 여기저기 흘린 음식과 썩어가는 시체 냄새에 이끌려 몰려왔다. 쥐는 배낭을 물어뜯고 배급식량이 담긴 자루를 갉아 구멍을 냈다. 롤런드 마운트포트는 전선에서 어머니에게 다음과 같은 편지를 썼다.

쥐들이 올린 가장 큰 개가는 참호의 고양이가 대피호에서 키우던 약 3주 된 새끼 고양이 다섯 마리를 죽여 먹어치운 것이었습니다. 더 좋은 식사를 기다리던 게 아니라면 그 녀석들이 왜 여태껏 새끼 고양이를 안 잡아먹고 가만 놓아뒀는지 모를 일입니다.[32]

쥐와의 전쟁은 때로 인간과의 전쟁만큼 심각한 일이었다. 퍼시 존스에게 쥐는 거의 강박의 대상이 됐다. 그는 "나는 (…) 쥐 사냥에 중독됐다"고 일기장에서 시인했다. 그는 밤마다 곡괭이와 삽을 들고 쥐를 잡으러 다녔다.

우린 때로 도가 지나치기도 한다. 예를 들어, 그저께 밤에 우리 넷은 우리 전방 참호 사이에서 쥐 한 마리를 한참 뒤쫓아 제2선 참호까지 추격했는데, 거기서 우리를 독일군으로 착각한 보초병이 하마터면 우릴 쏠 뻔했다!

존스의 강박증은 보름 뒤에 후방의 임시 숙소까지 따라왔다. 이프르 운하 근처에서 그는 말 그대로 학살에 참여했다.

우리는 간밤에 대전투를 치렀는데, 물에 들어가 헤엄을 치는 동안 돌에 맞아 죽었을 많은 놈을 제외하고도 거의 100마리를 죽였다. 뗏목에 탔던 친구들은 '탄약'이 바닥나서 뭍으로 벽돌을 더 가지러 와야 했다.[33]

쥐와 해충을 제거할 수 있는 유일한 효과적인 수단은 독가스였다. 독가스 공격은 참호에서 해충과 유해동물을 한동안 일소해줬다.
참호에서 작업 대부분이 이뤄지는 시간은 밤이었다. 시간과 시계에 대한 정상적인 부르주아적 접근은 역전됐다. 어둠이 내리면 이 헐거인 군대는 구멍에서 나와 자신들이 그토록 혐오하는 바로 그 유해동물처럼 과업을 수행하러 이리저리 바쁘게 돌아다녔다. 철조망 작업반은 무인지대로 나갔다. 서부전선이 얽히고설킨 광대한 개미굴이 돼가면서 참호도 계속 보수되고 확장됐다. 집단적 적이라는 몸을 물어뜯는 모기에 비유할 수 있는 악랄한 소규모 습격이 실행됐다. 그리고 완수해야 할 구체적 임무가 딱히 없더라도 잠을 자는 것은 불가능했다. 델베르는 1916년 1월 참호에서의 어느 하룻밤을 이렇게 묘사했다.

불이 꺼진다. 이제 쥐와 이가 집의 주인이다. 쥐가 달리고 펄쩍 뛰어오르면서 뭔가를 야금야금 갉아먹고 판자에서 판자로 휙 스쳐가는 소리, 그리고 대피호의 골함석 뒤에서 내는 찍찍거리는 작은 소리도 들린다. 시끄러운 이 무리 활동은 도대체가 그칠 줄을 모른다. 어느 순간에라도 한 놈이 내 코 위로 떨어질 것만 같다. 그다음 나를 들볶기 시작하는 것은 이와 벼룩이다. 잠시라도 눈을 붙이고 자는 것은 절대적으로 불가능하다. 자정으로 가면서 나는 꾸벅꾸벅 졸기 시작한다. 끔찍한 소음에 벌떡 일어난다. 포성 그리고 라이플과 기관총이 타다닥거리는 소리. 독일 놈들이 다시 몽테튀를 공격 중인 모양이다. 야단법석은 1시 30분경에 잦아드는 것 같다가 2시 15분에 다시 시작된다. 이번에는 무서울 정도로 맹렬하다. 사방이 흔들린다. 아군 포대가 쉴 새 없이 포탄을 날려보낸다. 3시에 착탄 거리가 점차 퍼져나가며 서서히 조용해진다. 나는 다시 졸다가 6시에 일어난다. 쥐와 이들도 고개를 쳐든다. 잠에서 깨어나 삶을 시작하는 것은 비참함 속으로 걸어 들어가는 것이기도 하다.[34]

며칠 밤낮 동안 이렇게 쉴 새 없이 오감에 맹공을 당하고 나면, 사람들은 쉽사리 정신이 멍해지고 굼떠지며 심지어 완전히 무감각해졌다. 누군가는 "몇 시간 동안만 방해받지 않고 푹 잘 수 있다면 영혼이라도 팔 것 같다"고 말했다.[35] 델베르는 "우릴 죽이는 것은 수면 결핍이다"라고 썼다.[36] 마침내 교대하는 날이 오면 대대는 후방 휴식 구역으로 이동했다. 윌프리드 오언은 다음과 같은 시를 썼다.

자루에 눌린 늙은 거지 떼처럼 등을 구부리고
안짱다리 걸음으로 노파처럼 기침을 해가며,
우리는 욕지기를 내뱉으며 흙탕길을 헤집었다.
뇌리에서 잊히지 않는 불길에 마침내 등을 돌리고,
멀리 휴식처를 향하여 터벅터벅 걷기 시작했다.

자면서 걸었다. (…)**37**

부패의 냄새—거의 그만큼이나 참기 힘든 표백분 냄새로만 가려지는—와 썩은 시체에 이끌려온 파리 떼 구름은 피할 길 없는 또 다른 골칫거리였다. 포격은 땅속에 파묻혀 있던 팔다리와 몸뚱이를 자꾸 땅 위로 헤집어냈다. 땅을 파거나 참호를 보수하는 작업반은 거듭해서 온갖 부패 단계에 걸쳐 있는 시체와 갖가지 형태로 훼손된 시체를 찾아냈다. 대부분은 방해가 되지 않도록 그저 시체를 옆으로 치웠다. 그러나 시체 일부는 모래주머니 속으로 들어가기도 했다. 만약 모래주머니가 터지면 아주 무시무시한 방식으로 내용물을 쏟아낼 수도 있어서, 블랙 유머만이 히스테리에 맞설 유일한 방어책이 됐다. 이프르 돌출부 지역의 어느 지점에서는 교대하는 병사들이 한 줄로 걸어가는 동안, 참호 한쪽에 삐져나온 팔과 "잘 있어, 잭"이라며 한 명씩 악수했다. 교대하러 온 병사들도 도착하자 똑같이 "안녕, 잭"이라며 악수했다.**38** 포병 대위 F. H. T. 태섬은 어머니에게 또 다른 상황을 묘사했는데 몹시 그로테스크해서 거의 우스울 정도다.

> 참호 안의 우리 O. P.(Observation Post, 관측소)에는 크레오소트로도 지워지지 않는 끔찍한 냄새가 항상 났지요. 오늘 전 그것이 잠망경을 사용할 때마다 우리가 기대던 모래주머니 안에서 부패해가는 시체 잔해 때문이라는 사실을 발견했습니다. 그 불운한 시체는 어쩌면 그 안에서 6개월을 있었는지도 모릅니다—쥐들은 보통 시체를 가만 놓아두지 않는데, 그러니 그 시신은 아마도 더러운 독일군의 것일 수도 있어요. 건드리니까 전

보다 더 심하게 악취가 나요—구더기가 바글바글하더군요. 문제가 된 모래주머니는 크레오소트에 담갔다가 내버렸어요. 하지만 프리츠Fritz*한테 남아 있는 것을 틀림없이 모래주머니 하나에 다 집어넣지는 못했을 테고, 폐해를 확실하게 뿌리 뽑는 길은 아무래도 흉벽을 무너트리는 것이니 저 지금 다소 딜레마에 빠져 있답니다."[39]

오스트레일리아 병사 J. A. 로즈는 고향에 똑같이 '기묘한' 이야기를 적어 보냈다. 1916년 7월 말, 포지에르에서 땅파기 작업반과 같이 작업하던 중, 그는 자신의 말마따나 "회오리바람처럼 몰아치는 포탄 세례"를 받았다. 그는 두 번이나 흙더미에 파묻혔다. 두 번째 파묻혔을 때, 그는 흙더미에서 빠져나오려 버둥거리다 근처에 반쯤 파묻힌 사람 몸뚱이를 봤다. 자신과 똑같은 처지를 겪은 동료라고 짐작한 그는 비틀비틀 걸어가 그를 도와주려 했다. 그는 몸을 잡아당기고 들어 올렸다. 그러자 자기 쪽으로 핏물이 쫙 쏟아지더니 손에 사람 머리가 들려 나왔다. 그는 "그 공포는 이루 말할 수 없었다"라고 썼다.[40] 그의 형제는 3일 전에 전사했고, 로즈 자신도 다음 참호 근무에서 죽게 된다. 한 프랑스 병사는 베르됭에서 이렇게 썼다. "우리한테는 모두 시체 냄새가 났다. 우리가 먹는 빵, 우리가 마시는 우중충한 고인 물, 우리가 만지는 모든 것에서 썩은 내가 났다."[41]

처참한 신체 훼손은 어떤 지구에서는 일상적인 스펙터클이었다. 솜 전투 지대의 프레즈누아에서 독일군이 머물던 집이 직격탄을 맞았

---

* 영국군을 부르는 토미 앳킨스처럼 평범한 독일군 병사를 가리키는 이름이다.

다. 에른스트 윙거는 사람들을 구하러 달려갔다.

우리는 파편 사이에서 삐져나온 팔다리를 붙들고 시신을 끌어냈다. 한 명한테는 머리가 없어서 마치 커다란 피투성이 버섯처럼 몸뚱이 위에 목만 있었다. 또 다른 시신에는 조각조각 난 뼈가 잘린 한쪽 팔 끝에서 튀어나와 있었고, 군복은 흉부의 커다란 상처에서 나온 피로 흠뻑 젖어 있었다. 세 번째 시신은 몸통이 길게 갈라져서 내장이 밖으로 쏟아져 나왔다. 우리가 이 시신을 끌어낼 때, 그 끔찍한 상처에 끼어 있던 쪼개진 판자가 계속 걸려서 소름 끼치는 소리를 냈다.

윙거는 또 기관총 대결도 목격했다.

갑자기 우리의 명사수가 머리에 총알을 관통당한 채 툭 쓰러졌다. 비록 뇌수가 흘러나와 얼굴을 따라 턱까지 흘러내렸지만 우리가 그를 옆 터널까지 나르는 동안 그는 여전히 의식이 말짱했다.[42]

그가 있던 대피호가 포탄에 맞은 후, 로제르 캄파나는 친구에게 자신이 얼마나 아슬아슬하게 살아남았는지 보여주고자 동료의 시신을 사진으로 찍었다. 시체는 "사지를 펼친 채 푸줏간에 내걸린 고깃덩어리처럼 어깨부터 엉덩이까지 쫙 벌어져 있었다".[43] 델베르는 한 동료의 죽음을 다음과 같이 아주 꼼꼼하게 기록했다

제구의 죽음은 너무 참혹했다. 그가 대피호의 계단에 발을 딛는 순간 포

탄(아마도 오스트리아군의 130)이 터졌다. 그의 얼굴은 까맣게 탔다. 파편 하나가 귀 뒤쪽에서 두개골로 들어갔다. 또 다른 파편이 그의 배를 가르고 등뼈를 부러트려서, 엉망진창이 된 피투성이 몸뚱이로부터 척수가 주르륵 흘러내리는 것이 보였다. 그의 오른쪽 다리는 무릎 위로 완전히 박살이 났다. 여기서 가장 끔찍한 부분은 그가 4, 5분을 더 생존했다는 것이었다.[44]

세자르 멜레라의 베르됭은 이런 광경과 목격담을 담고 있다.

말과 노새가 파묻혔다. 악취가 진동하는 진흙탕은 때로 발목까지 차오르며 끔찍한 냄새와 탁하고 칙칙한 공기를 뿜어낸다. 전장에서 부상병이 죽음의 단말마를 뱉어내며, 아무런 치료도 받지 못한 채 갈증을 달래기 위해 자기 오줌을 마시는 광경을 본 적이 없는 사람은 (…) 전쟁을 전혀 구경하지 못한 것이다.[45]

병사들은 적군의 포격만이 아니라 짧게 발사된 아군의 포격에도 목숨을 위협받았다. 페르생 장군은 7만 5000명의 프랑스군이 아군의 포격으로 죽거나 다쳤다고 추산했다.[46] 장 지로두는 폴 모랭에게 "넌 영국군을 가장 많이 죽인 프랑스군 연대에 속해 있어"[47]라고 비꼬듯 말했다. 착탄거리가 너무 짧은 포격은 열악한 의사소통, 인적 오류, 습기 찬 탄약, 바람 상태로 인해 야기됐고 전방 부대와 참모 장교, 그리고 포병 연대 사이에 어김없이 악감정을 낳았다. 포격 사고는 전쟁이 진행되면서 대체로 포격이 증가하자 그에 비례해 증가했던 것

같다.[48]

전선은 한마디로 시그프리드 서순의 표현대로 "죽음으로 썩어 있었다".[49] 죽기 한 달 전, 루이 메레는 그 주제에 대해 숙고했다.

죽음! 그 단어는 해저 동굴에서 들리는 메아리처럼, 어둡고 보이지 않는 저 깊은 곳을 때리고 또 때리며 쿵쿵 울려 퍼진다. 이 전쟁과 마지막 전쟁 사이에 우리는 죽지 않았다. 그때 우리는 삶을 마감했다. 단정하게, 아늑한 방 안에서, 따뜻한 침대 위에서. 이제 우리는 죽는다. 그것은 축축한 죽음, 진흙투성이 죽음, 뚝뚝 피를 흘리는 죽음, 물에 빠져 죽는 죽음, 땅속으로 빨려 들어가는 죽음, 도살장의 죽음이다. 시체들은 땅 위에 얼어붙은 채 널브러져 있고 땅은 서서히 그들을 빨아들인다. 가장 운 좋은 종말은 캔버스 천에 싸여 막사에서 실려 나와 가까운 공동묘지로 잠들러 가는 것이다.[50]

참호생활의 참상을 과장할 수도 있는 걸까? 많은 이가 실상을 과장하고 전쟁에 대한 기록에서 '진흙과 피'라는 선정주의만 내놓았다며 비난받아왔다. 제1차 세계대전의 참전 군인들 일부는 공격을 경험한 적이 없었다. 일부는 장기간의 전방 복무에도 불구하고 적을 구경한 적이 없었다. 소수는 4년 반 동안 약간의 경미한 부상만 입고 전쟁에서 살아남았다. 전선의 일부 지역은 실제로 매우 잠잠했다. 어떤 이들은 낭만과 모험의 느낌을 결코 잃지 않았다. 어떤 이들은 결코 유머 감각을 잃지 않았다. 그래서 비판가들은 베르됭과 솜, 이프르의 무서운 참상에만 집중하는 것은 전쟁의 현실을 왜곡하는 것이라고 말한다. 그들은 그런 구역들이 전형적인 경우가 아니었다고 주장하는데, 그런 곳에서조차 대규모 포격과 공격은 드물었다. 대부분의 시간 동안 병사들은 참호생활의 평범한 문제들과 더불어 근본적으로는 지루함에 사로잡혀 있었다.

이 논쟁의 문제 가운데 일부는 정의와 의미론의 문제다. 대체 어떤 종류의 경험이 '공포' 항목 아래 분류되고, 어떤 경험이 '지루함'을 의미하는 것일까? 어떤 사람의 공포가 다른 사람에게는 지루함이 되거나, 혹은 그 반대가 될 수는 없는 걸까? 공포란 순전히 삶에 의미를 부여하는 생활 환경과 가치들의 예기치 못한 충돌에 의해서만 생기는 감정이라고 주장한다면, 그리고 지루함은 단조로운 일상, 심지어 살육이라는 일상의 불가피한 산물이라고 주장한다면, 이러한 질문은 결코 해소될 수 없다. 어떠한 공포감도, 심지어 이 전쟁으로 야기되는 공포감마저 한없이 지속될 수는 없기 때문이다. 몇 주 동안 전방을 경험하고 나면 충격을 받을 수 있는 것은 거의 없다. 병사들은 잔혹성과 차마 입에 담기 힘든 역겨운 현실 앞에 급속하게 면역이 된다. 살아남고자 한다면 그래야 한다. 바이올리니스트이자 오스트리아군의 보병이었던 프리츠 크라이슬러는 이렇게 설명한다.

사신 안에 어떤 독한 구석이 생겨난다. 싸워야 한다는 의무 외에 세상 모든 것에 대한 전적인 무관심 말이다. 빵 조각을 뜯는데 참호 바로 옆에 있는 사람이 총에 맞아 죽는다. 잠깐 그를 물끄러미 바라보다가 다시 빵을 먹기 시작한다. 하긴 어쩌겠는가? 상황은 끝나버렸는데. 결국 우리는 자기 죽음마저 마치 점심 약속이라도 이야기하듯이 약간 신나서 이야기

하는 지경에 이르게 된다.[51]

그리고 리즈 출신의 퀘이커교도이자 야전병원 부대원으로 일했던 존 W. 하비는 이프르에서 이렇게 썼다. "뭐든 익숙해짐으로써 무감각해지는 인간 본성의 능력이 없다면 도저히 참을 수 없을 참상과 안타까운 광경을 목도하며 시간을 보내고 있다."[52]

그러므로 심지어 공포의 참상도 일상으로 탈바꿈하고 권태를 가져올 수 있다. 이미 다 본 것이라는 느낌과 존재하고 있어도 더 이상 아무런 충격을 느낄 수 없다는 느낌 때문이다. 크라이슬러는 "아무런 생각도 남아 있지 않게 된다. 내가 속해 있는 일단의 사람들이 다른 무리와 싸우고 있고, 우리 편이 이겨야 한다는 사실만 빼고"[53]라고 말을 잇는다.

상황이 평온할 때조차 사상자 수는 계속해서 쌓여갔다. 저격활동, 적군을 안절부절못하게 하려는 의도로 퍼붓는 무작위 포격, 그리고 사고로 인해서 말이다. 어떤 병사들은 바로 이 소모전, 아무런 중요한 일도 일어나는 것 같지 않다는 사실이 가장 소름 끼쳤다. 죽음은 완전히 아무런 목적도 없는 것 같았다. 부대의 전장 일지에서 그날의 일과를 보고하는 짤막한 "이상 무. 사상자 세 명"이라는 한 줄짜리 문장에는 종종 무서운 아이러니가 담겨 있다. 전쟁으로 괴로워하던 미국 대사가 런던에서 보내는 편지에 적은 대로 "프랑스에서 '보고할 내용 없음'이라고 전할 때는 매일 통상적인 5000명의 사상자가 발생하고 있다는 뜻"[54]이었다.

'공포 대 지루함' 논쟁으로 세워진 이분법은 잘못된 것이다. 정말로 중요한 것은 1916~1917년 전쟁 국면의 더 넓은 맥락적 의미, 그 국면과 이전 전쟁의 형태들과의 관계, 가치 및 기대 체계와의 관계다. 그리고 여기서 1916~1917년 '전방front' 경험이 실제로 '변경지대적frontier' 경험, 다시 말해 그 함의에서 보면 완전히 새로운 어떤 것에 대한 경험이었다는 점은 부인하기 어렵다. 물론 병사들은 계속해서 기존 범주에 따라 느낌들sensations을 분류했지만—그것은 본능적 반응이었다—전체적으로 실제 경험experience은 결정적이었고 그 더 넓은 맥락 안에서 새로웠다.

시간이 흐르면서 이전의 범주들, 그리고 이 전쟁과 이전 역사 간에 사람들이 받아들이던 관계는 엷어지고 붕괴됐다. 이 침식 속도는 기존 가치의 반향과 생명력에 따라 교전국마다, 그리고 사람마다 달랐지만, 이전 범주들의 타당성은 어디서든, 비록 전쟁이 끝난 다음이든 상관없이 목적과 기억, 결과가 다 함께 끓는 가마솥 안에서 해체되고 말았다.

가치 전환

독일은 전쟁 전에도 선진국 가운데 19세기 자유주의 부르주아 사회의 규범과 가치를 가장 쉽게 의문시하던 나라였다. 법칙의 이해 범위를 넘어 순간을 치켜세우고, 영감을 얻기 위해 전통과 역사의 역동성이 아닌, 즉각적 경험의 역동성을 주시하던 나라였다. 전쟁에서 그들은 처음부터 '승리'의 이념과 디오니소스적 생기론에 집중했는데, 정복의 순간은 그것만으로 흥미진진하고 광범위한 기회를 저절로 제공할 것이라는 뜻이었다. 그것은 주로 정신적이고 삶을 고양하는 기회이자, 물질적·영토적 기회는 부수적이기만 한 기회였다. 영토적 전쟁 목표를 두고 독일의 전쟁 수행 노력에 대해 엄청난 양의 글이 할애됐지만, 그것은 넘치는 열정의 막연한 표현이나 전쟁 염증에서 나온 히스테리에 불과했다. 전쟁 목표 쟁점은 결코 전선의 부침을 반영하는 정치적 도구 이상의 것이 아니었다. 전선이 전쟁 목표들을 결정했지, 그 반대는 아니었다.

방어의 중요성을 인식함으로써, 그리고 공식적으로 소모전의 이념—대담한 기획을 통해 적을 '패배시키는' 대신 아군을 희생시킴으로써 적을 완전히 지치게 만드는 것—을 실천함으로써, 독일인들이 가장 먼저 전쟁의 규칙들을 뒤집기 시작했다는 사실은 결코 우연이 아니다. 독일은 전쟁 전부터 서구의 사회적, 문화적, 정치적 규범들을 누구보다 기꺼이 의문시하며, 오래된 확실성을 해체하고 새로운 가능성의 도래를 누구보다 기꺼이 옹호하는 나라였다. 그에 따라 독일인들은 전쟁 규칙들을 확대해석하는 데 거리낌이 덜했다. 그들은 국제적 관행과 단절하는 데 더 떳떳했다. 그들은 기존의 국제적 관행들을 영국-프랑스 헤게모니가 부과한 규약들과 연결시켰고, 따라서 독일의 이해관계에 처음부터 더 불리한 것이라고 여겨왔다.

소모전의 이념은 단기적으로는 특정한 군사적 상황의 산물, 그러니까 1914년 슐리펜 작전의 실패에서 기인하여 이듬해 내내 지속된 예상치 못한 교착 상태에 대한 대응이었다. 그러나 그것은 또한 독일 군부와 민간 지도부가 전쟁 초기에 그토록 분명했던 국민의 감정적 개입을 군사적 전략으로 전환하는 데 적극적이었다는 사실을 드러낸다. 프로이센 전통에서 '민족의 도장'으로 간주돼온 군대는 모든 독일인을 위한 도장이 될 것이었다. '총력전'은 이것을 이룩할 수 있는 수단이었다. 이제 군인과 민간인은 더 이상 구분될 수 없다. 소모전은 전 국민의 헌신을 요구할 것이다.

그러한 생각은 하루아침에 생겨나지 않았다. 전쟁 이전 범게르만주의 운동의 많은 활동, 즉 해군동맹이나 식민지 협회들, 다른 급진적 민족주의 단체 활동의 상당 부분은 군사적 원리와 미덕을 통한 독일 사회 부흥이라는 목표에 따라 고무됐다. 그리고 흥미롭게도 이러한 대중적 형태의 군국주의의 상당 부분은 비非융커 계급으로부터, 군부 내 새로운 사회 유형으로부터, 루덴도르프와 바우어 같은 사람들로부터, 민족주의 동맹 내 화이트칼라 계층—이른바 신新중간계급—으로부터 나왔다. 총력전은 귀족주의적 융커—슐리펜과 몰트케 같은 이들—의 이상이 아니라 새로운 독일의 이상이었다. 평민 출신이자 사업가의 아들로 입신출세한 에리히 루덴도르프는 사색형 인간이라기보다는 행동형 인간이었는데, 그는 이러한 새로운 독일의 최고 상징이었다. 그는 그가 표상하는 현대적 충동처럼 주변부 출신, 동프로이센 포젠 지방 크루슈체브니아의 과수원 한가운데 자리한 1층짜리 집에서 태어났다. 1917년 7월이 되자 루덴도르프는 독일 내 그 누구보다 큰 권력을 휘둘렀다. 루덴도르프와 새로운 독일에 있어 모든 정치 문제, 모든 경제 문제, 모든 문화 문제는 결국 군사 문제였다.

이제 소모전은 그러한 사고방식의 부산물일 뿐이었다. 그것은 "총체성"을 향한 꾸준한 준비 작업이 없었다면 자라날 수 없었을 것이다. 이것은 군인과 민간인 구분의 해체, 그리고 전쟁에서 받아들여지는 도덕률에 대한 거부를 요구했다. 벨기에를 점령한 독일군이 민간인을 취급한 방식과 새로운 전쟁 수행 방식—특히 가스 사용과 화염 방사기 같은 무기 발명, 무제한 잠수함 작전의 도입—은 총력전의 도래에서 소모전이 등장할 때까지 가장 중요한 단계들이었다.

유럽의 변화하는 사회적, 물리적 환경이 미래 전쟁에 어떤 영향을 미칠 것인지는 1914년보다 수십 년 전 앞서 유럽 전역의 정치가와 법률 전문가들의 관심을 끌어온 문제였다. 과연 군인과 민간인을 쉽게 구분할 수 있을까? 19세기 초 나폴레옹의 침략에 대한 에스파냐의 대응, 즉 게릴라 전법에 대한 의존은 미래의 문제점들을 가리키고 있었다. 그다음 1870~1871년 프랑스-프로이센 전쟁은, 60년 전 나폴레옹의 에스파냐 전쟁 경험이 만약 유럽의 인구 밀집 지역이 전화에 휩싸인다면 생겨날 골칫거리들의 맛보기에 불과했다는 것을 극적으로 보여줬다. 1870년 9월 스당 전투부터 1871년 봄 휴전까지 전쟁에서 민간인과 군인 사이의 관계를 둘러싼 모든 문제가 수면 위로 떠올랐다. 독일군은 스트라스부르, 페론, 수아송을 포격하고 인근 민간인 지역에 포탄을 날려대는 동안, 민간인과 군대가 서로 돕고 있어서 양자를 거의 구분할 수 없다는 주장을 줄곧 폈다. 점령지역에는 충격과 공포 요법이 적용됐다. 민가가 불태워지고 인질들이 총살당했으며 벌금이 부과됐다.

1871년에서 1914년 사이, 국제법 논의들은 무력 침략자와 민간인 방어자의 권리 및 의무를 규정하는 데 집중됐다. 이 같은 논의에서 독일인들은 일반적으로 점령지역 인구로부터 물자를 징발하고 복종을 요구할 권리를 옹호했다. 독일만 이를 요구한 것은 아니었지만 극단적 주장, 즉 크리크스페어라트Kriegsverrat라는 관념을 내놓았다는 점에서 사실상 유일했다. 이 시각에 따르면, 점령지역에서 전쟁 수행 노력에 대한 피점령국 민간인의 방해 공작은 자국민, 즉 점령국 국민의 방해 공작과 같은 반역 행위였다.[55]

독일의 벨기에 점령은 이러한 입장과 일관된 것이었고, 전체적으로 놓고 볼 때 확실히 연합국의 프로파간다가 묘사한 것만큼 잔학무도하지는 않았지만, 그래도 점령 정책은 가혹했다. 비록 독일군이 체계적으로 부모의 품 안에서 아기들을 빼앗아 벽돌담에 머리를 박살 내거나, 수녀들을 계획적으로 찾아내 학살과 강간을 자행하지는 않았다고 해도, 비록 노인들이 땅바닥을 기게 한 뒤 온몸에 총알을 박지는 않았다고 해도, 여성과 아이, 노인을 포함해 상당수의 인질이 총살됐다. 루뱅은 가루가 됐고, 1426년에 건립되어, 귀하디귀한 1500년 이전의 고판본과 중세 필사본 및 28만 권의 장서를 자랑하던 루뱅 도서관도 전화를 피해갈 수는 없었다. 슈레클리히카이트Schrecklich-keit, 즉 폭압을 통한 겁주기 전략은 처음에는 벨기에, 나중에는 프랑스와 러시아 점령지역의 공식 정책으로 천명됐다. '푸로르 토이토니쿠스furor teutonicus(튜턴족의 진노)'라는 표현은 독일인들에 의해 자랑스럽게 사용됐다.

민간인에 대한 처우는 협상 세력Entente Powers*에게 있어 독일의 비인간성에 대한 뒤집을 수 없는 증거가 됐다. '불쌍한 작은 벨기에'와

---

* 삼국협상으로 맺어진 영국, 프랑스, 러시아 외에도 미국처럼 나중에 이쪽에 가담하여 참전한 나라들까지 모두 아우르는 표현이다. 연합국Allies이라고도 한다.

'수난당한 벨기에'는 영국에서 주전론主戰論 정서를 동원할 때 사용된 주요 구호였다. 루뱅과 그곳 도서관의 운명은 독일 야만주의의 상징, 역사와 서구 문명 전체, 서구 문명의 업적과 가치, 유산에 대한 튜턴적인 적대의 상징으로 간주됐다. 루뱅 도서관을 비롯하여 9월 20일에 처음 포격을 당한 랭스 대성당—헨리 제임스는 "인간 정신에 여태껏 자행된 가장 간악한 범죄"라고 주장했다[56]—이프르 직물조합회관the Cloth Hall,* 그리고 결국에는 알베르 대성당도 피해 대상에 추가됐다. 독일군은 그러한 조치가 불러올 불리한 선전 효과는 고려하지 않은 채, 이 건물들의 종탑이 관측과 수기 신호를 보내는 장소로 이용되므로 포격할 수밖에 없었다고 주장했다. 그러나 그들은 곧 직접적인 전투 반경을 훨씬 넘어서는 곳의 민간인과 역사적 건물들도 공격함으로써 자신들의 논법을 저해했다. 10월 11일 타우베 비행기 두 대가 파리에 도달해 폭탄 22개를 떨어트려 3명의 시민이 죽고 19명이 부상당했다. 노트르담 성당도 다소 손상을 입었다. 이것은 협상 세력에게 부인할 수 없고 용인할 수 없는 전투 행위 형태의 확대로 간주됐다. 그다음 1914년 12월에 잉글랜드 북부 항구 도시 하트풀, 해변 휴양지 스카보로, 휘트비가 해상으로부터 포격을 당하면서 전쟁은 영국 민간인에게까지 도달했다. 1915년에는 런던과 파리에 체펠린 공습이 시작됐고, 1916년 초가 되자 이러한 공습은 멀리 북쪽 랭커셔까지 확대됐다.

이미 상당한 존경을 받던, 젊고 유능한 역사가 프리드리히 마이네

---

* 14세기 플랑드르 고딕 양식을 대표하는 건물이다.

케는 전쟁 초기 외국인들이 독일인의 행위에서 잔인성이라 부른 것을 독일인 자신은 그저 정직성이라 불러야 한다고 썼다. 이러니저러니 해도, 랭스 대성당이 프랑스군의 관측 장교들에게 사용되고 있다면 결국 폭격을 해야 한다. 그에게는 이보다 더 간단할 수 없는 문제였다. 이런 상황에서 프랑스인과 영국인이 독일인한테 야만인이라고 하는 것은 순전히 위선이다.[57] 마이네케는 비교적 온건했다. 또 다른 독일 역사가는 유사한 생각들을 더 카랑카랑한 어조로 표현했다.

> 이 종탑들 때문에 독일 병사 한 명이 쓰러지느니 천 개의 종탑이 무너지는 게 더 낫다. 우리 사이의 인도주의자와 유미주의자들이 징징거리는 소리는 듣지 말자. 우리는 우리의 뜻을 확고히 표명해야 한다. 이는 너무나 단순한 진실이라 듣고 싶어하지 않는 사람들에게 이 소리를 반복해야 하는 것이 지겨울 정도다.[58]

그들의 직업을 고려할 때, 누군가는 마이네케와 그의 동료들로부터 역사보다 활력을 명백히 우위에 두는 그러한 주장보다는 개인과 민족이 역사적 맥락에 의존한다는 사실을 더 크게 존중해주길 기대했을지도 모르겠다. 그러나 그들의 견해는 자기주장의 디오니소스적 행위에 방섬이 썩혀 있었다. 전쟁 기간에 독일 대학 역사학 교수 43명 가운데 35명은 독일이 공격받았기 때문에 참전했다고 천명하게 된다.[59]

역사 부정에 대한 흔히 보이는 대안은 파괴 행위가 일어나지 않았다며 사실을 부인하는 것이다. 1914년 10월에는 '문화계'를 상대로 독일 지식인 93명이 서명한 성명서가 발표됐다. 서명자 중에는 신학자 아돌프 폰 하르나크, 작가 헤르만 주더만, 작곡가 엥겔베르트 훔퍼딩크, 과학자 빌헬름 뢴트겐, 극작가 게르하르트 하우프트만과 같은 저명한 인사들이 포함돼 있었다. 그들은 "우리가 벨기에의 중립을 침해하는 범죄를 저질렀다는 것은 사실이 아니다. 우리 병사들이 루뱅에서 잔인하게 행동했다는 것은 사실이 아니다"[60]라고 주장했다. 전쟁, 그리고 20세기가 진행되면서 소망, 환상, 망상은 현실을 지배하는 독재자가 된다. 독일은 이런 과정에서 앞장섰다. 에른스트 윙거는 인간은 "인간성이 그를 해칠 수 없을 때에만 거기에 가슴을 열어야 한다"고 말했다. 그러한 에고이즘과 흥분에 대한 갈망은 윙거가 인정할 각오가 돼 있었듯이, 전쟁의 도래에 일정한 역할을 했다.

> 소름 끼치는 것에 대한 관심은 물론 거부할 수 없게 우리를 전쟁으로 끌어당긴 복잡한 욕망의 일부였다. 우리 세대가 뒤에 남겨두고 온 것만큼이나 긴 법과 질서의 시기는 상궤를 벗어난 것에 대한 진짜 갈망을 불러왔다.[61]

프랑스인과 영국인이 독일의 전쟁 수행 방식을 두고 그렇게 흥분한 것은 정당할까? 따지고 보면 영국은 20세기 초 남아프리카 전쟁에서 보어인들이 치고 빠지는 기습과 민간인 저항에 의존했을 때—지금 독일인이 벨기에인을 비난하는 것과 같이—보어인의 그런 '스포츠맨답지 못한' 전술을 비난하고, 집단 수용소를 세워서 남자는 물론 여자와 아이들까지 엄혹한 환경에 가뒀다. 영국이 위선적으로 행동한다고 비난한 재담가들은 "영국은 바다를 지배하고, 따라서 영국은 규칙을 무시한다Britain rules the waves and therefore Britain waives the rules"*는 표현을 즐겼다. 게다가 프랑스 병사들도 전쟁 초기에 점령지역에서 '잔학 행위'를 저질렀다는 증거가 있으며,[62] 따라서 만약 전쟁이 대체로 독일 땅에서 벌어졌다면 프랑스가 어떻게 행동했을지 마땅히 궁금해할 수 있다. 동원령이 떨어지고 며칠 뒤, 전직 교사이자 평화주의자인 루이 페르고는 "마지막 돌 하나까지, 마지막 사람 한 명까지, 이 뱀의 인종, 이 프로이센 인종을 뿌리 뽑는 것이 필요하고 시급하다"[63]라고 썼다.

그런데도 현재의 증거들은 독일이 국제 기준을 가장 체계적으로 부정했음을 압도적으로 보여준다. 독일이 국제 전시 규칙을 부정한 이유는, 어느 정도는 불가피해서, 또 그러한 기준들이 독일의 즉각적인 이해관계에 해롭다고 여겨서였지만, 대체로 독일인들이 자신에게 낯설고 역사적이라고 간주한 규칙들을 따르는 데 덜 연연했기 때문이다. 그들은 그런 규칙들이 엄청난 의미를 띠는 지금 이 순간과 자신들에게는 적용될 수 없다고 생각했다. 독일인들은 전쟁이 끝난 뒤 자신들의 프로파간다 능력이 연합국의 해당 능력에 비해 한참 못 미쳤다고 자책했지만, 진실은 연합국에 대한 독일의 비난보다 독일에 대한 연합국의 비난에 더 많은 근거가 있었다는 것이다. '정직' '솔직함' '진실함'에 대한 독일의 호소는 낭만주의적이고 이상주의적 기운이 느껴졌다. 그것은 내적이고 사적인 덕성에 대한 호소였다. 연합국의

---

* 영국 국가 「브리타니아여 지배하라Rule Britannia」의 가사를 패러디한 것이다.

호소는 사회적, 윤리적, 역사적 호소였다. 그것은 외적이고 공적인 가치들에 대한 호소였다.

앙리 베르그송은 1914년 12월에 독일인들이 그들의 야만주의를 '과학적으로' 만들었다고 비난했으며[64] 헨리 제임스는 1915년 1월 이프르의 파괴 뒤에 자리한 '저열한 악마성'을 언급했다.[65] 그러나 1915년 4월 22일, 서부전선 랑게마르크에서 프랑스 부대와 캐나다 부대를 상대로 한 독일군의 체계적인 질식 가스 최초 사용이야말로 연합국 국민 사이에서 독일의 위협의 악마적 본성과 독일의 '책임'에 대한 의구심을 싹 지웠다. 1915년 봄의 그 사건은 피에르 미켈이 '테러리스트 전쟁'[66]이라 부른 것 가운데서도 가장 이목을 집중시킨 충격적인 행위였다.

1899년 헤이그 선언과 1907년 헤이그 협약은 전쟁에서 '독이나 유독 무기'의 사용을 금지했다. 비록 프랑스군과 영국군도 일찍이 1914년 9월부터 액화 염소를 사들이고 있었고, 특히 프랑스군은 1915년 4월 이전에 가스 군수품 생산에 노력을 기울이고 있었지만, 독일군이 가장 먼저 가스를 체계적으로 광범위하게 사용했다는 사실은 변함없다. 전쟁 전 암모니아 합성 연구로 훗날 노벨상을 받게 되는 화학자 프리츠 하버는 1914년 가을에 염소를 사용하면 독일군이 전쟁에서 주도권을 쥐게 되고 군수품과 인력 부족에도 불구하고 결국 승리를 거두리라 생각했다. 독일군과 프랑스군이 이미 사용하던 비교적 해가 없는 무독성 자극물과 달리, 연합국이 포탄에 독가스를 넣어 사용하고 있었다고 독일 측이 제기한 혐의―이러한 주장에 대해 그들은 증거를 내놓을 수 없었다―와 헤이그 협약은 연무 가스 확산이 아니라 가스를 분사하는 발사체 사용에만 적용된다는 독일 측 주장은 쟁점 흐리기에 불과했다.

그 당시 일부 논자들, 그리고 나중에 일부 역사가는 가스 사용을 두고 쓸데없이 야단법석을 떨어왔다고 주장한다. 그들은 심지어 살상 가스가 도입된 뒤에도 가스가 사상자를 더 적게 초래했기 때문에 포격보다 사실 더 인간적이었다고 주장한다.[67] 그런 주장은 허울만 그럴 듯하다. 가스는 분명히 그것이 더 인간적이어서가 아니라 전선의 병사들이 맞닥뜨리게 되는 참상들을 더 악화시키기 때문에 사용됐다. 그것은 포격 대신 사용되지 않았다. 그것은 포격에 추가로 사용됐다. 독일군이 이프르 근처 요충지인 힐 식스티Hill 60를 가스의 도움을 받아 차지한 뒤, 1915년 5월에 한 영국군 포병은 다음과 같이 의견을 표명했다.

> 우리가 매번 재앙을 만나지 않으려면 우리 자신도 그런 종류의 수단을 써야 한다. 이 인도주의자들은 사람을 질식시키는 것이 고성능 포탄으로 사람을 날려버리는 것보다 더 자비롭다고 말한다. 그건 그들이 세상 사람들 앞에서 자신들을 보기 좋게 내세우려는 수작이다. 실제로 그들은 가스를 튼 뒤 가스 연기에 꼼짝도 못하게 돼 움직일 수 없는 병사들을 남김없이 송검으로 처리한 다음, 여전히 숨을 쉬려고 몸부림치는 그 비참한 무리에 고성능 폭약을 던진다. 이 모든 일에 대해 지금 내 심경은 말로는 도저히 표현할 수 없다.[68]

병사들, 심지어 전쟁에 잔뼈가 굵은 베테랑들도 모두 가스를 사용한다는 생각에는 끝내 익숙해지지 못했다. 실제로 독가스 개발에 직접 관여한 독일인 가운데 일부는 그것이 '기사도에 어긋나고' '역겨운' 무기라고 생각했다.[69] 제6군 사령관 바이에른의 루프레히트 왕세자는 적도 같은 방식으로 대응하게 될 것이라고 주장하며 가스 사용을 막아보려 했지만, 그의 의견은 무시됐다. 아이러니하게도 1915년 9월 로스 전투에서 영국군의 첫 대규모 가스 공격의 대상은 그의 제6군이 된다. 비록 가스가 순식간에 양측의 표준적 무기의 일부가 되고 전쟁이 지속되면서 더 치명적 형태가 도입되지만, 병사들은 계속해서 가스를 올바르지 못한 싸움 방식과 연결시켰다. 의무 부대의 G. W. G. 휴스 중령은 "첫 가스 공격 뒤에 이프르에서 본 광경은 결코 잊지 못할 것이다"라고 단언했다.

> 포퍼링허와 이프르 사이 길가를 따라 쓰러져 있는 병사들은 기진맥진한 채 숨을 헐떡거리며 노란 점액질 거품이 토해내고 있었고, 퍼렇게 변한 얼굴에는 고통스러운 기색이 역력했다. 나는 지금까지 어떤 책이나 글에서도 이러한 가스 공격의 사례들의 참상을 과장하거나 심지어 그 실상에 근접한 것을 본 적이 없다. 독가스 공격의 희생자들을 목격하고 치료하다보면 당장 독일놈들한테 달려가 목을 조르고 싶다는, 그들에게 그 악마 같은 방식대로 되갚아주고 싶다는 생각이 든다. 이러한 처참한 고통보다는 급작스레 죽는 게 차라리 낫다.[70]

가스의 희생자는 포탄에 사지가 조각난 병사들보다 목격자의 마음을 더 심하게 고문했던 것 같다.

내 모든 꿈속에, 무기력한 내 눈앞에,
거품을 물고 껙껙거리며 익사하는 그는 내게로 달려든다.[71]

병사들은 물론 미신에 굉장히 민감했고 영국군은 가스 사용이 불운을 가져온다고 믿게 됐다.[72] 영국과 프랑스 후방의 민간인들은 독일이 가스에까지 손댐으로써 인간으로서의 도리를 완전히 저버렸다고 생각했다. 본국의 여론은 충격으로 들끓었고, 1915년 4월 말 다급한 상황에서 『데일리 메일』이 영국 여성들에게 신문에 실린 지시 사항에 따라 100만 개의 탈지면 방독면을 만들어달라고 요청하자 군대에는 기부 물품이 쇄도했다. 이렇게 기부받은 방독면 수천 개는 즉시 프랑스로 보내져 병사들에게 임시방편으로 지급됐다. 가스 공격 기술은 재빨리 발전하여 염소 가스부터 포스겐 가스, 머스터드 가스로 이어졌다. 그중 머스터드 가스가 가장 치명적이었는데 이것 역시 독일군이 도입한 것이었다. 그에 따라 방독면도 점차 정교해져서 고무 처리를 한 직물로 된 마스크와 강화유리로 된 고글로 안면 전체를 가리게 됐다. 병사들은 방독면을 싫어했다. 가장 편한 상태라도 기본적으로 숨쉬기가 힘들었고, 시야와 이동이 제한됐기 때문이다.

베르됭에서 포스겐 공격이 이뤄지는 동안, 방독면을 쓴 병사들에게 눌러싸인 피에르 드 마즈노는 '죽음의 카니발'을 떠올렸다.[73] 많은 이에게 가스는 전쟁을 초현실의 영역, 환상의 영역으로 가져다놓았다. 방독면을 쓰는 순간 병사들은 인간으로서의 모든 표식을 잃게 됐다. 길게 튀어나온 주둥이, 커다란 고글, 굼뜬 몸동작으로 인해 그들은 환상 속의 인물, 이를테면 길쭉하고 각진 모습의 전통적 병사보다는 피카소나 브라크 그림의 환상 속 인물에 더 가까워 보였다. 도르 겔레스는 방독면을 "전쟁의 진정한 얼굴을 나타내는 이 돼지 주둥이" 라고 불렀다.[74] 독일군의 가스 공격에 대한 영국군의 감상에는 다음과 같은 것도 있었다.

> 독일군의 독가스 사용으로 전쟁은 한층 더 처절한 양상을 띠게 됐고 참상에 참상이 이어지다 마침내 문명사회의 병사는, 입에서 불과 유독한 입김을 뿜어대는 징그러운 용과 맞서 싸우는 옛 시대 기사의 용기쯤은 무색하게 만들, 지고의 용기를 보여줘야 하는 지경에 이르렀다. 과학적 오랑우탄 종족과의 이 사투는 외부를 향한 눈을 닫고, 내면으로 눈을 돌려 병사의 이마에서 빛나는 님부스nimbus를 볼 것을 요구한다. (…) 그러나 깃털과 화려한 제복으로 성장한 옛 시대 병사의 어느 용기가, 말을 달리거나 혹은 진흙이나 흙먼지 속에 쭈그리고 앉아 화학 처리된 방독면으로 싸여 인간다움을 모두 상실한 채, 총알과 포탄, 쇳조각뿐만 아니라 플라멘베르퍼flammenwerfer(화염 방사기), 질식 가스, 최루 가스, 악취 가스, 여타 독일군 전투 무기를 기다리는 그의 이 엄청난 용기 앞에 감히 맞설 수 있겠는가?[75]

영국 공병대의 '대對 가스 기관'이 종전 10년 뒤 다시 만났을 때, 행사 프로그램의 짤막한 촌극 가운데 하나가 러시아 발레를 언급한 것은 놀라운 일도 아니다. 가스와 러시아 무용수들은 "새로움"의 정점, 다시 말해 사회 대부분에서 용인된다고 여겨지는 것을 크게 넘어서는 현대적인 것의 표현으로 이해됐다. CBE(대영제국훈작사)이자

FRS(왕립학회회원), 이탈리아 기사 훈장을 받은 헨리 S. 레이퍼 중령은 다음과 같은 10주년 기념 프로그램을 받았다.

라페르스키가 그의 유명한 러시아 발레「디알리시스」를 선보인다. 줄거리: 아름다운 세 자매 클로리네Chlorine와 브로미네Bromine, 이오디네Iodine가 숲속 빈터에서 헤매는 장면으로 시작한다. 악명 높은 악당 소디움Sodium이 그들에게 접근해 각각 전자電子 반지를 선물하며 아가씨들을 꾄다. 뒤늦게야 무슨 일이 일어났는지 깨달은 그들이 절망에 휩싸인 채 막 결정체가 되려는 순간, 아르젠툼Argentum에 의해 침전돼 무시무시한 운명에서 구출된다. 마지막 장면은 소디움이 브라운 운동으로 이온Ion이 되면서 끝난다.[76]

가스가 처음 사용됐을 때 영국에서 보인 격렬한 반응을 생각할 때, 1919년에 출간된 화학전에 대한 홀랜드 보고서의 도입부를 살펴보는 것도 흥미롭다. 보고서는 다음과 같이 시작한다.

가스가 전쟁의 합법적 무기라는 사실을 이 위원회는 조금도 의심하지 않았으며, 미래에도 사용되리라는 점 역시 처음부터 당연한 결론으로 간주한다. 시금까지 역사에서 생존을 위해 싸우는 나라들이 전쟁에서 성공적이었던 것으로 드러난 무기를 포기한 적은 없었다.[77]

20년 뒤 다음 전쟁이 터졌을 때, 영국 국민은 전원 방독면을 받았다. '입체파 전쟁'은 이제 나라 전체로 퍼졌다.

화염 방사기는 독일군이 처음 도입한 또 다른 무기였다. 그것은 1914년 후반부터 독일군 무기의 일부였다. 연합국은 화염 방사기가 "불필요한 고통을 초래하도록 의도된 무기, 발사체, 물질"의 사용을 금지하며 더 나아가 "교전국이 적에게 상해를 입히는 수단을 선택하고자 할 때 무제한적 권리를 누릴 수는 없다"고 규정한 헤이그 협약을 위반한다고 주장했다. 화염 방사기는 기름을 높은 압력으로 방사하는 실린더와 강철 튜브로 이루어져 있었다. 이것은 가스처럼, 장기적으로는 그렇게 효과적이지 않지만—화염 방사기는 사격 진지 pillbox나 대피호 안에 있는 사람들을 소각할 때 가장 유용했다—잠재적 희생자들에게 가공할 공포감을 주입할 수 있는 무기였다. 메레에게 있어 플라멘베르퍼는 "이 무자비한 전쟁의" 최고의 "상징, 이 광기의 세기의 이글거리는 비전"[78]이었다. 프랑스군과 영국군은 화염 방사기 사용을 독일군만큼 달가워하지 않았다. 그들은 공격받는 참호에서 저항이 있으면 화염 방사기를 든 병사가 총에 맞을 가능성이 있고, 그러면 살아 있는 인간 횃불이 돼 아군 병사에게 도움이 되기보다 오히려 더 위험을 안길 뿐이라고 생각했다. 참호에서 저항이 별로 없다면 화염 방사기는 딱히 필요하지 않았다. 프랑스군은 실제로 첫 번째 공격 물결이 성공하면 소탕 작전을 위해 투입하는 랑스-플람 lance-flamme(화염 방사 부대)을 보유했다.

독일군이 최초로 체계적으로 적용한 참호전의 다른 혁신 중에는 참호 박격포와 저격도 있었다. 미넨베르퍼 Minenwerfer 혹은 영국군이 아이러니한 애정을 담아 부르던 이름인 미니 Minnies로 통한 참호 박격포는 일찍이 1914년 9월부터 슈맹데담과 다른 전선에 출현했다. 프랑스군은 박격포를 싫어해서 "석탄통"이나 "난로 연통"이라고 불렀다. 망원 조준기로 무장한 저격수도 스포츠맨답지 못하다고—때로는 아군에게마저—미움을 받았다.

영국군과 프랑스군은 참호 박격포나 가스, 탱크 등 전쟁의 새로운 관념을 도입하는 데 느렸다. 처음부터 연합국 쪽에는 참호전의 현실을 받아들이는 데 주저하는 경향이 있었다. 키치너는 "어찌해야 할지 모르겠다. 이건 전쟁이 아니다"[79]라고 말했다. 물론 참호전은 독일군 탓으로 돌려졌다. 그들이 먼저 이 "남자답지 못한" 싸움 방식으로 돌아섰다는 것이다. 셰르필 장군은 보슈가 정직하고 남자다운 싸움을 정정당당하게á la loyale 하기를 거부하며 "벌벌 떠는 두더지"처럼 군다고 비난했다.[80] 그러나 독일군 규탄을 넘어서 영감에 넘치고 혁신적인 사고를 내놓지는 못했다. 솜 전투가 돌파의 기미는 전혀 보이지 않은 채 석 달을 끈 뒤에도 로버트슨 장군은 탱크를 "다소 필사적인 혁신"[81]이라고 묘사했다.

탱크는 참호전에서 중요한 역할을 한 연합국의 유일한 발명품이었다. 그러나 1916년 9월 15일, 솜 전투에 성급하게 투입된 적은 수량의 탱크는 기습 무기로서의 기회를 허비해버렸다. 빅토리아 세계에서 기습이란 다소 비윤리적인 것으로 여겨졌다. 그것은 도박꾼과 거달의 부도덕한 세계에 속한 것이었다. 성공은 근면과 노력의 산물이어야지, 우연과 불시 기습의 산물이어서는 안 됐다. 그래서 탱크는 비밀 무기라기보다는 영국인의 결단력과 헌신의 소산으로 간주됐다. 적어도 헤이그만 놓고 보면, 탱크는 언제나 보병의 공습에 종속적이었다. 결국에는 기계가 아니라 사람이, 그러니까 '정정당당하게 게임을 하는' 사람이 이 전쟁에서 이긴다는 것이었다.

  탱크가 내키지는 않지만 연합군에 의해 게임의 필수적 일부로 받아들여졌다면, 지정된 해역 내 모든 선박을 공격하는 독일의 잠수함 운용 방식은 처음부터 영국과 프랑스에 의해 독일 야만주의의 또 다른 발현으로 여겨졌다. 독일인은 언제나 자국 함대의 실용적 쓰임보다는 상징성에 더 큰 의미를 부여했다. 예를 들어, 1912년 10월 베트만 홀베크는 베를린 영국 대사관 소속 선임 무관인 그랜빌 경에게 독일은 "독일 상업을 보호하려는 목적만이 아니라 독일의 위대함이라는 일반적 목적을 위해" 함대가 필요하다고 말했다.[82] 전쟁이 터졌을 때 영국 해군의 우위는 처음부터 분명했고, 1914년 말이 되자 영국은 유럽 근해를 확고하게 장악하여 북해와 영국해협에서 독일 선박에 대한 효과적인 봉쇄를 시행하고 있었다. 게다가 영국 해군은 바다에서 독일 함대에 적잖은 손실을 입혔다. 카이저는 자신의 상징물이 박살 날까봐 전전긍긍하며 애지중지한 나머지 함대가 위험을 무릅쓰기를 꺼렸다. 그래서 잉글랜드 동해안에 몇 차례 치고 빠지는 습격과 1916년 유틀란트 해전을 제외하고 독일 함대는 기뢰 부설 수역 뒤편 항구에 안전하게 모셔져 있었다. 이 지위 상징의 사용을 박탈당한 독일 해군 지도부는 해전의 새로운 무기로, 그 효과가 더 '현대적'이고 비밀과 기습, 갑작스러운 파괴를 동반하는 무기인 잠수함으로 강조점을 이동시켰다. 잠수함을 부각시킴으로써 독일은 다시금 전략적 사고의 전통적 패턴을 변화시켰다. 함대는 잠수함으로 뒷받침돼야 하는데, 그 반대가 된 것이다. 잠수함이 해전에서 독일의 주력 무기가 되고, 해상 해군은 지원하는 위치로 밀려났다. 육지에서 독일은 지하 전쟁으로 고개를 돌렸다. 바다에서도 그들의 접근법은 똑같았다.

1915년 2월, 독일은 영국 주변 해역으로 '전쟁 지대'를 선포하고 상선이든 아니든 승무원과 승객의 안전은 상관 않은 채 그 해역의 모든 선박을 공격하겠다고 밝혔다. 다시금 독일은 영국이 해상에서 먼저 법을 위반했고, 자신들은 어쩔 수 없이 영국의 봉쇄에 대응하는 것뿐이라고 주장했다. 영국은 해전 수칙을 확립하려는 1909년 런던 선언의 비준을 거부했다. 예를 들어, 금수품의 성격과 같은 논쟁의 여지가 많은 사안을 줄곧 자기들에게 유리한 대로 해석해왔던 것이다. 따라서 독일의 주장에 따르면, 자기들이 비록 잔인해 보일지라도 그에 대한 대응 수단을 채택하는 것 말고는 대안이 없었다.

이 경우, 확실히 독일 측의 주장에 얼마간 타당한 부분이 있었다. 그러나 여기서 흥미로운 것은 독일 측 반응의 성격이다. 무제한 잠수함 작전에 의존함으로써, 그리고 다시금 군인과 민간인, 중립국과 교전국 구분을 거부함으로써, 독일은 영국이 봉쇄 정책으로 했던 것보다 훨씬 더 강력한 드라마와 기세로 전쟁을 총력전의 영역으로 끌고 갔다. 폭압 정책은 해상에도 적용됐다. 1915년 3월, 여객선 팔라바호號는 구명정을 띄우는 동안 발사된 어뢰로 격침됐다. 100명이 넘는 사람이 목숨을 잃었다. 5월 7일에는 영국 대서양 정기여객선 루시타니아호가 아일랜드 앞바다에서 격침돼, 2000명이 넘는 승객과 승무원 가운데 미국인 120명을 포함해 1198명이 목숨을 잃었다. 독일에서는 외국인 혐오의 열기를 드러내며, 해상에서 이 '승리'를 기념하는 메달까지 만들어졌다. 가스를 처음 사용하고 며칠 만에 일어난 루시타니아호 침몰로 인해 중립국 진영은 독일의 만행에 격노했다. 하버드

대학 교수 조사이어 로이스는 그때까지 수업 시간에 전쟁에 대해 언급하는 것을 자제해왔다. 하지만 루시타니아호의 운명을 알고 나서는 더 이상 참을 수 없었다. "그런 일에 대해 어떻게 생각해야 하는지 내가 이 수업에서 자네들에게 조금이라도 의심의 여지를 남겨둔다면 나는 형편없는 철학 교수라고, 그것도 특히나 형편없는 도덕철학 교수라고 말해야겠지." 그는 계속해서 "프로이센식 전쟁이 펼치는 악행의 이 최신 발현"과 "인간성에 대한 이 새로운 실험"을 언급했다.[83] 로이스의 반응은 미국의 반응을 대변했다.

협상국에서 루시타니아호의 침몰은 도덕적 공분과 자원입대 홍수로 이어졌다. 블랙풀 문법학교 아널드 하우스의 25세 교사 윌리엄 그렉슨은 여태껏 일기에 전쟁보다는 학교생활과 축구 이야기를 더 많이 썼지만, 그 역시 루시타니아호 침몰 사건에 분명히 큰 영향을 받았다. 그는 5월 9일 일요일 일기에 "루시타니아호의 침몰은 여전히 우리 위에 무겁게 드리워져 있고 아침 예배에서 럭비 목사한테서 평소보다 훨씬 더 불같은 설교를 이끌어냈다"고 썼다. 2주 안으로 그렉슨은 입대를 결심했다.[84]

독일은 여름이 지나서까지 무제한 잠수함 전술을 고집하여 7월 9일에는 대형 커나드 정기여객선을 공격했지만 실패했고, 그다음 8월 19일에 화이트스타사社의 정기여객선 애러빅호를 침몰시켰다. 무제한 잠수함 작전에 반대하는 여론이 높아지고, 영국에 작전이 원하던 경제적 영향을 미치지 않았다는 사실이 분명해지자 1915년 9월에 공격은 중단됐다.

그러나 팔켄하인은 진지전이라는 시각을 발전시키면서—1915년

12월에 작성한 제안서에서 가장 완전하게 제시된—새로운 전쟁의 성격에 있어 더 넓은 버전의 무제한 잠수함 작전의 정력적 추진을 포함시켰다. 둘 다 총력전의 본질적 요소였다. 팔켄하인은 1916년 들어서까지 유보트 문제와 관련하여 문민 관료들과 카이저를 설득하지만 실패한다. 그러나 유틀란트 해전 후, 독일이 영국 해군의 우위를 무너트릴 기회는 거의 없다는 것을 깨달은 데다 1916년의 지상전도 해상에서와 유사하게 아무런 진전이 없자, 마침내 카이저와 베트만 홀베크도 새로운 무제한 잠수함 작전의 실시만이 승리를 얻을 유일한 길이라고 설득당했다. 그러한 작전이 미국의 참전을 불러올 가능성이 있었음에도, 독일인들은 미국의 힘이 유럽에 도달하기 전에 영국을 굴복시킬 수 있다고 믿었다.

침몰 톤수가 성공의 기준이라고 한다면, 이번 무제한 잠수함 작전은 초기 단계, 적어도 1917년 여름 말까지는 분명히 전망이 있어 보였다. 그때가 되자 예상치 못하게 영국 해군은 효과적인 호송선단 시스템을 도입했다. 그러나 독일에게 최악의 역풍은 1917년 4월 미국의 참전이었다. 잠수함 전쟁은 전쟁이 끝날 때까지 지속됐지만, 1918년 7월에 이르면 전세는 이미 역전됐는데 그때 영국은 독일군이 침몰시키는 것보다 더 많은 톤수의 선박을 새로 생산해내고 있었던 것이다.

앞서 본 내로, 하늘에서도 독일은 전투의 경계를 확대하는 데 주도적이었다. 따라서 모든 층위에서, 육지, 바다, 하늘의 전쟁에서 가장 새로운 방법을 먼저 도입하는 쪽은 보통 독일이었다. 행동과 도덕률의 국제적 기준을 가장 뻔뻔하게 잡아 늘인 것도 그들이었다. 전투 수행 방식의 이 모든 영역과 측면에서 1916년은 커다란 중요성을 띠었다. 가스, 잠수함 전쟁 등 여러 새로운 아이디어는 1915년에 처음 시도됐으므로, 그해는 돌이켜볼 때 이행의 해였다. 그러나 1916년은 가장 놀라운 차원에서 새로운 전쟁의 도래와 수용을 목도했다. 많은 이가 비상한 변화가 진행 중임을 의식했다. 조르주 블라숑은 1916년 초『르뷔 데 되 몽드』에「새로운 전쟁」과「우리 눈앞에서 바뀌고 있는 전쟁」이라는 제목의 글 두 편을 발표했다.

  1914년, 독일은 방법과 전술, 전쟁의 도구에서 주도권을 잡았다. 전쟁은 유럽의 정신에 혁명을 가져오게 되고 그에 따라 유럽 국가 구조에도 혁명을 가져온다. 독일은 유럽의 혁명 세력이었다. 대륙 중앙에 자리한 독일은 유럽의 지도자, 자신들이 표현한 대로 유럽의 심장이 되려고 나섰다. 독일은 이 전쟁에서 혁명의 이념만 대변한 것이 아니다. 독일은 혁명 세력들의 궁극적 목표가 무엇이든 그들을 곳곳에서 지원했다. 독일은 영국에 맞서 싸우는 로저 케이스먼트와 아일랜드 민족주의자들을 도왔고, 페트로그라드에서 혁명을 유발하고자 스위스에서 레닌을 러시아로 실어 보냈다. 독일에 있어 무엇보다 중요한 것은 낡은 구조의 전복이었다. 그것이 전쟁의 전적인 핵심이었다. 일단 달성되면 혁명적 동학은 새로운 상황에 적합한 새로운 구조를 세우게 될 것이었다.

제 5 장
광기 안의 이성

오 신이시여! 지나간 시대 우리의 구원이자
다가올 시대의 희망이신 분.
―아이작 와츠

나는 이 전쟁으로 사람들의 성격과 관습, 풍속에 중요하고 항구적인 변화는 일어나지 않았다고 생각한다.
―마이클 맥도너(1916)

나는 영국으로 돌아간다네.
훈족 놈들을 혼내주러 고향을 떠났었지.
피비린내 나는 전투에서 실컷 싸웠어.
하지만 이제 내 팔은 날아가버렸고,
의무는 다한 거 같으니까
아침이면 영국에 있는 애인한테 키스할 거야.
―크리스마스카드에 적힌 시, 영국 적십자협회(1917)

그들은 이유를 따질 수 없었다

학교 교사, 탄광의 광부, 은행원, 양계장 주인, 시골 지주, 도시 중간계급, 노동자, 농민 등 그들이 격렬한 전화戰火의 한복판에서 계속 참호를 지키게 만든 것은 무엇일까? 무인지대 언저리 저 냉혹한 죽음이 다스리는 그 자투리땅에서 그들을 버티게 한 것은 무엇일까? 병사들이 참호 밖으로 나와 공격에 나서도록 한 것은 무엇일까? 전장의 소음과 힘든 지형, 공포와 혼란에도 불구하고 병사들이 놀랄 만큼 질서정연하게 전진하게 만든 것은 무엇일까? 무엇이 그들을 죽음이나 죽음을 상징하는 것들과 계속 대면하는 상황에서 버티게 해줬을까? 무엇이 그들을 버티게 했을까? 공격하거나 반격할 때, 방어하거나 잡역을 하거나 행군할 때, 여름이나 겨울, 사선에서나 지원선에서나, 대기 병력으로 있을 때나, 후방으로 물러나 휴식을 취할 때나, 그리고 어쩌면 가장 어려운 시험일 휴가 중일 때 그들을 버티게 한 것은 무엇일까?

지금 우리는 직업 군인들의 군대가 아니라 자원병과 징집병들로 이루어진 대중 군대, 다시 말해 여태껏 본 적 없던 어마어마한 대규모 군대를 이야기하고 있지, 채찍이나 올가미, 프로크루스테스의 침대*로 복종을 이끌어내는 군 체제를 이야기하는 것이 아니다. 탈영죄는 여전히 사형으로 다스릴 수 있었고 이 전쟁에서 군사 법정은 여전히 활발히 열렸지만, 불복종과 항명 사례는 병사들의 숫자와 비교할 때나 그들이 무릅써야 했던 여건들을 고려할 때 미미했다. 병사들을 이 지옥 같은 서부전선에서 계속 버티게 한 것이 무엇이었는지에 대한 질문은 전쟁과 전쟁의 의미를 이해하는 데 핵심적이다.

전방 병사들의 일기와 편지를 보면 한 가지 사실이 분명히 드러난다. 전방 복무 중, 다시 말해 특히 전투 중에 심각했지만 일상 업무를 수행할 때도 마찬가지로 병사의 감각은 무수한 공격에 노출돼 무뎌지고 시간이 조금 지나면 병사는 반사작용에 따라 살아가는 경향이 있었다. 병사들은 그저 본능에 따라 움직였다. 물론 자기 보호는 중요한 본능이지만, 병사들이 처한 상황을 고려할 때 그보다 더 중요한 것은 군대가 제시하는 확고한 행동 수칙과 특히 군대의 더 넓은 맥락을 구성하는 사회적 규범이었다. 반사작용과 본능은 대체로 병사들이 살아가는 사회에 의해 규정됐다.

공격에 대해서 앨런 토머스는 나중에 이렇게 썼다. "소음, 연기, 화약 냄새, 타닥거리는 라이플과 기관총 소리 이 모든 것이 합쳐져 감각을 마비시켰다. 나와 다른 이들이 앞으로 나가고 있다는 것만 빼고

---

* 그리스 신화에서 유래된 것으로, 다른 사람의 생각을 억지로 자기 기준에 맞추려고 하는 횡포나 독단을 의미한다.

나는 다른 것은 거의 의식하지 못했다."[1] 토머스는 자신이 왜 앞으로 나가는지 몰랐겠지만, 여러 이유로 그는 충성스럽고 성실하며 명예롭게 앞으로 나가고 있었다. 그리고 그 이유 대부분은 부정적이라기보다 긍정적이었다. 다층적—개인적, 가족적, 국가적—해석이 가능한 '대의명분'은 처벌의 위협보다 개인의 행동을 결정하는 데 훨씬 더 중요한 요인이었다.

런던 아이리시 연대의 패트릭 맥길에게 참호를 뛰쳐나와 공격에 나서는 것은 "생각하는 것이 현명하지 못한 순간이 왔음"[2]을 의미했다. 시간과 심지어 공간도 더 이상 아무런 의미가 없었다. 눈앞의 임무—아군 진영의 철조망을 통과하고, 포격의 상흔으로 어지러운 지형을 가로지르며, 소대장의 신호를 살피고, 등에 진 무거운 배낭에 대처하는 등—가 모든 의식을 완전히 사로잡았다. 이런 상황에서 병사는 훈련을 통해 몸에 밴 규칙만이 아니라 그가 속한 사회와 교육, 성장 배경에 의해 주입된 가치 체계 전체에 따라 움직인다.

극단적 위험이 난무하는 상황에서 반사작용이 행동을 결정했다는 것은 물론 전적으로 이해할 만하다. 전쟁 다큐멘터리들은 마취 상태와 유사한 상태에 대한 언급을 흔히 담고 있다. 1916년 9월 솜에서 구스 앨리의 공격을 묘사하는 앨릭잰더 에이트킨의 말을 들어보자.

> 나는 연기 속을 통과했다. (…) 이 같은 공격에서 치명적 포화에 노출되면, 사람은 강한 전기가 통하는 전극을 붙든 것처럼 기계적으로 움직이는 것 말고는 아무것도 할 수 없게 무력해진다. 죽음으로부터 자신을 지켜주는 마지막 방어막이 걷히면, 마취 상태에 빠지는 순간 머릿속의 마

지막 생각이 다시 마취에서 깨어날 때 처음 드는 생각인 것처럼 의지는 고정된다. 다시 안전한 상태가 되거나 부상으로 쇼크 상태에 빠질 때만 그러한 자동 최면에서 깨어날 것이다. 그동안 모든 정상적인 감정은 완전히 무감각해진다.[3]

그러나 다른 기록물들은 마취에 가까운 이러한 상태가 전투만이 아니라 장기적 참호생활의 지속적인 조건이 됐음을 시사한다. 병사가 참호에서 3주가량 지내고 나면 눈에 띄는 변화가 감지됐다. 그의 반응은 일반적으로 무뎌지고 얼굴은 더 무표정해지며 눈동자에서는 총기가 사라졌다. 독일 학생인 후고 슈타인탈은 이 지옥에서 정신적으로 살아남기 위해 병사들이 발달시키는 둔감성에 대해 언급했다. 참호에서 특별히 지치는 시기를 보낸 뒤 교대를 위해 나왔을 때, 그는 집에 보내는 편지에 이렇게 썼다.

우리 보병들만큼 이 참호에 오랫동안 있었던 사람은, 그리고 이 지옥 같은 공격을 견딘 뒤에 여전히 정신이 온전한 사람은 적어도 이 세상의 많은 것에 대한 감정을 틀림없이 상실해버렸을 것입니다. 끔찍하고 도저히 믿을 수 없는 일들이 불쌍한 우리 병사들에게 너무 많이 일어났습니다. 저는 사람이 그 모든 일을 견딜 수 있다는 게 믿기지 않습니다. 우리의 작은 두뇌는 그 모든 것을 받아들일 재간이 없습니다.[4]

마르크 보아송은 참호에서의 경험이 유발하는 자동 마취를 언급했다.[5] 프리츠 크라이슬러는 병사들이 빠져드는 "최면에 가까운 이상한 심리 상태"를 언급했다.[6] 페탱 장군은 순진무구한 젊은이들이 "베르됭의 도가니"로 처음 들어갈 때 무심하고 쾌활한 척하는 모습을 지켜봤다. 그러나 나중에 생존자들은 "공포로 얼어붙은" 표정으로 그곳에서 빠져나왔다.[7] 결국에는 포탄 충격이나 신경증이라는 용어가 이런 정신 상태의 극단적 경우에 적용됐지만, 참모부와 의무관들은 그러한 증상을 인정하는 데 매우 느렸다. 1916년 11월, 제2 웨스트요크셔 연대의 잭 중령은 일기에 휘하 장교의 증상을 기록했다. 그 부하 장교는 1914년 11월부터 줄곧 프랑스에서 복무했고, 누가 봐도 분명히 신경쇠약을 겪고 있었다.

> 나는 그가 '완전히 지친' 상태라고 상부에 보고하고 전장을 떠나 요양을 위해서 귀국 조치를 해줄 것을 요청했다. 그러나 군인한테 '완전히 지친' 상태 같은 것은 없다는 이상한 답변이 돌아왔고 내 요청은 거부됐다.[8]

군부가 포탄의 충격을 인정하기를 꺼렸다면, 민간인들은 병사들이 어떤 환경을 견디고 있는지 조금도 눈치채지 못했다. 솜 공세 동안, 정치가들이 내뱉는 상투적인 헛소리에 격분한 가필드 파월은 정치가들이 참호에서 일주일을 지내봐야 한다고 말했다.

> 포탄 충격! 그게 무엇을 의미하는지 그들이 알기나 할까? 병사들이 미친 사람처럼 팔을 내저으며 가까이에 있는 사람 아무나 붙들고 혼자 두지 말라고 매달리는 약한 어린애처럼 군다는 사실을 그들이 알기나 할까?[9]

많은 병사, 심지어 어쩌면 주요 전역의 전방 병사 다수가 어느 정도 포탄 충격 증상을 겪었을 것이라는 추측은 그렇게 터무니없는 가정이 아닐 수도 있다. 프랑스 시인이자 병사 샤를 빌드라크는 다음과 같이 표현했다.

(…) 죽음의 다리 사이에서 발을 헛디뎌
넘어졌다가 다시 일어나 숨을 쉬는 사람은
웃거나 우는 것밖에 할 수 없다.
그에게는 슬퍼할 수 있는 심장이 없다.

비록 자신이 정상적으로 활동하고 있다고 생각했을지라도 전선에서의 생활은 잡무—참호 보수하기, 새로 쓸 변소 파기, 철조망 작업 나가기, 보초 임무 서기, 장비 청소, 쥐잡기와 이 잡기—가 너무 많아 병사한테는 전쟁의 의미와 목적을 곰곰 생각해볼 시간이나 에너지가 남아 있지 않았다. 편지를 검열하는 장교들은 그 임무가 괴로울 정도로 지루하다고 느꼈는데, 사실상 모든 편지에 따분하고 일상적 이야기밖에 없었기 때문이다. 물질적 관심사—식사, 담배, 의복, 장비, 날씨와 해충 같은 짜증 나는 일들에 대한 언급—를 다룬 내용이 대부분이었다. 감정은 진부한 감상성을 거의 벗어나지 못했다. 그리고 전반적으로 전쟁은 거의 상투적인 말로 묘사됐다. 롤랑 도르젤레스 같은 예민한 관찰자조차 "가장 심오한 인상은 나중에 다소간 거리를 두고 찾아왔다. 그 순간에는 사소한 문제들에 집중했고 이런 자잘한 사항은 종종 내가 전체를 판단하는 데 방해가 됐다"고 인정했다.[10]

참호에서 자질구레한 사항들에 정신이 매몰되고—앙드레 브리두의 표현대로 "당면한 일에 깔리고"[11]—다른 전선의 전황에 관한 정확한 정보가 부족하다보니 병사들은 전쟁의 전체적인 그림을 파악하기 어려웠다. 1916년 앙리 바르뷔스의 『포화 속에서Le Feu』와 같은 소설이 등장했을 때, 병사들이 서로 돌려가며 열심히 읽은 이유는 그래서이다. 병사들은 전쟁에 대한 더 넓은 전망을 절실히 원했지만, 대부분은 눈먼 사람처럼 전쟁을 헤쳐나갔다.

앙드레 지드는 전투에서 부상당한 병사들이 실려오는 브라피에 야전 병원을 방문했을 때, 전장의 체험이 아직 생생한 사람들로부터 뭔가 진짜 반응을 얻을 수 있으리라 기대했다. 그는 생존자들이 전투 관련 신문 기사에 나오는 것과 똑같은 상투적 표현을 쏟아내는 것을 듣고 말문이 막혔다. 그는 "그들 가운데 누구도 조금이라도 뻔하지 않은 반응을 내놓지 못했다"며 불평했다. 병사들이 전장에 가기 전에 전투와 관련해 앞으로 실릴 기사를 미리 읽고 가는 것 같았다.[12] 전쟁은 전적으로 전쟁에 관한 것만이 아니라 문명 일반에 관한 가치 규범과 사고 규범에서 유래하는 몇 가지 가정과 반사작용에 따라 굴러가는 것 같았다. 솜에서 워커 목사는 심하게 부상당한 병사에게 성사를 베풀었다.

> 축복을 내리자 그는 눈을 감고 두 손을 모은 채 기도하기 시작했다. "온 유하신 주님, 작은 아이를 보살펴주시고……"—아버지, 어머니, 할아버지께 축복을 내려주시고 제가 착한 아이로 되게 해주시고—그다음 주기도문을 외웠다.[13]

제5장 광기 안의 이성

죽어가는 병사들이 어린 시절 침대 머리맡에서 배운 의례들에 의지했다면, 그날이나 그다음 날 혹은 다음 주의 사망 위협에 직면한 이들도 똑같이 근본적인 방식으로 반응했다. 삶은 죽음으로부터 일시적인 유예로 간주됐다. 그 이상은 아니었다. 병사들은 의도적으로 질문하는 것을 그만뒀다. 그들은 더 이상 해석하지도 않았다. 자크 리비에르는 이렇게 말했다. "가능한 한 정기적으로 몸에서 이를 제거하려는 것처럼."

병사들은 자신 안에서 모든 감정을 남김없이 죽이려고 애썼다. 눈에 띄는 대로 하나씩, 물리기 전에 죽이려 했다. 이제 그는 감정이 해충이라는 점을, 그리고 그것들을 해충처럼 취급하는 것 말고는 할 수 있는 일이 없다는 것을 분명히 알게 됐다.[14]

알 수 없고, 뭐라 규정하기 힘든 신격神格처럼 전쟁의 의미가 너무나도 어마어마해졌기 때문에 생각이나 말은 쓸모가 없어졌다. 가브리엘 슈발리에는 "내 머릿속이 이렇게 텅 비어 있다고 느낀 적은 없다"[15]고 말했다. 샤를 델베르는 "지성은 멍해진다. 더 이상 생각을 하지 않게 된다. 머리가 납덩이 같다"[16]고 말했다. 딜런 로슨은 이렇게 말했다. "여기서 사람이 도달하게 되는 불가피한 결론은 사물과 사태에 대한 생각 자체가 유해무익하다는 것이다."[17]

영국군과 독일군에서는 비교적 사소한 사건들을 제외하면 거의 절대적인 충성심이 전쟁 막판까지 유지됐다. 불화와 몇몇 불복종 사건, 심지어 1917년 에타플의 영국군 주둔지에서 일어난 노역반의 폭동마저 침소봉대할 필요는 없다. 수백만 명 병사의 대규모 동원과 전쟁을 수행하기 위해 창출된 거대한 산업적·관료적 하부 구조라는 넓은 맥락에 놓고 보면, 군기 문란 사건의 발생률은 낮았다. 1917년 4월 슈맹데담에서 전적으로 무익하고 피해만 막심했던 공세 이후, 프랑스 전선에서 광범위한 항명 사태가 실제로 일어나기는 했다. 그러나 프랑스군 항명 사태에 관한 연구는 이 폭동이 전쟁 목적에 관한 근본적인 회의보다는 정기적 휴가, 음식의 질, 후방 위치에서 적절한 위락 시설의 부족, 싸구려 적도포주의 가격, 담배 부족 등등과 같은 기본적인 불만 사항으로 촉발됐다는 사실을 보여준다. 전쟁을 수행하는 프랑스 행정 체계가 무너졌고 그것이 군 기강을 흔들었지, 그 반대의 이유에서는 아니었다.

  1916년에 이르러 전쟁이 확실히 반사작용으로 환원됐다면, 전쟁을 치르고 있는 문명과 문화의 전제들이 무엇보다 중요해졌다. 그리고 여기서 그러한 전제들을 가리키는 표어는 '의무duty, devoir, Pflicht'였다. 개전 후 첫 달이 지나고 영웅주의의 그럴싸한 광택이 벗겨져 나간 뒤, 전쟁이 진 빠지는 소모전 국면에 접어들자 의무라는 개념이 노력을 결집하는 중추가 됐다. 의무라는 말이 명시적이든, 암묵적이든 조금이나마 의미를 띠는 한 전쟁은 계속되리라. 병사들이 조용한 사색의 순간에 자신들의 반사작용과 본능적 행위를 밑바닥에 깔린 책임감과 어떻게든 연결할 수 있는 한, 그들은 공포와 피로, 심지어 절망에도 불구하고 계속 싸웠을 것이다.[18]

  바르뷔스의 『포화 속에서』와 시그프리드 서순, 윌프리드 오언, 로버트 그레이브스, 허버트 리드의 제1차 세계대전 시 같은 작품부터 시작하여 1920년대 '환멸의 문학'을 거쳐 병사들의 감수성에 대한 최근의 분석에 이르기까지, 대량의 전쟁 문학과 전쟁에 대한 연구서들은 전방 병사들 사이에서 점차 나타나던 아이러니와 환멸의 정서, 소외감을 크게 강조한다. 기존 사회질서와 그 가치들로부터 떨어져 나왔다는 이 주변적 느낌은 물론 중요하며, 우리는 이 문제에 대해서 다시 다룰 것이다. 그러나 전쟁이라는 맥락에서 강조해야 할 것은 점점 커지는 불만에도 불구하고 전쟁이 계속됐다는 사실이고, 전쟁은 단한 가지 이유로 계속됐다. 그 이유란, 병사들이 계속 싸울 의사가 있었다는 것이다. 그들이 왜 계속 버텨나갔는지에 대해서는 설명이 필요하지만 그 문제는 종종 무시돼왔다.

실제로 러시아에서만 전선이 무너졌다. 러시아는 여전히 상대적으로 후진적이었고, 장기전을 수행할 만한 경제적·사회적·정신적 수단이 아직 발전하지 못한 사회였다. 러시아에서 교육과 여타 국가 기구를 통한 사회화는 충분히 진행되지 못했다. 산업은 적절한 탄약이나 물자를 공급할 만큼 광범위하게 발달하거나 현대적이지 못했고, 물자 부족은 전쟁 내내 차르의 군대를 괴롭혔다. 러시아 병사 대부분은 러시아 국민 대다수와 마찬가지로 문맹 농민이었고, 그들을 싸우도록 고무시킨 것은 단순히 차르에 대한 충성심이었다. 삶에 대한 그들의 내노는 노시화·산업화된 사회의 읽고 쓸 줄 아는 병사들의 태도보다 더 단순했다. 또한 사회에 따라오는 각종 상징 요소들과 이데올로기적 장치가 없었다. 그 결과, 그들의 군기는 더 나빴다. 2년 반 동안 러시아는 550만 명의 인명 손실을 입었다. 병사들에게는 줄곧 탄약이 부족했고, 민간인은 식량 부족에 시달렸다. 운송 체계는 혼란스러웠다. 정부는 분열돼 있었다. 집단 아사를 낳은 1916~1917년의 끔찍한 겨울은 결국 붕괴를 완성했다. 1917년 봄, 러시아인들은 참을 만큼 참았다. 그해 3월과 11월에 두 차례 혁명이 일어났다. 11월 혁명은 볼셰비키가 기획한 것이었다. 1918년 3월 독일과 브레스트리토프스크 조약이 체결되면서 러시아는 전쟁에서 발을 뺐다.

다른 곳에서 러시아의 본보기는 1917년 후반기에 동조적 반향을 불러일으켰지만, 전체적으로 군기는 흔들리지 않았다. 그렇다면 대체 '의무'란 무엇을 의미하고, 그 의미는 전쟁이 진행되면서 어떻게 바뀌었을까?

의무

19세기 중간계급 세계관에서 궁극적으로 역사의 본질인 진보는 도덕적 자제와 세속적 야망의 산물, 그리고 운명이라는 느낌과 개인의 노력에 대한 믿음이 합쳐진 것이었다. 이러한 전반적 세계관에는 공적 소망과 개인적 소망이 서로 간에 비록 완전히 일체화되지는 않더라도, 적어도 조화되고 바람직하다는 생각이 암묵적이었다. 새뮤얼 스마일스 같은 사람에게 집단적 진보라는 관념과 개인적 명예, 성실, 행복이라는 관념은 하나로 엮여 있었다. "명예로운 성실은 의무와 같은 길을 간다. 그리고 신의 섭리는 그 두 가지를 행복과 긴밀하게 연결해뒀다."[19]

그러나 여기서 스마일스에게 성실 및 의무가 행복과 '긴밀하게 연결돼' 있다는 사실에 주목해야 한다. 양자는 겹치지 않았다. 비록 의무의 수행으로부터 지고의 행복이 필연적으로 기인하지 않는다 하더라도 강한 개인적 만족감은 따라올 것이다. 19세기 중간계급의 이상적 도덕률에서 개인적인 노력의 목표는 언제나 사회 조화, 공공복리, 공공선이었다. 국가에 의해 보호되고 촉진돼야 할 개인의 이해관계는 결국에는 공공선에 비해 부차적이었다. 개인적인 자제는 사회적으로 존경받는 태도의 특징이었다. 그리고 공공에 봉사한다는 관념, 즉 의무는 이 계급의 위대한 성취가 됐다.

19세기에 국가 기구와 국가적 수단들이 발달하고 점진적으로 공공의 통제를 받게 되면서, 시간이 갈수록 정부는 물론이거니와 학교, 병원, 재정 위원회, 공공시설, 식민지 행정을 운영한 것은 중간계급이었다. 그리고 민간 부문에서도 은행, 보험 회사, 기업체는 중간계급의 진취적 활력과 야망으로 큰 이득을 얻었다. 19세기 말이 되자, 심지어 군대도 장교계급부터 말단 병사에 이르기까지 대체로 중간계급 기구가 됐다. 군 지휘부만이 여전히 구귀족층의 손아귀에 있었지만 거기서도 귀족계급의 지배는 더 이상 견고하지 않았다.

1914년 프랑스와 영국, 독일에서 전쟁에 나간 사람들은 주로 봉사와 의무 관념으로 충만한 중간계급이었다. 이 전쟁은 역사상 최초의 중간계급 전쟁이었다. 이전 전쟁들이 왕조 간의 전쟁, 봉건적·귀족적 이해관계의 전쟁, 군주 간 대립에 기인한 전쟁이었다면, 제1차 세계대전은 최초의 대규모 부르주아 전쟁이었다. 따라서 이들 중간계급의 가치가 전쟁에서 병사 개인의 행위뿐 아니라 군사 조직 전체, 심지어 전략과 전술까지 결정하는 지배적 가치가 된 것은 전혀 놀라운 일이 아니었다. 전쟁의 규모 자체—그것은 물론 '대전쟁Great War'이라고 불렸다—가 19세기 중간계급이 성장, 획득, 달성, 크기에 열중했음을 반영했다. 기계, 제국, 군대, 관료제, 다리, 선박 이 모든 것이 19세기라는 극대화의 세기에 커졌다. 그리고 드레드노트Dreadnought*와 빅 베르타Big Bertha는 유럽인들이 이 극대화 전쟁 전야에 가장 가공할 무기들에 붙인 이름으로서 많은 것을 시사했다.

1914년 8월, 국왕 조지 5세는 유럽으로 떠나는 영국 원정군에게 다음과 같은 메시지를 보냈다. "짐은 짐의 병사들 그대 제군에게 절대적 신뢰를 품고 있다. 의무는 제군의 좌우명이고 제군이 그 의무를 고귀하게 수행할 것임을 알고 있다." 키치너가 그 유명한 모병 포스터—"조국은 당신을 필요로 한다"—에서 영국 국민을 손가락으로 가리켰을 때 뚫어질 듯 쏘아보는, 그 눈동자가 환기하고자 한 표어는 "너의 의무를 다하라"였다. 영국 원정군에 대한 생생한 묘사로 엄청난 인기를 얻은 책에서 이언 헤이는 '첫 10만 명first hundred thousand'**에 대해 이렇게 썼다.

> 그들의 마음속에는
> 이 한 줄의 비문만 쓰이리라.
> 그는 의무를 다했다—그리고 본분도![20]

---

* '아무것도 두려워하지 않는다'는 뜻이다.
** 제1차 세계대전 개전 초기에 프랑스에 파견된 영국 군인들을 가리키는 표현으로 이언 헤이의 책 제목이다.

개전 초기 몇 달간의 비등한 흥분 속에서 교전국 모두한테 의무라는 관념은 거창한 울림을 줬고, 신의가 없고 비열한 외국의 공격에 맞서 영광스럽게 조국을 수호한다는 말로 들렸다. 의무와 모험은 하나였다.

영국과 프랑스에서 의무는 명예와 충성, 그리고 정의와 존엄성, 압제로부터 자유 같은 문명화되고 문명화하는 가치들과 관련이 있었다. 이런 개념들은 나중에 앤서니 파월이 표현한 대로 "거창하고 청산유수 같은 말"[21] 속에서 떠들썩하게, 사실 귀가 따가울 정도로 천명됐다. 의무에 대한 요란한 호소는 많은 사람에게 효과를 냈지만, 다른 이들은 소크라테스적 논증처럼 이치를 따진 끝에 차분히 결정을 내리고 능동적으로 참전했다. 훗날 저명한 역사가가 되는 E. L. 우드워드는 1913년에 옥스퍼드를 떠나 1년간 파리에서 지냈다. 그는 전쟁이 발발하자마자 입대했는데, 독일의 '야만주의'와 싸우고 싶어서가 아니라 사람이 일반적으로 자기 나라의 법으로부터 혜택을 입고 있다면 법이 갑자기 자기 마음에 들지 않는다고 해서 그것을 거부할 도덕적 자격은 없다고 느꼈기 때문이다.[22] 1917년에 전사하게 되는 오스트레일리아인 소령 B. B. 린은 우드워드처럼 명료하게는 아니지만 그와 비견될 만한 생각을 1915년 4월 일기에 털어놓았다. "난 무사히 살아남을 것이라 믿지만 그건 알 수 없는 일이다. 그러나 내 의무가 무엇이든 난 의무를 다해야 한다."[23] 프랑스에도 유사한 호소와 논의가 있었지만, 프랑스는 직접적인 공격을 받고 또 점령당하고 있었기 때문에 당연히 더 다급한 어조를 띠었다.

영국과 프랑스에서 의무는 원래 애국심과 연결돼 있었고, 요란한 애국심은 강한 역사적 특색을 띠었다. 지난 세기 동안 이 두 나라의 업적은 객관적 현실이자, 세계 지도상 여러 나라의 정부 기관과 사법 기관—의회제도, 내각제, 사법 제도—에서 뚜렷하게 눈으로 확인할 수 있는 유형적인 것이었다. 사실 역사는 영국인과 프랑스인의 정체성에 내용을 제공했고, 그 정체성의 본질은 외재적이었다. 따라서 의무는 전쟁 초기에 추상적 관념이 아니었다. 그것은 실제적인 명령이었다. 웨일스 참전 군인 데이비드 존스*는 "사람들이 과거에 대해 그렇게 의식하며 살았던 적은 없는 것 같다"고 썼다.[24] 개인적 행복, 자아 실현, 심지어 개인적 목적은 대체로 동기 요인이 아니었다. 물론 일부, 특히 예술계와 지성계 일각은 그러한 사적 이해관계에 따라 전쟁을 열광적으로 반겼다. 그러나 대부분의 영국인과 프랑스인에게 전쟁은 문명의 행진과 진보의 지속에서 거쳐가는 한 단계였고, 문명과 진보는 구체적이고 역사적인 토대로 여겨지는 것에 기반을 뒀다. 1915년 부활절, 첫 공격을 앞두고 루이 메레는 "내가 문명을 위해 싸우고 있다고 신사로서 마음속 깊이 진심으로 확신한다. 내 의무가 무엇인지 아주 잘 이해하고 있다. 나는 실망시키지 않을 것이다. (…) 나는 전사와 거리가 멀다. 하지만 필요한 사람 가운데 한 명이 될 것이다"[25]라고 적었다.

전쟁이 교착상태에 빠지고 소모전으로 접어들자, 의무 관념은 공격적이고 자신감에 찬 함의를 잃기 시작했다. 1915년 7월 아르투아에

---

* 웨일스 출신 작가이자 화가로 제1차 세계대전 때 서부전선에서 일반 사병으로 복무했다. 장편 산문시 형태로 쓰인 소설 「괄호에 넣어서In Parenthesis」는 그의 참전 경험을 신화적이고 우화적인 언어로 재구성한 작품이며 모더니즘 계열 제1차 세계대전 문학의 대표작이다.

서 전사하기 전, 장마르크 베르나르는 다음과 같은 시를 썼다.

> 희망이 너무도 없고
> 평화는 더욱 멀기에
> 때론 우리도 도통 모르겠다.
> 우리의 의무를 어디서 찾아야 할지.[26]

1915년에 이룬 것이 무엇인지 곰곰 생각하던 퍼시 존스는 지도를 살펴보고 "독일군을 얼마나 멀리 몰아내야 하는지"를 깨닫자 "등골이 오싹"해졌다.[27] 찰스 솔리는 1915년 9월이 되자 그가 지키고 있는 전선이 난공불락이라고 확신했다. "이제 전선은 지금 우리가 있는 곳에서 뒤쪽으로 구부러질 수 없다. 하지만 과연 앞쪽으로 구부러질 수 있을지도 모르겠다."[28] 본국에서 베라 브리튼*은 1916년 초에 비관주의자들이 이제 전쟁은 10년을 갈지도 모른다고 언급했다고 적었다.[29]

전쟁이 길어지면서 자원병이든 징집병이든 전방 병사들의 일기와 편지에서 문명 수호라는 전쟁의 전체적 목적에 대한 언급은 갈수록 줄어들고, 그 대신 그의 가족, 그의 전우들, 그의 연대 같은 개인의 제한적인 사회적 지평에 대한 언급이 많아진다. 병사들은 심한 스트레스를 받아 무너지거나 자제력을 잃어버릴지도 모른다는 두려움, 위기 상황에서 손발이 말을 듣지 않거나 용기가 사라질지도 모른다는 두

---

* 제1차 세계대전 당시 자원봉사 간호사로 활동했으며 전후에 평화주의와 여성주의 운동에 투신했다. 그녀가 쓴 회상록 『청춘의 증언Testament of Youth』은 영어권 전후 문학의 대표작이다.

려움에 사로잡혀 있었다. 그러나 놀랍게도 정작 그들은 자신에 대해, 정신적 자아에 대해, 그리고 용기나 두려움, 희망이나 분노 같은 개인적 감정들에 대해서는 신경 쓰지 않았다. 종교에 대한 언급도 별로 없는데, 심지어 군목들 사이에서도 마찬가지였다. 병사들의 일기는 감정과 이상에 대해 말이 없어졌다. 가필드 파월은 "빌어먹을 숨 공세 전체가 너무나 비개인적"으로 느껴진다는 것을 깨달았다.

> 한창 진행 중인 사태 한복판에 있으면서도 (…) 아무런 개인적인 감정을 느낄 수 없다. 희망, 복수심, 분노, 경멸감 이 가운데 어느 감정이든 전투 중에 병사를 지탱시켜줄 수 있겠지만 정작 극소수만이 그런 감정을 겪는 듯하다.[30]

관심의 초점은 외부적인 것, 다시 말해 물질적 필요와 결핍, 동료들의 안위, 후방 민간사회의 분위기였다. 전쟁 초기에 이상주의를 물씬 풍기던 에이블 페리는 1916년 5월이 되자 전선에서 이렇게 썼다. "이상주의는 사기다. 세계는 이념을 믿지 않는 자들의 것이다."[31] 페탱 장군은 베르됭의 병사들한테서 "결의"가 그들의 주요 특징이자 동기가 됐다고 지적했다. 그것은 "침략자들에 맞서 그들의 가족과 재산을 지키겠다는 꺾을 수 없는 욕망"[32]이었다. 병사들을 계속 버티게 해준 것은 지고의 원리들이라기보다는 실제적인 문제들이었다.

병사와 인접한 환경에서는 그가 속한 연대가 의무의 초점이 됐다. 강한 동료애는 전쟁이 낳은 가장 강력한 감정 가운데 하나였다. 시무룩해진 허버트 리드는 1918년 4월 전선에서 다음과 같이 썼다. "우리가 불행하다고 생각하지 않았으면 좋겠다. 고난 속에서도 우리에게는 전우애가 있고 그 덕분에 모든 게 완전히 달라진다."[33] 이 전우애의 핵심은 동료에 대한 책임감과 동시에 그에 대한 전적인 신뢰였다. 그것은 강렬한 소속감이었다.

흥미롭게도 병사들은 후방사회가 무너질지도 모른다고 걱정했던 것 같다. 그 결과, 선전은 두 방향으로 이루어졌다. 후방만—이를테면 신문은 사설로, 성직자들은 설교로, 교사들은 훈화로—전쟁에 대해서 장밋빛 그림을 그린 게 아니었다. 병사들도 본국의 사랑하는 이들에게 전쟁의 소름 끼치는 실상을 감추는 경향이 있었다. 군부의 검열은 이런 경향을 부추겼다. 예기치 못한 새로운 경험을 묘사하기에 적절한 언어와 은유도 부족했다. 사랑하는 이들한테서 걱정과 괴로움을 덜어주고 싶은 욕망도 있었다. 전쟁이 계속되면서 후방 전선의 분위기가 전방보다 훨씬 더 나빠졌던 것은 분명한 듯하다. 프랭크 이셔우드는 일찍이 1915년 1월에 아마도 자기 아내만 빼고 모두가 "비관적인 내용의 편지"만 보내온다며 불만을 늘어놓았다. 예를 들어, 그의 형제는 "조국과 신, 그 밖의 모든 것에 믿음을 잃어버린" 듯하고, "교황조차 망신스럽다!! 아무런 고생도 안 하는 이런 사람들이 제일 호들갑이다"라고 하면서 말이다. 또 다른 편지에서 그는 국왕이 "지난 6개월간 그가 유일하게 본 씩씩한 얼굴들은 모두 프랑스에 있었다"고 한 것을 언급했다.[34] 시간이 흐르고 전쟁이 한없이 길어지면서 본국의 상황은 더 나빠져갔다. 딕 스토크스는 1917년 8월 집에 보내는 편지에 "우린 정말로 가치 있는 것을 위해서 싸우고 있습니다"라고 써야 할 필요성을 느꼈다. 몇 달 뒤에 그의 부모님이 본국의 사기가 흔들리고 있다는 내색을 더 비치자, 스토크스는 "어딘가가 분명 무너질 거라고 말씀하시는군요—어디가 무너지든 간에 그게 영국군은 절대로 아닐 겁니다"[35]라고 썼다.

의무의 대상이 좁아지면서 이전의 활력은 체념과 냉정한 극기심으로 바뀌었다. 퍼시 존스는 전쟁 전에 젊은 기자였고, 1914년에는 열렬한 자원병이었다. 1916년 6월 26일자 그의 일기 도입부는 솜 공세의 준비과정을 거론한다.

> 스노 장군과 참모들은 독일군이 아군의 일제 포격으로 모두 죽었을 것이기 때문에 아군은 사실상 인명 피해를 전혀 입지 않을 것이라고 말하기 바쁘다. 터무니없는 소리다! (…) 거의 모든 병사가 세심하게 입안된 공격 작전과 강화 작전을 전혀 신뢰하지 않지만 무언가가 그들을 멈춰 세울 때까지 끝까지 가기로 단단히 작정한 상태다. (…) 우리의 의무는 너무나 분명하다—우리 앞을 막아서는 것이 나올 때까지 끝까지 가는 것이다.[36]

퀸스 웨스트민스터 라이플 연대 내 존스의 소대원 가운데 1916년 7월 1일에 죽거나 부상당하지 않고 몸 성히 빠져나온 사람은 딱 한 명이었다. 중위인 E. 러셀 존스는 7월 1일 공격이 개시되기 전, 즉 "독일 문화의 종말의 시초가 될 공격이 개시되기 몇 분 전" 일기에 존스와 비슷한 생각을 표명했다.

> 전쟁은 이상한 일이다. 전쟁을 좋아하는 사람에게는 전혀 문제 될 게 없

지만 나는 이 게임을 좋아하는 사람이 아니라는 것을 고백해야겠다. 그래서 난 지금 기분이 더럽고 나 자신이 싫다. 내 부하들처럼 이렇게 멋진 이들을 거느리고 있을 때 사람은 자신의 부족한 점을 크게 실감하기 마련이다. 하지만 이제 때가 됐고 우리는 이 일의 끝장을 봐야 한다. 그러니까 이제 할 일이란 최대한 마지막까지 버티는 것뿐이다.[37]

1917년이 되자 의무라는 말은 전방 병사들의 활용 어휘에서 점차 자취를 감추기 시작했다. 이제는 병사들 가운데 예전보다 훨씬 더 많은 이들이 징병이었다. 영국에서는 강제적 군 복무 제도가 1916년 1월에 도입됐다. 그러나 전쟁에 대한 의식적 긍정의 정서가 점차 사그라진 것보다—전쟁은 벌써 3년째에 접어들었는데, 여전히 끝날 기미는 보이지 않는 데다 승리의 전망이 전혀 밝지 않은 전술들만 계속 시도되는 상황에서 이해할 만한 태도였다—어쩌면 더 강조해야 할 지점은, 피로와 절망감에도 불구하고 싸움을 "계속하겠다" "끝까지 버티겠다"라는 병사들의 의향이었다. 따라서 슈맹데담 전선에서 참사 뒤, 항명 사태에 가담했던 프랑스 제36보병 연대 소속 병사들이 쓴 3000통의 편지 가운데 13퍼센트인 400통만이 항명 사태에 공감을 표명했다는 이유로 우편 당국에 의해 배달이 보류됐다. 편지 대다수는 심지어 이 항명 사태를 언급조차 안 했다.[38] 여기서 놀라운 점은 항명 사태의 증거가 아니라 다수의 병사가 보인 자제심과 충성심이다.

어떤 측면에서 불복종의 가능성은 사실 새로운 군대를 미덥지 않게 여기는 구지휘관들에 의해 확대 및 과장됐다. 헤이그는 신병들을 신뢰하지 않았다.

그들은 강요로 군대에 끌려왔고 편한 마음으로 군대를 떠날 것이다. 이런 부류의 병사들은 잠자코 있는 것을 좋아하지 않는다. 그들은 이유 있거나 아니면 근거 없는 불만을 표명하기를 좋아하는 계급에서 왔고 이런 측면에서 그들의 가르침은 이전 부대원들의 헌신과 의무 정신에 유감스러운 영향을 미친다.[39]

1917년 6월에 프랑스 3군의 사령관 욈베르 장군은 현재 프랑스 병사 100명 가운데 50명은 충성스럽고 35명은 충성심이 의심스러우며 15명은 전혀 믿을 수 없다고 추산했다. 그는 병역 기피자들에 대한 군사재판이라는 단호한 조치를 요구했다.[40] 그러한 전제들을 고려할 때 놀라운 점은, 군 고위 지휘부의 예상과는 정반대로 기존 병사나 새로 입대한 병사나 할 것 없이 모두가 충성스럽게 의무를 다했다는 사실이다. 병사들 사이에서 퍼블릭스쿨 졸업생 같은 무한한 열정이 사라졌다면, 이는 영국군과 프랑스군의 사회적 양상의 가벼운 변화보다는―영국에서는 징집제의 도입으로 이제 노동계급은 산업의 필요에 따라 본국에서 붙잡아둘 가능성이 더 컸다―전쟁 자체의 성격에서 기인했다.

게다가 의무에 대한 언급의 감소는 병사들이 자신의 경험과 감정을 말로 나타내는 데 직면하는 어려움이 갈수록 커졌음을 가리킨다. 그것은 의무 관념의 퇴조와는 거의 상관없는 일이었다. 이를테면 월프리드 오언은 자신이 "의무의 말 없음 속에서 음악을 들었다"[41]고 말할 수 있게 됐다. 1918년 여름에 독일군의 대규모 공세로 전선이 부분적으로 돌파당한 뒤, 헤이그와 많은 장군 그리고 풀이 죽어 전방을 방문했던 언론인과 정치가들은 병사들이 보여준 질긴 생명력에 힘을 얻고 더 낙관적인 전망을 품을 수 있었다.

  1916년이 되자 전쟁은 전통적인 관점의 해석이 결여된 채 그 자체의 존재 이유를 발전시킨 듯했지만—루이 메레는 "부조리가 지배할 때 이성에 대해 말한다는 것은 우스운 일이다"라고 썼다—이전의 명료성이 흐릿해졌다는 사실이 곧 전쟁이 끝나리라는 뜻은 아니었다. 메레는 "모든 것에도 불구하고 양측 가운데 어느 한쪽이 끝장날 때까지 싸움은 계속돼야만 한다"[42]고 말했다. 그러한 진술에는 전쟁이 자체의 추진력을 발전시켰다는 생각이 담겨 있었지만, 한편으로는 혼란과 참상에도 불구하고 원래의 대의명분에 여전히 충실해야 할 필요성을 담담하게 받아들인다는 의미도 있었다. 정서는 여전히 "옳든 그르든 내 나라"를 위한다는 것이었다. 비록 그 조국이란 개념의 범위가 자신의 연대, 자신의 가족, 자신의 친구로 좁혀졌을지라도 말이다. 앞서 본 스코틀랜드 출신인 피터 맥그리거는 1916년 9월에 예비 참호에서 작업하던 중 포탄에 맞아 죽었다. 전쟁의 이 국면에서 사실상 모든 죽음과 마찬가지로 그의 죽음에 영웅주의의 흔적은 전혀 없었다. 미망인에게 온 여러 위로 편지 가운데 제14 아가일 앤드 서덜랜드 하일랜드 연대, B중대 소속 대위의 편지와 소대 하사관의 편지는 맥그리거의 밝은 성격 그리고 '쾌활함과 배짱'을 강조했다. 장례를 집전한 군목 또한 이렇게 썼다.

우리는 기도했습니다. (…) 부군께서 의무의 부름을 듣고 그 부름에 응한 것과 또 주님께서 부군이 조국을 위해 싸우다 목숨을 바치게 택하신 것에 감사드렸습니다. 그 사실이 이제 당신께 위안이 될 것입니다. 우리 주님의 말씀으로 위안하십시오. 부군의 무덤 위에 되새긴 그 말씀으로 말입니다—"사람이 친구를 위하여 목숨을 버리면 이에서 더한 사랑이 없나니."[43]

여기서 의무와 조국에 대한 봉사가 언급되지만, 주안점은 가까운 동료 병사들에게 가 있다.

싸우는 사람들에게 더 이상 전쟁의 목적이 전쟁 초기만큼 명백해 보이지 않았다면, 그럼에도 전쟁이 계속돼야만 한다면, 자연히 그것은 '영원한 진리'에 의지하여, 다시 말해 각자의 문화와 사회에서 얻은 자체 역량을 이끌어내 싸울 수밖에 없었다. 베라 브리튼의 감수성 예민한 한 친구는 자신이 위기의 순간에 전선에서 용기의 시험을 통과하지 못할 것 같다고 걱정하며 이렇게 썼다. "여기서 민감한 기질의 소유자라는 것은 확실한 저주야. 전장에서 가장 이상적인 사람은 전형적인 영국인이야."[44] 그리고 전형적인 영국인이 의미하는 바는 당연히 내면의 감정을 억누르고 입을 꾹 다문 채 싫은 내색 없이 정해진 틀에 따라 행동하는 것이었다. 여기서 없어서 안 될 것은 영국인들이 '뚝심'이라고 부르는 것, 진중한 성격, 지구력, 정직성이었다. 이 원시적 생활 방식에서 용기와 도덕성은 흔히 동일시됐다. 용감한 사람은 필연적으로 '좋은 사람'이고 '좋은 사람'은 틀림없이 용감했다. 그렇다면 도덕성은 본질적으로 외부적 행동, 적절한 예법의 문제였다. 끝까지 버티지 못하는 사람 가운데는 으레 술고래와 바람둥이가 있었다. 한 병사는 "참호에서는 죄가 알아서 들통난다"고 말했다.[45] 1917년에 이르자 영국군과 프랑스군 병사들 사이에서 영광과 무용에 관한 이야기는 없었고 구체적으로 의무를 언급하는 일도 적어졌지만, 버티기, 결연함, 헌신, 근성에 대한 말들, 끝까지 간다는 이야기는 많았다.

전쟁 문학을 보면 흔히 인간이 전쟁을 하는 것이 아니라 인간들 위에서 전쟁이 이루어졌다고 말한다. 기관총, 포격, 가스와 같은 압도적 전쟁 기술을 고려할 때 병사 개인은 그러한 기술 앞에서 자신이 미약하고 무력하다는 느낌에 압도당했다. 전쟁 전에 배를 타고 세계를 일주했던 세자르 멜레라는 베르됭에서 이런 전쟁 양식은 "전쟁의 파산, 전쟁 기술의 파산"을 의미한다고 봤다. 그는 "공장이 전술을 죽이고 있다"고 말했다.[46] 그러나 개별성의 상실에도 불구하고 병사들은 싸움을 이어나갔다. 그들 대부분은 항명하거나 집단으로 탈영하지 않았다. 여전히 사람들이 이 전쟁을 이끌어나갔다. 장군들만이 아니라 비참한 말단 보병들까지 말이다. 전쟁 관련 문학은 균형 감각이 부족하다. 그것은 대체로 전쟁의 부정적인 반향에만 집중하고, 4년이 넘는 시간 동안 전쟁을 이끌어온 긍정적인 본능에는 집중하지 않는다. 니체를 떠받들고 전쟁 전부터 무정부적 성향을 보였던 허버트 리드조차 1917년 7월 한 편지에서 "나는 삶에서 가장 중요한 것이란 막연한 특성들을 보유하는 것과 모든 경우에 '신사'가 되는 것이란 사실을 깨닫기 시작했어"[47]라고 썼다. 그것이 바로 영국인들이 지키기 위해 싸우고 있다고 주장하던 것, 즉 문명화된 행동의 불문율이었다. 리드 같은 자유로운 영혼이 이런 시각을 갖게 됐다는 사실은 무언의 동기가 얼마나 강력했는지를 보여준다.

그 동기는 국적에 상관없이 모든 병사가 가진 조국의 가치와 사회 질서에 뿌리 박혀 있었다. 그리고 부르주아라는 용어가—냉소주의자들과 정치적 파당, 성난 젊은이들에 의해—지금껏 겪어온 온갖 오용에도 불구하고, 서유럽에서 발전해 여전히 19세기 질서와 그 문화적 구성 요소에 적실성을 갖고 있었다. 게다가 형용사로서 부르주아라는 말은 1914~1918년 전쟁이 수행된 방식에도 적용될 수 있다. 이 전쟁은 무엇보다 유럽 중간계급 간의 내전이었다. 우리의 계층화된 다원주의 사회에서 지금의 용어로 부르주아나 중간계급을 규정하는 일은 더 이상 쉽지 않다. 그러나 세기 전환기 유럽인들은 그러한 어려움을 겪지 않았는데, 부르주아나 중간계급이라는 표현은 사회 집단으로서, 하지만 특히 덕성의 담보자로서 실체가 있었기 때문이다. 물질적 안녕, 교육, 직업 경력, 사회적 소속은 사회적 지위와 위신을 결정하는 중요한 요인이었지만, 특정한 가치 체계의 적극적 고수와 행동양식의 준수야말로 부르주아 사회의 일원이 되는 데 핵심이었다. 가치들은 계급과 사회를 하나로 묶는 접착제였다.

영국은 우리가 중간계급과 동일시하는 그 가치들이 사회 구석구석까지 침투한 사회였다. 진보라는 세속 종교, 효용과 성공, 예의범절에 대한 집착, 근면, 인내, 도덕적 헌신에 대한 숭배, 무엇보다 사회적으로 동기 부여된 노력과 봉사에 대한 존경, 바로 이런 요소들이 세계에서 영국이 이룩한 업적이고 핵심이자 또한 영국의 전쟁 수행 노력의 중심이었다. 전쟁 전야의 프랑스 역시 적잖은 혼란에도 불구하고 대체로 유사한 가치 체계에 의해 지배됐다. 그것은 프랑스 대혁명의 이상주의, 루이 필리프의 '부르주아 왕정'에 동반한 권력 이동, 루이 나폴레옹의 제2제정 치하의 경제 성장, 1871년 이후 의회제 공화정 아래 비록 수준이 고르지 않으나 점진적인 성취가 남긴 가치 체계였다. 다수의 프랑스인은 노력을 통한 성취라는 실증주의적 윤리를 고수했다. 프랑스 부르주아 르네 조아네는 "부르주아지는 본질적으로 노력이다"라고 주장했다.[48] 제1차 세계대전도 본질적으로는 하나의 노력이었다. 훗날 벵자맹 크레미오—그는 전쟁 내내 보병으로 복무했고 세 차례 부상당했다—는 "이 전쟁에서 가장 끔찍한 것은 전쟁을 수행한 사람들이 다른 여느 일을 수행할 때와 동일한 양심을 갖고 그렇게 할 수 있었다는 사실이다"[49]라고 말했다.

부르주아 가치들은 어떻게 주입됐는가? 존 스튜어트 밀은 사회 안정성의 필수 요소들을 논의하면서 "유아기부터 시작하여 인생 내내 이어지는 교육 체계"를 주로 강조했는데, "그 체계에 무엇이 포함되든 간에 한 가지 중심적이고 변함없는 요소는 절제하는 규율"이었다.[50] 안정성의 열쇠는 개인적 이해관계와 변덕을 사회의 필요와 목적에 종속시키는 것이었다. 비록 공식 학교 교육은 교육에 대한 밀의 더 넓은 비전의 작은 일부에 불과했지만, 서유럽은 초등 의무교육 제도를 통해 19세기 말이 되면 거의 보편적인 문해文解를 달성했고, 종교 교육을 축소하고 시민 교육과 민족사를 강조하는 경향이 있는 세속적 교육은 민족적 자부심과 충성심을 계발하는 데 주요 도구였다는 점에는 대체로 이견이 없다. 19세기 후반기는 또한 대중 독자가 신문을 이용할 수 있게 되고, 또 신문이 대중 독자에게 맞춰짐으로써 사회화가 가속화됐다. 강제적 군 복무, 즉 18세기 말 혁명전쟁을 상기하는 구호인 "무기를 든 국민"이라는 관념 역시 프랑스에서 사회화 과정에 기여했다. 그러나 그 과정에서 가장 중요한 것은 대중 산업사회에서 개인의 자급자족적 생활 방식의 전반적인 해체였다. 직업 분화와 노동 분업이 대표적인 특징이라고 할 수 있는 대중 산업사회에서 개인은 국가 기관과 제도─학교 교사나 조세 공무원, 경찰관이나 치안판사─에 둘러싸이게 됐다. 공권력이 미치는 범위는 갈수록 더 멀리 도달하고 포괄적으로 변했으며, 그러한 국가 권력의 대리인은 상층이든 하층이든 간에 본질적으로 중간계급이었다. 그들은 미덕에 대한 중간계급의 관념을 구현했다. 따라서 병사 대부분은 부르주아 세계 안에서 활동했으며, 이는 물론 전략가와 군부 지도자들도 마찬가지였다. 영국해협을 가로질러 조지 셔스턴George Sherston*을 프랑스로 실어간 연락선에는 "적절하게도 빅토리아라는 이름이 붙어 있었다".[51]

제1차 세계대전의 군 지휘부는 지금까지 줄곧 매우 강하게 비판을 받아왔다. 일부 군사 사가는 지휘관들을 옹호하며 서부전선에서 참호전에 대한 다른 대안은 없었다고 주장해왔다. 참호전은 흔히 주장되는 것처럼 상상력의 결여에서 나온 소산이라기보다는 전쟁에서 엄청난 기술적, 과학적 진보에 대처하려 애쓰면서 나온 합리적인 방법이었다는 것이다. 이는 아마도 사실일 것이다. 실제로 참호전은 피할 수 없었을 것이다. 그러나 그러한 시각을 견지하면서 한편으로 일단 서부전선이 교착상태에 빠진 뒤, 영국-프랑스군의 전략적·전술적 사고에서 절차적 체계성, 계산된 위험마저 감수하길 꺼리는 경향, 창

---

* 시그프리드 서순이 참전 경험을 바탕으로 쓴 자전 소설 3부작의 주인공이다.

의적 발상을 미심쩍어하는 태도, 기습 전술에 대한 도덕적 거리낌, 이 모든 것이 우리가 부르주아라고 특징지을 수 있는 경직적 인생관 및 사고 틀과 일치한다고 주장하는 것은 모순이 아니다. 더글러스 헤이그가 영국군 총사령관으로 승진했다는 사실 자체가 상징적 의미를 담고 있다. 그는 생애와 태도 전체가 중간계급의 가치와 야망에 있어 아주 전형적인 사람이었다. 무뚝뚝하고 종교적이며 헌신적이고 근면한 데다 정서적으로 억압돼 있지만, 한편으로 명예와 성취, 사회적으로 흠잡을 데 없는 사람의 본보기라 할 만한 그는 한 시대의 상징이다—아마도 영연방의 주요 도시마다 그의 이름을 딴 학교가 하나씩은 있을 것이다. 그러나 그는 한 시대의 비극을 표상하기도 한다.[52]

(1916년에 자리에서 물러날 때까지) 프랑스군 총사령관이었던 조프르 장군은 비록 헤이그보다는 훨씬 덜 금욕적이었지만, 그래도 프랑스판 헤이그라고 볼 수 있다. 두 사람 다 자신감 있는 일관성과 침착함을 과시했다. 1915년 12월, 조프르는 베르됭에서 독일군의 병력 증강을 우려하던 전쟁성 장관 갈리에니에게 거만하게 "어느 것도 표명된 우려를 뒷받침하지 않는다"고 답변했다.[53] 그는 한번은 자신의 전술을 "나는 적을 야금야금 먹어가고 있다Je les grignote"라고 설명했는데 퍽 적절한 이미지다.[54]

헤이그와 조프르는 일반적인 조건이 표면적으로 드러난 것에 불과했다. 다른 참모 장교들은 그들의 영향력과 견해들을 강화했다. 1915년 아르투아에서 프랑스 제10군의 지휘관은 모뒤 대령이었는데, 3년 전에 그는 눈앞에 도열한 휘하 연대를 향해 "많은 병사가 올바르게 경례하지만 아름답게 경례를 하는 사람은 극히 드물다. (…) 경례는 훈련의 수준을 보여주는 표지라고 할 수 있다"⁵⁵고 훈계했다. 이것은 화려한 제복과 '최후까지의 공격attaque á outrance' 철학에 빠져 있으며, 가급적 말에 올라타 있기를 선호하는 귀족 멋쟁이의 목소리와 정서다. 그러나 모뒤에게 드러나는 격식과 예의범절에 대한 집착은 부르주아가 귀족계급에게 물려받은 것이었고, 부르주아는 그러한 형식에 내용을 부여했다고 주장했다. 한 프랑스 중대장은 공격에서는 대형이 절대적으로 핵심이라고 주장했다.

일반적으로, 전진 시에 적의 접근 경로와 참호를 활용하고 싶다는 생각이 들기 마련이다. 그러나 이를 통해 아군에 피해를 주지 않고 적에게 기습적으로 접근할 수 있다 하더라도 이런 수단은 중대 대형과 공격 대형을 무너트린다. 게다가 사격이 시작되고 트인 공간으로 나와야 할 때 그렇게 하는 것은 어려워진다.⁵⁶

여기에 담긴 논리는 특정한 사고방식을 예시한다. 비록 속임수로 적의 참호를 장악할 수 있다고 하더라도 그렇게 하지 말라는 것이다. 속임수는 결국 너를 곤경에 빠트릴 테니까! 영국군은 어쩌면 더 일관되게 그러한 태도를 심어줬던 것 같다. 독일 제15 예비 연대의 일지는 1915년 9월에 영국군의 로스 공격에 대해 다음과 같이 말한다.

좌우로 길게 늘어선 열 줄이 뚜렷하게 구분됐고, 줄마다 대략 1000명이 넘어 보이는 병사들이 여태껏 본 적 없는 최상의 목표물을 제공했다. 이보다 더 손쉬운 목표물은 생각할 수 없었다. 기관총 사수들한테 그렇게

간단한 작업도 없었고 그들은 일을 그보다 더 효율적으로 처리할 수도 없었다.[57]

등에 짊어진 짐의 무게 탓에 병사들은 엄폐물을 찾아 달리거나 뛰거나 포탄 구멍으로 뛰어들기 힘들었다. 그러나 아무도 병사들한테서 배낭을 제거하여 적어도 1차 공격 시 더 높은 기동성과 은밀한 이동, 창의성을 발휘하도록 할 방안을 심각하게 고려하지 않았다. 따라서 병사들이 진 배낭은 그들이 전투에 지고 간 사회적, 문화적 고정관념의 상징이 됐다. 그해 9월에 로스 전투를 경험한 로버트 그레이브스는 퀸시 지역 근방에서 전사한 A. L. 샘슨 대위를 기리는 시를 썼다.

우리는 선두에서 그 작은 대위를 발견했다.
그의 부하들은 가지런하게 쓰러져 있었고 (…)
그들은 멋지게 죽었다.
대열을 유지하며 돌격했고 대열 그대로 쓰러졌다.[58]

방법, 질서, 체계야말로 성공의 열쇠가 되리라. 그것은 집단적 인내였다. 제1 오스트레일리아 사단은 1916년 7월 중순 솜 공세 때, 포지에르에 투입돼 높은 능선을 차지하기 위한 공격을 여러 차례 감행했다. 9월 4일 전투에서 물러났을 때, 사단의 사상자는 2만3000명에 달했다. 오스트레일리아 군대의 공식 역사서에는 이후 군 지휘부에 대한 경멸과 분노가 고스란히 드러나 있다.

적의 방어가 가장 강력한 지점에 스무 차례 연속으로 (…) 한 군단 내 여러 부대, 여단들을 연달아 투입하는 전술은 확실히 '체계적'이라고 할 수 있겠지만 경제적이었다는 주장은 전혀 타당하지 않다.[59]

문제는 한 부대의 결연함과 기개가 사상자 숫자로 가늠됐다는 것이다. 경미한 사상자 숫자를 기록한 부대의 장교들은 의심을 받았고, 따라서 그들은 그에 비례하여 가열차게 공격을 밀어붙였다.
병사들은 참호를 나와 공격할 때 자신 앞에 학살이 기다리고 있다는 것을 알았다. 그들은 어떻게 반응했을까? 솜 공세 전에 한 영국군 젊은이는 "내가 정정당당하게 게임을 하면 좋겠다. 내가 전투에 화려한 영광을 더하지는 않더라도 적어도 분명히 누가 되지는 않을 것이다"라고 썼다.[60] 한 프랑스 하사관은 베르됭에서 공격을 앞두고 "죽음 앞에서 올바르게 처신할 수 있다는 것", 그것이야말로 가장 중요하다고 썼다.[61] 위험에 직면하여 올바르게 대처하는 것에 대한 집착은 문헌들에 거듭 반영돼 있다. 용기는 고무돼 나타나는 것이 아니라 정신적으로 축적해두는 것이었고, 병사들은 자신이 그것을 충분히 가지고 있기를 바랐다. 그리고 그들 수백만 명은 정말로 그렇게 "정정당당하게 게임을 하고" "올바르게 처신"했다. 윌프리드 오언은 적의 포탄이 영국군의 공격을 흩뜨린 뒤에 "우리는 크리켓 경기장을 떠나는 군중처럼 계속 전진했다"고 보고했다.[62]
탈영에 대한 소문이 난무했지만 영국군 사이에서 이는 대체로 소문에 그쳤던 것 같다. T. S. 호프는 "우리가 그런 소문을 얼마나 즐겨 믿는지. 여기서 유일하게 켕기는 부분은 그런 소문 가운데 어느 것에도 진짜 목격자를 찾을 수 없다는 점이다"[63]라고 언급했다. 유사하게 1917년 5월과 6월에 프랑스 군대의 반란 사태가 일어나는 동안 병사들의 편지는 장교들이 자기 부하들에게 총살당했다는 이야기를 빈번히 언급했지만, 누구도 그러한 사건을 실제 목격하지는 않았던 것 같다.[64]

1917년 9월, 언론인 마이클 맥도너는 런던의 클래펌 환승역에서 열차 두 대가 각자 반대 방향에서 들어와 멈추는 모습을 목격했다. 한 대에는 전선으로 향하는 영국군이 타고 있었고, 다른 한 대에는 독일군 포로들이 타고 있었다. 독일군들이 웃으며 "전우Kamerad"라고 소리치자 영국군은 독일군에게 초콜릿과 담배를 집어던지며 화답했다. 처음에 맥도너는 "많은 사람이 전쟁은 결코 끝나지 않을 거라고 말한다. 하지만 양측의 일반 사병들이 무기를 내려놓고 집에 가기로 하면 전쟁이 끝나지 않을까 종종 생각한다"고 말한다. 그러나 다시 생각해본 후, 그는 "말도 안 된다. 의무감—어마어마한 힘—이 그것을 가로막는다"며 그런 상상을 집어치웠다.[65]

전쟁이 끝난 후, 장 노르통 크뤼는 프랑스인 가운데 자유 직업 종사자가 전선에서 가장 높은 사상자 수를 기록했음을 보여줬다.[66] 아마 독일군과 영국군에서도 사정은 마찬가지였을 것이다. 영국에서 입대 비율은 전문직과 사무직, 상업 부문 종사자 사이에서 가장 높았다.[67] 이는 무엇을 암시하는가? 변호사와 교사, 건축가들 사이에서의 실용적 사고와 전문적 식견의 부족? 약간의 순진함도 사상자 비율에 조금은 영향을 미쳤을 수 있지만 완전한 설명은 제시해주지 못한다. 중간계급의 전문 직업인들은 전쟁의 목적에, 의무와 봉사의 관념에 가장 깊이 사로잡혀 있었던 것 같다. 의무와 봉사는 심지어 그 의미가 더 이상 명확하게 진술될 수 없게 됐을 때도 그들에게는 여전히 의미를 지녔던 관념이었다. 1918년 11월 11일 정전일, 프랑스 역사가 앙리 베르는 전쟁에 대한 책 서문을 끝맺는 문장을 썼다. 조국의 승리에 대해 "프랑스는 영예로운 일을 완수한 훌륭한 작업자가 느끼는 만족감을 맛보고 있다"[68]는 글이었다. 그것은 훌륭한 부르주아의 언어이자 도덕이다. 그것은 의무의 언어이자 도덕이다. 그 모든 참상과 그 모든 고통, 그 모든 희생이 성실한 작업자의 임무 완수와 동일시되는 것이다!

두 프랑스인 의사 루이 위오와 폴 부아브넬은 1918년 7월에 푸알루의 심리 상태에 대한 연구를 마쳤다. 그들은 개인에 대한 환경의 영향을 강조한 귀스타브 르 봉의 전제와는 반대로 프랑스 병사의 정신 구조는 전쟁 경험으로 인해 근본적으로 바뀌지 않았다고 주장했다. 그들은 푸알루가 여전히 자신과 그의 나라, 그의 '민족'에게 충실했다고 주장했다.[69] 심리학자의 의견은 맞기도 하고 틀리기도 하다. 병사는 자신이 진심으로 믿었던 사회적 가치들에 의해 지탱됐지만, 우리가 앞으로 보게 되듯 그 가치들이 전쟁 동안 그토록 가혹한 공격을 받아서 사회와 문명, 역사에 대한 그의 태도는 실제로 돌이킬 수 없을 만큼 바뀌고 말았다.

영국과 프랑스는 잔존한 가치들에 의지하여 전쟁을 이겨냈지만, 그러한 가치들과 현대전의 엄혹한 현실 사이에 내재한 갈등은 결국 가치들을 허물 수밖에 없었다. 1917년 4월 루이 메레가 전사했을 때, 비통해하는 부모에게 보내는 편지에서 한 프랑스 장군은 "그토록 고

결하게 완수된 아름다운 의무"[70]에 대해 썼다. 수천, 수만 명의 아내와 부모들이 그러한 정서를 드러내는 편지를 받았다. 이러한 문구들이 한 세대의 미망인과 고아, 상이군인들을 대체 얼마나 오래 지탱해줬을 것인가?

1919년 세인트앤드루스 대학생들을 상대로 한 명예 총장 취임 연설 중, 더글러스 헤이그는 전쟁의 목적을 여전히 옛날의 고고한 표현으로 설명했다. 그것은 실제로 전쟁 내내 협상국 병사들에게 동기를 부여해준 한편, 19세기 부르주아 윤리에 깊이 뿌리 박힌 표현이기도 하다.

> 우리가 마침내 승리를 거두며 빠져나온 거대한 투쟁의 모든 국면에서마다 우리 자신과 우리 제국만이 아니라 한 세계의 이상을 위해 우리가 싸우고 있으며, 신이 우리와 함께하신다는 확신으로 우리의 용기는 고양됐고 우리의 결의는 더욱 강해졌습니다. 우리는 이웃에 대한 의무가 자기 자신에 대한 의무보다 더 중시되는 더 높은 형식의 문명을 위해서, 그리고 칼에 의해 세워지고 위대해진 제국, 약자에 대한 도덕적 책임감이나 기사도를 느낄 수 없는 효율성으로만 이루어진 제국에 대항하여 싸우고 있었습니다.[71]

그것은 영국과 프랑스의 전쟁 수행의 본질을 설명하는 한 가지 방식이었다. 10년 뒤에 F. 스콧 피츠제럴드는 동일한 생각을 다른 언어와 더 포괄적인 표현으로 제시했다. 『밤은 부드러워라』의 주인공 딕 다이버는 솜 전투가 벌어진 전장들을 방문하고 있었다.

이 서부전선에서 일어난 일들은 결코 재연될 수 없을 것이다. 앞으로 오랫동안은. 젊은이들은 자신들이 해낼 수 있다고 생각하지만, 아니 그들은 할 수 없다. 그들은 제1차 마른 전투 정도는 치를 수 있겠지만 이 서부전선의 싸움 전부를 치를 순 없다. 여기에는 종교와 긴 세월에 걸친 어마어마한 확실성, 그리고 계급 간에 존재하는 명확한 관계가 요구된다. (…) 우리가 기억할 수 있는 것보다 훨씬 더 옛날로 거슬러가는, 철저하고 전면적인 정서적 무장 상태가 요구된다. 우리는 크리스마스를, 왕세자와 그의 약혼녀의 엽서를, 발랑스의 자그마한 카페들과 운터 덴 린덴의 맥줏집을, 시청에서의 결혼식을, 더비 경마 구경을, 할아버지의 구레나룻을 기억해야 한다. (…) 이런 종류의 전투는 루이스 캐럴과 쥘 베른, 『운디네』를 쓴 누군가, 크리켓 경기에서 공을 던지던 시골 부제副祭들, 마르세유의 머렌marraine,* 뷔르템베르크와 베스트팔렌의 뒷골목에서 꼬임에 넘어간 여자들에 의해 발명됐다. 그래, 이것은 사랑 전쟁이었다─한 세기에 걸친 중간계급의 사랑이 여기서 소진됐다. (…) 아름답고 사랑스러우며 안전한 나의 모든 세계가 고성능 폭탄 같은 사랑의 한바탕 폭발과 함께 여기서 날아갔다.⁷²

---

* 전시에 병사들에게 편지를 쓰고 위문품을 보내는 일시적인 여자 친구.

제 6 장

성스러운 춤

목표가 창조와 생산인 분야는 예술의 영역이다. 목표가 연구와 지식인 영역은 과학이 지배한다. 결국 전쟁은 스스로 기인하기 때문에 전쟁의 과학이 아니라 전쟁의 예술이라고 말하는 것이 더 적절하다.
-카를 폰 클라우제비츠

봄은 이내 그늘이 지고,
온 세상 어디서도 다시는 그런 봄을 경험하지 못하리라.
-에른스트 블라스

전쟁의 신

전쟁 전 독일에서는 사회적, 경제적, 정치적 현실과 문화적 이상들 사이에 상당한 괴리가 존재했다. 이 이중성을 해소하려는 독일의 시도는 "앞으로 돌진Drang nach vorne"이었다. 많은 독일인은 물질적 관심과 제약을 비록 세속적인 방식으로나마 정신적으로 초월할 수 있기를 바랐고, '앞으로 돌진'은 그러한 의지의 노력이자 모색이었다. 정신Geist과 힘Macht은 초현실적 조화 상태, 즉 디오니소스적 활동성이 아폴론적 평정과 합쳐지는 상태에서 화합을 이루고, 그 속에서 목적과 수단, 주체와 객체는 혼연일체가 될 것이다. 의고성archaism과 현대성은 하나가 되리라. 기술적 혁신과 산업적 진보는 위대한 종합에서 목가적 단순성의 정신과 결합하리라. 사회와 문화는 더 이상 갈등하는 영역이 아니라 서로 떼려야 뗄 수 없는 전체가 되리라.

1914년 8월의 환희 속에서 독일인들은 이러한 목표가 달성됐다고, 전쟁의 조건이 실제로 평화의 조건, '극복'의 조건을 가져왔다고 진심으로 믿었다. 갈등과 차이는 한쪽으로 치워졌고, 독일인들은 비스마르크가 시도했으나 결국에는 실패했던 정신적·물리적 통일을 마침내 달성했다. 어느 평자는 "전쟁이 가져온 가장 아름다운 일 가운데 하나는 우리가 더 이상 어중이떠중이가 아니라는 사실이다"라고 썼다.[1] 동원은 감정을 고양시켰다. 무질서하고 천한 군중은 사라지고, 정신적 귀족들로 이루어진 독일인만이 남았다.

프리드리히 나우만과 막스 베버를 비롯한 온건 좌파에게 8월의 기운은 사회적 민족국가sozialen Volksstaat의 실현에 가까웠다. 그 속에서 정치적 좌파와 우파, 노동자와 부르주아는 자발적·생산적으로 협력했다. 게다가 독일 내에 거주하는 독일인만 통일된 것이 아니었다. 그들은 이제 독일 경계 내에 존재하는 다양한 소수 민족 집단, 그리고 오스트리아의 형제들과 하나가 됐다. 나중에 군부와 정계 기득권층에게 만만찮은 반대 세력이 된 에른스트 톨러는 다른 이들과 마찬가지로 1914년 민족주의의 향연에 사로잡혀 있었다. "민족은 더 이상 종족을 구분하지 않는다. 모두가 하나의 언어로 말하며 모두가 하나의 모국, 독일을 수호한다."[2]

저 8월의 나날의 행복감은 천년왕국적인 분위기를 풍겼다. '승리'는 '8월의 이념들'의 분출 자체로, 그 표출 자체로 이미 쟁취됐다. 전장에서의 승리는 단순한 형식적 확인일 뿐이다. 승리는 필연적이며, 그것은 독일의 민족적 자기표현 행위에 반드시 뒤따르는 부산물이다. 8월 7일 라이프치히대학의 한 법대생은 "우리는 승리할 것이다! 그토록 강력한 승리에의 의지 앞에서 다른 것은 불가능하다"[3]고 외쳤다. 6주 후, 그는 죽었다.

8월의 분위기는 앞서 살펴본 것처럼 본질적으로 미학적이었다. 항구적이고 궁극적인 미美라고 생각되는 것을 이룩하기 위해서, 창조적 의지의 지고 행위로 형식이 이용된 뒤 초월됐다. 본대학의 어느 교수는 "독일의 도덕과 관습은 새로 발견된 그 모든 아름다움의 원천처럼 우리에게 말을 건다"고 썼다.[4] 또 다른 평자는 독일의 정신적 통일과 이상주의를, 미래를 위한 '마법적 힘'이라고 불렀다.[5] 라이너 마리아 릴케와 다른 여러 사람은 경외감에 사로잡혀 '전쟁의 신'에게 겸허히 고개를 숙였다.

> 그럼 우리는? 우리는 하나가 돼 빛나니,
> 죽음으로 활기를 얻은 새로운 피조물이다.[6]

죽음으로 활기를 얻는다, 그것이 독일의 '봄의 제전'이었다.

독일의 의무 관념은 이러한 관념론으로 가득했다. 영국과 프랑스의 의무가 토대와 벽돌로서의 역사의식에 뿌리를 둔다면, 독일의 의무는 신화로서의 역사, 현재와 미래에 대한 시적 정당화로서의 역사라는 시각을 대들보로 삼았다.

역사의 타당성에 대한 의심, 과거에 관하여 객관적 설명을 제시하는 역사가의 능력에 대한 의심은 물론 전전戰前 서구세계 전체의 문화적 기후에 침투해 있었다. 역사가들 자신도 19세기 후반이 되자 서양 문명의 조류에 회의적이었다. 그들은 물질주의와 규격화에 대한 대안으로 정신성과 '내적 경험'을 다시금 강조했다. 그러나 19세기 말이 되면 독일에서 그러한 과정은 다른 곳보다 훨씬 더 많이 진행됐다. 19세기 초에 쇼펜하우어는 역사를 "길고 어려우며 혼란스러운 인류의 꿈"이라고 정의하면서 객관성과 보편성을 자처하는 모든 시도를 비웃었다.[7] 생전에는 큰 주목을 받지 못했지만 19세기 후반부터 쇼펜하우어의 명성은 높아지기 시작했다. 쇼펜하우어를 숭배하던 역사학자 야콥 부르크하르트는 비록 스위스인이었지만, 1870년대에 베를린에서 공부했고 독일 동료들에게 큰 영향력을 행사했다. 그는 "만약 지속적인 어떤 것이 창조될 수 있다면 그것은 압도적으로 강력한 진정한 시詩의 노력에 의해서만 가능하다"고 말했다. 그는 아리스토텔레스에 동의하여 시는 역사보다 더 심오하다고 했다.[8] 부르크하르트에게 역사와 예술은 나란히 움직였다. 부르크하르트의 의견처럼, 초창기에는 실증주의 경향을 보였던 로마사가 테오도어 몸젠도 유사한 경로를 밟았다. 그는 1874년 베를린대학 총장 취임 연설에서 "역사를 쓰는 사람은 학자보다는 예술가에 더 가까울 것"[9]이라고 주장했다. 요한 G. 드로이젠, 하인리히 폰 지벨, 하인리히 폰 트라이치케를 비롯한 역사학계의 이른바 프로이센학파와 빌헬름 딜타이와 신칸트학파와 같은 사회 및 역사 사상가의 영향은, 인간의 문제에 대한 해답을 외부 세계가 아니라 인간의 상상 속에서 찾으려는 독일의 경향에 중요하게 일조하게 된다. 한마디로 역사는 과거보다는 현재의 문제이자 합리적 분석보나는 식관의 문제였다. 객관성에 대한 니체의 신랄한 장광설은 1900년 그의 죽음 이후로 갈수록 인기를 끌었고, 앞서 보았다시피 율리우스 랑벤과 휴스턴 스튜어트 체임벌린같이 널리 읽힌 문화비평가들은 삶의 완전한 미학화를 부르짖었다. 역사의 진실은 비판적 방법에 따라서가 아니라 오로지 직관적으로만 다가갈 수 있다. 역사는 과학이 아니라 예술이다. 독일 사상가들은 19세기 역사 사상의 재정립—혹은 해체—의 전위에 있었고, 경험주의와 실증주의에 대한 반란에 앞장섰으며, 서구 자유주의와 물질주의 그리고 세계에서 영국-프랑스의 오랜 헤게모니와 동일시되는 사회적·정치적·문화적 질서에 대한 반동을 이끌었다.

사실 1914년 독일 애국주의의 열기에는 역사적 연상들이 작용했다. 예를 들어, 그것은 비스마르크의 통일 전쟁부터 나폴레옹에 맞선 '해방 전쟁', 특히 프리드리히 대왕 아래서 프로이센과 호엔촐레른 왕가의 유럽 내 강대국으로의 부상, 로마 교회에 맞선 루터의 반란, 프리드리히 바르바로사 대왕과 오토 대제의 모험, 튜턴 기사단의 선교적 노력, 심지어 서기 9년 아르미니우스의 승리에 이르기까지 다양했다. 그런데도 민족국가로서 독일의 새로움, 법과 정부라는 세속적 제도에서 독일이 세계적 영향을 미친 증거가 빈약한 점, 세계에 대한 독일의 역사적 기여는 대체로 음악·철학·신학 분야처럼 정신적 측면이라는 사실, 이 모두가 1914년 역사와 민족주의에 대한 독일의 판본에 강한 이상주의적 내용을 부여했고, 영국과 프랑스에 비해 과거에 대한 이해보다는 미래의 도래를 알리는 쪽에 크게 경도된 판본을 만들어냈다. 1889년, 정신적으로 무너지기 직전에 니체는 부르크하르트에게 자신은 "역사 안의 모든 이름"[10]이라고 말했다. 1915년 4월, 전선의 부하들 앞에서 게르하르트 파스토르스는 유사한 문장을 사용했다. "루터, 비스마르크, 뒤러, 괴테—하늘의 별 전체가 우리 안에 빛나고 있다."[11] 그리고 빌헬름 클렘에게 전쟁은 "환상적 현실"[12]이었다. 다시 말해서 역사, 시, 꿈 그리고 개인적 순간은 한순간의 도취된 느낌

속에 하나로 결합됐다.

그 결과, 독일적 의무는 조국의 수호, 봉사라는 사회 규범의 준수 이상을 의미했다. 그것은 개인적 명예와 의지로 이루어진 강한 주관적 요소를 담고 있었다. 여기서 명예는 행동 규범에 대한 맹목적 복종, 그리고 전통에 대한 충성을 넘어섰다. 그것은 개인적인 영감과 자주성을 의미했다. 개인은 사회라고 불리는 공리주의적 집단 내 분자에 불과했다. 진정한 독일인은 그 한 명 한 명이 다름 아닌 민족, 공동체의 구현이었다. 그리고 한 작가가 표현한 대로 다시 민족은 단순히 "한 차원 더 높은 인간"일 뿐이었다.[13] 민족은 역동적 개인으로 압축됐다. 이것은 쇼펜하우어 및 니체의 사상과 일치했다. 세계는 한 인간의 창조물로서만 존재했다. 민족은 상상의 창조물, 시적 진실, 윤리적 구성체이지 사회적 구성체가 아니었다.

의지는 명예와 연결됐다. 의지는 명예가 행동으로 옮겨지는 수단이었다. 의지는 억압적 힘이 아니라 창조적 힘이었다. 그것은 공격적이고 영감에 찬 의무의 실행과 동의어였다. 전쟁 전, 독일이 맹목적 복종만을 중시하는 위계적 국가Obrigkeitsstaat라는, 적대국과 독일 내 정치적 좌파의 비판에 대해 한 작가는 루소를 상기하며 약한 사람일수록 명령하고 강한 사람일수록 복종한다고 응수했다.[14] 독일은 타이단(서인족)의 나라가 됐다. 정치적으로 좌파 성향을 띠고 전후에 독일의 민주적 헌법 성안에 중요한 역할을 담당한, 법학 교수 게르하르트 안쉬츠는 1915년에는 이렇게 썼다. "세계 전역에서 우리에 대한 욕으로 쓰이는 군국주의라는 표현을 우리는 명예의 표지로 받아들이자."[15] 젊은 병사 발터 하리히는 독일인이 이해하는 군사적 질서야말로 이 투쟁에서 정확히 독일에 우위를 부여하는 것이라고 쓰면서 이와 유사한 정서를 드러냈다. "우리는 우리가 세계에서 독일적 관념을 위해 싸우고 있다는 것을, 우리가 아시아적 야만주의와 라틴적 무관심에 맞서 독일적 정서를 수호하기 위해 싸우고 있다는 것을 잘 알고 있다."16

"네 의무 이상을 하라"는 제24 브란덴부르크 연대의 표어였고, 그 것은 집단의 명령을 보완하는 개인적 자주성의 관념을 포착했다. 발터 하리히는 전선에서 "여기서 상황은 단순한 물리력을 넘어서 돌아간다. 여기서 불가능은 가능해진다"17고 썼다. 관습이 별로 가능성 없다고 간주하는 것을, 병사 개인의 창조적 의지는 가능하게 만든다. 불가능은 한낱 책무, 한낱 수행, 영국-프랑스 문화에서는 이기적인 공리주의적 기능에 불과한 한낱 의무에 대한 정신적 초월로 가능해진다. 전쟁 시작부터 신성한 의무die heilige Pflicht라는 말이 난무했다. 1914년 9월, 기차를 타고 전선으로 가는 길에 트리어 인근의 따사롭고 평온한 아이펠의 풍경을 만끽하고, 비에 흠뻑 젖은 로렌의 고적한 잿빛 풍경에 감동한 젊은 법학생 프란츠 블루멘펠트는, 전쟁을 "시대에 뒤떨어지고 전적으로 파괴적이며 어리석고 끔찍한 일이자 인간이 할 짓이 아니"라고 규탄했지만 그와 동시에 희생과 개인적 헌신이라는 생각에 열광했다. "결정적으로 중요한 것은 물론 언제나 기꺼이 희생하려는 자세이지 그 희생의 목적이 아니다."18 여기서 현실로서의 전쟁, 국가 간, 민족 간 외부적 관계와 역사의 산물로서의 전쟁은 규탄되고 안타까운 일로 그려지지만, 관념, 영감, 수단으로서의 전쟁은 찬미된다.

교전국마다 현재의 결의를 다지고자 과거의 문화적 업적을 이용하는 경향이 있었지만, 독일에서 그러한 과정은 한 걸음 더 나갔다. 역사는 과거에 이루어진 것이라는 자체의 완결성과 독립성을 상실하고, 게걸스럽게 모든 것을 집어삼키는 현재의 시녀가 됐다. 1914년 8월 28일, 프리츠 클라트의 주장에 따르면 그는 눈을 뜨자마자 그날의 의미를 알았다. 그날은 괴테의 생일이었다. 그는 즉시 괴테의 『서동시집』을 집어들었다. 그가 편지에서 지적한 대로 "그 책은 말 그대로 내 권총 바로 옆에 놓여 있었다".[19] 괴테와 죽음의 도구 간의 연관이 가리키는 대로 독일의 문화적 노력의 극치로서 전쟁은 독일적 의무 관념의 또 다른 중심 테마였다. 전쟁은 문화에 대한 최고의 도전만이 아니었다. 우월성을 입증하기 위해 전쟁도 불사하겠다는 의지는 어느 문화에서든 문화의 목표가 돼야만 했다. 따라서 전쟁과 진정한 문화는 가짜 문화에 반하여 동의어가 됐다.

1914년 10월, 젊은 한스 플라이셔는 보쥐산맥 가장자리 블라몽 근처에 있었다. 후방 휴식 구역에 머무는 동안 하루는 잠깐 산책하러 나갔다가 폐허가 되다시피 한 튀르켐 남작의 대저택을 발견했다. 귀중한 장서와 회화, 가구, 장식 벽판이 모두 박살이 나 있었다. 하지만 플라이셔는 폐허 한 귀퉁이에 그랜드 피아노, 그것도 스타인웨이 피아노가 참화를 피한 채 멀쩡히 남아 있는 것을 발견했다. 피아노 아래서 악보도 발견했다. 그는 어떤 악보를 골랐을까? 그는 바그너의 발퀴레 피아노 악보를 골라 피아노 앞에 앉아 연주하며 「사랑과 봄의 노래Lied von Lieben und Lenz」*를—그가 편지에 쓴 대로 힘차게—불렀다. 그러고는 그곳을 떴다. "그 순간 나는 집으로 돌아가 있었고 독일 음악을 연주했으니, 이제 난 다시 전쟁으로 복귀할 수 있어."[20] 그러나 이 광경을 그토록 가슴 뭉클하게 만드는 것은 그 젊은이가 전쟁을 떠나 있지 않았다는 사실이다. 전쟁은 여전히 그를 에워싸고 있었다. 피아노, 음악, 폐허, 전쟁 그 모든 것은 한순간의 느낌으로 합쳐졌다. 따라서 그것은 너무나 절묘하고도 잊을 수 없는 경험이 됐다. 괴테, 바그너, 독일 문화의 만신전萬神殿에 있는 모두가 전쟁의 제왕이 됐다. 로맹 롤랑이 게르하르트 하우프트만에게 보낸 공개서한에서 "당신네는 괴테의 손자입니까 아틸라의 손자입니까?"라고 물었을 때, 대답은 "둘 다!"가 될 수밖에 없었다.

처음의 자신감에도 불구하고, 전장에서의 '필연적인' 승리는 찾아오지 않았다. 그것은 1914년에도, 1915년에도 찾아오지 않았다.

개전 첫 몇 주간의 그 들뜨고 환희에 찬 분위기는 도저히 유지될 수 없었다. 8월에 얻은 영적인 정수, 그리고 전선 및 후방 양쪽에서 물질적 관심사로 대표되는 현실 사이의 분열이 되돌아올 위험이 존재했다. 참호생활의 현실은 후방에서 임금, 물가, 전쟁 수행 노력의 조직화 문제와 더불어 숭고한 정신적 성취를 위협했다. 1915년이 되자 갈수록 더 많은 사민당 의원들이 전쟁 목적과 정치 개혁에 대한 문제를 제기하면서 다시금 균열이 모습을 드러냈다. 전쟁 수행 방식—가스 사용과 무제한 잠수함 작전의 도입—은 더 많은 문제를 제기했다. 이 전쟁은 참모부와 정부가 주장하는 대로 정말로 독일에 강요된 방어전일까?

---

* 발퀴레 1막 3장에서 '겨울 폭풍은 5월의 계절 앞에 물러가고……' 대목을 말한다.

국가적 단합이 위협받는 처지에 놓이자 정치, 군사 지도부는 전쟁의 정신적 전체성에 물질적 전체성을 대응시킴으로써 전쟁 노력을 심화하는 것으로 대응했다. 1916년이 되자 제국 재상 베트만 홀베크에 의해 상징되는, 덜 공격적이고 더 양심의 가책에 시달리며 수심에 찬 정치적 리더십은 공격받고 있었고, 1917년 중반이 되자 옆으로 밀려났다. 1917년 7월에 독일은 어느 모로 보나, 군부의 지배를 받는 전체주의 국가가 됐다. 카이저도 힌덴부르크와 루덴도르프로 대변되는 지휘부의 요구를 따르는 꼭두각시 군주에 불과했다. 서부에서 군사적 교착상태가 이어지고, 사상자가 산더미처럼 늘어가고, 독일 가정의 부엌에서 아들들만이 아니라 총알을 만들기 위해 냄비와 프라이팬마저 사라져가고, 식량난이 갈수록 심각해지고, 고난이 가중되는 동안, 승리의 신화는 희생과 자기 부정, 운명이라는 관념뿐만이 아니라 그 현실에 의해 더 아름답게 윤색됐다. 죽음은 창조적 기능을 떠맡았다. 죽음은 활기를 불어넣는 원천이 됐다. 전쟁은 미래에 대한 전망이나 뒤늦은 깨달음과 상관없이 이제 자체의 도덕적 가치를 지녔다. 전쟁은 전체가 됐다.

독일 남성 인구가 몰살되고 영국의 경제 봉쇄 정책이 효과를 보이며 1917년 4월 미국이 참전하고 전쟁에 대해 독일 내 반대 여론이 높아지던 상황을 고려할 때, 실제 승리에 대한 전망이 멀어질수록 승리의 신화에 대한 찬가는 귀에 거슬릴 만큼 요란해지고 비현실적이 돼 갔다. 민족주의 집단과 심지어 정부 관계자들한테서 흘러나오는 영토상의 전쟁 목표 리스트에서는 온건함과 이성의 자취를 전혀 찾아볼 수 없게 됐다. 범게르만당이나 1917년에 창당된 조국당이 자신들의 뜻을 관철했다면 미래 독일은 우랄산맥부터 대서양까지, 북해부터 아드리아해까지 영역이 뻗어 있었을 것이다. 1918년 늦여름과 가을에 독일의 서부전선이 마침내 무너지고 있을 때, 낭만적 성향과 민주주의적 성향이 기이하게 뒤섞인 프로이센 유대인이자, 독일의 원자재 동원 작업을 대단히 효율적으로 지휘한 발터 라테나우는 16세기 뮌스터의 재세례파가 자살 행위에 가깝게 최후까지 싸운 사실을 떠올리며 외국의 침략자들에 맞서 전 국민적인 저항levée en masse을 촉구했다. 1914년 8월의 환희는 전쟁 중반기에 열렬한 결의로 바뀌었다가 결국 히스테리 상태로 빠졌다. 그 길은 독일의 내면으로의 여행을 동반했다.

그러나 와해의 모든 증거에도 불구하고, 통합 노력은 1914~1918년 전쟁 내내 정전일 오전 11시까지 독일을 규정하는 특징으로 남았다. 전반적인 지향은 전쟁 내내 여전히 긍정적이었다. 죽음의 와중에도 주안점은 재생, 부활, 삶, '경험'이었다. "나는 죽음을 보고 삶을 소리쳐 부른다"라는 말은 1915년 4월 25일 수세에서 스물한 살의 나이로 죽은 알폰스 앙켄브란트의 것이었다.[21] 그러한 형이상학을 의식할 때만 독일인들이 어떻게 전쟁을 계속해나갔는지는 이해할 수 있다. 그들은 처음부터 수적으로 열세였다. 그들은 두 개 전선에서 싸웠다. 그들은 오스트리아와 오스만튀르크를 떠받치고 보조했다. 그들은 러시아가 전쟁에서 발을 빼게 했다. 그들은 1917년 이후에는 미국의 경제력을, 1918년에는 미국의 군사력을 비롯해 연합국의 공격을 저지했다. 1918년 여름에 그들은 다시금 승리에 근접했다.

영국과 프랑스의 노력에 힘을 보탠 것과 어떤 측면에서는 그리 다르지 않은 신념이 독일인들을 지탱했다. 그러나 결국 양 진영 간 신념의 차이는 유사성보다 훨씬 더 두드러졌다. 영국-프랑스의 신념은 합리적 토대를 뒀다. 독일의 신념은 이상주의와 낭만주의 위에 세워졌다. 영국-프랑스의 신념은 사회적이었지만, 독일의 신념은 형이상학적이었다. 독일의 전쟁 수행 활동은 영국-프랑스와 동일한 제도들—종교, 교육, 군대, 여타 사적 영역에서 국가 개입 형태—에 의해서 준비돼왔다. 그러나 독일 산업화의 성격—그 뒤늦음, 상대적 속도, 고도로 집중화된 형태—은 상업과 산업활동에 동반되는 사회 규범 및 가치 다수가 독일의 사회관계 안까지 깊숙이 침투하지 않았음을 의미하며, 실제로 그러한 규범과 가치들은 의심의 눈초리를 받았다. 훗날 한 역사가의 표현을 빌리면 독일 자본주의는 "평가 절하"됐다.[22] 영국에서 존 스튜어트 밀은 "직업의 분리에서 다양하게 결합한 노동의 위업, 어떤 수의 개인으로도 단독으로는 결코 이룩할 수 없었을 임무의 완수 (…) 위대한 협력의 학교"[23]를 봤다. 그 '협력의 학교'는 독일에 늦게 찾아왔다. 그 결과, 1914년과 전쟁 내내 독일의 정신적 통일의 달성—그 완수는 전쟁 기간 대부분 동안 사회주의자 다수에 의해 뒷받침된 것이다—은 공적 가치보다는 사적 미덕에, 사회적 현실보다는 상상의 노력에 더 토대를 두게 됐다. 처음에는 프랑스에서, 그다음 세르비아를 상대로 1년 넘게 전선에서 복무한 뒤에도 게르하르트 파스토르스는 그의 열정적 헌신을 조금도 잃지 않았다. 사베 강변에서 그는 1915년 10월 집으로 편지를 쓰면서 세르비아 병사들과 한판 붙고 싶다는 열렬한 욕망을 드러냈다. "우리는 세르비아 놈들과 정면으로 맞붙어서 그들의 얼굴에 주먹을 날리고 싶다는 물리적 욕구를 갖고 있습니다. 만약 오늘 밤 당장 우리 위치를 전진시키라는 명령이 내려온다면 우리는 마치 천국에 가는 듯한 느낌일 것입니다." 그는 여전히 전투를 천국, 구원, 초월 상태와 동일시했다. 1916년에 필립 비트코프는 독일 학생들이 전장에서 보내온 편지들을 모아 출간하면서 얼굴을 가격하는 주먹과 천국을 연결한 이 잔혹하면서도 이상주의적인 대목을 자신의 책을 마무리하는 편지로 골랐다.[24]

영국은 재빨리 독일의 주적이 됐다. 영국은 상업과 속임수의 나라였고, 헬덴Helden보다는 헨들러Händler, 즉 영웅보다는 부르주아 사업가의 나라였다. 개인적 이득을 꾀하는 사업가처럼 영국은 7월 위기 때 자기 패를 처음부터 다 내놓지 않았기 때문에, 처음부터 중립이나 프랑스 지지를 선언하지 않았기 때문에, 전쟁 책임이 있다고 비난받았다. 영국은 행동해야 할 때 행동하지 않아서 잘못했다는 뜻이다. 여기서 현대 미학에 버금가는 논리가 나온다. 살인자가 아니라 희생자에게 죄가 있다는 소리다. 행동하지 않고 생각하는 것은 그 자체로 기만, 계산적임, 불성실함을 암시한다. 행동은 반대로 해방적이며, 행동은 삶이고, 행동하는 자는 따라서 잘못에 책임이 있다고 할 수 없다. 니체적 호언장담으로 산상수훈山上垂訓* 은 부정된다. 마그누스 히르슈펠트는 "누구한테 잘못이 있느냐가 아니라 무엇이 잘못인지가 정해져야 한다"고 단언했다. 영국은 독일이 벗어나야만 했던, 삶을 거부하는 질서의 첫째가는 대표였다. 그것은 진정한 기쁨과 영감, 영혼을 질식시키는 세계였다.[25]

---

* 「마태복음」 5~7장에 기록된 예수의 설교 내용으로 '원수를 용서하라'와 같은 기독교 윤리의 핵심이 담겨 있다.

전쟁 전에 영국과 연계가 있었던 많은 독일 교수는 뜻밖의 영국 참전을 개인적인 모욕으로 여겼고, 그것을 서양 문화 전체의 문제성을 보여주는 거부할 수 없는 증거로 해석했다. 신학자 아돌프 폰 하르나크는 그때의 충격을 결코 극복하지 못했다.[26] 그와 다른 학자들은 영국이 독일을 치기 위한 구실로 벨기에를 이용했을 뿐이라고 분개하며 결론 내렸다. 이 크래머 나티온Krämer-Nation, 즉 이 '상점 주인들의 나라' 영국은 그저 자신들의 경제적 경쟁자를 파괴하고자 나섰을 뿐이다. 그렇지 않고서야 영국의 참전을 어떻게 설명할 수 있는가? 영국 외무장관 에드워드 그레이의 가상의 죽음 및 심판의 자리 앞에 놓인 그의 끔찍한 운명을 환기시키는 '시'에서, 프리드리히 야콥센은 영국의 전쟁을 "전리품과 더러운 이득"[27]을 위한 전쟁으로 규탄한다. 1914년 새해 전야에 제15 바이에른 보병연대의 장교들과 제1대대 부대원들은 연대 본부에 모여서 시계가 12시를 치자, 비록 동피에르 근방에서 프랑스군과 맞서고 있었음에도 "신이 영국을 벌하시길Gott strafe England"[28]이라는 외침과 함께 새해를 맞았다.

독일의 전쟁 근거는 처음부터 프랑스와 영국보다 구체적이지 못했던 탓에 전쟁의 지속에 대한 독일의 해석도 신비롭고 낭만적인 관념들로 덧씌워져 있었다. 이들 해석과 관념의 일반적 주제는, 얼핏 참상과 부의미한 희생처럼 보일지라도, 전쟁은 궁극의 경험을 대표하며 전쟁 에너지에 전적으로 투신함으로써, 다시 말해 독일의 정수를 전쟁 현실과 융합함으로써 더 높고, 더 숭고한 민족적 존재 형식이 뒤따르게 된다는 것이었다. 따라서 전쟁은 교육이자 계시였다. 병사 에른스트 부르헤가 표현한 대로였다.

만약 삶의 의미와 목적이 한낱 존재 형식을 넘어서는 것이라면 우리는 이미 삶에서 많은 것을 성취했고 오늘이나 내일 우리의 운명과 상관없이 우리는 백 살 먹은 노인과 철학자보다 더 많은 것을 안다. 누구도 우리보다 가면이 벗겨진 상태, 추악함, 비겁함, 나약함, 이기심, 기만을 더 많이 목격하지 못했고, 또 누구도 우리보다 미덕과 영혼의 말 없는 고귀함을 더 많이 목격하지 못했다. 우리는 삶에 더 바랄 것이 없다. 삶은 그 누구보다 우리에게 더 많은 것을 보여줬고, 그것을 넘어서 인간으로서 더 이상 바랄 것은 없다—우리는 삶이 우리에게 무엇을 요구하는지 끈기 있게 기다릴 것이다. 만약 삶이 우리에게 전부를 요구한다 해도 결국 삶이 우리에게 전부를 줬기에 둘 사이에 균형은 맞는다.29

처음부터 많은 독일인에게 전쟁은 미와 동의어였고, 점점 커지는 전쟁 참화는 많은 이에게 그 미학적 의미의 심화로 간주됐다. 달리 말해, 전쟁의 파괴적 실상이 심화될수록 그만큼 전쟁은 정신적으로 승화되고 내면화됐다. 비와 진흙탕, 포격, 프랑스군의 공격 속에서 여러 주를 보낸 뒤 게르하르트 파스토르스에게 전쟁의 '좋은' 면은 더 분명해졌다.

너는 강해진다. 이 삶은 모든 나약함과 감상성을 과감하게 일소한다. 너는 구속되고, 자기 결정권을 박탈당하고, 고통과 자제, 자기 규율 속에서 단련된다. 그러나 무엇보다 먼저 너는 내면으로 향하게 된다. 이런 생존 방식, 이런 참상과 이런 살상을 참고 견딜 수 있는 유일한 길은 너의 영혼이 더 높은 영역에 자리 잡느냐에 달려 있다. 너는 자기 성찰을 강요받으며 너는 죽음을 받아들이는 법을 배워야 한다. 너는 이 끔찍한 현실에 대한 균형추를 찾는 과정에서 가장 고결하고 가장 높은 것에 도달한다.[30]

'자기self'라는 말은 이 대목에 면면히 흐르는 모티프다. 외적 폭력이 증대될수록 인간은 더 화급하게 자기 내면과 영혼의 평화를 추구했다.

필연적 승리의 신화가 해체되면서 그 파편들은 새롭고 더 크고 더 밝은 신화가 됐다. 풍요로운 창조의 발작 속에서 환상은 더 많은 환상을 낳았다. 참상은 정신적 성취로 탈바꿈했다. 전쟁은 평화가, 죽음은 삶이, 절멸은 자유가, 기계는 시가, 무도덕성은 진리가 됐다. 1만 8000개가 넘는 교회 종과 무수한 오르간 파이프가 무기와 탄약을 만들기 위해 기부됐다.[31] 19세기 부르주아 세계의 물리적·사회적 고정관념에 대한 공격이 심화되며 제약과 경계, 형식에서 벗어난다는 해방감이 커졌다. 이 해방의 촉진은 계속해서 의무의 가장 중요한 요소였다. 죽음을 삶과 연결 짓는 이런 태도는 「봄의 제전」 속 희생 장면의 대규모 재연이었다.

무리

이상주의적 학생들과 여타 지식인의 편지를 인용하는 것은 인구의 소수—전쟁에 대체로 지적으로 참여하는 부문—가 국민 전체를 대표하는 양 비친다는 불만을 불러일으킨다. 독일 노동계급인 농장 노동자들은 어땠는가? 병사들 대다수는 어땠는가?
 물론 그들의 시각에 대한 자료는 구하기가 더 어렵다. 이 사람들은 일기를 별로 쓰지 않았다. 또한 전쟁이 끝난 뒤에 아무도 그들의 편지를 모으거나 정리하는 데 관심이 없었던 것 같고, 관심이 있었다 하더라도 어쨌거나 그런 작업은 실패했던 것 같다. 게다가 독일군 주요 문서 보관소는 제2차 세계대전 때 연합군의 폭격으로 파괴됐고 편지 검열 기록도 사라진 것 같다. 따라서 전쟁에 대한 비지식인 집단의 태도를 가리키는 간접적 증거만 드문드문 남아 있을 뿐이다.
 그러나 군대 내 불복종 사건이 상대적으로 적게 발생했다는 사실은 전반적으로 군기가 유지됐고, 노동계급과 농민 병사들도 위에서 설명한 가치들의 맥락 안에서 활동했음을 암시하는 한 가지 증거다. 다음 표는 제4 바이에른 보병 사단에서 조사했지만, 군사재판에 회부되지 않은 불복종 사례와 경범죄 건수를 정리한 것이다. 사단은 전쟁 대부분 동안 서부전선에서 복무했다. 비행과 위반 사례는 무단 외박, 탈영, 비겁한 행위, 간첩 행위, 고의적 자해, 자살, 총기 오용, 불복종, 권력 남용, 재물 손괴, 반역 행위, 우편법에 대한 위반 행위, 형사상 범죄 행위와 각종 경범죄를 포함한다.

조사 건수(표)32

	1914	1915	1916	1917	1918
1월		63	12	47	87
2월		26	18	41	59
3월		33	23	46	70
4월		40	27	42	47

5월		20	22	54	80
6월		24	14	52	112
7월		23	20	82	118
8월	17	32	32	48	103
9월	12	25	72	77	115
10월	29	27	80	47	136
11월	20	46	59	86	91
12월	65	31	37	153	47

눈에 띄는 달은 1914년 12월과 1915년 1월, 1916년 9월부터 11월, 1917년 7월, 9월, 11월, 12월과, 4월을 제외한 1918년 전부다. 첫 번째 시기는 1914년 친목 행위와 일치한다. 두 번째 시기는 베르됭 공세의 실패와 솜 전투로 인한 타격을 가리킨다. 세 번째와 네 번째 시기는 승리의 전망이 멀어짐에 따라 생겨난 전반적인 기강 약화와 사기 저하를 반영한다. 1918년 4월에서 수치가 갑자기 떨어지는 이유는 그해 봄 루덴도르프 공세의 초기 성공으로 설명할 수 있다. 전쟁이 길어지면서 수치가 증가하는 것을 볼 수 있지만, 여기서 집중해야 할 부분은 불복종 사례 수치가 결코 과도하지 않았다는 것이다.

모든 군대와 마찬가지로 독일 군대에서도 보급품, 음식, 장비, 전략, 장교들에게만 허락된 안락함과 관련하여 여러 불만이 들려왔다. 예를 들어 1917년 8월에 한 포병대는 최고 사령부까지 올라갈 보고서에서 "부대의 전투용 말보다 참모 장교들이 여가활동용으로 타는 말이 더 좋다"고 불평했다. 사단 지휘부는 이런 "군인답지 못한" 언급에 격분하여 앞으로는 그런 소리가 들리지 않게 하라고 지시했다.[33] 그해 여름, 처우와 여건에 타당한 불만이 있는 병사들은 단순히 뒤에서 투덜거리지만 말고 그러한 불만을 적절한 경로를 통해서 표명하라는 명령이 전달됐다.[34] 프랑스와 영국의 군 문서 보관소도 이러한 종류의 자료로 가득하다. 그것은 군 기강과 관련된 사소한 문제들—이 전쟁의 성격을 고려할 때 전적으로 이해가 가는 내용들이다—을 보여주지만, 전쟁에서 목적의식의 약화라고는 도저히 볼 수 없다.

더욱이 위에서 묘사한 전쟁에 대한 전반적인 접근 방식이, 지식인이나 모험가들—전쟁 전 집에서 도망쳐 나와 프랑스 외인부대에 입대한 에른스트 윙거 같은 사람들이나 에른스트 부르헤나 발터 플렉스—이 독점한 것이 아니라는 사실은 1916년에 제2판에 들어간 라인홀트 아이히아커의 대중 소설로도 알 수 있다. 『삶에 보내는 편지: 참호의 영혼들과 영혼의 참호로부터』는 열두 달 전 결혼한 사랑하는 아내를 두고 전장으로 떠난 병사에 관한 참기 힘들 만큼 달착지근한 이야기다. 그는 참호에서 1년을 보낸 뒤 예고 없이 집에 돌아왔다가 아내가 다른 남자의 품 안에 있는 것을 발견한다. 그는 한마디 말도 없이 발길을 돌려 전선으로 돌아갔다가 나중에 아내가 자살했다는 소식을 듣게 된다. 삶과 전쟁에 대해 길게 반추한 끝에 그는 아내와 그리고 죽음의 전망에서 마음의 평화를 찾게 된다. 그의 마지막 위안은 아내와 저세상에서 다시 만나리라는 것이다. 이 이야기에서는 독일의 전쟁 수행 노력의 많은 부분과 마찬가지로 삶의 의미는 오로지 죽음 속에서만 찾을 수 있다.

말할 필요도 없이 독일 병사들도 다른 나라의 병사들처럼 피로감과 우울, 트라우마에 시달렸다. 독일인들도 본능과 내적 역량에 기대어 전쟁을 이끌어가고 있었지만 그런 내적 역량은, 평균적인 영국인과 프랑스인에게 동기를 부여하는 사회적이고 역사적인 가치와 대조적으로 형이상학적 형태를 띠었다. 전쟁은 물질적 수단보다는 의지와 에너지의 투쟁이었다. 그것은 '1914년의 정신'을 영속화하는 것, 즉 거대한 이상eine grosse Idee의 실현이었다.

결국에는 많은 이에게 절대적 공허로 보이는 것, 바로 패배가 찾아왔다. 루돌프 빈딩은 1918년 7월이 되자 알았다. "우리는 끝났다. 우울한 생각들이 나를 무겁게 짓누른다. 우리는 어떻게 다시 일어설 수 있을까? 전후에 드러나겠지만 문화는 쓸모가 없을 것이다. 더더군다나 인류 자체도 쓸모가 없을 것이다."35 전선 반대편의 데이비드 길칙은 10월이 되자 독일인들에게 종말이 다가오고 있음을 알고서 이렇게 말했다. "지금 세상 무엇을 준대도 독일인은 되지 않을 거야."36

그러나 앞으로 보게 되듯이, 공허조차 그럭저럭 치환과 조작이 가능했다. 실제로 사람은 정신적으로 공허를 실컷 즐길 수도 있다는 것이 드러난다. "등 뒤에서 비겁한 찌르기"라는 생각, 그리고 독일은 전선에서 적과의 명예로운 싸움에서 패배한 것이 아니라 해외의 중상과 후방에서의 배신으로 쓰러진 것이라는 관념이 패배로부터 나타난다. 최근까지 새로움과 실험, 옛 형식의 거부에 사로잡혀 있던 독일 국민은 기막힌 정신적 곡예를 통해 자신의 반란 이미지를 자기들이 생각하는 외무와 내부의 적에게 투사한다. 마치 다다이즘에서 반反예술이 예술로 변하듯 반역자는 배신당한 자가 되고, 반란자는 희생자가 되며, 패배자는 정복자가 되리라.

1914년 10월 안트베르펜이 함락된 날, 저녁에 성대한 파티가 베를린 에스플라나데에서 열렸다. 예법에 따라 손님들은 시국의 엄중함을 고려하여 수수한 옷차림을 하도록 요구됐다. 예를 들어, 여자들은 어깨와 가슴이 훤히 드러나는 데콜테 드레스는 피했다. 그러나 이날 저녁 한 부인만은 사교 시즌이 한창일 때의 축제 무도회에나 어울릴 법한, 속이 비치고 낮게 파인 드레스를 입고 왔다.

누군가가 한마디 했다. "부인, 오늘 밤 멋지게 차려입으셨네요."

"그렇죠? 안트베르펜 함락을 축하하려고 입었지요. 하지만 기다려 보세요, 영국을 물리치는 날 입으려고 준비해둔 드레스가 아직 남아 있으니까요."[37]

독일의 패배 때 문제의 그 부인이 무슨 옷을 입었는지 기록은 남아 있지 않지만, 전후에 조세핀 베이커가 베를린에서 받은 환영이 조금이나마 단서를 준다면, 부인이 암시한 승리의 의상—임금님의 새 옷—은 패배에도 그만큼 어울렸을 것이다.

이것들은 타당한 일반화일까? 예외를 찾기는 어렵지 않다. 전쟁이 계속되면서 전쟁에 대한 불만과 반대도 전반적으로 커졌다. 1916년에 식량 폭동이 곳곳에서 터져나왔다. 그해 4월, 바이에른주의 가톨릭계는 주교들로부터 전쟁에 대한 반감에 대응하는 것이 교단의 가장 중요한 임무라는 이야기를 들었다.[38] 다음 2년에 걸쳐, 특히 혹독한 겨울 동안 민심 이반을 보여주는 사례는 차고 넘쳤다.

전쟁에 회의적인 사람들의 정치적 근거지는 처음에 사민당의 소수 좌파 계열이었다. 그러나 1917년 4월, 독립사민당USPD이 전쟁에 대한 반대를 토대로 창당됐다. 독립사민당은 전쟁 전의 수정주의 지도자 에두아르트 베른슈타인 같은 정치적 온건파부터 로자 룩셈부르크와 카를 리프크네히트 같은 급진파를 아울렀다. 1918년 1월, 전쟁에 반대하며 광범위한 사회 정치 개혁을 주문하는 급진적 노조 위원들이 주도한 파업 물결이 군수 공장을 휩쓸었다. 최근 러시아에서 볼셰비키가 거둔 성공은 이들 사이에서 크게 칭송됐다. 평화주의자들의 팸플릿이 몇몇 지역까지 도달하고 불복종 사례가 늘어나면서, 전선에서도 전쟁에 대한 염증과 불만의 기색이 1917년 말과 1918년 표면으로 부상했다. 그러나 이러한 활동에 참여한 사람들의 숫자는 적었다.[39] 대부분의 파업은 정치적 이유보다는 경제적 이유로, 무엇보다 처참한 식량 부족 사태로 인해 일어났다. 군대는 여전히 충성스러웠다.

늦어도 1917년에 이르자, 후방의 온건파 사이에서 전쟁은 실존적 수수께끼가 됐다. 그때가 되자 막스 베버에게 전쟁은 "정신적으로 소진돼버렸다". 법철학 교수 구스타프 라트부르흐에게는 반대로 오히려 전쟁은 "뭔가 유령 같은" 모습을, 압도적이고 맹목적인 괴물의 모습을 띠었다. 승리와 패배 둘 다 악惡일 것이며, 전자가 후자보다 약간 덜 나쁠 뿐이었다. 그는 이 무시무시한 위기의 순간에 종교에서만 어떤 식으로든 마음의 평화를 찾을 수 있다고 느꼈다.[40] 1917년이 되자 한스 델브뤼크, 에른스트 트뢸치, 아돌프 폰 하르나크, 프리드리히 마이네케에게 전쟁은 유럽 문화의 모든 흔적을 파괴하려고 위협하고 있었다. 1914년 8월에 그토록 휘황찬란한 약속을 내놓던 미래는 이제 암흑을, 미할 데 없는 어둠만을 보여주는 듯했다. 1918년 2월, 델브뤼크는 아내에게 보내는 편지에서 앞 달의 파업과 소요 사태가 일어난 뒤에 자신이 미래를 두려워하고 있음을 고백했다. 그는 이 모든 슬픔 뒤에도 독일의 앞날에 어떤 끔찍한 비극이 기다리고 있지는 않은지 걱정했다. "이 모든 게 곧 끝나지 않는다면, 소름 끼치는 일이 벌어질

거야."⁴¹

 그러나 이 모든 불길한 예감과 의심에도 불구하고 사기—그리고 전쟁을 계속하겠다는 결의—는 1918년 가을 후퇴 동안에도 꺾이지 않았다. 완전한 와해의 위험은 존재하지 않았다. 적어도 병사들 사이에서는 확실히 그랬다. 결국 와해가 일어났을 때, 그 규모는 크지 않았고 전쟁 대부분의 시기 동안 항구에 머물러 있었던 해군에게서 발생했다. 1917년 빌헬름스하펜에서 폭동이 일어났는데 해병들은 자신들에 대한 처우와 형편없는 배급 식량, 휴가 부족, 비좁은 숙소에 대해 항의했다. 1918년 10월 말과 11월 초, 해병들은 킬과 빌헬름스하펜의 항구에서 폭동을 일으켰고, 정전이 임박했다는 소식이 터져나오자 소요 사태는 재빨리 독일 전역으로 퍼져나갔다. 그러나 전선의 군대는 마지막까지 충성을 유지했다. 오로지 전선을 벗어나 독일로 돌아왔을 때만 비교적 소수의 병사만이 이른바 1918년의 혁명에 합류했다.

 따라서 국가적 노력에 대한 환멸과 괴리감은 전쟁 기간에 독일에서 결코 팽배하지 않았다. 또 그런 감정이 존재했더라도 그것은 싸우는 병사들보다는 후방의 민간인들 사이에서 더 두드러졌다. 환멸의 언어와 문학은 독일만이 아니라 어디서나 전반적으로 전후의 현상이 될 것이었다.

제 7 장
내면으로의 여행

우리가 더 높은 도덕을 따르기는 하지만
우리가 정당한 싸움을 하고 있기는 하지만
물러나도 된다는 허락만 떨어진다면
난 꽁지도 보이지 않게 내뺄 거라네.
―병사의 노래

이곳의 영역을 떠나서 이제 완전한 긍정이 가능한 저곳의 영역으로 활동을 옮겨간다. 바로 추상이다.
―파울 클레

그저 그런 시인인 실러는 외국인에게 흥미로운 것을 전혀 제공하지 않는다. 평화 시에도 사람은 경험법칙에 따라 자신이 이미 가진 것을 수입하는 일은 피한다. 우리한테는 카시미르 델라비뉴, 퐁사르, 보르니에가 있다. 우리한테 왜 실러가 필요한가?
―조세핀 펠라당(1917)

예술로서의 전쟁

시작부터 전쟁은 상상력을 자극했다. 아마도 역사상 어느 4년도 공적 사건과 관련하여 그토록 많은 증언을 낳지는 않았을 것이다. 화가, 시인, 작가, 성직자, 역사가, 철학자 등등이 모두 눈앞에 펼쳐지는 인간 드라마에 온전히 참여했다.

지식인 대부분은 개인의 독립성과 합리적 의사 결정을 자랑스럽게 선언했음에도 불구하고, 내재된 민족적 충성심에 반응했고 그에 따라 행동했다. 나이나 건강 때문에 입대할 수 없다면 선전가나 전쟁 화가, 구급차 운전기사나 잡역병 같은 다른 방식으로 전쟁에 참여했다. 그러나 극소수를 제외하고 많은 사람에게 첫째가는 이유였던 국왕과 조국에 대한 충성심을 넘어서, 전쟁은 그 거대한 기념비적 특성으로, 그리고 시간이 흐르면서 그 어마어마한 형용 불가능성으로 독특한 매혹을 자아냈다. 밤이면 벽에 코르크를 댄 방에 틀어박혀 대하소설 『잃어버린 시간을 찾아서』를 집필한, 내향적인 마르셀 프루스트마저 전쟁의 장관에 사로잡혔다. "사람들이 신 안에서 살았던 것처럼 나는 전쟁 안에서 살아간다."¹ 에드먼드 고스는 전쟁 동안 헨리 제임스를 가까이에서 지켜봤다. 제임스는 희미한 포성이 들려오는 영국해협 쪽을 바라보곤 했다. 고스는 이렇게 썼다.

독일군이 랭스 대성당을 파괴할 때 그가 비통하게 퍼붓는 저주의 주문은 무슨 짐승의 울부짖음, 옆구리에 화살을 맞은 숲속의 사자의 울부짖음에 가까워졌다. 그는 동남쪽 바다를 한없이 응시하며 마치 눈앞에 이글거리는 불꽃을 보는 듯했다. 그는 오로지 전쟁과 더불어 먹고 마시고, 말하고 걷고 생각하며, 잠자고 일어나고 살고 숨 쉬었다. 전쟁이 가져온 긴장은 변해버린 그의 기력이 감당할 수 있는 수준을 넘어서기에 친구들의 걱정은 커졌다.²

    D. H. 로런스처럼 현 상황으로부터 비판적 거리를 유지하고자 하는 이마저, 초연한 사람은 누구든 의심의 눈길을 보내는 사회의 편집증 때문에 저도 모르는 사이에 위기에 휘말려들 수밖에 없었다.
    정치적 성향에서든 미학적 성향에서든 급진적 상상력의 소유자 대부분은 처음부터 전쟁에 몰입했다. 전쟁은 극단적 감정과 노력은 물론—도트셀레스는 잠호를 "이 거대한 고해소"³라고 불렀다—김빠진 에드워드 시대의 세계나 심지어 과열된 빌헬름 시대의 세계와도 전혀 다른 광경 및 소리, 이미지들도 제공했다. 따라서 전쟁은 전전 아방가르드가 열심히 추구한 혁명적 재생의 진정한 촉구로서 기능했다. 1914년 후반에 레닌은 "유럽 전쟁은 격렬한 역사적 위기, 새 시대의 시작을 의미한다"고 단언했다.⁴ 정치적 급진 좌파에게 시대에 뒤떨어진 사회질서로 간주되는 것과 전쟁의 억누를 수 없는 역동성 간의 긴장은—이 긴장에 동반되는 슬픔과 연민, 참상에도 불구하고—안성맞춤이었다. 전쟁은 혁명을 낳으리라. 예술계의 많은 급진파에게 그 긴장은 분명히 달콤했다. 자크 에밀 블랑슈와 발레뤼스를 치켜세운 그의 파리 일파는 프랑스 수도 상공에 출현한 체펠린 비행선에 흥분했다. 그들은 하늘 위의 고래나 상어 또는 "알루미늄과 구타페르카 수지樹脂로 된 거대한 몸뚱이로 어기적거리면서, 잠에 빠진 시테섬*을 향해 눈에서 불빛을 깜빡이며 전자파를 쏘아대는 괴물 파프너"**를 상상했다. 미샤 세르트는 전쟁을 베를린 분리파 포스터에 빗댔다. 블랑슈는 "이 공포의 무대장치들은 극장에 속한다"고 말했다.⁵ 여기서 엿보이는 것은 전쟁을 예술 형식으로, 삶의 우월한 표상으로 간주하는 태도다. 구원은 메마른 사회 규범이 아니라 미적 가치들에, 삶과 죽음의 상징성에 있다는 사실을 인류가 인식할 때만 이 모든 슬픔과 참상이 의미를 띨 것이며 또 극복되리라. 전쟁은 그러한 사고를 환기하고 변화를 가져오는 도구로서 그 긍정적 목적이 있었다. 적어도 전쟁 초기에 많은 예술가의 판단은 그랬다.

   전쟁에 대한 예술가들의 가장 급진적인 반응은 전통 가치에 대한 충성으로부터 완전히 단절된 집단에서 나왔다. 그들은 중립국인 스위스 취리히에 모여서 다다Dada 이념—그런 허무주의적 표명을 하나

---

* 센강 안의 작은 섬.
** 바그너의 오페라 「니벨룽의 반지」에 나오는 거인족. 반지의 힘으로 거대한 용으로 변신한다.

의 이념이라고 부를 수 있다면 말이다—을 창시했다. 다다이스트 집단은 국제적 색채를 띠었지만, 핵심 일원은 독일인이었다. 다다 운동의 중심인물로는 후고 발, 리하르트 휠젠베크, 한스 리히터, 한스 아르프와 루마니아인 트리스탄 차라가 있었다. 유럽이 휘말린 자기 파괴의 향연을 비난하는 연극적이고 경구적인 선언을 쏟아낸 그들은 모든 의미를, 심지어 자기들이 한 선언의 의미마저 부정했다. 유일하게 의미 있는 것은 무의미요, 유일한 예술은 반反예술이었다. 다다 이전에 다다가 있었다Bevor dada da war, war dada da. 리하르트 휠젠베크는 "전 세계의 목적 없는 자들"이 단결할 것을 촉구했다.[6]

그들이 주장하는 고통과 분노에도 불구하고 다다 운동은 전쟁을 한껏 즐기는 것 같았다. 후고 발은 "전쟁은 우리의 매음굴"이라고 썼다.[7] 다다 운동 그 자체가 벌이는 부정의 향연은 다름 아닌 전쟁과 정신적으로 짝을 이뤘다. 인과관계, 과거와 미래를 부정하고 주사위 굴리기와 같은 우연성을 제외한 모든 의미를 거부함으로써 다다 운동은 독일적 색채를 띤 나르시시즘의 유희에 빠져들었고, 비록 요란한 목소리로 의미를 거부했음에도 불구하고 여전히 전쟁을 의미의 정수로 바라봤다. 다다 운동의 허무주의적 게임은 마음속에서 벌어지는 전쟁 게임이었다.

어떤 예술가와 지식인들은 파괴 행위가 환기시키는 의미를 찾는 작업에 내재된 혼란과 모호성을 견딜 수 없었고, 그들의 창조적 충동은 목소리를 잃었다. 전쟁의 도래를 축하하는 시적인 감정 분출 이후, 릴케는 전쟁의 참상과 그런 학살을 막지 못하는 유럽 인텔리겐차의 무능력 앞에서 말없이 경악에 빠졌다. 헨리 제임스는 죽기 전 마지막

10년 동안 아무런 작품도 쓰지 못했다. 전쟁에서 아들을 잃은 러디어드 키플링은 아들이 복무했던 아이리시 근위대의 공식 역사서를 집필한 것을 제외하고는 거의 글을 쓰지 않았다. 존 골스워디는 예술가가 직면한 딜레마를 두고 1915년에 이렇게 말했다. "그의 손에 들린 작품과 그의 입에 달린 말, 그의 가슴속 생각과 감정으로 [예술가는] 이 전쟁 드라마와 자신을 동일시하나 그 마음속 깊은 곳으로부터는 몸서리를 친다."[8]

전쟁의 의미가 실존적 의문의 안개에 휩싸이기 시작하면서 '현실' 세계, 눈에 보이는 질서 잡힌 세계의 통합성은 허물어졌다. 전쟁이 전 세계의 합리적 연관관계들—즉, 원인과 결과의 연쇄관계—에 의문을 제기하자, 손에 잡히는 확실한 성취로서의 문명의 의미도 공격받았고 모든 역사는 진보를 나타낸다는 19세기 관념도 의문시됐다. 그리고 외부 세계가 산산이 무너지자, 통합성의 유일한 보루는 개별적 인간성이 됐다. 데이비드 존스는 솜 공세를 구세계의 최후의 거대한 행위로 봤다. 그때까지 옛 관습과 태도는 여전히 의미를 띠었다. 그 뒤로는 그가 '단절the Break'이라고 부르는 것이 찾아왔다. "내가 아는 한에서 과거는 전부 배수구로 쓸려 내려갔다."[9] 그와 유사하게 조이스의 스티븐 디덜러스는 쇼펜하우어를 연상시키는 대목에서 "역사는 내가 깨어나려고 애쓰는 악몽이다"[10]라고 말하게 된다. 과거가 배수구로 쓸려 내려가면서 '내'가 그 무엇보다 중요해졌다.

병사 대부분은 의무감을 유지했지만, 일부는 자신들이 처한 분열적 곤경의 다른 측면을 밖으로 드러내기 시작했다. 그들의 소외감, 주변인이 된 느낌, 그와 동시에 새롭고 신기한 느낌을 말이다. 그것은 세계가 지금 돌이킬 수 없어 보이는 파괴의 고통 속에 몸부림치고 있지만, 불가피한 재생의 과정에 있다는 생각이었다. 바로 이 과정에, 병사는 창조적 힘을 대변한다는 놀라운 함의가 담긴 현실이 자리하고 있었다. 파괴와 재생, 죽음과 부활, 그 둘 다의 행위자로서 병사는 흔히 자신을 '경계적frontier' 인물로, 새로운 삶과 변화의 영웅적 전사로 봤다. 그는 명령을 받고 존재의 극한으로 길을 떠난 여행자였다. 그는 세상의 주변부, 무인지대 끄트머리, 정상적인 범주의 가장자리에서 독특한 방식으로 "살아갔다".

그러나 그는 또한 무인지대를 건너가야만 했다. 사실 그 일이야말로 그의 최고의 소명이자 승리의 정수였다. 전쟁의 목적이 점점 추상적으로 흐르고 전통적인 이미지에 들어맞지 않게 될수록 승리의 의미, 다시 말해 양측을 가르는 그 살인적 지대를 성공적으로 가로지르는 행위가 가져올 결과도 그에 따라 추상적으로 변했다. 병사는 생존을 위해 자신을 상상에 내맡겼다. 전쟁은 갈수록 개인적 해석 능력의 문제가 됐다.

후방의 관찰자인 심리학자와 언론인들이 내린 결론, 즉 전쟁 경험이 그들 민족의 본질적 성격을 변화시키지 않았다는 결론과 반대로, 전투를 경험한 전장의 병사는 비록 말로 설명할 순 없지만 자신이 매우 근본석으로 바뀌었다고 확신했다. 1916년 6월, 첫 참호 순환 근무를 마친 피터 맥그리거는 아내에게 이렇게 전했다.

난 괜찮아—예전 모습 그대로야—아니, 그렇지 않아—그럴 수는 없어. 참호에서 지낸 나흘이 날 완전히 뒤집어놨어. 누구도 그런 일을 경험하고

예전 모습 그대로 그곳에서 나올 수는 없어.[11]

반대편의 루돌프 피셔도 비슷한 발언을 했다. "누구도 이 전쟁을 겪고 전과 똑같을 수는 없다."[12] 그리고 마르크 보아송은 1915년 9월 아르투아와 1916년 베르됭에서 공격에 참가한 후, 집에 보내는 편지에서 다음과 같이 인정했다.

전 정말 많이 변했습니다. 전쟁이 제 안에 만들어낸 그 무시무시한 권태에 관해 이야기하고 싶진 않지만 어쩔 수 없이 말해야겠네요. 저는 지금 완전히 짓눌리고 오그라든 느낌입니다.[13]

어떤 의미에서 오그라든 느낌이라는 것인가? 그는 사회적, 도덕적 존재로서 축소된 느낌이라고 나중에 다른 편지에서 설명한다. 그는 자신이나 동료들의 반란과 혁명 가능성에 대해 걱정하기보다는—적어도 그것은 에너지와 삶, 사회적 존재의 표현일 것이다—체념과 무기력, "이 무한한 순응"을 걱정했다. 그는 다음과 같이 썼다. "우리는 지금 매우 심각한 도덕적 위기 상황을 통과하고 있는 것 같습니다. 겉으로 공공연하게 드러나지 않고, 소리 지르거나 눈에 띄게 외부로 표출하지 않지만 그 깊이 때문에 매우 중대한 위기를요."[14] 보아송은 병사들 사이에 널리 퍼진 사적인 정신세계로의 후퇴, 표면상으로는 여전히 멀쩡한 외부 세계로부터 한발 물러난 내면으로의 도피를 암시하고 있었다.

전통적인 권위는 이런 정신적 위기 속에서 병사들을 각자 운명에 내맡겼다. 전통적 의미에서 지도력은 실패했다. 게다가 후방은 병사들이 걸어가는 '고난의 길via dolorosa'의 성격을 이해하지 못했다. 병사들을 지탱할 수 있는 유일한 사회적 현실은 "참호 안의 동료애"뿐이었다. 이런 상황에서 한 젊은 독일 자원병의 말마따나 사람은 본능적 사회주의자가 됐다. 그러나 병사들의 "사회주의"에 이데올로기적 정확성이나 실질적인 내용 같은 것은 없었다. 그것은 대체로 감상적이고 부정적이었지만 놀랍게도 아방가르드의 "사회주의"와 닮아 있었다. 이 사회주의는 "인간은 선하다"라는 관념의 변종으로서 형식과 조직을 거부하고, 자아를—작고, 불안해하고, 온순한 자아를—대대적인 파국 한가운데서 하나의 신조信條에 투사했다. 그 뒤에 자리한 충동은 본질적으로 자기 연민인 동시에 무정부적이었다. 인간은 희생자이면서 동시에 반항적 생존자였다. 관료, 정치가, 고위 장교, 언론인, 전쟁 모리배들—자칼처럼 싸움 밖에서 학살과 참상으로 제 살을 찌우는 자들—은 멸시됐다. 죽음과 파괴로 제 살을 찌우는 승냥이 떼 같은 그들이 진정한 적이었다.

   전쟁 기간에 부다페스트에서 신경증을 앓는 병사들을 치료한 산도르 페렌치는 병사들이 압도적 물리력과 개인적 무기력에 맞닥뜨려 내면으로 침잠한다는 사실을 확인했다. "리비도는 대상으로부터 물러나 에고로 빠져들며 자기애를 고양하고, 대상에 대한 사랑은 무관심의 수준으로 줄어든다."[15] 그의 환자들 다수는 성 기능 장애나 급격한 성욕 감퇴를 시인했다.

   그렇다면 병사는 현대 미학의 전령일 뿐 아니라 바로 그 행위자, 파괴의 창시자임과 동시에 미래의 구현이기도 했다. 그 미래에 대한 희망이란 전적으로 개인의 상상 속에 자리했다. 1915년 9월, 조르주 베르나노스는 이렇게 썼다. "내 묘비명은 단 두 줄에 그치도록 정했다. 여기에 자신의 개인적 만족을 위해 싸우다 죽은 사람이 누워 있다. 그가 싸우다 죽은 것은 살아 있는 사람들을 열 받게 하기 위해서이기도 하다!"[16]

루이 메레 같은 전통주의자들에게 도덕적 전망의 해체, 외부 세계의 내면화, 사회적·문화적 접착제로서 합리주의의 실종은 예술 역시 죽었다는 것을 의미했다. 1917년 3월 그의 부대가 참호에서 나올 때, 그러한 교대에 보통 따라오는 의례들은 변함없이 유지되고 있었다. "출발. 음악, 나팔 소리, 반짝이는 총검. 깃발, 어두침침한 실루엣, 영광의 천 조각." 시골 풍광은 단색의 수채화 느낌이 났다. 그는 이 모습 전체에서, 의례와 자연환경에서 뭔가 긍정적인 의미를 필사적으로 찾았다. 그러한 상징들의 집단적 해석에서, 모두에게 접근 가능한 형식에서 예술의 전통적인 목적이 존재했다. 에너지에 그치는 것만이 아닌 지식으로서의 예술 말이다. 그러나 그의 동료 병사들에게 가장 우선적인 의미에 관한 관심은 깡그리 사라져버렸다. 그들은 배타적으로 자기 안에 푹 빠져 있었다. "각자 눈앞의 모든 것을 보고 있지만, 그것은 자신의 개인적 관심사가 밖으로 발현된 것일 뿐이다." 한 장교는 갑작스레 꺾이는 윤곽선이 도드라진 언덕을 보고 "저긴 난공불락의 장소로군" 하며 말을 내뱉는다. 저 멀리 넓은 평원이 눈에 들어온다. "저긴 비행장으로 안성맞춤이겠네." 평평한 풀밭을 보고는 신이 나서 외친다. "축구장으로 그만이겠어!" 그리고 메레는 안타깝게 결론 내린다. "시는 죽었다."[17] 그가 의미한 바는 물론 전통적인 시가 죽었다는 것이었다.

병사들이 맞닥뜨리는 참상은 시간이 조금 지나면, 매우 개인적인 방식을 제외하고는 해석적 잠재성이 거의 없었다. 메레와 달리 일부는 이런 상황에서 예술의 죽음이 아니라 새로운 미학의 탄생을 봤다. 로버트 그레이브스에게 사람의 뇌수가 동료의 모자에 튀는 광경은 "시적인 산물"[18]처럼 느껴졌다. 아침에 울리는 일제 포격의 소리는 원 그리피스로 하여금 음악을 떠올리게 했다. 물론 그것은 전통적인 선율과 화성의 음악이 아니라 모든 관습적 작곡의 안티테제인 새로운 음악이었다.[19] 자크 에밀 블랑슈는 파리 공습이 구체적으로 스트라빈스키의 「봄의 제전」을 떠올리게 했다고 말했다.[20] 그레이브스와 그리피스, 블랑슈는 유사한 연상 작용을 하고 있었다. 그들은 전쟁의 광경과 소리를 예술과 연결했다. 사실 예술은 이 전쟁에서 유일하게 얻을 수 있는 상관물이 됐다. 물론 이전의 규칙을 따르는 예술이 아니라 이전의 창작 규칙이 폐기되고 도발을 목적으로 삼는 예술, 이벤트이자 경험이 되는 예술이었다. 그 과정에서 삶과 예술은 함께 움직였다.

일부 병사는 퍼시 존스가 1915년 후반에 이프르를 보고 생각한 것처럼 "그렇게 가공할 파괴의 현장에 뭔가 소름 끼치게 매혹적인 구석"이 있다는 것을 깨닫기 시작했다. 존스는, 사진은 현실을 제대로 전달할 수 없을 거라고 말했다. 두 달 후에 그는 여전히 "세상의 끝" 같은 이 광경에 다음과 같이 사로잡혀 있었다. "이프르에 대한 매혹은 점점 커져만 가고 나는 여전히 여기서 직격탄을 맞지 않은 집을 찾고 있다."[21] 같은 시기에 이프르에 있었던 J. W. 갬블도 비슷한 반응을 보였다.

> 토요일에 (…) 나는 일시적인 소강상태를 틈타 이프르를 또 한 번 둘러봤다. 정말 놀라운 풍경이다—기이하고 그로테스크하며 물론 황량하지만 그 무엇보다 흥미롭다. 전쟁이 끝나면 관광객과 구경꾼이 이곳에 쇄도할 테고 그들은 눈앞의 광경에 깜짝 놀랄 것이다. 폼페이와 그런 유적지들에서 볼 수 있는 고대의 폐허가 거기서 튀어나오리라.[22]

그 동시대성에도 불구하고 이프르는 갬블의 마음속에서 멸망한 문명의 기념비로서 이미 폼페이를 능가했다. 그 상징성의 규모는 감히 비교할 수조차 없었다. 그러나 존스와 갬블 두 사람 모두에게는, 그러한 거대한 파괴를 목격하고 있다는 사실에서 기인하는 명백한 흥분이 존재했다. 가필드 파월이 1916년 8월 28일 일기에 "우리는 이제 '우리의 꿈나라' 이프르에 들어왔다"고 적었을 때 말투는 의도적으로 빈정거리는 투였지만, 그가 선택한 그 상투적 문구는 가장 분명하게 그의 속내를 드러낸다.[23] 데이비드 존스에게도 참호의 '황무지'는 '마법의 공간'이었다.[24] 그리고 캐넌 F. G. 스콧이라는 한 캐나다 병사는 누런 진흙이 말라붙은 한 젊은이의 시체를 보고 즉시 '청동으로 만든 조각상'을 떠올렸다. "정교하게 빚어진 두상과 바짝 자른 고수머리로 이루어진 그의 얼굴은 아름다웠고 인간이라기보다는 예술작품에 가까워 보였다."[25]

프랑스에서 야전 구급 요원으로 자원한 많은 미국인 가운데 한 명이었던 보스턴 출신 해리 크로스비는 1917년 베르됭의 도가니에서 역설적이게도 죽음으로부터의 도피를 찾았다. 그는 '보스턴의 공포'를 생각만 해도 몸서리쳤다.

특히 섹스 없는 환경에서 자라난 처녀들이야말로 보스턴의 공포다. 캔버스 바지를 입고 굽 없는 구두를 신으며 뿔테 안경을 쓴 그 여자들은 일단 결혼을 하면 5, 6년 동안 아홉 달마다 또박또박 애를 낳은 다음 여생을 보내기 위해 칠턴 클럽으로 은퇴한다. 맙소사, 정말 구사일생으로 그곳에서 탈출했어.

베르뎅에는 "죽음의 손길이 (…) 곳곳에서 느껴졌다". 그러나 바로 그 이유로 그는 그곳이 "자석처럼 작용한다"[26]는 것을 깨달았다. 전쟁은 그 파괴에도 불구하고, 아니 사실 곳곳에 스며든 참혹함으로 환기하는 힘이 있었고, 사회적 창조성을 위한 것이 아니라 개인적 상상과 내면화를 위한 자극제가 됐다. 그것은 새롭고 활력 넘치는 활동 영역으로 가는 넓게 뻗은 길이었다.

형식으로서의 예술

그렇지만 비록 침묵까지는 아니라 해도 내면화는 문자 그대로나 은유적 의미에서나 곤경을 낳는다. 경험의 내면화가 지배적이라면, 사람은 오로지 그 자신만을 위해서라 하더라도 어떻게 전쟁의 경험을 그러모아 짜 맞추고 정리할 수 있을까? 전통적인 표현 양식은—말이나 그림, 심지어 음악도—이 상황에서 분명히 부적절했다.

루이 메레는 "야만주의로의 회귀를 위해 진보가 이용되는 과학적 투쟁의 엄청난 광경 앞에서, 문명이 자기 자신에게 등을 돌리고 스스로를 파괴하는 엄청난 광경 앞에서, 이성은 제대로 대처할 수 없다"고 썼다.[27] 화가 폴 내시에게는 자신의 정상적인 작업 도구가 불충분하게 느껴졌다. 그는 플랑드르의 풍경에 관하여 아내에게 "어떤 펜이나 그림으로도 이 땅을 제대로 전달할 수 없다"고 말했다.[28] 예술에서 전통적인 형식의 거부만이 유일하게 정직한 답변인 듯했다. 영국 정부가 공식 지정한 전쟁 화가 다수와 내시는 대체로 전통적인 미술 교육을 받고 일반적으로 예술적 혁신에 적대적인 전전의 문화 환경 및 관습적인 사회 배경에서 출발했지만, 갈수록 실험적인 작품 양식으로 고개를 돌렸다. 그들의 실험은 약간의 반발에 부딪히기도 했지만 대체로 호평을 받았다.

심지어 공식 기관에서도 1917년이 되자 전쟁이 새로운 감수성을 요청하는 새로운 시대를 불러왔다는 사실을, 내키지는 않지만 인정하게 됐다. 화가 C. R. W. 네빈슨은 전쟁 전부터 로열 아카데미의 전통적인 접근에 반발한 소수의 일파 가운데 한 명이었다. 그는 파리로 가서 입체파, 미래파와 교류했고, 모딜리아니와 화실을 함께 썼다. 그는 1913년에 "인파로 북적이는 도시의 거리를 질주하는 육중하고 강력한 자동차들"에 대해 이렇게 썼다.

빛과 색채로 이루어진 동화 같은 분위기의 무용수들, 흥분한 군중의 머리 위로 날아다니는 비행기들 (…) 이런 감정의 원천들이, 배 두 개와 사

과 하나보다 서정적이고 드라마틱한 세계에 대한 우리의 감각을 더 잘 충족시킨다.²⁹

전쟁이 일어나자 네빈슨은 건강이 나빠서 입대는 꿈도 꿀 수 없었다. 그러나 그 자신이 표현한 대로 "무언가를 하고 싶다는, 전쟁에 '함께하고' 싶다는 충동에 시달려" 처음에는 적십자 임무에 자원해 됭케르크에서 복무하다 나중에는 육군의무대에서 근무했다. 그러나 류머티즘성 열병에 걸려 1916년 1월에 의가사 제대를 하게 됐다. 그 뒤 1917년 6월, 급진 예술가라는 과거의 행적에도 불구하고 '영국 육군의 공식 화가'로 고용됐다. 원래 그는 자신의 자연스러운 창조적 본능을 억제해야 한다고 느꼈다. 그러나 그를 고용한 공보부의 상관들은 그 결과 그의 작품 수준이 오히려 더 떨어졌다는 것을 알아차렸다. 네빈슨의 최근 작품을 살펴본 뒤, 영국 선전활동을 총괄하는 웰링턴 하우스의 관리 T. 데릭은 1917년 10월에 공보부에서 문학과 미술 분야를 담당하는 찰스 마스터만에게 보내는 제안서에서 다음과 같이 지적했다.

> 저는 그에게, 공식 관계자들의 비위를 상하게 하지 않으면서도 자신만의 거칠 것 없는 야수적 자아를 추후 작품에서 드러내도 괜찮다고 말할 생각입니다. 제 생각은 그렇습니다. 그의 절제되고 점잖은 공식적 자아는 높이 평가받기보다는—그 자신은 그렇게 생각하는 모양입니다만—오히려 그리 좋은 평가를 못 받고 있습니다.³⁰

마스터만도 데릭의 의견에 동의하여 네빈슨에게 완전한 예술적 자유를 허용했다. 이후 네빈슨은 총사령부 그리고 전쟁성과 충돌을 빚었다. 특히 「영광의 길the Paths of Glory」과 「일단의 병사들A Group of Soldiers」들이 문제가 됐다. 전자는 작품 안에 죽은 병사를 묘사하고 또 그렇게 신랄하고 아이러니한 제목을 붙임으로써 사기를 떨어트릴 위험이 있다는 비판을 받았다. 후자는 '너무 추하다'고 여겨졌고, 전쟁성에 따르면 독일 측에 '영국의 타락성에 관한 증거'를 제공할 우려가 있다는 평을 얻었다. 그러나 나머지 그림들은—비록 영웅주의가 아니라 전쟁의 참상에 주안점을 뒀음에도 불구하고—호응과 심지어 열광적인 반응까지 얻었다. 1918년 1월, 제국 전쟁 기념관Imperial War Museum의 전신인 국립 전쟁 기념관National War Museum은 전쟁의 기록물로서 이 작품의 중요성을 인정하여 「영광의 길」을 50파운드에, 「일단의 병사들」을 100파운드에 구입했다. 1918년 3월, 신문 재벌로서 공보부 장관으로 새로 임명된 비버브룩 경은 레스터 스퀘어에 위치한 레스터 갤러리에서 네빈슨 작품의 공식 전시회를 열었다. 네빈슨은 도판 목록 서문에 다음과 같은 독설을 싣겠다고 고집을 피웠다.

우리 언론과, 전통을 사랑하는 그 징글징글한 우리 퍼블릭스쿨과, 구닥다리 냄새가 풀풀 나는 우리 대학들 덕분에 나는 대중에게 환상 따위는 품고 있지 않다. 평균적인 영국인은 지적 실험과 예술적 실험에서 새로운 요소에 의심의 눈초리를 던질 뿐만 아니라 정신적으로 아주 신사답지 못하게 교육을 받아 새로운 시도라면, 특히 그것이 앞으로 건강하고 튼튼하게 자라날 기미만 있으면 모조리 떡잎부터 잘라버리려 한다.[31]

이런 독설에도 불구하고 작품은 네 점을 제외하고 모두 팔려나갔다. 1919년에 비버브룩의 기관지인 『데일리 익스프레스』는 네빈슨을 "유명한 미래파 화가"³²라고 호의적으로 언급했다.

전반적으로 공식 당국은 예술적 사안에서 뚜렷하게 유연성을 내보인 셈이었다. 비평가들도 이를 지나치지 않았다. 한 비평가는 "전쟁을 해석하는 화가들을 선정하는 과정에서 유익한 절충주의를 발휘한" 공식 미술 부문의 담당자들을 칭찬했다.

> 로열 아카데미와 벌링턴 하우스에서 인정받은 화가들만이 아니라, 생각과 표현의 자유가 마음껏 꽃피고 있는 캠든 타운과 같은 이른바 반항적 미술의 중심지에서 배출된 화가들도 선정됐다.³³

영국의 미적 감수성 전반은 1911년 그래프턴 스트리트 갤러리에서 열린 후기 인상주의전 이후로 많이 변해 있었다.

지식인들 사이에서 언어, 그리고 "거창하고 청산유수 같은 말" 속에 담긴 함의들에 대해 커져가는 회의는 전쟁이 낳은 또 다른 반응이었다. 명예, 영광, 애국심, 희생은 더 이상 대문자로 쓰이지 않기 시작했다. 프랑스에서 야전 의무대에서 복무했던 E. E. 커밍스는 전쟁 경험의 여파로 시작詩作활동만이 아니라 자신의 이름에서조차 대문자를 떼어냈다. 그의 이름은 'e. e. cummings'가 됐다. 전쟁이 끝난 뒤, 롤랑 도르겔레스는 "오늘날 1914년과 똑같이 들리는 거창한 단어는 남아 있지 않다"고 단언했다.³⁴

전통적인 언어와 어휘는 참호 경험을 묘사하기에는 너무 부적절해 보였다. 영광과 영웅주의는 둘째치고, 고전적이며 낭만적 어감이 느껴지는 '용기courage'와 같은 단어도 무엇이 병사들을 참호 안에서 살아가게 하고 싸우게 했는지 설명하는 이야기 속에 들어설 자리가 없었다. 공격attack, 반격counterattack, 단기 출격sortie, 부상wound, 포격shelling 같은 기술적인 기본 단어들조차 현실을 포착하는 힘을 모조리 잃어버렸다. 1916년 10월, 솜 전장을 방문한 존 메이스필드는 전선에 대한 인상을 담은 글을 영국에 보내면서 문제를 이렇게 설명했다. "포탄으로 땅이 '갈아엎어졌다'고 말하는 것은 순진한 애처럼 말하는 것이다." 그리고 진흙에 대해서는 "그것을 그냥 진흙이라고 부르는 것은 현실을 오도하는 일이 될 것이다."

> 그것은 내가 본 어느 진흙과도 달랐다. 너무 걸쭉해서 흐르지 못하지만, 너무 물기가 많아 땅처럼 단단하게 버티지는 못하는 일종의 고인 강물과 같았다. 불그스레한 치즈같이 미끈거리고 반짝이는 기운이 감돌지만, 전혀 단단하지 않기 때문에 발자국은 남지 않는다. 발자국은 진흙에 금방 뒤덮여버리고 발을 내디딜 때마다 진흙은 부츠나 때론 허벅지까지 차오른다. 진흙 아래로는 단단한 땅이 있다. 그리고 출렁이는 진흙을 헤치고 어기적어기적 걸어갈 때, 바로 옆으로 군대가 지나가면서 내 머리부터 발끝까지 진흙을 뒤집어씌웠다.[35]

그래서 T. S. 엘리엇은,

> 말은 무거운 짐 아래서, 힘겨워하고

갈라지고 때로 무너지고

긴장 아래서, 빗겨나가고 미끄러지고, 죽고

부정확성으로 부패하고 제자리에 머물지 못한다.

가만히 머물지 못한다.

라고 쓰게 된다.[36] 언어가 마치 솜의 진흙이 된 것 같았다.

물론 후방은 완곡어법의 수렁에 빠져 있었고, 병사들 역시 계속해서 "힘든 시간a rought time of it"을 보냈다거나 "아슬아슬한 고비a near go"를 넘겼거나 "무척 재미있는ripping fun" 혹은 "아주 재미난 스포츠jolly good sport" 같은 "쇼show"에 참여했다는 식으로 말했다. 딕 스토크스는 1917년 4월에 비미 능선을 장악하기 위한 공세에 참가했다. "대단한 전쟁이다. (…) 굉장한 공세였고 아주 성공적이었다." 11월에 이프르 돌출부 지역에 있을 때 그는 캉브레 공격에 대한 소식을 들었다. "우리가 거기로 파견되면 좋을 텐데. 아주 재미있을 것 같다." 1918년 10월에도 그의 언어는 변하지 않았다. "아주 신나고 흥미진진한 몇 주 동안, 독일놈들을 실컷 혼내주고 막 돌아왔다. 손가락 하나 다치지 않고 멀쩡하지만, 온몸이 벌레 물린 자국투성이다."[37] 물론 다른 동료들과 마찬가지로 스토크스는 "독일놈들을 혼내준" 것과 "벌레 물린" 것을 나란히 놓은 자기 이야기가 우스꽝스럽게 들림을 전혀 의식하지 못했다.

J. W. 갬블은 1915년 12월 이프르 근방에서 가스 공격 이후의 상황을 유사한 방식으로 묘사했는데, 루이지 피란델로나 외젠 이오네스코 같은 극작가의 연극에서 튀어나온 듯한 광경이었다.

내가 한두 명의 부상자에게 붕대를 막 감아줬을 때, 그중 한 명이 술 취한 사람처럼 뒷다리로 비틀거리며 돌아다니는 커다란 쥐 몇 마리에 내 주의를 돌렸다. 정말로 상상할 수 있는 가장 웃긴 광경 가운데 하나였다. 보통은 (낮 동안에) 잽싸게 도망치는 쥐를 얼핏 볼 수 있을 뿐인데 이 두 마리는 벌건 대낮에 여봐란 듯이 나와 있었고 그 녀석들의 괴상한 몸짓은 무척 해괴했다. 그 녀석들도 물론 가스에 반쯤 중독된 상태였지만 참 이상하게도 그 광경이 공세가 끝난 뒤에도 가장 뚜렷하게 기억에 남는다.[38]

갬블은 이 문장들을 쓸 때 자신이 묘사한 장면이 얼마나 생뚱맞은지 의식하지 못했던 것 같다. 그러나 1916년 5월에 전사하기 직전, 그는 실제로 자연의 힘과 평화를 전쟁의 폭풍 및 그 무익함과 대비한 짤막한 글을 썼다. 편지에서 드러나듯, 원래 이지적인 그의 감수성은 계속되는 전쟁에 대한 그의 경험이 깊어질수록 더 예리해졌다. 죽기 전에 그 역시 자기 내면으로 길을 떠나는 여행자가 됐다. 다른 민감한 영혼들도 모호하고 일반론적인 표현 및 완곡어법에서 벗어나, 심지어 일부는 형용사를 쓰는 것에서마저 탈피하여, 더 명확한 이미지와 강력한 절제 화법을 추구했다. 언어는 점차 그 사회적 의미를 박탈당해 고도로 개인적이고 시적인 도구가 된 셈이다. 이러한 변신의 극단적 사례는 다시금 다다이스트들이 만들어낸 음성적, 의성어적인 '무의미한 말들non-sense'이었다. 그런 과정에서 주변 환경과 어긋나는 감수성의 표현인 아이러니는 많은 이에게 수사적 양식이자 배경이 됐다.

사람이 살아남기 위해 자기 안에 매몰되는 전쟁에서, 병사들이 수류탄을 가지고 낚시를 하러 가는 전쟁에서, 세네갈 부대 병사들이 트럭 윤활제가 처음에는 먹는 것인 줄 알았던 전쟁에서, 죽은 전서구가 레종도뇌르 훈장을 받는 전쟁에서, 영국군 총사령관이 솜에서 '대공세'가 시작되기 전날인 1916년 6월 30일에 "철조망은 어느 때보다 완벽하게 절단됐다"고 공언한 전쟁에서, 독일군의 막강한 최후의 대공세가 벌어지기 직전인 1918년 3월 20일 한 프랑스군 장군이 "독일놈들이 공격하지 않을 것이라는 의견을 뒷받침하는 증거들이 속속 들어오고 있다"[39]고 말한 그런 전쟁과 그런 세계에서는, 킬리만자로의 자칼과 히죽거리는 프루프록의 하인만이 그곳에 유일하게 어울리는 사람들인 것 같았다. 유머는 갈수록 어두워지고 신랄해졌으며, 그의 선배들이 '대전쟁'을 겪지 않았다면 몬티 파이선Monty Python*은 20세기 마지막 사반세기에 결코 나타나지 못했을 것이다.

1914년 11월 끝자락, 베튄 근방에서 P. 모티머 준장은 일기에 이렇게 썼다.

지금 우리의 주요 관심사는 아군 참호 앞에 있는 독일군의 시체를 치우는 일인 것 같다 ―악취가 갈수록 심해져 더 이상 방치해둘 수 없는 상태다. 밖으로 나가 시체를 소각하는 병사들은 보상과 진급을 약속받으니, 너러 통상한 행위가 행해지고 있다. 제39연대 제2대대의 한 병사는 밖에 나가 독일군 참호에서 50야드밖에 떨어지지 않은 곳에서 시체 세 구를 처리한 뒤 네 번째 시도에서 총에 맞아 죽었다―눈 하나 깜짝하지

---

* 영국의 코미디 그룹. 초현실적이고 부조리한 유머, 아이러니한 블랙유머로 커다란 문화적 영향력을 발휘했다.

앓은 배짱의 발로發露였다.[40]

모티머는 더 이상의 감상 없이 명백히 아주 진지하게 이 일기를 썼다. 시체와 싸우기 위해 용기가 요구되며, 이미 죽은 사람의 몸뚱이를 처리하기 위해 산 자가 죽어가는 세계라는 끔찍한 아이러니를 사람들이 깨닫기까지는 대체 얼마나 걸렸을까? 킹스 오운 요크셔 경보병 부대 제9대대의 바실 리들 하트는 1916년 7월에 800명의 병력과 함께 "걱정 따윈 군장에 꽁꽁 싸서 치워버려"라는 노래를 부르며 솜 전장으로 행진했다. 며칠 뒤 70명의 부대원과 네 명의 장교는 다시금 "걱정은 치워버려"를 부르며 전장에서 나왔다![41]

그러나 그때가 되자 아이러니는 곳곳에 깊이 스며들었다. 그때가 되자 「올드 랭 사인」에는 다다 운동의 노래에 걸맞은 가사가 부여됐다. 영국군 병사들은 「올드 랭 사인」의 곡조에 맞춰 "그냥 여기 있으니까 있는 거지, 여기 있으니까 있는 거지, 여기 있으니까 있는 거지"라고 노래 불렀다. 그리고 「걱정은 주님 앞에 가져가세」라는 곡조에 맞춰서 토미는 이렇게 흥얼거렸다.

이 망할 전쟁이 끝나는 날
내 군인 노릇도 끝.
다시 민간인 옷을 입는 날
오 얼마나 행복할까!
더 이상 일요일에 교회 앞에서 행진하지 않아도 되고
더 이상 외출 허가를 구걸하지 않아도 돼.

선임 하사한테 말할 거라네

허가증 따위 집어치우라고.

1916년 3월 참호에서 오간 대화는 다음과 같았다.

"이봐 빌, 이 전쟁이 언제 끝날까?"

"나도 몰라. 모래주머니에 집어넣을 벨기에 땅이 더 이상 남아 있지 않으면 끝나겠지."[42]

1916년 2월 12일 직물조합회관 근처 주± 광장에서 떨어진 곳에 자리한, 폭탄을 맞은 옛 인쇄소에서 유명한 『와이퍼스 타임스』* 첫 호가 발행됐다. 그것은 『"뉴 처치" 타임스』 『케멜 타임스』 『솜 타임스』 『B. E. F. 타임스』, 마지막으로 1918년 11월에 나온 『베터 타임스』의 선구자였다. 극히 일부를 제외하고, 기사 내용은 블랙 유머가 지배적이었다. 『와이퍼스 타임스』에는 『런던 타임스』를 흉내 낸 말투로, 계절이 바뀌고 처음으로 뻐꾸기를 목격했다는 독자 편지와 나란히 다음과 같은 광고가 실려 있었다.

건물 부지 매각

힐 60에 집을 지으세요.

밝고, 바람 살 통하며

상쾌.

역사적인 이프르시를 멋지게 내려다볼 수 있음. 매각 관련 자세한 사항은

---

* '와이퍼스Wipers'는 프랑스어 '이프르Ypres'를 영어식으로 읽은 것이다.

보슈 앤드 메냉 부동산에 문의.[43]

『솜 타임스』에서는 1916년 7월 말 다음과 같은 질문지를 볼 수 있었다.

혹시 낙관주의에 빠진 환자 아닙니까?
잘 모르겠다고요?
그럼 다음의 질문에 답해보세요.

1. 명랑함에 시달리고 있습니까?
2. 아침에 일어날 때마다 모든 게 우리 편에 잘될 거라는 느낌을 받으십니까?
3. 전쟁이 다음 열두 달 안으로 끝날 거라고 때때로 생각하십니까?
4. 나쁜 소식보다 좋은 소식을 더 믿으십니까?
5. 우리 지도자들이 전쟁을 성공적으로 이끌 만큼 유능하다고 보십니까?

어느 질문에든 "예"라고 답하셨다면 당신은 그 끔찍한 질병의 손아귀 안에 놓인 것입니다.
그러나 우리가 치료해드릴 수 있습니다.
현재 우리가 있는 곳에서 이틀만 지내시면 그런 증상을 귀하의 체내에서 말끔히 없앨 수 있습니다.
주저하지 마시고 다음으로 즉시 신청해주세요.

월소프, 폭슬리, 닙스 회사

전화번호 72번 "그럼블스톤스"

전보: "그라우즈"[44]

루이 메레가 감지하고 유감스럽게 여긴 대로 병사들이 내비치는 아이러니 대다수는 "거짓"이었다. 그는 1916년에 "한 질병이 현세대를 휩쓸고 있다. 거짓 아이러니라는 질병이"라고 비판하며 이렇게 말했다. "가장 나쁜 점은 아이러니가, 그보다는 아이러니의 가장假裝이 무감각을 동반한다는 것이다. 그것은 더욱 끔찍한 일이다."[45] 1918년 『와이퍼스 타임스』 재판再版에 붙여진 서문도 "명랑함은 자연스럽다기보다 흔히 히스테리컬했다"고 지적할 필요성을 느꼈다. 데이비드 길칙 일병도 거기에 크게 동의했다. 그는 1918년 8월 트럭 운전병으로 복무하던 이탈리아 전선에서 아내에게 보내는 편지에 "우스운 일이야, 여보. 하지만 난 웃는 능력을 잃어버린 것 같아"[46]라고 썼다. 그러나 많은 유머가 억지로 꾸며낸 것이라 해도 그것이 많은 이에게 호소했다는 사실 자체는 병사들과 공감대가 맞았다는 것을 시사한다. 전쟁 동안 아이러니에 의해 저류에 흐르던 의식들은 전후 세계에서 봇물 터지듯 쏟아져 나오게 된다.

그러나 웃을 수 없었던 일부에게 내면화는 침묵을 동반했다. 다다는 무無에 관하여 크게 소리 지를 수 있었는지 모르지만, 어떤 이들은 완전한 불가해함과 경외감에 의해 소리 지르고 싶은 충동마저 막혀버린 듯했다. 루돌프 빈딩은 "전쟁은 (…) 말 없는 선생이며 그것을 알게 된 사람도 침묵하게 된다"고 썼다.[47] 또 다른 생존자는 "현실은 모든 문학과 모든 회화, 모든 상상을 능가한다"고 주장했다.[48] 전쟁에서 살아남지 못한 다른 병사 마르크 보아송은 비관주의에 사로잡혔다. "아무것도 창조되고 있지 않으나 모든 것이 상실되고 있다." 그는 마치 영혼에 작용하는 독가스가 있는 것처럼 전쟁에 의해 정신적으로 질식되고 있다는 불만을 토로했다. 인본주의는 고통의 3세기를 보낸 뒤 이제 최후의 몸부림을 치고 있었다.

> 세계의 지적·도덕적 퇴보는 사고의 절대적 천박함과 마찬가지로 최소한으로 회피될 수 있다. 그러한 퇴보는 환상을 조장하는 기술적 완벽성과 실용적 능력으로 가려질 것이다. 전쟁에 뒤따를 비참함은 엄청난 산업화, 유용한 환경의 증대를 동반할 것이다. 모든 인간 활동은 실용적 목적으로 돌려질 것이다. (…) 편견 없는 문화가 전성기를 맞았다. 인류는 전쟁이 이미 친숙하게 만든 표현에 따라, 인적 자원으로 대체되고 있다. 르네상스는 파산했다. 독일 공장이 세계를 흡수하고 있다.[49]

'독일 공장'은 여기서 '환상을 조장하는 기술적 완벽성 및 실용적 능력'과 같은 말이다.

만약 과거가 허구가 됐고, 정말로 모든 것이 유동적이라면 일부 목격자는 어쩌면 영화映畫야말로 심연으로 빠져드는 이 움직임을 포착할 유일하게 적절한 매체가 아닐까 생각했다. 편지와 일기, 병사들의 회상에서 영화를 가리키는 언급이 얼마나 자주 등장하는지 살펴보면 놀랍다. 매체의 새로움과 발전상이 불러일으키는 흥분은 영화에 대한 빈번한 언급을 부분적으로 설명해주지만, 일부 병사는 눈앞에 벌어지는 일이 삶보다는 스크린에 더 어울린다고 진심으로 느꼈던 것 같다. 프랑스 제360 보병연대의 한 부대원은 1915년 5월 아라스 인근에서 이웃 대대의 공격을 지켜봤다. 병사들은 참호에서 나와 철조망을 향해 달려갔고, 결국 기관총 사격에 우수수 쓰러졌다. 참호에 서서 고개를 빼고 지켜보던 그와 그의 동료들에게 그 광경은 "영화 속 한 장면이라고 해도 될 것 같았다."[50] 1916년 곰쿠르에서 전투를 경험한 한 영국군 병사는 나중에 이렇게 썼다. "다른 사람들은 스크린 속의 인물들 같았다—격렬하게 깜빡이는 옛날 영화 말이다—모두가 필사적으로 황급히 움직이고 있었다……."[51]

예술과 도덕률

전쟁은 미적 형식에 대한 공격과 마찬가지로 도덕 기준에도 거친 공격을 퍼부었다. 사고 가능한 모든 방법을 동원한 대량 학살이 일상이 되고, 의무가 되고, 도덕적 목표가 됐다는 사실은, 유대-기독교에 뿌리를 내렸다는 도덕질서에 대한 가장 조악한 방식의 공격이었을 뿐이다. 키치너는 영국 원정군을 파견하면서 프랑스의 여자들과 와인을 피하라고 경고했지만, 얼마 지나지 않아 진영을 가리지 않고 모든 군 사령관은 병사들의 기본적인 성욕을 채워주기 위해 대책을 마련했다—물론 다 군 기강을 위해서였다! 19세기 세계에서 도덕moral과 군기morale는 떼려야 뗄 수 없는 것으로 여겨졌다. 제1차 세계대전은 양자 사이의 동반자 관계를 완전히 파괴하고, 양자가 전적으로 배타적인 관계에 놓일 위험을 초래했다. 많은 사람, 아마도 대다수에게 도덕과 군기는 앞서 본 대로 여전히 연관돼 있었지만, 군기가 도덕률에 대한 거부, 아니면 적어도 도덕 규범 완화와 결부되는 사람들의 비중이 점점 커졌다.

생사가 오락가락하는 위험과 임박한 죽음에 직면한 순간, 인류 역사 속 군대와 병사들은 여러 가지 가운데 특히 도덕과 관련하여 스스로를 특권적 시민으로 여겨왔다. 1914년부터 1918년까지 전쟁의 민주화는 다름 아닌 수백만 명의 병사가 그러한 특권을 전제했음을 뜻한다. 에든버러에서 온 순진한 오르간 연주자 겸 합창단 지휘자인 피터 맥그리거 같은 사람에게는 플리머스 근방의 훈련소도 오감을 자극하는 신세계였다. 1915년 9월 어느 일요일, 그는 플리머스에 다녀온 뒤 편지에 "퍽 즐거운 시간을 보냈어"라고 보고했는데 다음과 같은 편지를 읽은 아내는 놀라 자빠졌을 것이다.

우린 찻집을 발견하고 거기서 생선튀김을 먹었어. 하지만 그게 다가 아니야. 나는 담배 가게에서 담배 한 갑을 구입하면서 주인한테 어디서 차를 마실 수 있냐고 물어봤는데, 그가 여기를 알려준 거지. 거긴 프랑스식 가게였어. 아름답게 화장을 하고 차려입은 아가씨들이 담배를 피우면서 남자들을 보고 깔깔 웃어댔어. 가게에는 아가일 부대원과 선원들이 있었지. 세상에! 거기서는 원하는 건 뭐든 얻을 수 있었어. 음식도 훌륭했고 서비스도 좋았지. 웨이터는 프랑스인이었어. 거기 일반적인 질 나쁜 장소였어. 내가 전에 그런 곳에 가본 적은 없지만. 난 아무 일도 없었어. 당신 남편 걱정은 안 해도 돼. 그는 아주 안전하니까. 난 음식을 하도 많이 먹어서 벨트를 잠글 수 없을 정도였지. 생선튀김과 감자튀김은 아주 맛이 좋았고 차와 새하얀 식탁보, 스푼 등 모두 훌륭했어. 하지만 거기 있던 사람들이라니! 세상에! 그 아가씨들 때문에 한마디로 쓰러질 뻔했지. 그 아가씨들의 행동거지 때문에 말이야. 우리가 화장실 앞에서 줄을 서 있는데 안에서 남자가 나올 줄 알았더니 아가씨 두 명이 나오지 뭐야. 그걸로 끝이었어. 난 거기서 도망쳐 나왔어.[52]

몇 달 만에 충격은 점차 가셨지만 맥그리거는 여전히 새로운 인생이 가져다주는 신선함을 느꼈다. 11월 말에 그는 길퍼드에 있었다. "우린 작은 찻집에서 차를 마셨는데 여자들을 대동한 장교가 잔뜩 있었지. 군인들은 어딜 가든 여자를 잘도 찾아내는 것 같아. 우리 병사들이 어디선가 출현하자마자 금방 여자들과 같이 있는 모습을 볼 수 있어."[53]

서부전선의 기지와 후방의 휴식 구역으로 기능하는 더 큰 도시들에서 매음굴은 곧 통상적인 부대시설이 됐다. 병사들은 변소 앞에서처럼 그 앞에서 줄을 섰는데, 유일한 차이점이라면 헌병들이 질서를 유지한다는 것뿐이었다. 열여덟 살의 버트 체이니는 전쟁 초기에 병사들이 둘씩 짝지어 길게 줄을 서 있는 것을 봤다.

무슨 콘서트나 영화 상영이 있나보다 생각하고 (…) 나는 무슨 일이냐고 물었다. "헐떡거리는 소리와 끙끙거리는 소리"라는 대답이 돌아왔다. "2프랑밖에 안 들어." 어안이 벙벙한 나는 그게 무슨 소리냐고 물었다. "어이구, 젊은이. 자네가 살던 곳에서는 아무것도 안 가르쳐줬단 말이야?" 그 사람들은 나를 완전히 얼간이라고 생각했다. 나 같은 사내 녀석이, 그것도 런던 토박이가 그게 무슨 소린지 몰랐다니―홍등紅燈이 무얼 뜻하는지 몰랐다니! 나는 여기는 나 같은 젊은이를 위한 곳이 아니라 아내를 그리워하는 유부남들을 위한 곳이라는 말을 들었다.[54]

영국군에서는 입원을 요하는 모든 질병 가운데 27퍼센트가 성병으로 분류됐고, 전쟁 기간에 41만6891명이 성병 치료를 받았다.[55] 후방 성도덕의 코르셋과 벨트도 느슨하게 풀렸다. 매춘이 눈에 띄게 증가했다. 1914~1915년 파리에서는 3907명의 여자가 체포됐고, 그중 절반이 넘는 수가 성병에 걸린 것으로 밝혀졌다. 대부분의 여자는 풋내기였고, 많은 이가 점령지에서 건너온 사람들이었다.[56] 거리의 여자들의 활동을 제한하려는 시도가 있었지만, 대중은 대체로 이런 상황에 눈감았다. 여자와 병사들 간의 가벼운 관계도 더 흔해졌다. 영국 뮤직홀에서 흘러나오는 노래 「병사마다 다 여자가 있다」는 어디서나 그런 풍조를 만들어냈다. 토미가 다시 집으로 돌아올 수 있을지 누가 안단 말인가? 즐길 수 있을 동안 즐기게 내버려두라고. 남자들의 부재로 여자들이 노동 인구로 동원되면서 여성의 독립성이 증대됐다는 사실은 가정의 도덕적 제약과 부모의 권위가 약화됐다는 뜻이었다. 이제 더 많은 여자가 자기 거처를 따로 가져 남자 친구들을 집으로 부를 수 있었다. 경직된 도덕 규범에 대한 공격이 1914년 이전부터 진행되고 있었다면, 전쟁은 그것을 허무는 파성퇴破城槌로 작용했다. 성도덕은 사회적 명령의 문제가 아니라 갈수록 개인의 양심의 문제가 됐다.

프레더릭 매닝은 병사들의 기분이 "끈적끈적한 감상주의와 천박한 외설성"[57]이라는 양극단을 오락가락하는 것 같다고 생각했다. 어쩌면 병사들은 언제나 그래왔는지도 모른다. 1914년에 막 입대했을 때, 퍼시 존스는 동료들의 이런 거친 입담에 깊은 인상을 받았다. "예술가한테는 장발이, 골퍼한테는 체크무늬 재킷이 자연스러운 것처럼 병사한테는 욕설이 자연스러운 것 같다."[58] 그러나 제1차 세계대전의 병사들은 분변학적 음담패설을 지겹도록 늘어놓는 데 특별한 필요성을 느꼈던 것 같다. 배변의 이미지는 두드러진 모티프가 됐다. 이것은 물론 놀라운 일이 아니다. 수백만 명이 죽었고 그들은 죽으면서 영국식 완곡어법의 표현대로 '서쪽으로 가지go west'* 않았다. 대신, 그들은 배설물이 가득 찬 '양동이를 걷어찼다kick the bucket.'** '고통으로부터 해방'이 찾아올 때, 그것은 주로 창자로부터 왔다. 샤를 델베르는 "전쟁은 책에서는 너무도 아름답지만, 현실에서는 똥과 썩어가는 살 냄새가 코를 찌른다"고 불평했다.[59]

본국의 언론들은 항문 욕구를 독일과 연결시켰다. 독일군이 자행했다는 전쟁 범죄 사례를 엮은 책은 독일군이 잔학 행위뿐만 아니라 '역겨운' 행위도 저질렀다고 비난했다. "그들은 약탈한 집을 떠나면서 방문 카드라도 남기듯 침대와 식탁, 찬장에 배변을 하고 있다."[60] 그러나 전선 병사들의 시각은 달랐다. 비인간적 기계로 자행되는 죽음과 부패의 한복판에서 그들은 인간의 오물에서 상징적인 순수함을 발견했다. 험프리 콥이 전쟁 경험에 바탕을 두고 쓴 소설에서 주장한 대

---

* '저세상으로 가다' 정도의 어감이다.
** '뒈지다' 정도의 어감이다.

로, 전선 뒤쪽의 포병대가 적의 변소를 조준했을지도 모르지만[61] — 부르주아 문화는 인간이 배변하는 것을 허락하지 않는다 — 실제로 사선의 병사들은 적의 곤경을 종종 다르게 봤다. 필리프 지라르데는 1915년 9월 관측소에 머무르고 있을 때, 동료 프랑스 병사 한 명이 무장하지 않은 채 참호에서 나와 뒤쪽으로 가더니 바지를 내리고 쭈그리고 앉는 것을 봤다. 그는 시야를 가리는 게 전혀 없었기 때문에 독일군도 틀림없이 그 푸알루를 봤을 것이라고 말했다. 그러나 그들은 아무 일도 하지 않았다. 그 팡타생fantassin(보병)은 느긋하게 자리에서 일어나 옷을 꼼꼼히 챙겨 입은 다음, 무사히 참호로 돌아갔다.[62]

변소는 병사들의 일기와 회상록, 그리고 특히 전쟁을 다룬 창작 문학에서 주기적으로 등장하는 모티프였다. 토머스 보이드에게 참호는 "괴물들을 위해 지어진 거대한 변소"였다. T. 프레든버러에게는 전쟁의 풍경 전체가 "누렇고 유해한 오물더미"였다. E. E. 커밍스의 『거대한 방Enormous Room』은 배변의 상징으로 가득하다.

> 혼자서 즐겁게 흥얼거리며 세 발짝을 떼자 나는 문 앞 끝에 다다랐다. 문은 어마어마하게 컸고 쇠와 강철로 만들어졌다. (…) 그걸 보자 아주 기뻤다. 통은 내 호기심을 자극했다 (…) 바닥에는 새로 눈 인분이 편안하게 놓여 있었다.[63]

에리히 마리아 레마르크의 『서부전선 이상 없다』는 변소와 배변에 관한 무수한 언급을 담고 있다. 여기에 불쾌해진 비평가들은 이 작품을 독일 전쟁 문학 가운데 '화장실학파'의 대표작으로 꼽았다.

성적 이미지와 배변의 이미지에 기대는 것은 아방가르드 사이에서 오랜 전통이었다. 니체는 고약한 냄새를 영웅적인 것과 동일시했다. 상스러운 언어와 격렬함이 두드러지는 알프레드 자리의 「위뷔왕 Ubu Roi」은 똥Merdre(그는 merde에 r을 하나 더 붙였다. 고로 영어로 옮긴다면 'shitt'이라고 해야 할 것이다)이라는 말로 시작한다. 조이스의 블룸은 『율리시스』에서 자신이 뀐 방귀의 질에 열광한다. 다시금 이런 층위에서 전쟁은 소수의 예술 집단의 반란을 대중적 현상으로 바꿔놓았다.

아방가르드

병사들은 휴가를 간절히 원했다. 당연히 많은 이가 휴가를 철저히 즐겼다. 산전수전 다 겪은 참전 군인으로 귀환하면 환영을 받고 별안간 사회적 위신이 높아졌다. 롤런드 마운트포트는 전쟁 전에 런던의 푸르덴셜 생명보험 회사에서 근무했는데, 1916년 7월에 사무실을 다시 방문했다.

> [나는] 회사 여기서기를 훑고 다녔다. 심지어 까마득하게 높은 사람이라 예전 같으면 그 앞에서 벌벌 떨며 서 있어야 했을 부지배인까지 만났는데 이제 내 위상도 높아졌기 때문에 꽤 스스럼없는 대화를 나눴다.[64]

1917년 프랑스군의 반란 사태는 부분적으로는 공평한 휴가 배정

체제가 무너진 탓이었다.

그러나 일부 병사는 귀향했을 때 자신들이 이전에 알았던 삶이 짜증스럽고 암담하게 느껴졌다. 1916년 8월에 부상으로 본국에 머무는 동안 로버트 그레이브스는 부모님과의 대화조차 '거의 불가능'하다는 것을 느꼈다. 그해 12월 본국에서 몇 달간 복무하겠느냐는 제안을 받았을 때 그는 거절했다.[65] 그러한 사례는 드물지 않았다. 1916년 3월, 휴가를 받아 집에 온 루이 메레는 사람들이 마치 아무 일도 일어나지 않은 것처럼 평소와 다를 바 없이 사는 모습에 충격을 받았다. 그는 전선의 끔찍한 환경과 적의 완강한 저항 이야기를 듣고는 하품하며 송아지 가격이 올랐다고 불평하는 사람들에게 분개했다.[66] 한 영국 병사는 친구한테서, 휴가 때 아내에게 전선에서의 상황을 이야기했느냐는 질문을 받고 이렇게 대답한다.

> 얘길 꺼낼 기회가 없었어. 그녀가 내게 볼리 부인의 고양이가 스미스 부인의 새를 잡아먹었네, 크램프 부인 여동생의 새 드레스가 어떻네, 지미 머피의 개가 애니 앨런의 인형을 다 물어뜯어놓았네, 어쨌네 하는 시시콜콜한 소식을 들려주느라 바빴거든.[67]

병사들이 공통적으로 느낀 바는 전선에서의 경험으로 그들과 민간인들 사이에는 건널 수 없는 장벽이 생겼다는 점이었다. 민간인 사회와의 의사소통은 더 이상 불가능했다. 사람들은 병사들이 어떤 일을 겪고 있는지 이해할 수 없었고, 병사들 자신은 그들의 경험을 적절하게 설명할 수 없었다. 에른스트 윙거는 휴가 때 고향에서 들은

"영웅과 영웅적 죽음을 운운하는 눈가림용 말들"에 정나미가 떨어졌다. 그는 병사들에게는 이런 유의 감사 인사가 필요하지 않다며 반발했다. 그들은 약간의 '공감'⁶⁸을 원했다. 하지만 이해에 바탕을 둔 진정한 공감이 과연 가능했을까?

병사들은 이해하는 척하지만 사실 이해하지 못한 사람들에게 가장 지독한 증오를 품었다. 전쟁에서 싸우는 대신 그에 관한 글을 쓰는 언론인들이 자연히 이런 범주에 속했다. 마르크 보아송에게 언론인들은 '멍청이'⁶⁹였다. 언론인들은 전투에 관한 한심하기 짝이 없는 허위 보도와 적을 중상하는 글로 프랑스의 전쟁 수행 노력을 깎아내리면서, 결국 자신들이 원하는 것과 정반대의 효과만 얻고 있었다. 또 다른 프랑스 병사는 "신문만 보면 발작이 날 것 같다. 사람들이 언론을 기리는 동상을 세운다면, 난 이 여신한테 오리발과 타조의 배, 거위의 두뇌, 돼지의 주둥이를 주라고 하겠어"⁷⁰라고 썼다.

그다음 경멸의 대상은 안락의자 전략가들이었다. 그들 역시 병사들을 역겹게 했다. 샤를 델베르는 "램프 옆에 앉아서 그를 떠받드는 가족들에게 둘러싸인 채 독단적 말투로 군사 작전을 논의하는, 배 나오고 잘 차려입은 낮고 부드러운 목소리의 부르주아에게 억누를 길 없는 증오를 느낀다"고 썼다. 그 뚱뚱하고 야비한 부르주아 무슈 프뤼돔*은 참호에서 무슨 일이 벌어지는지 '감조차 pas même le soupçon' 잡지 못했다.⁷¹

그러나 우리는 과장을 조심해야 한다. 언론인과 매끄러운 목소리의

---

* 19세기 중반 프랑스 풍자가 앙리 모니에르가 창조한 캐릭터. 거들먹거리고 자족적인 중간 계급의 전형이다.

아마추어 전략가들에게 분개하는 델베르조차 후방에서 오는 읽을거리가 전선에서 제정신을 유지하는 데 필수 불가결함을 인정했다. 번들번들한 광택지에 인쇄된 '코르셋과 게르다 베게너풍 속바지를 입은 자그마한 여인들' 그림—핀업 걸 사진은 제2차 세계대전 때의 이야기다—이 가득한 『파리 생활』은 프랑스군 참호에서 가장 인기 있는 잡지였다. 포격이 계속되는 동안 "커다란 눈에 창백하고 풍만한 몸을 드러낸 채 의자 위에 축 늘어져 있는 내 오른편의 작은 금발 머리 여자는 전선 너머로 삶이 계속되고 있다는 사실을 상기시켜준다". 그러나 글을 쓰며 곰곰 생각하는 동안 갑자기 다시 야유가 수면 위로 떠오르자, 델베르는 그 대목을 "우리는 정말로 총재정부Directory 시대를 살고 있다"라는 문장으로 끝맺는다. 여기서 그는 프랑스 혁명과 나폴레옹 제정 사이의 정치적 공백기, 즉—프랑스 역사를 급진적으로 해석하는 측이 비난하는 대로—가장 뛰어난 프랑스인들은 전선에서 적과 싸우고 있고, 최악의 인간들만 후방에서 나라를 통치하던 시절을 언급했다. 물론 통치라는 말이 여기에 적당하다면 말이다.[72]

 집에서 보내오는 편지는 순진한 소리 탓에 읽기 괴로웠다. "다치지 않도록 해!"나 "우리도 힘든 시간을 보내고 있어!"와 같은 말에서는 아이러니가 불쑥불쑥 튀어나왔다. "세상에, 대체 무슨 일로 힘들다는 거지?!"는 후자의 발언에 대한 델베르의 반응이었다.[73] 집에서 온 편지에서 그런 말을 읽을 때 병사들이 드는 느낌은 흔히 완전한 고립감이었다. 병사들은 달나라에 사는 것이나 다름없었다. 그들은 이해와 상상, 심지어 느낌을 뛰어넘는 곳에서 살아가며 싸우고 있었다. 솜 공세 동안 가필드 파월은 "군대는 자신만의 싸움을 하고 있다"고 결론 내렸다. 파월은 솜 전투에 참여하는 영국군의 엄청난 숫자와 군대를 먹이고 입히기 위해 후방에 요구되는 추가적 노력을 생각할 때 어쩌면 약간의 변화가 생길지도 모른다는 희망을 품었지만, 그럴 가능성은 희박하다는 것을 인정했다. "영국인은 언제나 그래왔던 것처럼 차갑고 계산적이고 이기적인 종족이며, 이상주의는 존재하지도 않고 모두가 뜯어말리는 한편, 우리는 언제나 국가적 재난 직전에 놓여 있다."[74] 이 문장은 독일 선전가가 썼다고 해도 될 정도다.

일부 병사는 고립감에 지나치게 사로잡혀, 적보다는 후방의 민간인들에게 더 큰 증오와 경멸감을 품었다. 그런 정서는 프랑스군 내부에서 반란 사태가 일어났을 때 흔히 떠올랐다. 여기에 혁명의 불씨가 있었고, 프랑스 군부와 당국은 1917년 5월과 6월에 프랑스가 완전히 무너지고 뒤집히기 일보 직전이라는 생각에 벌벌 떨었다. 시그프리드 서순조차 총구를 반대편으로 돌리는 상상을 하곤 했다.[75]

혼자라는 느낌—전후에 '길 잃은 세대lost generation'라는 표현이 포착한 감정—에 압도된 일부 병사는 그들만의 고립된 형제애를 신성한 것으로 간주하게 됐다. 후방으로부터 단절되고, 심지어 경멸감 밖에 품고 있지 않았던 전전의 군사주의—"공단 재킷, 콧수염, 호전적인 인간들, 저열한 영혼의 관료들"[76]—로부터도 단절된 그들이 전쟁 당시 복무한 군내에 보낸 잔사는 끝이 없었다. 피에르 드리외 라 로셸, 허버트 리드, 시그프리드 서순, 에른스트 윙거, 로버트 그레이브스는 모두 같은 생각이었지만, 그들은 자원입대하여 노련한 참전 군인이 된, 사실상 모든 병사를 포함하는 집단을 대표하여 표현 능력이 더 뛰어난 이들일 뿐이다.

그들의 어조는 다양했지만—군 시절에 대한 노스텔지어와 반발심이 뒤섞여 있기도 했다—전쟁 경험, 참호에서의 '진짜 전쟁' 경험이 병사들을 사회의 나머지 사람들과 분리시켰다는 데는 모두가 한목소리였다. 그것은 한 독일어 표현대로 하나의 운명 공동체Schicksalsgemeinschaft였다. 자신들에게는 한 시대가 끝나고 한 세계가 끝났다는 점에 모두가 동의했다. 매 순간의 강렬함만이 유일하게 확실한 것이었다. 그리고 곳곳에 만연한 참상과 처참한 살육에도 불구하고, 슬픔과 회한의 고통에도 불구하고, 그 정도는 달랐으나 전쟁의 경험은 기분을 들뜨게 하는 경험이었다. 전투를 겪은 대부분의 병사는 공식적인 전쟁 수행 방식에 대한 통렬한 반감을 품었음에도 불구하고 그 경험을 후회하지 않았다.

드리외나 윙거 같은 이들은 그런 경험을 명백히 즐기기까지 했다. 둘 다 절대적 힘의 발현으로서 전쟁을 찬미했다. 드리외는 심지어 적이 프랑스를 혼수상태에서 끌어내 엄숙한 확신—"우리 삶에서 더 이상 기대하지 못했던 엄숙함"—으로 인도한 것에 감사했다. 그는 일말의 아쉬움도 느끼지 않았다.

옛 신전들의 붕괴에
우린 언제쯤 애도를 그만둘 것인가?

역사는 과거에 있지 않았다. 역사는 현재에서 인간들을 행동으로 이끄는 마법의 꿈이었다.[77]
참호 안에서 지식인들은 노동계급에 의지하고 귀족들은 농부에게 의지하는 상황이 벌어지자, 사회적 장벽은 사라졌다. 앙드레 브리두는 "내가 사람에 대해 배운 것은 전쟁에서였다"라고 고백했다. "그 전까지는 사회적 배경 때문에 나는 인간으로부터 숨어 있었다." 전쟁에서 사람은 "발가벗겨진다. 사회적 구분의 관점에서가 아니라 자연의 관점에서 인간을 바라본다는 뜻이다".[78] 아내와 편지로 졸라, 바그너, 브뤼헐, 얀센주의를 논했던 마르크 보아송은 그녀에게 "나의 푸알루들"에게 느끼는 커다란 애정을 이야기하기도 했다. "그들은 지쳐 있지만 다정해"라면서 그는 그들의 단순함, 그들의 언어, 그들의 유머 감각, 그리고 본능적인 분별력에 대해 열정적인 찬사를 늘어놓았다.[79]

연대는 이 동료애의 축을 이루는 부대 단위였고, 연대에 속한다는 자부심은 어떤 참사도 이겨내게 만들 것 같았다. 실제로 참사는 부대원들을 더욱 똘똘 뭉치게 했다. 로버트 그레이브스는 부대원들이 다른 전선의 전황이나 심지어 전쟁의 원인보다 연대의 역사를 더 많이 배우고 거기에 더 관심을 기울인다고 언급했다.[80] 3주간 전선에서 복무하며 약간의 "고약한" 전투를 치른 뒤 지친 허버트 리드는 다음과 같은 생각에 잠겼다.

그것은 어떤 개인에게든 악몽이리라. 그러나 우리는 논리오 동료애를 키웠고 동료애는 어떤 참상이나 역경도 극복할 것이다. 내가 군대를 견딜 수 있는 것은 오로지 이 동료애 덕분이다. 나와 일단의 사람들 사이에 유대를, 결정적 순간에 결코 끊어지지 않을 단단한 유대의 끈을 만들어 내는 것은 누구에게든 가치 있는 일이며 자랑스러워할 만한 성취다.

보아송처럼 리드도 찬사를 늘어놓았다.

"소박한 영혼." 그는 궁지에 처했을 때 믿을 수 있는 유일한 사람이다. 여기서 호언장담과 허풍은 통하지 않는다. 영국에서는 그것들이 가장 잘 통하지만. 적지 않은 우리가 그토록 자랑스러워했던 지성도 별로 도움이 안 된다. 지성도 굳센 마음 옆에서는 빛이 바랜다.[81]

한 프랑스 병사는 참호에서의 동료애가 그때까지 그가 겪은 "가장 다정한 인간 경험"이었다고 말했다. 한 영국 병사는 동료들에 관해 생각하며 일기에 "그 누구에게도 느껴본 적 없는 순수한 애정의 힘"에 대해 털어놓았다. 많은 사람이 이 주제에 대해 열정적인 말들을 쏟아냈다. 철학자이자 작가로서, 필명인 '알랭'으로 통한 에밀 샤르티에에게 전쟁은 "우정에 바치는 시"였다. 그는 "나의 억센 친구들은 어떤 학구적 수사 때문이 아니라 오로지 옛 친구 샤르티에를 위해서 죽음도 마다하지 않을 것이다"[82]라고 썼다.

전후 문학에서 많은 남성 캐릭터는 여자들의 애정을 감성적이고 뻔하다고 느끼며, 여자보다는 남자와의 친교를 선호하게 된다. 앙리 드 몽테를랑은 "전쟁은 남성을 열렬하게 사랑할 수 있게 하는 유일한 공간이었다"[83]라고 썼다. 허버트 리드는 이런 형제애의 분위기에 흠뻑 빠져 있었다. 제도로서의 군대에 대한 증오에도 불구하고, 그는 1916년 5월이 되자 전쟁이 끝나더라도 군대에 계속 남을까 고려하고 있었다. "나는 군대의 남자다움, 군대가 요구하는 용기, 군대가 주는 유대감이 좋다."[84] 전쟁이 끝나고 G. L. 디킨슨은 어느 젊은 장교로부터 한 문단 안에 병사들이 느끼는 온갖 정서를 모두 담아낸 편지를 받았다.

실제로 전쟁에 참여한 사람들에게 전쟁의 참상을 과도하게 강조하지는 않겠습니다. 제 경험은 유달리 단결돼 있고 훌륭한 일단의 사람들과 함께한 경험이었다는 것을 잘 알고 있으며, 많은 이에게 전쟁은 한마디로 지옥이었다는 것도 압니다. 그러나 우리에게 전쟁은 다른 측면도 많이 있었습니다. 이것은 실제 싸움에서 얻는 즐거움도 아니요, 저속한 낭만에 대한 매혹도 아니었습니다. 그보다 더 위대한 것들이 있었지요. 당신은 우리가 정신적으로 약에 취해 있었고, 불쌍하게 현혹당했다고 말할지도 모릅니다. 그러나 그 전이나 그 후로 우리는 그런 감정을 만나지 못했습니다. 다른 식으로는 좀처럼 만나기 어려운 커다란 행복이 전우애와 헌신으로 이루어진 그 시절에는 있었습니다. 그러므로 한 손에는 돈키호테를 들고, 다른 한 손에는 루퍼트 브룩을 들고 달렸던 우리에게 전선은 성스러운 장소이며 거기서 우리는 멋진 비전을 봤습니다.[85]

그러나 참호 안의 고립 속에서 병사들 사이에 맺어진 영혼의 유대감은, 전투 지대 바깥에서 '현실' 세계의 어려움을 직면해야 했던 사람들에게 그렇게 오래가지 못했다. 강렬한 감정과 동료애는 유일무이한 시공간에만 속했다. 그것은 일부 병사가 휴가를 나와서나 심지어 휴식 구역에서도 왜 그렇게 전선으로 돌아가고 싶어했는지를 설명해준다. 허버트 리드는 휴가차 영국에 있을 때 자신이 소속된 연대가 참가한 공격을 놓친 것을 아쉬워했다. "전투를 피했다는 게 조금 부끄럽다. 친구들과 위험을 함께하지 못하면 언제나 아쉬움이 남는다. 어쩌면 그들의 경험을 부러워하는 건지도 모르겠다."[86]

일반 병사들이 전체로서의 전쟁의 일관적 상을 그리지 못하고 전반적인 상황에 혼란스러워했다면, 아무런 성공적 전략이나 전술적 접근을 내놓지 못한 참모부도 당혹스럽기는 마찬가지였다. 헤이그나 파욜 장군 같은 이들은 종교에 의지했다. 1918년 2월 파욜은 일기에 "하느님께서 다시금 프랑스를 구해주실 거라 굳게 믿는다. 하지만 꼭 직접적으로 개입하셔야 할 것이다"[87]라고 고백했다. 전쟁은 오래전에 인간의 손을 떠난 것 같았다. 일부 지휘관에게는 되풀이되는 참사가 물적·인적 자원의 부적절함으로는 도저히 설명될 수 없는 듯했다. 실패는 다른 이들, 특히 첩자 탓으로 떠넘겨지거나 어둠의 세력과 연결됐다. 음모론이 무성했다. 1917년 반란이 프랑스군을 괴롭혔을 때, 다수의 프랑스 장군은 문제가 궁극적으로 자신들의 실책이 아니라 사악한 위장 요원들, 다시 말해 독일군에 고용된 오컬트 집단과 공작원한테서 기인한 것이라고 굳게 믿었다. 특이한 사항이 생기면 곧장 의심됐다. 한 병사는 편지에 자신이 영어와 독일어를 안다고 암시했다는 이유로 혁명을 선동할 가능성이 있는 인물로 조사를 받았다.[88] 페탱이 참으로 건전한 상식을 가지고 푸알루를 괴롭혀온 부당한 행정을 시정하는 데 애쓰지 않았다면, 프랑스 군대가 완전히 무너졌다면, 그리고 프랑스가 이 전쟁에서 "이기는" 편에 속하지 않았다면, 전쟁 노력을 방해했던 이들에게 1920년대와 1930년대에 독일에서 벌어진 것과 같은 마녀사냥이 일어났을 것이다.

영국에도 유사한 과대망상의 분위기가 깔려 있었다. 전쟁이 발발한 지 4년이 됐을 때도 리처드 스토크스는 여전히 "제발 망할 외국 놈들을 모조리 가둬버리면 좋겠다"[89]고 썼다.

전쟁은 병사들에게 "내면으로의 여행"을 초래했지만, 후방의 민간인들도 그들과 나란히 여행을 떠나고 있었다. 검열과 선전은 원래 목적대로 전쟁의 현실을 흐리면서 이 과정에서 중심적인 역할을 했다. 후방은 전쟁이 어떻게 돌아가는지 정확히 알 수 없었다. 패배는 승리로 제시됐고 교착상태는 전술적 조치로 포장됐다. 진실은 거짓이 되고, 거짓은 진실이 됐다. 완곡어법이 공식적 관행이 되면서 언어는 완전히 뒤죽박죽으로 변했다. 잔학 행위 이야기가 날조되면서 실제 잔학 행위는 묻혔다. 군과 민간 전쟁 지도자들의 의도는 물론 사기를 진작시키는 것, '대의'에 전적으로 헌신하는 사회라는 인상을 안팎으로 심어주는 것이었다. 신문에 병사의 시신 사진이나 열차 사고와 산업 재해 관련 기사를 싣는 것은 금지됐다. 그러나 사기를 진작시키는 것이라면 무엇이든 권장됐다. 전쟁 초기, 프랑스 언론에서는 말을 듣지 않는 독일군의 무기와 마치 무해한 비처럼 떨어지는 산탄, 살을 찢지 않고 관통만 해서 위험하지 않은 총알 같은 이야기들이 떠돌았다. 『랭트라지장』은 "우리 보병들은 독일군의 무기를 보고 웃음을 터트렸다"[90]고 주장했다. 같은 간행물의 1914년 8월 4일자 머리 기사 제목은 다음과 같았다. "오늘날의 전쟁은 이전 시기의 전쟁들보다 살상이 덜하다." 전쟁이 계속되면서도 프랑스 병사들이 선전활동에 붙인 이름대로 이 "헛소리bourrage de crâne"는 줄어들지 않았다. 1916년 12월 16일자 『레코 드 파리』는 "우리 병사들은 독가스에 조금도 개의치 않는다"라고 썼다. 1917년 8월 24일자 『프티 주르날』은 "다수의 가스 공격 희생자 가운데 사망자는 거의 없다"고 보도했다.

병사들은 일기 작성을 자제하라는 말을 들었고 전선에서 개인 카메라는 허용되지 않았는데, 군사 작전이나 준비 계획의 자료가 적의 수중에 들어갈지도 모른다는 우려 때문이었다. 그러한 생각은 정상적이다. 그러나 전쟁이 계속되면서 그 같은 금지에 중요한 이유가 추가됐는데, 나쁜 소식들이 문서의 형태로 후방까지 전달돼 사기를 떨어트릴지 모른다는 우려였다. 검열반은 전선에서 나오는 모든 편지를 꼼꼼히 검사했다. 전선으로 들어가는 일부 편지도 검사를 받았다. 존 하비는 심지어 "무시무시하게 깐깐한 검열에 시달리고 있어"라고 불만을 늘어놓았는데, 물론 그 말조차 목적지에 무사히 가닿을지 자신할 수 없었다.

> 그리고 내가 이전에 보낸 편지도 검열 담당자의 손에서 심하게 고생을 했을 것 같아. (…) 우리가 해서는 안 될 말의 목록을 당신이 볼 수만 있다면 삭제되거나 압류되지 않을 편지를 쓰는 게 꽤 힘든 일임을 알게 될 거야.[91]

후방과 전선 양쪽에서 대화와 감정에 개입하는 검열의 힘은 사람이 엮인 일이기에 강력하고도 간결한 사례로 분명히 드러난다. 존 워커는 "편지를 검열하는 우리 장교 중 한 명이 한 남자로부터 두 여자한테 편지가 간다는 걸 눈치챘어. 하나는 연애편지이고 하나는 소포를 받아낼 의도로 쓰인 편지였지. 그는 에셀의 편지를 메그의 봉투에, 메그의 편지는 에셀의 봉투에 넣어 보냈어"[92]라고 썼다. 신기하게도 이 이야기는 문제없이 통과됐다.

관계 당국의 그러한 개입의 효과—대규모 효과든, 아니면 에셀이나 메그 같은 여자에게 미친 효과든—는 온갖 상상과 공포, 신경증을 유발했다. 사실에 입각한 지식을 거부당한 사람들은 내면으로 고개를 돌렸다. 자연히 신화가 생겨났고 그 가운데 일부는 믿기 어려울 만큼 어마어마한 신화였다. 천사가 나타나 몽스에서 퇴각하는 영국군을 도왔다거나, 서부전선으로 향하는 엄청난 수의 러시아군 병사가 "부츠에 쌓인 눈이 아직 녹지 않은 채로" 아르한겔스크에서 스코틀랜드까지 온 다음 수백 대의 열차 차량에 실려 영국해협의 항구들로 갔다거나, 캐나다 병사가 독일군에 의해 문자 그대로 십자가에 매달렸다거나 하는 소문이 떠돌았다. 게다가 강요된 침묵 속에서 반역자와 스파이, 적이 집집이 숨어 있다고 여겨졌다.

진실과 거짓의 경계가 하도 흐려지다보니 유언비어에 대한 관계 당국의 공식적인 부인은 적을 호도하기 위한 시도로 여겨질 정도였다. 예를 들어, 헨리 제임스는 서부전선으로 파견됐다는 러시아 병사들 이야기에 완전히 속아 넘어갔다. 1914년 9월 초, 그는 미국에 있는 이디스 워턴에게 오스탕드에 하선하는 러시아인처럼 생긴 병사들이 찍힌 사진을 9월 1일자 『데일리 메일』에서 오려내 보냈다. "그들이 톨스토이의 넉사석인, 아니 심지어 허구적인 페이지에서 곧장 뛰어나온 사람들이 아니라면 제가 사진 속의 그 커다란 러시아 부츠를 먹겠습니다!" 제임스에게 그 사진은 '전형적인 훌륭한 증거'였다. 그러나 며칠 뒤에 전쟁성은 보도 내용을 전면 부인했다. 그럼에도 제임스는 미심쩍어했다.

아직도 고려해볼 만한 사실이 여전히 많이 남아 있습니다. 너무나 많은 증언이 일치하기 때문에 지난 주말부터 이번 주 초까지 병사들을 실은 열차가 영국인처럼 호기심 많은 구경꾼 다수가 알아차리지 못한 채 벌건 대낮에 꼬리에 꼬리를 물고 북쪽에서 동쪽으로 대거 이동했다는 사실은 부인할 수 없습니다. 그렇게 많고 다양한 사람이 여기저기서 헛것을 보고 착각하고 망상에 사로잡혔다고 보기는 힘들 것 같습니다. 아! 그렇지만 이만 단념하렵니다.[93]

그러나 다른 이들은 쉽게 '단념하지' 않았고, 9월에 정부가 공식적으로 재차 부인했음에도 여전히 러시아군 부대의 수송 이야기를 믿었다. 이 이야기의 시초는 무엇이었을까? 한 가지 가설은 한 군납 상인이 러시아로부터 '20만 아르한겔스크를 통해 발송'이라는 전보를 받아서 시작됐다는 것이다. 그러나 여기서 20만이란 러시아 병사가 아니라 달걀을 가리키는 것이었다. 시초가 무엇이든 간에 사람들은 위안이 될 만한 소식을 필사적으로 찾고 있었고, 아무리 황당무계한 이야기라도 믿을 태세였다.

애태우는 사람들은 없는 원군을 지어냈지만 반대로 위험을 상상하기도 했다. 모든 교전국에서 첩자와 해괴한 이야기들이 떠돌았다. 신호수나 보초, 경비를 제압하고 기차를 망가뜨렸다는 공작원, 선박과 잠수함에 불빛으로 잘못된 신호를 보냈다는 첩자, 전서구를 이용해 적에게 메시지를 보냈다는 반역자 등의 이야기가 나돌았다. 적군이 접근하고 있을 때는 돌아가고, 여건이 공격에 유리할 때면 가만히 서 있는 풍차 이야기도 있었다. 심지어 나쁜 날씨도 적의 요술 탓으로 여겨졌다. 그리고 1915년 6월 키치너를 태운 배가 북해에서 침몰했다는 소식이 런던에 전해졌을 때, 그 보도는 독일군을 혼란시키기 위한 허위 보도라는 소문이 금방 퍼져나갔다. 키치너는 멀쩡하게 살아서 다른 경로로 러시아로 가고 있다고 여겨졌다.

독일군이 벨기에와 프랑스 영아들의 두개골을 군홧발로 짓밟고, 카이저가 악마 숭배 의식에서 세 살짜리 아기들을 고문하는 데 직접 관여하고, 독일에서 지방과 기름, 돼지 사료를 만들기 위해 시신을 재활용한다는 이야기를 영국인들이 믿도록 부추겨졌다면, 독일인들은 구르카와 시크 부대원들이 밤에 무인지대를 가로질러 독일군 참호에 잠입해 병사들의 목을 베고, 그 희생자들의 피를 마셨으며, 프랑스군과 같이 싸우는 세네갈 부대원들은 식인종이라는 말을 듣곤 했다.

언론은 선전활동을 주도했지만 성직자와 교육자, 화가, 음악가, 작가들도 이를 뒷받침했다. 모든 교전국은 신화 만들기와 현실 왜곡에 개입했다. 현실, 균형 감각, 이성, 바로 이것들이 전쟁의 주요 피해자였다. 상상이 세계의 산물이 되는 대신 세계가 상상의 산물이 됐다. 독일의 전쟁 이유는 처음부터 더 형이상학적인 지향을 띠었다. 연합국의 논리는 처음에는 더 실제적이었다—독일의 공격에 대항한 방어라는 명분이었다. 그러나 전쟁이 계속되고, 처음의 직접적인 도발—세르비아에 대한 오스트리아의 공격과 독일의 벨기에 침공—이 점차 무의미해지며, 끝없는 학살 앞에 문명사회의 가치들도 빛이 바래면서 연합국의 수사학도 때로 독일의 수사학과 다를 바 없어졌다.

A. F. 위닝턴 잉그램 런던 주교는 "독일인을 죽여라! 그들을 죽여라!"라고 외쳤다.

살인이 좋아서가 아니라 세계를 구하기 위해 (…) 악한 자들과 더불어 선한 자들도 죽여라. (…) 늙은이와 더불어 젊은이도 죽여라. (…) 캐나다 병사를 십자가에 매단 악마들과 더불어 부상자에게 친절을 베푼 자들도. (…) 골백번 말한 대로 나는 이를 정화를 위한 전쟁으로 보며, 거기서 죽는 모두를 순교자로 생각한다.[94]

성직자들은 예수에게 군복을 입히고 기관총을 쏘게 했다. 전쟁은 정의의 전쟁이 아니라 옳고 그름의 전쟁이 됐다. 독일인을 죽이는 것은 세계에서 적그리스도, 심연의 거대 괴물을 몰아내는 일, 새로운 예루살렘을 예고하는 일이었다. 뉴욕 매디슨가 침례교회의 찰스 오브리 이턴 목사는 루시타니아호 침몰에 복수하지 않는다며 우드로 윌슨을 비난했다. "거기에 1000만 명의 목숨이 들어가고 우리 도시들이 잿더미가 되고 우리 사회가 100년 전으로 후퇴하게 될지라도"[95] 복수해야 한다. 17세기 종교전쟁 이래로, 아니 어쩌면 십자군 전쟁 이래로 성직복을 걸친 이들이 더 큰 신의 영광을 위해 이렇게 열성적으로 살인을 촉구하는 사태는 처음이었을 것이다.

선전활동은 긍정적 성격이든 부정적 성격이든 둘 다 극단적인 감정, 즉 열렬한 증오와 미래에 대한 비현실적 전망을 불러일으켰다. 그 과정에서 희망이 묵시록적 비전으로 바뀌자, 많은 사람에 의해 과거는 무자비하게 옆으로 밀려났다. 그리고 연합국 진영의 많은 이에게는 독일인들과 마찬가지로 이 투쟁이 과거의 성취를 보존하기 위한 전쟁이 아니라 유토피아를 얻기 위한 전쟁이 됐다. 균형점은 이동했다. 이제는 과거가 아니라 미래가 찬미됐다. 그러나 미래는 상상의 산물, 즉 건설적 계획보다는 절박한 소망의 문제였다. 전쟁이 마침내 끝났을 때 파리에 있던 이사도라 덩컨은 "그 순간만큼은 우리는 모두 시인이었다"[96]고 느꼈다.

영국-프랑스의 전쟁 동기와 독일의 전쟁 동기 사이의 차이점은 전쟁 내내 민간인과 병사들에게 여전히 구분될 수 있었던 반면, 영국인과 프랑스인의 감수성은 독일인의 감수성과 같은 방향으로 이동했다. 그에 따라 1915년 4월 22일 독일군이 이프르 전투에서 가스를 처음 이용한 날, 아직 전장의 새로운 전개 양상을 알지 못했던 루이 메레는 다음과 같이 눈에는 눈, 이에는 이 윤리를 촉구했다. "야만성을 통해 우리는 야만인을 무찌를 것이다."[97] 전쟁이 끝난 뒤 실패로 끝난 다르다넬스 작전을 지휘했던 이언 해밀턴 장군은 "전쟁은 우리가 적을 따라 하도록 강요했다"[98]고 인정했다. 그는 주로 군대 조직과 규율을 가리키고 있었지만, 그의 논점은 더 넓은 사회적·문화적 층위에서도 타당하다. 서구세계는 전쟁을 거치면서 더 강력한 사회 통제로 나아갔지만, 다른 한편 새로운 정신적 관용으로도 나아갔다. 사회적 영역과 문화적 영역이 분리돼 점차 멀어지는 이런 역설 안에 현대적 경험의 본질이 존재한다.

사회적으로 국가는 전쟁 동안 각 개인에 대한 통제력을 강화했다. 노동과 경제가 엄격하게 조직되고 과세가 증대됐으며, 국제 무역이 저해되고 배급제가 실시됐다. 여행자들에게는 여권이 발부됐다. 국가는 심지어 예술 후원에도 개입하게 됐다. 홉스가 그린 리바이어던은 현실이 됐다. 그러나 정신적·도덕적으로 제1차 세계대전의 병사와 민간인들은 나란히 너무나 끔찍한 외부 세계로부터 고개를 돌리고, 환영의 풍경으로 눈길을 돌렸다. 전쟁으로 창조된 이 상상된 풍경은 전쟁이 끝나자 사라질 운명이었지만, 그 소멸과 함께 전쟁 전만 해도 희망의 문화이자 종합의 비전이었던 모더니즘은 악몽과 부정의 문화로 탈바꿈하게 된다. 로버트 그레이브스는 전쟁이 야기한 '내면의 아우성', 즉 '미쳐버린 의무'를 말하게 된다.[99] 제1차 세계대전은 현대세계가 전환되는 축이 된다.

1918년 11월 11일 에타플 근처 병원에서 스코틀랜드 의무 부대의 한 장교는 병동에 게시된 다음과 같은 명령서에 서명했다. "적대 행위의 종결을 축하하는 의미에서 모든 환자에게 차와 함께 빵과 잼을 추가로 더 지급함."[100]

프랑스 제48 보병연대 장교 르네 에메리는 정전 협정이 콩피에뉴에서 마침내 체결된 날, 콩피에뉴보다 약간 남쪽의 생디지에 있었다. 생디지에에서는 승전국의 다른 곳들과 마찬가지로 교회 종소리가 울려 퍼지고 거리는 노래 부르고 춤추는 사람들로 가득 찼다. 그러나 에메리는 대부분의 참전 군인과 마찬가지로 축하 행사에 참여하고 싶은 마음이 들지 않았고, 황혼이 깃들자 맑은 공기를 찾아 작은 공동묘지가 있는 마을 외곽으로 걸어 나갔다. 묘지에 다가갔을 때 그는 흐느끼는 소리를 들었다. 그는 더 가까이 다가갔다. 마침내 두 사람의 모습이 보였다. 한 명은 삼색기를 갖고 노는 어린 소년이었다. 다른 한 명은 무릎을 꿇은 채 땅에 얼굴을 파묻고 비탄에 잠긴 어머니였다. 에메리가 일기에 묘사한 대로 그의 '영광의 상징'인 깃발을 꼭 쥔 채 아이가 갑자기 소리쳤다. "아빠, 승리했어요!"[101]

이제 프랑스로 이어지는 모든 길에

산 자들의 발걸음은 무거우나

죽은 자들은 경쾌하게

춤을 추며 돌아온다.[102]

3막

제 8 장

나이트 댄서

너는 밤새도록 춤을 추다
불안한 새벽이 돼서야 떠났지,
앨런 시거처럼. 그보단 더 어른스럽지만
시인이기도 해!
─모리스 로스탕, 1927년 5월

기록을 세운다는 생각이 들어서자마자 더 이상 예술은 있을 수 없다.
─앙드레 지드(1910)

아무런 수치도 느끼지 않고 양심의 가책도 없이
난 모든 사람과 잔다.
단 한 남자로는 안 돼.
거리낌 없는 것이야말로 신식이지.
─카바레 가수, 일제 보이스가 부른 노래

새로운 그리스도

1927년 5월 21일 토요일 파리.

　조간신문들은 설령 그가 도착할 수 있다면 아마 저녁 9시 이후에나 도착할 거라고 예측한다. 『르탕』은 그보다 더 이를 것이라고 예측한다. 『르마탱』은 일요일 새벽 1시나 2시로 예측한다. 몽마르트와 몽파르나스의 카페들은 흥분한 사람들의 대화로 온종일 시끄럽다. 그러나 비관주의가 팽배하다. 이른 저녁이 되자 파리 중앙에서 북쪽으로 15킬로미터 떨어진 르 부르제 공항으로 가는 길은 꽉 막힌다. 최초의 현대적 교통 체증이 일어나고 있다. 저녁 9시에 교통은 완전히 정체 상태에 빠지고, 심지어 그날 저녁 오페라 광장 앞에서 승객을 가득 싣고 몇 분 간격으로 출발하던 특별 버스마저 멈춰 섰다. 자전거를 타거나 걷는 사람만이 꽉 막힌 차량 사이로 조금이나마 움직일 수 있다. 승객들도 이제는 진입로 옆에 차를 버리고 르 부르제의 불빛을 향해 떼를 지어 달려간다.

독일 신문 『도이체 타게스차이퉁』의 파리 통신원은 저녁 8시가 되자 드 라 빌레트 역 앞의 교통이 너무 나빠서 대략 8, 9킬로미터에 이르는 남은 길을 걸어서 이동해야 한다는 것을 깨닫는다. 거기서부터 북쪽으로 18킬로미터 떨어진 샹티유로 만찬 자리에 참석하러 가던 이사도라 덩컨도 교통이 막혀 그날 저녁 계획을 포기하고 호기심으로 가득 찬 인파에 합류한다. 파리 경기장도, 몇 년 전 완공된 10만 명 규모의 런던 웸블리 경기장도 수용할 수 없을 만큼 엄청난 인파다. 이 장관을 취재하기 위한 파견된 많은 기자는 제시간에 도착하지 못하고, 결국 소문과 부정확한 사실로 가득한, 전해 들은 이야기로만 기사를 작성하게 된다. 도착한 기자들도 군중을 뚫고 가까스로 이동하여 기자증을 제시한 뒤, 비행장 안으로 입장하여 중심 이벤트를 구경하는 데는 애를 먹는다. 르 부르제에 도착한 관중의 추정치는 100만 명까지 치솟지만, 대부분의 추정치는 15만 명에서 20만 명 범위다.

파리에서 가장 높은 지점인 몽마르트 언덕은 저녁 9시 30분이 되자 개미집을 방불케 한다. 르 부르제의 불빛이라도 볼 수 있을까 하는 희망을 품고 몰려든 인파 때문이다. 쾨르 대성당 옆 테르트레 광장은 엄청난 인산인해로 이동이 거의 불가능하다. 오페라 광장에서는 한 기자가 1만 명으로 추산했던 군중이 기대감에 사로잡힌 채 서성거리고 있다. 도시 곳곳의 대로에서도 교통은 마비 상태가 된다. 몇몇 카페에서는 9시 30분 이후로 속속 들어오는 전보를 게시하기 시작한다. 몇몇 극장에서는 속보가 들어올 때마다 공연이 잠시 중단된다.

르 부르제에서는 꽉꽉 들어찬 군중이 비행장을 둘러싼 담장에 기대어 있었다. 붉고 푸른 등과 회중전등, 아세틸렌 탐조등의 불빛이 하늘을 훑으며 번쩍인다. 시원한 남서풍이 불어온다. 이따금 군중은 노래를 불러댄다. 베르됭의 참전 군인이자 이제는 파리에 사는 미국인 해리 크로스비는 저녁 8시경에 친구들과 아내 카레스와 함께 일찍 도착해 있었다. 전쟁이 끝난 이후로 이보다 더 그를 흥분시킨 사건도 거의 없었다. 이제 밤 10시 20분이다.

그리고 갑자기 비행기 소리가 똑똑히 들려오고(죽음 같은 정적) 그다음 우리 왼편에 하얀 섬광이 검은 밤하늘(암흑)에 한 번 그리고 또 한 번 번쩍인다(물살을 가르는 상어처럼). 그다음 아무것도 보이지 않는다. 아무 소리도 들리지 않는다. 그다음 다시 소리가 이번에는 오른편으로 좀 떨어진 곳에서 들려온다. (…) 그다음 날카롭게 움직이는 눈부신 탐조등 불빛 속에 작고 흰 비행기 앞부리가 매처럼 급강하다가 비행장으로 내려온다— Ce lui!(그다!) 린드버그, 린드버그다! 그다음 야생동물이라도 풀려난 듯 아수라장이 벌어지고 엄청난 인파가 비행기로 우르르 몰려간다. 나와 카레스가 서로를 꼭 붙든 가운데 우리 주변으로 사람들이 끝없이 달려간다. 우리 뒤쪽의 군중은 들소 떼처럼 우르르 몰려다니며 서로 밀치고 야단법석이다. 어디 있지? 린드버그는 어디 있지? 수천 개의 손이 스피릿 오브 세인트루이스의 은빛 날개 위로 마치 구더기가 꿈틀거리듯 움직이는 엄청난 광경이 연출된다. 마치 세상의 모든 손이 새 그리스도를 만져보려는 것 같고 비행기는 새 십자가 같다. 동체가 칼에 찢기고 여기저기서 동체를 긁고 떼어내려는 손이 불어난다. 우리가 파리로 천천히 발길을 돌린 것은 한밤이 다 돼서였다.[1]

'새 그리스도'가 왔다! 온갖 어려움에도 불구하고. 혼자서. 철저하게 혼자서. 신세계로부터 구세계로. 뉴욕 루스벨트 비행장에서 파리르 부르제 비행장으로. 일부 보도에서는 함께 오고 있다고 전한 팻시라는 회색 고양이도 떼놓고 왔다. 팻시에게는 너무 위험한 여행이었으리라는 것이 영웅이 내놓은 설명이었다고 한다. 그 말은 그의 놀라운 단순성, 진정한 영웅주의를 한층 더 높이는 듯했다. 그의 비행기에는 아무런 특별한 장비도 없었다. 심지어 무선 통신기도 없었다. 오로지 나침반뿐이었다.

파리 시민들은 그를 간절히 보고 싶어했다. 그들은 그에게 환호를 보내고, 그를 만져보고, 그를 어깨에 태우고, 그를 숭배하기를 원했다. 그들은 공항 철문과 철조망 담장을 무너트렸다. 그들은 서로 밀치고 짓밟았다. 아마도 본인이 묘사한 군중과 비슷한 상태였을 『데일리 메일』 파리 통신원은 본사에 이렇게 전보를 쳤다.

수천 명이 린드버그에게 가까이 다가가 악수하러 자기들끼리 밀고 당기고, 건장한 경찰관들과 몸싸움을 벌였다. 그에게 키스했다는 여자들은 모피 외투가 갈가리 찢기고 모자는 사라진 채 헝클어진 머리에 너덜너덜 해진 꼴을 해서 가까스로 소동에서 빠져나왔다.[2]

10명이 병원으로 실려갔는데 여성 한 명과 아이 한 명은 위독한 상태였다. 사람들은 기념품을 구하려고 비행기에 달려들었다. 무수한 손이 비행기 날개의 캔버스 천을 잡아당겨 찢었다. 여기에는 주머니칼이 더 효과 있었다. 현장에 출동한 공무원과 일부 사람들의 자발적인 노력이 비행기를 구해냈다. 차 한 대가 비행기 쪽으로 달려왔고, 비행사와 군인들이 라이플 개머리판으로 인파를 밀어내며 길을 튼 덕분에 린드버그는 가까스로 구조됐다. 그는 위장용으로 제공된 프랑스 군복을 걸친 다음, 공식 환영 행사가 열리는 공항 외곽의 격납고로 잽싸게 실려갔다. 군중의 주의를 다른 데로 돌리기 위해 린드버그처럼 꾸민 사람들이 어깨에 태워졌고, 군중은 그런 바람잡이들을 떠받들었다.³ 한 아버지가 앞을 볼 수 있도록 아이를 높이 들어올리자 군중은 아이에게 환호를 보냈다. 어둠 속에서 린드버그는 보통 사람 Everyman이 됐고, 보통 사람은 린드버그가 됐다.

그 뒤 며칠 동안 린드버그는 이전 역사의 그 누구보다, 왕이나 왕비, 정치가나 성직자 그 누구보다 더 성대한 환영을 받았다. 하룻밤 만에 그는 역사상 최고의 유명 인사가 됐다. 단 하룻밤 만에! 하루 전까지만 해도 그는 친구들에게 "하늘을 나는 바보flying fool"와 "행운의 린디Lucky Lindy"로 통했고, 미 공군의 예비역 대위이자 우편 비행사인 그를 맞는 관중이라고는 보통 비둘기나 쏙독새밖에 없던 젊은 모험가일 뿐이었다. 이제 그는 린드버그였다!—꿈의 인간, 인간 새 homme de rêve, homme oiseau, 현대의 이카루스, 그러나 그 신화적 조상과는 달리 비극을 떨쳐버린 인간이었다. 파리의 미 대사관과 워싱턴의 국무부로 국왕과 국가 원수들부터 평범한 사람들까지 전 세계에서 축하 인사가 쏟아져 들어왔다. 파리 전역에 성조기가 나부꼈고, 심지어 프랑스인 특유의 내향성과 냉담함의 대표라 할 만한 오르세 가街의 프랑스 외무부마저 성조기를 내걸었다. 이전에 외무부가 외국 국기를 내걸 때는 외국 정상의 국빈 방문에 한해서였다.

모두가 린드버그에 찬가를 바치고 싶어하는 듯했다. 그들은 술에 린드버그의 이름을 붙이고, 새로 태어난 아이들에게 그의 이름을 붙여줬다. 찰스 오거스터스 린드버그. 가운데 이름은 제왕의 위업을 암시했다. 그에게 경의를 표하기 위해 나온 인파는 끝이 없었고—목요일인 26일 오후 그가 탄 차가 미 대사관에서 빠져나와 이에나 대로와 피에르-샤롱가, 샹젤리제 거리, 콩코르드 광장, 리볼리가를 거쳐 시 청사로 가는 동안 아마 50만 명의 인파가 거리로 나왔을 것이다—그들의 열광은 그칠 줄 몰랐다. 어디서나 사람들은 그를 만져보려 손을 뻗었고 꽃을 던지며 손수건과 모자를 흔들었다. 일주일 동안 파리는 그 도시가 여태껏 보여준 것 가운데 가장 어마어마한 감정의 분출을 경험했을 것이다. 그것도 미네소타주 리틀 폴스에서 온 한 미국인한테 말이다. 흐트러진 금발 머리와 푸른 눈동자, 몸에 맞지 않는 옷 때문에 그는 실제 나이인 스물다섯 살보다 더 어려 보여서, 세심하게 가꾸고 꾸민 프랑스풍 위풍당당함의 안티테제 그 자체 같았다.

관계官界는 대중 정서에 발맞추려 애를 썼다. 각계의 원로 인사들이 앞다투어 이 미국인 젊은이에게 영예를 하사했다. 프랑스 사회 지배층의 사실상 모든 주요 인사가 그를 환영하고 칭송했다. 두메르그 대통령은 그의 가슴에 레종도뇌르 훈장을 달아줬는데, 미국인이 그런 영예를 얻기는 이번이 처음이었다. 중앙 정부와 시 관료들도 그를 환영하기 위해 줄을 섰다. 브리앙, 푸앵카레, 팽르베, 두메르, 고댕, 부쥐, 시아프. 린드버그는 1909년에 최초로 영국해협을 비행기로 횡단한 블레리오와 점심식사를 했다. 조프르와 포슈 장군도 찾아왔다. 주미 프랑스 대사 폴 클로델은 4월에 휴가를 얻어 유럽에 돌아와 있었는데, 시인 외교관이자 고전적 프랑스식 감수성의 충실한 대표자인 그도 린드버그의 어머니에게 경의를 표하며 건배했다.

그리고 린드버그를 프랑스인으로 만들고 그를 자신들과 같은 프랑스인으로 부르기 위한 명백한 시도이자 상징적 몸짓으로서, 파리의 레스토랑 두 곳은 평생 그에게 식사를 대접하고, 한 양복점은 그에게 평생 옷을 무료로 제공하겠다고 약속했다. 그다음 에콜 노르말레의 한 학생이 언론사에 전화를 걸어, 린드버그가 프랑스 관계 고위직으로 진출하는 데 전통적인 발판인 그 학교의 명예 학생élève으로 뽑혔다는 재미난 장난을 쳤다.

프랑스는 물론 1870년 이후로 왕정이 없었기에, 유럽의 유서 깊은 역사의 최고 상징인 그곳의 군주들로부터 인정을 받으려면 린드버그는 남쪽이나 북쪽으로 가야 했다. 결정이 내려졌다. 그는 북쪽으로 가서, 전쟁 당시 흔들림 없는 태도를 보인 연합국의 궁정—브뤼셀과 런던을 방문하게 됐다. 5월 28일 토요일 린드버그는 대충 수선한 스피릿 오브 세인트루이스를 타고 브뤼셀로 날아가, 알베르 국왕으로부터 레오폴드 기사 작위를 받고 이튿날인 일요일 29일에 런던으로 갔다.

그곳 크로이든 비행장에서의 환영 행사는 일주일 전 르 부르제에서보다 더 광란의 축제 분위기였다. 사람들은 아침나절부터 비행장에 도착하기 시작하여, 오후가 되자 10만 명이 넘을 것으로 추정되는 인파가 몰렸다. 비행장 주변 어디로나 사람들은 풀밭 위에 자리를 깔고 앉아 축제 같은 소풍을 즐겼다. 담력과 돈이 있는 사람들에게는 1회 5실링 가격으로 짧은 비행기 여행이 제공돼, 다섯 대의 비행기가 온종일 날아다니며 호황을 누렸다. 4시 직후 이들 비행기 가운데 한 대가 공포에 휩싸인 구경꾼들이 지켜보는 앞에서 사고를 당했다. 비행기가 지상으로 접근하는 가운데 갑자기 엔진이 멈춘 것 같았고, 땅으로 곤두박질치면서 착륙 장치가 산산조각 났다. 비록 네 명의 승객은 심각한 부상을 입지 않았지만, 그 사고는 때마침 지켜보던 관중에게 린드버그의 위업이 얼마나 대단하면서도 위험이 따르는 일이었는지를 뼈저리게 느끼게 해줬다.

저녁 6시 몇 분 전 린드버그의 비행기가 마침내 시야에 들어오자, 영국인다운 차분함은 온데간데없이 사라지고 대규모 군중은 광란 상태에 빠져 무거운 목책과 철조망, 경찰 저지선—르 부르제 공항에서 벌어진 사태를 거울삼아 경찰 병력이 증강됐고 관계자들은 그만하면 군중을 제지할 수 있겠다고 안심했지만—을 넘어서 서로 몸싸움을 벌이며 활주로로 달려갔다. 군중이 자신을 향해 몰려오는 것을 본 린드버그는 환영 인파와 충돌할지도 모른다는 우려에서 첫 번째 착륙 시도를 포기했다. 재차 착륙을 시도한 그는 비행장에서 한참 떨어진 곳에 착륙한 뒤, 임페리얼 항공사 관제탑 쪽으로 비행기를 천천히 몰았다. 그러나 군중은 쉽사리 물러서지 않았다. 군중이 재빨리 비행기를 에워싸자 이동은 불가능했다. 르 부르제에서 비행기가 입었던 피해를 떠올린 린드버그는 비행기에 손대지 못하도록 열심히 사람들을 떠밀어냈지만 소용없었다. 무수한 손이 끝없이 다가왔다. 그들은 비행기를 끌어당기고 그의 옷을 잡아당겼으며 그의 헬멧을 붙들었다. 한 목격자는 이렇게 전했다.

경찰들은 비행기 주변으로 공간을 내기 위해 몇 번이나 군중을 향해 돌진했고, 군중의 함성과 환호가 다급한 호루라기 소리와 뒤섞였다. 린드버그를 구하러 온 자동차들은 인파를 뚫고 가려 끊임없이 경적을 울려댔다.[4]

르 부르제에서 밤에 통했던 유인 작전—비행사 헬멧을 쓰고 린드버그 행세를 하던 사람—은 낮의 크로이든 군중에게는 통하지 않았다. 잔뜩 몰려 있는 인파 속에서 몇몇은 실신했다. 10명이 인근 병원으로 실려갔다. 대략 50명의 사람이 비행장 바깥에 있는 금세라도 무너질 것 같은 건물 지붕 위로 올라갔다가, 결국 지붕이 무너져 내려 일부는 땅에 떨어졌다. 다행히 아무도 크게 다치지는 않았다.

마침내 린드버그는 구출됐다. 그가 군중에게 인사하기 위해 관제탑에 올라가자 군중은 자연스럽게, 전통적으로 인정과 승인의 노래인 「그는 정말 괜찮은 녀석이니까!」를 부르기 시작했다. 크로이든에서의 마중은 반갑긴 하지만 르 부르제에서의 마중보다 심지어 더 괴로운 경험이었다는 것을 토로하는 짤막한 감사 인사를 한 뒤, 이 미국인은 주영 미국 대사 호턴과 함께 대사관 리무진에 올라탔다. 그러나 그를 따르는 무리가 잔뜩 몰려들어 차 유리창이 두 장이나 깨졌고, 린드버그는 창틀 위로 삐죽 튀어나온 유리 파편을 치우다가 살짝 손을 베었다. 『베를리너 타게스블라트』의 런던 통신원은 이렇게 보고했다.

나는 웸블리 개막전과 컵 결승전, 보트 경주대회, 오스트레일리아에서 앨런 코범*이 귀환했을 때, 열광과 관련된 영국인의 잠재적 능력을 목격한 바 있다. 하지만 어제 린드버그를 맞이했을 때 영국인들이 보여준 열광적 반응은 그 모두를 능가했다.[5]

런던 일정에서 린드버그는 버킹엄궁을 방문해 국왕을 알현하고 공군 훈장을 받았다. 하원에서는 미국 태생인 레이디 애스토어의 초대 손님이었고, 더비 경마 전야 무도회에서는 왕세자, 엡솜 더비에서는 론스데일 백작의 초대 손님이 됐다.

런던 방문 후에 린드버그는 파리로 잠시 귀환한 뒤 셰르부르에서 배를 타고 뉴욕으로 떠났다. 6월 13일 뉴욕에 도착한 그는 브로드웨이 퍼레이드 행사를 피할 수 없었고, 퍼레이드 행사 동안 450만 명으로 추산되는 미국인이 거리로 나와 귀환한 영웅에게 환호를 보내며 1800톤의 색종이 테이프를 날렸다. 워싱턴에서 쿨리지 대통령은 그에게 공군 수훈 십자 훈장을 수여했다. 린드버그는 집에 돌아왔다. 그러나 '마지막 영웅'으로서 그의 험난한 여정은 이제 시작됐을 뿐이었다.

스타

린드버그의 무엇이 서구세계의 민감한 감수성을 건드렸을까? 그는 문자 그대로 흠모와 숭배를 받았다. 사람들은 그가 무슨 새로운 신이

---

* 영국-호주 간 왕복 비행에 성공한 장거리 비행의 선구자다.

라도 된 양 그와 그의 비행기에서 기념품을 얻고자 했다. 1927년 그는 1969년에 달 위를 걸은 미국 우주비행사들보다 더 공개적으로 떠받들어졌다. 하룻밤 만에 탄생한 그의 갑작스럽고 기막힌 명성에 필적할 만한 것은 없다.

그가 이룩한 것이 그런 굉장한 반응을 불러일으킨 것일까? 아니면 린드버그가 어떤 절박한 필요를 채워주고 있었던 것일까? 그는 화려한 볼거리에 목마른 대중이 만들어낸 것일까? 아니면 혹자들이 생각하고 싶어하듯 선정적인 뉴스에 굶주린 언론, 그가 곧 그토록 혐오하게 되고 자신의 첫째 아이의 납치와 살해에 책임이 있다고 비난하게 될 언론, 1930년대에 한동안 영국으로 건너가 있음으로써 떨쳐내려 했던 언론이 만들어낸 것일까?

그의 위업은 물론 부인할 수 없다. 1919년 6월 존 앨콕과 아서 휘튼 브라운이 뉴펀들랜드에서 아일랜드까지 북대서양을 비행 횡단한 이래로 여러 사람이 대서양을 비행 횡단했다. 그러나 누구도 혼자서, 무선 통신 장치도 없이 횡단을 시도하지는 않았다. 그런 성취는 엄청난 대담성 아니면 믿기 어려울 정도의 둔감함을 요구했지만, 린드버그의 성격은 나중에 드러나게 되듯이, 비록 그가 분명히 고집이 세기는 하지만, 결코 둔감한 것은 아니었다.

사실 그는 재빨리 자신이 탁월한 외교관임을 과시했다. 1927년 유럽에 머물던 2주 동안 점점 감당하기 힘든 피로감과 어지럽게 이어지는 각종 행사에 따른 정신적 긴장에도 불구하고, 그는 자신을 맞이하는 직업 외교관과 정치가들, 군주 및 여타 관료들의 마음을 확연히 사로잡았다. 그는 잘못된 행보라는 것은 저지를 수 없는 사람처럼 보였다. 파리 주재 미국 대사 마이런 T. 헤릭—1914년 전쟁이 났을 때 처음 파리에 부임했고, 1920년 이후로 두 번째로 파리 대사로 재직 중이던 노련한 외교관—은 린드버그의 침착한 태도에 감탄을 금치 못했다. 그의 즉석연설은 외교관을 위한 교본으로 그 이상 좋게 다듬을 수 없을 만큼 훌륭했고, 헤릭은 본국으로 보낸 전보에서 린드버그를 '임명장 없는 대사'라고 부르며 아낌없는 찬사와 칭찬을 늘어놓았다. 헤릭이 공개 연설에서 린드버그를 잔 다르크와 라파예트, 심지어 성경 속 다윗과 비교한 것은 지금 와서 보면 좀 억지스럽게 느껴지지만, 당시에는 조금도 빈말로 받아들여지지 않았던 것 같다. "저런 대사를 본 적 있습니까?"[6]라고 헤릭은 수사적으로 물었다. 어니스트 헤밍웨이는 이렇게 논평했다. "미국 대사관이 린드버그를 위해 참 좋은 일을 하고 있군. 그쪽에서는 쿨리지 대통령처럼 말하는 천사라도 하나 붙든 분위기야."[7]

자국을 방문하는 저명인사들을 다루는 데 이골이 난 파리와 런던 언론계도 공식 관계자들의 의견에 동의했다. 그들도 예외 없이 공적 인사로서 린드버그의 품행에 찬사를 쏟아냈다. 『에르 누벨』은 "린드버그는 국가 간 친선에 지금까지 외교관들이 기여한 것을 모두 합친 것보다 더 많이 기여하고 있다"[8]라고 칭찬하기 바빴다. 보수적 우파 신문들도 사회주의와 공산주의 계열 좌파만큼 린드버그에게 반했다. 그리고 자유주의 계열 신문들은 기뻐서 어쩔 줄 몰랐다.

보수적인 『타임스』는 버킹엄 궁전에서 린드버그의 품행에, 특히 유모의 손에 이끌려 나온, 이제 걸음마를 막 뗀 엘리자베스 공주에게 보인 다정한 행동에 반했다. "린드버그 대위는 그녀에게 다가가 손을 잡고 뺨을 어루만졌다." 린드버그는 궁전을 떠날 때 다시 공주를 기억하고는 그녀에게 다가가 작별의 악수를 했다.⁹

프랑스 공산주의 기관지 『뤼마니테』는 관료 집단의 수작에 통렬한 비난을 퍼붓고 있었다. 관료들의 희생자 린드버그, 난쟁이에게 잡아먹힌 독수리, 인간 새 린드버그 하수구 같은 의회에 갇히다—이 문장들이 린드버그가 파리에 머문 한 주간 나온 『뤼마니테』의 헤드라인이었다. 그러나 린드버그 본인이나 열광적인 군중에게 빈정거리는 말은 한마디도 없었다. 오히려 신문은 "린드버그한테서 우리는 한 인간을, 최상의 인간을 만난다"¹⁰라고 썼다.

기자 회견장에서 린드버그는 물론 미국 관리들의 도움을 받았다. 파리에서 몇몇 까다로운 질문들은 헤릭이 대신 받아넘겼다. 그리고 비록 『시카고 트리뷴』의 파리판 담당자인 웨이벌리 루트의 주장대로 이따금 잘 모르겠다는 태도를 보이긴 했지만, 회견 내내 린드버그는 침착한 모습을 잃지 않았다. 뉴욕 근무 당시 시가를 입에 문 걸걸한 경찰 출입 기자로 이름을 날렸고, 이제는 『시카고 트리뷴』의 파리 통신원으로 와 있던 행크 웨일스가 갑자기 "이봐, 린디, 그 비행기 안에 변소는 있었소?"라고 불쑥 물었을 때, 헤릭과 린드버그 둘 다 침착한 태도를 잃지 않으면서 그 난처한 질문을 그냥 넘겨버렸다.¹¹

1927년에 유럽과 미국은 린드버그한테 거의 이성을 잃었다. 그의 뉴욕 귀환 소식을 전하는 런던의 『옵서버』 머리기사 제목은 '때 묻지 않은 영웅'¹²이었다.

그렇다면 린드버그는 어떤 의미로든 언론이 만들어낸 스타였을까? 1920년대는 언론의 전성기였다. 그 전이나 그 후로 그렇게 많은 신문이 나오거나 그렇게 많은 독자를 거느렸던 적은 없다. 언론은 뉴스와 정보, 오락의 원천이었다. 유럽 수도마다 10여 종의 신문이 나왔다. 게다가 많은 신문 편집장이 린드버그를 전쟁 이후로 최대의 기삿거리라고 평가했다.

그러나 언론이 세계에 린드버그의 위업과 그 위업에 쏟아진 찬사를 알리는 데 지대한 공로를 세우긴 했지만, 그렇다고 이 미국인의 명성을 창조해냈다고 보기는 어렵다. 기껏해야 인쇄된 말과 사진 자료의 부족이 일부 사람에게 현대 영웅의 실제 모습을 조금이나마 구경하기 위해 비행장과 거리로 나오게 부추겼다고 할 수 있을 뿐이다. 대체로 언론은 대중의 흥분을 만들어냈다기보다 그것을 뒤따랐다. 사실 웨이벌리 루트는 전문가와 관계자들—외교관, 공항 관계자, 경찰, 기자들—이 얼마나 준비가 돼 있지 않았는지 지적했다.[13] 린드버그가 뉴욕에서 출발하기 전, 유럽 언론에는 그의 임박한 도전에 대한 언급이 거의 없었다. 선풍적인 이야기는 신문 1면에 도달하기도 전에, 린드버그가 대서양 상공에 있는 동안 먼저 사람들의 마음속에서 생겨나고 있었다.

린드버그에게 쏟아진 찬사의 다양한 차원을 제대로 이해하고자 한다면, 이를 더 넓은 맥락에서 들여다봐야 한다. 린드버그는 그의 업적과 성격을 통해 두 세계를, 다시 말해 몰락의 고통을 겪는 세계와 새롭게 부상하는 세계 둘 다를 만족시켰던 것으로 보인다. 전자는 가치와 예의범절, 긍정적 성취, 우아함의 세계였다. 그것은 노력과 준비, 용기, 끈기에 바탕을 둔 개인의 성취를 언제든 인정할 자세와 여지가 있는 세계였다. 인간은 기계와 과학기술을 이용하여 자연을 정복하고,

수단은 목적에 종속되는 세계였다. 긍정적 가치의 세계이자 가족, 종교, 자연 그리고 선하고 도덕적인 삶을 중심으로 돌아가는 세계였다. 그것은 영국과 프랑스 군대가 전쟁에서 지탱할 수 있게 해준 가치들로 이루어진 세계였다.

그 세계의 눈에 비친 린드버그는 얼마나 멋진 영웅인가! 그는 뼛속까지 소박함 그 자체였다. 어머니와 아이들, 동물을 배려했다. 술, 담배를 하지 않았고 심지어 춤도 추지 않았다. 우유와 물이 그의 생명수였다. 르 부르제에 도착해서 안전한 곳으로 이동했을 때, 커피와 와인이 나오자 그는 물을 달라고 했다.『데일리 익스프레스』는 5월 31일자 사회면 '런던의 이야깃거리' 꼭지에 앨버트 홀에서 열린 더비경마 전야 무도회에 관한 한담 기사를 실었다. 기자는 "많은 여성이 구체적으로 그와 춤을 출 생각에서 무도회에 참석한다고 한다. 그 여성들이 그와 춤을 추는 데 성공한다면 대서양 너머에서 최신 유행하는 스텝에 대해 유용한 정보를 얻을 수 있을 것이다"라고 신나서 이야기를 전했다. 며칠 뒤, 같은 기자가 작성한 기사 행간에는 자신이 저지른 실수에 당황한 기색이 역력했다. "린드버그 대위는 춤을 추지 않았다. 이는 틀림없이 많은 이에게[특히 그 기자에게!] 큰 실망으로 다가왔을 것이다. 하지만 그는 재미있는 연설을 했다."[14]

린드버그는 눈앞에 제시된 모든 금전적, 물질적 보상과 유혹을 뿌리쳤다. 의복과 식사뿐 아니라 영화, 무대, 라디오 방송, 광고에 출현하는 대가로 여러 채의 집과 막대한 금액이 제시됐다. 한 통신원은 대서양 횡단 비행 이틀 만에 린드버그한테 65만 달러에 가까운 금액이 제시됐다고 추산했다. 그는 근래의 몇몇 꼴사나운 행태를 완화하거나 자제시키는 데 간접적으로 일조했다고 여겨지기까지 했다. 더비 무도회에서 한 관찰자는 "무도회는 유난히 차분했고 스무 명 가운데 열아홉 명의 남자가 흰 넥타이를 맸다"고 언급했다. 물론 여성들의 드레스는 길었고, 긴 드레스는 찰스턴의 일반적인 정신없는 박자에는 어울리지 않았다. "그러나 찰스턴은 융통성 있는 춤이다"라고 우리의 관찰자는 말을 잇는다. "지난밤 이브닝드레스를 차려입은 두 인도인이 매우 아름답고 조용하게 찰스턴을 추고 있었는데 완벽한 한 쌍의 그림이었다."[15] 여기서 그려지고 있는 것은 새 세계에 적응하는 옛 세계였고, 린드버그는 옛 질서가 현대의 도전들에 맞서고 극복하는 데 따라야 할 모범으로 해석됐다. 따라서 군주와 가부장, 모든 관료계가 이 젊은 미국인에게 경의를 표했다.

그러나 현대적 감수성도 똑같이 린드버그에 흥분했다. 그들은 무엇보다 그 행위에 매혹됐다. 린드버그는 헤엄을 쳐서, 혹은 노를 저어서 대서양을 건너지 않았다. 무슨 발사된 물체에 실려온 것도 아니었다. 그는 날아서 왔다. 이 대담한 행위 안에 인간과 기계는 하나가 됐다. 목적은 중요하지 않았다. 행위 자체가 중요했다. 그것은 전쟁 전 지드의 쓸모없는 행위라는 비전, 다시 말해 그 자체의 내적 에너지와 성취를 제외하고는 아무런 의미가 없는, 완전히 자유로운 행위라는 비전을 포착한 셈이나 다름없었다. 그리고 린드버그는 비행하는 동안 혼자였다. 문명과 문명의 제약으로부터 자유롭고, 오로지 바다와 별, 비와 바람과만 교감하는 철저하게 혼자인 상태였다. 그의 비행은 그 누구를 위한 것이 아니었다. 심지어 인류를 위한 것도 아니었다. 그는 자기 자신을 위해서 비행했을 뿐이다. 자기 자신을 위해 비행했다는 것이야말로 가장 대담한 행위였다. 그가 젊고, 미혼이며, 심지어 여자친구도 없고, 잘생겼다는 사실 그 모두는 그의 매력을 더욱 돋보이게 했다. 그는 옛 세계의 피조물이 아니었다. 그는 새로운 여명을 알리는 자였다.

이전 세기의 낭만주의는 예술가를 비행, 자유롭게 비상하는 새, 이카루스, 종달새 등 현실 세계의 초월과 연관시켰다. 19세기 후반의 여러 사람 가운데 특히 니체는 비행에 매혹됐다. 『아침놀』의 마지막 문단에 그는 "우리 지성의 비행가들"이라는 제목을 붙였다. 세기 전환기의 다른 모더니스트들도 비행이라는 생각과 나중에는 실제 비행에 매혹됐다. 비행기는 1909년 카프카의 주의를 사로잡았다. 그것은 같은 해, 마리네티의 미래파 선언에 등장했다. 로베르 들로네는 그림으로 블레리오의 영국해협 횡단에 경의를 표했다. 1912년 파리 그랑팔레는 '공중 이동'이라는 주제의 전시회를 개최했다. 레제르, 브랑쿠시, 뒤샹이 이 전시회를 찾았다. 뒤샹은 함께 온 사람들에게 이렇게 물었다. "회화는 끝났어. 누가 저 프로펠러보다 더 멋진 그림을 그릴 수 있겠어? 너라면 저렇게 그릴 수 있겠어?"[16] 한마디로 린드버그는 개인적인 열정을 실현한, 저무는 해가 아니라 동트는 하늘을 향해 날아간 니체적 '비행가'가 됐다.

해리 크로스비는 린드버그를 우상처럼 떠받들었다. 극작가이자 「시라노Cyrano」의 작가인 에드몽 로스탕의 아들, 모리스 로스탕도 마찬가지였다. 파리하고 헬쑥한 얼굴에 몇 가닥 흘러내린 긴 머리카락, 그리고 언제나 흑백 정장을 차려입고 굽 높은 구두를 신은 모리스는 린드버그에게 바치는 13연stanza*의 시를 썼다. 시 아래에다 그는

'1927년 5월 21일 11시'라고 적었다. 린드버그는 10시 22분에 도착했기 때문에 재닛 플래너가 『뉴요커』에 기고한 '파리로부터의 편지'에서 지적한 대로 모리스는 거의 1분에 한 줄씩 시를 쓴 셈이니, 따라서 "스피릿 오브 세인트루이스만큼 신속했음이 틀림없다". 적잖은 위상을 누리는 시인이자 댜길레프와 발레뤼스의 후원자인 노아이유 백작 부인 안나는 린드버그를 '최고의 아이enfant sublime'[17]라고 불렀다.

사태는 그렇게 흘러갔다. 모더니스트들도 구시대 사람들만큼 린드버그에 홀딱 빠져 있었다. 둘 다 미국 중서부 소도시에서 온 이 호메로스 서사시의 영웅 같은 개인을 자신들 가운데 하나로 받아들였다. 그러나 린드버그에 바치는 열광적 찬사 속에서 양측의 이야기는 서로를 비켜갔다. 린드버그가 왜 그렇게 동경을 자아내고 상상력을 자극했는지 누구도 설득력 있게 설명하지 못했다. 그러나 우리가 즉각적인 흥분 반응 너머를 살핀다면, 끊임없이 반복적으로 떠오르는 모티프를 볼 수 있다. 린드버그의 순회에서, 기자와 논평가들의 말에서, 린드버그의 유럽 정복의 배경을 이루는 다른 사건들에서 말이다. 당시 누구도 길게 논의하지 않았지만 문화 풍경 전반을 가로지르던 한 가닥 검은 실 같은 모티프, 그것은 전쟁이었다.

---

* 여기서 1연은 보통 운이 있는 시구 4행 이상으로 이루어진 것을 말한다.

우리 잊지 말자

공식적으로 전쟁은 8년 반 전인 1918년 11월 11일에 종결됐다. 민간인들은 여기저기서 파티를 열며 승전을 축하했다. 그러나 병사들은 대체로 별다른 감흥을 느끼지 못했다. 종전은 T. S. 엘리엇의 「텅 빈 사람들Hollow Men」처럼 "쾅 하는 소리가 아니라 낮은 흐느낌과 함께" 찾아왔다.

격론이 오간 강화 조약은 원한에 차 있었고, 최후통첩 형태로 독일인들에게 제시됐다. 독일에 새로 들어선 민주 공화 정부—1918년 11월과 12월에 독일을 휩쓸면서 카이저의 퇴위를 야기한 혼란 중에 선출된 정부—는 조약에 직면하여 붕괴했다. 그러나 임시 대체 내각은 베르사유 조약의 조건을 받아들이는 것 말고 다른 대안이 없었다. 영국 함대의 '기아 봉쇄'는 전쟁 말기로 가면서 독일을 조여왔다. 라인강은 차단됐고 영국, 미국, 프랑스 부대가 각각 쾰른, 코블렌츠, 마인츠에서 라인강을 건너는 교두보를 점령했다. 대량 아사 사태와 사회 붕괴의 조짐이 보였다. 승전국이든 패전국이든 아무도 베르사유 조약에 만족스러워하지 않았다. 그것은 우드로 윌슨의 이상주의와 조르주 클레망소의 복수심, 데이비드 로이드 조지의 실용주의를 모두 수용하려 했다. 독일인들은 조약의 조항들이 지나치게 가혹하다고 생각했다. 연합국 국민은 지나치게 온건하다고 생각했다. 독일은 전쟁 책임을 지게 됐지만, 독일인들은 심적으로 이를 수용하기를 거부했다. 그러나 무슨 도리가 있을까? 전쟁 막판에 들어, 신성한 독일 영토에 대한 외적의 침략에 맞서 발터 라테나우의 묵시록적 상상력이 빚어낸 전국적인 저항은, 1919년 여름이 되자 비현실적일 뿐 아니라 아예 불가능했다.

1919년 7월 14일, 바스티유 기념일에 파리는 공식적인 '승전' 퍼레이드를 조직했다. 퍼레이드는 화려하고 웅장했다. 그러나 퍼레이드를 둘러싼 감정은 그렇지 못했다. 미국은 조약 비준은 물론 심지어 우드로 윌슨의 정치적 자식인 국제연맹을 받아들이는 것마저 거부했다. 미국은 고립주의로 후퇴했고 유럽을 불구 상태로 방치했다.

전쟁에 들인 막대한 노력, 특히 강렬한 정서적 헌신은 평화를 달성하는 작업에서는 도저히 유지될 수 없었고 유럽은 엄청난 우울감에 빠져들었다. 영웅들에게 약속된 집은 여전히 허구의 궁전에 불과했고, 전쟁 당시 미사여구가 빚어낸 유토피아적인 사회적 꿈은 1918~1919년 전 세계를 휩쓸며 전쟁보다 더 많은 사람의 목숨을 앗아간 인플루엔자 유행병은 말할 것도 없고, 인플레이션과 실업, 광범위한 빈곤으로 잔인하게 지워졌다. 결국 평화에 뒤이어 불가피하게 환멸이 찾아왔다.

전쟁이 그런 희생을 치를 만한 가치가 없었다는 끔찍한 생각에 직면하자 사람들은 한동안 그런 생각 자체를 묻어버렸다. 그리고 그런 생각을 묻어야 한다면, 동시에 전쟁도 묻어야 했다. 그래, 묻어버리자. 그렇게 선생은 묻었다. 전후에 옥스퍼드대학에서 만난 로버트 그레이브스와 T. E. 로런스는 둘 사이에서 전쟁에 관한 이야기는 꺼내지 않기로 약속했다. 에드먼드 블런던은 전쟁 직후에 회상록을 쓰려고 시도했지만, 도저히 쓸 수 없다는 것을 깨달았다. 그래서 일부를 쓰다가 중단해버렸다. 사람들은 사랑하는 이들을 애도했지만, 그들이 그러한 희생을 치러야 했던 목적에 대해서는 생각을 회피했다. 900만 명이 죽었다. 2100만 명이 부상당했다. 경제는 파탄 났다. 러시아에는 신을 믿지 않는 볼셰비즘이 들어섰고, 볼셰비즘은 중부 유럽도 위협하고 있었다. 러시아와 독일, 헝가리, 폴란드, 아일랜드, 이탈리아에는 분규가 일어났다. 사실 그런 사태는 어디서나 일어나는 것 같았다. 터키와 그리스는 전쟁 중이었다. 중동의 화약고가 불타올랐다. 기회가 날 때마다 "우리 잊지 말자"가 되뇌어졌지만, 망각이야말로 정확히 모두가 원하는 것이었다.

참전 군인 단체가 설립됐으나 가입을 원하는 참전 군인은 비교적 소수였다. 제대군인들을 고용하는 정책이 장려됐지만 많은 고용주에게는 사업상의 위험을 감수하는 일로 생각됐다. 제대군인들의 실업률은 안타까울 정도로 높았다. 1921년 가을, 베를린에 도착한 소련 외교관 일리야 에렌부르크는 전쟁의 상흔이 곳곳에 남아 있는데도 사람들이 눈에 띄게 전쟁의 기억을 억압하려 애쓰고 있다는 것을 알아차렸다. 에렌부르크는 그 자신이 표현한 대로 "질서정연한 상태로 (…) 제시된 파국"을 목격하고 이렇게 적었다.

> 상이군인의 의족과 의수는 삐걱거리지 않았고 그들의 빈 소매는 안전핀으로 고정돼 있었다. 화염방사기에 얼굴이 녹아내린 사람들은 커다란 검은 안경을 쓰고 있었다. 거리를 배회하는 패전은 조심스럽게 자신을 위장하고 있었다.[18]

승전국에서도 가면극은 이에 못지않게 정교했다. 그래, 그들은 이겼다. 하지만 대체 무엇을 얻었는가?

전쟁의 정치적 책임자와 군인 정치꾼들에 대한 거부는 금방 찾아왔다. 윌슨, 로이드 조지, 클레망소, 오를란도, 루덴도르프, 힌덴부르크는 모두 불만스러운 은퇴를 강요받거나 야권으로 밀려나야만 했다(1925년에 정계 복귀를 종용받아 독일 공화국의 대통령으로 선출될 힌덴부르크만은 예외였다). 어디서나 좌파가 세력을 얻었다. 영국에서 자유당은 참패를 당했고, 혜성처럼 등장한 노동당은 자유당의 충격적인 몰락만큼 빠른 속도로 급성장하여 1924년에 최초로 집권했다. 프랑스에서는 같은 해에 중도좌파 연립내각이 집권했다. 독일에서는 사민당이 전후 10년 동안 가장 많은 의석을 차지한 당이었고, 1918년 12월에 창당된 공산당도 세력을 얻었다.

좌파의 성장은 구질서의 파산으로 간주되는 현실과 그에 따른 급진적 변화에 대한 욕망을 반영했다. 이 좌파 급부상의 결과는 더 오른쪽 극단으로 움직인 보수주의의 눈에 띄는 이동, 즉 '신보수주의'를 강화하는 것이었다. 그러나 이러한 변화는 단순히 좌파에 대한 반동이 아니었다. 그것은 보수주의conservatism가 이제 보존하고 수호하는conserve 일 이상을 해야 한다는 인식에 따라 추진됐다. 임무는 보존하는 것이 아니라 재건하는 것이었다. 세계를 바로잡으려면 우파도 급진적 개혁을 해야만 했다.

전간기戰間期의 뚜렷한 특징이 될 정치적 양극화는 정상적인 상태의 실종을 굳어지게 했다. 모두가 정상 상태를 갈망했지만 거기로 어떻게 복귀할 수 있는지는 아무도 몰랐다. 정치 영역에서 결정적인 자극제는 전쟁이었지, 사회적 쟁점이나 경제 문제가 아니었다. 사회·경제적 문제들은 눈에 보이고 절실한 문제이긴 했지만, 여전히 한 가지 질문에 종속돼 있었다. '정말로 전쟁은 대체 무엇을 의미했는가?'라는 질문 말이다. 그것은 모든 정치적 활동, 사실 평화라고 불리던 전후 시기의 모든 활동 뒤에 자리한 가장 핵심적인 질문이었다. 그러나 그 쟁점에 직접 맞선 사람은 거의 없었다. 전쟁은 거리를 떠돌 때만이 아니라 권력의 회랑을 떠돌 때도 "조심스럽게 자신을 위장하고 있었다".

전쟁 전반의 공식 역사서, 그리고 개별적 전투와 전장을 다룬 연대와 군대 역사서가 1920년대 초반에 인쇄기에서 쏟아져 나왔다. 그러나 이런 것들은 적절한 간행물 지면에 정식 공고와 정중한 기념 서평이 실린 뒤, 도서관이나 전역 군인 혹은 유가족의 집으로 보내져서 아무도 읽지 않은 채 책장에 고이 모셔지게 됐다. 설령 읽는 사람이 있다 하더라도 아무도 그 책들이 다루는 내용에 대해 논의하지는 않았다. 독일에서는 1919년 8월에 패전의 원인을 조사하기 위한 법제 위원회가 설립됐지만, 위원회 활동은 전쟁보다 더 장기화돼서 사실상 대중의 뇌리에서 지워졌고 대부분의 시간 동안 언론에서도 망각됐다.

전몰자 기념비가 세워지고 전사자 묘지가 마련됐으며 묘비가 제작됐다. 1920년과 1923년 사이에 영국에서 프랑스로 수송된 묘비는 주당 4000개에 달했다. 1920년 11월 11일, 한 무명용사의 시신이 프랑스에서 실려와 웨스트민스터 사원에 안치됐고 이틀 사이에 10만 개의 화환이 화이트홀 앞 전몰자 기념비 앞에 놓였다. 달이 가고 해가 가고, 종전기념일뿐만 아니라 기회가 있을 때마다 각종 의례와 엄숙한 추모사가 되풀이됐다. 일부에게는 그런 의례와 미사여구가 얼마간 위안을 줬을지도 모른다. 그러나 그것들은 정말로 어떤 의미가 있었을까? 특히 전후 세계와 관련하여 말이다. 옛 표어들—자유, 존엄성, 정의—은 그저 공허하게 들렸다. 심지어 전쟁이 이룬 것이 무엇이냐 는 질문에 반하여 전쟁이 무엇을 막았느냐는 논의조차 전쟁이 초래 한 막대한 희생을 생각할 때 오래 지탱되지 못했다. 그런 질문들은 하 지 않는 게 나았다. 희생자들을 기리자. 그러나 생각은 하지 말자.

전쟁의 경험과 추후 전쟁에 대한 반응 사이에 나타난 이 불균형은 사회적, 정치적, 그리고 무엇보다 존재론적 질문으로서 전쟁이, 그 가 장 중요한 의미에서 무의식의 영역, 더 정확히는 의식적으로 억압된 것의 영역으로 밀려났다는 것을 뜻했다. 그 시대의 결정적 쟁점을 신 경증이나 아니면 말 그대로의 의미로 단순한 무시에 맡기는 것은, 전 쟁 동안 시작된 서구사회 전체—더 이상 지식인 집단이나 일부 집단, 심지어 단지 한 나라에 그치지 않는—의 여행, 개인적 의식과 손에 잡히는 문제 간의 간극 가장자리로 향하는 여행을 더 확실히 했다. 옛 권위와 전통 가치는 신뢰를 잃었다. 그러나 옛것이 사라진 자리에 새로운 권위와 가치는 아직 등장하지 않았다.

개인적이든 집단적이든, 의식적이든 무의식적이든, 그 시대의 가장 중대한 사건을 억압하는 행위는 정반대의 현상, 즉 억압의 부정을 가 져왔다. 삶의 의미라는 근본적인 질문에 답을 할 수 없어지면서—그 리고 전쟁이 900만 명의 사례로 그 질문을 무자비하게 제기하면서— 그들은 더욱 집요하게 의미는 삶 자체에, 산다는 행위에, 순간의 생생 함에 있다고 주장했다. 그 결과, 1920년대는 놀라울 정도의 향락주의 와 나르시시즘을 목도했다. 프로이트 정신분석학이 이러한 억압 부정 의 정당화로서 적극적으로 수용됐고, 심리적으로 '억압되는 것'은 유행에 몹시 뒤떨어진 일이 됐다. 사람들은 감각과 본능의 충족에 탐닉했고, 자기 이익의 추구가 그 어느 때보다 행동의 동기가 됐다. 정치적 급진주의의 성장은 이러한 양상의 한 가지 발현에 불과할 뿐이었다. 공공생활의 의례들은 여전히 이전 세기의 실증주의적 확실성에 뿌리를 뒀지만, 그러한 연극의 배경은 악몽과 환각으로 이루어져 있었다. 스티븐 스펜더는 "전쟁은 중간계급적인 영국식 삶의 무도회장 바닥을 무너트렸다. 사람들은 허공에 매달려 있지만 기적적으로 자신들이 여전히 춤을 추는 것처럼 행세할 수 있었던 댄서를 닮아 있었다."[19]고 회고했다.

적지 않은 역사가가 요즘 세대들은 20년대를 기억하는 것이 아니라 20년대의 꿈과 환영을 기억할 뿐이라고 이의를 제기해왔다. 그들은 도회적 과시주의자, '매력적인 젊은 것들sweet young things' '별난 아이들sonnenkinder'의 튀는 댄디즘, 다다이스트와 초현실주의자, 표현주의자들의 기행과 발작에 과도한 관심이 쏠렸다고 주장한다. 반대로 실업과 도시 거주자들의 막연한 분노나 농촌의 불안한 현실, 또 다른 한편으로는 사회를 재조직하고 재건하려 한 중간계급 기업가들의 적지 않은 성과들은 무시돼왔다. 이러한 논의의 요지는 어느 시대나 마찬가지로 일자리, 임금, 식량, 가족의 안녕 같은 평범한 문제들과 개인적 야망들이 그 시대 개인들의 주된 관심사였고, 20년대에도 삶은 계속됐다는 것이다. 그들에게 정치적, 문화적 재생을 위한 거창한 계획에 관심을 쏟을 여유는 없었다. 정치가 양극단으로 흘렀다면 그것은—이 비판가들은 그렇게 주장한다—즉각적인 이유에서이지, 미래의 전망과 관련된 관념적인 이유에서가 아니었다.

그러한 비판은 일리가 있었고, 정치적 활동의 사회적·경제적 토대에 대한 몇몇 뛰어난 분석을 이끌어냈다. 그러나 최근의 사회사 부흥의 물결은 1920년대의 꿈과 악마, 그리고 사교계 여성들을 완전히 몰아내지는 못했다. 정신적 위기라는 뿌리 깊은 느낌이 그 시대의 특징이었다. 그 느낌은 농촌 노동자, 대지주, 산업가, 공장 노동자, 상점 점원, 도시 지식인들 모두에게 영향을 미쳤다. 그것은 남녀노소 모두에게 영향을 미쳤다. 경제 붕괴와 사회적 불안정은, 전쟁과 특히 전쟁 이후 찾아온 평화가 전쟁 기간에 지도자들이 표명한 기대들을 충족시키지 못해서 야기된, 주로 가치 체계의 위기인 현상들을 더 부각시키고 심화시켰을 뿐이었다. 폴 발레리는 1922년 취리히 강연에서 "폭풍우가 잦아들었다"고 말했다. "그러나 우리는 언제라도 폭풍이 다시 불어닥칠까봐 여전히 안절부절못하고 불안하다. 거의 모든 인간사가 끔찍한 불확실성에 놓여 있다." 그는 전쟁으로 상처받은 모든 것에 대해 이야기하고 있었다. 경제 관계와 국제 관계, 그리고 개인의 삶 말이다. "그러나 이 모든 상처받은 것 가운데 정신이 있다. 정신은 실제로 잔인하게 부상당했다. (…) 정신은 자기 자신을 깊이 의심하고 있다."[20]

그러한 의심의 불가피한 동반자는 도피, 다시 말해 현실로부터의 도피였다. 새로움이 1914년 이전과 전쟁 기간에 강력한 독일적 관심사였다면, 그것은 전후에 서구가 보편적으로 열중하는 대상이 됐다. 사회주의자와 보수주의자, 무신론자와 근본주의자, 향락주의자와 현실주의자 모두가 새로움에 열중했다. 새로움에 대한 갈구는, 급진파는 역사의 파산으로 간주하는 것과 온건파는 적어도 역사의 탈선으로 간주하는 것에 뿌리를 뒀다. 심지어 전쟁 전 황금기에 대한 노스탤

지어에 젖어 있는 사람들조차 어떤 복구 시도든 엄청난 재건 노력을 요구하리라는 것을 기본적으로 인식하고 있었다. 그러나 파괴가 너무 광범위하고 재건 과제는 너무 어마어마해서, 이를 어떻게 이룩할 수 있을지에 대한 생각은 흔히 백일몽이나 아스라한 소망으로 변했다.

1920년대에 젊은 세대가 주도한 유행과 무모한 행동은 대체로 모든 형태의 관습, 특히 서부전선이라는 도살장을 바삐 돌아가게 만든 도덕주의적 이상주의에 대한 냉소주의에 기인했다. 런던 메이페어에서 '매력적인 젊은 것들'의 정신없는 보물찾기 파티 같은 사회적으로 더 제한된 활동이었든, 아니면 나체주의 열풍처럼 더 광범위한 현상이었든, 아니면 요요 광풍이나 여행에 대한 새로운 관심 혹은 스타 영화배우들에 대한 매혹 같은 더 일반적인 현상이었든 간에, 그러한 활동들을 전적으로 하루 8시간이나 9시간 노동에 따른 더 많은 여가 시간의 관점으로 설명하려는 건 어리석은 일일 것이다. 그러한 활동에 내재한 속성은 사회적이나 집단적 의미에서가 아니라 사회 규범과 관습에 맞서 개인을 주장한다는 측면에서 삶의 찬미였다. 그러한 활동을 자극한 영감은 무정부적이었다. 1925년 샹젤리제 극장 파리 데뷔 무대에서 허리에 바나나를 두른 조세핀 베이커가 다리를 쫙 벌리고 거꾸로 매달린 채 무대 위에 등장했을 때, 그녀는 도시 보헤미안주의의 방종뿐만 아니라 정신적 지주를 잃어버린 서구 문화 전체를 상징하고 있었다. 일부에게는 그 '해방'이 짜릿했고 일부에게는 걱정스러웠지만, 문화는 전체적으로 표류하고 있었다.

처량한 색소폰 음색과 찰스턴의 정신없는 스텝, 재즈의 엇박자 리듬, 진을 퍼마시는 말괄량이 아가씨들이 주로 도시적 현상이기에, 시골은 변함없이 전통적 관습에 뿌리박고 있었다고 주장하는 것이 일반적이다. 그러나 버스와 열차를 통한 이동 체계의 개선, 소도시까지의 영화관 확산, 라디오 방송의 도래는 도시와 농촌 문화 간의 장벽이 무너지기 시작했음을 뜻한다. 게다가 참전 군인들은 전쟁에서 돌아올 때 도시만이 아니라 농장과 시골 마을로도 돌아왔다. 그리고 실제로 그들이 '파리'를 구경한 적이 있어서 이제 그들을 저지하기는 어려웠다. 이 젊은 '영웅들'이 마을 술집에서 흥청망청 마시며 창문과 의자를 부수고 젊은 아가씨들한테 달려들거나 추문을 불러일으키면, 주민들은 어김없이 관용을 보이며 "이들은 우리의 전쟁 영웅이다. 우린 그들에게 너그러워야 하고 그들을 이해하려 노력해야 한다"고 말했다. 1920년대의 경제적 위기가—그것도 분명히 해일처럼—밀려왔을 때, 농촌은 10년간 줄곧 경기 침체에 빠져 있었고 1920년대 중반 약간의 경기 호황에서 진정한 혜택을 입지 못했다. 신용의 부족, 농기계와 농업 기술의 노후, 시장의 교란에 시달린 농부들은 살아남기 위해 필사적으로 노력했지만 많은 이가 살아남지 못했다.

이런 분위기의 부산물은 모든 것이 일시적이라는 느낌이었다. 패션, 건축, 혹은 피에트 몬드리안의 그림이든 뭐든 간에, 곡선 대신 움직임과 새로운 단순성, 새로운 시작을 암시하는 직선이 선호됐다. 여사들은 높이 올라오는 목선과 발목까지 덮는 드레스에서 해방됐다. 이것들은 '멋진 옷차림glad rags'과 '보이시 룩'에 자리를 내줬다. 역사상 최초로 가슴이 흠으로 여겨졌고, 브래지어는 가슴을 돋보이게 하기보다는 납작하게 만드는 역할을 했다. 자연스럽게 굴곡진 허리선을 없애고 대신 엉덩이 부근에 벨트를 둘렀다. 굴곡의 기미라도 엿보이면 영양 과다의 증거로 비웃음을 샀고 체중 조절이 유행했다. 튀어나온 엉덩이도 자취를 감췄다. 풍만함이 퇴폐와 연결되자, 코코 샤넬은 품위 있는 스타일의 '푸어 룩poor look'—단순함 속의 화려함 le luxe dans le simplicité을 선보였다. 카디건 재킷에 장식 없는 기본 치마나 주름치마를 받쳐 입고 단순한 모직 정장을 걸치는 식이었다. 짧은 머리는 전쟁 전에 이미 등장했다. 뉴욕에서는 아이린 캐슬이 짧은 머리를 도입했고, 이사도라 덩컨도 치마 길이가 짧아지면서 머리 길이도 덩달아 짧아졌다. 그러나 짧은 머리는 반듯하게 자른 단발머리인 보브컷이나 '뒷머리를 짧게 친' 싱글 컷 형태로 1920년대 보이시 룩의 일부가 됐다. 마이클 앨런은 『초록 모자Green Hat』의 여주인공 아이리스 스톰과 그녀의 싱글 컷에 대해서 이렇게 썼다.

> 그녀의 머리는 숱이 많고 황갈색이었다. (…) 앞이마를 훤하게 드러내며 뒤로 넘긴 그 머리는 남자 머리 같았다. (…) 목 위쪽으로 그녀의 머리칼은 매우 남자다운 죽음을, 지금까지 알려진 어느 단발머리보다 더 남자다운 죽음을 맞았다.[21]

짧게 친 머리를 두고 '매우 남자다운 죽음'이라고 표현한 은유는 그저 우연이었을까? 전쟁의 이미지와 어휘는 1920년대 모든 형태의 문화에 스며들어 있었다. 세계는 여전히 죽음의 향연에 빠져 있었다.
1920년대 건축과 디자인에서는 직선만이 아니라 자재의 사용에서 전반적인 정직성을 강조하는 새로운 '국제적 양식'이 유행했다. 이 양식은 유리와 래커를 이용함으로써 투명함과 반사를 통해 인간과 자연, 주체와 객체 간의 경계가 구질서가 주장한 것처럼 그렇게 엄격하지 않음을 암시했다.

효과적인 새로운 표현 양식과 조화를 추구하는 과정에는 구세대에 대한, 즉 아들들을 학살로 이끈 아버지에 대한 심각한 반란이 결부돼 있었다. 젊음에 대한 숭배 현상은 1920년대에 처음으로 만개했다. 그 시대의 문학, 영화, 광고는 물론 심지어 정치마저 이 청년 숭배에 지배됐다. 부친 살해와 아버지 살해에 뒤따르는 도덕적 갱생 행위는 새로운 문학 세대를 사로잡았다. 젊은이만이 진정으로 인간다웠다. 늙은이들은 하나같이 추하고 부패하고 위선적이었다. 올더스 헉슬리의 『연애대위법』에서 루시 탠터마운트는 구세대를 '외계인'이라고 부른다.

> 노친네들을 그런 고리타분한 아랍풍 다과회처럼 만드는 것은 그네들의 사고방식이야. 내 혈관에 아무리 진한 피가 흐른다고 해도 언젠가 내가 신과 도덕, 기타 등등을 믿게 되리라고는 도저히 생각할 수 없어. 난 전쟁 동안에 모든 토대가 허물어져버렸을 때 고치에서 나왔지. 앞으로 우리의 손자들이 그때 무너트린 것보다 어떻게 더 철저하게 허물어트릴 수 있을지 모르겠어.[22]

『생도 퇴를레스의 혼란』에서 로베르트 무질, 『데미안』에서 헤르만 헤세, 『아침의 교대』에서 앙리 드 몽테를랑은 어른들 세계의 기만과 속임수에 내몰린 고귀한 순수성이라는 루소풍 비전을 그려내기 위해 어린 시절의 묘사에 의지한 작가들이다. 파울 클레는 초현실적인 그림에 대한 영감을 손이 가는 대로 그리는 아이들의 원시적이고 서투른 그림 속에서 찾았다. 전쟁에서 젊은이들의 학살에 죄책감을 느끼며 슬픔에 빠진 구세대는 딱히 항의하지 않았다. "얄팍한 이 요즘 애들"[23] 정도가 H. G. 웰스가 보인 온건한 반응이었다. 그러나 일부에게는 얄팍한 무리로 여겨진 젊은 반항아들에 대해 많은 사람은 구애의 눈짓을 보내며 응석을 받아줬고, 특히 정당들은 앞다투어 청년 조직을 만들고 젊은 회원들을 끌어들이려 했다. 급진주의는 이러한 시도에서 가장 큰 성공을 거뒀다. 1920년대의 젊은이들은 전통적인 정치를 멸시하며 거부하는 경향이 있었다. 크리스토퍼 이셔우드와 그의 케임브리지대학 친구들에게 '정치'란 "힘을 잃어가는 말"이었고, 정치 활동은 "자동적으로 지루하고 야비한 것으로 일축됐다."[24]

그러나 1920년대 문화는 비유적 의미와 문자적 의미에서 장식에 대한 일반적 거부와 새로운 단순성을 강조하는 와중에, 새로운 가치 체계를 확립하기보다는 옛 가치 체계를 비난하는 데만 열중했다. 기성 질서의 타파, 즉 한편으로는 기능의 단순화에, 다른 한편으로는 창조성의 해방에 방점이 찍혔지만, 두 가지 시도는—바우하우스 유파 같은 일부 집단의 제한적 성공, 그리고 여러 희망과 포부에도 불구하고—그리 쉽게 조화되지 않았다. 19세기 독일 사상에 그렇게 팽배했던 정신과 힘 간의 오랜 이분법은 이제 서구 문화 전반의 특징이 됐으나, 전쟁 전 독일에서 드러난 것보다 심지어 더 큰 강렬함과 정서적 헌신이 각각의 요소에 추가됐다.

그러나 프로이트의 정신분석학과 신비주의, 근본주의적 복음주의, 그리고 미국 영화의 감상주의—일리야 에렌부르크는 1927년 미국 영화 가운데 제목에 '사랑'이 들어간 영화를 27편 거명한다[25] —에 그토록 뚜렷한 정신성, 내면성, 무의식에 대한 한층 고조된 강조도, 주관주의의 새로운 국면을 둘러싼 뿌리 깊은 의심을 감출 수는 없었다. 아인슈타인의 원자 내 미립자가 지속적인 운동 상태이고 물질은 에너지일 뿐이라면, 프로이트의 프시케[의식적, 무의식적 정신활동 전체] 안의 구성 요소들 또한 끊임없는 변형을 겪고 있었다. 이성과 합리성은 불변성과 신념의 옛 시대가 만들어낸 심리적·철학적인 구성물이었다. 신념은 사라졌고 그와 더불어 불변성도 사라졌다. 운동, 우울증, 신경증만 남아 있었다. 이셔우드는 "신경증에 걸린 우리 세대의 방대한 기형奇形 박물관"[26]을 이야기했다.

순회와 상징

르 부르제에 도착하고 뒤이은 행사에 참석한 뒤, 린드버그는 새벽 0시 30분경에 차를 타고 공항을 떠나 처음에는 전조등을 켜지 않은 채 오베르빌을 관통하는 직행로 대신 듀니와 샌드니의 우회로를 통해 파리로 진입했다. 그는 파리의 대형 호텔 가운데 하나인 에투알 인근 시역의 마제스틱 호텔에 묵을 예정이었고, 따라서 차는 라파예트 거리와 마들렌 거리를 차례로 지난 뒤 콩코르드 광장 방면에서 샹젤리제 거리를 따라 호텔로 향했다. 이 대로를 따라가는 도중에 차가 클레리지 호텔 앞에서 멈춰 섰고, 그는 거기서 여러 개의 장미와 수레국화 꽃다발을 샀다.[27]

차는 그다음 샹젤리제를 따라 계속 이동한 다음, 개선문에서 멈춰 섰고 린드버그는 차에서 내려 무명용사의 묘에 헌화했다. 따라서 린드버그의 파리 방문에서 새벽 1시에 이루어진 그의 첫 공식 행위는 전사자들에게 조의를 표한 것이었다. 그다음 차가 에투알 바로 코앞에 있는 뒤몽 뒤르빌이라는 작은 샛길로 향하는 사이, 어마어마한 인파가 마제스틱 호텔 앞에 모여들어 클레베르가까지 흘러넘치자 호텔에서 린드버그가 평화를 누릴 수 없으리라는 것은 불 보듯 뻔했다. 결국 그를 태운 차는 미국 대사관으로 방향을 틀었다.

다음 토요일, 브뤼셀에서도 똑같은 일정이 반복됐다. 린드버그는 공항에서 미국 대사관으로 가는 길에, 심지어 옷도 갈아입기 전에 벨기에 수도에 있는 무명용사의 묘에 헌화했다. 월요일 아침 런던에서 첫날을 맞을 때는 웨스트민스터 성 마거릿 교회에서 열린 전사자 추도식에 참석한 다음, 웨스트민스터 사원의 무명용사 묘에 조의를 표하러 갔다. 세 나라의 수도 모두에서 그는 참전 군인 단체를 방문해 환영을 받았다. 공식 관계자들은 린드버그를 전쟁에서 팔다리나 시력을 잃은 상이군인 대표들한테 소개하는 데 특별히 신경을 썼다. 브뤼셀에서 비유 호텔을 방문하는 동안, 그는 당시 50세가 넘었음에도 갖은 수를 써서 군에 입대해 싸운 제1차 세계대전 자원 노병들로부터 큰 환대를 받았다. 세계 각지의 참전군인 단체들은 린드버그에게 축전을 보내왔다. 심지어 독일의 단체들도 그 대열에 합류했.

파리와 브뤼셀, 런던에서 린드버그를 기리는 각종 연설과 공식 성명은 전쟁, 영국과 미국, 프랑스와 미국 간의 친선, 라파예트 비행대의 미국인 조종사들, 그리고 전쟁에서 미국의 전반적인 공헌에 대한 언급으로 가득했다. 미국 대사 헤릭은 린드버그의 비행과 마른 전투의 승전을 신비로운 위업으로 비교했다. 숭고한 운명이 두 승리를 좌우했다는 것이다. 그리고 모리스 로스탕은 린드버그에게 바치는 찬가에서 그 비행사가 전사자의 묘를 방문한 것은 이미 운명으로 예정된 일이었다고 선언했다.

두오몽과 타넨베르크, 파스샹달과 이프르에 국가 및 연대 차원, 지역 및 도시 차원에서 크고 작은 여러 전몰자 추모비가 제막되고, 벨기에와 프랑스 전역 그리고 모든 교전국의 크고 작은 도시에 전몰자 공동묘지가 조성됨에 따라, 사실상 1927년에 전몰자 추모 의식은 절정에 달했다. 예를 들어, 5월 24일 에든버러의 『스코츠맨』은 헤릭 대사가 린드버그를 축하하는 사진과 아라스 인근 팡푸에서 시포스 연대의 전몰자 추모비 제막식 사진을 같은 지면에 나란히 실었다. 5월 31일자 『데일리 헤럴드』는 전날 런던에서 린드버그의 활동을 소개한 칼럼 하단에 "전쟁미망인과 고아, 제대 군인 100명이 다음 달에 벨기에의 공동묘지를 방문할 예정"이라는 작은 기사를 실었다.

이 사건들 사이에, 즉 린드버그의 비행과 전쟁 간의 연관성에 대한 논평은 없었다. 사실 양자 사이에 눈에 보이는 연관성은 없었다. 그러나 전쟁이 없었다면 린드버그 현상은 이해될 수 없을 것이다. 비록 린드버그 사신은 잠전하지 않았지만 전쟁은 그의 위업에 특별한 차원을 부여했다. 전쟁이 없었다고 해도 그의 개가는 물론 축하를 받았겠지만, 캐나다 총리 매킨지 킹 같은 책임 있는 자리에 있는 원숙한 공적 인물들이 린드버그의 비행을 "세계 역사상 최대의 개인적 위업"이라고 부르며 과장된 수사를 남발하지는 않았을 것이다. 일반 대중 역시 그렇게 기뻐서 어쩔 줄 모르며 찬사를 보내지는 않았을 것이다.

전쟁은 어디서든 린드버그를 뒤따라다녔다. 과거의 전쟁뿐 아니라 미래의 전쟁까지 말이다. 군 관계자들은 당연히 린드버그의 비행에 특히 관심이 많았다. 프랑스 상원 군사 소위원회를 주재하는 지로 장군은 린드버그의 비행을 "이제껏 인류가 목격한 가장 용감무쌍한 행위"라고 치켜세웠는데, 그러한 언급 뒤에는 린드버그의 개가凱歌 안에 담긴 군사적 잠재력 대한 인식이 자리하고 있었다.[28] 그러나 군부를 비판하는 사람들은 하늘에서 가스 폭탄이 민간인에게 비처럼 쏟아질 공중전의 미래상을 떠올렸다. 신문의 독자 투고 글은 대중이 항공 기술 진보에 담긴 이 무시무시한 함의에 강한 우려를 품고 있었음을 보여준다. 다른 논평가들은 린드버그를 향한 대중의 감정 표출은 군대보다는 인류가 대서양 횡단 비행의 주요 수혜자임을 가리킨다고 봤다. 파리의 『포퓔레르』지는 린드버그의 업적을 "역사상 평화주의적 영웅주의의 가장 거대한 위업"[29]이라고 불렀다. 어쨌거나 전쟁은 여기서 판단에 맥락을 제공했다.

유럽을 방문하는 동안 수백만 명의 전사자가 린드버그를 에워쌌다면 현재의 죽음, 특히 비행사들의 높은 사망률도 그를 둘러쌌다. 린드버그 자신도 목숨을 부지하기 위해 낙하산을 펴야만 하는 두 차례 사고에서 살아남은 바 있었다. 린드버그에 대한 프랑스인들의 열화와 같은 반응에 기여한 한 가지 요인은 2주도 채 안 된 프랑스 조종사 두 명의 실종 사건이었다. 제1차 세계대전 당시 많은 적기를 격추시킨 뛰어난 조종사였던, 샤를 넝게세와 프랑수아 콜리는 5월 8일 파리를 떠나 뉴욕으로 가던 중 교신이 두절됐다. 그들은 흔적도 없이 사라졌다. 그 대담한 모험과 안타까운 운명이 야기한 흥분 및 기대감, 긴장감은 고스란히 린드버그에게 옮겨갔다. 파리에 도착한 이튿날인 일요일 아침, 그가 처음 한 일 가운데 하나는 두 전쟁 영웅이 아직 살아 있을지도 모른다는 희망을 표명하고자 탕플 거리에 있는 넝게세의 모친을 방문한 것이었다. 새로운 논스톱 장거리 비행 기록을 세우기 위해, 린드버그가 뉴욕에서 이륙한 때와 같은 날인 5월 20일 금요일에 카라치를 향해 떠난 두 영국인 비행사 카와 길먼은 이틀 뒤 페르시아 반다르 아바스 항구 근처에 불시착해야만 했다. 두 사람은 다행히 생존했다. 린드버그가 파리에 머물던 주 중반에 뉴펀들랜드에서 포르투갈로 날아가던 중, 아조레스 제도에서 240킬로미터 떨어진 곳에서 사라졌던 이탈리아 비행사 데 피네도도 일주일 뒤에 지나가는 배에 의해 간신히 구조됐다.

5월 27일과 28일에는 일곱 명의 조종사가 공중 충돌 사고로 사망했는데, 그중 네 명은 조지아주 오거스타에서 열린 에어쇼에서 목숨을 잃었다. 샤르트르 근처에서는 한 군용기가 시범 비행 중 불이 붙었다. 비행기 안에 있던 두 조종사는 지상으로 뛰어내렸는데, 한 명은 무사히 내려왔지만 다른 한 명은 낙하산이 펴지지 않아 목숨을 잃었다. 6월 첫 주에는 에센, 바르네뮌데, 라이프치히, 본머스에서 일어난 비행기 사고로 적어도 열 명이 죽었다. 본머스에서는 비행 대회에 출전한 비행기 두 대가 선회 도중 날개가 서로 접촉하면서 땅에 추락해 화염과 함께 폭발했다. 두 명의 비행사가 수천 명의 관중이 보는 앞에서 목숨을 잃었다. 몇 주 후, 린드버그가 북아메리카 순방길에 오타와를 방문했을 때 그를 호위하던 미국 공군기 열두 대 가운데 한 대가 추락하여 조종사가 사망했다. 이러한 사고들은 비행이 얼마나 위험한 일인지 모든 사람에게 똑똑히 각인시켜줬다. 따라서 현재진행형이든, 추모되는 과거의 죽음이든, 죽음은 린드버그가 가는 곳마다 쫓아다니며 그의 성취—죽음의 한복판에서 삶의 확인과 같은—를 더욱 눈에 띄게 하고 거기에 은유적인 의미를 부여했다. 『맨체스터 가디언』은 린드버그가 상징하는 이 긍정적 의미가 마침내는 승리하기를 기원했는데, 그러한 희망을 명시적으로 드러내야 한다는 필요성 자체는 회의와 불안, 걱정의 분위기를 띠고 있다.

이제 비행은 순전한 기록 깨기 행위에 따르는 불필요한 무모함으로 더 이상 얼룩지지 않아야 한다. 린드버그의 용기와 끈기는 찬사를 받아 마땅하나, 그가 이룬 업적에 도전하려는 계획이 이미 너무도 많은 가운데 또 다른 계획이 추가되는 상황은 벌어지지 않기를 바란다.[30]

구세계의 의례들이 새 세계의 업적을 에워싸면서, 떨리고 조마조마한 흥분을 동반한 애석하고 음울한 분위기가 감지됐다. 비행은 언제나 인간에게 어마어마한 상징적 의미를 띠었다. 전쟁이 일어나는 동안 그 상징성은 강화됐다. 하늘의 전투기 조종사들은 수렁에 빠진 채 아무것도 할 수 없는 것처럼 보이는 보병들 사이에서 무한한 부러움의 대상이었다. 병사들은 참호에서 고개를 들어 하늘을 쳐다보며 그곳에서 지상전이 잃어버린 순수한 대결을 봤다. '창공의 기사들'은 개인적인 노력이 여전히 중요하고, 명예와 영광, 영웅주의, 기사도라는 낭만적 개념이 아직 살아 있는 싸움에 참여하고 있었다. 하늘에서 전쟁은 여전히 의미를 갖고 있었다. 어느 작가가 표현한 대로 비행사들은 "전쟁의 귀족계급"—"우리의 개인성의 부활"[31]이었다. 비행은 자유와 독립, 물량전의 끔찍한 대량 학살에서 벗어나는 것을 의미했다. 공중전에서 조종사는 적에 대한 존경심을 비롯한 가치들, 문명의 토대를 놓은 가치들, 지상전이 부정하는 것처럼 보이는 가치들을 유지할 수 있었다. 그래서 현대전의 가장 중요한 기술적 성취는 전통 가치를 재확인하는 수단으로 여겨졌다.

전후 10년 동안 비행에는 이러한 연상이 계속 따라다녔다. 린드버그가 받은 찬사는 그러한 연상과 연관된 어휘 전체를 되살려낸 듯했다. 프랑스인들이 린드버그와 그의 위업을 묘사하기 위해 영웅héros, 영광gloires, 승리victoire, 기사chevalier 같은 단어를 한껏 사용했다는 사실은 그들이 이러한 단어를 본래 의미대로 분명하게 다시 사용할 기회를 갈망하고 있었음을 암시한다. 『데일리 익스프레스』도 영국 국민한테서 유사한 욕구를 인식했다.

영웅을 대접하는 것은 더할 나위 없이 기쁘고 기운을 북돋는 일이기에 그 자체가 인생의 주요 기쁨 가운데 하나다. 수백만 명의 사람이 전쟁 기간에 이를 깨달았다. 사람들은 육군이나 해군, 공군의 병사들을 소중히 돌볼 기회를 발견했고 그러한 봉사로 기쁨을 누렸다. 또한 그 병사들이 바친 희생의 일부가 됐고 병사와 하나가 됐다는 느낌을 받았다. 우리는 우리의 일상적인 삶을 넘어서기 위해 영웅들이 변함없이 필요함을 느낀다.[32]

마지막 문구 "우리의 일상적 삶"이나 프랑스어로 '보잘것없는 우리네 인간사notre médiocre condition humaine' 같은 표현이 영국해협 양안에서 수시로 튀어나왔다. 린드버그는 가치를 확인하고자 하는 욕망의 상징이자, 사람들이 현 생활에 깊은 불만을 품고 있음을 가리키는 상징이 됐다. 그에 따라 비행에 대한 매혹은 한 시대의 범속凡俗함, 다시 말해 믿음을 잃어버린 시대의 범속함으로부터 도피에 대한 동경을 가리켰다.

폴 클로델은 린드버그의 공식 환영 행사를 둘러싼 허상들을 의식하고 있었다. 5월 23일자 그의 일기는 수수께끼 같지만 암시적이다.

> 미국 대사관에서 찰스 린드버그와 악수함. 후리후리하고 발그레한 혈색, 금발, 수줍음을 타는 청년. 우리는 오직 한 나라, 즉 우주만을 안다 Unam omnium rempublicam agnoscimus, mundum(테르툴리아누스). 영예니 뭐니 구역질 나는 이 모든 찬사와 인사말에 심한 역겨움을 느낌.[33]

린드버그는 의문의 여지 없이 인간의 위대한 업적을 대변했지만, 한편으로는 내면으로 고개를 돌린 세계의 시적 창조물이었다. 파리 시장 피에르 고댕은 비유 호텔의 환영회 행사에서 사실상 똑같은 의견을 표명했다.

> 우리는 당신을 명예롭게 기린다기보다 오히려 당신을 통해 우리 자신을 명예롭게 기린다고 생각합니다. 인류의 위대성을 의심하고 그 미래를 절망하고 싶어질 때가 오더라도 당신은 자신의 본보기를 통해 인류를 길이

길이 보전할 사람들 가운데 한 명입니다. 당신은 그들 가운데 한 명이며 위대한 국민은 그들 안에서 자신의 이상적인 모습을 발견합니다.[34]

고댕의 발언은 무엇보다 인류에 대한 확신이라기보다는 의심의 진술로, 약속이라기보다는 간청으로 읽혀야 한다. 센 도의회 의장인 데르베쿠르 상원 의원은 린드버그의 업적을 "오직 시인의 마음만이 생각해낼 수 있었을 것이자, 그 위대함은 오직 열렬한 시만이 더없이 드높일 수 있는 것"이라고 말했다. 그리고 파리 경찰청장 시아프는 린드버그의 공훈의 "비할 데 없는 아름다움"을 언급했다.[35] 이 정관계 인사들의 언어는 어떤 열망의 언어, 세계를 미적으로 승화시키려는, 삶을 시로 탈바꿈시키려는 염원의 언어다. 전전 독일의 랑벤과 체임벌린 같은 이들은 정확히 똑같은 기운을 말하고 그에 대한 글을 썼다.

시인들도 비슷한 정서로 맞장구를 쳤다. "궁수자리 아래 태어난 아름다운 첫아이 (…) 허공의 정복자" 린드버그가 죽음을 정복했다!

그대를 통해 사람들은 갑자기
더 아름다운 여명을 보게 됐다.
우리가 갇혀 있던 어둠 속에서
마침내 독수리가 나와 사바퀴를 쫓는다! (…)
오! 우리는 존엄한 시대에 살고 있으니
새 시대가 탄생했기 때문이다!
죽음은 아무것도 아니다!

알렉상드르 기늘레는 「찰스 A. 린드버그에 바치는 찬가」에 "죽음은 아무것도 아니다!"라고 썼다.[36] 5월 28일 토요일 『피가로』는 문예란 별지에 피에르 드 레니에르, 모리스 르벨랑, 앙드레 다비드의 시 세 편을 실었다. 르벨랑은 린드버그를 "거인족 인간"이라 불렀고, 다비드는 "창공의 시인 (…) 새 신화의 창조자"라고 불렀다. 『정치 문학 논단 Journal des débats politiques et littéraires』에서 마르셀 베르제는 린드버그의 위업은 "그 자체로 아름답기에" "하나의 예술작품"이라고 불렀다.[37] 파리에 살던 독일 시인 이반 골은 5월 25일자 『베를리너 타게블라트』에 환희에 찬 찬가를 발표했다. 린드버그에게 있어 결정적 핵심은 그의 목표가 "그 자신한테" 있었다는 것이다. 목적지인 파리는 그의 마음속에, 칸트 한 줄 읽어본 적도 없고 그 상상력이 이집트의 유적 안에 갇히거나 대학가의 쓸쓸한 회랑에서 질식된 적 없는 행복한 젊은이의 마음속에 있었다. 이 모든 감상과 반응에 담긴 테마는 폐허가 된 문명의 한복판에서 상상력의 부활이라는 테마―"젊은 너의 금빛 미소는 루스벨트 비행장의 탐조등처럼 우릴 눈부시게 한다."― 그러니까 개인의 의지와 정신의 부활이라는 테마였다. 오로지 그것만이 유럽을 비관주의와 침체의 늪에서 건져올리리라. 그러나 전반적인 어조는 희망보다는 애석함의 어조였다. 개인주의는 그 사회적 차원을 잃어버렸다. 진실은 더 이상 사회적 현실이 아니라 개인적 상상력, 디오니소스적 에너지와 의지에서만 찾을 수 있었다. 린드버그에게 쏟아진 찬사는 사회적 개인주의의 지나가버린 옛 시대에 대한 찬사인 동시에, 비록 무의식적일지라도 현대세계에서 개인은 혼자라는, 발 디딜 곳도, 심지어 새끼 고양이가 주는 감상적인 위안조차 없이 영속적으로 비행하고 있다는 인식이었다.

인간은 구속에서 풀려나왔다. 자유는 더 이상 도덕적으로 옳고 윤리적으로 책임 있는 일을 자유롭게 할 수 있다는 문제가 아니었다. 자유는 개인적인 문제, 무엇보다 자기 자신에 대한 책임감의 문제가 됐다. 전쟁 전의 현대적 충동에는 사회개량론이라는 부르주아 종교에서 유래한 강한 낙관주의가 얼마간 담겨 있었다. 그 낙관주의는 1920년대가 되자 완전히 사라지진 않았지만, 이제는 자신감에 찬 예측이라기보다는 소망에 가까웠다. 그것은 전전 아방가르드가 그렇게 경멸했던 단순한 불모지가 아니라 파괴와 폐허의 풍경이었다.

신세계와 구세계

린드버그의 일화는 긍정적 충동을 간직한 전쟁 이전 형태의 모더니즘이 미국으로 옮겨갔음을 보여준다. 유럽도 이를 인식했다. 린드버그는 "젊은 아메리카의 뛰어난 용기와 대담성"의 상징으로, 미국은 거침없는 에너지의 표상으로 끊임없이 언급됐다. 그 에너지—할리우드 대서사극이든, 슬랩스틱 코미디든, 래그타임이나 재즈, 아니면 찰스턴이든, 담배를 피워대며 진을 퍼마시는 둥근 단발머리 말괄량이들이든, 조세핀 베이커 같은 이국적인 관능, 어니스트 헤밍웨이와 F. 스콧 피츠제럴드 같은 파리에서 자유분방하게 살아가는 문학계 인사든 간에, 미국이 수출하는 문화적 생산물과 형식 그리고 사람들로부터 그토록 명백하게 드러나는—다시 말해, 그 가차 없고 막무가내인 에너지는 피할 수 없었다. 그것은 요란하고 건방졌다. 모더니스트들은 거기에 매혹됐다.

  모리스 라벨은 「어린이와 마술」에 짓궂은 폭스트롯 리듬을 도입했다. 프랑시스 풀랑크는 「흑인 랩소디」를 작곡했다. 조르주 오리크와 이고르 스트라빈스키는 둘 다 「래그타임」이란 제목의 작품을 작곡했다. 사교춤의 일종인 '원스텝'과 '투스텝'이 폴리 베르제르* 무대에 등장했다. 런던 메이페어에서는 1920년대의 '매력적인 젊은 것들'이 미국식 억양을 따라 했고, 린드버그의 런던 방문의 영향으로 이곳저곳을 '잠시 들렀다 가는flying visit' 것이 그들 생활 양식의 일부가 됐다. 프랑스적 감수성이 보통은 질색하는 미국식 프랑스어 억양인, 조세핀 베이커의 단조롭고 느린 프랑스어 발음은 갑자기 파리에서 열풍을 불러일으켰다. 낸시 커너드가 파리에서 즐겨 찾는 나이트클럽은 미시시피강 증기선과 '검둥이들'의 벽화가 그려진 플랑타시옹이었다.

  번쩍거리는 아메리칸드림은 유럽의 노동계급도 사로잡았고, 그들은 가난뱅이가 부자가 되는 모든 이야기 속에서 자기 삶의 해피엔딩을 봤다. 미국은 정신적 가치가 결여된 천박한 물질주의를 대변할 뿐이라고 주장하는 비판가들에게 미국의 옹호자들은 그런 시각이야말로 미국의 전체적 요점을 놓치는 피상적 평가라고 응수했다. 미국이 의미하는 바는 무엇보다 정신적이라고 페르낭 레제르는 말했다. 그에게 월가는 "언제나 행동하며 결코 뒤돌아보는 법이 없는 대담무쌍한 미국"의 상징이었다. 그는 뉴욕과 모스크바야말로 현대적 활동의 중

---

* 조세핀 베이커의 활동 무대로도 유명한 카바레 뮤직홀이다.

심지라고 말한다. 파리는 관찰자에 불과하게 됐다.[38]

또 다른 프랑스인 뤼시앵 로미에에 따르면 미국은 젊음, 활력, 모험, 넓은 아량을 상징했다. 1927년에 그는 이렇게 주장했다.

> 오늘날 미국은 시민들이 자신이 속한 사회에 대한 사랑을 끊임없이 공개적으로 표현하고, 그 사회의 개선을 위해 열성적으로 함께 노력하고, 사회적 문제들로 뼛속까지 염세적으로 바뀐 세계에서 사회적 문제들에 관해 낙관주의자임을 자처하는 유일한 나라인 듯하다.

로미에는 미국은 국민의 "프롤레타리아화를 성공적으로 저지했다"며 말을 잇는다. "미국의 민주주의는 그 도덕주의로 대중을 한 단계 끌어올렸지만, 유럽의 민주주의 국가들은 국민을 과도한 지성주의로 물들였다." 그리고 다른 많은 이와 마찬가지로 로미에는 미국 가정에서 여성의 우월한 지위에 주목했다. 그는 남성에 대한 두려움의 부재, 가부장제에 대한 거부는 대단히 현대적이고 해방적인 요소라고 주장했다.[39]

런던 출신의 소설가이며 화가인 C. R. W. 네빈슨의 아버지인 헨리 W. 네빈슨에게는 미국의 번쩍이는 화려함과 물질주의조차 상상력과 깊은 우진력을 의미했다. 뉴욕을 떠날 때 그는 이렇게 썼다.

> 천국을 쌓아올린 사무실들이여 안녕. 너무도 깨끗하고 너무도 따뜻한 그곳, 실크 스타킹을 신고 파우더를 바른 사랑스러운 속기사들이 여유롭게 앉아 일하거나 매력적이고 느긋한 태도로 대화를 나누는 그곳! (…) 나는

인류의 비천한 은신처, 초라하고 다 낡아 쓰러져가는 거리가 단조롭게 수 마일씩 뻗어 있는 낡아빠진 도시로, 먼지 가득한 안개가 담요보다 더 찰싹 들러붙은 도시로, 실크 스타킹이나 파우더에 대해 아는 게 거의 없고 매력적이고 느긋한 태도와 여유로움은 더더욱 알 리 없는 타이피스트들의 도시로 돌아간다. (…) 중앙난방과 라디에이터여, 안녕! 너희는 너희가 따뜻하게 덮혀주는 그 가슴들에 꼭 어울리는 상징이구나! 사람들이 자주 찾는 잘 설비된 욕실들이여 안녕! 너희야말로 배관공 예술의 영광스러운 증거! (…) 길게 늘어선 자동차들—'리무진'이나 '싸구려 소형차들'이여 안녕! (…) 미국이여 안녕! 나는 집으로 돌아간다네.[40]

미국의 패기만만에 경멸의 눈길을 보내든 아니면 찬사를 보내든, 많은 사람은 인류의 미래가 아메리카 대륙에 있다는 데 동의했다. 영국 작가 메리 보든은 이렇게 말했다.

인류의 미래에 관심이 있는 사람은 모두 미국인을 주시해야 한다. 미래의 무대는 미국의 하늘을 배경으로 들어서고 있고, 미래의 약도는 그 대륙 위에 펼쳐지고 있으며, 그곳의 목소리는 열심히 문을 두드리면서 앞으로 지상에 나타날 것들에 대한 소식을 소리 높여 외치고 있다.[41]

그런데도 일부 모더니스트는 이러한 전망에 갈팡질팡했다. 이반 골은 린드버그를 칭송했지만, 미국이 유럽에 만병통치약을 정말로 제공해줄 수 있을지 영 확신이 서지 않았다. 그는 "확실히 유럽은 노환과 '유로균eurocoque'으로 죽어가고 있다. 그러나 너희의 알약 화합물 '아메리코온Americoon'에는 탄산수소나트륨밖에 없다"⁴² 고 미국인들에게 말했다. 댜길레프도 유사한 양가적 태도를 보였다. 1926년에 그는 "미국은 미래 예술 분야에서 할 말이 많을 것"이라고 인정했다.

미국의 영향력은 회화와 연극, 음악 등 곳곳에서 감지된다. 프랑스 작곡가들은 재즈의 언어를 도입했고, 미국은 발레처럼 오래되고 보수적인 제도에도 발언권을 갖게 됐다.⁴³

다른 한편 그는 미국의 천박함에 매우 거슬려했다. 1926년 8월, 베네치아에서 댜길레프는 심사가 단단히 꼬인 상태였다.

우리는 소음 때문에 도저히 살 수가 없어서 엑셀시오르 호텔 대신 드 뱅 호텔에 머물렀다. 베네치아 전체가 콜 포터*의 재즈와 그가 데려온 흑인들에 맞서 들고일어났다. 그는 살루테** 맞은편에 정박한 보트 위에 멍청하기 짝이 없는 나이트클럽을 열었고, 이제 대운하는 우리를 런던과 파리에서 도망쳐 나오게 만든 바로 그 흑인들로 바글바글하다. 그들은 리도 해변에서 '찰스턴'을 가르치고 있다! 끔찍하다. 곤돌라 사공들은 이곳을 찾은 미국 노부인들을 모조리 학살하겠다고 위협하고 있다.⁴⁴

전통주의자들은 눈살을 찌푸리고 한숨을 내쉬며, 유럽의 '미국화'에 불평을 쏟아냈다. 미국은 그곳의 영화映畵처럼 번득이는 에너지만

---

* 1930~1940년대에 미국 브로드웨이 뮤지컬 대표작을 다수 작곡한 작곡가.
** 베네치아에 있는 바실리카 성당 '산타 마리아 델라 살루테'의 준말.

있고 내용은 없다는 소리다. 그들은 미국이 여러 측면에서 하나의 거대한 모순이라고 말했다. 미국인들의 맹목적인 애국심에 대해서는 그곳의 물리적 분열상을, 뉴욕의 건축적 위용에 대해서는 그 도시의 믿기 힘든 더러움을, 미국의 청교도주의와 얌전떨기에 대해서는 그곳의 범죄성과 외설적인 성性을, 미국식 이상들의 인도주의에 반해서는 그곳의 인종주의와 린치 관행을, 종교적 경건성에 반해서는 성경을 내리치며 호통치는 복음주의자들의 소극을 대비시켜야 한다. 영국인과 프랑스인들이 전쟁 기간에 독일인들에게 적용한 형용사와 비유적 표현들은 이제 미국인들에게 돌아갔다. 마거릿 홀지는 많은 영국인의 눈에 미국인들은 "유인원과 막상막하로 비쳤다"[45]고 썼다.

많은 이가 유럽, 특히 그곳 젊은이들이 미국의 가장 나쁜 측면만 받아들이고 있다고 생각했다. 1927년 6월, 영국의 전국 청소년단체 연합이 개최한 회의에서 연사들은 하나같이 미국의 영향을 개탄했다. 한 사람은 "미국의 북새통이 여기로 건너왔다"고 말했다.

멋진 볼거리와 흥분, 변화를 바라는 거대한 욕망이 우리 청소년들에게로 건너왔다. 이제 클럽 바깥의 영화관, 댄스홀, 뮤직홀, 여자들이 제공하는 즐거움보다 어떻게 하면 우리 단체 내부에서 더 큰 즐거움을 제공하여 청소년들을 끌어들일 수 있을지가 큰 고민거리다.

여기에 대해 그는 신체적 여가활동과 음악, 문학, 미술 공부를 권장했다! 게다가 청소년 단체들이 최신 미국 춤을 금지할 것을 촉구하기까지 했다. 그는 물론 청소년들도 춤을 춰야 하지만, 요즘 "엘리펀트

앤드 캐슬 지구*에서" 따르는 방식이 아니라 "파크레인** 방식"에 따라서 취야 한다고[46] 아주 진지하게 말했다.

그런데도 미국에 대한 매혹은 줄지 않고 오히려 점점 커졌으며, 스스로에 대한 의심을 떨치지 못한 채 전쟁으로 찢기고 취약해진 유럽에 대한 미국의 영향력은 부정할 수 없었다. 한 프랑스인은 "우리가 식민화되고 있다는 인상을 받는다"[47]고 말했다.

미국화에 대해서 어디서나 자연스럽게 회의주의가 고개를 들었지만, 결국 미국화에 대한 저항이 가장 적은 곳은 독일이었다. 그곳은 스스로에 대한 회의가 가장 심각했고, 미국은 이러한 자신감의 상실을 비유적으로 혹은 문자 그대로 이용했다. 미국의 에너지는 미국의 사적, 공적 자금만큼 환영받았다. 1923년이 되자 독일 경제는 어느 사회도 경험한 적 없는 인플레이션의 악순환에 휘청거리고 있었다. 그해 여름이 되자 독일 마르크화는 완전히 휴짓조각이 됐다. 1924년 도스 차관借款***의 예를 따라 미국 투자자들은 독일 경제에 침투했다. 그와 동시에 미국의 거대 영화사들은 독일로 손을 뻗어 독일 영화사와 극장들을 인수하고 독일 시장을 겨냥한 작품들을 그곳에서 제작함으로써 유럽 어느 곳보다 독일에서 가장 큰 영향력을 행사했다. 헤밍웨이 같은 작가들은 본국을 제외하면 독일에서 가장 큰 성공을 서뒀나.[40] 아마도 1920년대에 독일인들이 따르지 않은 유일한 미

---

* 런던 중심부에 자리한 교차로와 일대의 번화가.
** 런던의 고급 주택가.
*** 독일 경제를 재건하고 전승국에 배상금을 지불할 수 있도록 미국 투자은행 협력단이 독일에 제공한 차관.

국의 실험은 금주법일 것이다. 헤르만 헤세는 "오늘날 독일은 미국의 일종이다. 그런 상황에 빠져 죽지 않으려면 열심히 발을 놀리고 헤엄쳐야 한다. 그렇게 할 수 있는 사람은 문제없다"[49]라고 썼다. 1927년이 되자 많은 독일인은 종종 주저하고 양심의 가책을 느끼면서도, 프랑스와 영국보다는 미국을 더 가깝게 느낀다고 공언했다. 토마스 만은 헤세처럼 이것이 좋은 일인지 확신이 서지 않았지만, 어쨌거나 그것이 독일인의 삶의 단면이라고 느꼈다. 그러나 만은 독일 문화의 기념비조차 미국화를 겪는 것 같다며 반발했다. "오늘날 바이로이트 축제가 독일 정신과 그 미래의 관심사라기보다 샌프란시스코 출신 신사의 관심사라는 것은 확실히 알고 있다."[50]

연상들

5월 26일 린드버그가 파리에서 머물던 목요일 저녁, 그를 위한 성대한 환영회가 하고많은 곳 가운데 다름 아닌 몽테뉴가 샹젤리제 극장에서 열렸다. 우리가 기억하듯이 한 비평가가 체펠린 양식에 따라 지어졌다고 비꼰 그 극장에 린드버그가 도착하자마자, 제1차 세계대전 때 프랑스군에서 좀더 성공을 거둔 장군들 가운데 한 명이자 이제는 공군 복지 기금의 의장을 맡은 프랑셰 데스프레 장군이 그를 반갑게 맞이했다. 환영회의 청중은 프랑스군의 전현직 우수 조종사들이었고, 환영회의 일정은 린드버그와 하늘의 정복 전반을 축하하는 연설과 인사말로 짜여 있었다. 이 행사에서 현대의 영웅, 전쟁, 현대적 미학은 상징적으로 융합됐다.

이튿날인 5월 27일 금요일 저녁, 댜길레프가 새 파리 공연 시즌을 시작했다. 개막 공연은 발레단 창단 20주년을 기념하는 자리이기도 했다. 그러나 공연장은 샹젤리제 극장이 아니라 샤틀레에 있는 사라 베르나르 극장이었다. 6월 9일까지 열 차례의 공연 일정이 잡혀 있었다. 개막 공연 프로그램은 세 작품으로 구성됐다. 첫 무대는 제럴드 버너스가 음악을 맡고 새셰버럴 시트웰이 대본을 썼으며 댜길레프가 가장 근래에 발굴한 신예 조지 발란신이 안무를 맡아서, 지난해 12월 런던에서 성공적으로 초연된 '영국' 발레 「넵튠의 승리The Triumph of Neptune」였다. 다음 작품은 앙리 소게가 음악을 맡고 나움 가보가 무대 디자인을 맡았으며, 특별히 올가 스페시프체바를 위해 역시 발란신이 안무를 한 「고양이La Chatte」라는 신작이었다. 마지막 작품은 스트라빈스키가 직접 지휘를 하고 러시아 미래파 곤차로바와 라료노프가 무대와 의상을 맡았으며 포킨이 안무한, 재공연 작품 「불새Oiseau de feu」였다.

창단 20주년을 기념하는 개막 공연이었음에도 파리 언론은 새 시즌에 별로 관심을 보이지 않았고 리뷰도 거의 없었다. 린드버그가 모두의 관심을 독차지했다. '불새'의 현현인 그가 샹젤리제 극장에서 조종사 청중으로부터 숙하 세례를 받는다는 사실은 세상이 어떻게 바뀌었는지를 보여주는 분명한 표시였다. 러시아 발레는 한물갔다. 이제 미국이 새로운 유행이 됐다. 린드버그는 조세핀 베이커와 라 레뷔 네그레가 몇 달 전에 정복한 무대 위에 서 있었다(린드버그가 착륙했을 때, 여전히 파리 밤 생활의 총아였던 마드무아젤 바케르는 폴리 베르제르에서 잠시 공연을 중단하고 동포 미국인의 도착을 알렸다). 그런데 1913년 「봄의 제전」 초연에는 그렇게 신랄한 독설을 퍼부었던 『피가로』가 적절하게도 1927년 개막 공연에 대한 리뷰를 실었다. P. B. 게우시는 댜길레프에 대해서 이렇게 썼다.

이 러시아 창작자는 오랫동안 현대 무용 예술의 앙투안*이었다. 그의 조용한 끈기, 극장이라는 사악한 악마가 그에게 결코 싸게 팔아넘기지 않은 성공에 대한 그의 신비로운 믿음, 슬라브족의 광신보다 훨씬 더 개인적인, 예술에 대한 그의 미소 짓는 광신―이 모든 것이 새로운 사상의 조류를 가져왔고 그것은 이제 전문가 세계만이 아니라 공중에게도 받아들여지고 있다.

스트라빈스키 역시 게우시에 의해 한껏 치켜세워졌다.[51] 1913년 이래로 파리와 서구세계는 얼마나 많이 변했는가!
  5월 말에 파블로바는 스톡홀름에서 순회공연 중이었다. 샬랴핀은 빈에 있었다. 비평가들은 그들을 거의 주목하지 않았다. 관심을 보인 비평가들은 친절했다. 한 사람은 샬랴핀의 목소리가 초창기보다 작아졌다고 말했지만 예술성은 커졌다고 말했다.[52]
  그럼 니진스키는? 그는 어떻게 됐나? 정신병원에 수용되기 전인 1919년 초에 그는 생 모리츠에서 마지막 독무대를 가졌다. 그는 소규모 비공개 관객 앞에서 전쟁을 춤으로 포착하는 것을 시도했다. 그는

---

* 유혹을 이긴 독실한 믿음으로 유명한 초기 기독교 성인이다.

관객에게 "이제 여러분에게 전쟁을 춤춰 보이겠습니다. 그 고통과 파괴, 죽음을 보여드리겠습니다"[53]라고 알렸다. 니체가 완전한 광기의 어둠 속에 빠져들기 전 내뱉은 마지막 발언들에서 그랬던 것처럼, 니진스키는 그 시절 일기에서 자신을 신과 동일시하고 있었다.

1928년 12월 크리스마스가 지난 며칠 뒤, 하리 케슬러는 파리 오페라 극장에서 댜길레프 발레단의 공연을 관람했다.

공연이 끝난 뒤 내가 무대 뒤 복도에서 댜길레프를 기다리고 있는데 그가 해진 코트를 입은 작고 수척한 젊은이와 함께 내게로 다가왔다. 댜길레프는 내게 "누군지 모르겠어?"라고 물었다. "아니, 정말 모르겠는데." "니진스키잖아!" 니진스키! 나는 깜짝 놀라 할 말을 잃었다. 신의 얼굴처럼 그렇게 찬란히 빛나던 얼굴, 수천 명에게 결코 잊을 수 없는 경험을 안겨준 그 얼굴은 이제 살이 축 처지고 칙칙해 보였다. 깜빡이는 불빛이 잠시 환해질 때처럼 무표정한 미소가 멍한 얼굴에 이따금 스쳐 지나갔지만, 그의 입에서는 한마디 말도 흘러나오지 않았다. 3층 계단을 내려가려는데 댜길레프가 그의 한쪽 어깨를 부축하고 내게도 다른 쪽 어깨를 부축해달라고 부탁했다. 예전에는 지붕 꼭대기도 건너뛸 수 있을 것처럼 보이던 사람이 이제는 불안한 듯, 한 발짝씩 조심스럽게 걸음을 떼고 있었다. 나는 그를 붙들고 그의 가는 손가락을 꼭 쥔 다음, 친근한 말로 기운을 북돋아주려 했다. 그러나 내 말을 알아듣지 못한 듯 그가 그 커다란 눈으로 나를 바라보자 나는 아픈 동물이 연상되면서 가슴이 저렸다.[54]

그리고 봄은 어떻게 됐을까? 1913년, 「봄의 제전」 초연 직전에 이사도라 덩컨의 자녀들이 죽었다. 아이들을 태운 채 잠시 세워둔 차가 센강으로 굴러 들어가버린 것이었다. 이제 1927년 니스에서 '거룩한 이사도라'는 앙글레즈 산책로를 따라 드라이브를 하려고 부가티 스포츠카에 올랐다. 최신 유행의 긴 스카프가 그녀의 등 뒤로 흘러내렸다. 스카프가 자동차 바퀴에 걸렸다. 그녀는 목이 부러져 즉사했다.

T. S. 엘리엇은 봄의 문제에 대해 답을 가지고 있었다. 그는 조세핀 베이커처럼 세인트루이스에서 왔다. 그리고 린드버그는 스피릿 오브 세인트루이스를 타고 날았다. 그들은 모두 유럽으로 왔다.

4월은 가장 잔인한 달, 라일락꽃을
죽은 땅에서 피우며, 추억과
소망을 뒤섞고, 봄비로
활기 없는 뿌리를 일깨운다.[55]

제 9 장
기억

전쟁을 아는 우리는 결코 전쟁을 잊어서는 안 된다. 내가 서재 방문에 어느 병사의 시신 사진을 붙여놓은 것은 전쟁을 잊지 않기 위해서다.
—해리 크로스비

이제는 우리가 잿빛 죽음의 땅에 푸른 새 생명을 가져오는 봄이 되자. 그리고 정의를 위해 우리가 흘린 피로써, 공포로 가득한 불면의 밤 뒤에 마침내 아름다운 새날을 가져오자.
—조제 제르맹(1923)

「봄의 제전」의 화음을 칭찬할 수 있으리라고 17년 전에 대체 누가 짐작이나 했을까? 하지만 이제는 그렇다. 사람들은 더 이상 작품의 뻔뻔한 태도를 생각하지 않고 오로지 그 완벽성에 감탄할 뿐이다.
—앙드레 루소, 1930년 2월

전쟁 붐

에리히 마리아 레마르크의 『서부전선 이상 없다』는 울슈타인 출판사에 의해 1929년 1월 말 베를린에서 처음 출간됐다. 스무 달 뒤, 1930년 10월에 파리의 『신문학Nouvelles littéraires』은 레마르크를 "오늘날의 세계에서 가장 많은 독자를 거느린 작가"[1]라고 부르게 된다.

독일 출판 역사상 그 어느 때보다 대대적인 광고와 함께 책이 처음 출간됐을 때, 출판사는 이미 1만 부 예약 주문을 받아놓은 상태였다. 몇 주 동안 독일 광고판은 매주 다른 광고 문안의 포스터로 도배됐다. 첫 주의 문안은 '출간 박두', 둘째 주는 '위대한 전쟁 소설', 셋째 주는 '서부전선 이상 없다', 넷째 주는 '에리히 마리아 레마르크 작作'이었다. 당시 이 소설은 울슈타인 출판사의 가장 이름난 신문 『포시셰 차이퉁』에 종전 10주년 기념일 하루 전날인 11월 10일부터 12월 9일까지 연재됐다. 신문의 판매 부수는 일부가 주장하는 바와 달리 극적으로 치솟진 않았지만, 실제로 살짝 증가하기는 했고 날마다 나오는 신문은 보통 다 매진됐다.

그러나 책이 출간된 후, 판매가 급증하기 시작했다. 5주 만에 20만 부가 팔렸다. 하루 동안 2만 부 판매는 보통이었다. 5월 초가 되자 독일에서 64만 부가 팔렸다. 영어와 프랑스어 번역본이 황급히 준비됐다. 영국판은 3월, 미국판은 5월 말에 나왔고 프랑스판은 6월에 나왔다. 미국의 우편 주문 도서 판매 회사인 '이달의 책 클럽the Book-of-the-Month Club'은 6월의 책으로 이 작품을 선정하고 10만 명의 가입자를 위해 6만 부를 주문했다. 그와 유사한 영국의 '북 소사이어티the Book Society'는 가입자들에게 그 소설을 '추천했다'. 그해 말이 되자, 책은 독일에서 100만 부 가까이 팔려나갔고 영국과 프랑스, 미국까지 합쳐서 또 100만 부가 팔려나갔다. 독일에서 울슈타인 출판사는 인쇄소 여섯 곳과 제본소 열 곳을 이용해 그 수요에 부응하려 애쓰고 있었다. 영국에서 배로 공립 도서관은 회원들에게 『서부전선 이상 없다』가 앞으로 2년간 예약이 돼 있다고 밝혔다. 그해 안으로 작품은 중국어와 에스페란토어를 비롯해 대략 20개 국어로 번역됐고, 울슈타인 출판사는 기막힌 홍보 노력의 일환으로 독일어 브라이유 점자판까지 준비해서 전쟁에서 시력을 잃은 상이군인이 요청만 하면 책을 무료로 보내줬다.[2]

거의 하룻밤 사이에 레마르크의 소설은, 어느 평자가 말한 대로 "전후 도서 판매의 경이"가 됐다. 그것은 실상을 한참 약하게 표현한 것이다. 레마르크의 성공은 출판 역사를 통틀어 전례가 없는 일이었다. 1920년대 내내 어려움을 겪었지만 1928~1929년에 전반적인 경기 하락으로 더 심각한 곤경에 빠져 있던 영국과 독일의 출판 시장은 감사해 마지않았다. 베를린의 서적 판매상들은 "레마르크는 우리의 일용할 양식이다"[3]라고 우스갯소리를 했다.

레마르크의 엄청난 성공은 전쟁물과 전쟁을 다룬 여타 서적의 홍수를 초래하며, 1929~1930년의 '전쟁 붐'으로 알려진 현상을 불러왔다. 전쟁 소설과 전쟁 회상록이 갑자기 출판사의 출판 목록을 도배했다. 그 가운데서도 로버트 그레이브스, 에드먼드 블런던, 시그프리드 서순, 루트비히 렌, 아르놀트 츠바이크, 어니스트 헤밍웨이는 친숙한 이름이 됐다. 그들은 대중 연사와 라디오 연사로 여기저기서 요청이 들어와 넘쳐나는 초청을 감당할 수 없을 지경이었다. 전쟁에 대한 갑작스러운 대중의 관심은 전쟁은 팔리지 않을 줄 알았던 신중한 출판업자들이 전에는 거부한, 먼지 쌓인 원고들도 이제는 앞다퉈 출판된다는 것을 뜻했다. 또 새로운 원고들도 재빨리 의뢰를 받아 쓰였다.

번역가들도 잘나갔다. 무대는 전쟁 드라마를 위한 자리를 쉽게 마련해줬고, 로런스 올리비에가 런던 장기 공연 후반부에서 주역을 맡았던 R. C. 셰리프의 「여로의 끝Journey's End」은 국제적인 대성공을 거뒀다. 1929년 11월이 되자 작품은 12개국에서 공연되고 있었다. 전쟁 소재를 다루는 데 출판사만큼 주저하지 않았던 영화계—할리우드는 1926년에 「영광의 대가What Price Glory?」「열병식Big Parade」「날개들Wings」과 같은 영화로 작은 유행을 시작했다—는 이제 다수의 전쟁 영화로 대열에 합류했다. 화랑들은 전쟁 회화와 사진들을 전시했다. 신문과 간행물들은 과거와 미래의 전쟁에 대한 논의에 많은 지면을 할애했다. 일부에게는 전쟁에 대한 의도적 침묵이라고 느껴져왔던 사회적 침묵이 일단 깨지자 분위기는 걷잡을 수 없이 번져나갔다.

무엇이 1920년대 말에 전쟁에 대한 갑작스러운 관심을 부활시켰을까? 그리고 전쟁 붐은 무엇을 드러내는가? 여기서 레마르크가 왜 그 소설을 쓰게 됐는지 동기를 들여다보면 약간의 단서를 얻을 수 있을 듯하다.

죽음의 삶

『서부전선 이상 없다』가 출판될 때까지 에리히 마리아 레마르크는 딜레탕트 지식인이자 작가 지망생으로서 불안정하기는 하나 그럭저럭 성공적인 삶을 살아왔다. 그는 1898년 6월 22일, 오스나브뤼크에서 가톨릭교도 제본업자 아버지 페터 프란츠 레마르크와 어머니 안나 마리아 사이에서 태어났다. 에리히 파울이란 이름으로 세례를 받았던 그는 전쟁 후에 파울이란 이름을 빼고—『서부전선 이상 없다』에서 주인공의 이름은 파울이며, 전쟁 막판에 죽는다—대신 어머니의 이름을 넣은 다음 성을 프랑스식으로 바꿔 필명으로 삼았다. 레마르크의 어린 시절은 행복하지 않았다. 그는 자신을 둘러싼 하층 중간계급의 환경에 암울해했던 것 같다. 나중에 그는 청소년기에 괴테의 감수성 예민하고 까칠한 베르터의 고뇌에 깊이 감동을 받았다고 말했다. 그는 낭만주의자를 자처했고 종종 자살도 고민했다. 이런 존재론적 회의의 분위기는 영영 그를 떠나지 않게 된다. 그것은 그의 작품 전체에 스며들어 있다. 그는 분명히 인정받기를 갈망했지만, 뭇 사람 앞에서는 은둔자의 태도를 취했다. 훗날 그는 찰리 채플린의 전前 부인이자 유명 영화배우 폴레트 고다드와 결혼하고, 각종 성공의 부산물에 둘러싸인 채 뉴욕에서 호화롭게 살게 된다. 그러나 줄담배를 피워대고 과음을 하며, 빠른 차와 고속 모터보트, 도피에 집착하는 몹시 불행한—적어도 그렇게 비치는—사람으로 남게 된다.

레마르크의 계급적 배경은 그런 인상을 더욱 부각시킨다. 그는 기술적·사회적 변화에 가장 큰 영향을 받은 사회 집단의 산물이었다. 젊은 시절 강렬한 정신적 불안에 시달렸던 존 미들턴 머리는 그러한 불안이 자신의 사회적 배경에서 기인한 것이라 의심하며, 도시 하층 중간계급을 "현대사회에서 가장 철저하게 박탈당한 사람들"[4]이라고 불렀다. 도시 하층 중간계급은 전쟁과 특히 1920년대의 경제적 불안정이 가장 맹렬하게 공격한 계층이었다.

레마르크의 전쟁 경험은 적잖은 수수께끼에 싸여 있다. 1914년 8월 전쟁이 났을 때 열여섯 살이었던 그는 2년 뒤인 1916년 11월에 사범학교를 다니던 중 징집됐고, 1917년 6월 플랑드르에서 처음으로 최전선의 전투를 경험했다. 그는 전선에 있을 때 다친 적이 있는데 자신의 증언에 따르면 그런 일은 너덧 차례였고, 다른 증거에 따르면 딱 한 차례만 심각한 부상을 당했다고 한다. 독일 군부장관 그뢰너 장군은 1930년 12월 내각의 동료들에게 레마르크가 1917년 7월 31일에 왼쪽 무릎과 겨드랑이에 부상을 당했으며, 1917년 8월부터 1918년 10월 31일까지 뒤스부르크의 한 병원에 입원해 있었다고 밝히게 된다. 장관은 레마르크가 진급되거나 훈장을 받았다는 이야기는 거짓이라고 일축했다.[5]

레마르크의 군 시절에 대해서는 알려진 것이 거의 없다. 훗날 그는 일약 국제적 명성을 얻은 뒤로 전시에 자신의 경력에 대한 정확한 정보는 고사하고 인터뷰 자체를 꺼리게 된다. 그는 자신의 초창기 시절에 관해 떠도는 악의적인 소문에 도통 반박하려 하지 않았고, 그에 대한 비판가 다수는 그가 언론의 주목을 혐오하는 것을 수상쩍게 여겼다. 1929년과 1930년에 레마르크의 '본모습'을 폭로하려는 시도, 특히 그가 많은 전투를 경험한 군인이었다는 울슈타인 출판사의 주장이 틀렸음을 입증하려는 시도가 오랫동안 이어졌다. 페터 크로프라는 남자는 자신이 전쟁 기간에 레마르크와 같은 병원에서 지냈고, 『서부전선 이상 없다』에서 알베르트 크로프 캐릭터는 자신을 모델로 한 것이라고 주장했다. 크로프는 레마르크가 입원하게 된 원인인 다리 부상은 스스로 낸 것이었으며, 일단 부상이 낫자 레마르크는 병원 사무원이 됐다고 주장했다. 나중에 크로프는 레마르크가 전방 병사의 행동을 대변할 아무런 자격이 없다고 주장했다.[6] 레마르크를 비판하고 적대시하는 사람들의 주장 다수가 악의적이고 시기심과 기회주의, 정치적 의도에서 나오긴 했지만, 레마르크의 전쟁 경험이 그의 성공적인 소설과 특히 소설을 둘러싼 홍보 시도들이 암시하는 것만큼 광범위하지 않다는 의심에는 근거가 있는 것으로 보인다.

전쟁이 끝난 뒤, 레마르크는 오스나브뤼크 가톨릭 사범학교로 돌아와 잠시 나니나가 1919년 초에 마을 학교의 교사가 됐다. 그러나 곧 교사를 때려치운 뒤 프리랜서 기자가 됐고 경제적 필요 때문에 잡다한 일을 떠맡았다. 그는 차와 보트, 칵테일 만드는 법에 관한 기사를 썼고 한동안은 빤한 광고 문안을 써내면서 하노버의 한 타이어 회사에서 일하기도 했다. 그러다가 결국, 베를린의 우익 출판 기업 셰를

이 소유한 잡지의 사진 담당 편집자가 됐다. 번들번들한 광택지에 사진이 많이 실린 상류사회 잡지 『스포르트 임 빌트』는 오해를 불러일으키는 제목과 달리, 독일판 『태틀러Tatler』*였다. 그동안 내내 그는 소설과 시, 희곡 작업을 하며 진지한 글쓰기를 시도했다. 그중 소설 두 편 『꿈이 머무는 곳Die Traumbunde』과 『지평선 역Station am horizont』이 1920년과 1928년에 각각 출간됐지만, 그는 거기서 별반 만족을 얻지 못했던 것 같다. 첫 작품은 진부한 감상주의로 싸구려 삼류 소설에 머물렀다. 『꿈이 머무는 곳』에 대해 레마르크는 나중에 이렇게 말했다.

> 정말 끔찍한 책이다. 책이 나오고 2년 뒤에 나는 그 책을 싹 사들이고 싶었지만 안타깝게도 그럴 만한 돈이 없었다. 나중에 울슈타인 출판사가 나를 위해 책을 모조리 사줬다. 이후에 내가 그보다 더 나은 것을 써내지 않았다면 그 책이야말로 자살할 좋은 이유가 됐을 것이다.[7]

1921년에 그는 슈테판 츠바이크에게 논평을 부탁하며 여러 편의 시를 보냈는데, 동봉한 편지에는 자포자기에 가까운 심경이 드러나 있다. "저한테는 생사가 걸린 문제라는 걸 기억해주십시오!" 그는 희곡을 쓰려는 시도가 여의치 않아 크게 의기소침해 있었다.[8]

여기서 죽음 모티프는 두드러진다. 청소년기에 자살을 고민했다면, 성인기에 그는 자살하겠다고 위협했다. 죽음의 모티프와 거기서 파

---

* 1901년에 창간된 주간지로 주로 상류사회의 생활 양식과 패션, 사건, 사고를 다룬다.

생되는 진부한 낭만주의, 그리고 떠도는 존재 그 모두는 깊은 슬픔에 빠진 채 자신의 불만에 대한 설명을 찾는 인간을 가리킨다. 그리고 그런 설명을 탐구하는 과정에서 레마르크는 마침내 전쟁 경험kriegserleben을 찾아냈다.

전쟁이 모든 불행의 근원이라는 생각이 갑자기 떠올랐다는 사실은 그도 인정했다. 1929년의 어느 인터뷰에서 그는 자신과 친구들에 관해 이야기하면서 "우리는 모두 여전히 안식도 지향도 찾지 못한 채 때로는 들뜨고 때로는 무관심하며, 본질적으로 불행하다"고 말했다. 그러나 한순간에 떠오른 영감으로 그는 적어도 그 불만에 대한 열쇠를 찾았다. 그래, 전쟁이다!⁹

그 '발견' 이후, 그가 다양한 전쟁 경험을 탐구하는 작업에 진정으로 관심을 보이지는 않았으며, 그의 주된 목적은 단순히 전쟁 시기에 성장한 세대에게 전쟁이 미친 끔찍한 효과를 묘사하는 것이었다는 사실은, 그가 에른스트 윙거, 프란츠 샤우베커, 게오르크 폰데어 프링의 작품을 비롯한 전쟁 관련 작품에 대해 1928년 6월 『스포르트 임 빌트』에 쓴 서평에서 드러난다. 심지어 그 책들이 그의 영감의 원천이었을 가능성도 있다. 윙거의 기운 넘치고 도취적인 활력과 잔혹한 장엄함, 샤우베커의 숨 막힐 듯한 신비적인 민족주의, 폰데어 프링의 서정적 단순성은, 저마다 특징적인 전쟁 경험 해석에 대한 별다른 이해를 드러내지 않는 다소 무난한 논의 속에서 뭉뚱그려 취급된다.¹⁰ 결국 레마르크가 참호 속 인간들의 경험과 감정에 대한 포괄적이거나 심지어 정확한 묘사보다, 한 세대의 정서적 불균형을 설명해내는 데 더 관심이 있었다고 결론 내려야 한다. 레마르크가 작품에서 구사한 많은 은유와 이미지는 그가 논의한 작가들, 특히 윙거가 구사한 것과 굉장히 유사하며, 그가 이러한 원천들로부터 많은 아이디어를 차용했다는 주장은 터무니없지 않다.

1928년 7월에 레마르크는 『스포르트 임 빌트』에 당시 그의 심리 상태가 어떠했는지 짐작하는 데 도움이 되는 또 다른 기사를 실었다. 현대 사진 촬영 기법에 대한 짧고 다소 순진한 이 글에서 그는 대부분의 직업 사진가들이 현실을 부당하게 다룬다며 유감스러워한다. 사진가는 자신의 주제를 더 넓은 맥락으로부터 분리해냄으로써, 세계를 장밋빛의 깔끔한 "9×12나 10×15인치 판형"으로 탈바꿈시킴으로써 허상의 세계를 창조한다.[11] 글의 요점은 단순하고 정직하지만, 속물적인 고급 잡지의 사진 편집자에게서 나왔기에 더욱 안타까운 비애가 느껴진다. 그것은 작가가 자신의 작품과 자신을 둘러싼 환경에 얼마나 불행해하고 있었는지를 보여줬다.

'전쟁 경험'이란 테마를 찾아낸 레마르크는 1928년 중반에 집필에 착수했다. 그의 주장에 따르면, 저녁과 주말에 작업하는 형태로 6주 만에 원고를 완성하게 된다. 갑작스러운 영감, 집필 속도, 테마의 단순성 그 모두는 레마르크의 소설이 오랜 세월에 걸친 숙고와 성찰의 산물이 아니라 개인적 좌절에 기인한 충동의 산물이었음을 가리킨다. 레마르크는 『서부전선 이상 없다』의 목적을 간략하고 힘 있는 서문에서 이렇게 기술했다.

이 책은 고발도, 고백도 아니며 모험에 관한 것은 더더욱 아니다. (…) 그것은 비록 포탄은 피했을지 모르지만 그럼에도 전쟁으로 파괴당한 한 세

대의 이야기를 들려줄 것이다.[12]

그다음 소설은 교실을 떠나 참호로 간 파울 보이머와 그의 동기생들의 경험을 묘사한다. 젊은 활력과 신념으로 충만한 그들은 개인적이고 국가적인 대의로 무장한 열렬한 기사들이다. 그러나 그들은 적의 포화만이 아니라 점점 커지는 허무감에 의해 전선에서 하나씩 찢겨나간다. 전쟁은 하나의 대의에서 가차 없고 만족할 줄 모르는 몰록 Moloch*으로 탈바꿈한다. 병사들은 일상화된 살육에서 벗어날 수 없다. 그들은 저주받은 사람들이다. 그들은 비명을 지르며 죽어가지만 그들의 비명은 들리지 않는다. 그들은 체념한 채 죽지만 그들의 죽음은 헛되다. 대포 너머의 세계는 그들을 알지 못한다. 그 세계는 그들을 알 수가 없다. 파울은 "우리는 길을 잃은 것 같다"고 말한다.

죽음의 형제애, 숙명을 짊어진 자들의 동료애만 남는다. 소설 마지막에서 파울은 외로이, 하지만 묘하게도 자신의 운명에 순응한 채 죽는다. 평화는 죽음 속에서만 가능해진다. 미국 영화판의 마지막 장면은 레마르크의 작품의 분위기를 거장다운 솜씨로 되살려준다. 전쟁이 만질 수 없게 만들어버린 그것, 바로 나비를 만져보려고 파울이 참호에서 손을 뻗는 순간 저격수의 총알이 명중한다. 사람들이 비명에 죽어가는 동안, 모든 케케묵은 말—애국심, 국가적 의무, 명예, 영광, 영웅주의, 용기—은 의미를 잃는다. 외부 세계는 잔혹함, 위선, 허상으로만 이루어져 있다. 심지어 가족과의 친밀한 유대감도 단절됐

---

* 성경에서 이스라엘 사람들이 아이를 제물로 바치며 섬긴 신이다.

다. 인간은 현실 세계에 발 디딜 곳을 잃은 채 홀로 남는다.

테마의 단순성과 힘—인간을 모독하고, 전적으로 파괴적이며 매우 허무주의적인 힘으로서의 전쟁—은 기본적이고 심지어 가차 없는 표현 양식에 의해서 극히 효과적으로 드러난다. 일인칭 현재형 시점으로 서술되는 짤막한 장면들과 간결하고 명확한 문장은 물리치기 힘든 생생한 직접성을 낳는다. 미묘함은 없다. 언어는 빈번히 거칠고 이미지는 흔히 소름 끼친다. 이 소설은 레마르크의 초기 작품들에 부재하고, 그의 추후 작품들은 거의 도달하지 못한 스타일의 일관성을 갖고 있다.

레마르크의 머리말과 나중의 발언들에서 되풀이되는 요지에도 불구하고, 당대 비평가들이 거의 주목하지 않았고 이후 비평가들은 일반적으로 무시해버린 것은, 바로 『서부전선 이상 없다』가 전쟁에서 일어난 일들을 다룬 작품이 아니라—이는 회고록이 아니며, 일기는 더더욱 아니다[13]—전쟁을 겪은 젊은 세대에게 전쟁이 미친 영향에 대한 성난 선언이었다는 점이다. 장면과 사건, 이미지들은 전쟁이 어떻게 전선의 세대와 후방사회 간의 심리적·도덕적·실제적 유대를 모조리 파괴해버렸는지를 분명하게 드러내기 위해 선택된 것이다. 파울은 말한다. "[사회로] 돌아간다 해도 우린 지치고 망가지고 소진되고, 뿌리 뽑히고 희망도 없는 이들일 것이다. 우린 더 이상 갈 길을 찾지 못할 것이다." 1928년에 레마르크는 사회가 정상적인 생활로 간주하는 것을 추구할 가능성을 전쟁이 산산조각 내버렸다고 주장하고 있었다.

그러므로 『서부전선 이상 없다』는 참호생활의 현실을 재구성하려는 시도라기보다 전후의 심리 상태, 전쟁을 바라보는 전후의 시각에 대한 감상에 가깝다. 사실 많은 비판가의 주장대로 작품에서 그려진 현실은 왜곡돼 있다. 비록 그러한 왜곡이 작품에 대한 원래의 찬사에 별반 영향을 미치지는 않았지만 말이다. 비판가들은 아무리 최소한으로 지적한다 하더라도 레마르크가 전쟁의 물리적 현실을 왜곡했다고 말했다. 그들은 레마르크가 묘사한 두 가지 이미지를 지적하며, 사람이 다리나 머리가 떨어져나간 채로 계속해서 달릴 수는 없다고 격렬히 항의했다. 그러나 비판가들이 보기에 그러한 조잡한 이미지보다 훨씬 더 심각한 것은 병사들 행동의 도덕적 측면에 대한 이해의 결여다. 병사들은 목적의식이 결여된 로봇이 아니다. 그들은 확고하게 자리 잡은 가치들의 폭넓은 스펙트럼에 의해 지탱됐다.[14]

소설의 신빙성을 떨어뜨리기 때문에 그의 출판사는 좋아하지 않았지만, 레마르크는 자신의 책이 주로 전후 세대에 관한 책이라고 기꺼이 인정했다. 1915년 갈리폴리 작전을 지휘했고 당시는 영국 재향군인회의 회장을 맡던 이언 해밀턴 장군과 1929년 주고받은 편지에서, 레마르크는 다름 아닌 해밀턴이 자신이 작품을 쓴 의도를 이해했다는 점에 '놀라움'과 '감탄'을 금치 못했다.

> 저는 죽음과 누생, 공포로 점철된 4년의 시간으로부터 평화의 현장으로 복귀하여 일하고 앞으로 나아가는 데 다른 어느 세대보다도 어려움을 겪는 한 세대에 대한 이해를 일깨우길 원했을 뿐입니다.[15]

레마르크가 『서부전선 이상 없다』의 후속작을 쓴 이유는 부분적으로는 이러한 작품 의도에 대한 오해 때문이었다. 1931년에 발표된 소설 『귀로Der Weg zurück』는 명시적으로 '길 잃은 세대'의 문제를 다룬다.

『서부전선 이상 없다』는 전후 세계, 특히 전쟁 중에 어른이 된 세대의 혼란과 방향 상실에 대한 설명이 아니라 그 징후로 볼 수 있다. 이 소설은 불만에 사로잡힌 사람, 사회에서 제자리를 찾을 수 없는 사람에게서 나온 감정적 규탄, 본능적 주장, 고통에 사로잡힌 절규였다. 전쟁이 꿈도, 야망도 없는 전후 세대를 양산하는 데 지대한 영향을 미쳤다는 사실은 부인할 수 없다. 전쟁이 이러한 사회적 탈선의 가장 근본적 뿌리였다는 주장은 적어도 논쟁해볼 만하다. 그러나 레마르크는 그 논쟁에 결코 직접적으로 참여하지 않았다. 레마르크에게 전쟁은 도피의 수단이 됐다. 레마르크와 그의 책은, 카를 크라우스의 표현을 빌리자면, 자신이 진단했다고 주장한 바로 그 질병의 증상이었다.

어느 쪽으로도 치우치지 않았다는 머리말에 담긴 레마르크의 선언에도 불구하고—그의 책은 "고발도 고백도 아니"라는 주장—소설은 사실 그 둘 다에 해당됐다. 그것은 개인적인 절망의 고백이자, 동시에 비정한 사회질서와 정치질서에 대한 분노에 찬 규탄이었다. 그가 규탄한 사회질서란, 전쟁의 파괴와 참상을 낳았던 질서일 뿐만 아니라 특히 전쟁을 매듭짓고 참전 군인들의 염원을 적절하게 다루지 못한 사회였다. 국가를 대변한다고 볼 수 있는 캐릭터들—용맹과 애국심에 대해 단단히 환상을 품고 있는 교사, 훈련 하사관으로서 새로운 역할을 감정 없는 로봇처럼 수행하는 전직 우체부, 인간의 고통에는 무관심한 채 신체만을 치료하는 병원의 직원과 의사들—을 통해, 레마르크는 그러한 사회를 고발했다. 그는 인간다운 가치를 파괴하고 자비, 사랑, 유머, 아름다움, 개인성을 부인하는 기계 문명을 고발했다. 그러나 레마르크는 아무런 대안도 제시하지 않았다. 그의 캐릭터들은 행동하지 않는다—'다 불타버린 세대generazione bruciata'라는 이탈리아식 개념은 여기에 적절하다. 그들은 희생자일 뿐이다. 1920년대 후반의 모든 전쟁 문학 가운데—주요 작품 가운데 극히 일부만 거론하자면, 아르놀트 츠바이크, 루트비히 렌, R. H. 모트램, H. M. 톰린슨, 리처드 올딩턴, 헤밍웨이의 소설과 그레이브스, 블런던, 서순의 회상록—레마르크의 작품은 자신의 세대야말로 진정으로 길 잃은 세대라는 주장을 가장 직접적이고 가장 감정을 자극하는 방식으로, 심지어 귀에 거슬릴 만큼 분명하게 제시했다. 그리고 그 직접성과 격렬한 정서가 『서부전선 이상 없다』의 대중적 호소력의 핵심을 차지한다.

그러나 그것이 전부는 아니다. '낭만적 고뇌'는 반항과 절망의 울부짖음이자, 들뜬 흥분의 외침이기도 했다. 비뚤어진 도착倒錯 속에는 쾌락이 존재할 수도 있다. 어둠 속에 빛이 있을 수도 있다. 레마르크 및 그의 세대와 죽음과 파괴와의 관계는 보기만큼 그렇게 단순하지 않다. 개인적 삶과 선생에 대한 성찰에서 레마르크는 죽음에 매혹된 것처럼 보인다. 그의 추후 작품에서는 모두 이러한 매혹의 기운이 물씬 풍긴다. 나중에 한 비평가가 지적한 대로 레마르크는 "가장 잘나가는 장의사보다도 죽음으로부터 더 많은 것을 얻었다".[16] 다다이스트처럼 그는 죽음이 삶의 안티테제가 아니라 삶의 궁극적 표현이 되고, 죽음이 창조적 힘이자 예술과 생명력의 원천에 이르게 될 정도까지 전쟁과 그 참상, 그 파괴 행위에 사로잡혀 있었다. 젊은 미셸 투르니에는 레마르크를 만났을 때, 이 현대의 작가-영웅의 역설적 성격을 알아차렸다. 반군국주의로 세계적 명성을 얻은 레마르크는 "뻣뻣한 자세와 엄격하고 각이 진 얼굴, 한시도 얼굴에서 떠나지 않는 외알 안경"으로 소설 속에서 튀어나온 프로이센 장교처럼 보였다.[17]

레마르크의 세대 다수는 그의 묵시록적이고 포스트 기독교적인 비전, 즉 죽음 안의 삶과 평화, 행복이라는 비전을 공유했다. 조지 앤타일은 자작곡을 연주하러 콘서트 무대에 설 때면 연미복 품 안에 권총을 챙겨와 피아노 위에 올려놓곤 했다. 1929년 12월에 해리 크로스비가 연인과 동반 자살할 때 사용한 0.25구경 벨기에 권총에는 태양을 상징하는 문양이 새겨져 있었다. 그보다 1년 전에 디도, 클레오파트라, 소크라테스, 모딜리아니, 반 고흐 등등에게 경의를 표한 그는 곧 "다시 태어나기 위해서 음산한 죽음의 노예 처녀와 오르가슴을 만끽할 것"이라고 약속했다. 그는 "분노한 광란의 태양으로, 태양의 광기로, 태양 여신의 뜨거운 황금 팔과 눈 속으로 (…) 폭발하기"[18]를 열망했다.

성공은 레마르크를 누그러트리거나 그의 만성적 불안감을 다스려주지 않았다. 처녀 시절 이름은 로지 그레펜베르크이며, 1929~1930년에 프란츠 울슈타인의 아내였던 발데크 백작 부인은 성공의 정점에 있던 젊은 작가에 대해 나중에 이렇게 말했다.

레마르크는 당시 30대였다. 그는 도전적으로 보이는 부드러운 입술에 예쁘장한 소년의 얼굴을 하고 있었다. 출판사 사람들은 그를 다소 어렵게 느꼈다. 하지만 그건 단지 레마르크가 자동차 짐칸에 당연히 있어야 할 여행용 가방이 자기에겐 없다며, 회사에서 감사의 의미로 선물한 자동차를 거절할 뻔했기 때문이다. 나로서는 이런 점이나 여타 특성들에서 레마르크한테 매력적인 어린아이 같은 면이 있다고 느꼈다. 그는 자신의 장난감이 자기가 상상한 모습과 정확히 같기를 바랐다. 그는 아주 열심히 일하는 사람이었다. 종종 방 안에 17시간씩 틀어박혀 있기도 했는데, 방에는 등받이가 젖혀지는 긴 의자 하나도 들여놓지 않았다. 그런 의자가 있으면 게으름을 피우고 싶은 마음이 들 수도 있기 때문이었다. 그는 자신을 굉장히 불쌍하게 여겼다. 자신이 너무나 열심히 일하기 때문에—그리고 자신이 레마르크이기 때문에.[19]

명성

레마르크에 따르면, 완성된 원고는 6개월 동안 서랍에 처박혀 있었다. 사실은 아마 몇 달이었을 것이다. 그의 고용주인 셰를사는 알프레트 후겐베르크의 극우 민족주의 언론 제국의 중요한 일부였기 때문에 작품을 출간해줄 삼재석 출판사로는 꿈도 꿀 수 없었다. 결국 레마르크는 독일에서 가장 명망 있는 문학 출판사인 피셔 출판사에 접근했지만, 자무엘 피셔는 여전히 전쟁 소재가 안 팔릴 거라 확신했다. 그는 원고를 거절했다.

그러나 레마르크는 지인을 통해 프란츠 울슈타인이 이제 전쟁에 관한 책을 낼 때라고 생각한다는 사실을 전해 들었다. 그는 울슈타인 출판사의 문을 두드렸다. 거기서 원고는 여러 편집자의 손을 거쳤다. 막스 크렐은 "범상치 않은 작품의 어조에 마음이 사로잡혔다". 제작 부장이자 참전군인인 키릴 조슈카는 작품이 "전쟁에 대한 진실"을 말하기 때문에 대성공을 거둘 거라 확신했다—그 문구는 나중에 책을 둘러싼 논쟁의 중심축이 될 것이었다. 울슈타인사의 『포시셰 차이퉁』의 문예란 편집장 몬티 야콥스가 원고를 받아들여 신문에 연재하기로 했다. 출판사는 책에 커다란 확신을 품게 됐고, 대규모 신문 도서 출판 기업을 이끄는 다섯 형제 가운데 한 명인 프란츠 울슈타인의 주도하에 많은 돈을 들여 현란한 홍보를 시작했다.[20]

레마르크의 소설에 대한 비평가들의 초기 반응은 매우 열광적이었는데, 극작가 카를 추크마이어가 울슈타인의 『베를리너 일루스트리르테 차이퉁』에 쓴 첫 서평에서 작품을 '전쟁 일기'라고 평가한 독일뿐만 아니라, 뒤이어 번역본이 출간된 영국과 프랑스에서도 마찬가지였다. 전쟁에 대한 인간의 반응들을 그린 레마르크의 이른바 솔직한 초상과 고통받는 가련한 인간의 존엄성에 대한 묘사는 열렬한 찬사를 받았다. "가장 위대한 전쟁 소설"은 여러 서평에 계속해서 등장한 표현이었다. 저명하고 이름난 독일 비평가 악셀 에게브레히트는 작품의 "거룩한 냉철함"이 "우리 세대의 갱생"을 가져올 것이라고 예언했다. 참전 군인이자 시인 그리고 미술사가인 허버트 리드는 레마르크의 소설을 "평범한 병사의 성경"이라고 치켜세웠으며, 이후 비평에서 거듭 등장하게 될 종교적 인상을 제시했다. 리드는 "작품은 독일 전역을 복음처럼 휩쓸었고 전 세계도 휩쓸어야 한다"고 썼다. "우리 시대의 가장 커다란 사건에 대한 전적으로 만족스러운 최초의 문학적 표현이기 때문이다." 그는 지금까지 책을 "예닐곱 번" 읽었다고 덧붙였다. 미국 비평가 크리스토퍼 몰리는 "독자를 날려버리는 단순성"에 찬사를 늘어놓으며, "지난 10년간 최고의 책"으로 꼽았다. 그는 "100만 부가 팔렸으면 좋겠다"고 결론 내렸다. 철학자이자 신학자, 역사가인 다니엘롭스는 스위스에서 그러한 감정을 공유했다. 그는 지난 "10년간 기다려온 책"이라고 말했다. 작품이 처음 나왔을 때 열광적인 반응을 보인 다른 저명한 문학계 인사로는 브루노 프랑크, 베른하르트 켈러만, G. 로즈 디킨슨, 헨리 세이덜 캔비 등이 있었다. 많은 사람은 레마르크가 노벨 문학상을 받아야 한다고 말했다.[21]

그렇다면 초창기 서평에는 격렬한 비판의 분위기는 거의 없는 대신, 작품이 "전쟁에 대한 진실" 혹은 『런던 선데이 크로니클』의 표현대로 "세계 최대의 악몽에 대한 진짜 이야기"를 들려준다는 데 만장일치였던 셈이다.[22] 평론가들이 열광적 어조로, 특히 과장된 최상급 표현을 지나치게 사용하여 이 책이 '진실'을 말한다고 소리 높여 주장했다는 사실은 레마르크가 얼마나 민감한 신경을 건드렸는지, 그리고 얼마나 많은 사람이 그의 전쟁 후 좌절감을 공유했는지를 보여준다. 소설의 어조와 초기 비평들의 어조는 매우 비슷했다.

그러나 거의 모두가 언급한 이 '진실'은 무엇이었을까? 전쟁은 근본적인 이유를 찾을 수 없는 허무주의적 살육이었다? 전쟁의 최전방 주인공들과 그 주요 희생자들은 아무런 목적의식이 없었다? 한마디로 전쟁은 헛된 것이었다? 그렇게 대놓고 말하는 사람은 거의 없었지만, 유럽 전역의 자유주의 좌파와 온건 사회주의자들, 그리고 심지어 영국 자치 식민지와 미국 여기저기서도 이제 전쟁을 결국에 비극적이고 무익한 유럽 내전이었으며 일어날 필요가 없었던 전쟁이었다고 보는 쪽으로 기울었다.

그러나 1929년 봄과 여름을 거쳐 판매 부수가 증가하면서, 반대파가 조직되고 초기 옹호자들만큼 날카로운 목소리로 의견을 표명하기 시작했다. 공산주의 좌파는 소설을 부르주아 지성의 빈곤의 예시라며 조롱했다. 그러니까 사회 무질서의 진짜 근원을 찾아내지 못하는 부르주아 사고방식은 전쟁을 다루면서 눈물 나는 감상주의와 회한에만 의존한다는 것이었다. 작품은 "서구 정신 수준의 쇠퇴"의 좋은 실례로 여겨졌다.[23] 정치적 스펙트럼의 반대편 끝에 있는 보수적 우파에게 레마르크의 작품은 유해하기 짝이 없었는데, 전후 보수주의의 의미 전체, 즉 전통적 가치에 바탕을 둔 재건이라는 관념을 위협했기 때문이다. 교전국 어디든 보수파의 눈에 전쟁은 물론 비극적이었지만 그럼에도 피할 수 없었고 또 필요한 일이었다. 그런데 이제 전쟁이 어리석었던 짓으로 밝혀진다면, 일단의 신념으로서 보수주의도 어리석은 것이 되는 셈이었다. 따라서 『서부전선 이상 없다』는 "상업화된 참상과 추잡함"으로서, 그리고 전쟁의 불가피한 참상을 넘어 전쟁에 얽힌 "변치 않는 사안들", 즉 이상의 원대함, 희생의 아름다움, 집단적 목표의 고귀함을 보지 못하는 타락한 정신의 산물로서 의도적으로 거부돼야 했다.[24]

이 소설에 대한 파시스트들의 반대는 종종 보수주의자들의 견해와 섞이고 유사한 입장을 보이지만, 그들의 논리에는 본질적인 차이점이 있었다. 파시스트들은 전쟁의 목적을 신성시하기보다는 전쟁의

'경험'을, 전쟁의 정수 그 자체를 신성시했다. 그들은 전쟁의 직접성, 비극, 흥분, 그리고 신비적이고 정신적인 방식을 제외하고는 전쟁의 궁극적으로 형용 불가능함을 신성시했다. 앞으로 살펴보겠지만 전쟁은 파시즘에 의미를 부여했다. 따라서 전쟁이 헛되고 무의미했다는 조그만 암시조차 이런 형태의 극단주의 존재 자체에 대한 비방이었다. 바로 이 극우 진영에서 레마르크와 이른바 부정적인 전쟁 서적 및 영화, 기타 예술작품의 물결 전반에 대한 가장 적극적인 반대의 목소리가 결집됐다.

전통주의자와 우익 극단주의자들은 자신들이 보기에 완전히 일방적이기만 한 전쟁 경험 묘사에 분개했다. 그들은 소설 속 언어와 끔찍한 이미지들, 신체 기능에 대한 잦은 언급, 그리고 특히 변소에 걸터앉은 유쾌한 병사들이 나오는 장면에 반발했다. 『서부전선 이상 없다』의 미국판 출판사인 보스턴의 리틀 브라운사는 실제로 이달의 책 클럽의 주장을 받아들여, 변소 장면을 삭제하고 병원에서 성적 접촉이 포함된 대목을 잘라냈으며 A. W. 윈의 영국판 번역서의 몇몇 표현과 문구를 순화했다.25 영국판에는 남아 있던 변소 장면은 여러 영국 비평가들이 지겹도록 지적한 대목으로, 비평가들은 레마르크를 전쟁 소설가들 가운데 '화장실학파'의 제사장으로 부르기 시작했다. 1929년 11월에 『런던 머큐리』는 이 학파에 대한 사설을 써야 할 필요를 느꼈다.

아나톨 프랑스는 "비평이란 걸작들을 누비는 영혼의 모험"이라고 썼다. 하지만 화장실을 누비는 영혼의 모험은 달갑지 않다. 그러나 대략 그것이 최근에 번역된 독일 소설들에 대한 비평이라고 할 수밖에 없다. (…) 요즘 독일인들은 (…) 화장실이 굉장히 흥미로운 곳이라고 생각한다. 그들은 이 지겨운 주제에 푹 빠져 있고 또 잔혹성에 사로잡혀 있다.[26]

한 오스트레일리아인은 『아미 쿼털리』에 글을 쓰면서 영국 출판사들이 어떻게 그런 "불결한 전쟁물"을 출판할 수 있느냐고 물었다. 그가 보기에 "지저분한 외국 책들"의 번역과 출간은 반역 행위였다.[27]

『서부전선 이상 없다』를 선전물로 폄하하는 것—연합국 평화주의 진영의 선전물인지, 독일 평화주의 진영의 선전물인지는 비판가들에 따라 달랐다—은 우파의 또 다른 공격 방식이었다. 프란츠 폰 릴리엔탈은 보수적인 경제 신문 『베를리너 뵈르젠차이퉁』에서 레마르크가 정말로 노벨상을 받는다면, 언론계의 거물 노스클리프 경[*]도 똑같은 찬사를 들어야 할 것이라고 썼다. 레마르크가 한 말은 선전의 달인인 노스클리프가 이전에 다 했던 말이기 때문이다. 독일 군부에 있어 이 소설은 "독일 군대에 대한 극악무도한 중상"이며 "세련된 평화주의의 선전물"이었다. 실은 교전국 어느 군부든 그러한 견해를 지지하는 쪽이었다. 1929년 11월에 체코슬로바키아 전쟁부는 군대 도서관에서 『서부전선 이상 없다』를 금지했다. 독일 바깥의 많은 보수주의 비평가는 소설을 독일 쪽의 영리한 기만활동의 일환으로 봤다. 1929년 포크스톤에서 열린 종전 기념 연설에서 한 침례교 목사는 전쟁을 소재로 한 대중 소설과 희곡들의 논조를 개탄했다. "동포가 쓴 책이지

---

* 『타임스』와 『데일리 메일』 등을 소유한 언론 재벌로서 제1차 세계대전 당시 영국의 선전 활동을 주도했다.

만 적 선전가들이 쓴 더러운 작품처럼 보이는 그런 책들을 읽을 일은 없을 것이다"[28]라고 말했을 때, 그는 근자에 출간된 『그 모든 것들과의 이별Goodbye to All That』과 R. C. 셰리프의 『여로의 끝』 외에 『서부 전선 이상 없다』를 분명히 염두에 두고 있었다.

그해 초, 케임브리지 인문학자이자 국제연맹의 열렬한 옹호자인 G. 로즈 디킨슨은 레마르크의 책이 이런 유형의 공격을 받을 수 있음을 감지했다. 그는 "현대전의 실상이 어떤지 알기를 원하는 용기와 정직함을 간직한" 모든 이에게 책을 읽을 것을 권하며, "독일의 프로파간다는 걱정하지 않아도 된다. 책은 그런 것을 뛰어넘는다. 이것은 위대한 예술가의 힘을 지녔으며, 자신이 얼마나 뛰어난 예술가인지 거의 자각하지 못하는 한 사람이 들려주는 진실이다"[29]라고 덧붙였다.

그러나 J. C. 스콰이어와 『런던 머큐리』는 여기에 찬성할 생각이 눈곱만치도 없었다. 그들은 레마르크와 다른 독일 전쟁 소설가들의 작품을 가리키며 "이것은 진실이 아니"라고 반박했고, 영국 대중 사이에 "독일인들한테 감상적이 되고" 반대로 프랑스인들을 도외시하는 명백한 경향이 나타나는 것에 대해 경고했다. 사설은 전쟁 때를 떠올리게 할 만큼 아주 사납게 비난을 이어갔다.

(고프폴리넌이사 평화주의자이지만 사실을 직시하는 사람으로서) (…) 거듭 말하지만, 독일인(그들 다수는 16세기까지 기독교로 개종하지도 않았다)은 실제로 유럽 문화에 기여한 바가 별로 없다. (…) 전쟁 당시 우리는 적의 단점을 과장했다. 그렇다고 평화 시에 그들의 장점을 과장하지는 말자. 무엇보다 고의적인 반발로 친구보다 적에게 더 많은 관심을 보이지 말자.

아직도 대체로 야만적인 러시아인이 19세기에 음악과 문학 분야를 통해, 아둔한 프로이센 사람은 고사하고 독일인이 몇백 년간 기여한 것보다 문화에 더 큰 기여를 했다는 것이 냉정한 진실이다. (…) 부디 독일인과 평화롭게 지내자. 가능하면 서로 이해하자. 그러나 오로지 감상성에 사로잡혀, 더 교양 있고 생산적이며 문명화된 민족들을 도외시한 채 독일인에게만 시선을 집중하지는 말자. 독일에서 나오는 좋은 것은 무엇이든 부디 반갑게 맞아들이자. 그러나 작금의 경향은 독일에서 나오는 것은 뭐든 좋은 게 틀림없다는 식이다. 'Omne Teutonicum pro magnifico(독일 것은 뭐든 훌륭하다)'는 출판계와 언론계의 표어인 듯하다. 기괴하기 짝이 없는 표어다.[30]

역설적이게도 1930년 튀링겐주 내무부 장관으로 새로 임명된 나치 빌헬름 프리크가 튀링겐주의 모든 학교에서 『서부전선 이상 없다』를 금지했을 때, 한 나치 신문은 금지령을 발표하면서 "이제 평화주의적 마르크스주의 선전으로 학교를 오염시키는 짓을 그만둘 때가 됐다"[31]고 논평했다.

『서부전선 이상 없다』가 촉발한 비평계의 찬사와 거친 비난은 종국적으로는 소설의 내용과 별반 상관이 없었다. 『서부전선 이상 없다』가 전쟁 당시 심리 상태보다 전후 심리 상태의 반영이듯이, 그에 대한 논평들도 전후의 정치적·감정적 헌신의 반영이었다. 그러나 모두가 전쟁 경험의 본질에 관하여 객관적으로 논쟁하는 척했다. 비평계의 설왕설래는 체호프 연극에 나오는 캐릭터들의 대화로 봐도 손색이 없었다. 그들의 말은 서로를 지나쳐갔다. 비평계 밖의 독서 대중도 유사했다.

레마르크의 성공은 전간기의 교차로로 볼 수 있는 시점에 찾아왔다. 막연히 간구하는 희망의 분위기와 딱딱하게 굳어지는 두려움의 분위기가 교차했다. '로카르노 정신'과 외양상의 번영에 따른 흥청망청 노는 분위기가 임박한 경제 위기, 그리고 커지는 국가적 내적 성찰과 교차했다.

1925년 이후 국제적 긴장 완화 노력에 서구를 휩쓴 인도주의의 물결이 뒤따랐다. 그러나 이것은 적극적으로 주장하는 인도주의라기보다 막연히 소망하는 인도주의에 가까웠다. 1927년에 퓰리처상을 받은 손턴 와일더의 소설 『산 루이스 레이의 다리』는 다음과 같은 문장으로 끝난다. "산 자의 땅과 죽은 땅이 있고 둘을 잇는 다리는 사랑이다. 그것만이 유일하게 살아남고 유일하게 의미가 있는 것이다." 여기서는 멜랑콜리, 감상성, 소망이 지배적인 분위기를 형성한다. 2년 뒤, 1929년에 재앙처럼 불어닥친 불황은 밑바닥에 깔린 의심을 표면으로 뚜렷이 부각시켰다. 1920년대 대중적인 문화활동 전반은 개인이 사회적으로 인정되는 목적의식을 지녔던 지나간 시대에 보내는, 다소간 어찌할 바를 모르는 인사였다.

1920년대 후반과 1930년대 초반의 전쟁 붐은 이러한 열망과 불안, 의심이 뒤엉킨 분위기의 산물이었다. 성공을 거둔 전쟁 문학은 모두 특정한 집단이나 국민이 아니라 개인의 관점에서 쓰였다. 일인칭 시점으로 쓰인 레마르크의 책은 무명 병사의 운명을 모두에게 개인화된 형태로 다가가게 했다. 파울 보이머는 평범한 모두가 됐다. 이런 층위에서만, 개인적 고통의 층위에서만 전쟁은 의미를 가질 수 있었다. 전쟁은 집단적 해석이라기보다는 개인적 경험의 문제였다. 그것은 역사가 아니라 예술의 문제가 됐다.

예술이 역사보다 더 중요해졌다. 역사는 합리주의의 시대인 18세기와 특히 19세기에 속했다. 19세기는 역사가들을 매우 존경했다. 기조와 미슐레, 랑케와 머콜리, 액턴 같은 이들이 특히 팽창과 통합에 경도된 부르주아 독자들에게 읽히고 인정받았다. 우리 세기는 반대로 반反역사적인 시대인데, 어느 정도는 역사가들이 자신들의 세기의 감수성에 적응하지 못했기 때문이지만, 그보다는 이 세기가 통합보다는 해체의 시대이기 때문이다. 그 결과, 사람들은 역사가보다는 심리학자를 더 찾았다. 그리고 예술가가 그 둘보다 더 많은 존경을 받았다.

제1차 세계대전이라는 주제를 다룬 산더미 같은 저작 속에서, 전쟁의 의미를 다루기 위한 시도 가운데 더 만족스러운 저작 다수는 시인과 소설가, 심지어 문학 비평가들한테서 나왔다는 사실은 주목할 만하다. 직업 역사가들은 대체로 전문적이고 제한된 저술을 내놓았고, 그 대부분은 설명력과 환기하는 힘 측면에서 문인들의 저작과 비교가 되지 않는다. 역사가들은 전쟁에 관하여 그 참혹한 현실과 전쟁의 실제 경험에 상응하는 설명을 찾는 데 실패했다. 1920년대에 범람한 공식·비공식 역사서를 대중은 대체로 거들떠보지 않았다. 반대로 레마르크의 『서부전선 이상 없다』는 말 그대로 하룻밤 사이에 역사상 최고의 베스트셀러가 됐다. 1920년대 말, 전쟁의 의미에 대한 치열한 재검토를 촉발한 것은 역사적 서술이 아니라 상상력에 바탕을 둔 문학이었다. 19세기의 많은 지적 노력과 마찬가지로 역사적 상상력은 전쟁에서 벌어진 일로 심한 도전을 받았다. 그리고 그것은 이후에 역사학이라는 학문 분야의 자기 회의로 이어졌다. 1934년 『유럽의 역사History of Europe』 서문을 보면, H. A. L. 피셔의 한탄은 우리 세기 역사가의 이론적 진술 가운데 가장 빈번히 인용되는 말이 됐다.

나보다 더 현명하고 박식한 이들은 역사에서 플롯과 리듬, 예정된 패턴을 파악해왔다. 내게 이러한 조화로운 패턴들은 숨겨져 있다. 내게는 파도가 연속적으로 밀려오듯 한 위기 상황 뒤에 다음 위기 상황이 따라오는 것이 보일 뿐이다.[32]

시든 소설이든 혹은 전쟁이 불러일으킨 상상력에 바탕을 둔 여타 시도든 뭐든 간에 이런 작품들이 '위대한' 예술인지는 논쟁의 여지가 있는 문제다. 윌리엄 버틀러 예이츠는 다소 유별난 1936년 판 옥스퍼드 현대 시 선집에서 윌프리드 오언, 시그프리드 서순, 아이버 거니, 아이작 로젠버그, 로버트 그레이브스, 허버트 리드 등을 제외했다. 수동적인 고통은 도덕적 전망을 갖춰야 하는 훌륭한 시의 소재가 될 수 없다는 근거에서였다. 그러나 예이츠는 그와는 다르게 느끼는 대중에게 자신만의 비평적 관념을 강요하고 있었다. 전쟁이 끝나고 10년 뒤에 불어닥친 전쟁 붐과 전쟁 소설의 홍수 속에서, 『모닝 포스트』는 "진정한 시야로 모든 것을 보여줄 위대한 세계대전 소설은 아직 쓰이지 않았다"[33]고 한탄했다. 모든 것을 설명해줄 [단 하나의] 위대한 전쟁 소설은 1920년대와 심지어 1930년대에도 지식인들의 뇌리를 떠나지 않는 비전이었다. 몇몇 예만 들자면, 모트럼의 『스페인 농장Spanish Farm』 3부작, 톰린슨의 『우리의 모든 지난날들All Our Yesterdays』, 올딩턴의 『영웅의 죽음Death of a Hero』, 그리고 스타일은 다르지만 의도는 유사한 렌의 『전쟁Krieg』과 레마르크의 『서부전선 이상 없다』는 그러한 도전과 추구로부터 나온 것이다. 앙드레 테리브는 1929년 12월 『르탕』에 "뭇 범인凡人들의 증언은 위대한 작가의 반半 사실적인 픽션에 못 미친다"[34]라고 썼다. 이러한 태도, 즉 예술이 역사보다 삶에 더 진실할 수도 있다는 태도는 전혀 새로운 관념이 아니지만 그렇게 광범위하게, 사실 그렇게 지배적으로 받아들여진 적은 여태 없었다.

아이러니하게도 전쟁 기간에 프랑스와 영국군 병사들은 전쟁 전에 독일 문화 전반, 그리고 아방가르드와 동일시되던 '경계지대' 인간들이 됐다. 그들은 다름 아닌 존재의 한계를 경험한 사람, 무인지대를 본 사람, 고통과 참상을 목격한 사람, 자신들을 영웅으로 만든 바로 그 경험 때문에 인간적 품위와 도덕성의 주변부에서 살아가는 사람이 됐다. 전쟁 당시의 선전들이 약속한 웅대한 해법을 내놓지 못한 전쟁 후의 실패를 고려할 때, 전쟁의 사회적 목표 전부—의무의 내용—는 공허하게 들리기 시작했다. 전쟁이 가져온 유형적 결과들이 거기에 치른 희생, 특히 정서적 희생을 결코 정당화하지 못했기에 환멸은 불가피했고 전후 세계의 병사들은 사회적 활동과 헌신으로부터 물러났다. 참전 군인 단체에 가입한 이들조차 소수에 불과했다. 자신들의 소외감을 표명할 줄 아는 이는 비교적 소수였지만 통계가 현실을 소리 높여 외친다. 1920년대 말, 영국에서 30~34세 실업자 가운데 80퍼센트는 제대 군인이었다. 참전 군인들 사이에 정신 질환 발병률도 엄청났다. T. E. 로런스는 "내면을 지향하는 전쟁 세대한테서 가장 나쁜 일은 그들이 도저히 그 빌어먹을 자아를 멀리하지 못한다는 것이다"라고 말했다. 올딩턴은 제대군인들이 갇히게 된 '자아 감옥self-prisons'에 대해서 이야기했고, 그레이브스는 그의 '우리 친구들cage-mates'에 대해서 썼다.[35]

제대 군인들은 높은 발병률의 신경쇠약과 성 기능 장애로 고생하는 한편, 그들은 조제 제르맹의 표현대로 전쟁이 "모든 인간 역사의 흔들리는 축"[36]이라는 것을 인식했다. 전체적으로 볼 때 전쟁이 아무런 객관적 의미도 없다고 한다면, 불가피하게 모든 인간 역사도 각 개인의 경험으로 축소됐다. 각 개인은 역사의 총합이었다. 역사는 사회적 경험, 문서 증거로 뒷받침할 수 있는 현실의 문제라기보다 개인적 악몽, 심지어 다다이스트들이 주장한 대로 미친 짓이 됐다. 여기서 다시금 니체가 정신적으로 완전히 무너지기 직전에 했던 말, 자신은 "역사 속의 모든 이름"이라는 말을 상기하게 된다.

폭풍의 눈 한가운데에 있었으면서도 결국에는 아무것도 해결한 것이 없다는 마음의 짐은 견디기 힘들었다. 이는 흔히 사회적·정치적 현실의 거부로, 한편으로 심지어 지각능력이 있는 자아의 거부로 이어졌다—꿈과 신경증만이, 만연한 부정성negativism을 특징으로 하는 환영의 세계만이 남았다. 환상은 행동의 원천이 됐고, 멜랑콜리가 일반적인 분위기가 됐다. "우리는 멜랑콜리의 시대에 살고 있다. (…) 보는 것이 엉망이 됐다. 뭐라고? 전 세계가 (…) 밖에 날씨가 좋다. 공동묘지로 가자." 캐럴 카스테어스는 1930년에 『실종된 세대A Generation Missing』를 다음과 같은 문장으로 끝맺었다. "피곤한 세상이다. 파리에서 보내온 라즈베리 잼이 다 떨어졌다."[37]

그 직접성과 통렬함이 덜해서 그렇지, 병사들에게 해당되는 것은 민간인한테도 마찬가지였다. 북적거리는 나이트클럽, 정신없는 춤, 도박과 알코올 중독 그리고 눈에 띄는 자살자 급증, 비행飛行과 영화, 스타 영화배우들에 대한 열중은 대중적 층위에서 이러한 동일한 경향을, 즉 비합리주의로의 표류를 드러냈다. 물론 부르주아 유럽은 스스로를 '재주조'하려 애썼지만, 피상적으로만 할 수 있을 뿐이었다. 현대적 기질이 형성됐다. 아방가르드가 승리한 것이다. '반反문화'가 지배적 문화가 됐다. 아이러니와 불안이 유행하고 지배적 분위기가 됐다. 1915년에 마르크 보아송은 "전쟁은 우리를 깨트리고 있지만 동시에 우리를 새롭게 빚어내고 있다"고 썼다. 15년 뒤, 문화사가 에곤 프리델은 "역사는 존재하지 않는다"38고 단언했다.

『서부전선 이상 없다』는 '고급 예술'에 표현되고 있던 동일한 본능 일부를 대중의 의식을 위해 포착했다. 프루스트와 조이스 역시 역사를 개인으로 축소시켰다. 집단적 현실은 없다. 사회적 환경과 접점을 잃어버린 개인적 반응만이, 꿈과 신화만이 있을 뿐.

『서부전선 이상 없다』에서 묘사된, 고통받고 모멸받은 전선의 독일 병사한테서—그리고 그는 쉽사리 토미나 푸알루, 아니면 땅개dough-boy*가 될 수도 있다—대중은 그 자신의 그림자를 봤고, 자신들의 익명성 그리고 안정에 대한 희구를 감지했다. 당시 일부 비평가는 이를 인지했다. 한 독일 평론가는 이렇게 썼다.

사실 그 책의 효과는 독일 국민이 자신들이 처한 상황에 대해 느끼는 지

---

* 제1차 세계대전 당시 미군 보병을 일컫는 대중적 표현.

독한 환멸로부터 나오며, 독자들은 흔히 이 책이 우리의 모든 곤경의 근원을 찾아냈다고 느낀다.[39]

한 미국인은 "레마르크한테서 시대 정서가 만개했다"[40]고 지적했다. 『서부전선 이상 없다』는 현대적 충동 전체를 전후 세계에 드러난 모습 그대로 집약했던 것 같다. 그것은 시대의 기도와 절망, 꿈과 혼란, 바람과 쓸쓸함을 포착했다.

이 일반적인 테마에 나라마다 특수한 변형이 존재했다. 1924년 12월 이후 첫 선거인 1928년 5월 총선에서 투표율이 바이마르 공화국 시기를 통틀어 최저였다는 사실로부터 알 수 있듯이, 독일에서는 1925년 이후에 정치적 긴장이 눈에 띄게 완화됐다. 1928년 6월에 들어선 정부는 좌파 사민당이 정부를 주도하는 가운데, 온건 우파인 구스타프 슈트레제만의 인민당까지 아우르는 만큼 적절하게 '대연정大聯政'으로 불렸다. 정부는 유화적인 분위기 속에서 들어섰다. 그러나 1930년 5월에 연정은 되살아난 민족주의와 보수주의 정서의 희생양이 돼 붕괴하고 말았다.

1929년은 결정적 해였다. 베르사유 조약 10주년을 맞이하는 그 1년 사이에 경제 상황이 급격히 악화됐다는 것은 불운한 우연의 일치였다. 내숭의 머릿속에는 배상안이 자리 잡고 있었다. 언론 재벌이자 민족주의적 인민당을 이끌던 알프레트 후겐베르크는 연합국 측이 새로 제안한 배상안인 영안案, Young plan에 반대하는 국민투표를 부르짖었고, 아돌프 히틀러를 자신의 진영으로 받아들였다. 공화국에 대한 새로운 공세를 활발히 전개하던 우파는 다시 시작된 독일의 경제적 어려움을 가혹한 평화 협정과 피에 굶주린 연합국 탓으로 돌렸다. "전쟁 책임이라는 거짓말"에 반대하는 대중 집회는 1929년 초반을 거치며 참가자 수가 늘어나고 열기도 뜨거워지더니, 급기야 6월이 되자 봇물 터지듯 터져서 절정을 이루었다. 정부는 6월 28일, 베르사유 조약 기념일에 국가적 애도의 날을 선포했다. 레마르크는 정치적 중용과 전쟁 문제에 대한 고양된 감수성, 둘 다를 이용할 수 있었다. 레마르크는 자신의 개인적인 방향 상실을 전쟁 탓으로 돌렸다. 독일 국민도 자신들의 고통은 전쟁의 직접적 유산이라고 여겼다. 『서부 전선 이상 없다』는 사실 자신들의 곤경의 근원으로서 전쟁이라는 쟁점에 대해 독일인들의 의식을 고조시켰다.

1928년 후반, 경제가 심각한 불경기에 접어들고 실업이 1929년 봄 총선을 지배한 영국에서, 비참하고 짓밟힌 장기판의 졸에 불과하지만 그러면서도 약간의 존엄성과 인간성을 유지하려 애쓰는 독일 병사에 대한 레마르크의 초상은 공감을 얻었다. 1920년대 후반이 되자 상당한 영국민은 독일에 호의적이었다. 1920년대 초, 프랑스가 펄펄 뛰며 옹졸한 태도를 보인 것과 달리 이후에 '로카르노 정신'에 따라 영국은 프랑스로부터 멀어지고 대신 독일과 가까워졌다. 『포트나이틀리 리뷰』는 상황을 다음과 같이 진단했다. "국제 관계에서 영국 정치가 펼쳐 보이는 심리 드라마는 우리가 독일인을 더 좋아하고 프랑스인을 덜 좋아하나, 우리는 전자와 사이가 틀어졌고 후자를 동반자로 받아들여야 하는 상황, 딱 그거다." 그러나 프랑스와의 이런 동반자 관계도 일각에서는 의문시되고 있었다. 보수당 지도자 스탠리 볼드윈의 측근인 J. C. C. 데이비드슨은 "편협하고 극히 냉소적인" 나라인 프랑스와의 유대를 약화시키는 이점에 대해 논의했다. "그곳의 국민은 쇠퇴하고 있고, 그곳 방식은 우리의 방식과 화합하는 점이 거의 없다." 자신을 "융통성 없는 자유지상주의자이자 토리당적 본능이 박힌 소잉글랜드주의자"라고 소개한 더글러스 골드링은 영국 정치가들이 끔찍한 실수를 저질렀다고 주장했다. "영리한 대학생이라면 누구든 최근의 사태를 감안하여 과거를 해석해볼 때 우리의 참전은 대실수였고 (…) 우리 세대는 1914년의 원로들에게 배반당하고 기만당하고 이용당하고 몰살당했다는 결론을 내릴 것이다." 그리고 로버트 그레이브스는 1929년 봄과 여름에 집필한 회상록 『그 모든 것과의 이별』에서 에드먼드 블런던의 발언을 인용하는 것이 좋겠다고 여겼다. "하늘이 무너져도 나한테 더 이상의 전쟁은 사절이야! 단 프랑스를 상대로 하는 것만 빼고. 프랑스와 전쟁이 일어난다면 총알처럼 달려 나갈 거야."[41]

영국-프랑스 동맹에 대한 의심과 냉소의 저류는 자연히 한쪽으로만 흐르지 않았다. 1920년대에 프랑스인들은 전쟁을 승리로 이끈 것이 주로 자신들이라고 믿게 됐다. 영국군의 기여는 프랑스군의 기여에 절대 미치지 못한다는 것이다. 하긴 어떻게 그럴 수 있겠는가? 프랑스군은 서부전선의 4분의 3을 담당했다. 게다가 영국이 관심사는 언제나 유럽 대륙이 아니라 해외에 있었다. 심지어 전쟁 중에도 프랑스는 툭하면 영국이 다른 사람들의 피로 최후까지 싸운다고 비난했다. 1915년에 조프르는 영국군에 대해 이렇게 말했다. "그들에게는 절대로 독자적인 전선을 맡기지 않을 것이다. 그랬다가는 뚫리고 말 것이기 때문이다. 우리가 뒷받침할 때만 그들을 믿을 수 있다." 1917년

6월 반란 사태가 일어나는 동안, 한 프랑스 병사는 "한 달 안으로 독일놈들을 우리 편으로 끌어들여서 영국놈들을 같이 쫓아버려야 해"라고 말했다고 한다. 프랑스와 벨기에가 배상금 지불을 놓고 독일에 응징 조치를 주장할 때 영국이 지원을 거부함으로써 루르 위기가 발생하기 전인 1922년에, 과거 영국군 파견 무관이었던 프랑스 위제 장군은 이미 영국을 '적대국'으로 묘사했다.⁴² 1920년대를 보내면서 양국 간의 관계는 악화됐다. 따라서 대체로 더 차분한 반응을 보이긴 했지만, 프랑스인 역시 전쟁의 주요 전투원이었던 프랑스 병사와 독일 병사가 함께 겪은 지옥을 묘사한 레마르크의 소설에 이끌렸다. 푸알루와 보슈 사이에 화해가 꼭 불가능한 것만은 아닐지도 몰랐다. 프랑스판 『서부전선 [이상 없다]À l'ouest rien de nouveau』의 성공은 전쟁을 다룬 독일 작품 번역의 홍수를 초래했고, 그에 따라 적어도 전쟁 붐 초기 국면에서 프랑스 출판사들은 영국 전쟁 문학을 도외시했다.⁴³

외국 독자들이 말하는 『서부전선 이상 없다』에서 얻은 커다란 발견은 독일 병사의 전쟁 경험이 다른 나라 병사들의 경험과 본질적으로 다르지 않았다는 점이었다. 후방사회가 입혀준 정서적 장식물이 일단 산산조각 나자 독일 병사도 싸우기를 원치 않았던 것 같았다. 레마르크의 소설은 독일인은 '특이하고' 믿을 수 없다는 견해를 무너트리는 데 크게 일조했다. 더 나아가 『서부전선 이상 없다』는 수정주의적 역사가 학문적·정치적 층위에서 이룩하고 있던 것, 다시 말해 집단적인 독일 전쟁 책임론이라는 관념을 침식시키는 일을 대중적 층위에서 촉진하고 있었다. 그러나 이런 측면에서도 "예술"은 "역사"보다 분명히 훨씬 효과적이었다. 레마르크 혼자서 미국과 유럽의 수정주의 역사가들 모두를 합친 것보다도 더 많은 것을 이루었다.

누가 『서부전선 이상 없다』를 가장 흥미롭게 읽었을까? 참전 군인과 젊은이들이 전쟁 문학 전반의 애독자였던 것 같다. 1920년대 말이 되자 전승국 패전국 할 것 없이, 전후 사회에 대한 제대 군인들의 환멸은 이른바 평화에 대해 독설을 퍼붓는 경멸로 심화됐다. 『서부전선 이상 없다』와 C. E. 몬터규가 초기에 이쪽 장르를 시도했을 때 실제로 붙인 제목대로, 여타 '환멸disenchantment'의 전쟁 문학은 낙담하고 분개한 참전 군인들로부터 많은 '맞장구'를 이끌어냈다. 그러나 『서부전선 이상 없다』에 담긴 기운과 작품의 성공을, 전후 세계를 집어삼킨 병폐의 발현으로, 그리고 한 세대와 그들의 희망을 배신한 시대 분위기의 징후로 간주한 참전 군인들로부터의 비난도 심심치 않았다. 양자 사이 균형점이 정확히 어디 있는지 판단하기는 어렵다. 그러나 분명한 것은 문학적 항의에 대한 참전 군인들의 관심은 대체로 그들의 전후 경험에 바탕을 뒀다는 것이다. 그들은 1920년대를 보내면서 전쟁이 약속했던 비전의 실종에 반발하고 있었다.

전쟁 이후에 어른이 된 젊은이들은 자연히 전쟁에 대해 호기심이 많았다. 많은 이가 전쟁에서 살아남은 아버지들이 자신의 경험에 대해 심지어 가족과도 이야기하길 꺼렸다는 사실에 주목했다. 아버지의 침묵을 꿰뚫어보실 바란 젊은이들이 적잖은 독자층을 형성한 것은 그래서였다. 그리고 그들은 영웅인 아버지의 그늘에서 자라면서 전쟁의 '부정적' 초상에도 매혹됐다. 환멸 문학은 전사인 아버지보다 덜 엄격하고 더 인간적이며 따라서 더 흥미로운 초상을 제공했다.[44] 1930년 1월 뒤셀도르프의 어느 김나지움 고학년 학생들을 대상으로 한 비공식 여론조사에서 가장 좋아하는 작가로 레마르크가 괴테와 실러, 골즈워디, 드라이저, 에드거 월리스를 누르고 1위를 차지했다. 그러나 전쟁 일기 및 회상록과 더불어 경제 관련 저작이 여론조사 학생들 사이에서 가장 많은 흥미를 이끌어냈다는 사실도 주목할 만하다.[45] 불황에 시달리는 독일에서 학생들이 느끼는 경제적 불안정과 참호에서의 참상 및 죽음을 다룬 이야기들에 대한 매혹은 분명히 연결돼 있었다. 젊은이들도 불확실한 고용 전망을 전쟁 탓으로 돌리기 쉬웠다.

'진짜 전쟁'은 1918년에 끝났다. 그 뒤로는 기억으로 위장한 상상이 전쟁을 집어삼켰다. 많은 이에게 전쟁은 되돌아봤을 때 어처구니없던 짓이 됐다. 그러나 그것은 전쟁 경험 그 자체 때문이 아니라 전후 경험이 전쟁을 정당화하는 데 실패했기 때문이다. 윌리엄 포크너는 1931년에 다음과 같이 썼을 때 이러한 변모 과정을 암시하고 있었다. "미국은 프랑스와 플랑드르의 참호에서 죽어간 독일 병사들에 의해서만이 아니라 독일 문학 책에서 죽어간 독일 병사들에 의해서도 정복당하고 있다."[46] 많은 사람에게 전쟁으로 시작된 내면으로의 여행은 전쟁의 여파로 가속화됐다.

『서부전선 이상 없다』는 열광적인 많은 독자의 주장과 반대로 '전쟁에 대한 진실'을 말하는 책이 아니다. 그것은 무엇보다 1928년에 에리히 마리아 레마르크에 대한 진실을 말해준다. 그러나 그의 비판가 대다수도 똑같이 그들이 말하는 '진실'에 더 가깝지는 않았다. 그들은 그들대로 자기 노력의 취지를 드러냈을 뿐이다. 레마르크는 전쟁을 이용했다. 그의 비판가들과 대중은 똑같았다. 결국엔 히틀러와 나치가 가장 성공적으로, 또한 강박적으로 전쟁을 이용하게 될 것이었다. 1920년대 후반의 전쟁 붐은 전쟁에 대한 진정한 관심보다는 혼란에 빠진 채 갈팡질팡하는 국제적인 자기 연민을 반영했다.

구름 곡예사

하트 크레인의 해리 크로스비를 위한 비가의 제목은 「구름 곡예사」였다. 그 제목은 에리히 마리아 레마르크에게도 어울렸을 것이다. 크로스비는 자기 머리에 총구를 갖다 대고, 문자 그대로 방아쇠를 당겼다. 레마르크는 비유적으로 거듭 그렇게 했다. 생생하게 살아 있는 희생자―절멸에 직면하여 몸부림치고 꿈틀거리며 애원하고 저주를 퍼붓는―라는 역설적 형상이 그 둘 모두를 지배했다. 두 사람에게 예술은 삶보다 더 우월해졌다. 예술 속에 삶이 거했다.

레마르크가 『서부전선 이상 없다』 이후에 쓴 사실상 모든 작품은 분해와 죽음을 다뤘다. 그리고 그가 쓴 사실상 모든 작품은 국제적인 성공을 거뒀다.

루이스 마일스톤이 감독하고 유니버설 스튜디오가 제작한 『서부전선 이상 없다』의 영화판은 훌륭한 시도였다. 1930년 5월에 개봉된 영화는 열광적인 호평을 받았고 영화를 상영한 뉴욕과 파리, 런던의 극장은 꽉 들어찼다. 급기야 작품은 이듬해 할리우드 영화계 최고의 영예인 아카데미 최우수 작품상을 받았다. 그러나 베를린에서는 요제프 괴벨스가 이끄는 나치 훌리건들로 인해 여러 차례 상영이 중단된 뒤 12월에 상영 금지 처분이 내려졌다. 겉으로는 독일의 이미지를 훼손했다는 이유였지만 실제로는 작품이 논쟁을 불러일으키면서 국내 치안과 질서를 위협했기 때문이다.[47]

1933년 5월 10일, 히틀러가 독일에서 집권한 뒤 "정치적, 도덕적으로 비非독일적"이라는 이유로 베를린대학에서 상징적으로 불태워진 책들 가운데는 레마르크의 작품도 있었다. 한 나치 학생은 "세계대전 병사들에 대한 문학적 배신을 타도하자! 용감하게 우리 민족을 교육한다는 뜻에서 나는 에리히 마리아 레마르크의 책을 불 속에 집어던지겠다"[48]라고 외쳤다.

"독일 민족을 보호하기 위해" 작성된 2월 4일자 대통령령에 따라, 베를린 경찰은 1933년 11월에 『서부전선 이상 없다』 3411권을 울슈타인 출판사에서 압수했다. 12월에 게슈타포는 압수한 책들을 파기하라고 명령했다.[49] 5월 15일, 제1차 세계대전 때 애송이에 불과했던 괴벨스는 독일 출판계 대표자들이 모인 자리에서 폴크Volk, 즉 독일 민족이 책에 봉사하는 것이 아니라 책이 독일 민족에게 봉사해야 한다고 말했다. 그리고 그는 "다시 한번 독일 정신으로 세상을 치유할 것이기에"[50]라고 결론 내렸다.

에리히 마리아 레마르크는 1930년 스위스에서 피난처를 찾았다. 뉴욕과 할리우드를 거친 오랜 여정 끝에 스위스로 귀환한 그는 1970년에 그곳 산장에서 세상을 뜬다. 여전히 잘생기고 여전히 불행한 채로.

제 10 장
끝없는 봄

전쟁은 우리 영혼에 깊은 상흔을 남겼다. 전쟁이 우리 눈앞에 그려 보이는 참상들, 그 잔인한 백병전, 코앞에 터지는 포탄, 섬광이 번쩍이던 베르됭의 밤하늘 그 모든 끔찍한 형상을 우리는 언젠가 우리 자식들의 눈동자에서 다시 보게 될 것이다.
_피에르 드 마즈노(1922)

배우와 예술가들은 종종 아주 황당무계한 생각을 해서 이따금 그들 눈앞에 경고의 손가락을 까닥거리며 정신을 차리게 해줘야 한다는 사실을 나는 오래전에 깨달았다.
_아돌프 히틀러(1942)

지금 [외국의] 언론이 다른 사람도 아닌 우리더러 유럽을 이 무시무시한 재앙으로 몰아넣은 무정부주의자라고 비난하는 것에 우리는 열렬히 항의한다. 그것은 살인자 대신 피살자를 탓하는 잘 알려진 수법이다. (…) 우리는 참으로 미친 시대에 살고 있기에 인간 이성은 쓸모가 없다. 이성은 더 이상 발언권이 없다.
_요제프 괴벨스, 1945년 3월 16일과 4월 1일

독일이여, 깨어나라!

1933년 1월 30일 월요일 베를린.

오전 11시가 다 돼갈 무렵, 아돌프 히틀러는 독일 수상으로 임명된다. 11명의 장관으로 구성된 그의 내각에 나치당원은 빌헬름 프리크와 헤르만 괴링 단 둘뿐이다. 11월에 실시한 마지막 총선에서 히틀러의 국가사회주의 독일노동자당NSDAP은 총투표수 가운데 3분의 1을 획득했다. 나치당은 제국의회에서 제1당의 지위를 유지했다.

의회에서 과반 의석을 차지하지 못했음에도 불구하고 히틀러와 그 일당은 나치당의 집권을 흔히 '캄프차이트Kampfzeit(투쟁의 시간)'라고 부르는 14년간의 투쟁 끝에 마침내 찾아온 승리로 여겼다. 그들은 그 14년 대부분을 정치적 광야에서 지냈다. '민족적 갱생'이 시작됐다. 나치들은 환희에 휩싸여 어쩔 줄 몰랐다. 그날 일기에 히틀러 선전의 예술가 요제프 괴벨스는 기쁨에 겨워 "꿈만 같다. (…) 위대한 결정이 내려졌다. 독일은 역사적 전환점에 서 있다. (…) 온 국민이 분출한다.

독일이 깨어난다! (…) 우리는 목표에 도달했다. 독일 혁명이 시작된다!"¹라고 썼다.

그러나 13일 아침에는 일기를 쓸 시간이 없다. 괴벨스는 정신없이 움직이고 있다. 그는 행동에 착수해 재빨리 그날 저녁 거대한 횃불 행진을 조직한다. 갈색 셔츠와 검은 셔츠, 즉 돌격대SA와 친위대SS가 동원된다. 독일의 보수적 민족주의와 연계된 의회 내 조직인 철모단 Stahlhelm 조직원들도 합류한다. 철모단은 행진에 참여할 것을 정중히 요청받았는데, 민족인민당의 지도자 알프레트 후겐베르크와 다른 우파 인사들도 내각에 참여했기 때문이다. 대략 2만5000명의 사람이 모여 주변 지역에서부터 베를린 중심가로 행진한다. 그들은 브란덴부르크 문을 통과해 운터 덴 린덴과 빌헬름슈트라세를 따라 행진한 다음, 수상 관저 앞을 지나간다. 겨울이라 이미 어둠이 내려앉은 저녁 7시에 시작된 행진은 군가가 울려 퍼지는 가운데 5시간 동안 이어진다. "늙은 영감탱이들은 벌벌 떤다. (…) 오늘은 독일이, 내일은 전 세계가 우리 것."

베를린 주재 프랑스 대사 앙드레 프랑수아 퐁세는 이 광경을 목격한다. 행렬은 끝없이 이어진다. 군홧발, 북소리, 노래, 횃불, 규칙적인 움직임. 군중은 길 양옆에 늘어서 있다. 끝없는 열광. 두 라디오 방송기지들은 행신 이벤트를 묘사하면서 자신들도 열기에 사로잡힌 듯하다. 그들은 "환호가 끝없이 터져나온다"고 청취자들에게 전한다.

아돌프 히틀러는 창가에 서 있습니다. (…) 그의 눈은 깨어나고 있는 독일을, 각계각층에서 온 사람들이 인산인해를 이룬 모습을 보며 빛나고 있습니다. 정신노동자, 육체노동자 할 것 없이 행진하는 사람들 사이에서 계급 간 차이는 완전히 지워졌습니다. (…) 멋진 광경입니다. 이런 광경은 두번 다시 보지 못할 것입니다! 앞으로 쭉 뻗은 이 무수한 팔. 이 무수한 "만세Heil!"의 외침. (…) 우리 청취자들이 이것이 얼마나 대단한 장관인지, 이 순간이 헤아릴 수 없을 만큼 얼마나 위대한 순간이지 조금이나마 짐작할 수 있기를 바랍니다.[2]

그날 저녁 거리를 거닐던 하리 케슬러 백작은 '축제 같은 분위기'를 감지한다.[3]

종말은 12년이 조금 지나 찾아왔다. 1930년대 중반에 히틀러는 10년 안으로 베를린은 완전히 바뀌어서 아무도 못 알아볼 것이라고 말했다. 뒤이어 벌어진 전쟁 동안, 그는 베를린은 곧 세계의 수도가 될 것이라고 예언했다. 1945년이 되자 베를린은 형체를 알아볼 수 없게 됐고, 유럽 위기와 정말로 서구세계의 일반적 위기의 상징이 됐다. 끝없이 펼쳐진 돌무더기와 폐허. 전쟁 말기에 이르러 독일이 영국 상공에서 투하한 폭탄 1톤마다 연합국—주로 미국과 영국—은 독일에 315톤의 폭탄을 투하했다.

맬컴 머거리지는 '대공습을 당한 베를린'을 1945년 5월에 막 내린 드라마의 '핵심 장면'이라고 봤다. "이 엄청난 광경을 목격한 사람이라면 대체 누가 그 광경을 잊을 수 있겠는가?" 베를린의 첫인상은 철저한 황폐함 그 자체였다. 황량한 달 풍경 같은 곳에서 시체 타는 냄새가 코를 찔렀다. 그러나 자세히 들여다보면 무너진 잔해 속에 굴을

판 채 살아남은 인간 오소리들을 발견할 수 있었다. 이들은 '해방된 베를린 시민들'이었다. 머거리지는 자문했다. "이것이 우리 전쟁 목표의 실현의 결과란 말인가……? 이것이 악에 대한 선의 승리를 나타내는 것일까?"[4]

죽음의 나치 수용소를 해방시킨 영국, 미국, 러시아 군인들은 그런 의심을 전혀 품지 않았다. 산더미처럼 쌓인 돌무더기 대신, 그들은 산더미처럼 쌓인 시체를 발견했다. 비쩍 마른 무수한 팔다리가 기괴하게 뒤틀린 채 마치 가지를 쳐내지 않은 장작 다발처럼 튀어나와 있는 시체 더미를 말이다. 티푸스가 창궐할 조짐이 있었다. 여기서도 숨어 있던 거주자들은 천천히 모습을 드러내 해방자들을 맞았다. 그들은 다른 행성에서 온 기괴한 생물체 같았다. 수척하고, 문신이 새겨진 그들은 어떤 소름 끼치는 상상력이 설계한 기계 장치가 달린 장난감처럼 걸었다. 마치 하데스(명계冥界)가 폭발해 그곳의 내용물을 다시 토해낸 듯했다.

나치가 저지른 만행의 규모가 서서히 드러나기 시작했다. 희생자 수는 충격적이었다. 수백만 명의 유대인, 수백만 명의 외국인 예속 노동자와 집시, 동성애자, 여호와의 증인 신자, 병약자들이 희생됐다. 아우슈비츠도 서구 정신의 상징이 됐다. 아우슈비츠 이후로 테오도어 아도르노에게 시는 더 이상 가능하지 않았다. 이때까지 서구의 감수성과 합리주의의 주요 전달 매체였던 언어는 여기에 이제 적절하지도, 어울리지도 않았다. 많은 이에게는 침묵만이 유일하게 올바른 반응인 듯했다.

1945년에 연합군이 세상에 드러낸 현장들은 1933년 초에 일어난 사건들의 불가피한 결과는 아니었지만, 일어날 만한 결과였다. 나치즘은 모더니즘적인 충동인 또 다른 혼성체, 즉 비합리주의와 기술주의 technicism가 만난 혼성체의 산물이었다. 나치즘은 정치 운동에 그치지 않았다. 그것은 문화적 분출이었다. 그것은 소수가 부과한 것이 아니었다. 그것은 많은 사람 사이에서 발전해 나왔다. 나치즘은 세속적 이상주의의 극치였다. 절박한 실존적 위기감에 의해 추진된 그것은 겸허함과 절제의 자취, 정말로 현실성의 자취마저 사라져버린 이상주의였다. 경계와 한계는 무의미해졌다. 결국에 이 이상주의는 처음의 출발점으로 돌아온 뒤, 자신한테 달려들어 자기 자신을 먹어치우게 됐다. 이상주의로 시작했던 것이 니힐리즘으로 끝났다. 떠들썩한 경축으로 시작했던 것이 천벌로 끝났다. 생명으로 시작했던 것이 죽음으로 끝났다.

나치즘에 대한 많은 해석이, 토마스 만의 표현대로 나치즘을 '호고주의好古主義의 폭발'로, 독일을 이엉을 얹은 시골집과 행복한 농부들로 이루어진 목가적 공동체로, 탈바꿈시키려 한 반동적 운동으로 보는 경향이 있다. 그러나 나치 운동의 전반적인 추진력은 의고주의적 태도에 불구하고 미래지향적이었다. 나치즘은 미래, '멋진 신세계'를 향한 앞뒤 가리지 않는 돌진이었다. 물론 그것은 잔존해 있던 보수적이고 유토피아적인 갈망을 철저하게 이용했고 이러한 낭만적 비전들을 중시했으며 독일의 과거로부터 이데올로기적 장식물을 취했지만, 그것의 목표는 그 자체의 측면만 놓고 볼 때 눈에 띄게 진보적이었다. 그것은 과거와 미래 둘 다를 신경 쓰는 야누스의 두 얼굴도, 기존의 형태들을 그대로 되풀이하는 현대판 프로테우스, 즉 자유자재로 모습을 바꾸는 변신의 신도 아니었다. 나치 운동의 의도는 새로운 도덕성, 새로운 사회 체제, 궁극적으로 새로운 국제질서를 이룩할 새로운 유형의 인간을 창조하는 것이었다. 그것은 사실 모든 파시스트 운동의 의도였다. 이탈리아를 방문해 무솔리니와 만난 오즈월드 모즐리는 파시즘이 "새로운 통치 체제만이 아니라 마치 다른 행성에서 온 사람처럼, 구세계의 정치가들과 다른 새로운 유형의 인간도 만들어냈다"[5]라고 썼다. 히틀러는 이런 표현들을 끝없이 늘어놓았다. 그는 나치즘이 정치 운동에 그치지 않는다고 말했다. 그것은 하나의 신념에 그치지 않았다. 그것은 인류를 새롭게 창조하려는 욕망이었다.[6]

나치즘은 어쩌면 무엇보다 자기애를 수반했지만, 그것이 사랑한 자기란 실제 자기가 아니라 거울에 비친 자기였다. 이 나르시시즘은 정치 운동으로 투사됐고 궁극적으로는 전 민족을 아우르게 됐다. 거울에 비친 상象, 나치가 자신들에 대해 품던 이미지는—금발과 푸른 눈동자, 크루프사의 강철처럼 강하고 니체적 권력의지를 지닌 영원한 젊은이—신화였다. 그러나 그 신화 뒤에는 어떤 관습적 의미로도 자신을 규정하지 못하는 전적인 무능력이 자리하고 있었다. 그러나 나르시시즘적 콤플렉스 안에서 존재는 미학의 문제, 즉 삶을 옳은 것이나 선한 것이 아닌 아름다운 것a thing of beauty으로 전환하는 문제가 된다. 파시즘이란 '정치의 미학화'[7]라고 말했을 때 발터 벤야민은 이런 지향을 가리키고 있었다. 그러나 파시즘은 정치의 미학화에 그치지 않았다. 그것은 존재 전체의 미학화였다. 한 나치 표어는 "독일인은 매일 아름다워질 것이다"[8]라고 주장했다.

나치즘은 독일 국민과 전 세계에 아름답게 거짓말을 하려는 시도였다. 그러나 아름다운 거짓말은 키치의 본질이기도 하다.[9] 키치는 가장假裝 놀이의 한 형태, 기만의 한 형태이다. 그것은 [키치가 없다면] 정신적 공허일, 일상의 현실에 대한 대안이다. 그것은 '재미'와 '흥분', 에너지와 스펙터클, 그리고 무엇보다 '아름다움'을 대변했다. 키치는 윤리를 미학으로 대체했다. 키치는 죽음의 가면이었다.

나치즘은 키치의 궁극적 표현, 다시 말해 정신을 멍하게 하는 키치의 그 치명적인 징후의 궁극적 표현이었다. 나치즘은 키치처럼 자신을 삶으로 위장했다. 키치와 나치즘 둘 다 실제로는 죽음이었다. 제3제국은 '키치 인간'들, 그러니까 삶과 예술, 현실과 신화 간의 관계를 착각한 사람들, 존재의 목표를 비판이나 곤경, 통찰이 결여된 단순한 긍정으로 간주한 사람들의 창조물이었다. 그들의 감수성은 피상성, 허위, 표절, 위조에 뿌리를 뒀다. 그들의 예술은 추醜에 뿌리를 뒀다. 그들은 19세기와 20세기 초 아방가르드와 제1차 세계대전의 독일 국민으로부터 형식은 놓아둔 채 이상만 취했고, 기술—거울—의 도움을 받아 그러한 이상들을 자신들의 목적에 짜 맞췄다. 현대에도 많은 위대한 문화적 업적을 이룬 시인과 사상가의 고향 독일은 제3제국에서 판사와 집행인의 나라, 키치와 니힐리즘의 화신이 됐다.

희생자 영웅

아돌프 히틀러의 젊은 날은 번민과 실패, 갈수록 커지는 공포증으로 점철된 나날이었던 것 같다. 그는 지방에서 올라와 1907년과 1908년

빈 미술 아카데미에 거듭 입학 원서를 냈지만, 그때마다 거부됐고 6년 동안 오스트리아의 수도에서 암담하고 정처 없는 삶을 보냈다. 그는 그 화려한 장관이 미래의 약속보다는 과거의 영광을 환기하는 도시이자, 중간계급의 커지는 피해망상증에 미학과 증오가 기묘하게 혼합되어 도피가 뒤따르는 도시의 정치에서 느껴지는 불안감을 흡수했다. 그는 미술과 음악에 몰두했고 자유로운 영혼이 되기를 꿈꾸었지만, 기성 질서에 의해 겪은 좌절을 고통스럽게 의식하고 있었다. 만약 히틀러가 그의 개인적인 예술적 시도에서 어떤 상업적 성공을 거뒀다면 개인적 재능과 진취적 정신, 주도력, 의지를 통해 기성 질서에 저항하고, 반문화적 창조력을 바탕으로 생계를 꾸려가는 전형적인 보헤미안으로 살아갔을지도 모른다. 그는 기회를 찾고자 1913년에 뮌헨으로 옮겨갔고, 거기서 여전히 일자리를 찾지 못한 채 뮌헨의 보헤미안 지구인 슈바빙의 선술집과 커피 하우스, 도심의 맥줏집을 들락거렸다.

그렇다면 초기부터 히틀러는 확실히 '반문화'의 예술가가 될 만한 까칠하고 예민한 구석이 있었고, 그러한 민감한 예술가적 기질은 그의 사회적 여건으로 인해 심화됐다. 그에게 부족한 것은 화가로서의 특출한 재능이었다. 건축가 알베르트 슈페어와 화가이자 조각가인 아르노 브레커, 무대 디자이너인 고든 크레이그 같은 사람들은 나중에 그의 작품이 상당한 재능을 보여준다고 주장했지만, 지금까지 아무도 그것이 기성 질서에 좌절당한 천재 예술가로서 잠재력을 보여준다고 말한 적은 없다. 히틀러가 미술 학교에서 받은 최고 성적은 '양호'였다.[10] 그러나 마음만은 예술가였고 자신이 마지막까지 주장한 대로 그는 언제나 예술가로 남았다. 나중에 그는 자신의 예술적 성향을 단지 더 넓은 관심사로 돌려 추구했을 뿐이다. 그 자신의 주장에 따르면 히틀러는 정치와 삶을 예술로 탈바꿈시키게 된다. 그의 화폭을 무한히 넓힌 것은 전쟁, 즉 제1차 세계대전이었다.

예술적·지적·급진적 공동체의 많은 사람처럼 그도 1914년 8월 전쟁의 발발을 숨 막힐 듯한 부르주아적 제약으로부터 갑작스러운 해방, 새로운 시작을 위한 계기, 일종의 혁명을 가져올 수단으로 봤다. 뮌헨 오덴플라츠에 모여 개전 소식에 환호하는 군중 가운데 한 명으로 찍힌 히틀러의 놀라운 사진은 그 모든 것을 웅변한다. 사진 속 히틀러는 군중 가운데 맨 첫째 줄에 서 있다. 인생에 친구도, 여자도, 직업도, 미래도 없던 이 사회 부적응자의 얼굴은 기쁨으로 밝게 빛나고 있다. 눈은 반짝이는 듯하다. 그는 마치—갑자기 그리고 전혀 뜻밖으로—빈 미술 아카데미의 지금까지 거부 결정은 끔찍한 실수였고, 사실은 자신, 즉 아돌프 히틀러가 지원서와 함께 제출한 견본 작품들이 여태껏 아카데미에 제출된 것 가운데 최고라는 통지를 막 받기라도 한 것 같다. 그는 나중에 그때의 감정을 이렇게 밝혔다.

> 내게 그 시절은 내 젊은 날의 고통스러운 감정으로부터의 해방과도 같았다. 심지어 당시 내가 어마어마한 기쁨에 북받쳐 그 자리에 무릎을 꿇고, 내게 이 시대에 살아가는 행운을 허락한 하늘에 마음속으로부터 넘쳐흐르는 감사를 드렸다는 사실을 지금도 떳떳하게 이야기할 수 있다.[11]

8월 3일, 그는 오스트리아 시민임에도 불구하고 바이에른 연대에 입대를 신청했고 이튿날 곧장 답변이 날아왔다. 그는 제16 바이에른 예비 보병연대에 배속됐다. 그는 "순수한 이상주의로 충만한 채 1914년에 전선으로 나갔다"[12]고 말했다.

전쟁은 그 자신의 표현대로 "내가 세상을 경험한 시간 가운데 가장 위대하고 가장 잊을 수 없는 시절"[13]이었다. 입수 가능한 모든 증거로 볼 때, 그는 연대에서 줄곧 외톨이였으며 심지어 전방에서 근무할 때도 혼자 있는 것을 좋아했다. 동료들에게는 집에서 보낸 편지가 쏟아져 들어오는 동안 히틀러는 편지를 받은 적이 거의 없었고, 심지어 크리스마스에 아무런 소포를 받지 못했을 때도 동료들로부터 선물을 받기를 거절할 정도였다.[14] 그는 전쟁 대부분의 기간에 후위에 있던 작전 지휘부와 전방 사이에 메시지를 전달하는 연락병으로 일했다. 연락병은 죽거나 다칠 위험이 컸다. 히틀러의 소속 연대가 전쟁 기간 대부분 동안 근무한 플랑드르와 아르투아, 샹파뉴, 솜 지역에서는 특히 연락병의 사상 비율이 높았는데, 물이 차서 지나갈 수 없는 연락 참호를 돌아서 가려면 번번이 참호 밖 탁 트인 공간으로 다녀야 했기 때문이다. 1914년 10월, 이프르 전선에 도착한 히틀러는 1916년 10월에 왼쪽 다리를 다쳤고 종전 한 달 전에는 영국군의 가스 공격으로 부상당했다. 그러므로 훈련과 휴가, 부상 회복차 요양으로 보낸 9개월 제외하고는 선생 내내 전선에서, 그것도 지옥 같은 서부전선에서 복무했던 셈이다. 그는 일찍이 1914년 12월에 제2급 철십자 훈장을 받았고, 1918년 5월에 연대 차원의 상장, 그리고 그해 8월에 제1급 철십자 훈장을 받아, 총 세 차례 무공 훈장을 받았다. 그는 몇 달간의 전장 경험을 전쟁 전반에 대한 설명으로 일반화한 에리히 마리아 레마르크가 아니었다. 아돌프 히틀러가 임무를 기피하거나 겁쟁이였다는 주장은 없다. 그는 개전부터 종전까지 거의 줄곧 전방에서만 복무하며 생활했다.

그는 그때 경험에 자신의 감정, 용기, 맹목적인 헌신을 바쳤고, 또 반대로 그 경험으로부터 목적의식, 소속감, 받아들여졌다는 느낌, 탁월한 능력과 불굴의 투지라는 측면에서 독일 병사가 바랄 수 있는 최고의 인정을 받았다. 그가 자신의 전쟁 경험을 몇 년에 걸친 어느 대학 교육보다 더 소중한 교육이자 인생 수업으로 간주하게 된 것도 무리는 아니며, 그때의 체험에 대한 추후 설명이—"어마어마한 인상" "압도적인" "너무나 행복한"[15]—감탄사로 범벅된 것도 당연한 일이었다.

히틀러는 전쟁 경험을 통해 성장했고, 그때의 경험으로부터 그가 구상하는 미래사회를 위한 기본적인 영감과 조직화에 관한 지침을 이끌어냈다. 그의 추종자 한 명은 "전선 경험Fronterlebnis을 이해할 때만 국가사회주의를 이해할 수 있다"[16]라고 말한 적이 있다. 더 위대한 형이상학적 선善과 조국의 이해관계를 위한 사회 전체의 동원이란 관점은, 미래 독일 질서를 위한 그의 일반적인 청사진으로 기능하게 된다. 그 선의 구체적인 내용이 중요하지 않은 문제는 아니더라도, 제1차 세계대전 동안 독일의 전쟁 목표와 마찬가지로 부수적인 고려 사항이었다. 그 선이란 단편적인 영토나 경계, 개인들과 얽혀 있지 않았다. 중요한 것은 주장, 정복, 승리, 투쟁의 행위, 그리고 전쟁에서 역동적 삶의 행위 그 자체였다. 중요한 점은 그러한 역동성을 가로막는 모든 것—물질주의자, 공론가, 병약자, 의지가 박약한 사람—을 제거하는 것이었다. 부르주아 도덕이나 노예의 도덕에 상응하는 전통적 도덕률은 이러한 미래의 구상에서 더 이상 설 자리가 없었다. 그는 자신의 교육 원칙은 가혹하다고 말하곤 했다. 그는 젊은이들을 폭력적이고 잔인하게 단련시키기를, 즉 세상을 공포로 몰아넣을 사람들로 훈련시키기를 원했다. 그들, 이 젊은이들은 자유로우리라. 맹수처럼 말이다. 그들에게는 수세기에 걸친 가축화나 노예의 흔적이 전혀 없을 것이다.

물론 현실 정치의 제약과 나중에 통치상의 책임성을 고려하여 전술적 후퇴, 즉 현란한 미사여구를 완화하고 폭발적인 에너지를 감추기는 했지만, 미래에 대한 비전 자체는 결코 바뀌지 않았다. 전쟁 경험은 다른 무엇보다 히틀러의 본보기이자 영감의 원천이 됐다. 사회 조직—모든 사람이 저마다 적소에 배치된 체제, 경제—자급자족적 국가 경제의 필요성, 정치—체제 전복적인 비판과 우유부단, 나약함, 평화주의 같은 타락의 징후를 제거할 필요성, 여가—전방 복무로부터 휴가의 형태로서, 기술—부르주아 상상력의 척박한 토양으로부터 해방의 수단으로서, 인종—"나는 삶이 잔인한 투쟁이고 종의 보존 외에 다른 목적이 없다는 사실을 배웠다"[17]라는 그의 시각, 그 모든 관점은 그가 1914년에서 1918년까지 경험한 것으로부터 형성됐다.

제국의 적들에 대한 독가스의 사용까지 그의 개인적 경험에 뿌리를 두고 있다. 그 자신의 가스 공격 체험은 신체적·정서적으로 트라우마를 낳았다. 시각적 동물, 즉 자신의 눈에 의지하는 예술가인 그는 가스 공격에 의한 부상으로 일시적으로 앞을 볼 수 없었다. 이후

역사가들은 종종 인용하나, 당대 사람들은 거의 주목하지 않았던
『나의 투쟁』의 한 대목은 이런 맥락에서 의미심장하다.

개전 때나 전쟁 중에 누군가가 대략 1만2000명이나 1만5000명의 히브리 파괴 행위자들을—사회 각계각층에서 온 우리 나라 최상의 인재 수십만 명이 전장에서 겪은 것처럼—독가스로 처리했다면, 전선에서 수백만 명의 희생은 헛되지 않았을 것이다.[18]

히틀러는 유대인을 끊임없이 '[사회의] 해충'이라고 불렀다. 그리고 그는 전쟁 기간에 유해동물—쥐와 기타 해충—을 처리하는 가장 효과적인 도구가 가스였다는 사실을 기억하고 있었다. 가스라는 수단을 통한 유대인 절멸을 히틀러는 일종의 '이 잡기'라고 묘사하게 된다. 히틀러에게 전쟁은 1918년에 끝났지 않았다. 그는 자신의 삶에서 가장 활기 넘쳤던 시절이 패배로 끝났다는 것을 도저히 받아들일 수 없었다. 10년이 넘도록 독일인들은 패배를 받아들이는 것 말고 달리 현실적 대안이 없었지만, 적어도 전쟁 노력이 헛됐다는 것을 열성적·공개적으로 부정하는 용기가 있는 급진 분파들에 내심 모두 동조하는 경향이 있었다. 바이마르 공화국의 모든 정치 집단은 예외 없이 베르사유 조약을 비난했지만, 급진 우파만은 강화 조약이 독일의 전쟁 수행 노력을 저해하고 이기고 있던 군을 등 뒤에서 배신한 비열하기 짝이 없는 국내 분파의 소행이라고 주장했다. 그러한 반역자들, 즉 패배를 획책하고 치욕의 공화국을 탄생시킨 '11월의 범죄자들'을 몰아낼 수 있다면 '1914년의 이념들'과 '전선의 정신' '참호의 공동체'를 공

격했던 해충 같은 놈들을 박멸하기 시작할 수 있을 것이다. 참전 군인이자 나중에 서부 독일에서 SA 지도자가 된 프리드리히 빌헬름 하인츠는 이렇게 주장했다.

저들은 우리에게 전쟁이 끝났다고 말했다. 웃기는 소리다. 우리가 곧 전쟁이다. 전쟁의 불꽃은 우리 안에서 강하게 불타오르고 있다. 그 불꽃은 우리 전부를 감싸고 유혹적인 파괴 충동으로 우리를 사로잡는다.[19]

그들은 그 지고의 환희의 순간, 즉 패배하기 전의 전쟁 시절로 어떻게든 돌아가야만 했다. 그러기 위해서는 전쟁이 가르쳐준 방법론을 동원해야 했다. 다시 말해, 파괴해야 했다.

전쟁 직후에 사람들이 여전히 전쟁의 참상에 충격을 받은 상태였다면, 1921년 에른스트 윙거는 전쟁이 "옛 화가들이 그린 십자가에 못 박힌 예수 그림"과 같은 모습을 띠게 될 때가 올 것이라고, 다시 말해 "그 찬란함이 어두운 밤과 피를 압도하는 장엄한 하나의 이념으로서" 모습을 띠게 될 때가 올 것이라고 썼다.[20] 그러나 나치와 다른 우익 집단들에게 전쟁은 이미 하나의 영감이었다. 나치당의 초기 일원인 고트프리트 페더는 "국가사회주의는 그 가장 진정한 의미에서 전선의 영역이다"라고 주장했다. 로베르트 라이는 국가사회주의에서 사회주의란 전선의 공동체를 되살리려는 것이라고 말했다. 베를린에서 히틀러의 부관이었던 그레고르 슈트라서는 전선의 병사를 끊임없이 드높였고, 전선의 병사들에게 새로운 제국에서 지도적 위치를 부여할 것이라 약속했다. 이 모든 것은 무솔리니의 트린체로크라치아

trincerocrazia, 즉 파시즘의 엘리트 정치가 될 것인 '참호 정치trenchocracy'라는 관념에 비견될 만했다. 그리고 히틀러는 개인적으로 자신을 무명용사의 화신, 전쟁에 의해 해방되고 전쟁에 의해 만들어진 그 이름 없는 힘의 체현으로 봤다.[21]

그 정신과 헌신의식을 다시 일깨우는 것이 심지어 정치적으로 중도인 온건파를 비롯하여 바이마르 독일에서 민족적인 사고방식을 지닌 모든 분파의 목표였지만, 그 목표를 가장 노골적으로 추구한 쪽은 우파의 급진분자들이었다. 환멸 문학의 유행과 함께 1920년대 후반의 전쟁 붐이 한 일은 역설적이게도 민족주의적 역풍의 길을 닦은 것이었다. 1930년에 이르자 불황이 심화되면서 '민족적 각성'의 문학이 꽃피었다. 에른스트 윙거가 열독되기 시작했다. 프란츠 샤우베커도 많은 독자를 얻었다. 그리고 그보다 실력이 떨어지는 일단의 민족주의 작가들도 잘나갔다. 커가는 경제적 절망과 전쟁에 관해 새롭게 표명된 관심이라는 이러한 맥락에서, 나치당은 1929년과 1930년에 총선과 지방선거, 특히 1930년의 총선에서 엄청난 득표수를 기록할 수 있었다.

선거에서의 성공으로 당이 새로이 사회적 위신을 얻는 가운데, 당의 강령적 발언 일부—일례로 유대인 문제와 관련된 강령—의 어조는 다소 완화되었다. 그러나 치욕과 부패, 민족적 자기 부인의 공화국을 몰아내고 그 공화국을 1914년과 참호에서의 단결의 분위기를 되살릴 진정한 민족공동체Volksgemeinschaft로 시급히 대체해야 한다는 주장은 소리 높이 외쳐졌다. 그런 그들의 목소리에 귀 기울이는 청중의 숫자 역시 갈수록 많아졌다. 나치는 전쟁 정신을 불러일으키기 위해 문화Kultur라는 말을 끊임없이 사용했다. 그들은 그 문화의 진정한 후계자이자 민족과 독일의 운명이라는 이념에 사심 없이 헌신하는 정신의 진정한 계승자임을 자처했다. 히틀러가 1932년 봄에 대통령 선거에 출마하기로 했을 때, 반대파들이 그의 호소력에 맞설 유일한 대안으로 찾아낸 것은 무려 84세나 된 늙은 전쟁 지도자 힌덴부르크를 또 한 번 후보자로 출마하게 설득하는 것뿐이었다. 그 육군 원수만이 '보헤미안 상병'을 물리칠 만한 위상을 갖고 있었다. 힌덴부르크는 실제로 대통령 선거에서 히틀러를 이겼지만, 나치당에 대한 지지는 계속 커졌다. 그해 7월 총선에서 나치당의 득표율은 37.4퍼센트에 달했고 230석의 의석을 차지해 제국의회 역사상 단일 정당으로서 최대 의석을 점유했다. 6개월 뒤에 히틀러는 그가 권좌에 앉는 것을 막으려고 출마를 종용받은 바로 그 힌덴부르크에 의해 수상으로 임명됐다. 따라서 마침내 1933년 1월 30일 독일의 갱생, 민족적 각성을 위한 첫 주요 단계가 달성됐다.

히틀러가 수상으로 임명된 지 몇 주 만에 필립 비트코프는 제1차 세계대전에서 전사한 독일 학도병들의 서간집의 보급판Volksausgabe을 새로이 내놓았다. 그가 새로 쓴 서문은 다음과 같다.

이 편지들은 우리에게 남겨진 유산이다. 우리는 이 편지들을 통해 편지를 쓴 사람들이 마음속에 그리며 갈망하고 결국에는 목숨까지 바친 이상적인 조국의 모습을 깨달을 수 있다. 죽어간 이 젊은이들은 잃어버린 독일이 아니라 새로운 독일의 순교자이며 우리는 그 새로운 독일의 창조자이자 시민이 될 것이다.

그는 편지들이 전쟁을 다룬 어떤 소설이나 역사책에서 알 수 있는 것보다 훨씬 더 심오한 "개인적이고 역사적이며 의심의 여지가 없는 진실"을 담고 있다고 지적했다. 그리고 이렇게 덧붙였다.

지금 같은 민족적 자각의 시기에 우리는 이 학도병들에게 경의를 표하고, 그들의 기억을 기리며 그들이 헛되이 죽지 않았다고, 우리가 그들의 유언을 이행할 것이라고, 끊임없는 노력을 통해 그들에게 부끄럽지 않은 사람이 되겠다고 맹세한다.[22]

나치가 집권한 직후, 크리스토퍼 이셔우드는 베를린 뷜로슈트라세를 따라 걷다가 나치들이 어느 진보적인 출판사를 습격하는 것을 목격했다. 그들은 책을 트럭에 실으면서 책 제목을 하나씩 큰소리로 외치고 있었다. "Nie wider Krieg." 한 갈색 셔츠[돌격대원]가 뻣뻣하고 긴 손가락으로 책 귀퉁이를 집어들고는 "전쟁은 그만!"이라는 제목을 크게 읽었다. 옷을 잘 차려입은 뚱뚱한 한 부인이 잔인한 코웃음을 치며 대꾸했다. "웃기시네!"[23]

14년 뒤, 토마스 만은 나치의 기획 전체에 대해 성찰하며 "목적 그 자체로서 전쟁이라는 관념이 사라진다면 국가사회주의 체제는 (…) 완전히 무의미해질 것이다"[24]라고 썼다.

삶으로서의 예술

나치즘은 아방가르드의 여러 충동의 대중적 변형이었다. 그것은 아방가르드가 '고급예술'의 수준에서 표출하고 제시한, 동일한 경향과 해법 다수를 더 대중적 차원에서 전개했다. 무엇보다 나치즘은 자기들이 경멸한다고 밝힌 모더니스트들처럼 주관주의와 기술주의를 결합시키려 했다.

나치즘은 이성이나 객관적 세계가 아니라 주관적 자아, 감정, 경험 Erlebnis을 자신의 출발점으로 삼았다. 저 객관적 세계는 그냥 내버려졌다. 그것은 아무런 희망이나 따사로움, 위안을 제공할 수 없었다. 전쟁에서 돌아왔을 때 히틀러한테는 일거리나 고국, 직업, 심지어 주소지도 없었다. 관습적 의미에서 그는 아무것도 아닌 사람, 무가치한 인간이었다. 그가 소유한 긍정적 성격이라고는 예술가로서 자신의 자질에 대한 확신과 전쟁 경험뿐이었다. 그는 어떠한 일반적인 사회적 의미에 의해서가 아니라 개인적인 감정과 스타일—일이 어떻게 이루어져야 하는지, 그리고 삶에 어떤 방식으로 의미가 부여돼야 하는지에 관한 미의식—의 측면에서 자신을 규정할 수 있었다.

히틀러가 1919년 뮌헨에서 가입한 자칭 독일 노동자당이라는, 사회 부적응자와 모험주의자들에 불과한 어중이떠중이 정당의 지도자가 될 수 있었던 것도 그의 스타일, 웅변적 재능 그리고 연설을 통해 감정과 느낌을 전달하는 놀라운 능력 덕분이었다. 그와 그의 정당이 끝도 없이 떠들어댄 생각은 모두 낡을 대로 낡은 것이었다. 그것들은 1914년 이전 편집증적인 오스트리아와 독일의 국경 정치로부터 물려받은 헛소리, 즉 '예속 민족 집단들'이 넘쳐나면서 '독일다움'이 위협받고 있다는 생각에 불과했다. 심지어 히틀러가 1920년에 지도자가 됐을 때, 당명에 추가한 '국가사회주의'라는 조합도 그와 동일한 시기와 동일한 근원들에서 빌려온 것이었다. 나치당이 생존하고 이후 성장할 수 있었던 것은 그들의 내용이 아니라—미친 듯이 퍼부어대는 신경증적 장광설에 애초에 내용 따위 없었다—스타일과 분위기 때문이었다. 그것은 무엇보다도 극장, 천박한 '예술', 맥줏집과 거리의 그랑기뇰grand guignol*풍의 공연이었다. 나치즘이 제공할 수 있었던 것은 거리의 몸싸움과 고생, 노래, 경례에서 나오는 도발과 흥분, 전율이었다. 손가락 관절 부위에 쇳조각을 끼고 다니거나 구타용 고무호스를 들고 다니든, 아니면 마음속으로만 공산주의자와 유대인을 두들겨 패며 대리 만족을 하든, 나치즘은 행동이었다. 나치즘은 참여였다. 나치즘은 정당이 아니었다. 그것은 이벤트였다.

'공동체'에 소속감을 불러일으키기 위해 나치당은 일찍부터 다른 무엇보다도 의식儀式과 선전의 중요성을 강조하기 시작했다. 그것은 깃발과 휘장, 제복, 의전 행사, 똑같은 경례, 충성 맹세, 끝없는 구호 반복 등으로 이루어졌다. 나치즘은 컬트, 즉 숭배 현상이었다. 나치즘의 호소력은 철저하게 감정에 있었다. 공격은 오감, 주로 시각과 청각에 집중됐다. 말이 글보다 우위에 있었다. 드라마와 음악, 춤, 그리고 나중에 라디오와 영화는 문학보다 더 큰 중요성이 부여됐다. 나치즘은 처음부터 끝까지 장대한 볼거리였다. 수세기 동안 '시인과 철학자'의

---

* 공포와 선정성을 강조한 19세기 단막극 형식이다.

나라로 통한 나라에서 이 모든 것은 새로웠다. 선거 기간에 제국의사당이 불타버려서 1933년 3월 5일에 선출된 제국의회 의원들이 새로운 모임 장소를 찾아야 했을 때, 임시 의사당으로 크롤 오페라 하우스가 선택됐다. 그러한 선택은 전혀 우연이 아니며, 단순히 편의성과 공간, 좌석의 문제는 분명 아니었다. 민주주의 시대의 젠체하는 가식에 반하여, 정치는 이제 '진정한' 무대가 됐다. 1939~1945년 전쟁 기간에 독일 도시에 대한 연합국의 폭격이 거세지고 그에 따라 파괴가 늘어갈수록, 히틀러는 극장과 오페라 하우스를 최우선으로 즉시 재건하라고 명령했다. 국민의 사기와 민심을 고려할 때 다른 요구 사항들을 우선적으로 다뤄야 한다는 주장에 대해 히틀러는 "국민의 사기를 유지해야 하는 바로 그 이유로 무대 공연이 필요하다"[25]고 대답한다. 처음부터 마지막 순간까지 제3제국은 관객을 사로잡는 장관의 무대였다. 또 그것이 나치즘이 의도했던 바였다.

신화는 객관적으로 상정되는 역사를 대체했다. 미셸 투르니에가 말했듯이 신화는 "다들 이미 아는 역사"[26]다. 그에 따라 역사는 자체의 일관성이란 전혀 없는 현재의 도구에 불과하게 된다. 종종 주장되는 것과 달리 히틀러는 역사의 세부적 사실들에 대해 무지하지 않았지만, 그는 그러한 세부적 사실들과 과거 전체를 자신의 개인적 경험이라는 시금석에 비춰 멋대로 해석했다. 모든 역사적 개념, 다시 말해 민족, 국가, 정치, 문화, 사회, 경제는 그 경험으로 빨려 들어갔다. 그의 개인적 경험은 국가적 삶과 국제적 삶, 둘 다의 지침이 됐다. 종말이 가까워졌을 때 그는 역사에 흥미를 잃었고, 심지어 기적적인 승리로 패배 직전에 기사회생하며 그에게 많은 위안을 줬던 프리드리히 대왕, 특히 토머스 칼라일 버전의 프리드리히 대왕에 대한 관심도 잃어버렸다. 괴벨스는 1945년 3월 21일 일기에 "심지어 내가 든 역사적 실례들도 그에게 별다른 인상을 주지 못한다"[27]라고 썼다. 그렇다면 역사는 히틀러의 성격과 그의 운명의 연장延長에 불과하게 된다.

이런 맥락에서 행위는 신중한 고려를, 행동은 윤리를 대체했다. 1920년에 발표돼 이후에 변경할 수 없는 것으로 선언된 나치당의 강령, 이른바 25개조는 원칙과 목표의 진술이라기보다는 선언적 행위에 가까웠다. 그것은 선전 목적의 전술적인 몸짓에 불과하며 25개조의 변경 불가능성을 부르짖는, 이후의 모든 선언 역시 유사한 행위였다. 중요한 것은 행위, 선언, 연극적인 발표였지 내용이 아니었다. 히틀러의 모든 연설도 마찬가지다. 그것 역시 전통적인 의미에서의 연설이라기보다는 행위였다. 히틀러가 국가사회주의 독일노동자당은 정당이라기보다는 '운동'이라고 역설한 것도 당연하다. 정당은 규칙과 공약, 의제들에 매여 있었다. 반대로 국가사회주의의 진짜 본질은 영구적인 운동, 활력, 반란이었다. 히틀러 자신은 이러한 애매모호함을 체현했다. 그는 선천적으로 규칙적인 일상을 영위할 수 없는 것 같았다. 그는 모임 약속을 지키지 않고, 서류 업무를 건성으로 처리하며, 야심한 시각까지 깨어 있기로—새벽까지 깨어 있고 늦게 자는—악명이 높았고, 이는 그의 측근들을 지치게 했다. 다시금 이러한 스타일은 그의 흐트러진 앞머리처럼 언제나 그 안의 예술가적 기질 탓으로 돌려졌다.

"위험하게 살라"라는 니체적 주문은 나치즘의 유일한 명령이 됐다. 물론 위험하게 사는 것은 반대와 저항을 의식적으로 불러들이고, 용인되는 사회적 규범을 위반하며, 물려받은 도덕률을 위반하는 것이다. 위험하게 살아가는 것은 현상 유지를 받아들이지 않는 것을 의미한다. 그것은 지속적인 대립자로 행동하는 것을 의미한다. 그것은 과장과 도발을 의미한다. 그것은 영구적인 갈등을 의미한다. 히틀러는 "나치즘은 갈등의 신조"라고 말했다.

이런 세계관Weltanschauung에서 연민, 측은지심, 산상수훈은 모두 구시대적 유물이 된다. 괴벨스는 연민이 부르주아의 감상성에 불과하다고 말했다. 그것은 나치 공동체가 없애나가고 있는 불평등의 표현일 따름이다. 전쟁에 대한 환멸을 다루는 부르주아 문학은 연민에 빠져 있다. 전쟁에 대한 이런 유의 기억과 일반적인 부르주아적 타락이 극복된다면, 연민이 들어설 자리는 더 이상 없을 것이다. 에즈러 파운드는 파시즘에 경도된 시기에 역시 연민을 비난했다. 예이츠는 옥스퍼드 현대시 선집을 편집하면서 연민 같은 비천한 정서를 용납하지 않았다. 그는 자신의 시를 두고 "시란 연민 속에 있다"고 한 윌프리드 오언의 시를 시선집에서 제외했다. 예이츠에게 진정한 예술이란 연민에 뿌리를 둘 수 없는 것이었다.

여기서 작동하는 거대한 기만은 주장되는 바와 같이 '의지의 영웅주의'가 아니라 '부조리의 영웅주의'이며, 협상과 토론, 회유, 한마디로 '나와 니'라는 변증법적 존재와 객관세계에 대한 어떠한 인식도 배제하는 어마어마한 자기중심주의다. 객관세계에 반응함으로써 인간의 성격과 인격은 지속적으로 발전한다. 그러나 나치즘은 자기 자신의 모습에 따라 객관세계를 발명한 환상의 영역이었다. 모더니즘의 경향이 낭만주의라는 그 근원부터 '주관을 객관화'하고 주관적 경험을 상징으로 전환하는 것이라고 한다면, 나치즘은 이러한 경향을 받아들여 삶과 사회의 일반적인 철학으로 탈바꿈시켰다. 프랑스의 나치 협력자 로베르 브라지야크에게 파시즘은 시, '20세기의 시'[28]였다. 히틀러에게 삶은 예술이었고 그의 운동은 하나의 상징이었다. 1933년 3월 21일 '포츠담의 날'에 기가 막히게 연출된 새 제국의회의 공식 개원에서 프티부르주아 오스트리아 상병 히틀러가 귀족적인 프로이센 원수이자 독일 대통령인 힌덴부르크와 프리드리히 대왕 무덤 위에서 악수했을 때, 새로운 수상은 국가사회주의라는 독일을 회복시키는 현상을 만들어낸 공로를 예술에 돌렸다. 예술로부터 "새롭게 일어서고자 하는 갈망과 새로운 제국에 대한 갈망, 따라서 새로운 삶에 대한 갈망"[29]이 생겨났다. 양차 세계대전에서 독일의 노력과 그 자신의 당이 인정받기 위해 벌인 투쟁을 히틀러는 '아름다움'[30]과 동일시하게 된다. 그는 자신을 니체가 요청한 예술가-폭군의 화신으로, 바그너가 열망한 '천재성의 독재'의 실행자로 바라봤다. 외교 정책을 다루면서 그는 자신이 '전 유럽에서 가장 뛰어난 배우'라고 으스댔다. 결국에는 그의 악이 진부했다고 평가될지도 모르지만, 히틀러는 토스카Tosca* 못지않게 자신이 '예술'을 위해 살았다고 말할 수 있으리라.

---

* 푸치니의 오페라 「토스카」의 여주인공으로, "예술에 살고, 사랑에 살고Vissi d'arte, vissi d'amore"라는 가사로 시작되는 2막의 아리아가 유명하다.

현실로서의 신화

파시즘은 독일적 형태와 다른 형태에서 물론 정치적 현실이었지만, 일정한 심리 상태에서 기인한 정치적 현실이었다. 사회적·경제적 고려들은 자연히 그러한 심리 상태를 형성하는 데 기여했지만, 결론적으로는 구체적인 물질적 고려가 아니라 실존적 공허가 그러한 반응을 낳았다. 나치즘은 단순히 권력을 추구하는 자들에 의해 사람들에게 부과된 강압적 체제가 아니며, 산업가와 금융가 혹은 반동적 엘리트에 의해 강요된 체제는 더더욱 아니다. 테러와 폭력은 실제로 체제의 정치적 도구였으며 심각한 반대를 잠재우는 데 효과적이었음에도—히틀러가 암살 음모에서 구사일생으로 살아난 1944년 7월까지는 적어도—그러한 도구는 독일 대중이 나치즘을 수용하는 데 주변적인 역할만 했다. 1933년 괴벨스는 '혁명'을 수행하는 데는 두 가지 길이 있다고 말한 바 있다.

> 우리는 우리 기관총 사수의 우위를 인정하게 될 때까지 반대파에게 기관총을 마구 쏘아댈 수도 있다. 그것은 더 단순한 방법이다. 그러나 정신적 혁명으로 국민을 완전히 바꿔놓고 따라서 반대파를 제거하는 대신 그들을 섬두에 우리 편으로 끌어들일 수도 있다. 우리 국가사회주의자들은 두 번째 방법을 택했고 이를 추구할 생각이다.[31]

독일인들은 나치가 되도록 강요받지 않았다. 그러나 그들은 나치 운동의 기세에 이끌렸다.

SS, 게슈타포, 다른 보안 및 치안 기관은 잠재적 반대파를 뿌리 뽑고 제거하는 데 극도로 효과적이긴 했지만, 대부분의 독일인에게는 국가 안보에 필수 불가결한 현실적인 기구라기보다 정권 활력을 상징하는 것에 가까웠다. 그와 유사하게 전쟁이 마침내 일어났을 때, 그것은 일급의 책략가가 결연하게 획책한 거대한 계획의 결과가 아니라 불가피한 대결을 동반한 억누를 수 없는 역동성의 예기치 못한 결과물이었다. 독일인들은 1939년의 전쟁이 생존의 문제, 즉 1914~1918년 투쟁의 피치 못할 연속이라고 확신했다. 독일이 영토적·정치적으로 자신의 권리를 단호하게 주장하든지, 파멸하든지 둘 중 하나일 것이었다. 그것이 히틀러가 독일인들한테 제시한 대안이었을 뿐만 아니라 영국과 프랑스, 러시아 등이 제시한 대안이기도 하다고 여겨졌다. 한마디로 독일의 역사적·지정학적 현실이 제시한 대안이란 소리다. 그 결과, 1939년 9월에 시작된 전쟁 초기 국면은 1914년 8월의 환희와 대조적으로 묵묵히 의연하게 받아들여졌다. 그러나 독일 국민의 충성심은 결코 의심의 여지가 없었다. 그들은 자신들의 생존이 걸려 있다는 확신과 결의를 품고 싸웠다. 세계 패권 아니면 전멸만이 유일하게 가능한 현실인 듯했다.

  그러나 폭력과 테러가 제3제국 사회 통제의 필수 불가결한 도구는 아니었다 하더라도, 그것들은 나치 컬트의 본질적 속성이었다. 폭력은 찬미됐다. 테러는 다른 모든 것과 마찬가지로 하나의 예술 형식으로 바뀌었다. 가장 열렬한 나치들은 살인의 미학에 흠뻑 빠져 있었다. 1944년 7월에 자신에 대한 암살 기도가 벌어진 후, 히틀러는 음모자들의 처형—커다란 갈고리에 걸린 채 극심한 고통을 받게 팔다리를 뒤트는 고문을 받는 신체들—을 자신이 보고 즐기기 위해 카메라로 촬영하게 했다. 괴벨스는 그다음 그 영상들을 공개적으로 상영하게 했다. 물론 그 영상들은 정권의 반대파에게 겁을 주려는 의도였지만, 그와 동시에 나치즘의 결연한 의지와 무자비한 인상을 전달하려는 의도도 있었다.

히틀러의 맹우인 무솔리니와 이탈리아 파시즘도 전체적으로 잔혹함을 미학적으로 승화시켰다. 1935년 이탈리아가 에티오피아를 침공하면서 폭격기와 현대적 무기를 가지고 종종 창으로만 무장한 원주민들을 상대로 전쟁을 벌였을 때, 파시스트 작가들은 앞다투어 이러한 무력 충돌의 '아름다움'을 환기했다. 단눈치오는 "싸우고 싶은가? 죽이고 싶은가? 강물을 이룬 피를 보고 싶은가? 산더미처럼 쌓인 금을 원하는가? 무더기로 붙들려온 여자, 노예들을 원하는가?"[32]라고 물었다. 한편 마리네티는 "전쟁은 아름답다. 충격과 포격, 일시적 휴지와 각종 냄새와 시체가 부패하는 악취를 결합해 하나의 교향곡으로 만들어내기 때문이다"[33]라고 소리 높여 외쳤다.

나치 의식의 테마는 파시즘의 상상력을 강하게 사로잡았다. 나치 의식의 상당수는 밤에 거행됐다. 횃불과 높이 쌓은 장작더미가 의식 도구로 두드러지게 등장했다. 가장 웅장한 나치 행사는 프리드리히 대왕이든, 제1차 세계대전의 전사자들이든, 1923년 뮌헨 쿠데타 기도 때 죽은 나치당원들이든, 아니면 호르스트 베셀*이든 간에, 영웅이나 순교자를 기리는 의식과 헌화 의식에 초점을 맞췄던 것 같다. '시체

* 1930년 암살당한 나치당 돌격대장이다.

선전술'³⁴이란 하리 케슬러가 나치즘의 이러한 측면을 묘사하며 한 말이었다. 히틀러는 나치 건축 미학의 결정적 준거는 룩소르의 피라미드처럼 유적으로 살아남아서 경외감을 불러일으키는 능력이라고 역설했다. 나치 건축물은 거대한 묘가 될 것이었고, 직접적이든 간접적이든 그렇게 의도됐다.

그렇다면 나치즘의 이른바 이데올로기는 어떠했는가? 죽음에 대한 매혹에도 불구하고 나치즘은 무엇보다도 '경험'의 문제와 진실성의 추구였기에, '강령'의 구체적인 내용은 에너지로서의 운동 관념과 해방으로서의 갈등이란 관념에 치여 언제나 뒷전으로 밀려났다. 중요한 것은 지속적인 대결과 굽힘 없는 대립적 태도였지, 그러한 태도의 세부적인 내용이 아니었다. 따라서 1933년 이전 나치당과 이후 제3제국 운영에서 나치는 옹졸한 시기, 질투, 라이벌 의식, 불화, 혼란스러운 권력 다툼과 영향력 싸움으로 특징지어지는 엄청난 다양성을 유지할 수 있었다. 괴벨스는 괴링을 경멸했고, 괴링은 헤스를 미워했다. 그리고 그들 모두는 로젠베르크를 싫어했다. 그런 식으로 적대감에 따른 자중지란自中之亂과 내분은 끝없이 이어졌다. 지도자Führer를 중심으로 한 획일적 단합과 비상한 탁월함까지는 아니라 해도, 국정 운영상의 효율성이라는 표면적 인상과 반대로 당과 제3제국은 '권위주의적 무정부'³⁵를 대변했다.

나치 운동은 강령적 진술과 실제 정책 간의 현저한 모순을 드러냈다. 농민은 '민족의 생명줄'로 요란하게 치켜세워졌지만 농촌 지역의 인구 감소는 계속됐고, 독일은 사실 제3제국 시기에 더 도시화됐다. 모든 독일인에게 '시골의 작은 집'을 선사하겠다는 약속과 반대로, 나치의 건축 계획안은 거의 전적으로 어마어마한 규모의 도시 건축물에 집중됐다. 여자들은 가정에 머물며 어머니로서의 역할에 헌신해야 한다고 했지만, 1939년 전쟁 발발 전부터 어느 때보다도 더 많은 여자가 일터에 나가 있었다. 제3제국에서는 중소기업이 번영해야 한다고 했지만, 실제로는 상업과 산업이 대기업으로 더 집중됐다. 이러한 모순은 나치당 내부의 적대감처럼 끝이 없었다.

외부자의 눈에 나치의 주장 가운데 어쩌면 가장 아이러니한 점은 그들의 인종론이었을 것이다. 아리아 인종의 우월성을 히틀러나 괴벨스, 괴링 같은 이들과 여타 나치 인사들이 내세웠다는 사실은 우습기 짝이 없다. 검은 머리칼, 작은 눈, 좁은 이마, 넓은 광대뼈에 여성스러운 손동작을 구사하며 언제나 턱이 주체할 수 없게 떨리기 직전 상태인 히틀러를 생각해보라. 또 괴벨스는 어떤가? 그는 내반족內反足*에 눈에 띄게 못생긴 "꼬꼬마 난쟁이"였다. 외알 안경을 낀 양계장 주인이자 실패한 수의사, 영락없이 할리우드 영화에서 희화화된 나치 중의 나치처럼 보이는 힘러는 또 어떤가? 괴링은 친절한 친척 아저씨 같은 분위기를 한 우스꽝스러운 인물이었다. 라이는 정맥이 툭 불거져 나온 술고래로, 그의 별명은 '제국의 술꾼'이었다. 로젠베르크는 동료들마저 유대인을 닮았다는 소리를 하여 끊임없이 조롱하는 인물이었다. 슈트라이허는 사디스트적인 바이에른 멍청이이자, 능숙한 포르노 제작자였다. '인종 위생학자' 막스 폰 그루버는 1924년 히틀러의 외양은 단연코 비非북유럽 계열이며, 알프스-슬라브 계통을 암시한다고

---

* 발목 부위부터 안쪽으로 들리면서 휜 발을 말한다.

공언했다.³⁶ 나머지 나치 고위층도 인종적 순수성을 광고하는 모델로는 전혀 설득력이 없었다. 그러나 이러한 모순이나 아이러니 어떤 것도 별로 중요하지 않은 듯했다. 히틀러가 불러일으키는 에너지와 광신적인 믿음이 이 모든 것을 초월했다.

나치의 신념은 자아에 대한 그 천박한 자기 긍정을 제외하고는 어떠한 실질적인 지향이나 의미도 없었다. 그 신념은 '민족'을 향했지만 초점은 개인에 맞춰졌다. 우생학이 학교와 대학의 교육과정으로 추가됐지만 그 주제는 결코 순환논증을 벗어나지 못했다. 아리안주의는 정의를 거부하며 하나의 신조 이상은 될 수 없었다. 극히 아름다운 원형들, 흠잡을 데 없이 잘생긴 청년과 처녀들을 강조하는 나치의 지배인종 이론은 진부한 미학에 불과했다. 아리안주의의 핵심은 생각 없고 단순한 미 관념이 전부였다. 인종주의는 나르시시즘과 연결되며, 프랑스의 모리스 바레스와 이탈리아의 가브리엘레 단눈치오, 히틀러가 걸어간 길 사이에는 눈에 띄는 유사성이 존재한다. 그들은 모두 근시안에 좌절한 자기중심주의자, 바레스의 표현을 빌리자면, 자기 숭배cule du moi에서 민족적 에너지l'énergie nationale에 대한 몰두로 옮겨간 것처럼 보이는 사람들이었다. 사실 유미주의에서 민족주의로의 외양적 이동은 진정한 초점 이동이라기보다는 용어의 재정립, 자아에 대한 에고마니아적 환상을 민족으로 전이한 것에 불과했다.

그렇다면 유대인은? 니체는 반유대주의가 기만당했다고 느끼는 자들의 이데올로기라고 말한 적이 있다. 유대인은 서양 기독교 문명에서 사회와 개인의 모든 병폐와 해악의 근원을 설명하고자 할 때, 가장 편리하고 가장 가시적인 희생양이었다. 결국에 유대인은 예수 그리스도를 죽이지 않았던가? 그러므로 유대인은 적그리스도가 틀림없다는 식이다. 그러나 그러한 일반적인 적개심은 서양 사회에서 수세기 동안 만연했고, 유대인을 향한 나치의 악독한 측면들을 설명하지 못한다. 하물며 그것으로 홀로코스트에 대한 설명은 엄두도 낼 수 없다. 여기서 다시금 전이 개념이 유용할 수 있다. 인종적 민족주의가 개인적 공상과 환상을 민족적 층위로 투사한 것이라면, 반유대주의는 그와 유사하게 뿌리 깊은 자기 혐오와 자기 회의를 유대인에게 투사한 것이었다. 빈 시장이자 히틀러의 귀감이었던 카를 뤼거는 언젠가 "누가 유대인인지는 내가 결정한다"고 말했다. 달리 말해, 유대인은 자기의 부정적 모습이 됐다.

히틀러에게 유대인은 그 자신의 인성과 섹슈얼리티 가운데 숨어 있는 일체의 어두운 본능과 연결됐다. 그의 반유대주의와 유대인에 대한 핏대를 세운 장광설에는 틀림없는 성적 모티프가 담겨 있다. 그들은 매독을 옮기는 자들, 매춘을 조직하는 자들, 순수한 인종을 더럽히는 가무잡잡하고 털이 많은 인종, 어둠 속에 웅크린 채 금발에 파란 눈의 처녀를 먹잇감으로 노리는 자들이었다. 히틀러가 고환이 하나였는지 둘이었는지, 아니면 혹자들이 다소 희박한 증거로 주장하듯이 실제로 여성이 자기한테 오줌이나 똥을 눌 때 성적 만족을 느끼는 '운디니스트'나 '호분증 환자'였는지 그 자체는 중요하지 않았다. 의심의 여지 없이 분명한 점은 히틀러가 성적이든 아니든 간에 자기 결점과 죄의식을 유대인에게 투사했다는 것이다. '보편적인 적'은 그가 자신한테서 가장 싫어하는 모든 점을 대변했다.[37]

사회적인 측면과 개인적인 측면에서 히틀러는 실패작이었다. 그한테서는 자연스럽거나 솔직한 면이 전혀 없었다. 그는 유머가 없고, 언제나 거동이 어색하며, 언제나 연기를 하고 있었다. 푸치 한프슈탱글은 심지어 그의 에로티시즘도 "순전히 과장된 연극조일 뿐 결코 실제로 작용하지는 않는다"[38]고 말했다. 모든 것이 인공적이고 뒤가 구렸다. 그는 우정이나 사랑이란 것을 느낄 수 없었고 심지어 진정한 미소도 지을 수 없었다. 그가 국민에게 그렇게 대대적으로 선전한 진실성은 그에게 전적으로 낯설고 두려운 것일 뿐이었다. 웃음을 터트릴 일이 있으면 그는 언제나 손으로 얼굴을 가렸다. 그는 방귀 뀌는 것을 겁내서 장에 찬 가스 때문에 약을 복용했다. 그는 하루에 세 번씩 속옷을 갈아입기도 했다. 그를 둘러싼 모든 것은 상징, 치환, 추상이었다. 그리고 그 중심에는 아무것도 없이 텅 빈 진공뿐이었다. 관객만이 히틀러에게 의미를 부여할 수 있었다. 그 자신한테는 아무것도 없었다.

어둠을 빛으로 바꾸고자 한다면, 어둠의 상징인 유대인은 제거돼야만 했다. 유대인 외무장관 발터 라테나우가 1922년 6월에 살해됐을 때, 그 범죄를 저지른 젊은이들은 살해 시점을 일부러 하지夏至에 맞췄다. 어둠의 대리인인 유대인은 독일 태양신에게 희생 제물로 바쳐졌다. 히틀러도 비슷한 방식으로 사고했다. 그 '제거'—히틀러는 'Entfernung'라는 단어를 사용했다—가 정확히 어떤 형태를 띨 것인지는 1920년대와 1930년대, 심지어 전쟁 초기에도 분명하지 않았다. 마다가스카르나 폴란드 일부 지역 혹은 시베리아로의 강제 이주와 게토 같은 고립화가 논의됐다. 그러나 영국이 항복을 거부하고 독일의 러시아 공격이 교착상태에 빠진 1941년 후반기에 나치가 동부에서 목표를 달성하지 못할 수도 있다는 가능성이 부상했을 때, 나치의 전이 과정은 그 논리적 수순*을 밟았다. 1941년 말까지 동유럽과 러시아 유대인을 대상으로 한 간헐적 살해가 이제는 체계적 학살로 바뀌었다. 아우슈비츠에서의 대량 살인은 1942년 2월에 시작됐다. 군사적 실패가 쌓여갈수록 인종 학살의 속도도 빨라졌다. 1944년 러시아 군대가 독일로 진격하면서 1945년에 '유대인 문제'는 그 어느 것보다 우선시됐다. 히틀러와 그의 부하들에게 그 문제는 독일의 보전보다 더 중요해졌다.

1945년 5월 14일, 괴벨스는 일기장에 팔레스타인의 유대인들이 유럽의 유대인에게 연대하여 일일 파업을 선언했다는 소식에 '기괴한 느낌'을 받았다고 적었다.

> 유대인들은 사악하고 경솔한 게임을 하고 있다. 전쟁이 끝났을 때 어느 나라가 이기고 어느 나라가 패배할지 누구도 확실하게 말할 수 없다. 그러나 유대인이 패배자가 되리라는 데는 의심의 여지가 없다.[39]

괴벨스가 일기를 쓰는 그 순간 유럽 유대인에게 자행되고 있는 대량 학살을 생각할 때, 이 일기는 '유대인' 자리에 '나치'를 넣지 않는다면 도저히 이해가 불가능하다. 유대인은 나치가 자신한테서 받아들이길 거부한 모든 것을 대변했다. '사악하고 경솔한 게임'을 하고 있고, 1945년 5월에 이르자 이제 '패배자'가 되는 것이 '의심의 여지 없는'

---

* 즉 영국이나 러시아 같은 적에 대한 증오의 감정이 유대인이라는 다른 대상으로 옮겨갔다는 뜻이다.

자들은 나치였다. 나치에 특징적인 전도과정은 결국 빛이 어둠으로 전환되리라는 뜻이었다. 나치 깃발에서 태양을 상징하는 스바슈티카 swastika는 검은색이었다.

히틀러가 '최종 해법'을 실시한 방식은 편집광적이었지만 효율적이었다. 거기에는 무려 8만 명의 '직원'을 아우르는 거대하고 비인격적인 죽음의 관료제—궁극의 관료제—가 있었다. 직원마다 정해진 임무가 있었고, 모호하며 완곡한 표현을 제외하고 자기 임무의 목적이 무엇인지 공공연하게 통보받은 사람은 거의 없었다. 열차 차장, 철도 보수 관리자, 수용소 경비대, '과학자들'은 여느 일과 마찬가지로 자기 할 일을 했다. 괴벨스는 종종 일기에 작업의 효율성을 위해서 비밀 유지가 가장 중요하다고 적었다. 살상의 기술은 기민하게 향상됐다. 대량 총살은 곧 대형 이동 차량에서 가스를 이용한 살해로, 그다음 다시 사람을 죽일 용도로 설계된 수용소의 독가스실과 소각로로 대체됐다. 유대인 절멸에서 효율성에 대한 강박은 일반적인 전문 기술에 대한 나치 정권의 관심이 절정에 도달한 결과였다. 이것은 신화로서의 삶이 가진 대조적 이면이었다. 내면으로의 여행이 계속되고 환상이 심화되면서 그만큼 전문 기술이 두드러지게 부각됐다.

전문 기술에 대한 강조 없이 히틀러의 권력 부상은 생각할 수 없다. 각종 의식의 호소력을 높이는 데 몰두하고 선전에 집착하며, 과학의 내용에는 상관없이 그 응용과 기술에만 관심을 보이는 태도, 이 모든 것은 기술주의라는 이름 아래 잘 들어맞는다. 히틀러가 알베르트 슈페어와 키운 '우정'이라고 하는 것은 권력의 도구들에 대한 공동의 매혹에 바탕을 둔 것이었다. 슈페어는 뉘른베르크 전당 대회를 위해 어마어마하게 성공적인 빛의 궁전을 만들고, 제3제국의 여러 기념비적 건축물을 설계했으며, 미래의 베를린을 위한 도시계획안을 만들어 나중에 전시에는 군수장관이 됐다. 유사하게 히틀러가 특히 「의지의 승리The Triumph of the Will」로 나치즘의 '아름다움'을 생생하게 재현한 영화감독 레니 리펜슈탈과 맺은 생산적 관계 역시 사회적 통제의 '예술'에 대한 공동의 매혹에서 생겨난 것이다.

  선전은 히틀러에게 필요악, 정당화될 수 있는 거짓말이나 허용될 수 있는 과장의 문제에 그치지 않았다. 그에게 선전은 예술이었다. 이를 절실하게 각인시킨 것은 다시금 전쟁 경험이었다. 그 결과, 나치당과 나중에 정권의 선전 기구는 참으로 대단하여 심지어 무서울 정도였다. 당과 당의 선전은 하나로 합쳐졌다. 둘은 구분 자체가 불가능했다. 이런 종류의 기교와 내용의 융합은 또한 지도자 원리Führerprinzip의 토대였다. 지도자와 지도받는 자는 하나가 됐다. 당연히 처음에는 당에서, 그다음에는 제3제국에서 기술자와 관리자는 전면에 부각됐다. 그들은 국가사회주의 이념에 크게 이끌렸고 그에 따라 나치즘은 여러 종류의 기술자들의 운동이라는 색채가 강해졌다.

  전문 기술에 대한 나치의 매혹은 제3제국의 사회 조직과 제도적 생활의 모든 측면에 영향을 미쳤는데, 그 가운데 군부만큼 그 영향이 두드러진 곳도 없었다. 대규모 대형을 이루어 정면 공격을 감행하는 식의 제1차 세계대전 때의 전쟁 수행 방식을 히틀러는 '타락한' 방식으로 여겼다. 그는 그런 전투 형태는 되돌아오지 않을 것이라고 약속했다. 다음 전쟁은 퍽 다를 것이다. 그리고 물론 그렇게 됐다. 다음 전쟁은 기동전, 기계화된 사단의 전쟁, 전투에 앞서서 세심하게 준비된 전격전Blitzkrieg이었다. 탱크와 비행기가 이 전쟁의 열쇠였고, 히틀러는 대체로 자신이 전쟁을 직접 지휘했는데 고위 지휘부를 신뢰할 수 없다는 확고하게 뿌리 박힌 의심 탓이었다.

나치 운동에서 '커뮤니케이션'의 중요성을 고려할 때, 히틀러는 운송과 정보 기술에 흥미를 느꼈고 이러한 기술 진보와 자신을 연결 지으려고 애썼다. 그는 메르세데스 벤츠 자동차에 탄 모습으로 자주 사진에 찍혔고, 종종 군중 사이를 상당한 속도로 자동차를 타고 지나갈 때의 느낌을 무척이나 즐겼다. 그는 주변 사람들에게 운전의 기술에 대해 몇 시간이고 혼자 떠들 수 있었다. 그는 "모든 문명의 시작은 도로 건설 측면에서 자신을 표현한다"고 말하며, 독일에 건설한 도로 교통망을 자신의 가장 위대한 업적이자 유산으로 여겼다. 지난 세기에 속하는 철도 건설에 반하여, 도로 건설은 정복된 러시아에서 가장 우선적인 과업이 될 것이었다. 이와 관련하여 그는 '아우토반'에 관해 특히 놀라운 발언을 했다. "인구가 아주 밀집한 지역에서도 아우토반은 열린 공간의 분위기를 만들어낸다."[40] 테크놀로지가 현실의 제약으로부터 도피 수단, 상상력을 해방시키는 한 가지 길이었다는 것은 분명하다.

이런 이유에서 비행 또한 그의 호기심을 자극했다. 그의 위장은 그의 생각만큼 하늘을 날 때의 신체적 자극을 잘 견디지 못했지만 말이다. 나치의 모든 슬로건 가운데 가장 성공적이었던 것은 1932년 대통령 선거운동에서 나온 '독일 방방곡곡에 히틀러'였다. 그것은 물론 그해 봄 정신없이 바쁜 선거운동 당시, 잦은 비행기 이용에 바탕을 둔 슬로건이었다. 그는 약 5만 킬로미터를 비행했고 대략 200건의 집회에서 연설했다. 그는 비행기를 광범위하게 이용한 첫 정치가였다.

제1차 세계대전의 보병들처럼 전투의 무대로서 하늘 역시 자연스레 히틀러의 관심을 끌었고, 베르사유 조약을 공공연하게 위반하며 1935년에 창설된 루프트바페[독일 공군]는 군에서 인기 있는 병과가 됐다. 히틀러는 세계에서 가장 큰 공군과 가장 뛰어난 조종사를 원했다. 그는 공중전을 게르만적 전투 형태라고 봤다.[41]

찰스 린드버그가 독일 방문에 관심을 보였을 때 그의 방문은 큰 환영을 받았다. 그는 1936년과 1937년, 1938년 세 차례에 걸친 방문에서 대대적인 환영을 받았는데, 그러한 방문으로부터 정권이 얻을 수 있는 선전 효과 때문만이 아니라 일급 조종사를 진심으로 존경했기 때문이다. 1938년 10월, 세 번째 방문 때 괴링은 '지도자의 명령에 의거하여' 린드버그의 가슴에 독일 독수리 훈장을 달아줬다. 흠모는 일방적이지 않았다. 1938년에 린드버그는 베를린에 거주할까 진지하게 고려했고, 전쟁이 터진 뒤에 그가 미국의 중립을 지지한 부분적인 이유는 파시즘에 공감해서라는 데는 의문의 여지가 없다. 그는 서구 민주주의가 타락했고 독일과 경쟁할 수 없다고 생각했다. 그의 아내 앤은 1940년에 유창한 반反개인주의 논설 『미래의 물결The Wave of the Future』을 출간하게 되는데, 글은 그녀의 스타일이지만 그 속에 담긴 생각들은 남편의 견해를 반영했다. 책은 파시즘이 미래의 물결이고 자리 잡는 과정에서 다듬어지지 않은 면모를 보이긴 했지만, 기본적인 생각들은 건전하다고 주장했다. 파시즘은 또 다른 정치적 미래인 공산주의에 대한 유일한 대안이다. 나치즘에 저항하는 것은 변화에 저항하는 것이고 "변화에 저항하는 것은 삶 그 자체를 거스르는 짓이다".⁴² 1945년 독일이 암흑으로 뒤덮여가고 있을 때도 괴벨스는 린드버그한테서 희망의 불빛을 봤다. 그는 1945년 3월 22일에 미국을 가리키며 "고립주의가 다시금 고개를 쳐들고 있다. 게다가 린드버그 대령이 다시 정치권에서 적극적으로 나서고 있다"⁴³고 적었다.

무솔리니와 모즐리, 여타 파시스트 지도자들 또한 과학기술에 매료됐다. 무솔리니는 하늘을 나는 것을 좋아했다. 모즐리는 참호에서 얼마간 복무한 뒤 영국 공군에서 복무했다. 그에 비해 '타락한' 민주주의 체제의 지도자들은 기술적으로 한참 구시대적이었다. 네빌 체임벌린과 호러스 윌슨 경은 1938년 주데텐 문제를 협상하러 뮌헨으로 갔을 때 비행기를 처음 타봤다.⁴⁴

라디오와 영화는 제3제국의 확립에 없어서는 안 될 역할을 했다. '국민 수신기Volksempfänger'로 불린 라디오 세트 구입은 정부의 보조금을 받았다. 영화 제작이 장려되고 집중화됐다. 히틀러는 열성적인 영화 관람객이었고 오락으로서 문학보다 영화를 훨씬 더 선호했다.

시간이 흐르면서 나치는 당 행사, 특히 9월에 열리는 뉘른베르크 연례 전당 대회 연출에 갈수록 더 많은 관심을 기울였다. 전당 대회는 주기적인 나치 축제 일정 가운데 가장 인상적인 부분이 됐다. 이렇게 연출된 축제 가운데 하나에 마침내 참석한 뒤 프랑수아 퐁세가 한 말대로 "매년 7일 동안 뉘른베르크는 흥청망청한 잔치와 광기에 바쳐진 도시, 축제에 도취돼 경련을 일으키는 사람들의 도시가 되다시피 했다".⁴⁵ 열광은 세부 사항 하나하나까지 세심하게 주의를 기울여 연출함으로써 촉발됐다. 한 치의 오차도 없는 행진, 빽빽하게 숲을 이룬 깃발들, 세심하게 예행 연습한 문답식 연설이 이어지고, 마지막으로 히틀러가 등장했다. 전당 대회를 마무리하는 그의 연설은 밤이 찾아오면서 끝나도록 정확히 맞춰졌다. 전당 대회는 슈페어의 '얼음 성당', 즉 밤하늘을 향해 쏘아올린 수백 개의 탐조등 불빛이 연출하는 마법적 분위기 속에서 막을 내렸다. 자신이 목격한 전당 대회의 화려한 장관을 두고 네빌 헨더슨은 이렇게 말했다. "나는 전쟁이 일어나기 전 옛 러시아 발레의 전성기 시절 상트페테르부르크에서 6년간 재직했지만, 웅장한 아름다움으로 전당 대회와 비견할 만한 발레는 본 적이 없다."[46] 그가 그러한 비교를 하게 된 것은 우연이 아니다. 전당 대회의 시각 효과를 설계한 알베르트 슈페어는 메리 위그먼의 무용 이론에 큰 관심을 가졌다.[47] "공간"을 정복할 "동작의 합창단"에 대한 그녀의 아이디어는 우리가 앞서 만난 에밀 자크달크로즈와 프로이센 국립 극장의 발레 단장이 된 루돌프 폰 라반의 영향을 받았다. 이 사람들은 모두 러시아인과 작업하거나 그들에게 자극을 받았다.

 그렇다면 전체적인 나치 현상과 관련하여 히틀러 개인은 어디에 위치하는가? 그의 비뚤어지고 악마적인 탁월함은 독보적이며, 정말이지 그의 카리스마적 각인이 없었더라도 나치 운동은 변함이 없었을 것이라고는 도저히 상상할 수 없다. 분명히 나치 권력층 가운데 그 누구도 그가 행사한 영향력 근처에도 가지 못했고, 그와 비견될 만한 호소력을 발휘하지도 못했다. 그렇긴 해도 히틀러는 부인할 수 없는 그 시대의 산물로서, 엄밀하게 말해 경제적·사회적 힘의 산물이라기보다는 독일인의 상상이 창조해낸 것이다. 먼저 그는 사회적·경제적 회복을 이끌 장래 지도자로 간주되지는 않았다. 그것은 사후적 해석일 뿐이다. 그보다는 박탈당한 자들, 좌절당한 자들, 굴욕당한 자들,

실업자들, 원한에 찬 자들, 분노한 성난 자들의 반란과 반反긍정의 상징으로 간주됐다. 히틀러는 항의를 대변했다. 그는 패배와 실패, 인플레이션과 불황, 국내의 정치적 대혼란과 국제적 굴욕을 겪는 와중에 독일인들의 마음속에서 만들어진 것이다. 요아힘 페스트가 지적했듯이 그의 연단 앞에서 대중은 사실 자축하고 있었다.[48] 히틀러는 광란의 종교적 축제를 방불케 하는 나치 운동 속에서 자신과 똑같은 작은 클론을 수백만 명 만들어냈다. 그는 이 보통 사람의 이미지에 영합했다. 그는 종종 연설에서 자신, 바로 히틀러는 "무無에서 나온 외로운 방랑자"라고 말하곤 했다. 그는 '무명용사' '이름 없는 전사' '일꾼' '보통 사람들을 대변하는 사람'이었다. 그의 복장은 언제나 간소했다. 그의 연설에는 농담이나 우스갯소리가 끼어들 여지가 없었다. 그리고 그는 독신으로 남아 있는 것의 정치적 이점을 알았다. 민족에 대한 일편단심의 헌신이 그가 암시하려 했던 것이자 그의 관객한테 환기시킨 것이었다. 그들은 성스러운 비전의 목격자로서 열광적으로 반응했다. 그러나 이 모든 것에서 히틀러라는 현실을 낳은 것은 관객의 상상과 필요였다. 그리고 오늘날까지도 그는 사람들의 마음속에 환기시키는 힘을 통해 '사악한' 천재성의 상징으로서 변함없이 우리의 상상의 산물이다. 실제로 1970년대 말, 지버베르크의 눈을 뗄 수 없는 영화가 단언했듯이, 그는 '우리의 히틀러'[49]다. 그는 안티테제다. 궁극의 키치 예술가인 그는 심연을 아름다움의 상징들로 채웠다. 그는 희생자를 영웅으로, 지옥을 천국으로, 죽음을 변용transfiguration으로 바꿨다. 나치즘이 강조한 것은 과거가 아니라 미래로 '떨치고 나가는' 것이었다—분출, 다시 말해 봄이 깨어남과 동시에 넘치는 생명의 분출이란 관념을 포착하는 '아우스브루크Ausbruch'는 나치 운동이 가장 아끼는 표현 가운데 하나였다. 누군가는 '민족의 분출' '정신의 분출'을 말했다. 한프슈탱글에 따르면 히틀러가 가장 좋아한 오페라인 「뉘른베르크의 명가수」의 지배적 테마는 봄이 옴과 동시에 삶과 예술의 깨어남인 것처럼 나치즘의 테마도 깨어남이었다.

끝없는 봄이다!Es ist ein Frühling ohne Ende!

지성계와 예술계의 상당수가 나치즘과 제3제국의 드라마에 사로잡혔다. 나치당은 뮌헨에서 초창기에 슈바빙 지역의 예술계로부터 적잖은 당원을 끌어들였다.[50] 1931년이 되자 나치즘은 전국에서 지지율보다 대략 두 배 높은 지지율을 대학가에서 누리고 있었다. 그리고 1933년 3월 3일, 300명의 대학 강사는 선거에서 히틀러에 대한 공개적 지지를 선언했다.[51] 1933년 1월 이후에 재능 있고 세계적 명성을 누리는 사람 상당수가 독일을 떠났다면, 이는 대체로 그들이 유대인이었거나 아니면 이런저런 이유로 생명에 위협을 느꼈기 때문이다. 나치에 반대한다는 입장 표명으로, 혹은 도덕적인 이유로 독일을 떠난 사람은 극소수에 불과했다. 독일에 남아 있던 사람들에 비교할 때 망명자는 소수였다.[52]

유대인이 아니면서 독일을 떠난, 국제적 명성을 누리던 저명인사의 수에 비할 때, 고트프리트 벤, 리하르트 슈트라우스, 게르하르트 하우프트만, 에밀 놀데, 마르틴 하이데거처럼 독일에 남아 있던 사람이 훨씬 많았다. 이들 가운데 다수는 정치에 따라붙는 부정적 함의 때문에 원래 공공연한 정치 참여를 꺼렸지만, 사실 어쨌거나 초기에는 1933년의 열기에 공개적으로 참여했다. 일전에 벤은 "경험으로 이어지는 것은 모두 허용된다"[53]고 썼다. 니체로부터 영감을 받은 것이 뚜렷한 그런 식의 무도덕주의와 모험주의는 1933년 제자리로 돌아왔고, 나치즘에 대한 지식인들의 반응을 특징지었다. 루돌프 빈딩에게 제3제국의 도래는 '위대한 열망'의 현실화를 나타냈다. "이 열망은 외재적이지 않고 내재적이며 그 열망을 외부로 이끄는 사람은 누구든 그것을 더럽히는 것이다."[54] 로베르 브라지야크의 경우처럼 빈딩에게 파시즘은 시적 구성물이었다. 제3제국에서 시인과 병사는 하나가 됐다. 저명한 지식인 가운데 극소수만이 실제로 나치당에 가입했고, 나치의 문화생활 단체가 이류 인사들에게 맡겨진 사실은 부인할 수 없다. 그러나 창조적 정신의 소유자들은 언제나 일상적이고 따분한 업무와 엮이는 것을 싫어하며 당원이라는 사실만이 지지나 인정의 척도가 돼서는 안 된다.

이전에 러시아에서 볼셰비즘이, 그다음 이탈리아에서 파시즘이 대두됐을 때처럼 독일 바깥의 지성계와 예술계 역시 중부 유럽에서 진행되는 실험에 많은 관심과 공감을 보였다. 이 모든 실험은 이전 시절 아방가르드 운동의 신비로움을 포착한 듯했다. 즉 그것은 삶을 끌어안는 것, 부르주아의 불모성에 반발하는 것, 점잖은 사회를 증오하는 것, 그리고 무엇보다도 반기를 드는 것—모든 가치에 대한 급진적인 재평가를 도모하는 것이었다. 불운은 은총이 됐다. 필요는 구원이 됐다. 절망은 도취가 됐다. 약함은 힘이 됐다. 1917년 4월에 폴 모랑은 댜길레프의 추종자이자 후원자인 미샤 세르트가 "러시아 혁명에 대해 열광적으로 말하는 것"을 들었다. "그녀에게 혁명은 거대한 한 편의 발레 같았다."[55] 그녀의 친구이자 댜길레프의 초창기 피후견인이었으며 나중에 독일 점령기에 파리 오페라 발레단의 단장이 되는 세르주 리파르는 사람들과의 대화에서 히틀러와의 만남을 거듭 이야기하게 된다. 그는 상대방의 어깨를 쓸어내리며 이렇게 말하곤 했다. "내 인생에서 단 두 명만이 나를 이렇게 쓰다듬었지. 댜길레프와 히틀러 말이야!"[56] 볼셰비즘과 파시즘의 활력, 영웅주의, 에로티시즘은 예술가와 지식인들에게 실제로 매우 강력한 조합을 제공했다. 니체는 세계를 정당화하는 유일한 길은 세계를 미학적 현상으로 정당화하는 길밖에 없다고 주장했고, 1933년에 벤은 독일이 그러한 진술을 실현할 참이라고 생각했다.[57] 모리스 만델바움은 1942년부터 1945년까지 스워스모어에서 W. H. 오든과 같이 지냈다. 하루는 오든이 만약 파시즘이 미국으로 오면 누굴 믿을 거냐고 물었다. 두 사람은 학자들보다는 차라리 학자가 아닌 사람을 믿을 거라는 데 뜻을 같이했다.[58]

물론 나치 정권에 대한 지식인들의 지지는 꾸준히 줄어들었다. 윙거, 벤, 슈트라우스, 하이데거는 모두 초기의 열광으로부터 물러났다. 갈색 셔츠들과 그들의 야심을 위협으로 여긴 군부의 전통적인 엘리트 집단을 회유하기 위해 돌격대 지도자들이 살해된 1934년 6월 30일 긴 칼의 밤 학살은 많은 사람을 경악시켰다. 그레고르 슈트라서, 쿠르트 폰 슐라이허 장군과 그의 부인, 구스타프 폰 카르, 에드가르 융, 에리히 클라우제너가 살해되면서 해묵은 원한이 청산됐고, 그 와중에 음악 평론가 빌리 슈미트가 다른 사람으로 오인받아 살해됐다. 1938년 11월 수정의 밤Crystal Night에서 절정에 달한 반유대주의 조치는 사람들을 질겁하게 만들었다. 수정의 밤에 유대교 회당과 유대인 상점이 부서지고 불에 탔다. 독일 바깥에서도 나치즘과 거리를 두려는 동일한 움직임이 나타났다. 1934년에 제임스 조이스는 "딱한 히틀러 씨한테는 내 조카들과 W. 루이스 선생, E. 파운드 선생을 제외하고 곧 유럽에서 친구가 얼마 남지 않을 것 같다"[59]고 비꼬았다.

그러나 지식인들과 나치 사이가 점진적으로 틀어진 것은 일반적인 현상으로서 국가사회주의가 대변하는 것들에 대한 환멸보다 인텔리겐치아에 대한 나치의 대접에서 기인했다. 당 간부들은 지식인들에게 오만불손한 태도를 보이고 지식인들을 불신했으며, 또 그들에게 열등의식을 느꼈다. 과거 이류 표현주의 작가 불과했다가 열성적 나치가 된 한스 요스트는 지성주의를 "설득의 기술과 유대인식 협잡"[60]의 조합이라고 불렀다. 슈페어는 히틀러가 저명한 초대 손님들과 함께한 자리를 얼마나 불편해했는지 이야기했다. 그 결과, 히틀러는 그들을 사적인 접견 자리나 심지어 당 행사에도 초대하지 않으려 했다. 그가 초대한 사람들은 작가나 사상가보다는 흔히 예술가나 영화배우였다. 다수의 작가와 사상가는 그들이 생각하는 나치 정권의 천박한 스타일, '정신적 돌격대'의 공격적이고 기회주의적인 술책, 제3제국의 문화 기관과 학계를 장악한 젊은 출세지상주의자들의 행태를 목도하며 정권으로부터 점차 멀어져갔다.

따라서 국가적 영웅으로 추앙받으리라는 야심을 품었던 많은 독일 지식인은 찬물 세례를 받았다. 무솔리니는 마리네티와 단눈치오에게 경의를 표했고, 미래주의는 이탈리아 파시즘의 정신적 선구로서 준공식적인 인정을 받았다. 벤은 그와 유사한 일이 독일에서도 일어나기를 내심 바랐다. 그러나 그런 일은 일어나지 않았다. 대신에 "나는 문화라는 말을 들을 때마다 권총으로 손이 간다"는 농담이 하도 유행해서, 그 말을 처음 한 사람으로 사실상 나치 지도층 인사 전부가 돌아가면서 한 번씩 거론될 정도였다. 그 농담은 지식인들을 향한 정권의 프티부르주아적 반감을 포착했고, 전통적 사회 집단 어디와도 연계되지 않으려는 나치 운동의 의향을 드러냈다. 문화는 그 엘리트주의적 함의를 벗고, 진정으로 대중주의적 의미를 띠게 될 것이다. 문화는 지식인들의 문제가 아니라 대중의 문제였다.

그러한 분위기 속에서 지식인들은 비록 나치당이 대표한 민족의 봉기까지 외면한 것은 아니지만, 나치당으로부터는 어김없이 고개를 돌리기 시작했다. 뒤이어 나타난 것은 양가적이고 모호한 태도였다. 당과 지도층은 저질스러운 인간들로 경멸받기 시작했다. 그러나 그들의 목적은 여전히 정당한 것으로 여겨졌다. 그 결과는 정권에 대한 반대가 아니라 독일인들이 '내부 망명'이라고 부르게 된 현상, 즉 공적 생활로부터 물러나는 것이었다. 그러나 1939년 전쟁이 일어났을 때 이러한 내부 망명자 가운데 다수는 공적 생활에 복귀해, 물론 여전히 히틀러가 이끌던 국가석 대의를 위해 싸우고 정권에 협력했다. 양자 간의 이혼은 완벽하지 않았다.

처음에는 나치즘의 '반동적 모더니즘'[61]이라는 규정이 그럴듯하게 들리지만, 그러한 표현은 나치즘이 독일에 과거의 비전을 부여하려는 시도에서 현대성의 도구와 기술을 이용했다는 함의를 띤다. 우리가 앞서 논증했듯이 그러한 함의는 당대의 맥락 속에서 나치 운동의 중심적인 추진력을 오독하는 것, 사실상 거꾸로 뒤집어놓는 꼴이다. 전후 독일은 제국주의 시대, 특히 그 마지막 몇십 년으로부터, 여전히 세계의 중심으로 간주되던 유럽 대륙에서만큼은 적어도 지배권을 확립하고 팽창하려는 공격적 충동을 물려받았다. 독일은 1914년 이전 시대에 부르주아적 영국-프랑스가 주도하는 물질주의, 산업주의, 제국주의 시대에 대한 반란의 민족적 발현이었다. 그와 동시에 독일은 그 시대가 낳은 산물, 즉 젊음과 재생, 기술적 효율성의 화신이기도 했다. 전쟁에서 독일의 패배는 청년 세대의 죽음에 비견됐고, 독일의 좌절은 1920년대에 서구 전역에서 전전 아방가르드의 횃불을 이어받아 가증스러운 부르주아에 대한 반란을 더 이상 개인이나 심지어 한 민족이 아니라 한 세대 전체의 문제로 바꾼, 혼란스럽고 신경증적이며 반항적인 생존자들의 좌절을 상징했다. 독일은 여전히 그러한 반란의 으뜸가는 대표 국가였다. 제1차 세계대전은 독일과 모더니즘 전반에 있어 심리적 전환점이었다. 창조하려는 충동과 파괴하려는 충동은 자리가 바뀌었다. 파괴 충동은 강화됐다. 창조 충동은 갈수록 비실제적인 추상으로 흘렀다. 결국에 추상화는 광기로 바뀌었고 남은 것은 파괴, 신들의 황혼뿐이었다.

1945년 요제프 괴벨스는 1920년대 표현주의 연극과 실제로 그 시절 그 자신의 일기를 떠올리게 하는 숨 막힐 듯한 도취에 사로잡혀 이렇게 썼다.

 산산이 부서진 우리 도시들의 잔해 아래 19세기 중간계급의 이른바 마지막 업적들이 묻혀 있다. (…) 그러한 문화의 기념비들과 더불어 우리의 혁명적 임무를 완수하는 데 마지막 장애물도 함께 무너진다. 이제 모든 것이 폐허가 됐으니 우리는 유럽을 재건해야만 했다. 과거에는 사적 소유가 우리를 부르주아적 제약에 가뒀다. 이제는 폭탄이 모든 유럽인을 죽이는 대신 유럽인을 가둬뒀던 감옥의 벽만 부수었다. (…) 적은 유럽의 미래를 파괴하려다 오히려 그 과거를 무너트리는 데 성공했다. 그리고 그와 더불어 모든 오래되고 낡은 것도 사라졌다.[62]

위 글은 라디오와 신문을 통해 독일 국민에게 전달하고자 작성된 것이다. 그의 일기는 어조가 더 침울하지만 요지는 똑같다. 3월 중반에 괴벨스는 도시 중심가를 파괴한 뷔르츠부르크 공습 소식을 듣고 이렇게 말했다.

아직 멀쩡하게 남아 있던, 독일의 아름다운 마지막 도시가 이제 사라졌다. 따라서 우리는 결코 돌아오지 않을 과거에 우울한 작별 인사를 건넨다. 세계는 무너져가고 있지만 우리는 모두 그 재로부터 새로운 세계가 솟아날 것이라는 확고한 신념을 품고 있다.[63]

1945년 4월 중반 종말이 임박했을 때 괴벨스—20년 전에 역시 러시아 발레를 즐겼던[64]—는 여전히 '예술'의 관점으로, 베를린에서 신들의 황혼이란 주제로 만들어질 장대한 컬러 영화의 관점으로 생각하고 있었다.

나는 여러분에게 그것이 정신을 고양시키는 훌륭한 영화가 될 것이라 장담할 수 있다. 그리고 이러한 전망 때문에 항복하지 않고 마지막까지 버틸 가치가 있다. 지금 버티라. 100년이 지난 뒤 여러분이 스크린 위에 등장했을 때 관객이 야유를 보내지 않도록!⁶⁴

그는 1930년 12월에 베를린 놀렌도르프플라츠 극장 모차르트홀에 난입해 「서부전선 이상 없다」를 상연 중단시킨 일을 생각하고 있었을까? 어쨌거나 그는 확실히 영화라는 현대 문명의 거울 위에 비친 자신의 모습을 생각하고 있었다. 제3제국이 이 현대적 예술 형식 속에서 살아남으리란 생각은 그에게 위안이 됐다. 그는 한스 작스*와 더불어 이렇게 말했을지도 모른다.

신성로마제국이
해체되더라도
우리의 성스러운 독일 예술은
남을 거라네!

주특기가 언제나 추도 연설이라서 종종 제국 장례의 명인으로 불리기도 한 괴벨스는 5월 1일에 독을 먹여 자신의 여섯 자식을 죽였다. 그다음 아내 마그다도 치사량의 독약을 삼켰고, 그도 권총으로 자살했다. 며칠 전인 4월 28일에 머리 위로는 시가전이 벌어지는 가운데 지도자의 지하 벙커에 틀어박혀 있던 마그다는 전남편과의 사

---

* 바그너의 오페라 「뉘른베르크의 명가수」의 주인공.

이에서 낳은 아들 하랄트 크반트에게 마지막 작별 편지를 썼다.

우리의 훌륭한 구상은 점차 사그라지고 있고 그와 더불어 내가 인생에서 알아온 아름답고 훌륭하고 고귀하고 좋은 모든 것도 사라져가고 있단다. 지도자와 국가사회주의 뒤에 등장할 세상은 살아갈 가치가 없는 세상이야. 그래서 난 아이들을 이곳으로 데려왔단다. 우리 뒤에 올 세상을 살아 가기에 그 애들은 너무 착해. (…) 사랑하는 하랄트—난 너에게 인생이 내게 가르쳐준 가장 귀한 것을 줬단다. 바로 진실하라는 것이야. 너 자신에게, 인류에게, 조국에게, 모든 면에서 진실하렴.⁶⁵

키치, 가치 전환, 삶 속의 죽음은 마지막 순간까지도 계속됐다.

마그다 괴벨스가 아들에게 편지를 쓴 그날, 히틀러는 그를 창조한 세계에 보내는 일련의 마지막 몸짓을 시작했다. 28일 늦게 그는 애인인 에바 브라운과 결혼했다. 그 결혼은 퇴위 행위도, 가식적 행위의 종말을 고하는 것도 아니었다. 규범의 전도는 계속됐다. 결혼은 하나의 시작을 기념하기 위한 것이었다. 그러나 여기서 결혼은 종말을 예고했다. 결혼식을 마친 뒤 29일 새벽에 히틀러는 유언장을 작성했다. 그것은 유대인에 대한 해묵은 비난의 장광설과 동부에서 영토의 필요성을 주장하는 내용을 담고 있었지만, 삶과 죽음 사이의 관계에 대한 그의 생각을 암시하는 흥미로운 대목도 있다. 그는 자신과 방금 결혼한 자신의 부인을 두고 말했다. "그동안 내가 국민에게 봉사하느라고 우리가 누릴 수 없었던 것을 죽음이 보상해줄 것이다."⁶⁶ 죽음은 보답으로, 희생에 대한 '보상'으로 간주됐던 것 같다. 죽음은 일의 안티테제였다. 죽음은 삶의 지고의 발현이었다.

벙커에서 낮과 밤은 하나가 된다. 30일 이른 새벽에 히틀러는 그의 지하 방공호의 부하 직원들을 불러 모아 마지막 작별 인사를 했다. 비서와 잡역병, 장교들까지 해서 20여 명의 남녀가 있었다. 그는 그들과 일일이 악수를 했다. 히틀러는 말이 없었다. 그다음 방으로 물러갔다. 모두가 지도자가 자살을 계획하고 있다는 사실을 알고 있었다.

이에 이상한 '해프닝'이 일어났다. 지도자의 벙커에서 부르면 들릴 만큼 가까이 있는 수상 관저 내 매점에서 춤판이 벌어졌다. 군인과 비서들, 말단 직원과 잡역병들, 벙커에 기거하던 여타 사람들이 시름을 잊고 장난치며 놀기 시작했다. 한 장군은 친근하게 재단사의 등을 쳤다. 그들은 이야기를 나눴다. 지위와 계급의 구분이 사라졌다. 시끄러운 소리가 지도자의 방까지 들려오자 소란을 좀 자제해달라는 메시지가 전달됐다. 그러나 춤판은 계속됐다.[67]

12시간 뒤에 붉은 군대가 목을 조여왔다. 러시아 군인들이 티어가르텐을 장악했다. 그들은 이제 프리드리히슈트라세의 열차 터널도 점거했다. 그들은 슈프레강을 넘는 바이덴다머 다리에 도달했다. 지도자의 지하 방에서 한 발의 총성이 들렸다. 수년 전에 카를 크라우스는 "히틀러라고 하면 내 머릿속엔 아무것도 안 떠오른다"라고 썼다.

1945년에 어느 독일 유행가의 제목은 「끝없는 봄이다!Es ist ein Frühling ohne Ende!」였다.

감사의 말

 이 책만큼 오랜 시간에 걸쳐 만들어진 책은 저자의 것일 뿐 아니라 다른 많은 이의 것이기도 하다. 공로를 인정받기를 원하든 원하지 않든 간에 도움을 주신 분들에게 감사의 말을 전하는 것은 기쁜 일이다.
 캐나다 인문사회과학 연구소는 유럽에서의 여러 차례 작업을 위해 연구 지원금과 휴직 연구원 자격의 형태로 연구비를 제공해주었다. 이 같은 아낌없는 지원이 없었다면 이 책은 말 그대로 쓰일 수 없었을 것이다. 나의 학문적 고향인 토론토대학 스카버러 캠퍼스도 여러 방식으로 나를 격려해주었다.
 참고 자료에 언급된 기관과 문서고의 직원들, 도서관 사서들에게도 깊이 감사드리지만 그중에서도 수고를 무릅쓰고 도움을 주신 몇몇 분을 특별히 언급하고자 한다. 제1차 세계대전 관련 문서의 엄청난 보고인 제국 전쟁기념관의 클라이브 휴스, 필립 리드, 피터 스웨이트, 뱅센 군사사 연구소 들마 장군, 연구와 관련하여 귀중한 실마리를 제공해준 민간 학자 뒤셴느 마뢸라즈, 프라이부르크 서독 군 문서고의 한스-하인리히 플라이셔, 뮌헨 바이에른 주립 문서고 군사 부문 게르하르트 하일, 뉴욕 스트라빈스키-댜길레프 재단의 파르메니아 미겔 엑스트롬에게 감사드린다.

제임스 졸, 조지 모스, 프리츠 슈테른은 격려와 더불어 솔선수범으로 내게 지원을 아끼지 않았다. 로버트 스펜서, 존 케언스, 마틴 브로샤트는 나의 연구에 호의적인 미소와 더불어 쓴웃음을 짓기도 했을 것이다.

마틴 랜디, 루스 케일럽, 나이절 소프, 수전 뱀퍼스, 마이클 루엘린 스미스와 콜레트 루엘린 스미스, 러셀 혼과 룰루 혼, 수잰 와인버그와 프랑수아 뷔르소, 수전 마이스너, 토머스 브라운, 폴커 클라인, 에른스트-귄터 코흐, 특별한 호의를 베풀어준 이 친구들 모두에게 고개 숙여 감사드린다. 그러나 존 바이너와 발레리 바이너에게는 엎드려 절을 하고 싶다. 두 사람이 베풀어준 친절은 각별했다.

내 동료들 가운데서는 비판적인 시각으로 원고를 읽어준 윌리엄 딕과 몇몇 사료를 추적해준 토머스 손더스, 내 연구에 행정적 지원을 해준 폴 구치와 웨인 다울러, 폴 톰슨을 언급하고 싶다. 데이비드 하퍼드는 삽화로, 로이스 피컵은 잡다한 핵심 업무로 도움을 주었다.

제국 전쟁기념관과 공공 기록 보관소에 소장된 정부 저작권 자료는 영국 정부 간행물 출판국의 허가를 받아 실었다. 다양한 개인 문서 인용을 허가해준 L. W. 게일러, B. C. 그렉슨, 폴 P. H. 존스, R. 맥그리거, N. J. 마운트퍼트, 시빌 오도노휴, W. E. 퀸튼, F. H. T. 태섬, A. 워커에게 감사드린다. 현대사 저널과 캐나다 역사 저널의 편집진은 두 학술 잡지에 처음 게재된 논문 일부를 여기에 인용하는 것을 허락해

주었다.

  이 책에 대한 믿음을 저버리지 않은 맬컴 레스터에게 감사의 말을 전한다. 그러나 레스터의 배려와 수완 덕분에 마침내 이 운 좋은 원고가 시인이자 동료인 피터 데이비슨과 비할 바 없는 편집자 프랜시스 앱트에게 전달된 것은 나의 에이전트 베벌리 슬로픈의 훌륭한 판단 덕분이다.

  이 책을 쓰면서 함께 고생하는 동안 나의 아내 제인은 이따금 내게 러디어드 키플링의 "만약에"의 정서를 거론하곤 했다. 이제 나는 아내에게 제임스 조이스가 1921년에 해리엇 쇼 위버에게 한 말을 인용하고자 한다. "골칫덩이인 나와 지긋지긋한 나의 글쓰기에 보여준 변치 않는 헌신에 마음 깊이 감사드린다."

모드리스 엑스타인스

주

프롤로그

1 이 장에 인용한 소설의 일부는 H. T. Lowe-Porter의 영역판 *Death in Venice* (New York, 1954)에서 가져왔다.
2 Misia Sert, *Misia* (Paris, 1952), 229-230.
3 Heinrich Mann, "Der Tod in Venedig," *März*, 7/13 (1913), 478
4 Thomas Mann, "Lebensabriss" (1930), *Gesammelte Werke*, 14 vols. (Frankfurt am Main, 1960-1974), XI: 123-24; Karl Ipser, *Venedig und die Deutschen* (Munich, 1976), 90-91; and Peter de Mendelssohn, *Der Zauberer* (Frankfurt am Main, 1975), 869-873.
5 Carl Schorske, *Fin-de-siècle Vienna*(칼 쇼르스케, 세기말 비엔나) (New York, 1980), 164; J. E. Chamberlin, "From High Decadence to High Modernism," *Queen's Quarterly*, 87 (1980), 592.
6 John Hellmann, *Fables of Fact: The New Journalism as New Fiction* (Urbana, Ill., 1981)
7 John Ruskin, *The Stones of Venice*, in The Complete Works, 13 vols. (New York, n. d.), VII: 15
8 Ipser, *Venedig*, 93.

제1장 파리

1 Vera Stravinsky and Robert craft, *Stravinsky* (New York, 1978), 75.
2 *Le Figaro*, 1913, 5월 17일자.
3 Gabriel Astruc, *Le Pavillon des Fantômes*, (Paris, 1929), 286-287.

4   Jean Cocteau, *Oeuvres complètes*, 11 vols. (Geneva, 1946-1951), IX; 43-49.
5   Carl Van Vechten (ed), *Selected Writings of Gertrude Stein* (New York, 1946), 113.
6   *Le Figaro*, 1931년 5월 31일자.
7   콕토에 관해서는 같은 책 주 3을, 스트라빈스키에 대해서는 그의 *Conversations* (London, 1959), 46을 보라.
8   Richard Buckles, *Nijinsky* (Harmondsworth, 1980), 357. 강조 표시는 인용자.
9   Carl van Vechten, *Music and Bad Manners* (New York, 1916), 34.
10 Bronislava Nijinska, *Early Memoirs* (New York, 1981), 470.
11 Carl Van Vechten, *Music After the Great War* (New York, 1915), 88. 강조 표시는 인용자.
12 Nigel Gosling, *Paris 1900-1914* (London, 1978), 217. John Malcolm Brinnin, *The Third Rose: Gertrude Stein and Her World* (London, 1960), 190-191도 보라.
13 여러 문헌 가운데 J. M. Richards, *Who's Who in Architecture* (New York, 1977), 252.
14 Nikolaus Pevsner, *Pioneers of Modern Design* (Harmondsworth, 1970), 181.
15 Peter Collins, *Concrete: the Vision of a New Architecture* (London, 1959), 153
16 Daniel Bell, *The Cultural Contradictions of Capitalism* (New York, Collins, 1976), 110-111.
17 Pierre Lavedan, *French Architecture* (Harmondsworth, 1956), 227; Collins, Concrete, 191.
18 Astruc, *Le Pavillon*, 240-250.
19 그녀의 이름은 Jacques-Émile Blanche, *La Pêche aux souvenirs* (Paris, 1949), 202에서 알려준 대로 '그레푀이유Greffeuille'라고 발음했다. Albert Flament, *Le Val du Pré Catalan* (Paris, 1946), 258; George D. Painter, *Proust: The Early Years* (Boston, 1959), 115.
20 Astruc, *Le Pavillon*, 282.
21 같은 책, 283-284; Blanche, "Un Bilan", *Revue de Paris*, 5. 6(November, 1533), 283-284.
22 Arnold Haskell, *Diaghileff* (London, 1935), 87.
23 Romola Nijinsky, *Nijinsky* (New York, 1934), 49. Richard Buckle, *Diaghilev* (New York, 1979)는 전기적 상세 정보를 풍성히 담고 있다.
24 John E. Bowlt, *The Silver Age: Russian Art of the Early Twentieth Century and the "World of Art" Group* (Newtonville, Mass., 1979), 166-167.
25 Misia Sert, *Misia*, 151.
26 Janet Kennedy, *The "Mir iskusstva" Group and Russian Art, 1898-1912* (New York, 1977), 343.
27 Robert Craft, "Stravinsky's Russian Letters," *New York Review of Books*, 1974,

2월 21일자, 17.
28 Buckle, *Nijinsky*, 92.
29 Tamara Karsavina, *Theatre Street* (London, 1981), 236.
30 Marcel Proust, *À la recherche du temps perdu*, 3 vols. (Paris, 1954), III: 236-237.
31 1911년 3월 4일자 편지, Marcel Proust, *Correspondence*, ed., Philippe Kolb, 15 vols. (Paris, 1970-1978), X:258.
32 Harold Acton, *Memoirs of an Aesthete* (London, 1948), 113.
33 Edward Marsh, *Rupert Brooke* (Toronto, 1918), 75.
34 *Le Figaro*, 1912년 5월 31일자.
35 1914년 3월 17일자 일기, Charles Ricketts, *Self-Portrait*, ed. Cecil Lewis (London, 1939), 189.
36 Cyril W. Beaumont, *Michel Pokine and His Ballets* (London, 1935), 23-24.
37 Buckle, *Nijinsky*, 346.
38 E. G. V. Knox, "Jeux d'Esprit at Drury Lane," *Punch*, 145 (July 16, 1913), 70.
39 Vera Krasovskaya, *Nijinsky*, trans. John E. Bowlt (New York, 1979), 91.
40 *Revue de Paris*, t. 6, 525.
41 "Serge de Diaghilev," *Revue musicale*, XI/110 (December 1930), 21.
42 Bowlt, *Silver Age*, 169-170.
43 Ludwig Feuerbach, *The Essence of Christianity*(루트비히 포이어바흐, 기독교의 본질), trans. George Eliot (New York, 1957), 185.
44 John P. Diggins, *Up From Communism* (New York, 1975), 5.
45 Leon Edel, *Bloomsbury* (Philadelphia, 1979), 149.
46 지드와 폴 클로델 간의 서신 교환은 두 사람의 *Correspondence 1899-1926*, ed. Robert Mallet (Paris, 1949), 217-222를 보라.
47 Igor Stravinsky, *Memories and Commentaries* (New York 1960), 40.
48 *The Diary of Vaslav Nijinsky*, ed. Romola Nijinsky (London, 1937), 154.
49 Cocteau, *Oeuvres complètes*, IX: 42.
50 Prince Peter Lieven, *The Birth of the Ballets-Russes*, trans. L. Zarine (London, 1936), 126-127.
51 Charles Spencer et al., *The World of Serge Diaghilev* (Chicago, 1974), 51.
52 Stravinsky, *Memories*, 38.
53 Michael Holroyd, *Lytton Strachey*, 2 vols. (New York, 1968), II:95.
54 Pierre Lalo, *Le Temps*, 1913년 6월 5일자.
55 "The Old Ballet and the New: M. Nijinski's Revolution," *Times* (London), 1913년 7월 5일자. 이 기사와 Jean Marnold의 리뷰 *Mercure de France*, CV (1913년 10월 1일), 623-630은 니진스키의 업적에 대한 여전히 최상의 분석이다.
56 Stanley J. Fay, "All the Latest Dances," *Punch*, 141 (1911년 11월 1일), 311.

57 Stravisky, Memories, 29; Vera Stravinsky, *Stravinsky*, 76-105.
58 Craft, *New York Review*, 1974년 2월 21일, 19.
59 위의 글.
60 Hugo von Hofmannsthal and Richard Strauss, *The Correspondence*, ed. and trans. Hanns Hammelmann and Ewald Osers (London, 1961), 150.
61 Robert Craft, "Le Sacre and Pierre Monteux," *New York Review of Books*, 1975, 4월 3일, 33.
62 Craft, *New York Review*, 1974, 2월 21일, 17.
63 위의 글. 'la sale musique(시시한 음악)'이란 언급은 Monteux가 M. Fichefet에게 보낸 편지에 등장하며 뉴욕 공립 도서관, Dance Collection, Astruc Papers, file 61, p. 7에서 찾을 수 있다.
64 Craft, *New York Review*, 1974, 2월 21일, 18.
65 *New York Times*, 1916년 1월 23일.
66 Buckle, *Diaghilev*, 88. Haskell, *Diaghileff*, 150.
67 Bowlt, *Silver Age*, 202.
68 D. H. Lawrence, *The Rainbow* (Harmondsworth, 1977), 184.
69 William L. Shirer, *20th Century Journey* (New York, 1976), 216.
70 Harold Rosenberg, *The Tradition of the New* (New York, 1959), 209.
71 Agathon, *Les Jeunes Gens d'aujourd'hui* (12th ed. Paris, n.d. [1919]), 4-5.
72 Oliver Wendell Holmes, *One Hundred Days in Europe* (1891), in *The Writings of Oliver Wendell Holmes*, 14 vols. (Boston, 1899-1900), X:177.
73 Jack Kerouac, *Satori in Paris* (New York, 1966), 8.
74 Georges Clemenceau, *Dans les champs du pouvoir* (Paris, 1913), 82.
75 *Le Crapouillet*, 1914년 10월 31일.
76 Arthur Rubinstein, *My Young Years* (Toronto, 1973), 132.
77 George P. Gooch, *Franco-German Relations, 1871-1914* (London, 1928), 26.
78 Alexandre Benois, "Lettres artistiques: les représentations russes à Paris," "Journal de St. Pétersbourg"라는 제목과 1909년 7월 2일이라는 날짜가 적힌 이 글의 타사 사본은 Astruc Papers, 30, 11-14에서 볼 수 있다.
79 Samuel Rocheblave, *Le Goût en France* (Paris, 1914), 323-328.
80 Jean Cocteau, *Professional Secrets*, ed. Robert Phelps, trans R. Howard (New York, 1970), 70-71.
81 Blanche, *Revue de Paris*, t. 6, 279.
82 위의 책, 276-77.
83 Jacques Rivière의 논의 "Le Sacre du printemps," *Nouvelle Revue Française*, X (November, 1913), 706-730은 그 작품에 대해 우리가 얻을 수 있는 여전히 가장 통찰력 있는 평가인 듯하다. Jacques Rivière, *The Ideal Reader*, trans. Blache A.

Price (New York, 1960), 125-147에서 영역본을 구할 수 있다.
84 Arthur Gold and Robert Fizdale, *Misia: The Life of Misia Sert* (New York, 1980), 152.
85 Truman C. Bullard는 그의 뛰어난 연구 논문 "The First performance of Igor Stravinsky's 'Sacre du Printemps,'" 3 vols, Eastman School of Music, University of Rochester, 1971에서 프랑스의 비평문 대부분을 수록했다.
86 *Le Figaro*, 1913년 5월 31일자.
87 Buckle, *Nijinsky*, 361.
88 Louis Laloy, 위의 책.
89 Marie Rambert, *Quicksilver* (London, 1972), 61.
90 Maurice Dupont, "Les Ballets russes; l'orgie du rytme et de la couleur," *Revue Bleue*, 52a., II (1914년 7월 11일), 53-56.
91 Charles Nordmann, "La Mort de l'univers," *Revue des deux mondes*, 5. 16 (1913년, 7월 1일), 205-216.

제2장 베를린

1 *The Diaries of Franz Kafka, 1910-1923*, ed. Max Brod, trans M. Greenberg (Harmondsworth, 1964), 301.
2 Georg Ktowski et al. (eds.), *Das wilheminische Deutschland* (Munich, 1965), 145.
3 *Vossische Zeitung*, 374, 1914년 7월 26일자.
4 Kurt Riezler, *Tagebücher, Aufsätze, Dokumente*, ed. K. D. Erdmann (Göttingen, 1972) 1914년 7월 27일자 일기.
5 *The Letters of Charles Sorley* (Cambridge, 1919), 211-212.
6 Fritz Klein et al., *Deutschland im ersten Weltkrieg*, 3 vols. ([East] Berlin, 1968-1970), I;262-263.
7 *Frankfurter Zeitung*, 211, 1914년 8월 2일자.
8 Martin Hürlimann, *Berlin* (Zürich, 181), 193.
9 *Frankfurter Zeitung*, 212, 1914년 8월 2일자.
10 *Frankfurter Zeitung*, 213, 1914년 8월 3일자.
11 Dieter Groh, *Negative Integration und revolutionärer Attentismus* (Frankfurt am Main, 1973), 675.
12 Tagebücher, 1914년 8월 15일 일기. Konrad H. Jarausch, *The Enigmatic Chancellor* (New Haven, Conn.: 1973), 177도 보라.
13 1924년 Thomas Mann, *Der Zauberberg* 서문. Cf. *The Magic Mountain*, trans. H. T. Lowe-Porter (New York, 1969), ix. Friedrich Meinecke, *Strassburg-Freiburg-Berlin, 1901-1919* (Stuttgart, 1949), 137-138.

14 Norbert Elias, *The Civilizing Process* (노르베르트 엘리아스, 문명화 과정), trans. E. Jephcott (New York, 1978), 11-12.
15 Friedrich Schiller and J. W. von Goethe, "Das Deutsche Reich,"Xenien, in Schiller, *Gesamtausgabe*, 20 vols. (Munich, 1965-1966), II:30.
16 Gordon A. Craig, *The Germans* (New York, 1982), 27.
17 David Landes, *The Unbound Prometheus* (Cambridge, 1969), 342.
18 Paul M. Kennedy, *The Rise of the Anglo-German Antagonism, 1860-1914* (London, 1980), 110.
19 Klaus Dockhorn, *Der deutsche Historismus in England* (Göttingen, 1950), 217.
20 Landes, *Prometheus*, 354.
21 Kennedy, *Rise*, 71.
22 Fritz Fischer, *Krieg der Illusionen* (Düsseldorf, 1969), 154-155.
23 Rolf H. Foester, *Die Rolle Berlins im europäischen Geistesleben* (Berlin, 1968), 115.
24 Mortiz, J. Bonn, *Wandering Scholar* (London, 1949), 44-45.
25 Friedrich Sieberg, *Gott in Frankreich?* (Frankfurt am Main, 1931), 120.
26 Richard Ellmann, *James Joyce* (New York, 1959), 116.
27 Geoffrey G. Field, *Evangelist of Race* (New York, 1981), 43.
28 위의 책, 216.
29 Friedrich Nietzsche, *Twilight of the Idols*(프리드리히 니체, 우상의 황혼), trans R. J. Hollindale (Harmondsworth, 1968), 23.
30 Katherine Anthony, *Feminism in Germany and Scandinavia* (New York, 1915), 169-204.
31 William Rubin (ed.), *Pablo Picasso: A Retrospective* (New York, 1980), 18.
32 Samuel Hynes, *The Edwardian Frame of Mind* (Princeton, 1968), 334.
33 Marshall Berman, *All That Is Solid Melts into Air* (New York, 1982), 239.
34 Pevsner, Pioneers, 32. Joan Campbell, *The German Werkbund* (Princeton, 1978) 도 보라.
35 Buckle, *Nijinsky*, 316.
36 Emil Nolde, *Das Eigene Leben* (Flensburg, 1949), 238.
37 John Russell, *The Meanings of Modern Art* (New York, 1981), 83.
38 James D. Steakley, *The Homosexual Emancipation Movement in Germany* (New York, 1975), 49.
39 위의 책, 24-27.
40 마르크가 마케에게 1914년 1월 14일에 보낸 편지, August Macke and Franz Marc, *Briefwechsel* (Cologne, 1964), 40.
41 Emil Nolde, *Briefe aus den Jahren 1894-1926*, ed. Max sauerlandt (Hamburg,

1967), 99.
42 George Santayana, "English Liberty in America," *Character and Opinion*, in *The Works of George SAntayana*, 14 vols. (New York, 1936-1937), VIII:120.
43 George Santayana, "Egotism in German Philosophy" in ibid., VI:152.
44 *New York Times*, 1914년 8월 5일자, Barbara Tuchman, *The Guns of August*(바버라 터크먼, 8월의 포성) (New York, 1962), 312에서 인용.
45 Maxilmilian Steinberg에게 보낸 편지, Craft, *New York Review*, 1914년 2월 21일, 18.
46 Walther Rathenau, "Der Kaiser," in *Gesammelte Schriften*, 6 vols. (Berlin, 1925-1929), VI:301.
47 Bertrand Russell, *Freedom versus Organization, 1814-1914* (New York, 1962), 430.
48 Prince Bernhard von Bülow, *Memoirs, 1849-1897*, trans. G. Dunlop and F. A. Voigt (London, 1932), 637.
49 "Spectator," *Prince Bülow and the Kaiser*, trans. O. Williams (London, n.d.), 71; Isabel V. Hull, *The Entourage of Kaiser Wilhelm II, 1888-1918* (Cambridge, 1982), 69-70.
50 Viktoria Luise, Princess of Prussia, *The Kaiser's Daughter*, trans. R.Vacha (London, 1977), 76.
51 Julius Meier-Graefe, *Wohin treiben wir?* (Berlin, 1913); Theodor Fontane, 1897년 4월 5일 편지, *Briefe an Georg Friedlaender*, ed. Kurt Schreinert (Heidelberg, 1954), 309.
52 1888년 5월 29일자 일기, Hemuth von Moltke, *Erinnerungen, Briefe, Dokumente 1877-1916*, ed. Eliza von Moltke (Stuttgart, 1922), 139.
53 Friedrich von Bernhardi, *Germany and the Next War*, trans. Allen H. Powles (New York, 1914), 18.
54 Wolfgang Rothe, *Schriftsteller und totalitäre Welt* (Bern, 1966), 19.
55 Theodor Heuss, "Der Weltkrieg," *März*, 8/3 (1914년 8월 5일), 221-225.
56 Conrad Haussmann, "Europas Krieg," *März*, 8/3 (1914년 8월 22일), 250.
57 Friedrich Meinecke, *Die deutsche Erhebung von 1914* (Stuttgart, 1914), 29.
58 Groh, *Integration*, 704.
59 Konrad Haenisch, *Die deutsche Sozialdemokratie in und nach dem Weltkriege* (Berlin, 1919), 20-26.
60 Edard David, 1914년 8월 4일 일기, *Das Kriegstagebuch des Reichstagsabgeordneten Eduard David 1914 bis 1918*, ed. Susanne Miller (Düsseldorf, 1966), 12.
61 Ludwig Thoma, "Stimmungen," *März*, 8/3 (1914년 9월 5일), 296-299.

62 Magnus Hirschfeld, *Warum bassen uns die Völker?* (Bonn, 1915), 11, 18, 33.
63 "Burschen heraus!" *Vossische Zeitung*, 391, 1914년 8월 4일자.
64 Carl Zuckmayer, *Als wär's ein Stück von mir* (Frankfurt am Main, 1969), 168; Schauwecker and Hirschfeld in eric J. Leed, *No Man's Land* (Cambridge, 1979), 21, 46-47.
65 Emil Ludwig, "Der moralische Gewinn," *Berliner Tageblatt*, 392, 1914년 8월 5일자; Emil Ludwig, *Juli 1914* (Hamburg, 1961), 7-8, and chap. 13.
66 Ernst Glaeser, *Jahrgang 1902* (Berlin, 1929), 191-195.
67 1914년 11월 18일 편지, Philipp Witkop (ed.), *Kriegsbriefe deutscher Studenten* (Gotha, 1916), 25.
68 Erich Kahler, *The Germans* (Princetom, 1974), 272.
69 1914년 12월 26일 편지, Ralph Freedman, *Hermann Hesse: Pilgrim of Crisis* (New York, 1978), 168.
70 1914년 9월 17일 일기, Guy Chapman, *Vain Glory* (London, 1937), 107.

제3장 플랑드르 벌판

1 "An Armistice," *Western Times* (Exeter), 1915년 1월 1일자, 3a.
2 "Leicestershire and the War," *Leicester Mail*, 1915년 1월 6일자, 5c.
3 1916년에 가족이 개인적으로 출판한 Captain Sir Edward H. W. Hulse, "Letters Written from th English Front in France Between September 1914 and March 1915," 56-70. 그의 편지 발췌문은 F. Loraine Petre et al., *The Scots Guards in the Great war, 1914-1918* (London, 1925), 67에서 더 쉽게 접할 수 있다. Guy Chapman, *Vain Glory*, 100-103. 헐스는 1915년 3월 12일 뇌브샤펠에서 부상당한 동료 장교를 구하려다 전사했다.
4 1914년 12월 25일 일기, Gustav Riebensahm Papers, Bundesarchiv-Militärachive, Freiburg (이하에서 BAM).
5 Fridolin Solleder (ed,), *Vier Jahre Westfront; Geschichte des Regiments List R.I.R. 16* (Münich, 1932), 92.
6 "Our Day of Peace at the Front," *Daily Mail*, 1915년 1월 1일자, 4d.
7 1914년 12월 27일 편지, O. Tilley, Imperial War Museum, London (이하에서 IWM).
8 Barbara Tuchman, *The Guns of August*와 Samuel Hynes, *The Edwardian Frame of Mind* 등이 제시한 인상과 반대이다.
9 W. A. Quinton, 미출판 회고록 (1929), 28, IWM.
10 Memoirs of R. G. Garrod, IWM.
11 사상자 숫자 대부분은 연대, 여단, 사단의 공식 전장 일지에서 가져왔으며 이 경우

는 Public Record Office, London (이하에서는 PRO).
12 1914년 9월 13일 일기, C. E. Callwell, *Field-Marshal Sir Henry Wilson: His Life and Diaries*, 2 vols. (London, 1927), I:177.
13 Edward Grey, *Twenty-Five Years*, 2 vols. (New York, 1925), II:68.
14 "Programme d'une causerie à faire aux officiers et hommes au repos," 24N346, Service historique de l'armée de terre, Vincennes (이하에서 SHAT)
15 Quartier Général (GQ), 1st Corps d'Armée (CA), 1915년 1월 1일, 22N10, SHAT.
16 1915년 1월 22일 일기, *The Private Papers of Douglas Haig, 1914-1919*, ed. Robert Blake (London, 1952), 84.
17 제 20보병 여단, 1914년 12월 26일 일지, WO95/1650, PRO.
18 1914년 12월 25일 일기, P. Mortimer, IWM. 1014년 12월 30일 제 7사단 일지, WO95/154.
19 1915년 1월 8일, 노팅엄 앤드 더비 제 2 보병 연대 일지, WO95/1616, PRO.
20 제 1군, 일지, WO95/154.
21 W. P. Pulteney 중장이 제 2군 Smith-Dorrien 사령관에게, 1915년 1월 12일, WO95/154.
22 1914년 12월 19일 편지, Chrisopher Isherwood, *Kathleen and Frank* (London, 1971), 308.
23 1914년 12월 23일 일기, P. H. Jones, IWM.
24 Carl Groos (ed.), *Infanterie-Regiment Herwarth von Bittenfeld (I. Westfälisches) Nr. 13 im Weltkriege 1914-1918* (Oldenburg, 1927), 70. Solleder (ed.), *R.I.R. 16*, 93과 제 1 로열 아이리시 퓨질리어 연대 일지, WO95/1482, PRO도 보라.
25 Gustav Riebensahm, *Infanterie-Regiment Prinz Friedrich der Niederlande (2. Westfälisches) Nr. 15 im Weltkriege 1914-1918* (Minden I. W., 1931), 94.
26 1915년 1월 17일 제 6사단 일지, WO95/1581. 1914년 12월 24일, *Morning Post*, 4a 면에 실린 제 2 위스터셔 연대의 H. Hodgetts 일병의 편지도 보라. 제 2군, 1915년 1월 22일 일지, WO95/268. 프랑스의 사료도 유사한 증거로 가득하다. Note de service, 4th CA, 1914년 12월 29일, 22N556; 1914년 12월 24일, 제 68 보병 연대 보고서, 22N557; 1914년 12월 30일 Louis 참모본부장 발송문, 22N1134, SHAT.
27 1914년 12월 4일 제 2 군단 군단장이 사단장들에게 보낸 명령문, WO95/268, PRO.
28 Sorley, *Letters*, 283.
29 *The Scotsman* (Edinburgh), 1915년 1월 2일 9e면에 편지를 실은 신문은 '독일 병사들 평화 원해'라는 헤드라인을 실었다. 여기서 후방이 증거를 잘못 해석하여 전선의 현실에 대하여 전혀 근거 없는 결론을 속단하는 기본적인 실례를 볼 수 있다.
30 Solleder (ed.), *16 R.I.R.*, 88.
31 제 12 여단, 1914년 12월 10일 일지, WO95/1501, PRO.
32 제 4 사단, 1914년 12월 1일 일지, WO95/1440, PRO.

33 위의 책.
34 1914년 11월 28일 날짜가 적힌 명령문은 제 6 바이에른 예비 사단, Bd. 5, 자료집, Bayerisches Kriegsarchiv(이하에서 BKA)에서 발견할 수 있다.
35 이것이 어떤 모습이었는지는 *The Illustrated London News*, 1915년 1월 6일, 37에 실린 그림에서 볼 수 있다.
36 제 11 여단 일지, WO95/1486, PRO.
37 제 15 여단 1914년 12월 23일 일지, WO95/1566, PRO.
38 S. R. de belfort, 1915년 1월 10일, 18N302, SHAT.
39 1914년 12월 24-26일 일기, Albert Sommer Tagebuchaufzeichnungen, MSg 1/900, BAM.
40 1914년 12월 27일 일기, P. H. Jones, IWM.
41 Curt Wunderlich, *Fünfzig Monate Wehr im Westen: Geschicte des Reserve-Infanterie-Regiments Nr. 66* (Eisleben, 1939), 280-281.
42 Wilhelm, Crown Prince of Germany, *My War Experiences* (London, n.d.), 122-123.
43 1914년 12월 26일 편지, BAM.
44 제 1 서머싯 경보병대, WO95/1499; James M'Cormack의 편지는 *The Scotsman*, 1915년 1월 9일, 12d면에, J. Dalling의 편지는 *The Western Times*, 1915년 1월 11일, 3g면에 실렸다.
45 "Letters from the Trenches," *Daily Mail*, 1915년 1월 4일, 9cd.
46 제 2 스코츠 근위대 일지, 1914년 12월 25일, WO95/1657; *Daily Mail*, 1915년 1월 1일자 4d면에 실린 편지; D. Mackenzie, *The Sixth Gordons in France and Flanders* (Aberdeen, 1921), 23-24; Riebensahm, *Infanterie-Regiment 15*, 96.
47 *Daily Mail*, 1915년 1월 4일, 9cd; *The Scotman*, 1915년 1월 4일, 8g.
48 제 10 여단 일지, WO95/1477. 제 20여단 일지, WO95/1650, PRO도 보라.
49 1914년 12월 28일 일기, Samuel Judd, IWM.
50 *Glasgow Herald*, 1915년 1월 14일, 9fgh.
51 Beckett 대위의 보고서, WO95/1488, PRO.
52 연대 일지의 개인 일기, 1914년 12월 25일, WO95/1413, PRO.
53 제 20 바이에른 보병 연대 일지, 1914년 12월 25일, Bd. 8, BKA.
54 제 56 여단 일지, 1914년 12월 25일, 26N511, ShAT.
55 WO95/1496, PRO
56 WO95/1657, PRO.
57 Mackenzie, *6th Gordons*, 26.
58 George Watson, *The English Ideology: Studies in the Language of Victorian Politics* (London, 1973), 61-62.
59 Ford Madox Ford, *Thus to Revisit* (London, 1921), 136-137; Virginia Woolf, "Mr.

Bennett and Mrs. Brown" (1924), in *The Captain's Death Bed and Other Essays* (London, 1950), 91.
60 Walter Sickert, "Post Impressionists," *Fortnightly Review*, 89 (1911년 1월), 79.
61 Stanley Weintraub, *The London Yankees* (New York, 1979).
62 Acton은 Froude를 인용하고 있다. Lord Acton, *A Lecture on the Study of History, delivered at Cambridge, June 11, 1895* (London, 1895), 72.
63 Watson, *Ideology*, 60.
64 Thomas Mann, "Gedanken im Kriege," *Gesammelte Werke*, XIII:530-532. 에 세이는 1914년 11월에 *Die Neue Rundschau*에 처음 실렸다.
65 A. E. Housman, "1887," *The Collected Poems* (London, 1962), 10.
66 A. D. Gillespie, John Laffin (ed.), *Letters from the Front, 1914-1918* (London, 1973), 12.
67 Pattenden의 일기는 이제 제1 햄프셔 연대 기록의 일부이다. WO951495, PRO.
68 James Walvin, *Leisure and Society, 1830-1950* (London, 1978), 85.
69 Tony Mason, *Association Football and English Society, 1863-1915* (Brigthon, 1980), 224.
70 Peter Bailey, *Leisure and Class in Victorian England* (London, 1978), 128.
71 Mason, *Football*, 228.
72 Donald Read, *Edwardian England, 1901-1915* (London, 1972), 53-54.
73 1914년 7월 31일 Sir Claude Phillips에게 보낸 편지, *The Letters of Henry James*, ed. Percy Lubbock, 2 vols. (London, 1920), II:389-392.
74 Rupert Boorke의 시 "Peace", *The Collected Poems*, ed. G. e. Woodberry (New York, 1943), 111.
75 *The Letters of Rupert Brooke*, ed. Geoffrey Keynes (New York, 1968), 625.
76 "One day of Peace at the Front," *Daily Mail*, 1915년 1월 1일, 4d.
77 "The Christmas Truce in the Trenches," *Chester Chronicle*, 1915년 1월 9월 5c.
78 Jerome K. Jerome, "The greatest Game of all: The True Spirit of the War," *Daily News and Leader*, 1915년 1월 5일, 4ef.
79 Paul Fussell, *The Great War and Modern Memory* (New York, 1975), 27.
80 1916년 7월 편지, p. 163, R. D. Mountfort, IWM.
81 *Western Times*, 1915년 1월 19일, 6f, *Berliner Tageblatt*의 보도에 기반함.
82 1916년 8월 27일 일기, Louis Mairet, *Carent d'un combattant (11 février 1915-16 avril 1917)* (Paris, 1919), 212-213.
83 P. B. Ghéusi, *Cinquante ans de Paris: mémoires d'un témoin, 1892-1942*, 4 vols. (Paris, 1939-1942), IV:185-197.
84 Walvin, *Leisure*, 129.
85 제 17 미들섹스 연대 일지, WO95/1361, PRO. 전직 레딩의 포워드였던 W. G.

주 565

Bailey의 문서와 1917년 8월부터 1918년 2월까지 축구선수 대대를 지휘한 R. Stafford의 문서도 보라. 둘 다 IWM에 소장.
86 Mason, *Football*, 225.
87 W. R M. Percy in H. E. Boisseau (ed.), *The Prudential Staff and the Great War* (London, 1938), 18. 퍼시는 1915년 4월 28일 이프르 인근에서 전사했다.
88 1914년 12월 27일 일기, P. H. Jones, IWM.
89 *Western Times*, 1915년 1월 11일, 3g.
90 제 2 스코츠 근위대 일지, 1914년 12월 25일, WO/95/1657, PRO.
91 "The Christmas truce in the Trenches," *Chester Chronicle*, January 9, 1915, 5e.
92 *La Vie de tranchée* (Paris, 1915), 35.
93 *History of the 1st and 2nd Battalions the North Staffordshire Regiment (The Prince of wales) 1914-1923* (Longton, 1932), 14-15.
94 "Letters from the Trenches," *Daily Mail*, 1914년 12월 31일, 8a.
95 Gertude Himmelfarb, "The Victorian Ethos: Before and afer Victoria," in *Victorian Minds* (New York, 1968), 276-278.
96 H. E. Meller, *Leisure and the Changing City, 1870-1914* (London, 1976), 248-249.
97 Robert Roberts, *The Classic Slum: Salford Life in the First Quarter of the Century* (Manchester, 1971), 15-16.
98 J. B. Priestley, *Margin Released* (London, 1962), 46-47.
99 Gerald Gould, "Art and Morals," *New Statesman*, 1913년 8월 23이, 625-626.
100 Christopher Hassall, *Rupert Brooke* (London, 1964), 456.
101 John Grigg, *Lloyd George: From Peace to war, 1912-1916* (Berkeley, 1985), 166.
102 *La Vie de tranchée*, 71-72.
103 1915년 12월 7일 E. M. House에게 보낸 편지, Burton J. Hendrick, *The Life and Letters of Walter H. Page*, 3 vols. (New York, 1922-1925), II:108.
104 Guy Pedroncini, *Les Mutineries de 1917* (Paris, 1967), 177.
105 Charles Smith, *War History of the 6th Battalion: The Cheshire Regiment* (Chester, 1932), 5.

제4장 전쟁의 제전

1 John Keegan, *The Face of Battle* (New York, 1976), 264.
2 샤를 델베르는 혈거인troglodyte이란 표현을 1916년 2월 11일 일기에서 사용했다: *Carnet d'un fantassin* (Paris, 1935), 145. 피터 맥그리거는 그 표현을 1916년 8월 6일에 쓴 편지에서 사용했다: P. McGregor, IWM. 따라서 그 표현은 일부가 주장하는 바와 달리 전후 시대의 발명이라고는 도저히 볼 수 없다.
3 1916년 7월 24일에 아내에게 보낸 편지, P. McGregor, IWM.

4   H. Winter, in Denis Winter, *Death's Men: Soldiers of the Great War* (Harmondsworth, 1979), 177.
5   1915년 7월 10일 어머니에게 보낸 편지, Charles Sorley, *Letters*, 284.
6   Alistair Horne, *Death of a Generation* (London, 1970), 104.
7   Ivan Goll, "Requiem for the Dead of Europe" (1917), in Jon Silkin (ed.), *The Penguin Book of First World War Poetry* (Harmondsworth, 1979), 232.
8   Ernst Jünger, *In Stahlgewittern* (Berlin, 1931), 100.
9   1914년 12월 17일 Ordre général, N 32, 16N1676, SHAT.
10 Keegan, *Face of Battle*, 227-237.
11 John Ellis, *Eye-Deep in Hell* (존 엘리스, 참호에 갇힌 제1차세계대전)(London, 1977), 94.
12 Roger Campana, *Les Enfants de la "Grade Revanche": Carnet de route d'un Saint-Cyrien, 1914-1918* (Paris, 1920), 204.
13 Herbert Read, "In Retreat: A Journal of the Retreat of the Fifth army form St. Quentin, March 1918," in *The Contrary Experience* (London, 1963), 248.
14 Paul Rimbault, in Jean Norton Cru, *Témoins* (Paris, 1929), 465.
15 1917년 11월 16일 아내에게 보낸 편지, Paul Nash, *Outline: An Autobiography and Other Writings* (London, 1949), 210-211.
16 Alistair Horne, *The Price of Glory: Verdun 1916* (London, 1962), 173.
17 Herbert Read, 1918년 1월 10일 일기, *Contrary Experience*, 116.
18 1915년 9월 27일 일기, Mairet, *Carnet*, 96.
19 Guy Bukeridge, "Memoirs of My Army Service in the Great War," 65, IWM.
20 Horne, *Price of Glory*, 62.
21 1915년 2월 14일 편지, J. W. Harvey, IWM.
22 1916년 6월 7일과 11일 편지, P. McGregor, IWM.
23 Silkin (ed.), *Poetry*, 91.
24 Jünger, *In Stahlgewittern*, 163-164.
25 1915년 1월 19일, Campana, *Enfants*, 69.
26 1915년 11월 27일 편지, Marc Boasson, *Au Soir d'un monde: lettres de guerre* (Paris, 1926), iii-iv.
27 Wilfred Owen, *The Collected Poems*, ed. C. Day Lewis (London, 1964), 48-49.
28 Siegfried Sassoon, *Memoirs of a Fox-Hunting Man* (London, 1960), 300.
29 1916년 3월 29일 일기, Delvert, *Carnets*, 184.
30 1916년 8월 19일 편지, R. D. Mountfort, IWM.
31 1915년 11월 일기, Campana, *Enfants*, 115.
32 1916년 6월 16일 편지, R. D. Mountfort, IWM.
33 1915년 12월 16일 일기와 1916년 1월 3일 편지, P. H. Jones, IWM.

34 1916년 1월 12일 일기, Delvert, *Carnets*, 129-130.
35 Winter, *Death's Men*, 101.
36 1915년 12월 8일 일기, Delvert, *Carnets*, 101.
37 Wilfred Owen, "Dulce et Decorum Est," *Collected Poems*, 55.
38 W. C. S. Gregson, Papers, IWM.
39 1916년 8월 2일 편지, F. H. T. Tatham, IWM.
40 1916년 7월 31일 편지, C. E. W. Bean, *The Official History of Australia in the War of 1914-1918*, 6 vols. (Sydney, 1929-1942), III:659.
41 Ellis, *Eye-Deep in Hell*, 59.
42 Jünger, *In Stahlgewittern*, 123-207.
43 Horne, *Price of Glory*, 187.
44 1916년 1월 27일 일기, Delvert, *Carnets*, 138-139.
45 César Méléra, *Verdun* (Paris, 1925), 34-35.
46 Horne, *Price of Glory*, 99.
47 1916년 10월 16일 일기, Paul Morand, *Journal d'un attaché d'ambassade* (Paris, 1963), 39.
48 여기에 대한 유익한 분석은 "Kurzschüsse der Artillerie," 1918년 9월 16일, 제 16 바이에른 예비 보병 연대 자료집, Bd. 13, BKA를 보라.
49 Siegried Sassoon, "Counter-Attack," *Collected Poems 1908-1956* (London, 1961), 68.
50 1917년 3월 10일 일기, Mairet, *Carnet*, 294.
51 Fritz Kreisler, *Four Weeks in the Trenches: The War story of a Violinist* (Boston, 1915), 65-66.
52 1914년 12월 20일 편지, J. W. Harvey, IWM.
53 Kreisler, *Four Weeks*, 66.
54 1915년 크리스마스에 Frank N. Doubleday에게 보낸 편지, Hendrick, *Life and Letters of Walter H. Page*, II:111.
55 Geoffrey Best, "How Right Is Might? Some aspects of the International Debate About How to Fight Wars and How to Win Them, 1870-1918," in *War, Economy and the Military Mind, ed. G. Best and A. Wheatcroft* (London, 1976), 120-135.
56 Henry James가 Edith Wharton에게 1914년 9월 21일에 보낸 편지, *The Letters of Henry James*, II:420-421.
57 Meinecke, Erhebung, 71-72. Max R. Funke, "In Rheims," *März*, 8/4 (1914년 12월 19일), 242-245도 보라.
58 *Kölnische Zeitung*, 1915년 1월 29일자.
59 Klaus Schwabe, *Wissenschaft und Kregsmoral: Die deutschen Hochschullehrer*

und die politischen Grundfragen des Ersten Weltkrieges (Göttingen, 1969), 23.
60 Ernst Johann (ed.), Innenansicht eines Krieges: deutsche Dokumente, 1914-1918 (Munich, 1973), 47-48.
61 Jünger, In Stahlgewittern, 114-115.
62 Jean-Jacques Becker, 1914: Comment les Français sont entrés dans la guerre (Paris, 1977), 46-47; Pierre Miquel, La Grande Guerre (Paris, 1983), 145.
63 Jean Lestoquoy, Histoire du patriotisme en France des origines à nos jours (Paris, 1968), 207.
64 Henri Bergson, La Signification de la Guerre (Paris, 1915), 19.
65 1915년 1월 22일 Hon. Evan Chateris에게 보낸 편지, Henry James, Letters, II:453.
66 Miquel, La Grande Guerre, 327.
67 Basil H. Lddell Hart, History of the First World war(London, 1972), 145; Peter Graf Kielmansegg, Deutschland und der Erste Weltkrieg (Frankfurt am Main, 1968), 91.
68 1915년 5월 5일 편지, V. M. Fergusson, IWM.
69 Ulrich Trumpener, "The Road to Ypres: The Beginnings of Gas Warfare in World War I," Journal of Modern History, 47 (1975년, 9월), 468.
70 자전적 스케치에서 인용, G. W. G. Hughes, n.d., n.p., IWM.
71 Wilfred Owen, "Dulce et Decoru Est," Collected Poems, 55.
72 Robert Graves, Goodbye to All That (Harmondsworth, 1960), 123.
73 Horne, Price of Glory, 286.
74 Roland Dorgelès, Souvenirs sur les Croix de bois (Paris, 1929), 18.
75 Frank Fox, The British Army at War (London, 1917), 35-36.
76 Leonard Levy가 준비해 개인적인 돌려보기 위해 인쇄한 기념 소책자 "Some Memories of the Activities of the R. E. Anti-Gas Establishment During the Great War," n.d. [1938년 11월], in the Foulkes Papers (J41), Basil Liddell Hart Archives.
77 "Report of the Committee on Chemical Warfare Organisation," Foulkes Papers (J18), Basil Liddell Hart Archives.
78 1916년 12월 26일 일기, Mairet, Carnet, 269-270.
79 E. L. Woodward, Great Britain and the War 1914-1918 (London, 1967), 40.
80 André Ducasse et al., Vie et mort des françis 1914-1918 (Paris, 1968), 72.
81 Woodward, Great Britain and the War, 40.
82 위의 책, 167.
83 L. P. Jacks에게 1915년 6월에 보낸 편지, The Letters of Josiah Royce, ed. John Clendenning (Chicago, 1970), 628-629.

84 일기, W. C. S. Gregson, IWM.

제5장 광기 속의 이성

1   Ellis, *Eye-Deep in Hell*, 100.
2   위의 책.
3   위의 책, 101.
4   프랑스에서 1915년 4월 4일 편지, Philipp Witkop (ed.), *Kriegsbriefe deutscher Studenten* (Gotha, 1916), 45-46.
5   1917년 3월 26일 편지, Boasson, *Au Soir*, 218-219.
6   Kreisler, *Four Weeks*, 2-3.
7   Horne, *Price of Glory*, 227.
8   J. L. Jack, *General Jack's Diary*, ed. John Terraine (London, 1964), 188-189.
9   1916년 7월 23일 일기, G. Powell, IWM.
10 Dorgelès, *Souvenirs*, 20.
11 André Bridoux, *Souvenirs du temps des morts* (Paris, 1930), 16.
12 "Dictée," *Nouvelle Revue Française*, 33 (1929년 7월 1일), 21-22.
13 1916년 8월 25일 편지, the Rev. J. M. S. Walker, IWM.
14 Jacques Rivière, "French Letters and the War," *The Ideal Reader*, 271.
15 Ducasse, *Vie et mort*, 94.
16 1916년 6월 12일 일기, Delvert, *Carnets*, 286.
17 1917년 7월 23일 Ronald Rees에게 보낸 편지, R. D. Rees, IWM.
18 의무에 대한 이러한 강조는 "환멸"유파에 의해 지배된 추후의 전쟁 문학에서 축소되었다. 샤를 델베르는 의무의 중요성을 강조한 사람 가운데 하나다: "L'histoire de la guerre par les témoins," *Revue des deux mondes*, 99a. (1929년 12월), 64.
19 Asa Briggs, *Victorian People* (Harmondsworth, 1965), 124.
20 Ian Hay, *The First Hundred Thousand* (London, 1916), xi.
21 Anthony Powell, *The Kindly Ones* (London, 1971), 161.
22 Woodward, *Great Britain and the War*, xv-xvi.
23 Bill Gammage, *The Broken Years: Australian Soldiers in the Great War* (Canberra, 1974), 47.
24 David Jones, in D. S. Carne-Ross, "The of the Modernists," *New York Review of Books*, 1980년 10월 9일, 41.
25 Mairet, *Carnets*, 32.
26 Jean-Marc Bernard, "De Profundis," in Ducasse, *Vie et mort*, 102.
27 1915년 10월 28일 편지, P. H. Jones, IWM.
28 1915년 9월 2일 아버지에게 보낸 편지, Sorley, *Letters*, 307.

29 Vera Brittain, *Testament of Youth* (London, 1933), 259.
30 1916년 8월 4일 일기, G. Powell, IWM.
31 1916년 5월 11일 일기, Abel Ferry, *Carnets secrets, 1914-1918* (Paris, 1957), 140.
32 Ducasse, *Vie et mort*, 159-160.
33 1918년 4월 28일 편지, Herbert Read, *Contrary Experience*, 127.
34 1915년 1월 15일과 20일 편지, Christopher Isherwood, *Kathleen and Frank* (London, 1971), 312.
35 1917년 8월 28일과 12월 20일 편지, R. R. Stokes, IWM.
36 1916년 6월 26일 일기, P. H. Jones, IWM.
37 1916년 7월 1일 일기, E. Russell-Jones, IWM.
38 QG IIIe Armée, "Contrôle de la Correspondence," 1917년 5월 31일 날짜가 적힌 보고서, 16N1521, SHAT.
39 Stephen R. Ward, "Great Britain: Land Fit for Heroes Lost," in s. R. Ward (ed.), *The War Generation* (Port Washington, N.Y., 1975), 28.
40 Humbert, 1917년 6월 1일 편지, 16N1521, SHAT.
41 Wilfred Owen, "Apologia Pro Poemate Meo," *Collected Poems*, 39.
42 1916년 12월 29일 편지, Mairet, *Carnet*, 273.
43 1916년 9월 15일 편지, P. McGregor, IWM.
44 Brittain, *Testament of Youth*, 316.
45 Keegan, *Face of Battle*, 275.
46 1916년 6월 14일 일기, Méléra, *Verdun*, 30-31.
47 1917년 7월 27일 편지, Read, *Contrary Experience*, 107.
48 Charles S. Maier, *Recasting Bourgeois Europe* (Princeton, 1976), 32.
49 Benjamin Crémieux, "Sur la guerre et les guerriers," *Nouvelle Revue Française*, 34 (1930), 147.
50 J. S. Mill, "Coleridge," in *John Stuart Mill: A Selection of His Works*, ed. John M. Robson (Toronto, 1966), 445-448.
51 Sassoon, *Memoirs of a Fox-Hunting Man*, 271.
52 리들 하트는 헤이그를 두고 "전전 영국의 화신"이라고 표현했다: Basil Liddell Hart, *Through the Fog of war* (London, 1938), 57.
53 Ducasse, *Vie et mort*, 150.
54 위의 책, 104.
55 Ellis, *Eye-Deep in Hell*, 81-82.
56 153e RI의 라파르그 대위의 이러한 발언은 1915년 8월 25일에 작성되었으며, 공격이 있고 정확히 한 달 뒤 독일군에 의해 발견되었다. 그의 발언은 독일어 번역으로 "Studie über den Angriff im gegenwärtigen Zeitabschnitt des Krieges," in the Nachlass of Franz von Trotta gen. Treyden, N234/3, BAM에서 찾을 수 있다.

57 Horne, *Death of a Generation*, 39.
58 Robert Graves, "The Dead Fox Hunter," *Poems (1914-26)* (London, 1927), 48-49.
59 Bean, *Official History*, III:873.
60 Martin Middlebrook, *The First Day on the Somme* (London, 1975), 28.
61 Guy Hallé, in Horne, *Price of Glory*, 237.
62 Colin Owen에게 1917년 5월 14일에 보낸 편지, Wlifred Owen, *Collected Letters*, ed. Harold Owen and John Bell (London, 1967), 458.
63 Ellis, *Eye-Deep in Hell*, 187.
64 "Rapport de contrôle postal du 129e RI," 1917년 6월 4일, 16N1521, SHAT.
65 1917년 9월 14일 일기, Michael MacDonagh, *In London During the Great War* (London, 1935), 24.
66 Jean Norton Cru, *Du témoignage* (Paris, 1930), 23.
67 J. M. Winter, "Britain's 'Lost Generation' of the First World War," *Population Studies*, 31/3 (1977), 454.
68 Henri Berr, *La Guerre allemande et la paix française* (Paris, 1919), xvii.
69 Louis Huot and Paul Voivenel, *La Psychologie du soldat* (Paris, 1918).
70 1917년 5월 7일 편지, Mairet, *Carnet*, xiv.
71 *The Private Papers of Douglas Haig, 1914-1919*, 10.
72 *The Bodley Had Scott Fitzgerald*, 6 vols. (London, 1963-1967), II:67-68.

제6장 성스러운 춤

1 Ernst Schultze, *Die Mobilmachung der Seelen* (Bonn, 1915), 58.
2 Field, *Evangelist*, 378-379.
3 1914년 8월 7일 편지, Walter Limmer, in Philipp Witkop (ed.), *Kriegsbriefe gefallener Studenten* (Munich, 1928), 8.
4 E. Küster, *Vom Krieg und vom deutschen bildungsideal* (bonn, 1915), 24.
5 Schultze, *Mobilmachung*, 26.
6 "Fünf Gesänge," in Thomas Anz and Joseph Vogl (eds.), *Die Dichter und der Krieg: Deutsche Lyrik, 1914-1918* (Munich, 1982), 31-32.
7 Arthur Schopenhauer, *Ein Lesebuch*, ed. Arthur and Gangelika Hübscher (Wiesbaden, 1980), 168.
8 1870년 12월 31일 부르크하르트가 프린에게 보낸 편지, *The Letters of Jacob Burckhardt*, ed. and trans. Alexander Dru (London, 1955), 145; Burckhardt, *Force and Freedom*, ed. J. H. Nichols (New York, 1943), 153.
9 Theodor Mommsen, *Reden und Aufsätze* (Hildesheim, 1976), 91.
10 1889년 1월 6일 편지, *The Portable Nietzsche*, ed. and trans. Walter Kaufmann

(New York, 1954), 686.
11 1915년 4월 16일 편지, Witkop (ed.), *Kriegsbriefe* (1916), 49-51.
12 그의 시 "Anrufung," in Anz (ed.), *Dichter und Krieg*, 51.
13 Leopold Ziegler, *Der deutsche Mensch* (Berlin, 1915), 발췌문은 Johann (ed.), *Innenansicht*, 65. 대중적 슬로건은 "Jeder Deutsche ist Deutschland, Deutschland ist in jedem Deutschen(모든 독일인이 곧 독일이며, 독일은 모든 독일인 속에 있다)"
14 Schultze, *Mobilmachung*, 67.
15 Schwabe, *Wissenschaft und Kriegmoral*, 25.
16 1914년, 10월 14일, in Witkop (ed.), *Kriegsbriefe* (1916), 71.
17 위의 책, 70.
18 1914년 9월 23, 24일 편지, Witkop (ed.), *Kriegsbriefe* (1928), 20-21.
19 1914년 8월 28일 편지, Witkop (ed.), *Kriegsbriefe* (1916), 61.
20 1914년 10월 2일 편지, 위의 책, 13-15.
21 1915년 3월 11일 편지, 위의 책, 44-45.
22 Fritz Stern, "Capitalism and the Cultural Historian," in *From Parnassus: Essays in Honor of Jacques Barzun*, ed. Dora B. Weiner and william R. Keylor (New York, 1976), 219. 이 테마에 대한 더 상세한 설명은 Stern, *Gold and Iron* (New York, 1977)을 보라.
23 J. S. Mill, "Civillization," in Robson (ed.), *Mill*, 444-445.
24 1915년 10월 7일 편지, Witkop (ed.), *Kriegsbriefe* (1916), 113-114.
25 Magnus Hirschfeld, *Kriespsychologisches* (Bonn, 1916), 7.
26 Agnes von Zahn-Harnack, *Adolf von Harnack* (Berlin, 1936), 444.
27 시 제목은 "Edward Grey"이며, Nachlass Gerhard von Nostitz-Walwitz, N262/1, BAM에서 찾을 수 있다.
28 1914년 12월 31일 일기, 바이에른 보병연대 전장 일지, Bd. 1, BKA.
29 Ernst Wurche, Walter Flex가 1916년 3월 14일 편지에서 인용, *Briefe von Walter Flex* (Munich, 1927)184-185.
30 1915년 4월 16일 편지, Witkop (ed.), *Kriegsbriefe* (1916), 49-51.
31 Daniel R. Borg, *The Old-Prussian Church and the Weimar Republic* (Hanover and London, 1984), 39.
32 제 4 바이에른 보병 사당의 자료집, Bd. 102, BKA.
33 1917년 8월 18일 K.H.Qu.로부터 내려온 명령문, 제 1 바이에른 보병 사단, Bd. 90, BKA.
34 1917년 7월 31일 Armee-Oberkommando 명령문, 제 1 바이에른 보병 사단, Bd. 90, BKA.
35 1918년 7월 19일 일기, Rudolf Binding, *A Fatalist at War*, trans. I. F. D. Morrow

(London, 1929), 237.
36 1918년 10월 13일, 편지, D. L. Ghilchik, IWM.
37 Evelyn, Princess Blücher, *An English Wife in Berlin* (New York, 1920), 35.
38 F. L. Carsten, *War Against War: British and German Radical Movements in the First World War* (London, 1982), 76-77.
39 위의 책, 여기 저기.
40 Schwabe, *Wissenschaft und Kriegsmoral*, 104-105.
41 1918년 2월 4일 편지, Delbrürck, 위의 책, 16

제7장 내면으로의 여행

1   George D. Painter, *Proust: The Last Years* (Boston, 1965), 223.
2   Weintraub, *The London Yankees*, 350-351.
3   Dorgelès, *Souvenirs*, 8.
4   Klein et al., *Deutschland im ersten Weltkrieg*, I;xvii.
5   Gold and Fizdale, *Misia*, 166.
6   Johann (ed.), *Innenansicht*, 163.
7   위의 책, 164.
8   John Galsworthy, *A Sheaf* (London, 1916), 208.
9   David Jones, *In Parenthesis* (London, 1982), ix; D. S. Carne-Ross, "The Last of the Modernists," *New York Review of Books*, 1930년 10월 9일, 41.
10 James Joyce, *Ulysses* (Harmondsworth, 1968), 40.
11 1916년 6월 21일 편지, P. McGregor, IWM.
12 1914년 11월 18일 편지, Witkop (ed.), *Kriegsbriefe* (1916), 25.
13 1916년 7월 10일 편지, Boasson, *Au Soir*, 127.
14 1917년 12월 22일 편지, 위의 책, 299-300.
15 Leed, *No Man's Land*, 183-184.
16 Roland N. Stromberg, *Redemption by War: The Intellectuals and 1914* (Lawrence, Kan., 1982), 152.
17 1917년 3월 4일 일기, Mairet, *Carnet*, 291.
18 Graves, *Goodbye to All That*, 98.
19 Wyn Griffith, *Up to Mametz* (London, 1931), 187, 212.
20 Jacques-Émile Blanche, *Portraits of a Lifetime*, ed. and trans. Walter Clement (London, 1937), 259-260.
21 1915년 10월 28일 일기와 1915년 12월 12일 편지, P. H. Jones, IWM.
22 1915년 12월 23일 편지, J. W. Gamble, IWM.
23 1916년 8월 28일 일기, G. Powell, IWM.

24 David Jones, *In Parenthesis*, x.
25 Heather Robertson, *A Terrible Beauty: The Art of Canada at War* (Toronto, 1977), 92.
26 Malcolm Cowley, *Exile's Return* (New York, 1934), 256; Geoffrey Wolff, *Black Sun: The Brief Transit and Violent Eclipse of Harry Crosby* (New York, 1976), 59.
27 1916년 12월 29일 편지, Mairet, *Carnet*, 270-271.
28 1917년 11월 16일 아내에게 보내는 편지, Nash, *Outline*, 210.
29 1913년 4월 말버러 갤러리에서 열린 지노 세비리니의 미래파 전시회 작품 도록 서문에서, Jone Rothenstein, *Modern English Painters*, 2 vols. (New York, 1976), II:129에서 인용.
30 1917년 10월 16일, 메모, C. R. W. Nevinson file, Department of Art, IWM.
31 이 발언과 위에 인용된 네빈슨의 작품에 대한 이견은 위의 책에서 찾을 수 있다.
32 *Daily Express*, 1919년 5월 30일.
33 Michael L. Sanders and Philip M. Taylor, *British Propaganda During the First World War, 1914-1918* (London, 1982), 157.
34 Dorgelès, *Souvenirs*, 10.
35 1916년 10월 21일 아내에게 보내는 편지, Constance B. Smith, *John Masefield: A Life* (New York, 1978), 164.
36 T. S. Eliot, "Burnt Norton," *Collected Poems: 1909-1962* (London, 1963), 194.
37 1917년 4월 17일과 1917년 11월 26일, 1918년 10월 2일 편지, R. R. Stokes, IWM.
38 1915년 12월 23일 부모에게 보낸 편지, J. W. Gamble, IWM.
39 Jünger, *In Stahlgewittern*, 198; Graves, *Goodbye*, 97; Horne, *Price of Glory*, 147, 259; Marie-Émile Fayolle, *Les Carnets secrets de la Grande Guerre*, ed. Henry Contamine (Paris, 1964), 259.
40 1914년 11월 29일 일기, P. Mortimer, IWM.
41 Basil H. Liddell Hart, *The Memoirs of Captain Liddell Hart*, 2 vols. (London, 1965), I:21-23.
42 1916년 3월 10일 일기, W. C. S. Gregson, IWM.
43 *Wipers Times*, 1916년 2월 12일.
44 *Somme Times*, 1916년 7월 31일.
45 날짜 미상의 일기, Mairet, *Carnet*, 129.
46 1918년 8월 편지, D. L. Ghilchik, IWM.
47 1915년 부활절 편지, Binding, *Fatalist*, 60.
48 Marcel-Edmond Naegelen, *Avant que meure le dernier* (Paris, 1958), 222.
49 1918년 3월 19일 편지, Boasson, *Au Soir*, 311.
50 Gaston Esnault, *Le Poilu tel qu'il parle* (Paris, 1919), 160-161.
51 Ellis, *Eye-Deep in Hell*, 102.

52 1915년 9월 14일 편지, P. McGregor, IWM.
53 1915년 11월 21일 편지, 위의 책.
54 Michael Moynihan (ed.), *People at War 1914-1918* (Newton Abbot, 1973), 107.
55 Winter, *Death's Men*, 150.
56 Huot, *Psychologie*, 156-157.
57 Frederic Manning, *The Middle Parts of Fortune* (London, 1977), 50.
58 1914년 10월 24-25일 일기, P. H. Jones, IWM.
59 1916년 2월 18일 일기, Delvert, *Carnets*, 149.
60 *Their Crimes* (London, 1917), 14.
61 Humphrey Cobb, *Paths of Glory* (New York, 1935), 4-5.
62 Philippe Girardet, *Ceux que j'ai connus, souvenirs* (Paris, 1952), 104-105.
63 E. E. Cummings, *The Enormous Room* (New York, 1922, repr. 1978), 17.
64 1916년 7월 23일에 어머니에게 보낸 편지, R. D. Mountfort, IWM.
65 Grave, *Goodbye*, 188, 194.
66 1916년 3월 5-12일 일기, Mairet, *Carnet*, 131-132.
67 *Literary Digest*, 60/10 (1919년 3월 8일), 105.
68 Jünger, *In Stahlgewittern*, ix.
69 1915년 7월 1일 편지, Boasson, *Au Soir*, 10.
70 Pedroncini, *Les Mutineries*, 271.
71 1916년 3월 26일 일기, Delvert, *Carnets*, 182-183.
72 1916년 3월 29일 일기, 위의 책, 185.
73 1916년 7월 13일 일기, 위의 책, 311.
74 1916년 7월 2일과 23일 일기, G. Powell, IWM.
75 Siegfried Sassoon, "Blighters,'" *Collected Poems*, 21.
76 Jean Galtier-Boissière, *Le Crapouillet*, IV/5 (1918년 8월), 7-8.
77 Pierre Drieu la Rochelle, *Interrogation* (Paris, 1917), 55.
78 Bridoux, *Souvenirs*, 39, 45.
79 1917년 5월 29일 편지에서 특히, Boasson, *Au Soir*, 235, 236.
80 Graves, *Goodbye*, 78.
81 1917년 6월 15일 일기, Read, *Contrary*, 97.
82 Ducasse, *Vie et mort*, 96; G. L. Dickinson, *War* (London, 1923), 6-7.
83 Henry de Montherlant, *Chant funèbre pour les morts de Verdun* (Paris, 1924), 115.
84 1918년 5월 9일 일기, Read, *Contrary*, 128.
85 Dickinson, *War*, 5-6.
86 1917년 10월 7일 일기, Read, *Contrary*, 110.
87 1918년 2월 27일 일기, Fayolle, *Carnets*, 257.
88 "Rapport du Capitaine Canonge," 1917년 6월 1일, 3e Armée, 16N1521, SHAT.

89 1918년 8월 1일 아버지에게 보낸 편지, R. R. Stokes, IWM.
90 *L'Intransigeant*, 1914년 8월 17일.
91 1915년 12월 29일 편지, J. W. Harvey, IWM.
92 1916년 6월 2일 편지, J. M. s. Walker, IWM.
93 1914년 9월 1일과 3일 편지, *The Letters of Henry James*, II:414-419.
94 Roland H. Bainton, *Christian Attitudes to War and Peace* (New York, 1960), 207.
95 Ray H. Abrams, *Preachers Present Arms* (New York, 1933), 28.
96 Isadora Duncan, *My Life* (New York, 1927), 349.
97 1915년 4월 22일 부모에게 보낸 편지, Mairet, *Carnet*, 42.
98 Ian Hamilton, *The Soul and Body of an Army* (London, 1921), 92.
99 Robert Graves, "Recalling War," in *Collected Poems, 1959* (New York, 1959), 121.
100 John Brophy and Eric Partridge, *The Long Trail* (London, 1965), 27.
101 1918년 11월 11일 일기, Carnet de route du lieutenant René Hemery, dons et Témoignages 170, SHAT.
102 Edward Thomas, "Roads," in *Collected Poems* (London, 1969), 163-164.

제8장 나이트 댄서

1 Wolff, *Black Sun*, 260.
2 *Daily Mail*, 1927년 5월 23일 14d.
3 헤럴드 지의 기자이자 모닝 포스트 지가 "평범한 뉴요커"라고 묘사한 헤럴드 윌러 Harold Wheeler는 비행기에 처음 도달한 사람들 가운데 하나였다. 일부 증언에 따르면 그는 린드버그인 양 행세하여 사람들의 주의를 진짜 영웅으로부터 분산시킴으로써 린드버그를 구했다고 한다. 인도주의적이고 어쩌면 애국적이라 할 만한 그 행위로 그는 사지가 남아나질 않을 뻔했다. Jack Gleen, "Reeling Round the World," *Lost Generation Journal*, IV/2 (1976), 2-4를 보라.
4 *Morning Post*, 1927년 5월 30일.
5 *Berliner Tageblatt*, 252, 1927년 5월 30일.
6 Charles A. Lindbergh, *Mon avion et moi*, trans. L. Lemoonnier (Paris, 1927), viii 서문에서.
7 Edmund Wilson, *The Twenties*, ed. Leon Edel (New York, 1976), 317.
8 *Journal des débats politiques et littéraires*, 1927년 5월 23일.
9 *Times*, 1927년 6월 1일, 21a.
10 *L'Humanité*, 1927년 5월 22-27일.
11 Waverley Root, *The Paris Edition*, ed. Samuel Abt (San Francisco, 1987), 36; Leonard Mosley, *Lindbergh* (New York, 1976), 406; William Wiser, *the Crazy Years: Paris in the Twenties* (London, 1983), 189.

12 *The Observer*, 1927년 6월 12일, 17d.
13 Root, *Paris Edition*, 29.
14 *Daily Express*, 1927년 5월 31일과 6월 2일, 4d.
15 *Manchester Guardian*, 1927년 6월 2일, 10ef.
16 *Léger et l'esprit moderne* (1918-1931), 전시회 도록, Musée d'art moderne de la ville de Paris (Paris, 1982), 149.
17 Janet Falnner, *Paris Was Yesterday, 1925-1939*, ed. I. Drutman (New York, 1972), 23.
18 Ilya Ehrenburg, *Men, Years—Life*, 6 vols., trans. T. Shebunina (London, 1962-1966), III:11-12.
19 Stephen Spender, *World Within World* (London, 1951), 2-3.
20 Paul Valéry, *Variety*, trans. Malcolm Cowley (New York, 1927), 27-28.
21 Michael Arlen, *The Green Hat* (New York, 1924), 53.
22 Aldous Huxley, *Point Counter Point* (Harmondsworth, 1971), 138.
23 Beverley Nichols, *The Sweet and Twenties* (London, 1958), 18.
24 Christopher Isherwood, *Lions and Shadows* (London, 1953), 73-74.
25 Ehrenburg, *Men, Years*, III:129.
26 Isherwood, *Lions and Shadows*, 217.
27 린드버그의 도착에 대한 더 상세하고 미묘한 묘사는 *Berliner Tageblatt*, 241, 1927년 5월 23일, 4에서 보라.
28 Groupe sénatorial de l'aviation, *Réception par le sénat de l'aviateur américain Charles Lindburgh* (Paris, n.d. [1927]), n.p.
29 *Vorwärts*, 241, 1927년 5월 23일자, 5에서 긍정의 의미로 인용되었다.
30 *Manchester Guardian*, 1927년 5월 23일, 8b.
31 J. P. Dournel, "L'Image de l'aviateur français en 1914-1918," *Revue hsitorique des armées*, 4 (1975), 62.
32 *Daily Express*, 1927년 5월 23일, 10b.
33 Paul Claudel, *Journal, vol. 1: 1904-1932*, ed. F. Varillon and J. Petit (Paris, 1927), 21.
34 René Weiss, *Les premières traversées aérennes de l'Atlantique* (Paris, 1927), 21.
35 위의 책, 22, 28.
36 Alexandre Guinle, *Ode à Charles A. Lindbergh* (Paris, 1927).
37 *Journal des débats politiques et littéraires*, 1927년 5월 23일.
38 "New York," *Cahiers d'Art, 1931, Léger et l'esprit moderne*, 197에서 인용.
39 Lucien Romier, *Qui sera le maître: Europe ou Amérique* (Paris, 1927), 155-158.
40 Allan Nevins (ed.), *America Through British Eyes* (New York, 1948), 396.
41 Mary Borden, "The American Man," *The Spectator*, 140 (1928년 6월 30일), 958.

42 Ivan Goll, *Transition*, 13 (1928), 256.
43 Haskell, *Diaghileff*, 296.
44 Boris Kochno에게 1926년 8월 7일에 보낸 편지, Buckle, *Diaghilev*, 473.
45 Margaret Halsey, *With Malice Towards Some* (New York, 1938), 194.
46 B. Henriques, *The Observer*, 1927년 6월 19일, 21b.
47 Octave Homberg, *L'Impérialisme américain* (Paris, 1929), 22.
48 Ernest Hemingway, *A Moveable Feast* (New York, 1965), 71; Wayne E. Kvam, *Hemingway in Germany* (Athens, Ohio, 1973).
49 Freedman, *Hesse*, 227.
50 1927년 11월 15일 편지("Brief an einen Opernleiter"), Mann, *Gesammelte Werke*, X:894.
51 *Le Figaro*, 1927년 5월 30일
52 Adolf Weissmann, *Vossische Zeitung*, 121, 1927년 5월 25일.
53 Romola Nijinsky, *Nijinsky*, 361.
54 1928년 12월 27일 일기, Harry Graf Kessler, *Tagebücher 1918-1937*, ed. Wolfgang Pfeiffer-Belli (Frankfurt am Main, 1961), 612-613.
55 T. S. Eliot, "The Waste Land," *Collected Poems*, 63.

제9장 기억

1 *Nouvelles littéraires*, 1930년 10월 25일.
2 *Börsenblatt für den deutschen Buchandel*, June 10, 1930, 540; *Die Literatur*, 31 (1928-1929), 652; *Publisher's Weekly*, 1929, 9월 21일, 1332; *Daily Herald*, 1929년 11월 23.
3 Friedrich Fuchs in *Das Hochland*, 2 (1929), 217.
4 John Middleton Murry, *Between Two Worlds* (London, 1935), 65.
5 1930, 12월 19일 내각 회의록, Reichskanzlei files, R431/1447, 282, Bundesarchiv Koblenz (이하에서 BKA).
6 Peter Kropp, *Endlich Klarheit über Remarque und sein Buch "Im Westen nichts Neues"* (Hamm I. W., 1930), 9-14.
7 *Der Spiegel*, 1952년 1월 9일, 25.
8 D. A. Prater, *European of Yesterday: A Biography of Stefan Zweig* (Oxford, 1972), 140.
9 Axel Eggebrecht와의 인터뷰, *Die Literarisch Welt*, 1929년 6월 14일.
10 *Sport im Bild*, 1928년 6월 8일.
11 위의 책, 1928년, 7월 20일.
12 본문의 인용은 A. W. Wheen의 영역본(London, 1929)을 이용했다. 원 본인이 1차

세계대전 참전군인이었다: R. Church, *The Spectator*, 142 (1929년 4월 20일), 624를 보라.

13 일례로 Hanna Haflkesbrink는 「서부전선 이상 없다」를 "진정한 전쟁 회상록"이라고 불렀다; *Unknown Germany: An Inner Chronicle of the First World War Based on Letters and Diaries* (New Haven, Conn., 1948), ix.

14 비평의 실례들은 Jean Norton Cru, *Témoins*, 80; Cyril Falls, *War Books* (London, 1930), x-xi, 294를 보라.

15 E. M. Remarques and Gen. Sir Ian Hamilton, "The End of War?" *Life and Letters*, 3 (1929), 405-406.

16 *Time*, 1961년 3월 24일자 〈하늘은 아무도 특별히 사랑하지 않는다〉서평에서.

17 Michel Tournier, *Le vent Paraclet* (Paris, 1977), 166.

18 Harry Crosby, "Hail: Death!" *Transition*, 14 (1928), 169-170.

19 R[osie] G[räfenberg], *Prelude to the Past* (New York, 1934), 320-21.

20 레마르크와 「서부전선 이상 없다」를 둘러싼 전설은 많다. 그 중 하나는 그가 마흔 여덟 군데 출판사에 원고를 보냈다는 것이다. *Der Spiegel*, 1970년 9월 28일 부고를 보라. 출판과 관련한 이야기는 Peter de Mendelssoh, *S. Fischer und sein Verlag* (Frankfurt am Main, 1970), 1114-1118; Max Krell, *Das gab es alles einmal* (Frankfurt am Main, 1961), 159-160; 1962년 6월 15일 하인츠 울슈타인의 DPA통신사 보도문과 그가 1962년 7월 9일 *Frankfurter Allgemeine Zeitung*에 보낸 기고문; 울슈타인 출판사의 직원 Carl Jödicke의 미출간 원고에 실린 언급도 보라: "Dokumente und Aufzeichnungen" (F501), 40, institut für Zeitgeschichte, Munich.

21 Carl Zuckmayer, *Als wär's ein Stück von mir*, 359-360; Axel Eggebrecht, *Die Weltbühne*, 1929년 2월 5일, 212; Herbert Read, "A Lost Generation," *The Nation & Athenaeum*, 1929년 4월 27일, 116; Christopher Morley, *The Saturday Review*, 1929년 4월 27일, 909; Daniel-Rops, *Bibliothèque universelle et Revue de Genève*, 1929, II, 510-511.

22 선데이 크로니클은 *The Saturday Review*, 1929년 6월 1일, 1075에 인용되었다.

23 공산주의 계열 서평에 대한 안트코비아크의 조사는 Pawel Toper and Alfred Antkowiak, *Ludwig Renn, Erich Maria Remarque: Leben und Werk* ([East] Berlin, 1965)를 보라.

24 Freiherr von der Goltz, Deutsche Wehr, 1929년 10월 10일, 270; Valentine Williams, *Morning Post*, 1930년 2월 11일; *The London Mercury*, 21 (1930년 1월), 238; *Deutschlands Erneuerung*, 13 (1929), 230.

25 *New York Times*, 1929년 5월 31일, 6월 1일, 7월 14일, 7월 29일 기사를 보라.

26 *The London Mercury*, 21 (1929년 11월), 1.

27 *The Army Quarterly*, 20 (1930년 7월), 373-375.

28 *Berliner Börsen-Zeitung*, 1929년 6월 9일; New York Times, 1929년 11월 17일; *Daily Herald*, 1929년 11월 12일.
29 *The Cambridge Review*, 1929년 5월 3일, 412.
30 *The London Mercury*, 21 (1930년 1월), 194-195.
31 *New York Times*, 1930년 2월 9일자에 보도.
32 H. A. L. Fisher, *A History of Europe*, 3 vols. (London, 1935), I:vii.
33 "War Novels," *Morning Post*, 1930년 4월 8일.
34 André Thérive, "Les Livres," *Le Temps*, 1929년 12월 27일.
35 Robert Wohl, *The Generation of 1914* (Cambridge, Mass., 1979), 120; A. C. Ward, *The Nineteen-Twenties* (London, 1930), xii; Robert Graves, "The Marmosite's Miscellany," *Poems* (1914-1926) (London, 1927), 191.
36 José Germain, Maurice d'Hartoy, *La Génération du feu* (Paris, 1923), xi, 서문에서.
37 Carroll Carstairs, *A Generation Missing* (London, 1930), 208.
38 1915년 7월 2일 편지, Boasson, *Au Soir*, 12; Egon Friedell, *A Cultural History of the Modern Age*, trans. C. F. Atkinson (New York, 1954), III; 467.
39 W. Müller Scheld, *Im Westen nichts Neues—eine Täuschung* (Idstein, 1929), 6.
40 *Commonweal*, 1931년 5월 27일, 90.
41 *The Fortnightly Review*, 1930년 10월 1일, 527; Davidson, in John C. Cairns, "A Nation of Shopkeepers in Search of a Suitable France: 1919-1940," *The Amercian Historical Review*, 79 (1974), 728; Douglas Goldring, *Pacifists in Peace and War* (London, 1932), 12, 18; Graves, *Goodbye*, 240.
42 Joffre, in Marc Ferro, *La Grande Guerre 1914-1918* (Paris, 1969), 239; Pedroncini, *Les Mutineries*, 177; General Huguet, *L'intervention militaire birtannique en 1914* (Paris, 1928), 231.
43 René Lalou가 R. H. Motram, *La Ferme espagnole*, trans. M. Dou-Desportes (Paris, 1930), i-iv에 쓴 발문.
44 Isherwood, *Lions and Shadows*, 73-76와 그의 *Kathleen and Frank*, 355-363; Jean Dutourd, *Les Taxis de la Marne* (Paris, 1956), 189-193.
45 *New York Times*, 1930년 1월 18일.
46 William Faulkner, *The New Republic*, 1931년 5월 20일, 23-24
47 나의 "War, Memory, and Politics: The Fate of the Film All Quiet on the Western Front," *Central European History*, 13/1 (1980년 3월), 60-82.
48 Henry C. Meyer (ed.), *The Long Generation* (New York, 1973), 221.
49 1933년 12월 4일과 16일 베를린 경찰청장과 비밀 경찰국 간의 서신을 보라: Reichssicherheitshauptamt files, R58/933, 198-199, BAK.
50 Wolff'sche Telegraphen Büro report, 1933년 5월 15일, in Neue Reichskanzlei files, R43II/479, 4-5, BAK.

제10장 끝없는 봄

1. 1933년 1월 30일 일기, Joseph Goebbels, *Vom Kaiserhof zur Reichskanzlei* (Munich, 1934), 251-254.
2. Hannah Vogt, *The Burden of Guilt*, trans. H. Strauss (New York, 1964), 118.
3. 1933년 1월 30일 일기, Kessler, *Tagebücher*, 747.
4. Malcolm Muggeridge, *The Infernal Grove: Chronicles of Wasted Time, Part 2* (London, 1975), 283-284.
5. Colin Cross, *The Fascists in Britain* (London, 1961), 57.
6. Hermann Rauschning, *Hitler Speaks* (London, 1939), 242. 라우슈닝이 히틀러의 발언의 정확한 전달자로서 최근에 불신을 받고 있다고 할지라도 그는 여전히 히틀러의 사고를 꽤 믿음직하게 서술하는 사람이다.
7. Walter Benjamin, *Das Kunstwerk im Zeitalter seiner technischen Reproduzierbarkeit* (발터 벤야민, 기술복제 시대의 예술작품) (Frankfurt am Main, 1963), 43-74.
8. Anson G. Rabinbach, "The Aesthetics of Production," *Journal of Contemporary History*, 11/4 (1976), 43-74.
9. Matei Calinescu, *Faces of Modernity: Avant-Garde, Decadence, Kitsch* (Bloomington, 1977), 229.
10. Jacques de Launay, *Hitler en Flandres* (Brussels, 1975), 103-108.
11. Adolf Hitler, *Mein Kampf* (히틀러, 나의 투쟁) (Munich, 1943), 177.
12. *Hitler's Table Talk, 1941-1944*, intro. H. R. Trevor-Roper, trans. N. Cameron and R. H. Stevens (London, 1953), 44.
13. Hitler, *Mein Kampf*, 179.
14. Hans Mend, *Adolf Hitler im Felde 1914-1918* (Diessen, 1931), 47-58.
15. Joachim C. Fest, *Hitler*, trans. Richard and Clara Winston (New York, 1975), 70.
16. Peter Merkl, *Political Violence Under the Swastika* (Princeton, 1975), 167.
17. *Hitler's Table Talk*, 44.
18. Hitler, *Mein Kampf*, 772.
19. Rovert Waite, *Vanguard of Nazism* (New York, 1969), 42.
20. 제 2판 서문, Jünger, *In Stahlgewittern*, xii.
21. 페더는 Le Crapouillet, 1933년 7월, 4에서 인용; 라이는 Richard Grunberger, *The 12-Year Reich* (New York, 1971), 51; 슈트라서는 Barbara Miller Laine, "Nazi Ideology: Some Unfinished Business," *Central European History*, 7/1 (1974), 23에서 인용.
22. Philipp Witkop (ed.), *Kriegsbriefe gefallener Studenten* (Munich, n.d. [1933]), 5-6.

23 Christopher Isherwood, *Goodbye to Berlin* (Harmondsworth, 1965), 202.
24 본 대학 학장에게 보낸 1937년 1월 1일에 보낸 편지에서, Thomas Mann, *Briefe 1937-1947*, ed. Erika Mann (Frankfurter am Main, 1964), 13.
25 Albert Speer, *Inside the Third Reich*, trans. Richard and Clara Winston (New York, 1970), 299.
26 Michel Tournier, *Le vent Paraclet*, 189.
27 Joseph Goebbels, *Final Entries 1945: The Diaries*, ed. Hugh Trevor-Roper, trans.Richard Barry (New York, 1978), 194.
28 René Rmond, *La Droite en France*, 2 vols. (Paris, 1968), Ⅱ :384.
29 Fest, *Hitler*, 381.
30 위의 책, 142.
31 Michael Balfour, *Propaganda in War 1939-1945* (London, 1979), 48.
32 Gabriele d'Annunzio, in Alexander Rüstow, *Freedom and Domination*, trans. S. Attanasio (Princeton, 1980), 586.
33 Benjamin, *Das Kunstwerk*, 49.
34 1933년 2월 2일 일기, Kessler, *Tagebücher*, 748; Saul Fried-länder, *Reflections of Nazism: An Essay on Kitsch and Death*, trans. T. Weyr (New York, 1948), 41-53도 보라.
35 W. Petwidic, *Die autoritäre Anarchie* (Hamburg, 1946).
36 Konrad Heiden, *Der Fuehrer: Hitler's Rise to Power*, trans. Ralph Manheim (Boston, 1944), 190, 378; and Hans Peter Bleuel, *Sex and Society in Nazi Germany*, trans. J. M. Brownjohn (Philadelphia, 1973), 38.
37 Robert G. L. Waite, *The Psychopathic God: Adolf Hitler* (New York, 1977); Rudolph Binion, *Hitler Among the Germans* (New York, 1976); and Norbert Bromberg and Verna V. Small, *Hitler's Psychopathology* (New York, 1983).
38 Ernst Hanfstaengl, *Hitler: The Missing Years* (London, 1957), 124.
39 Goebbels, *Final Entries*, 133.
40 *Hitler's Table Talk*, 309-312, 537, 577-578, 707.
41 Rauschning, *Hitler Speaks*, 1819.
42 Anne Morrow Lindbergh, *The Wave of the Future: A confession of Faith* (New York, 1940).
43 Goebbels, *Final Entries*, 205.
44 Nevile Henderson, *Failure of a Mission* (New York, 1940), 151-152.
45 André François-Poncet, *The Fateful Years*, trans. J. LeClercq (London, 1949), 209.
46 Allan Bullock, *Hitler: A Study in Tyranny* (Harmondsworth, 1962), 379.
47 George Mosse, *The Nationalization of the Massese* (New York, 1975), 155-158.

48 Joachim C. Fest, "On Remembering Adolf Hitler," *Encounter*, 41/4 (1973년 10월), 20.
49 Alvin H. Rosenfeld, *Imagining Hitler* (Bloomington, 1985)도 보라.
50 Donald M. Douglas, "The Parent Cell: Some Computer Notes on the Composition of the First Nazi Party Group in Munich, 1919-1921," *Central European History*, 10(1977), 55-72; Michael H. Kater, *The Nazi Party* (Cambridge, Mass., 1983), 29.
51 Joachim C. Fest, *The Face of the Third Reich*, trans. M. Bullock (London, 1970), 252.
52 1933년부터 1941년 사이 40만 명의 독일을 떠난 이민자 가운데 대략 10퍼센트만이 정치 난민으로 분류될 수 있다. 대다수는 인종 난민이었다. Hans-Albert Walter in Walter Zadek (ed.), *Sie flohen vor dem Hakenkreuz* (Reinbek bei Hamburg, 1981), 10-11.
53 Gottfried Ben, "Über die Rolle des Schriftstellers in dieser Zeit" (1929), *Gesammelte Werke*, 4 vols. (Wiesbaden, 1958-1961), IV:211.
54 Rudolf G. Binding et al., *Sechs Bekenntnisse zum neuen Deutschland* (Hamburg, 1933), Josef Wulf (ed.), *Literatur und Dichtung im Dritten Reich* (Reinbek bei Hamburg, 1966), 107에 인용된다.
55 1917sus 4월 10일 일기, Paul Morand, *Journal*, 209.
56 Gold and Fizdale, *Misia*, 296.
57 Benn, "Lebensweg eines Intellektualisten" (1934), *Gesammelte Werke*, IV: 64-65.
58 Maurice Mandelbaum, in Stephen Spender (ed.), *W. H. Auden: A Tribute* (London, 1975), 121.
59 Irving Howe, *The Decline of the New* (New York, 1970), 42.
60 Wulf (ed.), *Literatur*, 150.
61 Jeffrey Herf, *Reactionary Modernism: Technology, Culture, and Politics in Weimar and the Third Reich* (Cambridge, 1984).
62 Hugh Trevor-Roper, *The Last Days of Hitler* (London, 1950), 57-58. Stern, *Hitler*, 34도 보라.
63 Goebbels, *Final Entries*, 174.
64 1925년 9월 14일 일기, Joseph Goebbels, *The Early Goebbels Diaries*, 1925-1926, ed. Helmut Heiber, trans. O. Watson (London, 1962), 35.
65 괴벨스의 일기 마지막 권에 실린 H. R. Trevor-Roper의 서문, *Final Entries*, xxxii.
66 Goebbels, *Final Entries*, 330-331.
67 Fest, *Hitler*, 746과 Trevor-Roper, *Last Days*, 199.
68 Trevor-Roper, *Last Days*, 217-218.

참고 자료

이 책을 위해 이용한 사료는 극히 다양하다. 이 가운데는 출간된 문헌도 있고 출간되지 않은 문헌도 있는데, 내가 오랜 시간 동안 유럽과 북아메리카의 도서관과 문서 보관소를 뒤지고 사료를 읽으면서 수집하고 참고한 것들이다. 연구 과정에서 참고한 사료를 모두 열거하는 것은 불가능한 작업일 것이다. 심지어 이 시기에 관한 주요 출판 저작만 거론하는 것도 책 한 권이 필요할 정도다. 따라서 내가 이용하며 적잖은 도움을 받은 1차 사료들만 여기에 기록한다. 더 중요한 2차 문헌은 후주에 언급했다.

New York, New York Public Library, Performing Arts Research Center, Dance Collection.
Gabriel Astruc, Papers.
Jacques-Émile Blanche, Miscellaneous manuscripts.
Sergei Pavlovich Dyagilev, Papers 1910-1929 and Correspondence.
London, Imperial War Museum.
Papers: W. G. Bailey, A. G. Bartlett, H. R. Bate, H. D. Bryan, Guy Buckeridge, F. L. Cassel, Iain Colquhoun, E. B. Cook, Elmer W. Cotton, R. von Dechend, T. Dixon, David H. Doe, B. W. Downes, H. V. Drinkwater, J. S. Fenton, V. M. Fergusson, J. W. Gamble, R. G. Garrod, Kenneth M. Gaunt, David L. Ghilchik, Arthur Gibbs, William C. S. Gregson, John W. Harvey, R. G. Heinekey, Edward R. Hepper, Edmund Herd, C. E. Hickingbotham, Harold Horne, Walter Hoskyn, Alfred Howe, G. W. G. Hughes, Percy H. Jones, Samuel Judd, Leslie H. Kent, E. D. Kingsley, Peter McGregor, P. Mortimer, Roland D. Mountfort, Richard Noschke, M. W. Peters, P. H. Pilditch, Garfield Powell, W. A. Quinton, I. L. Read, John R. Rees, Ronald D. Rees, Arthur G.

Rigby, Frank M. Robertson, G. R. P. Roupell, Alexander Runcie, E. Russell-Jones, Siegfried Sassoon, Eric Scullin, A. Self, R. Stafford, Richard R. Stoks, Hiram sturdy, F. H. T. Tatham, Harold A. Thomas, Oswald Tilley, John M. S. Walker, M. Leslie Walkinton, H. G. r. Williams.

Miscellaneous Item 469.

Oral History Recordings: Philip Neame, James D. Pratt, J. P. O. Reid.

Department of Art. Papers: John Nash, Paul Nash, C. R. W. Nevinson, William Roberts. Christmas Card Collection.

London, Public Record Office.

War Diaries (WO95), Military Headquarters Papers (WO158).

Directorate of Military Operations and Intelligence (WO106).

Kitchener Papers (WO159).

Maps and Plans (WO153).

Intelligence Summaries (WO157).

War Office Council (WO163).

London, Liddell Hart Centre for Military Archives, King's College, University of London.

Papers: C. H. Foulkes, Basil Liddell Hart, Ian Hamilton, Edward L. Spears.

Paris, Service historique de l'armée de terre, Château de Vincennes.

Journaux des Marches et Opérations (22N, 24N, 25N, 26N).

Papiers Mealin (1K112). Dons et Témoignages: Chansons de tranchée (87), Carnet de route d'un combattant allemand en 1914 (103), Carnet de route du lieutenant Fené Hemery (170).

Koblenz, Bundesarchiv.

Reichskanzlei(R431), Neue Reichskanzlei (R43II), Reichssicherheitshauptamt (R58), UFA files (R109I), Filmoberprüfstelle protocol, December 11, 1930 (Kl. Erw. 457).

Freiburg I. B., Bundesarchiv-Militärarchiv.

Papers: Emile-Marcel Découbert, Karl von Einem, Hermann Ritter von Giehrl, Frithjof Freiherr von Hammerstein-Gesmold, Henry Holthff, Rudolf Müller, Gerhard von Nostitz-Wallwitz, Gustav Ribensahm, Paul Schulz, Bernhard Schwertfeger, Gerhard Tappen, Ferdinand von Trossel, Franz von Trotta gen. Greyden, Erwin won Witzleben.

Manuscript collections (MSg2): Georg Eberle, Annemarie Heine, Felix Kaiser, the brothers Bernhard, Clemens, and Aloys Lammers, Lücke, Ernst Prasuhn, Gerhard Schinke, Heinrich Schlubeck, Ernst Wisselnick, Karl zieke, Erinnerungsfeier "Goldene Monstranz."

Bonn, Politisches Archiv, Auswärtiges Amt.
Schuldreferat. Botschaft London Geheimakten. Botschaft Paris. Kunst und Wissenschaft. Bücher und Zeitschriften. Wissenschaft—Reisen. Presse-Abteilung.
Munich, Bayerisches Kriegsarchiv.
Kriegstagebücher.
Papers: Oberst von der Aschenauer (HS2047), Gustav Baumann (S2646), Otto Weber (HS1948), Georg Will (H2703).
Munich, Institut für Zeitgeschichte.
Carl Jödicke, Dokumente und aufzeichnungen betr. Ullstein-Verlag (F501).

찾아보기

ㄱ

갬블, J. W.Gamble, J. W. 362~363, 370~371
게오르게, 슈테판George, Stefan 140, 145
골, 이반Goll, Yvan 245, 347, 447, 451
괴벨스, 요제프Goebbels, Paul Joseph 498~499, 502~504, 523~524, 526, 528, 529~530, 534~535, 539, 547~550
괴테Goethe 8, 119, 156, 160, 331, 334~335, 466, 497
글레저, 에른스트Glaeser, Ernst 162

ㄴ

나우만, 프리드리히Naumann, Friedrich 131, 328
나폴레옹, 루이Napoléon, Louis 64, 87, 90, 95, 119, 127~128, 148, 201, 267, 314, 331
내시, 폴Nash, Paul 249, 365
네빈슨, C. R. W. Nevinson, C. R. W. 365~368, 450
놀데, 에밀Nolde, Emil 144, 149, 542
니체, 프리드리히Nietzsche, Friedrich 23, 28, 63, 65, 67, 84, 101, 141, 160, 330~331, 384, 423, 458, 490, 508, 523, 525, 531, 543~544

ㄷ

단눈치오, 가브리엘레d'Annunzio, Gabriele 528, 531, 545
데멜, 리하르트Dehmel, Richard 236
델베르, 샤를Delvert, Charles 253, 256, 259, 296, 382, 386~387
도르겔레스, 롤랑Dorgelès, Roland 294, 354, 368
뒤샹, 마르셀Duchamp, Marchel 22, 423
드로이젠, 요한 G. Droysen, Johann G. 140, 330
댜길레프, 세르게이Dyagilev, Sergei 17~21, 39, 48~58, 62~72, 74~75, 78~80, 82~84, 97, 101, 137, 143, 162, 249, 424, 452, 456, 458, 544, 553
디즈레일리, 벤저민Dsiraeli, Benjamin 50, 166
디킨스, 찰스Dickens, Charles 123
디킨슨, G. L. Dickinson, G. L. 391
디킨슨, G. 로즈Dickinson, G. Lowes 480, 484
딜타이, 빌헬름Dilthey, Wilhelm 140, 330

ㄹ

라테나우, 발터Rathenau, Walter 132, 152, 337, 425, 533
랑벤, 율리우스Langbehn, Julius 138, 140, 145, 330, 446
레마르크, 에리히 마리아Remarque, Erich Maria 383, 463~484, 486~487, 489, 492~493, 495, 497~499, 513
레제르, 페르낭Léger, Fernand 423, 449
렌, 루트비히Renn, Ludwig 465, 476
로스탕, 모리스Rostand, Maurice 406, 423~424, 440
루소, 앙드레Rousseau, André 67, 332, 462
리드, 허버트Read, Hebert 227, 248, 250, 297, 305, 312, 388, 390~392, 479, 488
리벤잠, 구스타프Riebensahm, Gustav 169, 181, 192, 214, 217
리비에르, 자크Rivière, Jacques 65, 95, 98, 296
리츨러, 쿠르트Riezler, Kurt 108, 117

ㅁ

마리네티Marinetti 147, 423, 528, 545
마운트포트, 롤런드 D. Mountfort, Roland D. 213, 254, 384
마이네케, 프리드리히Meinecke, Friedrich 104, 117, 158, 269~270, 348
마이어그레페Meier-Graefe 155
마즈노, 피에르 드Mazenod, Pierre de 276, 502
마케, 아우구스트Macke, August 147, 149
맥그리거, 피터McGregor, Peter 240, 251, 310, 358, 379~380
맥도너, 마이클Macdonagh, Michael 288, 320
메레, 루이Mairet, Louis 215, 250, 261, 279, 303, 310, 321, 361~362, 365, 376, 385, 400
메테르니히, 클레멘스Metternich, Klemens 119, 201
멜레라, 세자르Méléra, César 260, 312
모딜리아니, 아메데오Modigliani, Amedo 93, 365, 477
모즐리, 오즈월드Mosley, Oswald 508, 539
몰트케, 헬무트 폰Moltke, Helmuth von 111~112, 139, 156~157, 172~174, 266
몽테를랑, 앙리 드Montherlant, Henry de 93, 391, 436
밀, J. S. Mill, J. S. 201, 203, 222

ㅂ

바그너, 리하르트Wagner, Richard 17~18, 21, 54~55, 67, 94, 115, 137~139, 156, 162, 335, 390, 525
바레스, 모리스Barrès, Maurice 87, 531
바르바로사, 프리드리히Barbarossa, Friedrich 155, 331
바르뷔스, 앙리Barbusse, Henri 295, 297
발, 후고Ball, Hugo 356
베르그송, 앙리Bergson, Henri 66, 273
베른하르디, 프리드리히 폰Bernhardi, Friedrich von 158
베버, 막스Weber, Max 47, 328, 348
벤담, 제러미Bentham, Jeremy 222
보아송, 마르크Boasson, Marc 292, 359, 377, 386, 390~391, 491
본, 모리츠 율리우스Bonn, Moritz Julius 134
볼펜슈타인, 알프레트Wolfenstein, Alfred 104
부르크하르트, 야콥Burckhardt, Jacob 330~331
브룩, 루퍼트Brooke, Rupert 58, 211, 224, 226~227, 392
브리두, 앙드레Bridoux, André 295, 390

브리튼, 베라Brittain, Vera 304, 311
블라스, 에른스트Blass, Ernst 326
블랑슈, 자크 에밀Blanche, Jacques-Emile 48,
  64, 93, 95, 236, 355, 362

ㅅ

산타야나, 조지Santayana, George 149~150
샤넬, 코코Channel, Coco 435
샤우베커, 프란츠Schauwecker, Franz 161, 470,
  517
서순, 시그프리드Sassoon, Siegfried 252, 261,
  297, 388, 465, 476, 488
셰리프, R. C. Sheriff, R. C. 465, 484
솔리, 찰스Sorley, Charles 109, 182, 227, 244,
  304
쇠제니 머리치Szögyény-Marich 108
쇼펜하우어, 아르투어Schopenhauer, Arthur
  141, 330, 332, 357
슈발리에, 가브리엘Chevallier, Gabriel 296
슈트라서, 그레고르Strasser, Gregor 516, 544
스마일스, 새뮤얼Smiles, Samuel 220, 299
스토크스, 딕Stokes, Dick 306~307, 370
시먼즈, 아서Symons, Arthur 137
실러, 프리드리히Schiller, Friedrich 119, 352,
  497

ㅇ

아도르노, 테오도어Adorno, Theodor 506
앳킨스, 토미Atkins, Tommy 184, 200, 214,
  219, 373, 381, 491
에드워드 그레이 경Sir Edward Grey 170, 177,
  203, 208, 219~220, 222~223, 340,
  354
에렌부르크, 일리야Ehrenburg, Ilya 427, 437
엘리엇, T. S. Eliot, T. S. 202, 369, 425, 459

오언, 윌프리드Owen, Wilfred 236
와츠, 아이작Watts, Isaac 288
울프, 버지니아Woolf, Virginia 70, 202
월리스, 에드거Wallace, Edgar 497
웰스, H. G. Wells, H. G. 150, 223, 437
윙거, 에른스트Jünger, Ernst 245, 251, 259,
  271, 345, 385, 388~389, 470~471,
  516~517
이셔우드, 프랭크Isherwood, Frank 180, 306

ㅈ

제롬, 제롬 K. Jerome, Jerome K. 212~213, 216
제르맹, 조제Germain, José 462, 490
제임스, 헨리James, Henry 210, 269, 273,
  354, 356, 396
조이스, 제임스Joyce, James 93, 137, 357,
  384, 491, 545, 554
조지, 로이드George, Lloyd 160, 226, 425,
  428
존스, 데이비드Jones, David 303, 357, 363
존스, 퍼시Jones, Percy 180, 189, 194, 216,
  254, 304, 307, 362, 382
지드, 앙드레Gide, Andre 65~66, 70, 72, 295,
  406, 422

ㅊ

체임벌린, 휴스턴 스튜어트Chamberlain, Houston Stewart 138~140, 145, 155, 208, 330
추크마이어, 카를Zuckmayer, Carl 161, 479
츠바이크, 아르놀트Zweig, Arnold 465, 469,
  476

ㅋ

카네티, 엘리아스Canetti, Elias 104

카이저 빌헬름 2세Kaiser Wilhelm II 77,
  106~107, 110~111, 113, 115~116,
  139, 145, 148, 151~156, 205, 253, 281,
  284, 336, 425
커밍스, E. E. Cummings, E. E. 368, 383
케슬러, 하리Kessler, Harry 458, 505, 529
크라우스, 카를Kraus, Karl 475, 551
크라이슬러, 프리츠Kreisler, Fritz 258,
  262~263, 292
크로스비, 해리Crosby, Harry 363, 409, 423,
  462, 477, 498
클라우제비츠, 카를 폰Clausewitz, Karl von
  326
클레, 파울Klee, Paul 352, 436
클로델, 폴Claudel, Paul 412, 445
키치너Kitchener 176~177, 280, 301, 378,
  398

ㅌ

토마, 루트비히Thoma, Ludwig 159~160
톰린슨, H. M. Tomlinson, H. M. 476, 488
티르피츠Tirpitz 113, 157
티소, 빅토르Tissot, Victor 133

ㅍ

파머, G. A. Farmer, G. A. 168~169
파스토르스, 게르하르트Pastors, Gerhardt
  331, 338, 341
파운드, 에즈라Pound, Ezra 202, 545
파월, 가필드Powell, Garfield 293, 305, 363,
  387~388
펠라당, 조세핀Péladan, Joséphin 352
폰타네, 테오도어Fontane, Theodore 129, 155
푸르탈레스 백작Count Pourtalès 33, 113
프라이, 로저Fry, Roger 142

프랑수아 퐁세, 앙드레François-Poncet, André
  504, 539
프리크, 빌헬름Frick, Wilhelm 485, 503
피셔, 루돌프Fischer, Rudolf 162, 359
피츠제럴드, F. 스콧Fitzgerald, F. Scott 322,
  448
필리프, 루이Philippe, Louis 201, 314

ㅎ

하르나크, 아돌프 폰Harnack, Adolf von 271,
  340, 348
하리히, 발터Harich, Walter 332~333
하비, 존 W. Harvey, John W. 251, 263, 395
하우프트만, 게르하르트Hauptmann, Gerhard
  271, 335, 542
하트, 바실 리들Hart, Basil Liddell 172, 373
해밀턴, 이언Hamilton, Ian 400, 474
헐스, 에드워드Hulse, Edward 169, 216
헤릭, 마이런 T. Herrick, Myron T. 418~419,
  440
헤밍웨이, 어니스트Hemingway, Ernest 418,
  448, 454, 465, 476
헤세, 헤르만Hesse, Hermann 163, 436, 455
헤이, 이언Hay, Ian 301
헤이그, 더글러스Haig, Douglas 178, 308,
  310, 316, 322, 393
홀베크, 베트만Hollweg, Bethmann 106~108,
  111~113, 281, 284, 336
후겐베르크, 알프레트Hugenberg, Alfred 478,
  492, 504
하위징하, J. HUIZINGA, J. 166
히르슈펠트, 마그누스Hirschfeld, Magnus 146,
  160, 162, 339
히틀러, 아돌프Hitler, Adolf 139, 492, 497,
  499, 502~505, 508~518, 520~542,
  544~546, 550~551

봄의 제전
세계대전과 현대의 탄생

1판 1쇄 2022년 3월 14일
1판 2쇄 2022년 3월 25일

지은이 모드리스 엑스타인스
옮긴이 최파일
펴낸이 강성민
편집장 이은혜
편집 김진아
마케팅 정민호 이숙재 김도윤 한민아 정진아 이가을 우상욱 박지영 정유선
브랜딩 함유지 함근아 김희숙 정승민
제작 강신은 김동욱 임현식

펴낸곳 (주)글항아리 | 출판등록 2009년 1월 19일 제406-2009-000002호

주소 10881 경기도 파주시 회동길 210
전자우편 bookpot@hanmail.net
전화번호 031-955-2696(마케팅) 031-955-2560(편집부)
팩스 031-955-2557

ISBN 978-89-6735-944-7 03900

잘못된 책은 구입하신 서점에서 교환해드립니다.
기타 교환 문의 031-955-2661, 3580

www.geulhangari.com